Thomas Collmer
**Poe
oder der
Horror der Sprache**

MaroVerlag

Die Deutsche Bibliothek – CIP-Einheitsaufnahme

Collmer, Thomas:
Poe oder der Horror der Sprache / Thomas Collmer. –
Augsburg : MaroVerl., 1999
ISBN 3-87512-151-1

© 1999 by MaroVerlag, Benno Käsmayr, Augsburg
Alle Rechte vorbehalten

1. Auflage 1999

Satz: Thomas Collmer, Hamburg
Druck, Bindung: MaroDruck

Inhalt

Vorbemerkung 7

Zur Einleitung: ein ganz knapper Überblick über Zeit, Leben und
Werk Edgar A. Poes 9

I. Nichtsprechenkönnen: *Loss of Breath* 16

II. Das sprechende Ich als künstlicher Mensch: *The Man that Was Used Up* 30

III. Ein röhrender Strudel: *A Descent into the Maelström* 43

IV. Die Stimme des Schattens: *Shadow* 68

V. Da ist Nichts hinter der Maske: *The Masque of the Red Death* 82

VI. Das unerträgliche Auge des Alten und das unerträgliche Geschwätz der Ordnungsmacht: *The Tell-Tale Heart* 97

VII. Schreiende Rückkehr des Verdrängten: *The Black Cat* 109

VIII. Der Drang zur Selbstzerstörung: *The Imp of the Perverse* 118

IX. Zielloses Im-Kreis-Gehen: *The Man of the Crowd* 138

X. Das Sprechen des Hypnotiseurs und ein Sprechen jenseits des physischen Zerfalls: *The Facts in the Case of M. Valdemar* 156

XI. Stimmen, Schreien und Schweigen in anderen Texten von Poe: *The Premature Burial, The Cask of Amontillado, The Murders in the Rue Morgue, Morella, Hop-Frog, The Fall of the House of Usher* 166

XII. Die Macht der Worte und die Macht des Schweigens: *Silence, Al Aaraaf, The Power of Words, Eureka* 180

XIII. Die relative Macht der Imagination, die Verselbständigung des Klangs und das Scheitern von Rationalisierung: *The City in the Sea, Eldorado, The Raven, The Philosophy of Composition, Ulalume, Annabel Lee, Sonnet – Silence, The Bells* 207

Anhang I: Hermes als Vereiniger von Raub, Tausch, listiger Verstellung und kommunikativem Konsens. Die 'Weiße Göttin' (R.Graves), die Entstehung des Alphabets und die 'Dialektik der Aufklärung' (Horkheimer/Adorno). Poes Selbstchiffrierung in *The Narrative of Arthur Gordon Pym*. Zur Kritik narzißtischer Intersubjektivität (I) 237

Anhang II: Sprache und Körper

a) Erothanatos und Gesellschaft. Zur Kritik narzißtischer Intersubjektivität (II). Selbstkritik der Bedürfnisstruktur, negative Tätigkeit der Imagination und 'sinnliche Vernunft' bei Herbert Marcuse 306

b) Die Wunschmaschine als Herausforderung der Dialektik. Eine neue Lektüre von Deleuze/Guattari, *Anti-Ödipus – Kapitalismus und Schizophrenie I* 320

c) Poe mit Deleuze/Guattari (& weitergehend). Antonin Artauds Poe-Rezeption 360

d) Poes Rolle in der Geschichte der Cut-up-Technik 376

Personenverzeichnis 388

Über den Autor 400

Vorbemerkung

Diese Studie richtet sich nicht in erster Linie an Poe-Experten, sondern gerade auch an solche Leserinnen & Leser, die Poe bisher wenig kennen, aber sich für amerikanische Literatur, vielleicht für Literaturwissenschaft, jedenfalls aber für *Sprache* im allgemeinen (zumal ihre psychisch-leiblichen Aus-Wirkungen!) interessieren und unter den fortknirschenden Zwiespaltungen der Moderne für Rissigkeiten der sogenannten *Kommunikationsgesellschaft* im besonderen. Fühlen Sie sich angesprochen, so sollten Sie wohl zunächst jeweils den betreffenden Poe-Text selber und erst dann meine Interpretation lesen. Dabei muß die Kapitelfolge nicht notwendig eingehalten werden. Etliches ist allgemeinverständlich, obzwar es dann manchmal, sachlich unvermeidbar, etwas heftiger & komplexer wird (die vorsichtige Trennung, wonach über ein Drittel des Buches von zwei 'Anhängen' bestritten wird, hat damit zu tun). Hier schreibt auch kein eingefleischter Poe-Spezialist, sondern ein Philosoph, der an Poe und seinen Texten oft Weiterreichendes exemplifizieren möchte: Was ist los mit der menschlichen Psyche? Was kann & wie äußert sich 'Vernunft'? Welche geschichtlichen Spuren und welche Funktionen / Selbst-Produktionen zeigt ein geschriebener Text? (usw.) In bezug auf Edgar A. Poe the man & the writer ist die Themenstellung ganz darauf konzentriert, welche Rolle(n) — um einmal den Ausdruck 'Funktion' zu vermeiden — **Sprechen (mit anderen und mit sich selbst), Schreien, Schweigen, Stocken, Nichtsprechenkönnen** in seinen Texten haben (wobei sich auch intensive Blicke auf das Thema Schrift / Einschreibung ergeben). Insider werden bemerken, daß dem in der Poe-Forschung bisher wenig nachgegangen wurde. Poes 150. Todestag am 7. Oktober 1999 ist dem Versuch, diese Lücke zu schließen, durchaus willkommen: Wenn ein 'ErInnerungstag' Menschen veranlassen kann, der einen oder anderen vom Altmeister des Schreckens aufgezeigten Konstellation im sogenannten eigenen Innern nachzuspüren, dann ist solch äußerlicher Anlaß nicht zu verachten. Daß der meist sehr reduzierte Ruf, den Poe hierzulande genießt (nun ja, vermutlich hätte er wenig daran zu genießen gehabt), der Komplexität seines Werkes keineswegs gerecht wird, spricht sich bereits herum.

Ausgangspunkt waren sieben Vorträge, die ich im Oktober 1996 und Januar 1997 bei einer 'Gesellschaft für Kunstgeschichte, Literatur und Philosophie e.V.' in Hamburg-Ottensen gehalten habe. Ich bedanke mich bei Frau Dr. Isa Lohmann-Siems für die Möglichkeit, einzelne Facetten dieser Untersuchung dabei zu entwickeln, und bei den Teilnehmerinnen & Teilnehmern für die freundliche Aufnahme, die Herr Poe und ich dort fanden. Ich begann damals mit *The Tell-Tale Heart*, und wir arbeiteten uns über den schwarzen Kater, den Alb der Verkehrtheit, den Roten Tod und den Massenmenschen bis zum Maelström vor, dem Gemetzel in der Rue Morgue, schließlich zum Raben. Mit dessen flatterndem Erscheinen dortselbst war durchaus zu rechnen, doch vermutlich ist auch er ein Nonkonformist. Lieber suspekt werden als angepaßt. Wenn vorerst nur das beharrliche Abtragen verordneter Schleier bleibt, so muß mensch / rabe eben dies versuchen. Und es blieb noch viel zu tun an Erweiterung & Vertiefung.

Ich traf also Quarles, den dunklen Künder, mitsamt seinem bekannten Wort anschließend wieder: in jenem verklebten Schnittfeld von Sprache, Kultur und Ökonomie, welches nicht Apologie verdient, sondern allein experimentelle Auflösung & Neukonstruktion. Als sich mehr & mehr erwies, wie erhellend die genannte Thematik, die verfängliche Rolle der symbolischen Ordnung, auch in anderen Poe-Texten aufblinkt, nahm die vorliegende Abhandlung für mich Form & Existenzberechtigung an.

Ein Dank gilt Benno Käsmayr (einem weiteren Nonkonformisten) und seinen beiden wackeren Mitstreitern, die nach der J.Morrison-Studie nun auch die über Poe, mit jener in mancher HinSicht ein (offenes) Ganzes bildend, zum MaroBuch erkiesten (*No eternal reward will forgive us now for wasting the dawn...*). Dank auch an Axel Matthes für sein ermutigendes Schwarzbrotpäckchen als Wegzehrung. An Reinhard für Quartier in Frankfurt. Und an Karin dafür, daß sie da ist. Gruß an atelier 32 in Lübeck, an Mrs.MC in Bremen, an die Marx-Arbeitsgruppe in Hamburg, an A. und B. wherever und an Mr.R. in L.A.

Zum Technischen: Ich zitiere Poe im Original nach einer weit verbreiteten, leicht zugänglichen einbändigen Ausgabe, *The Complete Tales & Poems of Edgar Allan Poe*, erstmals New York 1938, dann Harmondsworth 1982 (zuletzt 1997), auch als Lizenzausgabe bei Claremont Books unter dem Titel *The Penguin Edgar Allan Poe*, London 1995, von mir abgekürzt 'P'.[1] Auf eine Seitenkonkordanz zur Virginia-Edition oder zur Edition von Mabbott habe ich verzichtet (da die betreffenden Stellen leicht zu finden sind, wäre es eine rein bürokratische Tätigkeit; das Buch enthält schon genug wissenschaftliches Geschütz, man muß es nicht übertreiben.) Ein der Seitenzahl hinzugefügtes 'a' signalisiert eine Hervorhebung von Poe, 'b' eine von mir. An deutschen Übersetzungen habe ich die von Kuno Schumann & Hans Dieter Müller herausgegebenen am häufigsten verwendet: Das gesamte Werk in 10 Bänden (enthält neben den schon berühmten Poe-Übersetzungen von Arno Schmidt & Hans Wollschläger welche von R.Kruse, F.Polakovics und U.Wernicke), Herrsching 1979 (textidentisch mit Olten 1966, Bd.9 bringt die Gedichte zweisprachig); wenn ich daraus zitiere, steht vor der Seitenzahl jeweils die Bandnummer.

So let's go — take care & don't adjust yourselves!

Hamburg, im Dezember 1998

Thomas Collmer

---

[1] Zugegeben, die Zusammenstellung dort ist nicht optimal: Von den drei großen POEtologischen Aufsätzen fehlt *The Philosophy of Composition* mit der berühmten 'Entstehungsanalyse' zu *The Raven*; von den Rezensionen sind vier weniger wichtige enthalten, mehrere wirklich wichtige hingegen nicht; das kosmologische Gedicht *Eureka* fehlt ebenfalls, und die Reihenfolge der Texte könnte mehr Sinn ergeben. Insgesamt ist diese Ausgabe immerhin ganz brauchbar.

Zur Einleitung: ein ganz knapper Überblick über Zeit, Leben und Werk Edgar A. Poes

Als Edgar Poe am 19.Januar 1809 geboren wurde, lag die Unabhängigkeitserklärung der USA gerade mal dreiundreißig Jahre und sechseinhalb Monate zurück. Ihr Hauptverfasser, Thomas Jefferson, der erst dritte Präsident der USA, beendete seine achtjährige Amtszeit, und die Bevölkerung der USA betrug ganze sieben Millionen Menschen. Im selben Jahr starb der bürgerliche Aufklärer und Rationalist Tom Paine, der 1774 auf Empfehlung von Franklin aus Europa nach Amerika gekommen war. Von seiner Kampfschrift *Common Sense*, worin er die Amerikaner zu vollständiger Unabhängigkeit aufforderte, sollen im Erscheinungsjahr 1776 etwa 500.000 Exemplare verkauft worden sein[2] — der erste inneramerikanische 'Bestseller'. Nachdem der gebürtige Engländer 1787 nach Europa zurückgekehrt und dort gefeiert, verurteilt und inhaftiert worden war, verbrachte er seine letzten Lebensjahre wieder in den USA, wegen seiner an Voltaire geschulten Verteidigung der Vernunftreligion (*The Age of Reason*, 1794–1796) gemieden und gehaßt.

Die amerikanische Unabhängigkeitserklärung war ein Meilenstein politischer Programmatik: Alle Menschen, so hieß es dort, hätten von Natur aus ein gleiches Recht auf Leben, Freiheit und Streben nach Glück, und wenn eine zur Sicherung dieser Rechte von den Menschen eingesetzte Regierungsform sich diesen Zielen als abträglich erweise, so hätten die Regierten das Recht, sie zu ändern oder abzuschaffen. Was damals gegen das Mutterland Großbritannien gerichtet war, setzte den Maßstab, an dem die sich Entkolonialisierenden künftig selber sich messen lassen mußten.

Jeffersons Nachfolger im Amt war der Tabakpflanzer James Madison, der sogenannte Vater der US-Verfassung; unter ihm wurde noch einmal Krieg gegen Großbritannien geführt. Als Poe zehn Jahre alt war, wurde unter John Quincy Adams erstmals die Identität der USA mit Nordamerika behauptet. 1823 regelte dann die Monroe-Doktrin die Beziehungen zur Alten Welt im Sinne einer Abgrenzung der Interessensphären[3]: Amerika solle nicht mehr das Ziel europäischer Expansion sein und werde sich umgekehrt auch selber nicht in europäische Konflikte einmischen.

Während der Regierungszeit von Andrew Jackson, Präsident von 1829 bis 1837, der für direkte Wahlen auf kommunaler und einzelstaatlicher Ebene eintrat ('Jacksonian Democrats'), begann sich ein Zweiparteiensystem herauszubilden. Bereits seit den 20er Jahren verschärften sich allmählich die inneren Konflikte zwischen Nord- und Südstaaten. Die USA verdankten ihren raschen wirtschaftlichen Aufstieg einer bewußten Rückkehr zur Sklavenhaltergesellschaft, doch entgegen dem offiziellen Mythos ging es bei diesem Streit, der später zum Bürgerkrieg (1861–1865) eskalierte, nicht in

---

[2] Vgl. die Einführung des Herausgebers Isaac Kramnick in: Thomas Paine, Common Sense, Harmondsworth 1976, 8f.
[3] Carl Oglesby hat darauf hingewiesen, daß damit der „Grundstein für die nordamerikanische Hegemonie in Lateinamerika" gelegt wurde (Carl Oglesby / Richard Shaull, Amerikanische Ideologie. Zwei Studien über Politik und Gesellschaft in den USA (Containment and Change, 1967), Frankfurt/M. 2.Aufl. 1970, 65)

erster Linie um die Abschaffung der Sklaverei, auf die der Süden mit seinem ausgedehnten Baumwollanbau im Gegensatz zum reichen Norden nicht glaubte verzichten zu können. „Ich verfolge weder direkt noch indirekt die Absicht, die Institution der Sklaverei anzugreifen", erklärte Abraham Lincoln, und: „Wenn ich die Union dadurch retten könnte, daß ich alle Sklaven befreie, würde ich es tun. Wenn ich die Union retten könnte, ohne einen einzigen Sklaven zu befreien, würde ich es auch tun."[4] Es ging um die Einheit der Nation und die Vorherrschaft; eine Frage der Macht, die sich, wie so oft, als eine der Moral bemäntelte.

Eine gegenüber europäischen Kultureinflüssen relativ eigenständige amerikanische Literatur war damals erst am Entstehen. J.G.Fichte hatte den puritanischen Calvinisten Jonathan Edwards (1703–1758) als „den originellsten Denker Amerikas" bezeichnet, einen emotional mitreißenden Prediger, dessen 1754 entstandene Schrift zur Verneinung der Willensfreiheit „in alle damaligen Kultursprachen übersetzt" wurde.[5] Benjamin Franklin hatte seine (unvollendete) Autobiographie ab 1771 verfaßt; Ralph Waldo Emerson war nur sechs Jahre älter als Poe, Walt Whitman und Herman Melville waren beide zehn Jahre jünger. William Cullen Bryant (1794–1878) verband in seinen Gedichten Impulse der englischen Romantik und Betrachtungen der amerikanischen Naturlandschaft mit politischem und religiösem Konservatismus. Charles Brockden Brown (1771–1810) importierte den englischen Schauerroman (damit gehörte er zu Poes Vorbildern[6]) und vertrat eine Art von demokratischer Ästhetik, indem er forderte, ein Roman müsse sowohl die Intellektuellen ansprechen als auch spannend erzählt sein. James Fenimore Cooper, Autor der Lederstrumpf-Erzählungen (*The Pioneers* erschien, als Poe vierzehn Jahre alt war) tat sich formal und stilistisch schwer, war aber mit seiner Auslotung genuin amerikanischer Themen und Wurzelungsschemata ein Wegbereiter. Zu den unstrittigen Begründern einer selbständigen US-Literatur gehörte Washington Irving (1783–1859): sein *Sketch Book* (1819–1820), eine Sammlung von Beobachtungen, Charakterskizzen, Erzählungen und Essays, enthielt Vorformen der *short story*. Edgar Poe sollte ein anderer dieser Begründer (und gerade dieses Genres) werden. Die Produktionsbedingungen für amerikanische Autoren waren äußerst miserabel, und Poe sollte weitgehend vergeblich dafür kämpfen, sie zu verbessern: „Colonial books by Americans were usually issued in London, although Franklin was printing books by 1740. Other provincial printers did the same thing, but most of these books were by British authors because of the absence or inadequacy of the American copyright laws. Usually an American author had to pay the costs of his own work and publish it through a local bookseller. The copyright law of 1790 made it illegal to reprint a book by a native American author,

---

[4] Zitiert nach: L.L.Matthias, Die Kehrseite der USA (1964), Reinbek 1985, 21
[5] Heinrich Stammler, Amerika im Spiegel seiner Literatur, Stuttgart 1949, 33
[6] Der Shelley-Biograph Richard Holmes weist auf diese Rolle Browns hin: „His psychosomatic interests, and his gothic penetrations into the world of horror, obsession, seduction, cruelty and mania make him the direct precursor of Edgar Allen (*sic*) Poe. He had a genius for complex plot lines" (Shelley – The Pursuit (1974), London 2.Aufl. 1994, 221 (anm.)). Shelley war von Brown sehr beeindruckt: frühes Beispiel für eine produktive Rückwirkung amerikanischer auf europäische Literatur.

whereas foreign books had no such protection"[7] — es erschien daher amerikanischen Verlegern lukrativer, europäische Bücher 'schwarz' nachzudrucken, als einheimischen Autoren womöglich ein Honorar zu zahlen.

Poes Leben war ein Wechselbad der Eindrücke. Er war das Kind armer Schauspieler und mit knapp drei Jahren Vollwaise. Sein Vater verschwand, als Edgar eineinhalb Jahre alt war, seine Mutter starb 24jährig an Lungentuberkulose. Edgar hatte von ihr nur ein kleines Medaillonbild und ein Bündel Briefe. Eine Kaufmannsfamilie nahm ihn auf. Marshall McLuhan hat einmal darauf hingewiesen, daß der Typus von Amerikas politischem oder politisch relevantem Dichter „der aristokratischen südlichen Tradition angehört"[8] (das gilt z.b. auch für Tennessee Williams oder William S. Burroughs). Wichtiger als sein Geburtsort Boston (Massachussetts) wurde für Poe Richmond in Virginia, wo er bei den Pflegeeltern Frances und John Allan aufwuchs. Er verbrachte dort sein zweites bis sechstes und dann wieder sein elftes bis achtzehntes Lebensjahr, dazwischen lag ein fünfjähriger Schulaufenthalt in England. Auch dies symptomatisch, denn Edgar Poe, an die europäisch-romantische Tradition eines Coleridge, Shelley, Byron und Hoffmann anknüpfend, wurde später zu einem exemplarischen Vermittler zwischen den USA und Europa, als er in den USA in Vergessenheit geriet, von Baudelaire für Europa entdeckt wurde und dann auf diesem Umweg wieder auf die USA zurückwirkte. Insofern kann T.S.Eliot, selbst Wanderer zwischen den Welten, von ihm sagen, es gebe „nur wenige Schriftsteller gleichen Ranges, die so wenig aus ihren eigenen Wurzeln gezogen haben, die von all dem, was sie umgab, derart losgelöst waren": Poe erscheine „als eine Art von heimatlos gewordenem Europäer".[9] Sein Kosmopolitismus bestand darin, daß er den zerfallenden Aristokratismus des amerikanischen Südens zu einem geistigen Aristokratismus der Außenseiter, der Ausgestoßenen transformierte — damit sprach er, mit Verzögerung, in Verbindung mit dem Konzept einer scheinbar völlig apolitischen Vereigenständigung des Kunstwerks, seiner Form und Wirkung, Gleichgesinnte in Europa wie in jener Heimat an, in der er nie heimisch wurde. „Es gab wohl nirgendwo auf der Welt einen so weitverbreiteten, pseudo-aristokratischen Standesdünkel wie unter den wohlhabenden Bürgern und Pflanzern Virginias."[10] Poes 'Wurzellosigkeit' und seine Verteidigung und Verschiebung des Aristokratismus haben wesentlich mit der Zeit in Richmond zu tun: sie entsprangen dem peinvollen und langwierigen Konflikt mit seinem Pflegevater John Allan, dem scharfen Kontrast, zunächst eine gehobene Schulbildung und einen gesellschaftlichen Ort erhalten zu haben, dann aus diesem Umfeld hinaus-

---

[7] Robert E. Spiller, The Cycle of American Literature. An Essay in Historical Criticism, New York & Belgrad 1955, 26
[8] McLuhan, Edgar Allan Poes Tradition (orig. 1944), in: drs., Die innere Landschaft. Literarische Essays (The Interior Landscape, 1969, Übers. D.Finckenstein), Düsseldorf 1974, 263. Poes Kunst sei „darin politisch (...), daß ihr Mittel und ihr dramatischer Aufbau jene Symbole betrifft, die eine Spaltung in Gesellschaft und Persönlichkeit ausdrücken" (ebd.).
[9] Eliot, Von Poe zu Valéry (From Poe to Valéry, 1948, Übers. H.H.Schaeder), in: drs., Essays II – Literaturkritik (ed. H.Viebrock, 1969), Frankfurt/M. 1988, 254f.
[10] Frank T. Zumbach, E.A.Poe – Eine Biographie, München 1986, 110

geworfen zu werden und völlig mittellos dazustehen — mittellos bis auf das eigene literarische Talent, an dem sich nicht zuletzt der Konflikt entzündet hatte.[11]

Von 1826 bis 1827 hat Edgar Poe an der Staatsuniversität von Charlottesville alte und neue Sprachen studiert, wurde dann von John Allan wegen seiner Spielschulden von der Universität genommen. Gewiß, seine Einstellung war dandyhaft-snobistisch, sein Lebensstil entsprechend zu aufwendig; als unbestreitbar gilt aber auch, daß der geizige Allan, durch eine Erbschaft inzwischen zu einem der reichsten Männer Virginias geworden, ihn bewußt mit viel zu geringen Mitteln ausgestattet hatte. Im Mai 1827 trat Poe unter dem Namen Lee Perry als einfacher Soldat in die Armee ein, während dieser Zeit erschien anonym auch ein erster schmaler Gedichtband, der damals vollkommen unbeachtet blieb (heute eine der höchstdotierten bibliophilen Raritäten). Am 28.Februar 1829 starb seine Pflegemutter Frances, die ihn im Gegensatz zu dem kühlen John Allan eher verzärtelt hatte; da man Poe zu spät benachrichtigte, traf er erst am Tag nach dem Begräbnis in Richmond ein. Es kam noch einmal zu einer kurzzeitigen Aussöhnung mit Allan, man einigte sich darauf, daß Edgar die Militärakademie von West Point (New York) besuchen sollte, um Offizier zu werden. Dort hielt er es aber nicht lange aus und erwirkte durch Disziplinverweigerung seine Entlassung. Im Februar 1831 begab er sich in schlechter psychischer und physischer Verfassung nach New York, dort erschien noch im selben Jahr eine dritte Gedichtsammlung. Poe lebte dann, wie schon vor ein paar Jahren, einige Zeit im Haushalt seiner Tante Maria Clemm in Baltimore und verfaßte dort seine ersten Kurzgeschichten. Mit *MS. Found in a Bottle* gewann er 1833 ein Preisausschreiben des BALTIMORE SATURDAY VISITOR. Er fand erste Resonanz, erste Förderer und eine erste Anstellung als Redakteur, beim SOUTHERN LITERARY MESSENGER. Sein Debüt dort bestritt er mit einer seiner 'grausigsten' Geschichten, die ihn bereits auf der vollen Höhe seines erzählerischen Könnens zeigt: *Berenice*.

Als Student hatte er begonnen zu trinken, und auch in Baltimore praktizierte er zeitweise eine Neigung zum Alkohol und zum Laudanum (die Opiumlösung war damals ein preiswertes und verbreitetes Schmerzmittel). Trinken gehörte im Süden zum guten Ton, entsprechend pharisäerhaft erscheint es, daß um Poes prekäres Verhältnis zum Alkohol so viel Wind gemacht worden ist. Er gehörte zu jenen 'Dipsomanen', die Alkohol schlecht vertragen und die ohne weiteres abstinent leben können, die aber wegen der raschen Stimmungswechsel, die sie damit erreichen, „in kritischen Momenten zum Glas greifen", dann oft tage- oder wochenlang „nicht mehr aus dem Bann des Alkohols" kommen[12] und dafür mit zeitweiliger Arbeitsunfähigkeit und verstärkten Depressionen bezahlen.

„Streß und Routine waren Gift für Poe"[13], und er war den vielfältigen Belastungen, die T.W.Whites MESSENGER ihm aufbürdete, auf Dauer nicht gewachsen. Doch er

---

[11] Da die Facetten dieses Konfliktes in den folgenden Einzelinterpretationen näher beleuchtet werden, kann ich mich hier auf einen kurzen datengestützten Überblick beschränken. Neben der genannten, sehr detaillierten Biographie Zumbachs bietet eine nützliche Orientierung für Einsteiger: Walter Lennig, Edgar Allan Poe (mit Selbstzeugnissen und Bilddokumenten), Reinbek 1959 u.ö.
[12] Fritz Levi, Nachwort zu: E.A.Poe, Aus den Tiefen der Seele. Phantastische Geschichten, Wiesbaden o.J., 407f.; vgl. auch Lennig, Edgar Allan Poe, 36
[13] Zumbach, E.A.Poe, 300

legte hier den Grundstein seines Rufes als „the finest critical mind of his generation, with a poetic sensitivity keyed to impressions of sight and sound, an intense introspective searching of soul, and a belief in the mathematical logic of the universe."[14] In die Zeit des Bruchs mit White fällt Poes Heirat mit seiner noch nicht vierzehnjährigen Cousine Virginia, ebenfalls ein Mosaikstein seines Rufes als mysteriöser Exzentriker. John Allan war 1834 in Richmond gestorben, ohne seinem früheren Pflegesohn auch nur einen Cent zu hinterlassen. Für Poe folgten Phasen härtester Anstrengungen, als Redakteur und Schriftsteller finanziell Fuß zu fassen, die stets sehr ähnlich verliefen: die betreffenden Zeitschriften vermochten durch die Mitarbeit Poes, der zum gefürchtetsten Kritiker der USA, Kämpfer gegen Cliquenherrschaft im Literaturbetrieb und Vertreter einer neuen, anspruchsvollen Ästhetik wurde, ihre Auflage jeweils erheblich zu steigern, doch Poe konnte von dem geringen Entgelt, das er für seine Arbeit erhielt, in der Regel nicht einmal auf bescheidenem Niveau den Lebensunterhalt für sich, Maria Clemm (die für ihn zu einer Art Ersatzmutter geworden war) und Virginia bestreiten. Versuche, ein eigenes, unabhängiges Literaturmagazin zu gründen, scheiterten. 1838 erschien Poes einziger Roman *The Narrative of Arthur Gordon Pym of Nantucket*, 1840 die *Tales of the Grotesque and Arabesque*, mit vielen jener Kurzgeschichten, die ihn bis heute zu einem der bekanntesten amerikanischen Autoren machen. (Er bekam dafür statt Tantiemen nur ein paar Freiexemplare; man muß sich klarmachen, daß Poe für eine so hervorragende und so oft nachgedruckte Story wie *Ligeia* ein Honorar von zehn Dollar erhalten hat.) 1844 feierte er, von Philadelphia wieder zurück nach New York gezogen, mit dem Gedicht *The Raven* seinen größten Erfolg zu Lebzeiten, ließ sich eine Weile in literarischen Salons herumreichen und studierte dabei das Benehmen derer, mit denen er sich dann öffentlich anlegte und dabei selbst Schaden nahm.

Den Tod seiner jungen Frau Virginia am 30.Januar 1847 — sie starb an derselben Krankheit wie seine Mutter Elizabeth — hat Edgar Poe nicht verkraftet. Er stürzte sich in eine hektische und wechselvolle Suche nach einer Ersatzfigur, die ihm dieselbe Mischung aus schwesterlichem Orientierungspunkt im Alltag und idealisiertem Frauenbild sein würde, und provozierte das Scheitern dieser Bemühungen wohl auch selbst. In diese Zeit fällt ein Selbstmordversuch mit Opium. Daß es ihn 'zurück' zog, in den Süden, zu einer früheren Verlobten, von der er einst gewaltsam getrennt worden war, konnte keine Lösung bringen. (Das Drängen des Unbewältigten, Unerledigten ist manchmal das Drängen des nicht Bewältigbaren.) Die genauen Umstände seines Todes am 7.Oktober 1849 in Baltimore bleiben ungeklärt: vielleicht ist er Wahlschleppern in die Hände gefallen, die zufällige Passanten betrunken zu machen und rituell an die Urnen zu bringen versuchten; vielleicht wurde er überfallen und ausgeraubt (ausnahmsweise soll er ein ansehnliches Vortragshonorar bei sich getragen haben). Ebenfalls ungeklärt ist, wieso er (*wenn* er es überhaupt selbst tat[15]) ausgerechnet seinen Feind Rufus W. Griswold zum Nachlaßverwalter bestellt hat, dem es prompt gelang, Poes Ansehen auf Jahre hinaus schwer zu schädigen: War es mangelnde Menschenkenntnis Poes, schlichter Masochismus oder die strategische Überle-

---

[14] Spiller, The Cycle of American Literature, 69
[15] Vgl. dazu Zumbach, E.A.Poe, 674

gung, daß er zunächst als 'Skandalautor' überleben würde und dann später seine eigentlichen Verdienste wiederentdeckt werden konnten? Letzteres jedenfalls geschah, allmählich, nachdem sein Grab charakteristischerweise zunächst 26 Jahre lang namenlos blieb. Noch zu Lebzeiten Poes begann seine Rezeption in Frankreich, ab 1848 veröffentlichte Charles Baudelaire seine Poe-Übersetzungen. Ohne diese Entdeckung durch einen anderen 'Vater der Moderne' wäre Poe möglicherweise heute vergessen. Ihm erscheine Poe, so schrieb Baudelaire, in dem ihm fremden Umfeld „wie ein Sklave, der seinen Herrn erröten machen will"[16]; er sei „der Schriftsteller der Nerven" und wirke „durch seine Kenntnis der harmonischen Bedingungen der Schönheit".[17] Und obzwar er den unglücklichen Amerikaner, über den er kaum korrektes biographisches Material besaß, auf fragwürdige Weise idealisierte, legte er doch die Basis für alle späteren Forschungen und Wiederentdeckungen, die sich dann den Umständen eines nur vierzigjährigen Lebens und den scheinbar unerschöpflichen Aspekten seiner literarischen Produktion widmen konnten.

Denn die Vielschichtigkeit dieses Gesamtwerks ist ebenso ungewöhnlich wie die seiner Wirkungen. Detailgenauigkeit der Imagination und sprachliche Durchbildung jedes Elementes auf eine 'Einheit der Wirkung' hin hoben das Genre der kurzen Erzählung auf eine neue Ebene. Die Horrorstory erhielt formale Finesse und psychologische Tiefe. Das Science-Fiction-Genre wurde durch Poe wesentlich mitangestoßen. Von den Satiren hält heute nur noch weniges stand, doch auch sie belegen seine Vielseitigkeit, zumal er nicht selten bestimmte Themen 'doppelt' behandelte, einmal in düsterem Ernst und ein zweites Mal als Groteske und Burleske. Die Detektivgeschichte hat Poe zwar nicht erfunden, aber geprägt wie kein anderer; Arthur Conan Doyle, dessen Sherlock Holmes überdeutlich an Poes Auguste Dupin erinnert, faßte dies im Jahr 1909 in die Worte: „Wenn jeder Autor, der ein Honorar für eine Geschichte erhält, die ihre Entstehung Poe verdankt, den Zehnten für ein Monument des Meisters abgeben müßte, dann ergäbe das eine Pyramide so hoch wie die von Cheops."[18] Seine Gedichte, die den französischen Symbolismus anregten, wurden von Autoren wie Baudelaire, Rimbaud, Mallarmé, Valéry und Artaud hoch geschätzt — ihr Anteil am Gesamtwerk ist umfangmäßig gering, von der Wirkung her bedeutend. Den umfangmäßig größten Sektor nehmen Rezensionen und tagesjournalistische Arbeiten (Broterwerb!) ein, von denen jener Teil, mit dem Poe eine eigenständige amerikanische Literaturkritik allererst begründete und worin er seine Literaturästhetik formulierte, nicht nur historisch interessant bleibt. Ein Werk wie das kosmogonische 'Gedicht' *Eureka* mit seiner weitausholenden Naturspekulation und eigenwilligen Mystik oder eine Mixtur zwischen Essay und Erzählung wie *The Imp of the Perverse* stehen praktisch zwischen den Genres und zeigen Poes Mut zum Experiment.
Kunst erreichte bei ihm eine hohe und 'abgehobene' Reflexionsstufe, doch gerade bei Poe bildeten Leben und Kunst eine Einheit — damit vermochte er, dem es anschei-

---

[16] Baudelaire, Weiteres über Edgar Poe (1857), in: drs., Gesammelte Schriften in 6 Bdn. (ed. Max Bruns), Kempten o.J. (Bd.1–5 sind ein Nachdruck d. Ausg. Minden 1901–1905), Bd.3, 146
[17] Baudelaire, Edgar Poe – sein Leben und seine Werke (1855), ebenfalls in: Gesammelte Schriften, Bd.3, 136
[18] Zitiert nach: W.Lennig, Edgar Allan Poe, 170

nend „an jedem Anpassungsvermögen mangelte"[19], auf so entfernte Geistesverwandte wie die Surrealisten und die Autoren der Beat Generation zu wirken. Poe hat, anders als sein Zeitgenosse Nathaniel Hawthorne, keine moralischen Allegorien geschrieben, aber man erkennt in seiner Haltung eine Moral der Verausgabung. Sein körperlicher Zusammenbruch ist der inniglich ver-suchten Meisterung des sogenannten 'Mediums' Sprache mindestens ebensosehr geschuldet wie jenen biographischen Ursachen, die solche Meisterschaft als Bewältigungsversuch dem gewordenen Paria anrieten...
Poe steht nicht nur zwischen Romantik und Moderne, sondern ist auch einer der Wegbereiter jenes internen Gegendiskurses & Selbstkonfliktes der Moderne, der heute mit einem äußerst mißverständlichen Ausdruck oft & inflationär als Postmoderne bezeichnet wird. Sein Fortschrittspessimismus mutet heute ebenso aktuell an wie sein Antidemokratismus suspekt. Manche eigentlich gar nicht 'unterschwelligen', sondern bei näherem Hinsehen unabWEISbar beDEUTsamen Radikale & Wucherungen — prozessierende Entwurzelungen bzw. Nichtwurzelbarkeiten, die er im 'eigenen' Universum entdeckte und denen er in intertextueller Konnexion hartnäckig nachging — sind noch immer nicht hinreichend ausgeschöpft und erkannt. Der 'HORROR DER SPRACHE' ist so ein Aspekt, dem vielleicht erst nach Ende der achtziger Jahre des 20. Jahrhunderts der ihm zukommende zentrale Stellenwert eingeräumt werden kann...

---

[19] Ebd., 140

1 / Nichtsprechenkönnen: *Loss of Breath*

Dank der Vielschichtigkeit und Anspielungsfinesse etlicher Stories und Gedichte von Poe hat die literaturwissenschaftliche Interpretation bis heute einen langen Atem bewiesen. Nur wenige seiner Texte erfuhren das Schicksal einer einseitigen Festlegung, durch die ihr lebendiger Zugriff (mag dieser auch als Grabeshauch figurieren) ins Stocken geriet. Einer, dem dies widerfuhr, ist die Geschichte vom 'Atemverlust', die nun gegen den einschläfernd mesmerierenden Strich gelesen werden soll, mit dem die Freud-Schülerin Marie Bonaparte — man zögert sie 'orthodox' zu nennen, vielleicht läßt sich in Anlehnung an die von Poe gern gebrauchte Shakespeare-Formulierung *to out-Herod Herod* sagen *that she out-Freuded her master* — die Story als das 'Bekenntnis' von Poes sexueller Impotenz las.[20] Vor Bonaparte (1933) war diese biographische These bereits von J.W.Krutch (1926) vertreten worden, doch mit der französischen Adligen erfuhr sie die Konjunktur eines geflügelten Wortes, dessen Flugtauglichkeit kaum mehr debattiert wurde. Dabei kann, wie Frank Zumbach in seiner Poe-Biographie (1986) ausführte, die angebliche Impotenz des zweifelsfrei vom puritanischen Geist seiner Zeit Angekränkelten gar nicht als gesichert betrachtet werden.[21] Es besteht kein Anlaß, eine Story, in der Kastrations- und Impotenzsymbole *unter anderem* eine Rolle spielen, textblind auf dieses Thema zu *verkürzen*, wenn gezeigt werden

---

[20] Vgl. Marie Bonaparte, Edgar Poe. Eine psychoanalytische Studie (mit einem Vorwort von Sigmund Freud und einem Nachwort von Oskar Sahlberg), Frankfurt/M. 1981 (3 Bde.), Bd.II, 242-305. „Für den Analytiker gibt es keinen deutlicheren Beweis für die Impotenz Poes als die Geschichte: Der verlorene Atem" (244). Sie setzt dies hinfort als bewiesen voraus: „Die sexuelle Impotenz Poes entstand, wie wir wissen, durch die Fixierung an die Mutter, noch dazu an eine sterbende Mutter, an einen Leichnam; daraus geht die Auflehnung der Psyche Poes gegen die Sexualität im allgemeinen hervor, und darum mußte sie für ihn sadistisch-nekrophil sein" (19).

[21] Vgl. F.Zumbach, E.A.Poe, 263ff.; Zumbach geht so weit zu sagen: „Es gibt in seiner gesamten Lebensgeschichte nicht einen konkreten Hinweis auf eine Anomalie in dieser Beziehung, es sei denn seine Verheiratung mit seiner dreizehnjährigen Cousine Virginia" (265). Obzwar „dieser Fall (...) schon eine gewisse Ausnahme" darstellte, müsse man berücksichtigen, daß jung geschlossene Ehen damals im Süden „nicht ungewöhnlich" waren und „die Klausel der Volljährigkeit (...) in der Regel umgangen wurde" (333). Zumbach schießt hier insofern etwas übers Ziel hinaus, als er z.B. nicht Poes Tendenz berücksichtigt, sich anbahnende Liebesbeziehungen zu Frauen durch Trunkenheit zum Scheitern zu bringen — andererseits muß man sagen, daß Edgar z.B. den Bruch mit seiner Jugendliebe Elmira Royster keineswegs selbst betrieb, sondern dieser von außen aufgezwungen wurde. Zumbach weist auf eine Aussage von A.B.Heywood hin, dem Bruder von Annie Richmond, dem Poe gesagt haben soll, er sei nach der Heirat zunächst zwei Jahre lang nur 'formell' Virginias Gatte gewesen und habe während dieser Zeit getrennt von ihr geschlafen — das lasse darauf schließen, „daß er, zumindest nach einiger Zeit, mit seiner Frau eine ganz normale Ehe führte" (335). Kenneth Silverman hält die Heywood-Aussage für wenig hilfreich: „The statement is secondhand, and ambigious enough to leave it uncertain whether he had sexual relations with his wife even after the two years" (Edgar A.Poe. Mournful and Neverending Remembrance (1992, künftig: Remembrance), London 1993, 124). Marie Bonaparte vermutete, daß für Poe zunächst Virginias Jugend, später aber ihre Krankheit ein willkommener Vorwand gewesen sei, mit ihr eben keine 'normale Ehe' führen zu können. Julian Symons meint: „Egal, ob er nun wirklich impotent war oder auch nicht — jedenfalls schreckte er psychologisch vor dem Geschlechtsakt zurück, natürlich aus Gründen, die ihm selbst überhaupt nicht bewußt waren" (Edgar Allan Poe. Leben und Werk (orig. The Tell-Tale Heart. The Life and Works of Edgar Allan Poe, London 1978), München 1986, 322).

kann, daß es andere Bedeutungsebenen gibt, die nicht nur eigenständig und für sich plausibel sind, sondern einem thematischen Hauptstrang entsprechen, der zahlreiche Poe-Texte durchzieht. Es gibt eine alte, klassische Korrelation von *Atem und Stimme*, Stocken des Atems und Sprachlosigkeit. Der lateinische Ausdruck *spiritus* bedeutet soviel wie *Lufthauch, Wind, Atem*, dann *Ton, Stimme*, weiter *Lebenshauch, Seele* und *Geist*, auch *Mut*; darauf gehen die englischen Ausdrücke *breath* und *to breathe* ebenso zurück wie *spirit*. Schon gar nicht besteht Anlaß (da muß man Zumbach zustimmen), die Respirationsprobleme von Mr.Lackobreath vorschnell mit einer biographischen Unpäßlichkeit Mr.Poes gleichzusetzen: Zwar zeigen ja viele seiner Hauptfiguren deutlich Züge des Autors, doch gerade bei Herrn Luftmangel, der als derb, klein und korpulent beschrieben wird, ist solche Ähnlichkeit äußerlich kaum auszumachen. Poe selbst betonte, er habe *Loss of Breath* als Satire auf die oft sensationalistisch überladenen Mystery- & Gothic-Stories in BLACKWOOD'S MAGAZINE verfaßt[22], einer damals berühmten englischen Zeitschrift, die schon dem Sechzehnjährigen im Richmonder Herrensitz *Moldavia*, wohin der durch Erbschaft plötzlich schwerreich gewordene John Allan samt Familie umgezogen war, zur Verfügung stand[23], und die er durchaus schätzte.[24] Auch dieser Hinweis, obzwar er sicher einen Aspekt abdeckt, reicht nicht aus. Hingegen paßt in gewisser Weise der Satz: „Was anfänglich als Parodie gemeint war, verselbständigte sich jedoch mehr und mehr zu einer neuen, eigenständigen Erzählform".[25] Ob es sich um eine *gelungene* Parodie handelt, kann heute dahingestellt bleiben. Man mag den Kritikern, die den meisten von Poes Grotesken Mittelmäßigkeit attestieren, weil darin ein fundamentaler Mangel an Humor durch Skurrilität, Aggressivität, bitteren Sarkasmus und vordergründige Effekte kaschiert werde, wohl zustimmen — zu Poes Zeiten war diese Mixtur ungewohnt und irritierend, für heutige Leser ist sie weder attraktiv noch sonderlich bemerkenswert. Interessant ist die Story aber aus einem ganz anderen Grund, der durchaus mit dem von Madame Bonaparte in eine allzu quadratische Kammer gestellten Besen des Meisters zu tun hat: ich meine den Konnex von *Psyche und Sprechen, Einsatz des Symptoms als Aussatz der Kommunikation.*

Der erste Satz faßt das Anliegen der Story, die der 23jährige erstmals am 10.November 1832 im PHILADELPHIA SATURDAY COURIER unter dem Titel *A*

---

[22] Dies legt Poe durch den später hinzugefügten Untertitel *A Tale neither in nor out of 'Blackwood'* nahe, und so merken denn die Herausgeber der 10-bändigen deutschen Poe-Übersetzung an, es handle sich „um eine Satire auf die Erzählungen in Blackwood's Magazine" (Bd.2, 957). In der Tat schrieb Poe ja noch andere BLACKWOOD-Satiren: *How to Write a Blackwood Article* (1838), oder auch der Hinweis auf die 'unschätzbaren Weisungen von Mr.Blackwood' („in the back parlor of Mr.Blackwood receiving his invaluable instructions", P 350) in *A Predicament* (*The Scythe of Time*, ebenfalls im November 1838 erstveröffentlicht).
[23] Vgl. Zumbach, E.A.Poe, 103
[24] Vgl. Symons, Edgar Allan Poe, 85, 258 u. 287f.; BLACKWOOD'S MAGAZINE war eine Hauptquelle des jungen Poe, als er sich, zunächst aus finanziellen Erwägungen, dem Geschichtenschreiben zuwandte, da mit Gedichten keinerlei Geld zu verdienen war. In einer Rezension vom April 1842 (zu Hawthornes *Twice-Told Tales*) rügt er das „Vorurteil hinter den abschätzigen Kritiken (...), die gegen jene auf den Effekt bedachten Erzählungen verfaßt worden sind, von denen wir so viele gute in den älteren Blackwood-Heften vorgefunden" (Bd.7, 462f.).
[25] Zumbach, E.A.Poe, 397

Decided Loss veröffentlichte und später erheblich erweiterte, in seinem *allgemeinen* Charakter ebenso präzise wie ironisch zusammen: „The most notorious ill-fortune must, in the end, yield to the untiring courage of philosophy — as the most stubborn city to the ceaseless vigilance of an enemy" (P 395). In der Übersetzung von Hans Wollschläger: „Selbst das hartnäckigste Mißglück muß sich am Ende dem unermüdenden Mute der Philosophie ergeben — gleich wie die verstockteste Stadt der unablässigen Wachsamkeit des Feindes" (Bd.1, 103). Ein Mißgeschick, das sich nicht ohne weiteres korrigieren läßt, sondern in langzeitlichen Auswirkungen hartnäckig wiederkehrt, nennt man ein Trauma, doch auch weniger bombastisch titulierte Mißhelligkeiten sind in der Lage, manch Schock schwere Not zu spenden. Hartnäckigkeit steht gegen Hartnäckigkeit, wenn hier nun eine ihrerseits unnachgiebige Hoffnung auf Heilungseffekte gesetzt wird, die *Philosophie* — Vernunft, Wissen, Kultur, kurz: Rationalisierung — soll spenden können: auf Kräfte, denen ein 'unermüdender Mut' zugeschrieben wird. Die Kriegsmetaphorik des Sich-unterwerfens ist dabei analog dem Ziel der analytischen Therapie gefaßt, „unbeherrschte Anteile (des) Es zu unterwerfen, also sie in die Synthese des Ichs einzubeziehen."[26] Ein Vorsatz, mit dem Es oft hapert, nicht selten indes zum listigen Glück jenes Liedes, das ein Dichter einst davon zu singen versteht. Der Nachsatz kehrt, nicht nur ironisch, die Perspektive um: 'Feind' ist nun der ausdauernde Eroberer, der Herrschaftswille der Rationalität. Dabei erscheint die 'verstockte', in sich gegliederte Psyche als *Vielheit*, sie ist nicht 'Haus', sondern 'Stadt', die durch die Kontrollfunktion ('unablässige Wachsamkeit') bewußter, rationaler Anteile des (um mit dem Meister zu reden) Ich bzw. Über-Ich belagert und behelligt wird. Von einem Friedensschluß ist keine Rede, eher nur von Übergabe — fraglich, ob man damit eine das Meer trockenlegende bzw. ihm Land abgewinnende Aufnahme des Konfliktpotentials, des Triebanspruchs und seines Schicksals bzw. Mißgeschicks — mit Lacan gesprochen: des im Schnittfeld des Symbolischen, Imaginären und Realen zerstückelten Begehrens — „in die Harmonie des Ichs"[27] assoziieren darf. Es wird an Belagerungen erinnert, die Jahre, Jahrzehnte gedauert haben, und wo am Ende die Stadt doch in die Hände des Feindes fiel, wenn etwa der Glanz Trojas dem hohlen Bauch des hölzernen Pferdes einverleibt wurde. Dessen Rolle nimmt hier der Schreibende ein, indem er sich und uns Lesern ein 'Halte aus, hab Geduld, du wirst siegen' zuruft — doch schon der heroische Ton dieses ersten Satzes von *Loss of Breath* ermuntert dazu, es besser zu wissen und die folgenden Beispiele, die vorgeben, sich auf die Autorität der Heiligen Schrift und antiker Autoren zu berufen, nicht ernst zu nehmen.

Ungewohnt, wenn das nonchalant in 'gewöhnlicher Kommunikation' („common conversation") Geäußerte — Phrasen wie 'I am out of breath', 'I have lost my breath' etc., bei denen man sich nichts Böses denkt — plötzlich zu bitterem Ernst gerinnt! Wenn uneigentliches Sprechen, aus dessen Wörtlichnehmen manch flauer Scherz zu ziehen ist, plötzlich durch Umstände vereigentlicht wird, die mit dem gewandten

---

[26] Freud, Die endliche und die unendliche Analyse (1937), in: drs., Zur Dynamik der Übertragung. Behandlungstechnische Schriften, Frankfurt/M. 1992, 150
[27] Ebd., 104

Kommunikanten wenig Umstände machen. Auslöser solchen Einbruchs in die Idylle des Phrasendreschens ist hier ein Ehestreit, in dessen Szenerie nun das Eingangsbild von Krieg und Belagerung übernommen wird. Der Krieg entspinnt sich bereits am Morgen nach der Hochzeit, und zwar über *Sprache*, genauer über Beschimpfungen: „'Thou wretch! — thou vixen! — thou shrew!'" said I to my wife on the morning after our wedding" (P 395). Die Hochzeitsnacht ist anscheinend nicht sehr befriedigend verlaufen, oder es gibt bereits anderweitig Grund zu Dissens. Gerade will der erboste Ehemann seiner Frau ein neuerliches Schimpfwort ins Ohr krakeelen, stellt sich zu diesem Zweck auf die Zehenspitzen (womit implizit seine geringe Körpergröße betont ist) und packt die ihm Angetraute an der Kehle. Freudbeflissene könnten nun geneigt sein, in der Formulierung „which should not fail, if ejaculated, to convince her of her insignificance" das Verb *to ejaculate* als eine Andeutung zu interpretieren, daß hier (ein Begehren nach) Ersatzbefriedigung durch sadistischen Sprachgebrauch an die Stelle einer direkten sexuellen Befriedigung tritt[28] — hier ist jedoch Vorsicht geboten, da Poe dieses Verb häufig auch in Situationen verwendet, wo weder eine sexuelle Tönung intendiert, noch die Unterstellung einer solchen sinnvoll ist, sondern einfach *ausrufen, hervorstoßen* gemeint ist.[29] Bemerkenswerter vielleicht, daß der Sprecher über Sprache die Gegnerin von ihrer 'Insignifikanz', ihrer *Bedeutungslosigkeit*, Belanglosigkeit überzeugen will, was schon an sich (strukturell-semantisch) ein Widerspruch in sich ist, wieviel mehr erst, wenn der angeblich belanglosen Person solche Nichtachtung unter Verrenkungen ins Ohr *geschrien* wird! Die Übertreibung, die in dieser Szene wuchert, läßt die trockene Diagnose eines pragmatischen Selbstwiderspruchs schon selber komisch erscheinen.

Und in der Tat erreicht der Sprecher das Gewünschte auch nicht, sondern ein „ill-fortune" tritt ein: er verliert nämlich seinen 'Atem', d.h., wie wenig später deutlich wird, seine *Stimme*. Daß *spiritus*, wie bereits erwähnt, auch *Mut* bedeutet (und zwar auch im Sinne von *Stolz, Hochmut*), führt zwanglos zu „the untiring courage of philosophy" zurück. Das Verb *to breathe* wird bildlich auch für *leben* gebraucht. Wenn Poe nun selber auf umgangssprachliche Redeweisen wie *I am out of breath, I have lost my breath* verweist, fallen wohl auch *to save one's breath* für *schweigen* oder *to draw one's last breath* für *sterben* ein; *atemraubend* kann sowohl etwas

---

[28] Vgl. M.Bonaparte, a.a.O., 246f.
[29] Zum Beispiel in *The Oblong Box*: „'The salt!', I ejaculated" (P 719); oder in *King Pest*: „'Whose name is Davy Jones!'" ejaculated Tarpaulin" (P 727); oder in *Metzengerstein*: „'I–n–d–e–e–d–!' ejaculated the Baron, as if slowly and deliberately impressed with the truth of some exciting idea" (P 676). Wenn Marie Bonaparte von 'Symbolen' oder 'symbolisieren' spricht, unterschiebt sie oft simple Zuordnungen (z.B. ist Poes Bild einer Eroberung von Städten in der Anfangspassage von *Loss of Breath* für sie symbolisch für die Eroberung von Frauen). Die Gründe hierfür liegen in einer verfehlten Semantik und einem generell unzureichenden Verständnis von Einschreibungs-, Sprech- und Verweisungseffekten. Ein Repräsentationsmodell ist nicht nur unzureichend, um die Artikulationsweisen, Expressionsmodi und Produktionsströme des Unbewußten zu erfassen, sondern häufig geeignet, sie direkt zu verstellen. Einigermaßen lächerlich schon: „Der Mund ist zwar durch die Tatsache, daß er eine Öffnung ist, für gewöhnlich ein Weibsymbol, er wird aber ebensoleicht durch die phallische Zunge und die Tatsache, daß man durch ihn spuckt oder atmet, auch zum Symbol der Virilpotenz" (Bonaparte, Edgar Poe, Bd.II, 259). Comic-Book-mäßig erst recht, wenn zur windmachenden Stimme nicht viel mehr einfällt als mutmaßlich beobachtetes Furzen beim elterlichen Geschlechtsverkehr...

Faszinierendes wie auch etwas Erschreckendes sein. Wenn der Ich-Erzähler betont, die Vertrautheit mit solchen Redewendungen lasse es um so bestürzender erscheinen, wenn einem *tatsächlich* der Atem wegbleibe, ist dies natürlich in einem Text, wo die *Fiktion* dieser Tatsache von vornherein Geschäftsgrundlage ist, wenig effektvoll. Doch der Hinweis auf die alltagssprachliche Praxis ist um so relevanter, als dort die Gewohnheit und auch die *Erwartung* vorherrscht, Stockungen, Einbrüche, Fehlleistungen usw. durch Glättung, Ironie, Verlagerungen, 'uneigentliches' Sprechen etc. zu überdecken. Um solches *Überspielen* (der Fragmentiertheit) geht es nun in dem Vorsatz des Erzählers, den 'Verlust des Atems', über dessen Schwere und Tragweite er sich noch nicht recht im klaren ist, seiner Frau gegenüber *zu verhehlen, zu verschleiern*: „Although I could not at first precisely ascertain to what degree the occurrence had affected me, I determined at all events to conceal the matter from my wife" (P 395). Hauptsache, es wird Konsistenz *prätendiert*, sei sie auch durch den Einbruch des Abgründigen abhanden gekommen: *man tut so, als 'funktioniere' man*. Das Überschwemmtwerden von Agressivität und Verzweiflung wird zur bloßen Ambivalenz herabgesetzt, kompromißlerisch eine halbe Versöhnung mit der Ursache der Aufregung durchexerziert: „I gave my lady a pat on the one cheek, and a kiss on the other, and without saying one syllable (Furies! I could not)", tänzelt er, als wäre er eine Inkarnation des verlorenen *spiritus* selber, nämlich wie der personifizierte Westwind (Zephyr), „in a *pas de zephyr*" aus dem Raum, die getätschelte Frau erstaunt zurücklassend.

Daß es sich tatsächlich um *Stimmverlust* handelt, wird bestätigt durch die Betonung der „inability to proceed in the conversation with my wife" (P 396). Allzu große UnSTIMMigkeiten lassen sich nicht mehr verbalisieren. Der Atem ist so vollständig entschwunden, daß er die Reinheit keines Spiegels mehr hätte beflecken können: die imaginäre Ur-Ganzheit, Lacans *Objekt a*, gegen das keine realexistierende Frau ankommt, wird nicht mehr durch das Stückwerk des Sprechens behelligt und zugleich verdunkelt werden, ein Schwinden der Sinne ist, durch den Ausfall des gemeinhin 'sinnstiftenden' Mediums wenigstens partiell signalisiert, konsequenter. Und wie der Hinweis auf die gängige Prozedur, mit Hilfe eines Spiegels zu prüfen, ob ein Bewußtloser *noch atmet, d.h. noch lebt*, belegt, ist nun der 'Atemverlust' in der Tat eine Metapher auch für *kein Lebenszeichen mehr von sich geben*: Der Erzähler fühlt sich nun *wie ein lebender Toter* (ein häufiges Thema bei Poe), „alive, with the qualifications of the dead — dead, with the propensities of the living". Dieser lebende Tote denkt — eine 'perverse' Konsequenz, die sein Stecken im Nur-Zwischenzustand anzeigt — an *Selbstmord* (er 'atmet' also doch noch?). Doch — Perversion der Perversion! — es sei eben kennzeichnend für die „perversity of human nature", daß diese das Einleuchtende und Naheliegende verschmähe zugunsten des Fernabliegenden und „equivocal" (womit, auch in einem sprachlichen Sinne, das 'Mehrdeutige' gemeint ist, vgl. Hamlets Zaudern: Da wir nicht wissen können, was uns in jenem Schattenreich, aus dem kein Wanderer wiederkehrt, erwartet, kann auch der Todeswunsch kaum eindeutig sein). Ein deutlicher Vorgriff auf spätere Erzählungen wie *The Black Cat* und *The Imp of the Perverse*, zumal sich der Erzähler unter anderem durch eine Hauskatze wegen seiner Atmungsunfähigkeit 'ausgelacht' fühlt. Er registriert seinen mißlichen Zustand als sein eigener Betrachter, das beugende Auge der Reflexion in Habachtstellung: Die Destruktivität hat sich von der Frau ab- und gegen ihn selbst gekehrt, rationale Wachsamkeit erweist sich als 'Feind'.

Es spricht in ihm, obschon er 'nicht mehr sprechen kann'. Beziehungsweise, so sagt er sich, wenn er zum Zeitpunkt, als die Krise eintrat, seine Stimme zu einer besonders tiefen Kehllage hätte sinken lassen, so wäre er wohl noch in der Lage gewesen, seine Empfindungen mitzuteilen, denn Gutturallaute, so rationalisiert er, beruhen nicht auf dem Strom des Atems, sondern auf einer gewissen krampfartigen Tätigkeit der Kehlmuskeln. Die Imagination solch quasi-vaginaler Produktionstätigkeit bringt das Entglittene freilich nicht zurück, und die Suche nach dem phallischen Symbol vermeintlicher Omnipotenz — in dunklen Ecken, Schränken oder Schubfächern, der Erzähler wirkt hier wie später die Pariser Polizei auf der Suche nach dem entwendeten Brief — bleibt fruchtlos. Daß ein Philosoph gesagt hat, die unsichtbaren Dinge seien die einzigen Realitäten, wird mit ebenso offenkundigem Hohn anheimgestellt wie der Eingangssatz, auf den solch ersatzweise (verschobene) AnHEIMstelle zurückverweist. Und in der Tat führt das Stöbern und Forschen auf *Sichtbares*, das bestätigt, daß der Streit motiviert war und es dem gehörnten Ehemann wohl nicht ganz zu Unrecht die Sprache verschlagen hat: diverse falsche Ersatzkörperteile eines Nebenbuhlers (dessen Gebiß, *zwei* Paar Hüften — womit er zum *Vierbeiner* deklariert ist — und ein Auge) tauchen auf, nebst einem Bündel Liebesbriefe. Herr Luftmangel sieht sich mithin der erwiesenen Existenz eines Herrn Windgenug gegenüber, welcher allerdings, da er seinen Wind nur mit Hilfe solch künstlicher Requisiten loszutreten imstande ist, auch nicht völlig frisch und lebendig, sondern ganz ähnlich wie Mr.Lackobreath auf Mängelkompensation angewiesen zu sein scheint (bei der Interpretation von *The Man that Was Used Up* werden wir das Paradebeispiel eines täuschend ausstaffierten Ich erleben, dies ist nur ein kleiner Vorgeschmack). Obzwar der Rivale insofern als eine Art *alter ego* erscheinen mag (ein von Poe später vielbearbeitetes Thema), ist dies freilich wenig tröstlich. Die Aussicht, sein Pech zu verbergen (erneut: „to conceal my unhappy calamity", P 397), erscheint Mr.Lackobreath nur noch unter fremdem Himmel möglich; er beschließt auszuwandern. Daß der Nebenbuhler ein Briefeschreiber ist, scheint ihn als Herrscher über seine vier Buchstaben, damit vielleicht auch über beide Backen der Frau zu erweisen. Doch wie wäre es, dem verräterischen Buchstaben mit seinesgleichen zu begegnen und sich zwecks Wiederverschaffung kohärenter Sprechweise einen *Text* einzuprägen? „I was no longer in hesitation. Being naturally quick (vgl. den Steptanz nach Art des Westwindes, T.C.), I committed to memory the entire tragedy of 'Metamora.' I had the good fortune to recollect that in the accentuation of this drama, or at least of such portion of it as is allotted to the hero, the tones of voice in which I found myself deficient were altogether unnecessary, and that the deep guttural was expected to reign monotonously throughout." Jenseits jeder Stockung oder Verzögerung (*mora*) sieht *Metamora* (das Produkt eines literarischen Rivalen Poes[30]) für den Part des Helden, das grandiose Ich, nur solche Kehllaute vor, zu denen der Protagonist sich noch fähig fühlen darf. Er übt also seinen Part in Einsamkeit ein

---

[30] Vgl. den Hinweis der Hrsg. in: Bd.2, 959

— wenn auch nicht nach dem Verfahren des großen Rhetors Demosthenes, der zur Übung mit im Mund rollenden Kieselsteinen gegen die Brandung des Meeres angeredet hatte, um zu einer deutlicheren Aussprache zu gelangen (was Edgars Vater David Poe, diesem hypernervösen mittelmäßigen Schauspieler, wohl anzuraten gewesen wäre) — und *prätendiert* (was sonst?) eine plötzliche Begeisterung fürs Theater.[31] Das gelingt: mit froschähnlicher Grabesstimme vermag er jede ihn kommunikativ fordernde Situation mit dem Vortrag einer Stelle aus der Tragödie zu bestehen. Die hier eingestreuten Übertreibungen zeugen erneut von einer tiefen Verachtung des Autors jener alltagssprachlichen Schauspielerei gegenüber, die das kommunikative Possenspiel von seinen Teilnehmern häufig erwartet: Zähnefletschen, Kniegewackel, Fußgescharre oder irgendeine jener unsäglichen Tugenden, „die heute, und ganz zu Recht, als Kennzeichen des volkstümlichen Darstellers gelten" (Bd.1, 108f.). Das absurde Theater findet in der Realität statt, die ohne Verzögerung fortlaufende Volksposse ist tatsächlich Mehr-als-Stockung, nämlich vollendeter Stillstand, ein Auf-der-Stelle-Scharren. Der Protagonist schlägt sich wacker, zwar erregt er wohl manchmal (durch abweichendes Grimassieren) einen gewissen Unwillen, so daß, wie es heißt, sogar der Gedanke auftaucht, ihn in eine psychiatrische Anstalt zu sperren, doch jedenfalls hegt niemand mehr den Verdacht, dieser Mann habe die Sprache verloren — was in einer durch Kommunikationszwänge geprägten Gesellschaft ohne Zweifel als ultimatives Übel gelten muß.

Diese Elemente mahnen erneut, den autobiographischen Gehalt der Story nicht zu übertreiben, denn Poe selber war ein glänzender Konversationalist[32], der sich bei gesellschaftlichen Anlässen effektvoll in Szene zu setzen wußte und dabei von Eitelkeit, Geltungssucht, Kampfeslust und perfektionistischer Selbstdarstellung keineswegs frei war. Daß ihm die Worte fehlten, geschah eher selten. Solches ist allerdings für den jungen Poe belegt: Als der Vierzehnjährige zum ersten Mal der jungen schönen Mutter eines Schulkameraden begegnete, Jane Craig Stanard, seiner 'Helen', die für ihn sowohl Mutterersatz als auch Adressatin glühender jugendlicher Schwärmerei war, soll er vorübergehend gänzlich unfähig gewesen sein, zu sprechen.[33] Auch in der langjährigen Auseinandersetzung mit John Allan hat es ihm zweifelsfrei wiederholt die Sprache verschlagen. In vielfacher Hinsicht war Poe eine Art Schauspieler, der sein Leben und sein Ideal eines aristokratischen Dichters *inszenierte* und, wenn er dabei in Katastrophen schlidderte (was relativ oft der Fall war), in arge Verzweiflung geraten und vorübergehend völlig den Boden unter den Füßen verlieren konnte. Obwohl er meist nach außen hin eine ausgezeichnete Figur machte, scheint ihn das nicht wenig Anstrengung gekostet zu haben, denn es gab in ihm eine Schicht fundamentaler existenzieller Unsicherheit — so fällt er in seinen Briefen oft in den Ton

---

[31] Hier ist sicher zu beachten, daß Poe, als Kind von Schauspielern, bis zum Alter von eineinhalb Jahren gelegentlich Zeuge gemeinsamer Proben und Übungen seiner Eltern (danach noch seiner Mutter allein) gewesen ist — doch wenn Marie Bonaparte darauf zu Recht hinweist (vgl. a.a.O., 251f.), beachtet sie nicht, daß Edgar just dadurch sehr früh eine spezifische Sensibilität für *die künstlichen Aspekte des Sprechens* (und mittelbar auch von Texten, vgl. seine spätere Betonung des *Effektes*) entwickelt haben dürfte.
[32] Vgl. dazu Zumbach, E.A.Poe, 274, 335, 356, 374, 449, 473, 540, 562, 641
[33] Vgl. Symons, Edgar Allan Poe, 31

eines hilflosen Kindes zurück, das darum bittet, es zu beschützen und aufzufangen, und im Alltag beweist der bahnbrechende Seelenforscher häufig ein frappierendes Ungeschick im Umgang mit anderen und mangelnde Menschenkenntnis. Andererseits war Poe ein unnachsichtiger Beobachter, der mit Vorliebe die Schwächen anderer (etwa von Lehrern, Vorgesetzten und Schriftstellerkollegen) aufs Korn nahm und dessen entlarvungspsychologisches Instrumentarium oft an das eines Nietzsche heranreicht. So bringt er in Stories wie *Loss of Breath* neben Selbsterfahrungen (der Sarkasmus ist insofern Bewältigungsversuch) jedenfalls diesen bösen Blick gegenüber anderen ein, mit dem er registrierte, wie ihnen die Luft ausging bzw. wie sie sich aufplusterten und Wind machten.

Vielleicht darf man zudem vermuten, daß hinsichtlich Anlaß (Ehestreit) und Folge (Nichtsprechenkönnen) eine literarische Quelle von Einfluß war: Zweifellos kannte Poe *Rip van Winkle* aus Washington Irvings *Sketch Book* (1820), womit die amerikanische Literatur einen wichtigen Schritt in Richtung Eigenständigkeit getan und Irving eine Vorform jener *Short Story* vorgelegt hatte, die Poe selber dann zur Meisterschaft entwickeln sollte. Der „simple, goodnatured fellow"[34] Rip van Winkle leidet unter der scharfen Zunge seiner streitsüchtigen Ehefrau, die ihm (nicht zu Unrecht) permanenten Müßiggang vorwirft, und deren lautstarke Vorhaltungen Rip stets auf die gleiche Weise beantwortet: „He shrugged his shoulders, shook his head, cast up his eyes, but said nothing. This, however, always provoked a fresh volley from his wife; so that he was fain to draw off his forces, and take to the outside of the house", denn: „what courage can withstand the ever-enduring and all-besetting terrors of a woman's tongue?"[35] Das Schweigenmüssen ist hier kein 'Unfall', obzwar alternativlose Kapitulation; zu einer Art Unfall wird aber der Ausflug in die Wildnis, wo Rip mit gnomenhaften Kegelbrüdern trinkt und anschließend zwanzig Jahre verschläft. Als er in sein Dorf zurückkehrt und dort eine ihm politisch und persönlich völlig fremdgewordene Welt vorfindet, hat er immerhin die Genugtuung, von seinen Eheproblemen befreit zu sein, denn seine Frau ist inzwischen gestorben: Da er nun das Alter erreicht hat, in dem ein Mann ungestraft dem Müßiggang fröhnen kann, nimmt er unangefochten wieder seinen Platz auf der Wirtshausbank ein, hat somit seinen eigenen 'Unabhängigkeitskrieg' im kleinen bestanden, so wie die USA ihren im großen; „and it is a common wish of all hen-pecked husbands in the neighborhood, when life hangs heavy on their hands", sich einen Schluck aus Rip van Winkles Krug genehmigen zu können, der ihn Zeit und Weiberherrschaft vergessen ließ.[36]

Soviel Glück hat Mr.Lackobreath nicht, sein Schicksal ist es, auch weiterhin eine Hölle kurioser Zerstückelungen zu durchtaumeln. Schriftstellerisch überzeugt *Loss of Breath* kaum, die Geschichte wird nun immer schlechter, enthält aber auch weiterhin psychologisch interessante Stellen. Der Protagonist betritt eine Postkutsche, in der sich ein Mitfahrer als Peiniger hervortut: Er erdrückt den Erzähler fast mit seinem Ge-

---

[34] Irving, Rip van Winkle (zweisprachig), München 1975, 12
[35] Ebd., 18
[36] Ebd., 58. Verwunderlich wäre ein gewisser Irving-Einfluß kaum, weist doch Kenneth Silverman darauf hin, daß *William Wilson* auf einem kurzen Artikel von Irving aufgebaut ist (vgl. Remembrance, 149f.).

wicht und schläft ein, alle 'kehligen Stoßseufzer/-gebete' (erneut der Ausdruck „ejaculations") seiner lebenden Unterlage in einem Schnarchen ertränkend. Am anderen Morgen beweist der Quälgeist, da der Erzähler bewegungslos mit verrenkten Gliedern daliegt, seine Kommunikationsfähigkeit, indem er ihn für tot erklärt: "arousing the rest of the passengers, he communicated, in a very decided manner, his opinion that a dead man had been palmed upon them during the night for a living and responsible fellow-traveller" (P 398). Alle ziehen ihn am Ohr, um diese These zu überprüfen. Der Scheintote wird schließlich für zehn Dollar an einen Chirurgen verkauft, der vielleicht noch ein paar seiner Organe verwerten kann. Poe schildert hier, obzwar die einzelnen Episoden häufig bloß Kalauerniveau erreichen, durchaus anschaulich, wie jemand, der 'nicht sprechen kann' und in eine eigene Welt psychischen Stresses zurückgeworfen ist, von seinen Mitmenschen gepeinigt wird. Indem der 'lebende Tote' zur Ware gemacht worden ist, fühlt der Besitzer sich völlig berechtigt, ihn wie tote Materie zu behandeln: Erneut sind es die Ohren (als zur umgangssprachlichen Kommunikation besonders wichtige Organe), die weiter demontiert werden. Der „purchaser" (Käufer, am besten doppelsinnig zu übersetzen mit 'Abnehmer', zu beachten ist im Englischen auch der herrliche Doppelsinn von — hier nicht gebraucht — *undertaker*: Unternehmer und Bestatter) schneidet sie ihm ab und entdeckt dabei Spuren von Leben. Er zieht einen Apotheker als Gutachter hinzu, entnimmt aber seiner Beute, bevor man sie ihm am Ende als lebendig wieder wegnimmt, noch rasch diverse Eingeweide „for private dissection" (P 399). Daß heute ganz ähnlich profitbeflissene Totengräber mit der Natur zu verfahren pflegen, während das Zertifikat der Desaster-Gutachter längst vorliegt, und daß Organ- wie Menschenhandel blühen, sei nur am Rande bemerkt. Der Bauchschnitt ist, wie der Sprachverlust, eine *symbolische Kastration*. Gleichwohl manifestiert sich hier ein Glaube an das Prinzip *'Wer verliert, gewinnt'*: Der Erzähler ist in der Lage, um sich zu treten und Verrenkungen zu vollführen, „for the operations of the surgeon had, in a measure, restored me to the possession of my faculties." Das Interesse, mit dem der Erzähler diverse galvanische Experimente registriert, die der Apotheker an ihm vornimmt, weist indirekt erneut darauf hin, daß Destruktivität, die einst nach außen gerichtet war, nach innen umgebogen wurde. Das Opfer unternimmt diverse Kommunikationsversuche, vermag aber nicht einmal seinen Mund zu öffnen („I could not even open my mouth"); bemerkenswert gleichwohl, daß er spürt, wie seine Sprechfähigkeit zurückkehrt, als seine beiden Kontrahenten ihn „to silence" allein zurücklassen, um sich zum Mittagsmahl zu begeben: „I now discovered to my extreme delight *that I could have spoken* had not my mouth been tied up with the pocket-handkerchief" (P 399 b). Es ist die feindliche Präsenz der anderen, wodurch die Sprechfähigkeit unterbunden wird (ohne die sadistische Dummheit der Mitweltler wäre sie gegeben), doch impliziert Alleinsein als Erholung auch die Nichtbetätigung ihrer primären Funktion, sich zu verständigen und dabei Anerkennung zu heimsen. Ausläufer feindlicher Anwesenheit persistieren freilich auch bei Abwesenheit der anderen und vertreten sie (vgl. hier Fesseln und Knebel).

Es folgen weitere Episoden, deren Zynismus nur schwer überdecken kann, daß sie vor Selbstmitleid triefen. Unnötig die erneute Kastrationssymbolik, wenn sich nun zwei Katzen einander gegenüber auf dem Gesicht des Protagonisten niederlassen und sich um seine Nase streiten. Erneut das Prinzip 'Wer verliert, gewinnt': der Verlust einiger Unzen seiner Gesichtszüge gibt ihm die Kraft, seinen Leib zu retten, er sprengt seine Fesseln und stürzt sich aus dem Fenster (der Ausdruck „precipitated myself" signalisiert, daß der potentiell konstruktive Befreiungsakt sogleich wieder selbstzerstörerische Züge annimmt). Die Story vom Posträuber, dem der Erzähler zufällig ähnlich sieht, ist so hergesucht und erbärmlich, daß sie auch als Parodie auf überladene BLACKWOOD'S-Geschichten nur schwer entschuldbar scheint.[37] Indes, sie soll ihn an den Galgen bringen. Das Fallbeil fällt, doch sterben kann ja nicht, wer sowieso keinen Atem mehr besitzt — eine äußerst fade Pointe, an der allein wieder das 'Wer verliert, gewinnt' von Interesse ist. Das Hängen wird als Volksbelustigung geschildert, bei dem der Gehenkte sich alle Mühe gibt, die Erwartungen des Publikums zu erfüllen: „My convulsions were said to be extraordinary. My spasms it would have been difficult to beat. The populace *encored*. Several gentlemen swooned; and a multitude of ladies were carried home in hysterics" (P 400 a). Die Sexualisierung dieser Szene ist offensichtlich. Ein Gehenkter entleert im Moment der Strangulation nicht nur seinen Darm, sondern erfährt auch eine letzte Erektion und Ejakulation — demnach bleibt jemandem, an dem die symbolische Kastration mit entsprechenden Auswirkungen realer Impotenz vollzogen wurde, immer noch die Möglichkeit, mit der düsteren Komödie seines gewaltsamen Todes Vorstellungen sexueller Omnipotenz zu verbinden. Marie Bonaparte hat entsprechend darauf hingewiesen, daß hier eine 'Rephallisierung' gerade am Gehenkten, also exemplarisch Kastrierten, in Szene gesetzt werde.[38] Daß Impotenzsymbolik *mit im Spiel ist*, dürfte in der Tat unbestreitbar sein, doch Bonapartes Einseitigkeit[39] kastriert den Text um wesentliche Dimensionen: Wenn sie den *Ersatzcharakter* aggressiven, sadistischen Sprechens für Mr.Lackobreath betont, müßte sie berücksichtigen, daß Sprechen und Umgang mit Sprache niemals nur eine mögliche Ersatzfunktion für das Begehren sind, sondern dieses

---

[37] Übrigens hat Poe, der den „Sarcasmus" als „das Grund-Element aller Satire" ansah, selbst einmal betont, daß dieses dann sein Ziel verfehle, wenn „die *Absicht*, sarcastisch zu sein (...), allzu deutlich merkbar wird" — bezeichnenderweise formulierte er diese Einsicht, die sich oftmals gegen ihn selbst wenden läßt, bei einer Gelegenheit, als *er selber* zum Objekt einer Satire geworden war (Bd.7, 613; eine Rezension zu James Russell Lowell, *A Fable for the Critics*, im SOUTHERN LITERARY MESSENGER vom März 1849).

[38] Vgl. a.a.O., 272-84; hingegen werden die *Geräusche*, die Mr.Lackobreath in der ersten Fassung der Story beim Gehenktwerden vernimmt: „Glockengeläute, Tamburwirbel, Meeresbrausen" (273) in keiner Weise mit *Stimmen* in Beziehung gebracht, die das psychische System irgendwann gehört hat und die Es nun imaginär und symbolisch überhöht erinnert & (re)produziert..." Dabei gäbe es hier interessante Bezüge zu vermelden, z.B. zum *Maelström*... Ein bekanntes, unscheinbares Lied ist hier hellhöriger: „Kleiner Tambur, wer sind denn deine Eltern?" Ein anderer Song (mir ist entfallen, von wem), über einen alten Puppenspieler, läßt Stimmen, die im rituellen Spiel Figuren zugeordnet waren, im Moment des Todes noch einmal imaginär sich verselbständigen und mit dem Realen sich kurzschließen: „Und dann kam 1 Tag, groß war der Applaus, da griff er sich ans Herz & spürte 'Es ist aus' / Er konnte nicht mehr sehn, wie sich die Puppen drehn, doch hörte er sie singen wunderschön..."

[39] Jacques Lacan ließ es sich nicht nehmen, indirekt darauf hinzuweisen, daß Marie Bonaparte ihrerseits unter Frigidität litt. Damit soll natürlich nicht behauptet werden, ihre Impotenzthese sei in erster Linie projektiv, aber könnte angesichts der auffallenden Einseitigkeit ihrer Verfechtung nicht vielleicht eine verquere Identifikation mit Poe eine gewisse Rolle gespielt haben? Vgl. François Peraldi, A Note on Time in *The Purloined Letter*, in: John P.Muller / William J.Richardson (ed.), The Purloined Poe. Lacan, Derrida, and Psychoanalytic Reading, Baltimore & London 1988, 337

fundamental & unausweichlich formen, zerstückeln, prägen; sie sind auch nicht bloßes *Vermittlungsglied*, sondern ihnen kommt psychologisch wie textlich eine *tragende* Funktion zu. Und insofern der Umgang mit Sprache für das Selbstverständnis eines Dichters natürlich essentiell ist, müßte ein scheiternder Versuch, zu sprechen, in den Kontext des Problems scheiternder Rationalisierung und Sublimierung gestellt werden, wenn dieses im Werk Poes eine zentrale und häufige Bearbeitung erfährt (was, wie noch zu zeigen sein wird, der Fall ist). Reduktiv-symptomatologische Deutungen reichen ebenso wenig aus wie überzogen symbolische (mit ihren oft überweiten Spielräumen für Interpretationen und Gegeninterpretationen), zumal wenn sie glatt verdecken, was der Text selbst *sagt*.

Damit zurück zum zuletzt thematisierten Bild. Die Spasmen des Gehenkten sind so gewaltig, daß das Publikum eine *Zugabe* fordert wie im Theater, beim Konzert oder bei einer Lesung: Das Begehren des sprechenden Wesens ist unbefriedigbar (Lacan), und das markierende, der Einschreibung unterliegende und sie einschreibend aktiv-passiv transformierende Wesen ist antistrukturell machtbesessen (Deleuze/Guattari). Der lebende Tote rächt sich für die ihm angetane Ohnmacht und Hysterie, indem er den Spieß umkehrt: Herren fallen in Ohnmacht, Damen werden hysterisch. Diese Rache ist dem Protagonisten ein Vergnügen — die masochistische Selbstunterwerfung unter die symbolische Kastration und die damit verbundene Passivität finden ihre andere Seite in sadistischem Zynismus. Dazu gehört auch, daß in dem Moment, wo man ihn vom Galgen nimmt, seine Unschuld bekannt wird: ein Märtyrer der symbolischen Ordnung, der imaginären Kompensation und des Realen. Er wird gebührend bedauert, ein Staatsbegräbnis wird angeordnet. Auch diese vermeintliche Wiedergutmachung wird freilich als neues Unrecht dargestellt — es folgt eine der zahlreichen Poe-Phantasien vom Lebendigbegrabensein.[40] Für den lebenden Toten, der sprachlos der Sprache verschrieben ist, gibt es ein Entkommen weder lebend noch nach seinem Tode. Eingefleischt, eingesargt, verbucht sein... Erneut eine Situation weitgehenden (obzwar 'unfreiwilligen') Selbstanschlusses und der Selbstkonfrontation, sozusagen des In-sich-Zurückkehrens und Zur-Ruhe-Kommens, ein Moment relativer Stille, und erneut melden sich, wie schon während der Gefangenschaft bei dem Chirurgen und dem Apotheker, die verschütteten Sprechfähigkeiten: Unter diesen paradox entlasteten Bedingungen ein Selbstgespräch zu führen, ist offenbar kein Problem („while I continued in my soliloquy", P 401). Aber der 'innere Dialog' war ja ohnehin schon in mehrfacher Hinsicht nach außen und wieder zurück projiziert worden. Und das narzißtische Ich hat auch sein Eingewiesensein ins 'offene Haus des Todes' bereits mit imaginärer Grandiosität gemeistert — genau jener, die es in alltagssprachlicher Kommunikation sein Imponiergehabe auch bei realer Impotenz und weitgehender

---

[40] K.Silverman schreibt über die erste Version der Story: „*A Decided Loss* gleefully catalogues all the ways one can die without dying" (Remembrance, 89). Obzwar dies für sich nicht ausreicht, paßt es zu dem generellen Hinweis, daß in vielen Poe-Texten „the dead are not simply alive but too alive; the problem is to keep them buried" (75). So endet die frühe Fassung nach vermeintlichem Gehenktwerden mit dem Ausgeweidetwerden durch den Apotheker, „leaving the narrator still 'kicking and plunging with all my might,' although he has been killed and killed and killed again" (ebd., 89). Wie ein zerstückelter Wurm, der einfach nicht sterben kann, sondern dessen Einzelteile weiter um sich zucken, auch ohne Atemfähigkeit...

Inkompetenz fortsetzen läßt. Es hat den Deckel des Sarges gesprengt, ist nach draußen getreten und sieht sich nun, von Langeweile geplagt, unter den anderen Begrabenen nach möglichen Gesprächspartnern um.

Diese erweisen sich jedoch als genauso unerträglich wie die Lebenden. Niveaulos auch der Monolog von Mr.Lackobreath, der sich darin gefällt, über die Erscheinungsweise der Toten als Lebende zu spekulieren und sie dabei, wie ehedem seinen Nebenbuhler, zu Vierbeinern macht; überhaupt erscheinen sie in der Hülle potentieller Nebenbuhler, wenn ihnen ein Rüssel angehängt (Elefant), rachewirksam ein Horn aufgesetzt wird (Rhinozeros), oder jemand als kurzatmiger(!) Hund sein Leben gefristet haben soll; wenn jemand Pneumatik studierte, um sich dann der Förderung des Dudelsacks (erneut ein phallisches Symbol, auch eins der Narretei, z.B. bei Bosch) zu widmen; wenn jemand kompensatorisch so phallische Gebilde wie „shot-towers" und „lightning-rods" baute, und beim Versuch, eine Zigarre zu rauchen, starb. Er kommt ins Gespräch mit einem *alter ego*, dem er seinerseits in die Nase kneift, dem seinerseits der Mund zugebunden wurde und der sich gleichwohl einen gewaltigen 'Überschuß von Atem' zuschreibt. Dieser Schwätzer freut sich, mit einem Gentleman kommunizieren zu können, belehrt ihn, wie unanständig es sei, einen Gentleman zu unterbrechen, und läßt ihn kaum mehr zu Wort kommen. Er stellt ihm Fragen, verbietet ihm aber zu antworten, da er kein Dazwischenreden dulde: erneut eine Art von Scheingespräch bzw. *Rede als Gewalt*. Sein Atem scheint in der Tat unerschöpflich, er hatte 'schon immer zuviel davon'. Dennoch hat er dem Protagonisten den seinigen *gestohlen*. Als Mr.Lackobreath ihn bei der Konversation mit seiner Ehefrau verlor, hat der andere ihn 'geholt': Es handelt sich um niemand anderen als Mr.Windenough, den Falschbezahnten, der seiner Frau die Billets schrieb — jemand, der wohl eben darum mit einem Atemüberschuß renommieren kann, weil er sich ständig bei anderen bedient (in der Literatur etwa ein geschickter Plagiator, den Poe oft genug, und manchmal vorschnell, in Berufskollegen witterte). Die Redewendung 'Atem holen' auf 'Atem klauen' zu *verschieben*, entspricht dem bei Freud analysierten Muster einer Rückverschiebung der übertragenen Bedeutung zur vermeintlich eigentlichen[41] (so auch, wenn zuvor bereits von jemandem gesagt wurde, er habe sich während der 'Hundstage' wie ein Hund gefühlt). Der Witz bleibt freilich dürftig. Gleichwohl weist das Motiv der 'gestohlenen Sprache' (genauer: des gestohlenen Kommunikationsvermögens) einige Parallelen zum später von Poe im Rahmen einer Detektivgeschichte bearbeiteten Motiv des 'entwendeten Briefes' auf.[42] Der Dieb von Ruhe, Zeugungs-

---

[41] Vgl. Freud, Der Witz und seine Beziehung zum Unbewußten (1905), Frankfurt/M. 1971, etwa 24–34, 39 (A: 'Hast du ein Bad genommen?' — B: 'Wieso? Fehlt eins?'), 96ff., 123f., 169–76; vgl. auch 188–93 (humoristische Verschiebung als Abwehr aus ersparem Gefühlsaufwand fungiert bei Freud nicht zuletzt als Ersatz eines verlorenen Glückes der Kindheit; verständlich, daß Poe solche Leistungen öfter nötig gehabt hätte, als er dazu fähig war...).

[42] Über *The Purloined Letter* existiert wie wohl über keine andere Poe-Story eine umfangreiche und philosophisch wie literaturwissenschaftlich einflußreiche psychoanalytische Deutungsgeschichte; ich gehe im Rahmen dieser Studie nicht darauf ein. Siehe: Jacques Lacan, Das Seminar über E.A.Poes *Der Entwendete Brief*, in: drs., Schriften I (Ecrits, 1966), ed. Norbert Haas, Olten 1973 (wiederveröff. Weinheim 1986), 7–60; Peter Krumme, Augenblicke – Erzählungen Edgar Allan Poes, Stuttgart

organ und Glück, dieses 'Ungeheuer', erdreistet sich, den Bestohlenen im Jargon eines 'alten Bekannten' anzusprechen. Die Formulierung „Like Brutus, I paused for a reply" (P 403) läßt den Caesarmörder anklingen[43] und weist, da der Kaisermord unter anderem einen symbolischen Vatermord darstellt, auf den wahren Urheber der '*symbolischen* Kastration' hin[44], die andererseits Poe zu dem Schriftsteller machte, der er wurde: auf seinen Stiefvater John Allan. Wo Edgar Poes konstitutives Ressentiment so vehement durchschimmert wie in dieser frühen Geschichte, ist Mr.Allan *meistens* indirekt im Spiel. Als 'windigen Gesellen' sah John Allan seinen Pflegesohn an, dem er die Unterstützung entzog und ihn um sein Erbteil betrog — damit erwies er sich aber in Poes Augen vielmehr selbst als ein solcher Windhund: jemand, der mehr als genug besaß und ihm dennoch das ihm Zustehende 'stahl'. Aufgrund der niemals verlorenen Bitterkeit fehlt es Poe an echtem Humor; so auch dieser Geschichte. Sie endet scheinbar versöhnlich, indem Windenough[45] den Atem an Lackobreath zurückgibt und dieser ihm eine Quittung darüber ausstellt. Der Atem des Diebes, der „like a tornado" über den Bestohlenen kommt, artikuliert nun eine Beteuerung und Entschuldigung nach der anderen — eine Wunschvorstellung Poes, die sich in der Realität nicht erfüllte. Vater und Sohn leiten ihr gemeinsames Entkommen aus der Gruft ein, indem

---

1978, 46–96; John P.Muller / William J.Richardson (ed.), The Purloined Poe. Lacan, Derrida, and Psychoanalytic Reading, Baltimore & London 1988

[43] Die Hrsg. d. 10-bänd. dt. Übers. (Bd.2, 964) weisen darauf hin, daß hier offenbar eine Anspielung auf Shakespeares *Julius Caesar*, Akt III, Szene II, vorliegt, wo Brutus sagt: „I pause for a reply." Das scheint mir aber nicht die einzige hier relevante Anspielung zu sein. Mit dem Namen *Brutus* ist außerdem Ciceros gleichnamiges Werk über die Geschichte der römischen Beredsamkeit und ihre bedeutendsten Vertreter verbunden; da Demosthenes (384–322 v.Chr.), der berühmteste *griechische* Redner und Vorbild Ciceros, in *Loss of Breath* namentlich erwähnt wird, liegt dieser zusätzliche Bezug nicht fern. (Dafür spricht auch, daß in *The Man that Was Used Up* das Haupthaar des *blendenden Redners* John A.B.C. Smith mit den Worten geschildert wird: „His head of hair would have done honor to a Brutus", P 405.) Am Ende des (nicht ganz vollendeten) Cicero-Werkes wird sich für Brutus die Frage stellen, ob er angesichts der deprimierenden politischen Entwicklung Roms (von der Republik zum Kaiserreich) die Rhetorik weiter studieren soll, vielleicht im Sinne eines *l'art pour l'art* (Cicero selbst hatte zu diesem Zeitpunkt den, obzwar kompensatorischen, 'Eigenwert' der Philosophie für sich entdeckt), ohne noch auf öffentliche Wirksamkeit zu hoffen.

[44] In diesem Zusammenhang mögen drei Stellen aus König Ödipus interessant sein: „(Chor:) O weh, Leidenskind Laios'! / Hätt ich, hätt ich dich nimmermehr geschaut! / Denn laut ertönet in ungemessenem Jammer mein / Schreiender Mund! Und mir in Wahrheit / Zu eratmen halfest du, / Gabest dem Aug endlich / Schlaferquickung" (Sophokles, Die Tragödien, Übers. K.W.F.Solger, München 1977, 170); „(Ödipus:) Wo fliegt weit aus mir die Stimme dahin?" (ebd., 173); „(Ödipus:) „Doch was zu tun nicht ziemet, ziemt auch Worten nicht" (ebd., 176).

[45] Nach den Hrsg. der dt. Übers. (Bd.2, 959) spielt dieser Name „auf den schreib- und redefreudigen John Wilson" an, einen Professor für Moralphilosophie, der zahlreiche Beiträge für BLACKWOOD'S MAGAZINE schrieb. Ich vermute aber, daß dies keineswegs *alles* ist, vgl. den *gestohlenen* Atem — wenn Poe sich, *später*, gern und oft voreilig als Opfer angeblicher Plagiate sah, so darf der Grund für diese Empfindlichkeit wohl darin vermutet werden, daß er sich von seinem Pflegevater grundlegend bestohlen fühlte; alles, was auch nur entfernt nach Wiederholung aussah, weckte sein Mißtrauen und sein Ressentiment. Daß Poe durchaus selber dazu neigte, dichterisches Material und auch biographische Daten von anderen zu 'borgen', deutet Kenneth Silverman als ein Zeichen von Unsicherheit: „it suggests a sense of deficiency in himself and of envy toward others he thought more adequate" (Remembrance, 72). Ein solches *alter ego*, das, im Gegensatz zu ihm, genug 'Atem' hatte, war für ihn einige Zeit lang sein Bruder Henry, und Silverman weist darauf hin, daß es einige fast identische Gedichtstrophen von beiden gibt (vgl. ebd., 84f.).

sie gemeinsam, und zwar mit hinreichender Lautstärke, ihre Stimmen erheben: der Wiedervereinigung bzw. Versöhnung in der Gruft folgt so der Beweis, daß nun beide einander gleichgestellt sind. Gemeinsame Trompetentöne als Karikatur eines konsensblähenden *happy end*.

Freilich weiß Poe im Grunde seiner frustrierten Seele, daß Rationalisierung nur ein umweghafter Ersatz der halluzinativen Wunscherfüllung und insofern zum Scheitern verurteilt ist. Er endet daher mit einer recht absichtsvollen dreifachen Blasphemie. Wie schon zu Beginn, wird die Philosophie noch einmal höhnend erwähnt: Er wisse natürlich, daß manches von dem hier Ausgesprochenen geeignet sei, viel neues Licht auf einen hochinteressanten Zweig der physikalischen Philosophie zu werfen. Zweitens bekommen zeitgenössische Journalisten, die sich der Propagierung der 'Demokratie' verschrieben haben, ihr Fett ab: Eine „Democratic gazette" nimmt die Errettung der beiden Stimmgewaltigen aus dem Grab zum Anlaß für eine weitschweifige Diskussion über „'the nature and origin of subterranean noises'" (P 404), selbstverständlich inklusive freizügig gewährter Gegenstatements & Erwiderungen. Und schließlich läßt Poe, der der Kirche ferner stand als die meisten seiner Zeitgenossen, noch eine antiklerikale Spitze folgen: Es sei im Geiste jener eingangs erwähnten „indiscriminate philosophy" gewesen, die ein sicherer Schild gegen alle unverständlichen Wendungen des Schicksals sei, wenn die alten Hebräer glaubten, die Tore des Himmels müßten sich unvermeidlich demjenigen Sünder oder Heiligen öffnen, der „with good lungs and implicit confidence" das Wort „Amen!" würde brüllen können. Postmodernisierend darf variiert werden: demjenigen sozial Zukurzgekommenen oder Erfolgreichen, der mit Durchsetzungsvermögen und tönendem Selbstvertrauen die ihm von der sich globalisierenden 'Informationsgesellschaft' abverlangten Phrasen würde 'kommunizieren' können.

2 / Das sprechende Ich als künstlicher Mensch: *The Man that Was Used Up*

Der Ich-Erzähler dieser Geschichte bleibt namenlos — obzwar wir erfahren, daß er *nicht* Thompson heißt (der Name, mit dem General John A.B.C. Smith ihn fälschlich anreden wird). Was er von seiner Familie mit auf den Weg bekommen hat, ist weniger ein Name, als ein *Familienübel*. Wie so oft bei Poe, weist hier ein Erzähler, der Züge des Verfassers selbst trägt, auf seine nervöse Konstitution hin, der er nicht abhelfen könne: „I am constitutionally nervous — this, with me, is a family failing, and I can't help it" (P 405). Die Beschreibung, wie sich dies äußere, entbehrt nicht der Selbstironie: Besonders sei es schon das kleinste Aufkommen eines Geheimnisses, „of any point I cannot exactly comprehend", wodurch er unverzüglich in einen beklagenswerten Zustand der Erregung versetzt werde. Da liegt der Verdacht nicht fern, der nervöse Forscherdrang des Erzählers könnte 'Geheimnissen' gelten, die *mit ihm selbst*, z.B. den Ursachen jenes 'Familienübels', nicht wenig zu tun haben. Der Name des Generals, John *A.B.C.* Smith, enthält einen deutlichen Hinweis auf *das Alphabet*, also auf die Sprache (das Sprachsystem, französisch *langage,* im Gegensatz zur jeweils gesprochenen Rede, *parole*[46]). Durch Jacques Lacan wissen wir, wie sehr die Einführung (oder Einschreibung) der Sprache, der 'symbolischen Ordnung' in einen Menschen sein Begehren prägt — die konstitutive Spaltung, die ein Mensch dadurch erleidet, individualisiert ihn ebensosehr (vor allem auch durch die Zuschreibung eines *Namens*, der ihn von anderen unterscheidet, ihn abgrenzt und dadurch eingrenzt), wie es ihn auf Dauer in Distanz zu sich selbst treten läßt, ihn um die Lücke eines 'Selbst' kreisen läßt, das dadurch erst wird. Nun hat jemand, der Schriftsteller gewesen sein wird, dessen personalisierende Reaktion auf die ihm oktroyierte Konstitution also darin besteht, speziell über das Medium der Sprache etwas aus dem zu machen, was aus ihm gemacht worden ist[47], zum Umgang mit Sprache gewiß ein besonderes Verhältnis. Der *Forscherdrang*, der z.B. in den Detektivgeschichten exemplarisch ein 'Aufdecken von Geheimnissen' betreibt (freilich von solchen, die der Autor selbst konstruiert hat, weshalb Poe die Inszenierung ihrer Aufdeckung eigentlich nicht als besonders bemerkenswerte Leistung empfand[48]), wendet sich zum Beispiel in den poetologischen Arbeiten dem Gedichteschreiben zu und betont dort bis zur Unglaub-

---

[46] So unterschied Jacques Lacan im Anschluß an Ferdinand de Saussure. Zur Einführung in Lacans linguistisch expliziertes Modell von Psychoanalyse siehe: Samuel M. Weber, Rückkehr zu Freud. Jacques Lacans Ent-stellung der Psychoanalyse, Frankfurt/M. & Berlin 1978; Peter Widmer, Subversion des Begehrens. Jacques Lacan oder Die zweite Revolution der Psychoanalyse, Frankfurt/M. 1990; Gerda Pagel, Lacan zur Einführung, Hamburg 1989

[47] Ich beziehe mich hier auf Jean-Paul Sartre, der diesen Charakterisierungstopos seiner existenzialistischen Psychologie erstmalig auf den Poe-Wahlverwandten Charles Baudelaire anwandte (vgl. Sartre, Baudelaire. Ein Essay, orig. 1963, Übers. B.Möhring, Reinbek 1978, 63: „Bei diesem 'Werverliert-gewinnt-Spiel' trägt der Besiegte *gerade in seiner Eigenschaft als Besiegter* den Sieg davon", Hervorh. v. Sartre) und dann später auf Genet und Flaubert.

[48] Vgl. Poes Brief an Philip Pendleton Cooke vom 9.August 1846: „Was ist denn zum Beispiel bei der Entwirrung des Gewebes in *Murders in the Rue Morgue* genial, wenn man selbst (als Autor) dieses Gewebe gesponnen hat, eben um es dann entwirren zu können?" (zit. nach Bd.2, 1037).

würdigkeit die rein handwerklich-technische *Herstellbarkeit* poetischer Effekte, so als wäre das 'Geheimnis' eines Gedichtes und der Antriebe, die es veranlaßten, damit erledigt (vgl. dazu Kap.XIII). Um so interessanter, daß in *The Man that Was Used Up* der gerade heute gesellschaftlich propagierte Glaube an die technische Aufrüstbarkeit und durch strategische Effekte 'kompetente' Handhabbarkeit umgangssprachlicher Kommunikation als lächerlicher Ersatz entlarvt & verhöhnt wird. Denn was den General angeht, so ist es dieses 'Geheimnis', das hier aufgedeckt wird: die 'mysterial appearance' eines Menschen, der fast nur aus *Prothesen* besteht — und zwar ist es ein *offenes* Geheimnis, über das zu sprechen vermieden wird, obwohl im Grunde alle davon wissen.

Schon die Eingangssätze ironisieren das öffentliche Blendertum, das auftrumpfende 'Hoppla hier bin ich' vermeintlich schneidiger Burschen. Er könne sich, so der Erzähler, nicht mehr genau erinnern, bei welcher Gelegenheit er den General John A.B.C. Smith kennengelernt habe, ohne Zweifel bei irgendeiner öffentlichen Veranstaltung, wo es ganz zweifellos um höchst wichtige Dinge gegangen sei. Schon diese Einzelheit ist bemerkenswert: das Subjekt wird in eine Sprachgemeinschaft hineingeboren, die zumal seit der Zeit der Aufklärung durch *sprachlich vermittelte Öffentlichkeit* gekennzeichnet ist. Kehrseite sprachlicher Öffentlichkeit ist aber das zur Selbstdarstellung einer 'erfolgreichen Persönlichkeit' geforderte Prätendieren, das *Blendwerk des Ich*. Die ausführliche Aufzählung der Vorzüge des Generals changiert spürbar ins Lächerliche: Sein Backenbart war der ansehnlichste unter der Sonne, seine Brust die prächtigste vom Erzähler je erblickte, seine Beine stellten das *non plus ultra* guter Beine dar. Vor allem aber wird die *Stimme* gelobt, mitsamt der (zunächst als 'natürlich' unterstellten) Sprechwerkzeuge, die sie hervorbringen: „Here were the most entirely even, and the most brilliantly white of all conceivable teeth. From between them, upon every proper occasion, issued a voice of surpassing clearness, melody, and strength" (P 405). Das Bemerkenswerteste aber sei vielleicht etwas über diese bloße Aufzählung Hinausgehendes, alle diese Einzelteile Vereinigendes gewesen, das der Erzähler in Mangel eines besseren Ausdrucks mit „the *manner*" umschreibt (P 406 a): eine Art und Weise, sich zu geben, eine Verhaltensweise, ein Stil. Hans Wollschläger übersetzt mit '*Lebensstil*' (Bd.1, 234), was gut kompatibel ist mit Wittgensteins Korrelierung eines jeweiligen *Sprachspiels* mit einer jeweiligen *Lebensform*, die von den Redegegenständen und der Sprechweise eines Menschen ausgedrückt, widergespiegelt & aufgezeigt werde. Denn um eine solche geht es: in den Augen der (vor allem auch weiblichen) Bewunderer ist es die *eines Mutigen und Tapferen*. Nach dem Gespräch zu urteilen, das der General mit dem Erzähler führt, müssen an der damit verbundenen Autarkie & Souveränität bereits Abstriche gemacht werden: es ist die Lebensform eines Menschen, der vor allem an die *Unbegrenztheit des technischen Fortschritts* glaubt. In Wahrheit aber ist es, wie sich später zeigen wird, die *eines Zerstückelten*, eines Menschen, der nur in völliger Abhängigkeit von Helfern und künstlichen Hilfsmitteln das *vortäuschen* kann, was ihm, soweit er es überhaupt besaß, längst abhanden gekommen, „used up", verbraucht ist.

Die Förmlichkeit und die *steife Präzision*, die dem Erzähler am Verhalten (vgl. „manner") des Generals auffallen, wecken schon einen gewissen Verdacht — nicht anders als in E.T.A.Hoffmanns Erzählung *Der Sandmann* das Verhalten der schönen Olympia (am Ende wird sich herausstellen, daß Nathanael sich in eine *Puppe* verliebt hat, einen *Automaten*, an dem alles künstlich und gar nichts Menschliches ist[49]). Des weiteren fällt auf, daß der General jede Thematisierung der geheimnisvollen Umstände des Indianerkriegs, in dem er sich so sehr hervorgetan haben soll, vermeidet — damit erhält sein Sprechen gleichsam einen blinden Fleck. Und obwohl die „delightfully luminous conversation" des imposanten Mannes hervorgehoben wird („I never heard a more fluent talker, or a man of greater general information", P 407), sind es gerade der Fluß und das Informiertsein, die im folgenden auch wieder in Frage gestellt werden, als dem General einige offenkundige Fehlleistungen unterlaufen: Er hat den Namen seines Gesprächspartners bereits wieder vergessen (redet ihn falsch an), und als er die Rede recht künstlich am Thema der überaus nützlichen technischen Innovationen halten will, die überall wie Pilze aus dem Boden schießen, unterlaufen ihm plötzlich serienweise Versprecher & Stockungen, die er mit Wiederholungen, ungeeigneten Füllseln & überbrückenden Lauten zu kaschieren versucht: „The most wonderful — the most ingenious — and let me add, Mr. — Mr. — Thompson, I believe, is your name — let me add, I say the most *useful* — the most truly *useful* — mechanical contrivances are daily springing up like mushrooms, if I may so express myself, or, more figuratively, like — ah — grasshoppers — like grasshoppers, Mr.Thompson — about us and ah — ah — ah — around us!" (P 407 a). Der 'blinde Fleck' zeigt sich als Anwesenheit des Abwesenden, des Verdrängten bzw. Umgangenen (Vermiedenen), und Poe erweist sich (wie auch sonst) als Vorarbeiter späterer psychoanalytischer Entdeckungen. *Fehlleistungen* waren ja neben Hypnose und Traum eins der ersten Forschungsgebiete, auf denen Freud zur Formulierung der Gesetzmäßigkeiten des Unbewußten gelangte.[50] Das Unbewußte ist „strukturiert wie eine

---

[49] Da Poe manches von Hoffmann kannte, darf man vielleicht vermuten, daß *Der Sandmann* für *The Man who Was Used Up* von Einfluß war (die Hrsg. der 10-bd. dt. Übers. weisen auf diese Hoffmann-Erzählung in Fällen hin, wo mir Einfluß m.E. eher weniger wahrscheinlich ist als hier, so bei *Ligeia* (das Portrait der Clara) und *The Masque of the Red Death*, vgl. Bd.2, 1024 u. 1033): „There was a primness, not to say stiffness, in his carriage — a degree of measured and, if I may so express it, of rectangular precision attending his every movement" (P 406 a); vgl. bei Hoffmann: „die steife starre Olympia" (Hoffmanns Erzählungen, Wilhelmshaven 1951, 34). „In Schritt und Stellung hatte sie etwas Abgemessenes und Steifes, das manchem unangenehm auffiel" (ebd., 38). Nathanaels Freund Siegmund sagt zu ihm: „'Sie ist uns — nimm es mir nicht übel, Bruder — auf seltsame Weise starr und seelenlos erschienen. (...) Ihr Schritt ist sonderbar abgemessen, jede Bewegung scheint durch den Gang eines aufgezogenen Räderwerks hervorgerufen. Ihr Spiel, ihr Singen hat den unangenehm richtigen, geistlosen Takt der singenden Maschine, und ebenso ist ihr Tanz. Uns ist diese Olympia ganz unheimlich geworden" (ebd., 42). Schließlich zeigt sich, daß auch ihre Augen, die Nathanael so strahlend angeschaut hatten, künstlich sind (geradeso wie die des Generals). Der (im wahrsten Sinne des Wortes) 'Blender' Coppelius (als gespenstischer 'Sandmann') steht bei Hoffmann für einen lebensfeindlichen technischen Fortschritt, der die innere Zerrissenheit Nathanaels nicht nur nicht auffangen kann, sondern sie erst recht zum Ausbruch bringt.
[50] Vgl. S.Freud, Zur Psychopathologie des Alltagslebens. Über Vergessen, Versprechen, Vergreifen, Aberglaube und Irrtum (1901). Bei Poe gibt es dazu weitere interessante Stellen, z.B. in *Arthur Gordon Pym*: „My difficulties had taught me the necessity of caution" (P 769), was A.Schmidt zu Recht übersetzt mit: „Meine Fehlleistungen hatten mir die Notwendigkeit äußerster Vorsicht beigebracht" (Bd.3, 158). — Inakzeptabel, wenn eine Übersetzung von den diversen, hier essentiellen „ah" nur eins stehen läßt (so Elga Abramowitz in: E.A.Poe, Erzählungen (ed. Friedrich Baadke), Berlin 1984, 40).

Sprache" (Lacan[51]), es zeigt sich uns zunächst als Diskontinuität, ein „Anecken, Mißlingen, ein Knick"[52]: *Es* äußert sich als ein Stolpern, ein Stocken, ein Ausgleiten auf der Signifikantenkette & Fallen in Leerräume, worin relevanter Sinn sich meldet bzw. weiter-gehend sich melden würde (das 'sich' der Identitätsintention zum Imaginären hin aufschiebend), wenn man ihm nachginge. Das künstliche, obzwar glänzende Bein des Generals verweist auf künstliche, obzwar bestechende Diskursivität (wir werden später sehen, daß Poe oft *Gehen, Laufen* als Metapher für *Sprechen* einsetzt). Das Subjekt kann den anschlußheischenden Glättungserwartungen, die, verinnerlicht, an den unzähligen Abzweigungsmöglichkeiten und Schaltstellen seines entwicklungsfähigen Diskurses wie Fühler & Wegweiser aufleuchten, zu genügen versuchen, oder auf 'es' hören, was da stört & sich meldet. Das Ich ist gewissermaßen die erfahrungsgestützte Summe der Taktiken eines Subjekts, den psychischen 'Zusammenhalt' aufrechtzuerhalten, und darum, so Lacan, ist es das privilegierte Symptom par excellence.[53] Mit anderen Worten, das Ich ist ein Schichtenbau aus gescheiterten und 'bewährten' Identifikationsversuchen, und mittels dieses Baus ist das Subjekt dazu verdammt (oder macht daraus, bei entsprechender narzißtischer Disposition, eine gloriose Veranstaltung), seine *imaginäre Selbstmächtigkeit* auszustrahlen. Was aber dem Subjekt seine ursprüngliche Grandiosität eines primären Narzißmus schon immer zerschnitten hat, indem es ihn zumal mit der das Individuelle überhaupt konstituierenden, strukturierenden Rolle der *Negation* konfrontierte, worüber ab- & eingegrenzt wird[54], ist eben die *Sprache*, genauer: die symbolische Ordnung vermittels des erfahrenen Sprechens bestimmter BeZUGspersonen. „Das Unbewußte ist die Summe der Wirkungen, die das Sprechen auf ein Subjekt übt, auf jene Ebene, wo das Subjekt sich aus den Wirkungen des Signifikanten konstituiert."[55] Das sprechende Ich ist insofern eine wandelnde Restaurationsbemühung *mittels der Sprache, die das Subjekt spaltet*. Das Subjekt ist also eine sich immer neu reproduzierende Anti-Nomie, mit dem Nomos gegen den Nomos, mit dem Gesetz gegen das Gesetz, mit dem Namen gegen den Namen, mit der Herkunft gegen die Herkunft.[56] Es kämpft einen Kampf,

---

[51] Das Seminar von Jacques Lacan XI (1964): Die vier Grundbegriffe der Psychoanalyse (ed./Übers. N.Haas), Olten & Freiburg i. B. 1978, 26; vgl. auch 156, 206 (das Unbewußte ist „aus Sprache gemacht"), 213

[52] Ebd., 31

[53] Vgl. Das Seminar von Jacques Lacan I (1953/54): Freuds technische Schriften (ed. N.Haas, Übers. W.Rademacher), Olten & Freiburg i. B. 1978, 24

[54] Diesbezüglich hat John P. Muller anhand von *The Purloined Letter* interessante Bezüge zwischen Poe, Lacan und Hegel aufgewiesen, vgl. Negation in The Purloined Letter: Hegel, Poe, and Lacan, in: J. P. Muller / William J. Richardson (ed.), The Purloined Poe, 343–368

[55] Lacan, Die vier Grundbegriffe der Psychoanalyse, 132. Vgl. 156: „Das Unbewußte, das sind die Wirkungen, die das Sprechen auf ein Subjekt hat, das ist die Dimension, in der das Subjekt sich bestimmt in der Entfaltung der Sprechwirkungen, woraus folgt, daß das Unbewußte strukturiert ist wie eine Sprache"; und ebenso folgt daraus, daß das *Begehren*, genauer: die Funktion des durch das symbolisch skandierte Phantasma geprägten Begehrens „letztes Residuum der Wirkung des Signifikanten im Subjekt" ist (162).

[56] Vgl. griechisch νόμος: a) Brauch, Herkommen, Art, Gewohnheit, Ordnung; b) Grundsatz, Regel, Gesetz, Vorschrift; c) Sangweise, Melodie, Lied, Tonart. Daraus läßt sich bereits das *The Man that Was Used Up* bestimmende Geheimnis herauslesen: *Die Herkunft eines Menschen, die Art, wie er mit Regeln konfrontiert wurde, bestimmt seine Gewohnheit, seinen Lebensstil und seine Sangweise.*

der so labyrinthisch und schlecht-unendlich ist, wie die Verzweigungen der Sprache selbst. Der aufgrund eines „family failing" zu *spezifisch reflektierter* Arbeit *mit der Sprache gegen die Sprache* prädestinierte Edgar 'Allan' Poe, dessen herkunftslastiger Doppelname seine verzwickten Identifikationsbemühungen schon beispielhaft ausdrückt, hat in John 'A.B.C.' Smith, diesem Doppelgänger seiner selbst, eine seiner ausdruckskräftigsten Gestalten geschaffen. (Zum *Kaufmannsalphabet* — vgl. die strukturell analoge Stellung von 'A.B.C.' und 'Allan' in der Mitte des Namens, sozusagen bildhaft die Identität-mit-sich, die der Name ausdrückt, spaltend! — später in Anhang I mehr.)

Der Erzähler verläßt nun den General mit angeblich hochbegeisterter Meinung von dessen Unterhaltungsgabe (was der Leser natürlich längst nicht mehr teilen kann); seine Neugier ist aber noch nicht befriedigt, und er beschließt, Erkundigungen einzuziehen, um jenem 'blinden Fleck' auf die Spur zu kommen. Die Episoden, in denen das Mißlingen dieses Unterfangens geschildert wird, variieren das Thema der „conversational powers", indem sie das Augenmerk auf die durch öffentliche Rede ausgeübte *Macht* im Sinne von *Gewalt* und die in umgangssprachlicher Rede waltende *Verschleierung* lenken: Dem Unterbrochen-/Zerstückeltwerden *von innen* (durch das internalisierte Wider-sprechende, den zur Aufhebung von Blockierungen nötigenden historisch-symbolischen Widerspruch) folgt somit im Textverlauf das Unterbrochen-/Zerstückeltwerden *von außen*, das ihm in Wirklichkeit ursächlich *vorausgeht*, eben als Einprägung der symbolischen Ordnung, der die betreffende Gesellschaftsform charakterisierenden leitenden Schematismen, Realitätsprinzipien, Verhaltensmaßregeln, Tabus — gerade das wird hier wichtig, wo es um etwas geht, das den '*man*', nach dem der Erzähler fragt, charakterisieren soll, aber nicht zur Aussprache gelangt. Als der Erzähler in einer Kirche, unglücklicherweise während der Predigt des Pastors, von einer Klatschdame Aufschluß zu erhalten hofft, und dieser auch bevorzustehen scheint, unterbricht der gekränkte Geistliche das Tuscheln der beiden unaufmerksamen Zuhörer, indem er seine Predigtstimme zu einem *Brüllen* erhebt. Die Dame kommt noch bis „you know he's the *man* —", dann fällt der Geistliche ein mit einer Stelle aus dem Alten Testament, die eigentlich perfekt paßt: „Der *Mensch*, vom Weibe geboren, lebt kurze Zeit und ist voll Unruhe, geht auf wie eine Blume und fällt ab, flieht wie ein Schatten und bleibt nicht" (Hiob 14.1–2a). Eben damit beginnt das 'familiäre Unglück', das Begehren des zunächst hilflosen Subjekts wird durch das Lacansche 'Objekt a', das den Säugling nährende Weib (meist die Mutter), zunächst gestillt und dann auf eine potentiell endlose Kette hin, im Sinne der symbolischen Ordnung, abgelenkt (Kette der Identifikationen, diskursiven Einheiten, begegnenden Gegenstände, Wunschobjekte, Waren), wodurch sein Begehren stets nur *verschoben* wird, um 'sich' neu aufzuladen. Der Weg zu sich selbst ist eine ständige Verschiebung, Bei-sich-Sein als Nie-Ankommen, sukzessive Selbstkonstitutivität als Selbstentfremdung, Kreisen um eine Lücke (der Ausdruck 'selbst' ist grammatisch ein Pro-nomen, Platzhalter, selbstreferenzielles Substitut, welches, nominalisiert zur Metapher *das Selbst*, 'sich' einsetzt & dabei verschiebt; es *ist selbst* das Zusammenspiel der beiden großen im Unbewußten wirksamen Mechanismen Verschiebung & Verdichtung, Metonymie & Metapher). Vor allem das Wissen um den Tod prägt das menschliche Dasein, und dieses Wissen verdankt sich unmittelbar der Sprache, nämlich dem tradierten Erfahrungsschatz einer Sprachgemeinschaft (urgeschichtliche Totenkulte gehörten zu den Entstehungskontexten der Schrift). Die *Aphanisis*, das *Schwinden* des Subjekts, seine Drift auf der Signifikantenkette wird nun von Poes Text mit den nächsten scheiternden Versuchen des Erzählers, Auskunft zu erhalten, in der Tat plastisch vorgeführt: Als zwei vermeintliche *Kennerinnen*, die Damen Cognoscenti, bekannt dafür, daß sie über alles zu schwatzen & zu tratschen wissen, während einer Aufführung der Shakespeare-Tragödie *Othello* Aufschluß über den General zu geben versprechen, vereitelt dies der Tragöde Climax, ein *professioneller Schauspieler* also, wie im Grunde auch der Priester einer war. War unter den Sprüchen der Damen das Smith geltende Lob einer 'denkbar angemessenen Würdigung von Theatereffekten' schon reichlich doppelsinnig, greift nun der Tragöde bei „he's the man—" ein, indem er dem Erzähler einen Part über künstliche Sedativa (!) direkt ins Ohr brüllt und dabei die Faust vor seinem Gesicht schüttelt. Die Assoziation von *Erziehungsmaßnahmen* liegt nahe: Pflegevater John Allan, Lehrer & Vorgesetzte figurierten als die Darsteller & Repräsentanten der sozialen Ordnung, die sie Poe einbleuten. Verständlich, daß der Erzähler solche Eindringlichkeit weder ertragen kann noch will — zunächst quasi in Notwehr, dann diese in Angriff umkehrend, verprügelt er darum den Tragöden. Die via Negation eingeschärften Schranken fordern zu ihrer Überschreitung und zum Errichten neuer auf, zur „vengeance" (Rache), wie sie am Ende von *Arthur Gordon Pym* bezeichnenderweise erneut mit einem Hiob-Zitat, doch diesmal *in Einmeißelung des eigenen kryptischen Schriftwerks* vollzogen werden wird (mit der Schrift gegen die Schrift!).[57] Hinter den Kulissen („behind the scenes", P 409) wird die offiziell verschleierte Gewalt, die bei Inszenierungen alltagssprachlicher Kommunikation nicht anders als bei kulinarischer Kulturrezeption auf „an appreciation of stage effect" (P 408) sich zu beschränken hat, nun offen ausgeübt — der Erzähler reagiert jetzt mit jener direkten Gewalt, welcher die indirekte als Sublimierung entstammt und die sie z.B. im Anbrüllen oder im drohend imponierenden Fäusteschütteln auch 'vor den Kulissen' durchaus noch als Zug aufwies. (Bekanntlich kann man auch in der Erziehung durch 'bloßes Reden' mindestens ebenso sehr verletzen wie durch Prügel.)

Das Wort ist Bedeutungsknoten, jener Knoten, der das Subjekt würgt und seine Unterwerfung auf dem Feld des Andern fordert. „Es gibt kein Subjekt, ohne daß, irgendwo, Aphanisis des Subjekts wäre, und auf dieser Entfremdung, dieser Spaltung, beruht die Dialektik des Subjekts."[58] Der Sinn, den der Signifikant produziert, reproduziert zugleich die Lücke — der Mensch, *the man*, ist ein Anakoluth. Der in die Bresche

---

[57] Zu „'I have graven it within the hills, and my vengeance upon the dust within the rock'" (P 883) siehe näher in Kap.IV (zu *Shadow*) und in Anhang I

[58] Lacan, Die vier Grundbegriffe der Psychoanalyse, 232. „Das Subjekt, das ist diese Erscheinung, die, eben noch, als Subjekt, nichts war, die aber, kaum da, auch schon zum Signifikanten gerinnt" (ebd., 209). Als Effekt des Signifikanten (Bedeutendes, Laut-/Bild, siehe dazu Anhang II) ist das Subjekt produzierter Sinn und zugleich Schwinden, Teilung, Spaltprodukt, Drift, 'Entfremdung', Fortschreibung/-Weisung, vgl. 217f, 221; wenn das Subjekt irgendwo als fixierter Sinn auftaucht, manifestiert es 'sich' schon 'anderswo' als *fading*, vgl. 229; darin zeigt sich, daß es Subjekt nur ist als 'Sich'-Unterwerfen auf dem Feld des Andern, vgl. 197.

springende Signifikant wird zum Subjekt stets nur für einen anderen Signifikanten, die Entflechtung im Sinne der Kette (diskursive Linearität) ist zugleich ihre eigene Fesselung, und so wird nun der '*man*', der es nicht bis zum ihn erfüllenden Wesensprädikat bringt, sondern abgewürgt wird, ein weiteres Mal über die Rutschbahn gezogen. '*Man*', im Englischen doppelsinnig (*Mensch*, auch im Sinne von *Menschheit*, und *Mann*) fungiert als *shifter*, *fader*, in der Tat „voll Unruhe", fliehend, nicht bleibend, wie es in der Hiob-Stelle hieß. Die reizende Witwe Mrs.Kathleen O'Trump vermischt ihre Andeutungen mit dem Kartenspiel — wiederum keine schlechte Charakterisierung für jene Mixtur aus Zufall & Notwendigkeit, der das 'Geschick' (Doppelsinn!) des sprechenden Wesens unterworfen ist! — das sie gerade mit dem Erzähler spielt, als eine kreischende Frauenstimme einfällt und den sich anbahnenden Relativsatz auf „Captain Mann" hin ablenkt (P 409). Hinter diesem Namen verbirgt sich anscheinend eine realexistierende Quelle: Presseberichte über einen Prozeß gegen einen Captain Mann sollen *The Man that Was Used Up*, das noch im selben Jahr (1839, in BURTON'S GENTLEMAN'S MAGAZINE) erschien, mitangeregt haben.[59] Ein anderes Mal kontinuiert '*man*' in 'Man-*fred*' bzw. 'Man-*Friday*', als man sich über den korrekten Titel des poetischen Dramas von Lord Byron streitet (von dem Poe während seiner schrift-stellerischen Entwicklung etliche Anregungen entlehnt hat). Daß diese schrillen Interventionen ebenfalls recht 'gewaltsam' ausfallen, ist klar. Keineswegs gewaltlos ist aber auch das Komplott, im Grunde zu wissen, was gespielt wird, ohne mit der Sprache darüber herauszurücken, stattdessen augenzwinkernd an der allgemeinen Verschleierung mit-zuweben: „'I say, you don't mean to insinuate now, really and truly, and conscientiously, that you don't know all about that affair of Smith's, as well as I do, eh?'" fragt Mr.Sinivate den Frager (P 410) und erreicht mit dieser Unterstellung gemeinsamen Wissens im Ton eines 'Wir brauchen einander doch wohl nichts vorzumachen, wir wissen doch beide Bescheid?', daß die Tragikomödie des Dem-Anderen-etwas-Vormachens *fortgesetzt* wird, obwohl diesmal *keine* Störung 'von außen' erfolgt. Solch unbestimmtes Appellieren an etwas, das 'doch wohl klar' sei, ist ebenfalls eine recht häufige Erziehungsmethode, die geeignet ist, erhebliche Verwirrung zu stiften und bemüht-konformes Verhalten zu induzieren (da der Angesprochene sich nicht blamieren möchte). Und wo Kommunizierende ihre Parts weitgehend beherrschen, einander dies jedenfalls (und dadurch sich selbst) erfolgreich zu suggerieren verstehen, muß 'von außen' keine direkt erzieherische Rede mehr einwirken. Der Modus der Indirektheit (in Wahrheit: Nichtigkeit, denn auch bei diesem Gespräch kommt nichts heraus) leistet 'in aller Freundschaft' — Mr.Sinivate wird ja als Freund bezeichnet — geschickter, was Verbote, Gebrüll oder Prügel mit größerem Aufwand erst durchsetzen müßten. Die resultierende Frustration ist bei solch verfeinerter Internalisierung freilich die gleiche: der Erzähler verläßt das Haus von Mr.Sinivate voller Zorn. Die flehentliche Frage, ob der General der Mann mit der Maske sei (von Mr. Sinivate zwar wissend dreinblickend, aber unsinnig beantwortet mit 'No—o—o! Nor the man in the m—o—on'), trifft die Sache erneut recht gut, geht es doch um Maskierung und Selbstmaskierung. Der Name *John Smith* ist in den USA als einer der gebräuchlichsten Namen bei Falschangaben (wenn z.B.

---

[59] Vgl. die Anm. der Hrsg. in Bd.2, 984

Ehemänner für einen Seitensprung ein Hotelzimmer mieten) früh sprichwörtlich geworden, signalisiert also per se 'Verschleierung'. Der Mond verkörpert das Schwinden & Wiederzunehmen wie das oszillierende Subjekt und spielte bei der Entwicklung des Alphabets tatsächlich eine Rolle[60] (siehe dazu Anhang I). Und dieses, stellvertretend für das beim Reden benutzte Sprachmaterial in den Namen, der Identität-mit-sich über Maskierung suggeriert, eingebunden („John A.B.C. Smith"), bleibt stets als letztes Segment vor dem Fragezeichen im Raum hängen, wenn die Befragten in schöner Regelmäßigkeit antworten: „Smith! Why, not General A.B.C.?" Es ist *das Sprechen der Sprache selbst*, das in dieser Geschichte fraglich ist, zur Debatte steht: das „Drängen des Buchstaben im Unbewußten" (Lacan[61]), das herauftönende Sprachmaterial, das durch die Taktiken des Ich deformiert und zum Effekt kanalisiert wird, ohne die anfallenden Brüche, in denen Es hakt & quillt, völlig überdecken zu können. Um dem Quellen nachgehen zu können, muß man sich zur Quelle selbst begeben. „There was one resource left me yet. I would go to the fountain-head. I would call forthwith upon the General himself" (P 410).

Der Besuch beim General ist ein exzellentes Beispiel für Poes *Sadismus* (genauer: sadomasochistische Personalisierung, denn wir werden in einem späteren Kapitel genauer sehen, inwiefern es sich bei Poe um eine Selbstunterwerfung unter den Signifikanten handelt) und für das *Ressentiment*, das er durch seine Erziehung und Ausbildung (nicht zuletzt jene an der Militärakademie von Westpoint, der er entfloh) zurückbehielt. Es ist noch früh, als der Erzähler beim General vorspricht, der noch nicht angekleidet ist; doch er gibt ein dringendes Geschäft vor und erreicht so, von einem alten Kammerdiener, einem 'Neger' („an old negro valet") ins Schlafgemach geführt zu werden. Wie bei Dupin, führt also die *eigene Verstellung* zur Entlarvung des sich verstellenden Anderen.[62] „I looked about, of course, for the occupant, but did not immediately perceive him. There was a large and exceedingly old-looking *bundle of something* which lay close by my feet on the floor, and, as I was not in the best humor in the world, *I gave it a kick out of the way*" (P 411 b). Zu seinem Schrecken *beginnt das Bündel zu sprechen* und beklagt sich über die unehrerbietige, unzivilisierte Behandlung, die es durch den Besucher erfährt. Und zwar spricht es dabei „in one of the smallest, and altogether the funniest little voices, between a squeak and a

---

[60] Siehe dazu Anhang I: Kalenderaufzeichnungen (vgl. „Man-*Friday*") spielten bei der Entwicklung der Schrift ebenso eine zentrale Rolle wie die mythische Beziehung eines jugendlichen Helden (vgl. „Man-*fred*") zu jener Mond-*Göttin*, die den ägyptischen Thoth (Gott der Gelehrsamkeit, der auch als Mond-*Gott* auftrat) bzw. den nach seinem Vorbild gestalteten griechischen Hermes zur Erfindung des Alphabets und des Lyraspiels inspiriert haben soll; doch ist schwer vorstellbar, daß Poe solche möglichen Bezüge in diesen mehr spielerisch anmutenden Text bewußt eingearbeitet hat (falls er überhaupt um solche Zusammenhänge wußte).
[61] Vgl. den Aufsatz: Das Drängen des Buchstaben im Unbewußten oder die Vernunft seit Freud, in: Lacan, Schriften (Ecrits, 1966), Bd.II (ed. N.Haas), Olten 1975, 15–55. „Denn dieses *Ich*, das man zunächst unterscheidet auf Grund der imaginären Trägheiten, die es konzentriert der Mitteilung des Unbewußten entgegenstellt, ist nur dadurch wirksam, daß es jene Verschiebung, die das Subjekt ist, mit einem Widerstand zudeckt, der dem Diskurs als solchem wesentlich ist" (ebd., 46).
[62] So vorzugehen, nach dem Descartes-Motto *Larvatus prodeo*, war übrigens auch Nietzsches Taktik.

whistle, that I ever heard in all the days of my existence." Auch im folgenden wird die Stimme des Bündels als ein *Quieken & Quietschen* geschildert, wie die Stimme eines kleinen Tieres, einer Maus etwa eher noch als eines menschlichen Säuglings — der Kontrast zur wohltönenden & souveränen Stimme des Generals, wenn im Besitz seiner künstlichen Hilfsmittel, seiner technischen Ausrüstung spricht, könnte kaum größer sein. Dem Besucher *verschlägt es glatt die Sprache* (vgl. *Loss of Breath*): Er kann nur noch aufschreien, sich in einen Armsessel fallen lassen und völlig passiv, 'stieren Blicks und offenen Mundes', auf die Lösung des Rätsels warten (des Wunders, „the wonder" gemahnt natürlich an das aufzudeckende 'Geheimnis', „the mystery"). Das einbeinige Wesen, das dort am Boden rudernde Bewegungen vollführt, ist kaum zu beschreiben, undefinierbar, ein „nondescript", seine Bewegungen „inexplicable" (P 411): die Sprache versagt, der Sprecher findet keine Gerüste mehr, um das 'sprechende Wesen' zu beschreiben, wie es sich, seiner Gerüste beraubt, ohne seine grandiose Ausstaffierung darstellt, die ihm sonst den Schein der Kohärenz, des Zusammenhalts verleiht. „'Strange you shouldn't know me though, isn't it?'", quiekt das Wesen, das *alter ego* (darum doppelsinnig: es geht um dich, um '*the man*'!) und befiehlt dem Neger, sein Bein zu bringen, ein recht ansehnliches, bekleidetes, rasch angeschraubtes Korkbein, mit dessen Hilfe es wieder den Schein eines 'aufrechten Ganges' anzunehmen in der Lage ist. Während 'der Neger' ihm nun mit einem künstlichen Körperteil nach dem anderen behilflich ist, erzählt der General beiläufig („as if in a soliloquy", wie im Selbstgespräch[63]), wie er von den Kickapu-Indianern zerstückelt worden sei, und empfiehlt dabei ebenso beiläufig die besten Hersteller und Lieferanten künstlicher Gliedmaßen. Schultern (zum Tragen von Lasten und 'Schulterstücken'), Heldenbrust, Perücke, Zähne und Augen werden ihm gereicht & montiert, so daß der Erzähler ihn nunmehr problemlos wiedererkennt und nur die *Stimme* ihn noch irremacht (ein weiterer Hinweis, worauf das Schwergewicht liegt). Auch dem wird abgeholfen, Gaumen und Zunge werden ihm eingesetzt, und die Verwandlung ist eindrucksvoll: „When he again spoke, his voice had resumed all that rich melody and strength which I had noticed upon our original introduction" (P 412). Es seien die verdammten Indianer gewesen, erklärt der General in so glasklar durchdringendem Ton, daß der Besucher förmlich zurückprallt; sie hätten ihm nicht nur die Zähne eingeschlagen, sondern auch mindestens sieben Achtel der Zunge herausgeschnitten. Ein weiterer Hersteller & Lieferant entsprechender Prothesen wird freundlichst empfohlen — der General benutzt *Waren*, um sich selbst auf dem Persönlichkeitsmarkt als eine Art Ware zurechtzutrimmen, das ist gewiß nicht die unbedeutendste Pointe der Story. Das aufzudeckende Mysterium wird damit *über die Sprache* an das verwiesen, was Marx den 'Fetischcharakter der Ware und sein Geheimnis' nannte (auch diesem Zusammenhang wird in Anhang I weiter nachgegangen werden). Der Besucher verabschiedet sich nun rasch und ist bei aller Verwirrung befriedigt, den gewünschten Aufschluß über das Geheimnis des blendenden Mannes erhalten zu haben.

---

[63] Auch *Dupin* pflegt so zu sprechen, der für Poe ein offenkundiges *alter ego* ist (A.B.C.Smith ist ein weniger offenkundiges) — vgl. *The Murders in the Rue Morgue*: „(...), while Dupin went on, very much as if in a soliloquy" (P 155).

Eine ganze Reihe von Aspekten sind bei dieser Auflösung der Geschichte bemerkenswert: Da ist die imaginäre Rache des ehemaligen, von seinen Vorgesetzten drangsalierten Soldaten, der, nicht eben in der besten Laune sich befindend, Gelegenheit nimmt, einen zum hilflosen Bündel depotenzierten General mit einem Fußtritt in die Ecke zu kicken. Da ist das herrische, verbalsadistische Gehabe des Generals gegenüber dem 'Neger', von dem er doch vollkommen abhängig ist: das große Geschick des 'Knechtes' beim Montieren der Hilfsmittel, mit denen sein 'Herr' allein den Schein seiner Herrschaft aufrechterhalten kann, wird ausdrücklich betont. Würde der Schwarze die wie selbstverständlich von ihm erwarteten Dienstleistungen verweigern, wäre sein Herr hilflos — dies spiegelt recht drastisch die Lage der weißen Gutsherren in der zerfallenden Sklavenhaltergesellschaft des Südens wider, wo über die grassierende Angst vor einem etwaigen Aufstand der Schwarzen nicht offen gesprochen wurde. Für Poe, der den Demokratismus des Nordens ablehnte, gab es 'offiziell' kein Schwarzenproblem (er pflegte sich zu diesem Thema erzkonservativ zu äußern[64]), doch hier drückt er indirekt aus, daß es inoffiziell sehr wohl eins gab. Und er, der die Fortschrittsgläubigkeit vieler seiner Zeitgenossen nicht teilte, ironisiert hier offen die Verheißungen einer Gesellschaft, wo jeder den technischen Fortschritt, der ihm eine glänzende Teilnahme an öffentlichen 'Kommunikationsprozessen' verheißt, als Ware an der nächsten Straßenecke kaufen kann — darin liegt sicherlich einer der aktuellsten Aspekte dieser Story. Man kann hier an die von Herbert Marcuse beschriebene Dialektik von Technologie denken: Statt befreiend zu wirken, wird diese gerade dazu eingesetzt, bestehende Produktionsverhältnisse zu stabilisieren, die Bedürfnisse der verwalteten Individuen zu formen & zu manipulieren, die Kontrolle über sie zu verfeinern, indem sie dazu gebracht werden, sich selbst nach den verordneten Konkurrenz- & Effizienzdiktaten zu stilisieren und dies auch noch als 'Freiheit' zu empfinden.[65] Das narzißtische Ich erweist sich als kalkuliertes & kalkulierendes, negiert-negierendes Sammelsurium von Gerüsten, warengestützt, scheingestützt, ermöglicht durch Unterdrückung, charakterisiert durch eine ultimative Künstlichkeit, die im Bedarfsfall auch zugegeben wird (ebenfalls im Gestus wohltönender, die eigene Ohnmacht kaschierender Kommunikation), an die aber wie an eine Heilslehre geglaubt wird. Das verdrängte Andere dieses Ich, d.h. die Triebanteile, Prägungen des Begehrens & Erinnerungen, welche die vermeintliche Einheit des Ich untergraben, die traumatischen, zerstückelnden Aspekte der eigenen Geschichte (die wiederum Teil der Geschichte der das Subjekt umgebenden Sprachgemeinschaft ist und letztlich der Gattungsgeschichte), werden 'den Indianern' zugeschrieben. Der 'Schatten', wie Carl Jung den 'dunklen' Persönlichkeitsteil nannte, tritt in den Träumen amerikanischer Personen oft als Schwarzer oder Indianer auf, dabei sind beide bis zu einem gewissen Grade auswechselbar.[66] Die Ausrottung der Indianer durch die Weißen wird hier, ein

---

[64] Vgl. Symons, Edgar Allan Poe, 268f. u. 309f.; Poes unkritische Haltung gegenüber dem US-Kolonialismus & -Imperialismus wird z.B. auch deutlich in seiner Besprechung zu Irvings *Astoria*, vgl. P 586
[65] Vgl. Marcuse, Der eindimensionale Mensch (The One-Dimensional Man. Studies in the Ideology of Advanced Industrial Society, 1964), Darmstadt & Neuwied 1967. Siehe dazu näher Anhang I & II.
[66] Vgl. Richard Cavendish, The Powers of Evil. In Western Religion, Magic and Folk Belief, New York 1975, 94

etwaiges schlechtes Gewissen gar nicht erst aufkommen lassend, in eine bestialische Attacke der Indianer auf den Weißen verkehrt, die dieser jedoch überlebt, triumphierend dank seiner Hilfsmittel, die ihm die wissenschaftlich-technische Revolution an die Hand gibt, und wegen seiner Tapferkeit allgemein als Held bewundert.[67] Die Perspektive ist hier pessimistischer und bissiger als im *Maelström*, dessen Strudel der Fischer für sein Leben gezeichnet, aber lebend entgeht. Denn ob das Leben des Generals, in seiner realen Hilflosigkeit und Abhängigkeit, noch als Leben bezeichnet werden kann, ist fraglich; dieser Mann ist *„used up"* (so charakterisieren ihn die letzten beiden Wörter des Textes, P 412 a, die immer wieder aufgeschobene 'Wesensbestimmung' nun doch nachliefernd): am Ende, verbraucht, bankrott. Er ist, bei aller künstlich restaurierter Grandiosität, eine lächerliche Figur. Wenn der Aufschub, die Schiebung, ein Ende hat, so darum, weil der Bankrott nun offen zutage liegt — doch es bedarf keiner großen Phantasie, um sich vorzustellen, daß General A.B.C. Smith weitermachen wird wie bisher.

Verschlissen wird, so könnte man heute angesichts der Angebotsexzesse der elektronischen 'Informations- und Kommunikationsgesellschaft' viel berechtigter sagen als zu zeiten Poes, auch die Sprache, oder genauer: der mögliche Sprach*gebrauch*, vor allem als *Sprechen*, als mögliche sprachliche Selbstdarstellung (doppelsinnig verstanden, eben auch als Selbstdarstellung der Sprache 'selber' in einer bestimmten historischen Situation). Der General ist ein *man of many words* (Schwätzer), Poe war ein *man of letters* (Literat, Schrift-steller, wörtlich *Buchstabenmann*), der das Stückwerk der Sprache, ihre Elemente, ständig de- & rekomponierte. Indes neigte Poe manchmal auch selber zu Großmannssucht & Großsprecherei und wurde dabei häufig

---

[67] Daß die Indianerthematik freilich nicht im Vordergrund steht, ersieht man schon daraus, daß den Kickapoos, einem realexistierenden Indianerstamm (der Name enthält scheinbar das Treten — *to kick* — das der Erzähler dem General zukommen läßt, was auf eine heimliche Identifikation mit den 'Wilden' in den Zerstückelungsphantasien schließen läßt), im Untertitel (*A Tale of the Late Bugaboo and Kickapoo Campaign*) das verballhornende „bugaboo" beigegeben wird, das, wie die Hrsg. der dt. Poe-Übersetzung anmerken, soviel wie *Popanz* bedeutet (vgl. Bd.2, 984). Dem Oxford American Dictionary (New York, 1980) zufolge bedeutet *bugaboo* soviel wie *bugbear*, nämlich „something feared or disliked", Langenscheidts Handwörterbuch von 1977 schlägt für *bugbear* vor: Schreckgespenst, Popanz; in *The Premature Burial* zeigt sich der Erzähler am Ende geheilt und liest künftig „no bugaboo tales — *such as this*" (P 268, H. v. Poe, Hans Wollschläger übersetzt: „keine Gruselgeschichten — so wie diese hier" (Bd.4, 810)). Sicher karikiert Poe auch die Ruhmredigkeit und Verehrung sogenannter Kriegsveteranen — Frank Zumbach weist mit Daniel Hoffman darauf hin, daß Poe in der Gestalt des General Smith wohl den General Winfield Scott verarbeitet, der „einer der illustresten Bekannten Allans und öfters in seinem Haus zu Gast" war, „wo er auf allgemeines Drängen über seine militärischen Erfolge berichtete" (E.A.Poe. Eine Biographie, 51, vgl. auch 377). Doch John A.B.C. Smith brüstet sich ja zunächst keineswegs mit seinen Erlebnissen, es geht vielmehr um die Diskrepanz zwischen seiner Erscheinung und der Wirklichkeit hinter den 'Theateraufbauten'. Diese haben die Abschreckungsfunktion einer Vogelscheuche, die ja auch einen 'künstlichen Menschen' darstellen soll, in Wahrheit aber nur Popanz und Mummenschanz ist. — Eine *historische* Anspielung könnte mit dem Namen John Smith ebenfalls verbunden sein: so hieß ein legendärer britischer Abenteurer, der als „the irreligious Captain John Smith of Virginia" als erster Weißer (oder einer der ersten) die Küste von Massachussetts (Poes Geburtsstaat) erkundete und dann über „lands rich in natural resources and peopled by strange and primitive tribes" berichtete (Robert E. Spiller, The Cycle of American Literature, 9 u. 3, vgl auch 5).

auf seine fragile Konstitution zurückgeworfen. Die Krampf- & Spaltungssymptome des 'zerstückelten Körpers', d.h. die Wirkungen der symbolischen Ordnung auf den menschlichen *Leib* (das Ich ist, wie Freud betont hat, ursprünglich ein Körper-Ich!) werden später in Anhang II mit Deleuze/Guattari noch einmal spezifisch herausgearbeitet werden, während sich in diesem Kapitel die Interpretation von *The Man that Was Used Up* aus Komplexitätsgründen auf das Motiv des sprechenden Ich konzentriert.

Strukturelle Ich-Schwäche kann zur Stärke des Schriftstellers werden wie sogenannte Ich-Stärke zur Schwäche des Schwätzers. Die Art, wie in *The Man that Was Used Up* das pseudograndiose Sprechen thematisiert wird, steht innerhalb von Poes 'Grotesken' keineswegs allein. In *Diddeln* 'definiert' Poe den Menschen als *das schwindelnde Lebewesen*: „Man is an animal that diddles, and there is *no* animal that diddles *but* man. (...) To diddle is his destiny" (P 367 a). Monsieur Maillard, der selber zum Patienten gewordene Psychiater in *The System of Doctor Tarr and Professor Fether*, besticht durch seine tadellose, seriöse Erscheinung: „He was a portly, fine-looking gentleman of the old school, with a polished manner, and a certain air of gravity, dignity, and authority which was very impressive" (P 307f.). Im Gespräch mit dem Erzähler betont Maillard die sprichwörtliche Verschlagenheit sogenannter Verrückter ('lunatics'): „His cunning, too, is proverbial and great. If he has a project in view, he conceals his design with a marvellous wisdom" (P 318). Diese Verstellungsfähigkeit, diese „dexterity with which he counterfeits sanity" aber ist eben keineswegs nur eine Fähigkeit psychisch Kranker, sondern *verbindet* diese mit der Welt der 'Gesunden'. Ein Paradebeispiel für hinterhältige Verstellung liefert der Mörder mit dem verdächtig harmlosen Namen Mr.Charles Goodfellow in *„Thou Art the Man"*, der mit einer ähnlich vollen und wohltönenden Stimme spricht wie General John A.B.C. Smith („with a rich, clear voice, that did you good to hear it", P 490), und der es problemlos schafft, so zu tun, als wolle er einen gerade gefundenen (in Wahrheit selbstpräparierten) Beweisgegenstand gegen den Mann, an dem er sich rächen will, in der Jackentasche verschwinden lassen, weil er weiß, daß er ihm mit solch demonstrativem Anschein, ihm *nicht* schaden zu wollen, nur um so mehr schaden wird. Entlarvt durch den Ich-Erzähler — der Mr.Goodfellow von der durch einen technischen Trick aus der Kiste emporschnellenden Leiche höchstpersönlich (in Wahrheit *bauchrednerisch*) des Mordes bezichtigen läßt, Verstellung also mit ihren eigenen Mitteln bekämpft! — legt er völlig konsterniert noch ein volles Geständnis ab, bevor er tot zusammenbricht: das Ende der Verstellung nimmt ihm jegliche Lebenskraft. In *Four Beasts in One* tritt der mächtige Tyrann von Syrien in Tiermenschengestalt auf, als „Homo-Camelopard", und zugleich als *Dichterfürst*, Meister der Sprache, der, wie Nero, mit dem von ihm vorgetragenen Triumphgesang den Sieg bei den Olympischen Spielen aufgrund seiner Machtposition schon sicher hat, jedoch von *domestizierten wilden Tieren*, die bei seinem Anblick einen *Aufstand* machen, zu eiliger Flucht veranlaßt wird und sich damit als sicherer Kandidat auch für den Sieg im Stadionlauf empfiehlt.[68] Und aufschluß-

---

[68] Man fragt sich, wer oder was in aller Welt neben Kamel, Leopard und Mensch denn das *vierte* Tier sein soll, das der Titel *Four Beasts in One* vorsieht, es scheint aber der *Dichter* zu sein, den der Tyrann angeblich vorstellt, und der also vom Menschen sicher nicht ohne Hintergedanken von Poe unter-

reich fällt in *Some Words with a Mummy* der Versuch eines modernen Amerikaners aus, einer wieder zum Leben erweckten ägyptischen Mumie den Begriff *Politik* zu erklären, nämlich über den bildhaft-karikierend dargestellten (sozusagen ostensiv definierten) Begriff *öffentlicher Redner*: „Mr.Gliddon, at one period, for example, could not make the Egyptian comprehend the term 'politics,' until he sketched upon the wall, with a bit of charcoal, a little carbuncle-nosed gentleman, out at elbows, standing upon a stump, with his left leg drawn back, his right arm thrown forward, with his fist shut, the eyes rolled up toward Heaven, and the mouth open at an angle of ninety degrees" (P 540). Ralph Waldo Emerson etwa, kulturpolitisch einflußreich und von Poe nicht sonderlich geschätzt, galt als glänzender Redner. Ein Jahrhundert später wurde es zum Signum einer amerikanischen Variante von Psychoanalyse, Heilung, sprich erfolgreiche gesellschaftliche Wiederanpassung, ganz und gar über eine *Stärkung der Ich-Funktionen* in Richtung auf ein *well-developed super-ego* anzustreben[69] ...

---

schieden wird! Eine andere Pointe dieser Story ist, daß hier die wilden Tiere Sklaven der Menschen sind, in Wahrheit aber die *Menschen* es sind, die als dumm und grausam geschildert werden; die sich beim grotesken Anblick des Tyrannen zum Aufstand rüstenden Tiere sind entsprechend, nach Poes Intention, Sympathieträger — daß er hingegen den Schwarzen, sollten sie sich zum Aufstand gegen die Weißen entschließen, diese Rolle zugestünde, ist unwahrscheinlich.

[69] Jacques Lacan hat diese Richtung ebenso vehement abgelehnt wie auch Theodor W. Adorno und Herbert Marcuse sie ablehnten, doch Vertreter des 'Kommunikationsparadigmas' wie Jürgen Habermas und Axel Honneth greifen sie bezeichnenderweise auf!

3 / Ein röhrender Strudel: *A Descent into the Maelström*

Der *Maelström* ist nicht nur psychologisch, sondern auch literarisch ein Schlüsseltext in Poes Werk. Während man an der *literarischen* Qualität der beiden bisher interpretierten Stories füglich zweifeln mag, kann bei dieser, erstveröffentlicht im Mai 1841 in GRAHAM'S MAGAZINE zu der Zeit, als Poe dort Chefredakteur war[70], kein Zweifel daran bestehen, daß sie zu seinen stärksten zählt, jenem vielleicht einem Dutzend Kurzgeschichten, die vor dem kritischen Urteil aller Zeiten Bestand haben werden.

Übersetzt wird der Titel *A Descent into the Maelström* mit „Im Strudel des Maelstroms" (Hedda Eulenberg[71]), „Ein Sturz in den Malstrom" (Hans Wollschläger[72]) oder „Hinab in den Maelström" (Gisela Etzel / Fritz Levi[73]). Die Grundbedeutung von *descent* wäre freilich *Abstieg*, und sie trifft im Grunde die Sache, um die es hier geht, sehr gut, zumal so die Assoziation zu Orpheus' Abstieg in die Unterwelt, Vergils und Dantes Abstieg in die Hölle oder Fausts Hinabsteigen zu den Müttern deutlich wird.

Die Story wird gleichsam eingerahmt von jenem Motiv, das oben an *Loss of Breath* herausgearbeitet wurde: der vorübergehenden Aphasie, dem Nichtsprechenkönnen aufgrund großen Schreckens, eines schwerwiegenden emotionalen Konfliktes oder körperlicher und psychischer Erschöpfung. „We had now reached the summit of the loftiest crag. For some minutes the old man *seemed too much exhausted to speak*" (P 127 b), so beginnt der Text. Der Ausdruck *seemed* deutet schon an, daß wohl nicht nur die Anstrengung des Bergsteigens, sondern auch die wiederauflebende Erinnerung an die Schrecken des Maelström sein Schweigen verursacht. Denn am Ende seiner Erzählung wird es heißen: „A boat picked me up — exhausted from fatigue — and (now that the danger was removed) *speechless from the memory of its horror*" (P 139 b).[74]

---

[70] Allerdings ist unter Poe-Forschern umstritten, ob diese Story sich nicht schon 1833 unter denen befand, die Poe für das Preisausschreiben des BALTIMORE SATURDAY VISITER einreichte, das er dann mit *MS Found in a Bottle* gewann (vgl. Zumbach, E.A.Poe, 269f. u. 705).
[71] In: E.A.Poe, Erzählungen in zwei Bänden. Mit den Zeichnungen von Alfred Kubin, München 1965
[72] In Bd.4 von: E.A.Poe, Das gesamte Werk in zehn Bänden, ed. Kuno Schumann & Hans Dieter Müller, Herrsching 1979
[73] In: E.A.Poe, Aus den Tiefen der Seele, ed. & Nachwort Fritz Levi, Wiesbaden o.J.
[74] Die Stummheit vor dem Übermaß des Horrors erscheint, mehr am Rande, auch in der frühen Erzählung *Metzengerstein* (erstveröff. im Januar 1832, zehn Monate vor *Loss of Breath*): Als der Baron auf dem geheimnisvollen Pferd, das keinen Namen hat, in das brennende Schloß rast, kommt kein Laut, kein Schrei von seinen im Entsetzen durchgebissenen Lippen („The agony of his countenance, the convulsive struggle of his frame, gave evidence of superhuman exertion: but no sound, save a solitary shriek, escaped from his lacerated lips, which were bitten through and through in the intensity of terror", P 678). — Oder in *„Thou Art the Man"* ist Mr.Pennifeather angesichts der ausgeklügelten Taktik von Mr.Goodfellow, ihn als den sicheren Täter erscheinen zu lassen, schier sprachlos, was wiederum gegen ihn zu sprechen scheint: „Matters now wore a very serious aspect for Mr.Pennifeather, and it was observed, as an indubitable confirmation of the suspicions which were excited against him, that he grew exceedingly pale, and when asked what he had to say for himself, was utterly incapable of saying a word" (P 494). Am Ende freilich wird dank der detektivischen Künste des (extrem spät erst eingeführten) Ich-Erzählers der Spieß umgedreht: Nun ist es Mr.Goodfellow, der

Auf diese Schrecken wird nun in der Tat sogleich auf eine Weise vorweggewiesen, die sich zahlreicher Superlative bedient und so das Interesse des Lesers wecken soll. *A Descent into the Maelström* erhält dadurch einen sensationalistischen Einführungskontext nach Art einer *gothic story*: „about three years past, there happened to me an event such as never happened before to mortal man — or, at least, such as no man ever survived to tell of — and the six hours of deadly terror which I then endured have broken me up body and soul. You suppose me a *very* old man — but I am not. It took less than a single day to change these hairs from a jetty black to white, to weaken my limbs, and to unstring my nerves, so that I tremble at the least exertion, and am frightened at a shadow" (P 127 a). Auch an anderen Poe-Figuren, wie Roderick Usher, Egaeus aus *Berenice* mit seiner monomanischen Fixierung der Aufmerksamkeit, oder dem Protagonisten aus *The Tell-Tale Heart*, wird eine krankhafte Nervosität und Übersensibilität betont, die den Leser, wenn er sich auf die angebotene Identifikation einläßt, 'öffnet' für die bevorstehenden Schrecken; das Verfahren gehört zu Poes *Herstellung von Effekten*. Ein anderer Trick besteht hier darin, daß ein Ich-Erzähler gleichsam das Heft an einen zweiten Ich-Erzähler weitergibt. Die Struktur dieser Erzählung ist damit übersichtlich in zwei Hauptabschnitte gegliedert: der Beschreibung des Maelströms aus der Anschauung des anonymen Berichterstatters, der bald völlig in den Hintergrund tritt, sowie diverser zitierter 'Berichte', folgt die Erzählung seines

---

„several minutes" dasitzt „rigidly as a statue of marble" (P 499), bevor das Geständnis aus ihm herausbricht und er anschließend tot zu Boden fällt. — Wie vom Donner gerührt, obzwar nicht nur lebend, sondern auch im Besitz des verzweifelt gesuchten Briefes aus der Sache hervorgehend, zeigt sich auch der Polizeipräfekt in *The Purloined Letter* (1845), nachdem Dupin ihn aufgefordert hat, ruhig schon mal einen Scheck mit den versprochenen 50.000 Francs auszuschreiben, er werde ihm dann im Tausch den Brief übergeben: „The Prefect appeared absolutely thunder-stricken. *For some minutes he remained speechless* and motionless, looking incredulously at my friend with open mouth, and eyes that seemed starting from their sockets; then apparently recovering himself in some measure, he seized a pen, and after several pauses and vacant stares, finally filled up and signed a check for fifty thousand francs, and handed it across the table to Dupin" (P 214 b). Die Übergabe geht in völligem Schweigen vor sich, der Präfekt prüft mit zitternden Händen den ihm ausgehändigten Brief und taumelt dann zur Tür, um das Haus zu verlassen, „without having uttered a syllable since Dupin had requested him to fill up the check." — Ebenso gibt es eine gewisse Parallele in *The Sphinx* (veröff. Januar 1846): Erst nachdem mehrere Tage vergangen sind, vermag der verstörte Ich-Erzähler seinem Verwandten (bei dem er zwei Wochen in Abgeschiedenheit und Zerstreuung verbringt, während in New York die Cholera wütet) von der furchtbaren Erscheinung des riesigen 'Monsters' zu berichten, das er meint gesehen zu haben („It appalled, and at the same time so confounded and bewildered me, that many days elapsed before I could make up my mind to communicate the circumstance to my friend", P 471). — Dieses Motiv kommt verschiedentlich auch bei E.T.A.Hoffmann vor (einem für Poe wichtigen Autor), z.B. in *Die Doppelgänger*: „ganz und gar befangen von der großen Unlust zu sprechen, die jede heftige Anregung aus dem Innern heraus erzeugt" (in: Phantastische Erzählungen, München o.J., 83); „wie sie nun gleich armen verlorenen Sündern bebend, zitternd, keines Worts, keines Lauts mächtig vor dem erzürnten Fürsten standen" (ebd., 92); „schreibbegehrliche Blicke auf den Ratsherrn werfend. Der schien aber vergebens nach Worten zu trachten" (106); „Keines Wortes mächtig, hatten sich bis jetzt die Jünglinge angestarrt mit Blicken, in denen sich ein unheimliches Grauen abspiegelte" (130). Oder auch in dem Märchen *Nußknacker und Mausekönig*: „Marie war so geängstigt von der graulichen Erscheinung, daß sie den andern Morgen gang blaß aussah und, im Innersten aufgeregt, kaum ein Wort zu reden vermochte" (Frankfurt/M. 1985, 90f.); „Hier ging dem Nußknacker die Sprache aus, und seine erst zum Ausdruck der innigsten Wehmut beseelten Augen wurden wieder starr und leblos" (ebd., 97).

Führers, eines früheren Fischers, eben von jenen furchtbaren Erlebnissen, die der Leser nach einer so bombastischen Ankündigung gespannt zu erwarten ein Recht hat. Glaubwürdigkeit erweckt wird dabei nicht zuletzt durch wissenschaftlichen und pseudogeographischen Aufputz. Während Poe den Ort des Geschehens sonst nicht selten unspezifiziert läßt oder ihn an einen irgendwie legendenumwobenen Schauplatz verlegt, scheint er hier genau spezifiziert: Der Maelström (oder Moskoestrom) ist ein großer Strudel vor der norwegischen Küste (bei der Inselgruppe der Lofoten), der in bestimmten Zeitabständen tätig ist und dann alles, was in seine Nähe kommt, in die Tiefe zu reißen droht. Nun gibt es zwar den Maelström dort wirklich, aber nicht in der hier suggerierten Form: Er wurde zur Zeit Poes „dauernd von Schiffen befahren und war nur bei Westwind gefährlich"; die Legenden, die Poe verarbeitete, basieren auf „Seemannsgarn" und sind in der von ihm benutzten 3.Auflage der *Encyclopaedia Britannica* (1797) dokumentiert, der er auch die Beschreibung der Lokalität entnahm.[75] Es wird vermutet, daß Poes Erzählung durch einen Bericht über den Wirbelstrom von Drontheim angeregt wurde, der am 10.Oktober 1838 in ALEXANDER'S WEEKLY MESSENGER erschien.[76]

Doch daß dieser Schein von Wirklichkeit seinem Wesen nach nur ein geschickt inszenierter Phantasiebericht sei, ist selber Schein. Geschildert wird vielmehr eine *psychische Landschaft*. Die These, daß der Kern dieser Mischung aus Horror und *science fiction* psychologische Selbstauslotung ist, und die kreiselnde Untiefe des schlingenden Strudels jener der menschlichen Seele entspricht, die du 'im Schreiten nicht abmessen kannst, auch wenn du jede Straße abwanderst'[77], läßt sich schon anhand des Szenarios erhärten. Der anonyme Erzähler, vom „guide" auf die Klippe geführt, schaut unsicheren Blicks auf einen weiten Ozean, dessen Wasser von tintenschwarzer Farbe ist: „A panorama more deplorably desolate no human imagination can conceive" (P 128). Wasser ist in den Texten der Romantik wie auch von der Mythen- und Traumforschung als Symbol der Psyche hinreichend belegt, die schwarze Färbung unterstreicht das Geheimnisvolle, Gefährliche, Abgründige ihrer Tiefen. Die Klippe, auf der sich die beiden Männer befinden, erhebt sich als freiliegende Zinne von schwarzglänzendem Gestein über vierzig Meter hoch, und der Erzähler betont,

---

[75] So die Anm. der Hrsg. der 10-bd. dt. Übers., Bd.5, 1106f.; Kurt Möser bringt in dem Poe-Band der Reihe *Die großen Klassiker. Literatur der Welt in Bildern, Texten, Daten*, Salzburg 1980, 174f., zusätzlich die Nachzeichnung eines Holzschnitts aus der *Historia de gentium septentrionalium...*, Venedig 1565: „Strudel an der norwegischen Küste", wo auch die Lofoten eingezeichnet sind („Loffoet").
[76] Vgl. Bd.5, 1106f., und Möser, E.A.Poe, 175. (Falls der Text allerdings — siehe oben — bereits 1833 fertig war, dürfte diese Möglichkeit entfallen.)
[77] Vgl. Heraklit, Fragment B 45: „Ψυχῆς πείρατα ἰὼν οὐκ ἂν ἐξεύροιο πᾶσαν ἐπιπορευόμενος ὁδόν· οὕτω βαθὺν λόγον ἔχει" Bruno Snell übersetzt: „Der Seele Grenzen kannst du nicht ausfinden, auch wenn du gehst und jede Straße abwanderst; so tief ist ihr Sinn" (Fragmente griech./dt., München 7.Aufl. 1979, 17). Nun bedeutet λόγος Maß, Struktur, sinnvolles Wort, sinnvolle Rede, und lat. *discurrere* ja ursprünglich hin- und herlaufen, wobei Heraklit auch sagt: „Der Weg hin und her ist einer und derselbe", B 60, die Seele aber hat einen λόγος, der aus sich selbst heraus immer reicher wird (B 115): der λόγος wirkt zwar in ihr, als gesetzmäßiger, doch als ständig sich selbst (dialektisch) überschreitender. Ich meine, daß dies ein geeignetes Motto für den *Maelström* gewesen wäre (vgl. hierzu auch weiter unten meine Interpretation zu *The Man of the Crowd*)...

daß nichts ihn hätte bewegen können „to be within half a dozen yards of its brink" — ihn beunruhigt zutiefst die gefährliche Lage seines Gefährten, der zwar eben noch von seiner Desolatheit und Furchtsamkeit gesprochen hat und davon, daß er kaum über diese 'kleine Klippe' („'little cliff'", wie der Erzähler zweimal ironisierend, in Anführungszeichen, wiederholt) blicken könne, ohne daß ihn Schwindel befalle, jetzt aber hat er sich scheinbar sorglos („carelessly") auf den äußersten, schlüpfrigen Rand der Klippe zum Ausruhen hingeworfen, so daß fast sein ganzer Körper überhängt. Und wovon ist hier ausdrücklich die Rede? Von der *Vernunft* bzw. einer *rationalen Bezwingung der Furcht*! „It was long before I could *reason myself* into sufficient courage to sit up and look out into the distance" (P 127 b). Der Berg, auf dem die beiden sich befinden, wird 'der Bewölkte' genannt („Helseggen, the Cloudy", P 128). Zusammengefaßt: Verbildlicht wird hier die fragile, riskierte, absturzgefährdete Position des rationalen Ich und 'seiner' Vernunft. Der Ausdruck *Vernunft* hängt etymologisch mit *vernehmen* zusammen: sich vernehmen, sich selbst sprechen hören, sich gut zureden[78] — *to reason oneself.* Selbstreferenzielle Struktur der Vernunft[79], auch in der Selbstberuhigung. Der ehemalige Fischer verschleiert seine Furcht, der er sich gleichwohl, erfahrungsbedingt, bewußt ist, durch scheinbar sorgloses Verhalten: *Bewölkung* gehört zu den konstitutiven Funktionen des aus der dunklen ozeanischen Psyche wie ein trotziger Fels herausragenden Ich (das Bild stimmt auch insofern, als der Berg teils unter, teils über der Meeresoberfläche liegt!): als Abwehr, Verleugnung, Verdrängung, Überspielung, Verschleierung und Verkennung. Die *Begrenztheit der Macht des rationalen Ich* ist also schon in diesen Eingangsbildern deutlich bezeichnet, sowohl durch die Form und Lage dieser 'kleinen' und doch ganz schön hohen Klippe, als auch dadurch, daß der Name des Berges, zu dem sie gehört, das regelmäßige oder doch häufige Fehlen klarer Sicht ausspricht, sowohl auf diesen obersten Punkt hin (Selbsterkenntnis) als auch von ihm herab — denn natürlich *verschleiert das Ich gern vor sich selbst, daß das Verschleiern zu seinen Funktionen gehört*, obzwar andererseits jene grundlegende Selbstrefenzialität auch wieder *aufklärerisch* in Ansatz gebracht werden kann ('Aufklärung' wörtlich als *Beseitigung von Umwölkung & Verdunkelung* verstanden); bei Poe war exemplarisch *beides* der Fall. Das selbstbewußte Ich als hohe Warte, dabei glitschig, schlüpfrig, meerbespült, sturmumbraust.

Das düstere Wesen der Klippen, so heißt es („character of gloom"), wurde zwingender noch verbildlicht durch die Brandung, „the surf which reared high up against it its

---

[78] Vgl. auch in der Erziehung die Frage 'Willst du wohl hören?', was soviel besagt wie 'Willst du wohl gehorchen?'

[79] Kants 'Kritik der reinen Vernunft' ist bekanntlich *Selbstkritik der Vernunft, vernünftige Selbstkritik* des Erkenntnisvermögens. Fichte wies darauf hin, daß im Selbstbewußtsein Subjekt und Objekt 'zusammenfallen', und versuchte von hier aus eine Art tätiges Wissen zu konstruieren, und Hegel unternahm es, diese Struktur nicht als abstrakte, sondern als 'absolute' Identität zu explizieren, unter Einschluß des Unterschieds; seine prozessuelle 'Logik des Konkreten' ist entsprechend als explikative Selbstentfaltung einer basalen (schlechthin fundamentalen) strukturellen Selbstreferenz angelegt. Moderne diskurstheoretische Ansätze halten z.T. an dieser grundlegenden Rolle von Selbstreferenz fest, versuchen dabei aber den *Gesprächscharakter* von Rationalität gleich in einem *intersubjektiven* Sinne (Verinnerlichung und handelnde Realisierung von Intersubjektivität) zu fassen (vgl. dazu Th.Collmer, Aktuelle Perspektiven einer immanenten Hegel-Kritik. Negative Totalisierung als Prinzip offener Dialektik, Gießen 1992).

white and ghastly crest, *howling and shrieking for ever*" (P 128 b). Deutlich wird hier auf die lauernden Schrecken des Unbewußten verwiesen, mehr noch, der düstere Charakter der aus dem Wasser ragenden Landteile verdankt sich dem düsteren Charakter des Meeres selbst (bzw. wird dadurch verstärkt). Die rationalen Anteile des Ich weisen selber den Charakter jener abgründigen Tiefen des Es auf, denen sie abgewonnen sind (eine eminent wichtige Aussage über die Rolle von *Rationalisierung und Sublimierung*, der wir später weiter nachgehen müssen). Die kleinen, öde anmutenden Inseln, die ganz vom tosenden Meer umgeben sind, verbildlichen die gleiche Konstellation. Der alte Mann nennt die Namen dieser Inselchen, fügt aber hinzu, daß er es für unverständlich halte, warum man es für nötig befunden habe, alle diese kleinen Eilande zu benennen. Verwiesen wird damit auf das *symbolische Sichbemächtigen der Natur durch den Menschen*, der sich gemäß der biblischen Schöpfungsgeschichte die Naturdinge anzueignen (sich untertan zu machen) meint, indem er ihnen *Namen* gibt. Überhaupt steht nun unmittelbar das Thema *Sprache* im Mittelpunkt, wobei das Hören auf den göttlichen Logos freilich durch das Vernehmen der plötzlich mächtig anschwellenden *Naturgeräusche* ersetzt wird.[80] Die Art dieser Thematisierung ist von großer Wichtigkeit, denn das Röhren des Meeres (der Psyche, des Unbewußten) *ertönt unmittelbar in das Sprechen des alten Mannes hinein*, droht sein Sprechen zu überlagern, wobei er *in seinem Sprechen selbst auf den anschwellenden Klang hinweist*, nachdem er soeben von der Fragwürdigkeit des Benennens jener Inselchen gesprochen hat: „These are the true names of the places — but why it has been thought necessary to name them all, is more than either you or I can understand (d.h.: nicht nur ich finde es unverständlich, sondern es *ist* überhaupt nicht zu verstehen, im Sinne von: es ist unsinnig und nutzlos, T.C.). Do you hear any thing? Do you see any change in the water?" Und nun heißt es weiter: „*As the old man spoke*, I became aware of a loud and gradually increasing sound, like the moaning of a vast herd of buffaloes upon an American prairie" (P 128 b). Zuvor war bereits quasi nebenbei darauf aufmerksam gemacht worden, daß die Sprechweise eines Menschen ein ihn charakterisierendes, individuierendes Moment ist: „he continued, in that particularizing manner which distinguished him" (P 127, Wollschläger übersetzt: „fuhr er in der umständlich-eingehenden Weise fort, die eine Eigenheit von ihm war", Bd.4, 523). Solche 'leisen Töne' sind bei Poe oft entscheidender als das Grelle, Vordergründige, Effektvolle. Die Modalität des Zusammenspiels zwischen dem, was produktiv 'einfällt', quasi von unten herauftönt und als Anderes, Fremdes oft auch störend in die ablaufende Rede eingreift, und der habituell-bewußtseinsgesteuerten Sprechweise, die vor allem dadurch zu einem in sich reflektierten, sich selbst korrigierenden und propellierenden Prozeß wird, daß der Sprecher sich selbst sprechen hört und darin den internalisierten Anderen vorfindet[81], ist ein persönlichkeitskonstituierendes Moment ersten Ranges. Bekommt man die in

---

[80] Diese bleiben zwar, nach Art der Romantik, in gewisser Weise auf den göttlichen Logos zurückbezogen, zumal wenn man dem 'Motto' der Erzählung folgt; das wurde jedoch erst 1845 hinzugefügt (vgl. die Anm. der Hrsg. in Bd.5, 1107) und verweist wohl auch nicht ganz ohne Süffisanz auf die *Tiefe* der Werke Gottes.
[81] Darauf hat der (durch Hegel beeinflußte) amerikanische Sozialpsychologe George Herbert Mead (1863–1931) hingewiesen (sein Hauptwerk *Mind, Self and Society* wurde aus Vorlesungsnachschriften 1934 posthum von Charles W.Morris herausgegeben).

dieser Konstellation wuchernde Dialektik kreativ auf die Reihe, so ist man auf dem Weg zu jenem 'vollen' (eben nicht leeren, auch nicht leer-narzißtischen) Sprechen, für dessen Vorzeichnung Jacques Lacan Freuds durchaus herrschaftsbeflissenes „Wo Es war, soll Ich werden" umdeutete im Sinne von: 'Wo es aufschien / sich zeigte, soll ich, als Sprechender, ankommen'. Der Sprecher ist in doppelter Hinsicht *der bzw. das Andere seiner selbst*, und diese beiden Hinsichten sind wiederum durcheinander vermittelt, denn es sind poröse Narben der Intersubjektivität, die im Unbewußten ihren Niederschlag gefunden haben und aus denen 'Es' spricht, und was einer Person den Weg zu den Anderen öffnet oder versperrt, ist dieses Andere in ihr.

Die Charakterisierung der Brandung als „howling and shrieking forever" war nur der Beginn eines wahrhaften akustischen Infernos, das Poe in dieser Erzählung entfesselt, mit allen Mitteln seiner Sprachkunst. Die Strömung steigert sich nun von Minute zu Minute zu reißender Geschwindigkeit und „ungovernable fury" (ein deutlicher Hinweis auf das Scheitern jedes Versuchs, sich dieser Naturmacht zu *bemächtigen*): „Here the vast bed of the waters, *s*eamed and *s*carred into a thousand *con*flicting *cha*nnels, burst *s*uddenly into phrensied *con*vulsion — heaving, boiling, hi*ss*ing — *gy*rating in *gi*gantic and innumerable vortices, and all *wh*irling and plunging on to the eastward *w*ith a rapidity *wh*ich *w*ater never else*wh*ere assumes, ex*c*ept in pre*c*ipitous des*c*ents" (P 129 b). Poe arbeitet hier eindrucksvoll mit den Mitteln der Alliteration, Lautmalerei, Rhythmisierung sowie internen Rück- und Querbezügen; die Prosa entwickelt stark *dichterische* Qualitäten, Form und Inhalt stehen in intensiver Wechselwirkung. Die beobachtete Szenerie verändert sich mit zyklischer Gesetzmäßigkeit, einer stark aufgewühlten Phase folgt nun eine *trügerische Glätte*, die Strudel verschwinden, doch riesige Schaumstreifen breiten sich aus und vereinigen sich schließlich zu dem eigentlichen, ungeheuren Strudel, der wie die akute Phase einer zyklothymen (manisch-depressiven), schizothymen oder epileptischen Krise somit nicht ohne vorherige Anzeichen, aber doch *plötzlich* erscheint und ausbricht: „Suddenly — very suddenly — this assumed a distinct and definite existence, in a circle of more than a mile in diameter. (...) and sending forth to the winds *an appalling voice, half shriek, half roar*, such as not even the mighty cataract of Niagara ever lifts up in its agony to Heaven" (P 129 b). Das Bild der Stimme wird hier *metaphorisch* gebraucht, doch wenn es richtig ist, daß Sprechen, Sprache und jenes Unbewußte, das laut Lacan strukturiert ist wie eine Sprache, die 'eigentlichen' Themen dieser Erzählung darstellen, so ist die Verwendung nicht *nur* metaphorisch. Einige der verwendeten Bilder haben einen spezifisch *amerikanischen* Kontext: die Bisonherde auf einer amerikanischen Prärie, die Niagara-Fälle. Bemerkenswert an der Bison-Metapher ist der Bezug zur Bemächtigungsproblematik: Die Beinahe-Ausrottung der riesigen Bisonherden durch die Weißen war ein entscheidender Faktor im Krieg gegen die Prärie-Indianer, denen auf diese Weise die Lebensgrundlage genommen wurde; die Unterwerfung der 'Wilden', mit pseudo-religiöser Legitimation, war für die Weißen stets ein Stück imaginäre Unterwerfung des Anderen-ihrer-selbst. Das „moaning of a vast herd of buffaloes" wird wiederaufgenommen und variiert in den „howlings and bellowings" der Wale und dem röhrenden Gebrüll des Bären, die, nach dem angeblichen Bericht eines gewissen Jonas Ramus, einst in den Strudel des Maelström geraten waren, dessen „roar" und „noise" kilometerweit zu hören sei und der sich auch nicht um christliche Feiertage kümmert („In the year 1645, early in the morning of Sexagesima Sunday, it raged with such noise and impetuosity that the very stones of the houses on the coast fell to the ground", P 130). Bei all diesem akustischen Feuerwerk, das hier abgebrannt wird, mag immerhin auch zu bedenken sein, daß der Wal in gewisser Weise als mütterliches 'Symbol' taugt (vgl. Jonas im Bauch des Wals[82]), der Bär als väterliches[83]; auch das 'Lebensschiff' (das unter Umständen strandet bzw. untergeht) und das 'Haus des Selbst' sind bekannte Symbole. *Dies alles* wird vom Maelström in die Tiefe gerissen. Für den Erzähler, der das Unbeschreibbare des Augenscheins und das Niegesehene des Schauspiels hervorhebt, ist es „a self-evident thing, that the largest ships of the line in existence, coming within the influence of that deadly attraction, could resist it as little as a feather the hurricane, and must disappear bodily and at once." Es ist nicht schwierig, hier 'Existenz', 'tödliche Anziehung' und 'körperlich' in einem psychologischen Sinne aufzufassen. Ebenso läßt sich der Maelström im Sinne der Heideggerschen Rede von einem „Wirbel der Geworfenheit"[84] verstehen. Die vermeintlich geophysikalischen 'Erklärungen' von „Kircher and others" werden von Poe ironisch behandelt, doch wenn man die 'Erdkugel', den 'Globus' als ein Symbol der Ganzheit des Selbst versteht, fällt es nicht schwer, in dem Bild eines „abyss penetrating the globe" (P 131), also eines Abgrundes, der diese Ganzheit

---

[82] Hakt man sich an diesem Emblem fest, so scheint damit eine durch 'Verschlungenwerden' erreichte Totalregression ausgedrückt. Andererseits scheint seine Form den Wal auch als phallisches Symbol zu empfehlen. Über beides und das Symbol/Emblem-Muster weit hinaus geht Herman Melvilles *Moby Dick* (1851). Dort verkörpert der Weiße Wal die dem ressentiMENTALEN Herrschaftsstreben des Menschen überlegenen, letztlich unergründlichen Kräfte der Natur; die Leerstelle des Unbekannten. Für Ahab diese 'Macht' des Wals eine Herausforderung, um so mehr, als sie achtlos über ihn hinwegschreitet: „'Oh! Ahab,' cried Starbuck, 'not too late is it, even now, the third day, to desist. See! Moby Dick seeks thee not. It is thou, thou, that madly seekest him!'" (London & Glasgow 1966, 474). Will man dies unbedingt an einzelnen Symbolisierungen festmachen, so sind diese vielfältig, vgl. z.B. die Warmblütigkeit des Wals im eiskalten Meer und seine Geschütztheit durch eine dicke Speckschicht ('the blanket'): „It does seem to me, that herein we see the rare virtue of a strong individual vitality; and the rare virtue of thick walls, and the rare virtue of interior spaciousness. Oh, man! admire and model thyself after the whale! Do thou, too, remain warm among ice" (ebd., 268). Beim frontalen Anblick der Stirn des Wals „you feel the Deity and the dread powers more forcibly than in beholding any other object in living nature" (299). Der Wal wird zum 'Symbol' des Schweigens der Gottheit: „his great genius is declared in his doing nothing particular to prove it. It is moreover declared in his pyramidical silence" (ebd.).
[83] Vgl. James G.Frazers Ausführungen über die sakrale Tötung heiliger Bären (The Golden Bough. A Study in Magic and Religion (1922), London 1987, 505-18); die 'väterliche' Bedeutung ergibt sich in Verbindung mit dem 'Corn-Sprit' („'the Old Man is being beaten to death'", 429). „Der 'Bärenkult' ist als Brauchtumskomplex bei den gesamten nordeurasiatischen und nordamerikanischen Völkern zu finden", heißt es bei Dietrich Evers (Felsbilder. Botschaften der Vorzeit, Leipzig / Jena / Berlin 1991, 39), und er zitiert Anucin: „'Die Ketô glauben, daß von den Tieren nur der Bär dem Menschen ähnlich sei und eine *ulvej*, menschliche Seele, besitze. Wenn die Todesstunde des Bären kommt, geht er zu seinen menschlichen Verwandten, damit diese ihn töten und seine *ulvej* befreien. Deshalb versucht der Jäger an irgendwelchen Merkmalen zu erfahren, wer da gekommen sei: der Großvater oder die Großmutter. Die Verwandlung geschieht sieben Jahre nach dem Tod eines Menschen. So wird der Bär auch *Großvater* oder *Großmutter* genannt. War der Verwandte böse, so wird auch dieser Bär besonders boshaft'" (ebd., 40).
[84] Martin Heidegger, Sein und Zeit (1927), Tübingen 15.Aufl. 1979, 178

mitten durchkreuzt, sie vertikal (lot-recht) durchbohrt, sie durchstreicht, ein Symbol *unaufhebbarer Fragmentierung* zu erkennen und eben darin Poes Motiv, es zu äußern. In einer „Note" zu *MS. Found in a Bottle* (erstveröff. im Oktober 1833), wo das Geisterschiff *Discovery* mitsamt dem Protagonisten am Ende in einen maelströmartigen Strudel gerissen wird und untergeht, merkt Poe an, er habe erst später die „maps of Mercator" kennengelernt, „in which the ocean is represented as rushing, by four mouths into the (northern) Polar Gulf, to be absorbed into the bowels of the earth; the Pole itself being represented by a black rock, towering to a prodigious height" (P 126); diese Seelengeographie (mitsamt dem felsenhaft ausdauernden Ich als vermeintlichem Achsenpunkt, 'Pol') hatte er vermutlich bereits bei der Abfassung von *MS.* im Auge, und sie ähnelt auffällig der hier im *Maelström* geschilderten.

Die Fragmentierung der imaginären Ganzheit erfolgt speziell durch die Sprache, nämlich den Eingriff der symbolischen Ordnung, der Normen und Werte. Die Einführung der Sprache in den Menschen stellt strukturell eine Verletzung dar. Diese Konstellation berührt den Menschen so unmittelbar, daß sie, neben dem Bezug zur Mutter (der übrigens, was mit der *Hörfähigkeit* des Embryos zu tun hat, in vielen Fällen schon im Mutterleib einen signifikanten Übergang von Nichtambivalenz zu Ambivalenz erfährt![85]) 'normalerweise' wohl die bestverschleierte aller psychischen Konstellationen darstellt. Der magische Glaube, daß das, was die Wunde schlug, sie auch heilen wird, setzt wie das Kind in der Fallstudie Freuds darauf, daß es hell wird, wenn jemand spricht — diese Hoffnung pflegt weidlich ausgenutzt zu werden. Doch die Sprache derer, die als Schriftsteller und Dichter wirklich zählen, hat in der Regel mit *Agonie* zu tun, einem Zur-Sprache-*Verdammtsein*, wodurch das Signum des menschlichen Ich, ein Rivalisieren mit sich selbst zu sein, zum Agon sublimiert wird — sie würden vielleicht alles andere lieber tun, als zu sprechen, kommen aber nicht umhin, sich dem Krakeele auszusetzen, den Stimmen in ihrem Kopf und in ihrem Nervensystem. Die Textproduktion, als quasi archaischer Versuch, Sprache zu 'bannen', kann diesen Sog meist nicht besänftigen, da das narzißtische Ich seines permanenten Untergrabenwerdens allzu gewiß ist, als daß es im Anerkanntwerden durch kulturell beflissene (ihre Idealfunktion durch Literatur beschwichtigende) Andere seine Selbstanerkennung fände — es ist seine Aufgabe, von dem verzehrt zu werden, was es am Leben hält. Das Eingefleischtsein der Sprache im Menschen hat generell die Form eines sich selbst reproduzierenden Virus, eines Flohs im Ohr (der nicht immer ein Meister-Floh ist), eines zyklisch sich aufbereitenden Symptoms. Ein passendes Bild dafür wäre

---

[85] Wenn es (z.B. bei N.O.Brown) heißt, der Bezug des Säuglings zur Mutterbrust sei anfangs ohne Ambivalenz, so darf man daraus nicht den Schluß ziehen, daß der Bezug eines Neugeborenen zur Mutter anfangs nichtambivalent sei und erst später auf Ambivalenz umgepolt werde (während der zum Vater von vornherein ambivalent ist): Ein ungeborener Embryo beginnt schon mit wenigen Wochen zu *hören*, spätestens „im sechsten Schwangerschaftsmonat" ist das Gehörorgan „anatomisch reif und voll funktionsfähig" (Walther Simon, Hören – Urphänomen der Weltbegegnung, in: Gustav Heinz Graber, Pränatale Psychologie. Die Erforschung vorgeburtlicher Wahrnehmungen und Empfindungen, München 1974, 113). Daß ein Embryo Streßsymptome zeigt und Depressionen ausbilden kann, sollte sicherlich im Zusammenhang damit gesehen werden, daß „sogar Rudimente einer Sprache im Mutterleib angelegt werden können" (Thomas Verny / John Kelly, Das Seelenleben des Ungeborenen (The Secret Life of the Unborn Child, 1981), München 1981, 27).

auch ein Sirren, das einen nicht einschlafen läßt — mit 'nicht einschlafen können' ist damit, potentiell, auch durchaus 'positiv' ein Nicht-zur-Ruhe-kommen-Können gemeint, nicht bürgerlich werden, einen verordneten kollektiven Narzißmus nicht teilen können. Wie John Cage klargestellt hat, hört ein Mensch auch in einem absolut schalltoten Raum noch zwei Geräusche, einen hohen Ton, nämlich den des arbeitenden Nervensystems, und einen tiefen, den des pulsierenden Blutes. Hypernervöse Menschen wie Poe, die unter Schlafstörungen zu leiden pflegen, können davon ein Lied singen[86] — und es pflegt ihnen wenig Mühe zu bereiten, die Verbindung zu den Sprachdämonen in ihrem Innern herzustellen bzw. zu konstatieren, jenen röhrenden Stimmen, die sie zum Schreiben zwingen und nicht selten auch zum Trinken (oder zum Gebrauch anderer, die ver–*sprochene* Zeit hinzubringen helfender Sedativa). Der 'Trichter', das ist bekanntlich auch ein *Sprechgerät* (Megaphon), *zur Verstärkung der Stimme*. In Poes *Maelström*-Erzählung schreit und brüllt der riesige Trichter, zu dem sich die vielen kleinen, unberechenbaren Strudel vereinigt haben, mit einer so grauenhaften Stimme in den Sturm hinein, wie sie nicht einmal der mächtige Katarakt des Niagara erreicht, wenn er in seiner Todesangst („agony") gen Himmel schreit — in einer aussagekräftigen Umkehrung gibt hier ein Zustand der menschlichen Seele seinerseits die Metapher für den Eindruck des Kataraktes ab. Der *Trichtereffekt*, der das Kleine, Unscheinbare groß & furchtbar werden läßt, ist auch ein von Poe eingesetztes *Stilmittel*, so in *The Sphinx*, wo eine entsprechende Verzerrung der Wahrnehmung selbst thematisiert wird (das Monster ist 'in Wahrheit' nur ein kleiner Totenkopffalter, doch dadurch, daß dieser Schmetterling in seiner *Symbolfunktion* — der Totenkopf als Gravureffekt — thematisiert wird, ist er größer als jedes reale Monster).

---

[86] Man darf annehmen, daß die Schlafstörungen, von denen der Ich-Erzähler in *The Oblong Box* spricht, nicht rein fiktiv sind, sondern einen autobiographischen Hintergrund haben: „I had been nervous — drank too much strong green tea, and slept ill at night — in fact, for two nights I could not be properly said to sleep at all" (P 715). Dort ist ausdrücklich auch von nächtlichem *Ohrenklingen* die Rede; als er ein Schluchzen und Seufzen aus der Kabine von Mr. Wyatt zu hören glaubt, versucht er sich damit zu beruhigen: „I rather think it was a ringing in my own ears" (P 716). Am Ende nimmt ihn der Vorfall um den unglücklichen Künstler, dessen hysterisches Lachen er noch immer zu hören glaubt, so sehr mit, daß er bleibende Schlafstörungen befürchtet: „But of late, it is a rare thing that I sleep soundly at night. There is a countenance which haunts me, turn as I will. There is an hysterical laugh which will forever ring within my ears" (P 719). Im *House of Usher* fühlt sich der Erzähler so beunruhigt und bedrückt, daß er am siebenten oder achten Tag, nachdem die Lady Madeline in den Sarkophag gelegt wurde, keinen Schlaf mehr findet („Sleep came not near my couch — while the hours waned and waned away", P 241). In *The Colloquy of Monos and Una* werden bestimmte Empfindungen des Verstorbenen mit düsteren akustischen Wahrnehmungen eines Schlafenden verglichen: „I became possessed by a vague uneasiness — an anxiety such as the sleeper feels when sad real sounds fall continuously within his ear — low distant bell tones, solemn, at long but equal intervals, and commingling with melancholy dreams" (P 448f.). Die Stimme des *Angel of the Odd* hält der Betreffende zunächst für „a rumbling in my ears — such as a man sometimes experiences when getting very drunk" (P 377), was Poe fraglos aus eigener Erfahrung kannte. Und in *The Devil in the Belfry* wird, in heiter-ironischem Ton, Ohrenklingen bei bestimmten Vorstellungen / Erinnerungen beschworen: „There he sat in the belfry upon the belfry-man, who was lying flat upon his back. In his teeth the villain held the bell-rope, which he kept jerking about with his head, raising such a clatter that my ears ring again even to think of it" (P 742).

In einer kapitalistischen Gesellschaft wird kollektiver Narzißmus dadurch hergestellt, daß die vielen 'unberechenbaren' Individuen sich gemeinsam dem rechnenden Denken der *Tauschwertform* unterwerfen, die, zum absoluten Selbstbezug umgebogen, *alles an sich reißt* (Gebrauchswerte, Natur- und Menschenmaterial). Sie ist der unifizierende Trichter, der nivellierende Strudel, der 'Große Signifikant', als anwesend abwesender Phallus (d.h. das Getriebe schmierender Alleskleber) die Verkörperung eines *unaufhebbaren Mangels* (ein Loch, das durch den Erdball hindurchgeht![87]). Die unmögliche Beruhigung des sprechenden Wesens erfolgt durch dieses identifizierende symbolische Schema. Insofern ist es von zentraler Wichtigkeit, daß in der Erzählung des alten Fischers, die nun den zweiten Teil der Story bildet, *Profitstreben* offengelegt wird als das entscheidende Motiv für ihn und seinen Bruder, sich regelmäßig der Nähe des Strudels auszusetzen: „In all violent eddies at sea there is good fishing, at proper opportunities, if one has only the courage to attempt it" (P 131). Risikobereitschaft als Eigenschaft eines tüchtigen Unternehmers, mehr noch: Bereitschaft zum Einsatz des eigenen Lebens als entscheidender Vorteil im Konkurrenzkampf! Dank dieser Kalkulation „we often got in a single day, what the more timid of the craft could not scrape together in a week. In fact, we made it a matter of desperate speculation — the risk of life standing instead of labor, and courage answering for capital" (ebd.). Und ironischerweise wurde ja die Zeitspanne, in der ein Arbeitender seine Lebenskraft aufzehrt, im Fall des Fischers tatsächlich *komprimiert* — er *erscheint* nun als ein alter Mann, der er noch gar nicht ist; das Risiko, sich in kurzer Zeit und endgültig zu verschleißen, wurde mit der Geste eingegangen, daß man als Mutiger quasi sein eigener Kapitalist sei, autark den Klassengegensatz überbrückend, Arbeiter und Produktionsmittelbesitzer in einem. Weil sie sich der Lebensgefahr bewußt waren, haben die Brüder auch ihre Söhne nicht mitgenommen, die ihnen gute Dienste hätten leisten können, sondern fischten in diesen Regionen allein — „for,

---

[87] Es sei hier darauf hingewiesen, daß der hohe 'Phallus' (Lacan), der die *konstitutive Lücke* ausfüllt, indem er sie (antinomisch) *nicht* ausfüllt — sondern die ErFüllung im Sinne 'schlechter Unendlichkeit' (Hegel) *verschiebt* (ein AufSchub, der sich exemplarisch im Fetischismus der Ware vollzieht) — eine *bisexuelle* Metapher und keine einseitig männliche ist; er verkörpert den symbolisch-imaginären Kurzschluß als utopisch-antizipierende Rückkehr zu einer angeblich ursprünglichen Androgynie (vgl. den platonischen Mythos im *Symposion*!), im Sinne sich totalisierender (d.h. aber sich negativ durchstreichender und damit sich allererst herstellender) Selbstgenügsamkeit. Diese narzißtische Utopie ist der Hort eines konstitutiven Sadomasochismus, der genauso unaufhebbar ist wie die Lücke unschließbar, und der diejenige psychische Struktur ist, deren sich die kapitalistische Gesellschaftsform zur Selbstfortschreibung und Selbstimmunisierung des totalisierten Tauschwertes, auf dem sie basiert, bedient. Der sich im 'absoluten' Selbstbezug verselbständigende Tauschwert sucht alles Differierende zur *internen* Differenz herabzusetzen und so über das Vereinnahmte (wie Hegels 'absoluter Geist') 'nur mit sich selbst' zusammenzugehen; so zielt auch die latente Aufhebung der Geschlechtsdifferenz im Spätkapitalismus, das 'Verschwinden' der Mütter wie der Väter zugunsten einer virtuellen Androgynie auf jene imaginäre narzißtische Befriedigung, jenes Sich-finden-durch-sich-Durchstreichen, wofür einst die Religion stand und die Selbstunterwerfung unter Gott als 'Großen Signifikanten'. Die *sprachliche* Dimension, die in der (Post-)Moderne die 'Werke Gottes' gewonnen haben, gewinnt ihre 'neue Tiefe' ebenfalls durch indifferente, allein Tauschwertvorgaben folgende Verwertung in der 'Informationsgesellschaft'. Je mehr dabei der stoffliche Aspekt des Geldes hinter dem rein informationellen zurücktritt, desto mehr gleicht es sich jenem Pseudo-Geist (und dieser sich ihm) an, der als 'Kommunikation' die Systemgrenzen übertänzelt und so die besonderen und einzelnen Systeme totalisierend zusammenbindet.

after all said and done, it *was* a horrible danger, and that is the truth" (P 132). Daß dem schlechtbezahlten Schriftsteller Poe sogenannte 'Selbstausbeutung'[88] natürlich nicht fremd war, verschafft solcher Selbstunterwerfung unter die herrschende symbolische Ordnung im Stande der Selbstverkennung, sie quasi per Kurzschluß umgehen zu können, d.h. so zu tun, als könne man sich ihr unterwerfen, indem man sich ihr *nicht* unterwirft, nicht nur eine zusätzliche Ironie, sondern verknüpft auch die Sprachproblematik realistisch mit der die Sprache an sich reißenden Tauschwertgesellschaft: Poe spezialisierte sich darauf, sich der Sprachagonie, der er psychisch unterworfen war, bewußt und mutig auszusetzen, um damit, wie er hoffte, seinen Lebensunterhalt verdienen zu können. Sich am Strudel der Sprache abarbeiten, um im Strudel der kapitalistischen Gesellschaft zu *überleben* — im doppelten Sinne, persönlich und materiell. Daß in der Erzählung des Fischers der Ausdruck *eddy* fällt (ein *eddy* ist ein Wasserstrudel oder Luftwirbel), ist dabei geradezu tragikomisch: Denn *Eddy* (oder *Eddie*) wurde Poe in seiner kleinen selbstgewählten Familie genannt, von seiner Tante Maria Clemm und seiner Frau und Cousine Virginia. Gegenüber sehr guten Freundinnen (oder Frauen, von denen er sich wünschte, daß sie diese Rolle für ihn spielten) ließ er sich so nennen, denen er sich gleichsam als ein verlorenes Kind anvertraute, das lebenslang die verlorene Mutter vermißte und zu ihr, der lebendigen Toten, zu gelangen hoffte, indem es 'lebendig begraben' spielte und sich auf den Grund des Meeres saugen ließ, während er für die Außenwelt den stolzen und bissigen Kritiker und scharf kalkülisierenden Verstandesmenschen spielte: ein *violent eddy at sea*, andere bedrohend, weil er selbst ultimativ bedroht war und diese Bedrohung auch weiterhin bewußt provozierte, um — ja, um seinem Namen jene bleibende Erinnerung zu verschaffen, unter der er selbst litt, eine „mournful and never-ending remembrance"[89], die ihm möglichst noch zu Lebzeiten den Wohlstand verschaffen sollte, aus dem er verstoßen worden war. „In all violent eddies at sea there is good fishing, at proper opportunities, if one has only the courage to attempt it" (P 131). Poe hatte diese Courage, indem er den Schrecken, der aus der Seele kommt, in Worte faßte, auch wenn es ihm manchmal den Atem raubte.

Nachdem sein Begleiter einen Eindruck vom Tosen des Wirbels aus eigener Anschauung erhalten hat, fordert der Fischer ihn auf, um einen Felsen zu kriechen, so daß sie

---

[88] Dieser Ausdruck ist gewiß problematisch (nicht nur weil er durchaus unmarxistisch ist); ich verwende ihn hier, weil die Fischer eine pseudo-autarke Doppelrolle erhalten (sie sind selbständige Unternehmer und dabei als Arbeitende fremdbestimmt durch die wirbelnden Naturkräfte). Es ist plausibel, daß man für etwas, das einem wirklich am Herzen liegt, alle verfügbaren Kräfte einsetzen wird (vgl. Poes 'Verausgabungsmodell', wie es etwa in *The City in the Sea* zum Ausdruck kommt, vgl. Kap.XIII). Für die Situation des Schriftstellers läßt sich der Ausdruck 'Selbstausbeutung' *bis zu einem gewissen Grade* verwenden: Gemeint ist dann nicht in erster Linie, daß man 'weiß', daß man kein Äquivalent erhalten wird, und es 'trotzdem' tut, sondern, daß man ebenfalls weiß, daß, je mehr Künstler sich darauf einlassen, unter Bedingungen zu arbeiten, mit denen sie ihren Lebensunterhalt keineswegs sichern können, sondern evtl. noch für die Veröffentlichung ihrer Arbeit bezahlen, um so mehr dies dann von Verlagen, Herausgebern usw. 'grundsätzlich' erwartet werden wird...

[89] Eben dafür steht bei Poe, seiner eigenen Deutung nach, der Rabe, wenn er für immer auf der Pallas-Büste des Gelehrten sitzen bleibt (siehe Kap.XIII), und Kenneth Silverman hat diese Charakterisierung passend zum Titel seines Poe-Buches gewählt.

vor dem Wind geschützt sind und das Brüllen des Wassers nur noch gedämpft vernehmen. Einen solchen relativen Schutzschild, so die Hoffnung des zum gesellschaftlichen Lebenslauf und dann und wann auch zur Kriecherei Entschlossenen, bildet das Ich mit seinen Abwehrmechanismen und Erfolgsstrategien. Von Anfang an erhielten Wind und Sturm eine dem Getöse des Wassers teilweise äquivalente Funktion (und auch *eddy* kann eben beides bedeuten, auch den Luftwirbel, sozusagen den Luftikus: *wind enough* ist in der Tat ein *alter ego*!) — der Erzähler konnte sich nämlich der Phantasie nicht erwehren, daß der wütende Wind die Fundamente des Berges bedrohe: „I struggled in vain to divest myself of the idea that the very foundations of the mountain were in danger from the fury of the winds" (P 127). Als der Strudel seine höchste Kraft erreicht, wird der Felsen, auf dem die beiden hocken, in der Tat erschüttert: „The mountain trembled to its very base, and the rock rocked" (P 129, das rhythmisch-lautmalerische Wortspiel „the rock rocked" gibt das Durchgeschütteltwerden plastisch wieder). Jeder kann sich vorstellen, daß diese Wirkung an einem Tag, wo „the most terrible hurricane that ever came out of the heavens" wütete (P 132), noch wesentlich stärker ausfiel. Sturm und Wind verkörpern als Bild einer relativ eigenständigen Bedrohung mehr den bewegt-bewegenden *Geist* (Luftelement), das Meer hingegen die unauslotbaren Tiefen der *Seele* — dabei ist aber zu beachten, daß auf das indogermanische *gheizd*, wovon *Geist* sich herleitet und was „soviel besagt wie: lebhaft bewegt, aufgebracht, bestürzt, erschreckt sein"[90], nach einer heute nicht mehr unumstrittenen These ebenso *Gischt* für Meeresbrandung zurückgeht.[91] Im Bild des *vom Sturm aufgewühlten Meeres* sind das luftige und das wässrige Element zu einer gemeinsamen heftigen Bewegung vereinigt. Im Sprachspiel der Alchimisten, das sich der vier Elemente der antiken Naturphilosophie (Empedokles) bedient, wäre die Luft männlich, das Wasser weiblich; ihre *coniunctio* nimmt im Zusammentreffen von Hurrikan und Moskoestrom natürlich besonders vehemente und erschreckende Züge an.

Wer sich der symbolischen Ordnung des strategisch rechnenden Denkens unterwirft, muß damit rechnen, daß er sich *verrechnet*. Das Stehenbleiben der Uhr verkörpert den Punkt, an dem der auf Gewinnkalkulation reduzierte Geist zum Gespenst wird. Der Maelström, der die indifferente Verwertung, das gesetzmäßige Ansichreißen aller auf materiell-inerte Dingheit reduzierten Gebrauchswerte symbolisiert, verweist mit seiner Verbildlichung zyklischer Wiederkehr auf Zirkulations-, Akkumulations- und Krisenzyklen. Optimale Verwertung wäre gewährleistet bei Reduktion der Zirkulationszeit auf Null (vgl. die sogenannten *Echtzeittechniken*, die heute genau dies anstreben — im Konkurrenzkampf siegt, wie exemplarisch bei der Börsenspekulation, derjenige, der den schnellsten Zugriff auf Information am schnellsten handelnd um-

---

[90] Hartmut Buchner, Artikel GEIST, in: Hermann Krings / Hans Michael Baumgartner / Christoph Wild (ed.), Handbuch philosophischer Grundbegriffe, München 1973, 537
[91] So jedenfalls für Friedrich Hölderlin im *Hyperion*: „Des Herzens Woge schäumte nicht so schön empor, und würde Geist, wenn nicht der alte stumme Fels, das Schicksal, ihr entgegenstünde" (in: Hölderlin, Werke – Briefe – Dokumente, ed. Pierre Bertaux, München o.J., 252). Die Haltbarkeit dieser vielleicht auf Lebniz zurückgehenden etymologischen Deutung wird heute angezweifelt: vgl. Rolf Zuberbühler, Etymologie bei Goethe und Hölderlin, in: Ingrid Riedel (ed.), Hölderlin ohne Mythos, Göttingen 1973, 41.

setzt). Ist aber der Zeiger nur noch auf sich selbst gerichtet, so ist alles Leben zu absolutem Stillstand gefroren[92] (vgl. später die Interpretation zu *The Masque of the Red Death*). Bemerkenswerterweise fällt der Moment des Aussetzens der Zeitmessung mit dem Erscheinen einer kupferfarbenen Wolke zusammen, die mit bestürzender Geschwindigkeit heraufzieht und den gesamten Horizont einhüllt: „when, looking astern, we saw the whole horizon covered with a singular copper-colored cloud that rose with the most amazing velocity" (P 133). Dies entspricht zum einen der apokalyptischen Rotfärbung des Mondes, jenem biblischen Unheilszeichen, das Poe in *MS Found in a Bottle*, in *The Fall of the House of Usher* und in *Silence* verwendet, erinnert dabei aber spezifisch an die Farbe von *Kupfer, Münzgeld*. In der Tat verhüllt in einer kapitalistischen Gesellschaft die *Geldform*, als Erscheinungsform des verselbständigten Tauschwertes, den gesamten *Horizont*, und vernebelt speziell das menschliche Ich, den '*bewölkten Berg*' (die Konstruktion erfolgt hier genau analog). Das kollektivnarzißtisch durch das strategische Rechnen im Sinne der Geldform geprägte Unternehmer-Ich gleicht einem federleicht auf den Wellen schwimmenden, fragilen Boot: „Our boat was the lightest feather of a thing that ever sat upon the water" (P 133) — die Grandiosität ist dahin, der Hauptmast ging schon beim ersten kräftigen Windstoß über Bord. Immerhin, es hat eine 'Hintertür', eine kleine Falltür, die vorerst vor dem vollständigen Überflutetwerden bewahrt. Der Rest an noch möglicher Strategie besteht also darin, sich in einen *Hohlraum* zu begeben, dort befindet sich eine *Luftblase*.[93] Erneut wird das Versagen des Sprechens als ein Versagen der Sprache selbst betont: es wäre sinnlos, den Hurrikan beschreiben zu wollen („Such a hurricane as then blew it is folly to attempt describing"). Ähnlich heißt es später, als das Boot an der Innenwand des Trichters klebt: „but the yell that went up to the Heavens from out of that mist I dare not attempt to describe" (P 137). Als sie auf den Strudel zu-

---

[92] Entsprechend betont Paul Virilio den latent totalitären Charakter und den 'rasenden Stillstand' einer durch 'Echtzeittechniken' geprägten Gesellschaft (vgl. Geschwindigkeit und Politik. Ein Essay zur Dromologie (orig. 1977), Berlin 1980; Rasender Stillstand (orig. 1990), München/Wien 1992; Revolutionen der Geschwindigkeit (orig. 1991), Berlin 1993). Eine entscheidende Quelle zum Verständnis dieser Vorgänge bleibt Marx. Die Zirkulationszeit ist „Schranke des Selbstverwertungsprozesses des Kapitals", das seinem Wesen nach danach strebt, „die Zeit, die die Bewegung von einem Ort zum andren kostet, auf ein Minimum zu reduzieren" (Grundrisse der Kritik der politischen Ökonomie, in: MEW Bd.42, 445). „Es ist die notwendige Tendenz des Kapitals, danach zu streben, die Zirkulationszeit = 0 zu setzen" (ebd., 529). Doch die „Zirkulationskünstler, die sich einbilden, durch Geschwindigkeit der Zirkulation etwas andres tun zu können, als dem Kapital selbst gesetzten Hindernisse seiner Reproduktion abzukürzen, sind auf dem Holzweg" (ebd., 450), denn die Zirkulation ist nicht wert*schaffend*, sondern 'nur' wert*realisierend*. Auch im *Kapital* betont Marx die Bedeutung der „Entwicklung der Transport- und Kommunikationsmittel" (Das Kapital Bd.II, MEW Bd.24, 252), vor allem auch für das „Aufkommen neuer Produktionszentren" — vgl. heute die Bildung von Megametropolen, gerade auch in der 'Dritten Welt' — womit Konzentrationsprozesse einhergehen: „Mit der so beschleunigten Konzentration von Menschen und Kapitalmassen an gegebenen Punkten schreitet fort die Konzentration dieser Kapitalmassen in wenigen Händen" (ebd., 253).
[93] Dies folgt dem Prinzip 'Der Phallus ist tot, es lebe der Phallus': Der Mast ging über Bord; doch der hohle Phallus, der, stets verschiebend, in die konstitutive Lücke tritt, die er repräsentiert, wird dadurch bestätigt, daß man sich in den Hohlraum, die Lücke selbst begibt (Selbsterhaltung durch Abtauchen; Wertesetzen durch Nihilismus; die Sprache sprechen lassen in Betonung ihres Versagens, ihrer Botschafts- und latenten Bedeutungs-losigkeit; *l'art pour l'art*; Indifferenz; der überfliegende Standpunkt Satans als paradoxe Bestätigung Gottes).

treiben, versucht der Fischer, seinem Bruder etwas zu sagen, doch obwohl er ihm mit aller Kraft ins Ohr schreit, kann dieser in dem anschwellenden Gebrause kein einziges Wort verstehen („I could not make him hear a single word, although I screamed at the top of my voice in his ear", P 134). Das Boot schießt über die Wellen, auf den Brandungsgürtel des Strudels zu, und scheint dabei selber zu einer *Luftblase* auf der Wasseroberfläche geworden zu sein („like an air-bubble upon the surface of the surge", P 135), d.h. das Ich oder Lebensschiffchen überdeckt nicht mehr die konstitutive Lücke, sondern wird gleichsam zu dieser selbst. Der Vergleich, mit dem hier noch einmal versucht wird, das akustische Inferno zu beschreiben, ist aufschlußreich: „the roaring noise of the water was completely drowned in a kind of shrill shriek — such a sound as you might imagine given out by the water-pipes of many thousand steam-vessels letting off their steam all together." Dem kleinen Boot steht somit die Kraft von tausend Dampfschiffen gegenüber, die alle zugleich ihren Dampf ablassen, wobei ihre Ventile zu Orgelpfeifen werden. So schrill kreischt das Unbewußte dem System Wahrnehmung-Bewußtsein ins Ohr, jede zwischenmenschliche Verständigung unmöglich machend. Weit davon entfernt, ihr Gefährt noch steuern zu können, sind die Insassen auf entindividualisierte Körper von träger Masse reduziert, die mit ihrer begrenzten Kraft von den Gewalten nach reinen Naturgesetzen umhergeworfen werden und dabei lediglich noch entscheiden können, wie und inwiefern sie sich an das Boot klammern 'wollen'.

Nicht rationale Überlegung, sondern purer Instinkt („mere instinct") habe ihn einen Ringbolzen nahe am Fuß des abgebrochenen Fockmastes ergreifen lassen, betont der Fischer. Dieser reine Reflex zur Selbsterhaltung bewährt sich, wählt in diesem Moment das einzige Richtige („which was undoubtedly the very best thing I could have done — for I was too much flurried to think", P 133). Wie ambivalent indes solche Reflexe ausfallen können, zeigt wenig später das Verhalten des Bruders, als die beiden mit ihrem kleinen Boot dicht an den Rand des Strudels herantreiben: Er läßt das vertäute Wasserfaß, an dem er sich bisher festgehalten hat, los und stürzt sich auf den Ring, von dem er die Hände seines Mitgefangenen, der sich bereits daran festhält, gewaltsam wegzureißen versucht. Der pure Selbsterhaltungsdrang reduziert ihn also auf ein völlig egoistisches Verhalten, einen reinen *struggle for existence* im Stil eines *homo homini lupus*, der Sog zerstört zumindest bei einem der beiden die brüderliche Solidarität — diese Episode ist nicht unwichtig angesichts der Möglichkeit einer 'kapitalistischen' Interpretation des alles an sich reißenden Strudels. Der Fischer registriert dieses Verhalten seines Bruders mit tiefem Schmerz, gesteht ihm aber sozusagen mildernde Umstände zu — diese Umstände haben ihn zu einem „madman" werden lassen, einem „raving maniac through sheer fright" (P 136). Er selber hingegen schafft es (wie auch diese trotz Streßsituation ausgewogene Beurteilung zeigt), alle seine rationalen Kräfte, überhaupt alle aufbietbaren Vermögen seines Gemüts zusammenzunehmen und in die Waagschale zu werfen — die Urteile, die er während dieser Stunden äußerster Gefahr fällen wird, decken tatsächlich die ganze Bandbreite menschlichen Urteilsvermögens ab, es sind logische und technisch-praktische (auf Vergleichen und Verallgemeinern empirischer Beobachtungen basierend) ebenso darunter wie ethische, ästhetische und religiöse. Er nimmt eine geradezu abgeklärte, reflektierende Distanz ein, die ihn mit seinem Leben abschließen läßt, und die nicht nur religiös-meditative Aspekte aufweist, sondern, davon durchaus unabhängig, die Haltung des *Forschers*, der aus Neugier und Interesse an der Sache weiterforscht, auch wenn er nicht (mehr) erwarten kann, praktischen Gewinn für sein eigenes Überleben aus solcher Exploration zu ziehen: „It may look like boasting — but what I tell you is truth — I began *to reflect* how magnificent a thing it was to die in such a manner, and how foolish it was in me to think of so paltry a consideration as my own individual life, in view of so wonderful a manifestation of God's power. (...) After a little while I became possessed with *the keenest curiosity about the whirl itself.* I positively felt a **wish** to explore its depths, even at the sacrifice I was going to make" (P 135 **a**, b). Was ihn interessiert und fesselt, ist nun der Strudel *als solcher*, die Sache an und für sich selbst. Die Exploration seiner Tiefen kann dabei, wenn man die psychologische Interpretation teilt, leicht im Sinne eines Begehrens („wish") nach Selbsterforschung der eigenen Seele verstanden werden, und die Rede vom „sacrifice" verweist darauf, daß *Sublimierung* (die hier unstreitig in hohem Maße stattfindet) in ihrem Wesen als 'Selbstopfer' („self-sacrifice") verstanden werden kann.[94] Erst diese Distanz, die der Fischer, bis hin zur freiwilligen Selbstdurchstreichung, einnimmt, ermöglicht ihm dann, durchaus unerwartet, neue Hoffnung zu schöpfen, aufgrund von Beobachtungen, die bei dieser Exploration anfallen. Sein Bruder will, *irrational*, sich retten, läßt sich auf die Gesetzmäßigkeit des Strudels nicht ein und verliert sein Leben; er hingegen überantwortet sich, *rational*, seinem Schicksal und der spezifischen Gesetzlichkeit des Strudels (unterwirft sich sozusagen dessen Signifikanten) und vermag sich am Ende zu retten: Diese Konstellation zeigt zwar christliche Tönung, doch auch unabhängig davon die Struktur eines (schon an *Loss of Breath* mehrmals aufgezeigten) 'Wer verliert, gewinnt'.

Der Strudel 'verwertet' indifferent: Außer dem Fischerboot und seinen beiden Insassen, die sich zugleich als Arbeiter und Unternehmer verstehen, kreiseln dort Runde um Runde u.a. Teile von Schiffswracks (aussagekräftig gerade dann, wenn das Boot bzw. Schiff das menschliche Ich symbolisiert!), Baumstrünke (also von Menschen nicht bearbeitete 'Naturprodukte') und Haushaltsgegenstände (von Menschen produzierte Waren). Und zwar zeigt ihr Zirkulieren bestimmte Gesetzmäßigkeiten. Die Art, wie deren Entdeckung hier geschildert wird, sogar mit dem wissenschaftlichen Aufputz einer Archimedes-Fußnote (indes findet sich die betreffende Stelle bei Archimedes nicht[95]), entbehrt nicht der Ironie. Während z.B. der Protagonist aus *The Tell-Tale Heart* beteuert, keineswegs wahnsinnig zu sein, und seine Schilderung doch das Gegenteil belegt, werden hier empirische Beobachtungen und Vernunftschlüsse von wissenschaftlicher Exaktheit einer „unnatural curiosity" zugeschrieben, die zeige, daß er, der in so lebensbedrohlicher Lage wie müßig kontemplativ agierte, wohl wahnsinnig gewesen sein müsse (genau dies ist es aber ja, was ihn rettete): „I *must*

---

[94] Vgl. Norman O.Brown, Life Against Death. The Psychoanalytical Meaning of History (1959, Neuausgabe mit einer Einführung von Christopher Lash 1985), Middletown (Connecticut) 1988. Vgl. zu Brown (zu dem ich insbes. in Anhang II noch etwas sage) Kap.4 meiner Jim Morrison-Studie: Pfeile gegen die Sonne. Der Dichter Jim Morrison und seine Vorbilder (1994), Neuausgabe Augsburg 1997
[95] Darauf weisen die Hrsg. der 10-bänd. dt. Übers. hin: vgl. Bd.5, 1108

have been delirious, for I even sought *amusement* in speculating upon the relative velocities of their several descents toward the foam below" (P 137 a). Daß Poe den existierenden Archimedes-Titel *De Insidentibus in Humido* abändert in *De Incidentibus in Fluido* (was man salopp wiedergeben könnte mit: 'Über das, was einem in der Strömung alles so passiert'), ist sicherlich ironisch. Immerhin kann man beschwichtigend argumentieren, daß der Fischer die drei aufgestellten Sätze ja nicht an Ort und Stelle, sondern erst rückblickend, in der Diskussion „with an old school-master of the district", so exakt formuliert hat: „I made, also, three important observations. The first was, that as a general rule, the larger the bodies were, the more rapid their descent — the second, that, between two masses of equal extent, the one spherical, and the other *of any other shape*, the superiority in speed of descent was with the sphere — the third, that, between two masses of equal size, the one cylindrical, and the other of any other shape, the cylinder was absorbed the more slowly" (P 138 a). Ernstgemeint und wichtig ist sicherlich, daß Poe hier, wie auch sonst (z.B. in *The Imp of the Perverse*), die *induktive* Forschungsmethode gegenüber einer bloß mit vagen Analogien arbeitenden propagiert. Ebenso den *Erkenntniserwerb durch Versuch und Irrtum, d.h. durch kritische Prüfung von Hypothesen und ihre Variation im Falle der Falsifikation:* „At length, after making several guesses of this nature, and being deceived in all — this fact — the fact of my invariable miscalculation, set me upon a train of reflection that made my limbs again tremble, and my heart beat heavily once more. It was not a new terror that thus affected me, but the dawn of a more exciting *hope*" (P 138 a). Poe gehört damit gewissermaßen in die Vorgeschichte des Kritischen Rationalismus und des mit dem Namen Popper verbundenen Falsifikationismus in der Wissenschaftstheorie. Und obwohl er mit Texten wie *The Imp of the Perverse* oder *The Man of the Crowd* sehr ausgeprägt einem (schopenhauerähnlichen) pessimistischen und vernunftskeptischen 'Gegendiskurs der Moderne' (mit einem Ausdruck von Habermas gesprochen[96]) angehört, stehen doch solche Stellen, die dazu auffordern, aus eigenen Beobachtungen (und nicht aus den Dogmen irgendwelcher Autoritäten) *praktische Folgerungen* zu ziehen, also sich seiner eigenen Vernunft, und zwar in praktischer Absicht, zu bedienen, eindeutig in der Tradition der Aufklärung. Dieser Facettenreichtum macht den Reiz einer Beschäftigung mit Poe aus.

Der Fischer weiß nun, was er zu tun hat: er wird sich an dem Wasserfaß festbinden, dieses dann losschneiden und sich den physikalischen Gesetzmäßigkeiten der strudelnden Fluten anvertrauen. Da er sich seinem Bruder, der sich noch am Ringbolzen festklammert, bei dem tosenden Lärm durch lautes Sprechen nicht verständlich machen kann, versucht er, ihm durch *Gesten*, mittels einer Art Taubstummensprache, sein Vorhaben mitzuteilen. Er glaubt schließlich auch, der andere habe ihn verstanden — „but, whether this was the case or not, he shook his head despairingly, and refused

---

[96] Vgl. Jürgen Habermas, Der philosophische Diskurs der Moderne. Zwölf Vorlesungen, Frankfurt/M. 1985. Habermas erinnert dort an den „bald zweihundertjährigen, der Moderne selbst innewohnenden Gegendiskurs" (353), dem auch eine 'Neue Vernunftkritik', die das (in sich konfliktvolle) Projekt Moderne nicht vollenden, sondern 'revidieren' möchte, nolens volens angehöre. Er unterschätzt allerdings (wie viele andere auch), daß heute mit 'Postmoderne' eben eine solche *immanente* Gegenbewegung bezeichnet wird, die weniger revidieren 'möchte' als vielmehr aus einem unhaltbar gewordenen Vernunftoptimismus unabdingbare Folgerungen zu ziehen versucht...

to move from his station by the ring-bolt. It was impossible to reach him" (P 139). Im doppelten Sinne ist es dem Fischer nicht möglich, seinen Bruder zu *erreichen* — egal ob dieser ihn nun verstanden hat oder nicht. *Das Scheitern von Kommunikation, verbaler und non-verbaler, trotz aller 'Rationalität'* findet hier ein großartiges und unzweifelhaft von tiefem Pessimismus geprägtes Bild. Auch nach der Rettung des Fischers scheitert der Versuch, den früheren Kameraden, die ihn zunächst gar nicht wiedererkennen, sein Erlebnis zu schildern: *sie glauben ihm nicht*. Und am Ende der Erzählung bleibt es gewissermaßen dem Leser überlassen, ob dieses Scheitern sich fortsetzen wird oder nicht: „I now tell it to *you* — and I can scarcely expect you to put more faith in it than did the merry fishermen of Lofoden" (P 140 a). Diese Worte (mit ihrer fast höhnischen und wohl auch ein wenig neidvollen Charakterisierung der *anderen* Fischer als *merry*: fröhlich, glücklich) sind an den anonymen Berichterstatter gerichtet, dem der Fischer, zum ewig Fremden geworden, sein Erlebnis mitgeteilt hat. Wie der Berichterstatter darauf reagierte, wird nicht mehr gesagt — als Stellvertreter des Lesers, der er von Beginn an war, gibt er diese skeptische Bitte um Glauben an uns weiter. Ein guter Trick nicht nur in schriftstellerischer Hinsicht, sondern auch was die im lärmerfüllten Sprachraum stehenbleibende Thematisierung von *Sprechen und Kommunikation* betrifft...

Der Fischer entkam, doch er blieb für sein Leben gezeichnet — psychisch, physisch und auch durch die ungläubigen Reaktionen seiner Mitmenschen. Er ist unzweifelhaft eine Identifikationsfigur für den Schriftsteller Poe und vermittels dessen ein Identifikationsangebot an den Leser. *Eine* Botschaft, die sich relativ mühelos herauslesen läßt, könnte etwa lauten: Unsere Vernunft ist nicht viel wert, aber etwas Besseres haben wir nicht; setzen wir sie ein, können wir, obzwar gebeutelt, überleben; setzen wir sie nicht ein (wie der Bruder, dem es entweder an Einsicht oder an Entschlußkraft fehlte, als er das, was der andere stellvertretend für ihn mit erkannt und entwickelt hatte, nicht annahm), so gehen wir sang- und klanglos unter. Diese Poe-Erzählung ist zwar, alles in allem, nicht gerade optimistisch, aber doch weniger pessimistisch als manche andere. Sie führt die relative Macht der Rationalität vor, ohne rationalitätsduselig zu werden — der Fischer protzt ja nicht triumphierend mit seiner Klugheit wie Dupin, er hat auch keine Veranlassung dazu. Schon während die Gewalten tobten, gab es wiederholt ästhetisierende Augenblicke der Hoffnung, die interessanterweise mit dem „full moon" (also, wenn man so will, mit der 'Weißen Göttin' der Poesie, der Imagination und des Unbewußten[97]) verknüpft waren und nicht mit dem rational-hellen (apollinischen) Sonnenlicht: „A singular change, too, had come over the heavens. Around in every direction it was still as black as pitch, but nearly overhead there burst out, all at once, a circular rift of clear sky — *as clear as I ever saw* — and of a deep bright blue — and through it there blazed forth *the full moon with a lustre* I never before knew *her* to wear. *She lit up every thing* about us with the greatest distinctness — but, oh God, what a scene it was to light up!" (P 134 b) Vom Mond wird hier in weiblicher Form ganz wie von einer Frau, einer Göttin gesprochen (tat-

---

[97] Vgl. Robert Graves, The White Goddess. A Historical Grammar of Poetic Myth (1946, erweiterte Ausgabe mit neuem Vor- und Nachwort 1961), London & Boston 1986; The Greek Myths, 2 Bde. (1955, erweiterte Neuausgabe 1957/60), Harmondsworth 1979

sächlich ist ja *der Mond* in fast allen Sprachen weiblich, vgl. lateinisch *luna* oder französisch *la lune*, das Deutsche macht hier eine Ausnahme[98]). Und es wird auch die alchimistische *solar-lunare Vereinigung* angedeutet: „*as the rays of the full moon, from that circular rift amid the clouds which I have already described, streamed in a flood of golden glory* along the black walls, and far away down into the inmost recesses of the abyss" (P 136f. b). Silber ist bekanntlich dem Mond (bzw. dem lunaren Prinzip), Gold der Sonne (dem solaren Prinzip) zugeordnet. Männliche Bedeutung hat, wie die Sonne (vgl. *sol* oder *le soleil*), auch der Himmel, das Wasser weibliche. Insofern ist der Regenbogen, der sich, während das Boot noch hilflos kreiselt, über den vernebelten, bewölkten Himmel hinab zum Wasser neigt, ein Vereinigungs- und Versöhnungssymbol nicht nur biblischer Provenienz (Symbol der Versöhnung Gottes mit den Menschen nach der Sintflut), sondern von quasi archetypischer Universalität. Poe verweist denn auch an der betreffenden Stelle nicht auf einen christlichen, sondern auf einen *islamischen* Kontext: „like that narrow and tottering bridge which Mussulmen say is the only pathway between Time and Eternity" (P 137). Die menschlich-irdische Zeitmessung hatte bereits versagt, die Uhr war stehengeblieben — doch es blieb ein schmaler Durchgang zwischen Zeit und Ewigkeit. Damit freilich das Rettende sich durchsetzen kann, muß der Mensch, wie in den Lehren des Illuminationismus, selbst aktiv werden und alle seine psychischen und geistigen Kräfte in die Waagschale werfen — nur dann wächst mit der Gefahr, wie es bei Hölderlin heißt, das Rettende auch.

Für die psychologische Interpretation wird *ein* Resümee lauten dürfen: Wenn das Unbewußte strukturiert ist wie eine Sprache und entsprechenden Gesetzmäßigkeiten folgt, so ist die 'richtige' Umgehensweise offenbar nicht, zu verleugnen und zu verdrängen, oder sich um jeden Preis an das narzißtische Ich, dieses kleine auf dem Wasser driftende Boot, zu klammern, sondern auf die Sprache des Unbewußten zu hören — erst dann ist auch Rationalität nicht blind, sondern sehend. Und was die Möglichkeit angeht, den Strudel als kapitalistischen Verwertungsterror zu interpretieren, so drängt sich folgende Schlußfolgerung auf (obzwar sie über Poes eigene Intention, die keine unmittelbar gesellschaftskritische war, ganz sicherlich hinausgeht): Man muß die Strukturen und Gesetzmäßigkeiten des Kapitalismus genau studieren und begreifen, was nur *von innen* möglich ist. Man kann ihn also auch nur von innen heraus überwinden, indem man sich seine Zyklizitäten (vgl. Krisenzyklus) zunutze macht; *der Strudel röhrt nicht immer*.

Merkwürdig ist, daß Poe *A Descent into the Maelström* für weniger gelungen hielt als etwa *Ligeia* oder *The Murders in the Rue Morgue*. An J.E.Snodgrass, der den Text lobte, schrieb Poe, er habe ihn in Eile beenden müssen, daher sei der Schluß nicht vollkommen.[99] Wenn er den Fischer sagen läßt: „I will bring my story quickly to conclusion" (P 139), scheint damit also buchstäblich seine eigene schriftstellerische Situation wiedergegeben. Doch wäre es m.E. gar nicht wünschenswert gewesen, die

---

[98] Arno Schmidt übersetzt darum gern mit 'die Mondin', anders hier Hans Wollschläger
[99] Vgl. die Anm. der Hrsg. in Bd.5, 1107

Rettung des Schiffbrüchigen (bei der noch einmal der „full moon" erwähnt wird: der Wind hat nachgelassen, der Mond geht leuchtend im Westen unter, wo auch die Sonne unterzugehen pflegt, P 139) noch weiter auszuschmücken. Der karge Schluß — mit der Betonung zunächst der Sprachlosigkeit angesichts der überstandenen Schrecken und dann dem skeptischen 'Aber ihr werdet mir ja doch nicht glauben, auch wenn ich euch dies jetzt erzählen kann' — wirkt stärker, als ein vermeintlich 'sorgfältiger' ausgeführter Schluß vermutlich gewirkt hätte.

Die literaturgeschichtliche Wirkung dieser Poe-Story kann nur als gewaltig bezeichnet werden. Der Maelström ist zu einer beliebten symbolträchtigen Metapher geworden, wobei nicht selten auch Elemente des Kontextes kreativ aufgegriffen und variiert werden. Dafür seien hier drei Beispiele angeführt, von sehr unterschiedlichen Autoren.

Zunächst eins der bekanntesten, kraftvollsten & bilderkühnsten Gedichte von Arthur Rimbaud (1854–1891): *Le Bateau ivre*. Der Siebzehnjährige schrieb es „in gehobener Stimmung, von Hoffnung geschwellt", nachdem Paul Verlaine ihn aufgefordert hatte, nach Paris zu kommen.[100] Rimbaud-Forscher sind sich einig, daß *Le Voyage* von Charles Baudelaire den entscheidenden Anstoß zu diesem Gedicht gab, doch unter den zahlreichen Quellen, die ermittelt werden konnten und aus denen Rimbaud etwas ganz Eigenes gestaltete, befinden sich auch Poes *Arthur Gordon Pym* und *A Descent into the Maelström*. Baudelaires 'Reise' wird gespeist von einem Begehren nach Überschreiten von Schranken, das letztlich nur durch den Tod gestillt werden kann. Der Überdruß vor dem Immergleichen auf Erden — Machtgetriebe, Eitelkeit, Knechtschaft und willig-masochistische Selbstunterwerfung — manifestiert sich als ein 'Nur weg hier!', doch begehrt wird nicht völlige Annihilierung, sondern der Durchbruch zu etwas gänzlich *Neuem*, so lautet denn der Ruf an den alten Fährmann Tod: „Reich uns dein Gift, daß Tröstung wir erfahren! / Noch brennt das Feuer — laß zum tiefsten Schlund, / Laß uns zu Himmel oder Hölle fahren! / Nur Neues zeig uns, Tod, im fernen Grund!"[101] Die Kategorie des *Neuen* („Au fond de l'Inconnu pour trouver du *nouveau*!"[102]) entspricht hier Poes Ästhetik, und zum Unbekannten vorstoßen will auch der Dichter, zu dem Rimbaud sich macht („Car il arrive à l'*inconnu*!"[103]) und der sich in *Le Bateau ivre* (1871) mit dem 'trunkenen Schiff' identifiziert. Dieses Schiff hat seine gesamte Mannschaft verloren, treibt steuerlos dahin und 'ist sich

---

[100] Enid Starkie, Das Leben des Arthur Rimbaud (orig. 1961, Übers. M.Montgelas / H.Wagenseil), München 1990, 178
[101] Charles Baudelaire, Die Blumen des Bösen (Les fleurs du mal, 1855/63; ed. Franz Blei, Übers. Therese Robinson), in: drs., Gesammelte Schriften Bd.6, Kempten o.J. (Reprint n. München 1925), 276. Analog enden diverse Baudelaire-Gedichte zum Thema Tod, so *La Mort des Artistes* mit der „dunklen Hoffnung", der Tod möge ein „neues Sonnenglühn" sein (ebd., 266).
[102] Baudelaire, The Flowers of Evil (französ.-engl., Einleit. Jonathan Culler), Oxford & New York 1993, 292. Ein maelströmartiges Sich-im-Kreis-Drehen erscheint in *Le Voyage* als Bild des Stillstandes, aus dem ausgebrochen werden soll: „Nous imitons, horreur! la toupie et la boule / Dans leur valse et leur bonds; (...)" (ebd., 284). Von Poes gleichnamigem Gedicht inspiriert sein könnte die Erwähnung der goldenen Stadt *Eldorado* als imaginäres Ziel des psychischen Begehrens (vgl. ebd., 285).
[103] 'Denn er kommt an beim Unbekannten!'. Brief Rimbauds an Paul Demeny vom 15.Mai 1871, in: Rimbaud, Complete Works / Selected Letters (französ.-engl., ed./Übers. Wallace Fowlie), Chicago & London 1966 (u.ö.), 306

selbst genug', 'leichter als ein Kork' tanzt es auf den Wellen. Das Meer wird selbst zum Gedicht („le poème de la mer"), zur Ahnherrin und Ausweitung der Poesie, worin sich das Schiff verliert, als Gerippe 'im Rausch versenkt', und womit es sich, wie das Sternenlicht, quasi erotisch vereinigt, 'die Feuerwand des Firmaments' hat es durchfahren. Unter den ungeheuer farbigen, sich ineinanderdrängenden, beweglichen Bildern finden sich auch der 'Katarakt', der 'Mahlstrom' und Poes Vergleich der brausenden Veränderung des Wassers (während der alte Fischer spricht) mit einer Bisonherde auf einer amerikanischen Prärie: „Ich folgte Monde lang dem hohlen Schwung der Welle, / Die wie ein Büffeltrupp verrückt das Riff besprang (J'ai suivi, des mois pleins, pareille aux vacheries / Hystériques, la houle à l'assaut des récifs)"; „Kein Luftzug ging — und dennoch stürzten wie aus Schleusen / Die Trümmer ferner Wasser in den Abgrund vor (Des écroulements d'eaux au milieu des bonaces / Et les lointains vers les gouffres cataractant!)"[104]; „Ich hört es stöhnend zittern über fünfzig Meilen: / Des Mahlstroms zähe Gier, den Wasserstier in Brunst (Moi qui tremblais, sentant geindre à cinquante lieues / Le rut des Béhémots[105] et des Maelstroms épais)".[106] Zwar enthält das Gedicht auch Todessehnsucht („O Kiel, zerbirst! Den Tod zur See — ihn fürcht ich nicht"), doch die Gesamtbreite von Stimmungen ist vielfältiger als bei Baudelaire, sie reicht von glühendem Überschwang & Hochstimmung über Verzweiflung an bis zum Zerreißen gespannter Polarität („Ein Graus ist jeder Mond und jede Sonne sticht")[107] bis hin zu melancholischen Erinnerungen (ein Kind läßt traurig auf einer schwarzen Pfütze sein Papierboot schwimmen) und endet mit einem emphatischen Bekenntnis zu Freiheit und Ungebundenheit („ein freier Schwimmer, / Will ich dem Stolz der Fahnen aus den Bahnen gehn").

Zweites Beispiel. Karl May (1842–1912), sächsischer Abenteuerschriftsteller mit symbolistischem Spätwerk[108], hat in *Winnetou II* (1893) bei der Schilderung eines

---

[104] Hier muß man nicht unbedingt vorrangig an den Schluß von *Arthur Gordon Pym* denken: In *A Descent into the Maelström* heißt es ja, das Geräusch des Strudels übertreffe bei weitem das des „mighty cataract of Niagara" (P 129).

[105] Hier sind vielleicht zusätzlich noch die apokalyptisch brüllenden Ungeheuer aus Poes *Silence* im Spiel.

[106] Zit. nach: Complete Works / Selected Letters, 114–20; Übersetzung von Wilhelm Hausenstein, in: E.Starkie, Das Leben des Arthur Rimbaud, 182–85

[107] Yves Bonnefoy weist nachdrücklich darauf hin, daß in *Le Bateau ivre* Angst und Zweifel die Ekstase trüben (vgl. Arthur Rimbaud. In Selbstzeugnissen und Bilddokumenten, orig. 1961), Reinbek 2. (erg.) Aufl. 1980, 55f.

[108] Ja, es gibt ihn wirklich, den 'anderen May'. Schon immer hatten seine (fiktiven) Reiseerzählungen, was die Stilisierung der Hauptpersonen, die malerischen Orte der Handlung und die 'schicksalhafte Fügung' der Ereignisse angeht, einen im strengen Sinne märchenhaften Charakter. In seinem Spätwerk, als May endlich dazu stand, daß es sich nicht um eine Schilderung realer Begebenheiten, sondern um 'seelische Vorgänge' handelte und das, was er meist sehr pathetisch 'Menschheitsfragen' nannte, wird von ihm der Symbolgehalt der Erzählungen betont, erhalten sie oft einen bewußt gleichnishaften Charakter: Das gilt für die Romane *Die Schatten des Ahriman* (1902–1903, erschienen in 2 Bdn: *Im Reiche des silbernen Löwen & Das versteinerte Gebet*) und *Ardistan und Dschinnistan* (1907–1909, erschienen als *Ardistan & Der Mir von Dschinnistan*) oder auch für Mays einziges vollendetes Drama *Babel und Bibel* (1906, enthalten in dem Band *Lichte Höhen*, Bamberg 1956, 97–247). Einige seiner besten Erzählungen sind in dem Band *Das Zauberwasser* (Bd.48 der Gesammelten Werke, Bamberg 1954) enthalten: etwa *Merhameh* (1910) oder die ebenfalls stark symbolistisch überhöhte Schmugglergeschichte *Abdahn Effendi* (1908), dazu als einer der eindringlichsten &

Schiffbruchs deutlich auf Poes *Maelström* zurückgegriffen. Old Shatterhand, dieses omnipotente Ideal-Ich des Autoren, hat, nachdem er in den Stamm der Apatschen als Bruder aufgenommen worden ist, mit ihrer Erlaubnis den 'Pfad des Feuerrosses' (Eisenbahnschienen, die durch ihr Gebiet führen werden) zuende vermessen. Als einziger von fünf Landvermessern übriggeblieben, erhält er für seine Arbeit (die er praktisch allein durchgeführt hat) das ihm versprochene Geld, aber keinen Dollar mehr: Die Honorare der anderen stecken die Bosse der Eisenbahngesellschaft in ihre eigene Tasche (nun, als anfangs schlechtbezahlter Schreiber von Fortsetzungsromanen hat May mit den Leuten, für die er schrieb, ganz ähnliche Erfahrungen gesammelt wie Poe). Die Summe, die der Protagonist erhält, ist gleichwohl für seine Verhältnisse bedeutend. Doch sie kommt ihm bei einem Schiffsunglück wieder abhanden: Wegen des amerikanischen Bürgerkriegs benutzt er ein Schiff von New Orleans nach Kuba, von wo aus er Anschluß nach Deutschland oder zumindest nach New York zu erhalten hofft. Da er sein Geld nicht einem der durchweg unzuverlässigen Banker in New Orleans anvertrauen will, trägt er es bar bei sich, als das Schiff, ein „Yankee", nachts von einem Hurrikan überrascht wird. Vom Heulen und Brausen des Sturms geweckt, arbeitet er sich an Deck, nachdem die gesamte Kabine über ihm zusammengebrochen ist, und wird sogleich von einer Sturzsee überrollt: „Ich glaubte schreiende Stimmen zu hören, aber das Heulen des Wirbelsturms war stärker als sie. Da zuckten kurz nacheinander mehrere Blitze durch die Nacht und erhellten sie auf einige Augenblicke. Ich sah Brandung vor uns und jenseits davon Land. Das Schiff war zwischen Klippen eingeklemmt, sein Heck wurde durch den Ansturm der Wogen hoch emporgehoben. Es war verloren und konnte jeden Augenblick auseinandergerissen werden. Die Boote waren fortgespült. Wo gab es Rettung? Nur durch Schwimmen! Ein neuer Blitz zeigte mir Menschen, die auf dem Deck lagen und sich an allen möglichen Gegenständen festhielten, um nicht von den Sturzseen mitgenommen zu werden. Ich war ganz im Gegenteil der Ansicht, daß es klüger sei, sich einer solchen See anzuvertrauen."[109] Wie bei Poe, ist es hier das ruhige, überlegte Handeln des Ich-Erzählers, wodurch er sich im Gegensatz zu seinen Leidensgenossen, die sich fest-

---

ungewöhnlichsten May-Texte die knappe, harte, gänzlich hoffnungslose Erzählung *Schwarzauge*. Obzwar das meist aufdringliche pädagogische Sendungsbewußtsein mit seinem manchmal salbadernden Predigerton geeignet ist, den Reiz mancher Geschichten wieder zu schmälern, darf man andererseits nicht vergessen, daß der Aufruf des überzeugten Pazifisten zum Weltfrieden am Vorabend des ersten Weltkriegs durchaus im besten Sinne unzeitgemäß war. Poe-Übersetzer Arno Schmidt hat den literaturwissenschaftlich lange Zeit ignorierten May den 'bisher letzten Großmystiker der deutschen Literatur' genannt, auch Bloch und Hesse haben ihn verteidigt. Bemerkenswerte Protokolle von Phasen psychischer Desorganisation des jungen May, die seine späteren schriftstellerischen Identifikationen zu einem guten Teil als überkompensatorische Größenphantasien erkennen lassen (mit Momenten von Realitätsflucht aus einer Gesellschaft, die ihn ungerecht behandelte und nicht respektierte), findet man in autobiographischen Texten in dem Sammelband *ICH*. Old Shatterhand alias Kara Ben Nemsi wird von Freunden wie Gegnern immer wieder unterschätzt, doch gelingt es ihm immer wieder, sich Respekt zu verschaffen und die anderen zu beschämen...

[109] K.May, Winnetou II (Neubearb. Peter Korn), Gütersloh 1963, 10. (Einschränkend ist hier anzumerken, daß die damaligen May-Ausgaben notorisch divergieren, und daß die betreffende Passage nicht in allen Ausgaben von *Winnetou II* enthalten ist, z.B. nicht in der 1951 in Bamberg von E.A.Schmid herausgegebenen. Da ich kein May-Experte bin und über die Gründe nichts sagen kann, lasse ich das hier dahingestellt.)

klammern und untergehen, retten kann, indem er sich den Eigengesetzlichkeiten der Naturgewalt anvertraut: „Ich hatte mich an einem eisernen Träger festgehalten, ließ aber jetzt los. Es war mir, als würde ich von der See turmhoch emporgetragen; sie drehte mich wie einen Ball im Kreis, wirbelte mich in die Tiefe und nahm mich wieder mit nach oben." Alle drei Bewegungen erfolgen in Analogie zu Poes Strudel. Das Verhalten des Protagonisten ist aktive Passivität: „Ich bewegte kein Glied, denn jetzt hätte mir alle Anstrengung nichts genützt." Die Zeiterfahrung ist in diesen Augenblicken stark modifiziert: „Ich befand mich vermutlich kaum eine halbe Minute in der Gewalt der stürzenden See, aber es kam mir stundenlang vor. Da wurde ich von einer gewaltigen Woge durch die Luft geschleudert. Sie spie mich aus und warf mich zwischen Felsen in ruhiges Wasser." Nun schwimmt der Erzähler mit gewaltiger Anstrengung und kann sich auf eine Klippe retten, von der er zunächst nicht weiß, ob sie schon das Festland bedeutet; die riskante Situation auf diesem glatten Felsen wird ausdrücklich betont. Endlich läßt der Sturm nach, und die Sterne erscheinen am Himmel. Der Protagonist sieht Bäume, dann Menschen, die vor einer Gruppe von Gebäuden stehen, denen der Sturm übel mitgespielt hat; er geht auf sie zu. „Die Leute starrten mich an, als hielten sie mich für ein Gespenst. Der Sturm tobte noch so, daß wir brüllen mußten, um einander zu verstehen. Sie waren Fischer."[110] Erneut drei Elemente, die auch bei Poe vorkommen. Old Shatterhand tröstet sich über seinen Geldverlust hinweg, da er selbst ja am Leben geblieben ist; später gelingt es ihm aus eigener Kraft, Entschädigung zu finden, indem er als Detektiv den Fall William Ohlert löst[111] und zudem einem Fred Harton hilft, die Bonanza zu entdecken, die sein Bruder, Old Death, ihm hinterlassen hat. Dem May-Protagonisten gelingt also eine mehr als volle Kompensation — einer der Unterschiede zur Poe-Story. Die Tragik betrifft in der Winnetou-Trilogie nicht direkt den Tausendsassa Old Shatterhand, sondern sein *alter ego*, den romantisch überzeichneten edlen Naturmenschen, was freilich hinsichtlich der Person des Autors nicht nur die Vielheit seiner ideellen Komponenten, sondern auch die Opfer der eigenen Sublimierung zeigt und das, was er sich physisch antat, als er sich auf die Kettenreaktionen der Sprache in Gestalt einer Produktion von über siebzig Bänden (recht unterschiedlicher Qualität, mit vielen Wiederholungen von Grundmustern und Grundmotiven) einließ.
Drittes Beispiel: James Douglas 'Jim' Morrison (1943–71) ist vorwiegend als Sänger der von 1967 bis zu seinem frühen Alkohol- und Drogentod sehr erfolgreichen US-Rockgruppe *The Doors* bekannt geworden, doch in erster Linie verstand er sich als ein in der Tradition der englischen Romantik, des französischen Symbolismus (ein entscheidendes Mittelglied zwischen diesen beiden Stilepochen war Edgar Poe) und der amerikanischen Beat Poets[112] arbeitender Dichter — mit Recht, wie die besten seiner

---

[110] Ebd., 11
[111] Es fällt nicht schwer, in diesem depressiven jungen Mann, der glaubt, den Wahnsinn studieren zu müssen und sich für einen selbst wahnsinnigen Dichter zu halten beginnt, dabei von einem abgefeimten Betrüger namens Gibson abhängig wird und sich im Grunde nach einer Versöhnung mit dem Vater sehnt, ebenfalls eine Komponente des Autors zu erkennen (die zudem gewissen Komponenten der Persönlichkeit Poes nicht gerade fern steht).
[112] Kurt Möser, E.A.Poe, 101, weist darauf hin, daß „sein antibürgerliches, unkonventionelles Verhalten Poe vielen jungen amerikanischen Künstlern sympathisch" machte: „Die Beat-Generation der

Songs und Gedichte (ein Band erschien zu Lebzeiten, zwei posthum) zeigen, etwa das 1969 entstandene *An American Prayer*, eins seiner längsten Gedichte, das viele Facetten seiner nonkonformistischen Lebenshaltung Revue passieren läßt. Früher, so sagt Rimbaud in *Une Saison en enfer* ('Eine Zeit in der Hölle'), sei das Leben ein Fest gewesen, der Wein sei in Strömen geflossen, und er stellt sich vor, „den Schlüssel zu diesem früheren FEST wieder zu suchen."[113] Morrison fragt, darauf anspielend: „Have you forgotten the keys to the Kingdom?", sucht nach dem 'neuen Wein' und wünscht sich ein 'Fest von Freunden', statt den Tod für das beste und seinen 'anderen Rachen' für eine wirkliche Erlösung zu halten.[114] Er möchte, nicht bloß rückwärtsgewandt, sondern das Alte neu einkleidend & einbringend, „all the myths of the ages" wiedererfinden, hofft auf die obschon mit Verzweiflung gepaarte Macht der Erotik, und daß ein dionysisch taumelnder (Antizeit)GEIST der Worte, des Tanzes & der Musik Rettung bringen kann, auch heute, wo der Gott des Kommerzes & zynischer Militarismus regieren, die Große Göttin verdrängt ist, verstreute Guerillabanden sich an den Interessen der Bevölkerung vorbei ihre Ego-Trips 'reinziehen, Stumpfsinn & voyeuristische Langeweile die Menschen erfaßt haben, und TV- & Magazinsplitter in die Stirnen derer eingekratzt sind, die sich im Überlebenskampf um Anpassung bemühen. Dabei wird die Ideologie der protestantischen Mittelschichten, der W.A.S.P.s, ihr kettenreaktionäres Versklaven anderer im Dunstkreis der eigenen Sklavenmoral („The servants have the power", vgl. Nietzsche), ihr Freiheitsgeschwätz, mit dem sie private Gefängnisse in einer umfassenden Kerkerlandschaft betreiben, mittels Poes Maelström-Metapher verbildlicht: „Did you know freedom exists in a school book / Did you know madmen are running our prison / within a jail, within a gaol, within a white free protestant Maelstrom".[115] Es klingt wie zunehmend resigniertes Aufbegehren, wenn Morrison in teils eleganten, teils abgehackt-versatzstückhaften Zeilen gegen den hier diagnostizierten Ungeist Bilder von Gartenrosen, goldenen Liebesakten, Rubinen des Gelingens und sanften Rabenklauen aufbietet. Poe-Einflüsse sind vereinzelt auch in anderen Morrison-Texten erkennbar: Das *Universal Mind*, das er als ein Gefängnis schildert („I was doing time in the universal mind"[116]), könnte nicht nur bei Rimbaud[117] und Jack Kerouac (dort in einem buddhistischen Kontext), sondern auch in Poes *Mesmeric Revelation* eine Quelle haben (vgl. dort: „The universal mind

---

fünfziger und sechziger Jahre — besonders bekannt werden Autoren wie Lawrence Ferlinghetti, Allen Ginsberg und Jack Kerouac — entdeckt Poe neu und vereinnahmt ihn als einen der ihren. Die 'Beatniks' sehen ihn als Dichter, dem das Verhältnis zur etablierten amerikanischen Gesellschaft ebenso problematisch geworden ist wie ihnen selbst."
[113] Rimbaud, Das poetische Werk (ed./Übers. H.Therre / R.G.Schmidt), München 1988, 23
[114] Siehe in: J.Morrison, The American Night. Writings Vol.2 (ed. C.B.Courson / P.M.Courson / F.Lisciandro / K.Lisciandro), New York 1990, 3–10. Eine von Morrison gesprochene Version von *An American Prayer*, unterlegt mit Musik der Doors, ist auf dem ebenfalls posthum erschienenen gleichnamigen Poetry-Album zu hören (Elektra Records 1978, Wiederveröff. mit Bonus-Tracks 1995).
[115] Ebd. 7
[116] Ein auf dem Doors-Doppelalbum *Absolutely Live* (Elektra Records 1970) veröffentlichter Song (mittlerweile enthalten auf *The Doors in Concert*, Elektra Records 1991)
[117] „Der Poet würde das Feld des Unbekannten bestimmen, wie es sich in seiner Zeit *in der universellen Seele* erweckt" (Brief an Paul Demeny vom 15.Mai 1871, in: Das poetische Werk, 17; Hervorheb. v. mir, T.C.; orig: „dans l'âme universelle", Wallace Fowlie übersetzt: „in the universal soul", Complete Works, 308f.).

is God", P 92)¹¹⁸; *Dry Water* enthält eine zweite Anspielung auf Poes Dichtervogel, Jim hat sich mit Haut & Fleisch der Poesie verschrieben: „come-on man / your meat is hanging / on the wing of the raven / man's bird, poet's soul"¹¹⁹; oder die Formulierung „(...) calls the wayward wanderer home again" in *Augment of Re-birth* (über Seelenwanderung & Wiedergeburt)¹²⁰ erinnert an Poes *To Helen*, deren Schönheit „the weary, way-worn wanderer bore / To his own native shore" (Bd.9, 82). Auch das Pestmotiv, der Westen als Gegend des Sonnenuntergangs und des Todes (bei Poe z.B. in *The Masque of the Red Death* und in *The City in the Sea*, eine Morrison-Textzeile lautet „A city rises from the sea"¹²¹) oder das bösartige Voyeur-Auge des Vaters (vgl. *The Tell-Tale Heart*) finden sich bei Morrison nicht ohne Poe-Einfluß. (Ich habe über Jim Morrison und seine Texte an anderer Stelle ausführlich geschrieben.¹²²)

---

[118] Vielleicht sind die Stellen bei Rimbaud und/oder bei Kerouac (siehe in *Lonesome Traveller* (1960), St.Albans 1982, 129, dort ist ausdrücklich die Rede von „God's Universal Mind", sowie in *Desolation Angels* (1965), St.Albans 1975, 51f.: „So that 2500 years ago was Gotama Buddha, who thought up the greatest thought in Mankind, a drop in the bucket those years in that Mental Nature which is the Universal Mind") schon selber durch Poe mitbeeinflußt?
[119] J.Morrison, Wilderness. The Lost Writings Vol.1 (ed. C.B.Courson / P.M.Courson / F.Lisciandro / K.Lisciandro), New York 1988, 157
[120] The American Night, 190
[121] Ebd., 191 (in dem kurzen Gedicht *Thank You, O Lord*)
[122] Vgl. Th.Collmer, Pfeile gegen die Sonne. Der Dichter Jim Morrison und seine Vorbilder, Neuausgabe Augsburg 1997. — Zur Wirkungsgeschichte von Poes *Maelström* ließen sich zahlreiche weitere Beispiele anführen. Zu den historisch frühesten und zugleich auffälligsten gehört ganz sicher Herman Melvilles *Moby Dick* (1851), wo es, wenn ich richtig gezählt habe, vier explizite Anspielungen auf den Maelström gibt und mindestens eine weitere indirekte. Captain Ahab unterstreicht seine Entschlossenheit, den Weißen Wal, der ihn verstümmelt hat, bis zum Letzten zu jagen: „I'll chase him round Good Hope, and round the Horn, and round the Norway Maelstrom" (London & Glasgow 1966, 148). Bei der Begegnung mit einem anderen Walfangschiff, der *Town-Ho*, wird berichtet, wie Moby Dick einen Seemann getötet hat: „He struck out through the spray, and, for an instant, was dimly seen through that veil, wildly seeking to remove himself from the eye of Moby Dick. But the whale rushed round in a sudden maelstrom; seized the swimmer between the jaws; and rearing high up with him, plunged headlong again, and went down" (ebd., 229). Zwischendurch taucht mal ein 'neutraler' Wal auf, an dem Ahab allenfalls aus Gründen des Handwerks interessiert ist: „So close did the monster come to the hull, that at first it seemed as if he meant it malice; but suddenly going down in a mael-strom" (281). Namentlicher Hinweis auch bei der Schilderung des zweiten Tages der Jagd von Ahabs *Pequod*-Besatzung auf Moby Dick: „dashed them together like two rolling husks on a surf-beaten beach, and then, diving down into the sea, disappeared in a boiling maelstrom, in which, for a space, the odorous cedar chips of the wrecks danced round and round, like the grated nutmeg in a swiftly stirred bowl of punch" (465). Sehr ähnlich, nur ohne den Ausdruck *maelstrom*, dann noch einmal am Ende, wenn der Erzähler Ishmael, der als einziger den Untergang der *Pequod* überlebt hat, den Strudel des versinkenden Schiffes schildert, und wie er sich mit Hilfe des aus der Tiefe emporgeschleuderten Sarges seines Freundes Queequeg zu retten vermochte: „Now small fowl flew screaming over the yet yawning gulf; a sullen white surf beat against its steep sides; then all collapsed (...). I was (...) floating on the margin of the ensuing scene, and in full sight of it, when the half-spent suction of the sunk ship reached me, I was then, but slowly, drawn towards the closing vortex. When I reached it, it had subsided to a creamy pool. Round and round, then, and ever contracting towards the button-like black bubble at the axis of that slowly wheeling circle, like another Ixion I did revolve. Till gaining that vital centre, the black bubble upward burst; and now liberated by reason of its cunning spring, and, owing to its great buoyancy, rising with great force, the coffin lifebuoy shot lengthwise from the sea, fell over, and floated by my side" (478f.). — Spätere Beispiele: In *Die Tage und die Nächte. Roman eines Deserteurs* (1897) von dem Surrealismus-Wegbereiter Alfred Jarry, wo Sengle (der sich, Poe nicht unähnlich, mittels schöpferischer Phantasie gegen den Zugriff des

Armee(un)geistes zu wehren versucht) von Oberleutnant Vensuet einen Prosatext erhält, in dem die Stelle vorkommt: „dich in den Abgrund schleuderte und unter mir diese neue Insel auftauchen ließ, die mich wie ein Netz heraufgeholt hat an die Oberfläche des Flusses Ozean, welchen gläserne Wälle umragen und der in seinem nimmermüden Lauf einen Mahlstrom erzeugt, viel gefahrvoller noch als Scylla und Charybdis" (Übers. W.S.Baur, Frankfurt/M. 1993, 106). — Oder eine Bürgerkriegsimpression aus William Faulkners *Requiem for a Nun* (1951, Übers. R.Schnorr, München 1964, 139): „die einst weite, feste, unmerkliche, stetige, harmlose Erde nun ein allesverschlingendes Brüllen aus feurigem Fels (vor sich her, gleich dem Gischt des Maelstroms, Ohnmacht speiend, Schock und Betäubung, so daß der Todeskampf des Leibes nicht einmal mehr gefühlt wird: so gewaltig, so geifernd, daß es den Anfang dieser Begebenheit, ihre erste flüchtige Phase, einschlang und fortriß, nur einen Moment aufkochen ließ an die Oberfläche wie ein kleines Stück Holz, einen Span — etwa ein Streichhölzchen oder eine Luftblase (...))" etc. — Auch Gilbert Sorrentino (Jahrgang 1929) läßt es sich nicht nehmen, in seinem Roman *Steelwork* (1970), der Bewohner des New Yorker Stadtteils Brooklyn in der Phase von 1935 bis 1951 beschreibt, eine Welt der Verlierer, Betäubungsversuche, Rituale des Anerkanntseinwollens, Imponiergehabes und des harten Zynismus, in die lyrisch-sensible Stimmungen eher unfreiwillig einbrechen in Momenten, wo jemand am Boden ist, ein Milchwagen umkippt, schwarzverkrustete Kartoffeln aus einem einsamen Feuer geholt werden, einmal dieses Bild zu benutzen: „In den ersten Momenten des Krieges tauchte aus irgendeinem Mahlstrom, irgendeinem seltsamen Dunkel des blutigen Europa diese Hausmeisterfamilie auf" (Übers. Joachim Kalka, Augsburg 1990, 11). — Aufruhr, Lebendigkeit, sich verzehrende Bewegung signalisiert der Maelström in Blixa Bargelds Song *Ich bin's* (der eine Art von dekonstruiertem Existenzialismus ausdrückt, indem hier jemand in der Zerrissenheit zwischen „Öffne eine andere Tür" und „Mach nicht auf" zur Entschlossenheit eines Sich-öffnens & Aufbrechens — „Mach mich auf / Mach mich auf den Weg" — findet): „Nichts–leer–nihil–leer–nothing / Leere Menge — ohne Elemente / Aber / alle Elemente in Aufruhr bringen / einen Besen zerhacken / Feuer anfachen / Maelstrom in diesem Zimmer" (Stimme frißt Feuer, Berlin 1988, 54; zu hören auf einem Album der Avantgarde-Rockband Einstürzende Neubauten: *Fünf auf der nach oben offenen Richterskala*, Some Bizarre Records 1987). — Oder die englische Gothic-Metal-Band Fields of the Nephilim hat 1990 auf der mystisch-seelenvollen B-Seite ihres Albums *Elizium* (Rebel Records) am Ende der Song-Trilogie *Sumerland / Wail of Sumer / And there will your Heart Be also* die Befreiung vom Maelström, dem Mühlrad des Daseins, durch den (bzw. eine Art von) Tod besungen (Text von Carl McCoy): „to stay here in paradise / I'd end this moment / to be with you / through morphic oceans / I'd lay here with you / only to stay / stay here in paradise / only to stay / so lonely / from this Maelstrom free are you / from this Maelstrom / to be with you." — Kein Zweifel, der Maelström ist die mit Abstand am häufigsten aufgegriffene Poe-Metapher (weit vor dem Raben), das ist gewiß auch sozialpsychologisch aussagekräftig...

4 / Die Stimme des Schattens: *Shadow*

Eingriffe in einen Raum des Werdens: Einschreibungen, Markierungen, Stigmatisierungen. Ein Name, den wir 'erhalten', der uns aufgedrückt wird. Eine Zuordnung, identifizierender Code. Die Welt nimmt uns in den Griff. Gibt uns Werkzeuge, sie zu begreifen. Wörter. Begriffe. Diese Wörter sind die Pest, aber etwas besseres haben wir nicht. Unsere Geschichte ist eine Aufschichtung ursprünglicher Teilungen, zu denen wir ver-ur-teilt werden. Unser ScheiterHaufen ist errichtet aus *propositions, predications, predicaments*.[123] Aus der Ferne erreichen uns die zu Schriftwerk sedimentierten Stimmen derer, die uns vorausgingen, Schatten der Vergangenheit, die das Wesen in seinem Weckglas schüttelt und vor uns hinschüttet. Der Stoff unserer Zukunft ist aus rasselnden Knochen gemacht, aus denen wir unseren Leim kochen, mit dem wir unsere Namen ins Poesiealbum der Zeit kleben, andere kleben ihre dazu oder darüber. Wir bleiben dem Vorgriff verhaftet, der unsere Trugbilder auf uns zurückwirft, denn unsere Haft ist noch nicht zu Ende.

Shadow – a Fable wurde im September 1835 im SOUTHERN LITERARY MESSENGER erstveröffentlicht (ab 1845 lautete der Untertitel: *a Parable*). Der Kontext wird in mehrfacher Hinsicht entrückt: historisch, geographisch, die Kluft zwischen Lebenden und Toten überbrückend. Die Parabel, wenn man sie so nennen will, bildet einen Kreis, dessen Ende sich mit dem Anfang geschlossen hat: Der Sprecher spricht zu uns als Toter, so wie die Stimme des Schattens zu ihm als eine sprach, die aus den Stimmen Toter zusammengesetzt war. Mit dem ersten Satz werden wir als hier und jetzt Lesende auf den ebenso fundamentalen wie prekären Umstand aufmerksam gemacht, daß wir am Leben sind; damit auch darauf, daß wir sterben werden. So wie eine antike Grabinschrift es ausdrückte: 'Ich war, was du bist; du wirst sein, was ich bin' — die *conditio humana* als das über Jahrhunderte hinweg Verbindende. Leben-zum-Tode: kein 'um...zu' des zweckhaften Wofür, sondern Sichentwerfenmüssen auf das nicht zu Vermeidende hin, vor dem wir fliehen, ihm in die Arme. Das keimhaft schon in uns ist. Dem wir nicht entkommen werden, auch wenn wir uns davor sperren und Sterilität prätendieren. Der Tod meldet sich im Leben, ist dort präsent, in jeder Fixierung, im vorgeblich keimfrei Aufbewahrten. Er spricht *in* diesem Text und *aus* diesem Text, der Grieche Oinos ist selber zu einer Stimme des Schattens, der Schattenwelt geworden: „Ye who read are still among the living; but I who write shall have long since gone my way into the region of shadows" (P 457). Texte erInnern an das, was auszugrenzen versucht wird. Ihr Schein ist ErScheinung des Wesens: „Das Wesen scheint zuerst in sich selbst oder ist Reflexion; zweitens erscheint es; drittens offenbart es sich" (Hegel[124]). In seiner geschlossenen, auf sich selbst zurückbezogenen Form, hier durch den doppelsinnigen Verweis auf das 'Ende' besonders deutlich, überschreitet sich die Schattenform des Textes auf den Leser hin,

---

[123] Beachte den herrlichen Doppelsinn von *predicament*, den Poe auch zum Titel einer (ziemlich fragwürdigen) Groteske wählte: *(philosophische) Kategorie* sowie *Klemme, mißliche Lage*. Mit ersterer steckt man in letzterer, sonst hätte es noch nie der *Dialektik* bedurft...
[124] Wissenschaft der Logik II, in: Werke (ed. Moldenhauer/Michel, Frankfurt/M. 1969 u.ö.) Bd.6, 16

erinnert an das, was (er) sein wird. *Shadow* entlehnt dafür prophetische, alttestamentarische Töne. Diese AufZeichnungen, so heißt es, werden jahrhundertelang verborgen sein, bevor sie offenbar werden, und sie kündigen *in* ihrem Offenbarwerden das Offenbarwerden von Geheimnissen an — indem der Text also den Leser anspricht, überschreitet er sich selbst auf das hin, worauf er verweist; der Leser wird in eine Schattenwelt hineingezogen, in der er sich (wie im platonischen Höhlengleichnis) bereits beFindet; das sich enthüllende Schattendasein ist Erscheinung jenes den Verdinglichungen vorausliegenden und sie in sich zurücknehmenden Wesens, das, wie Heraklit sagt, es liebt, sich zu verbergen. Chiffrierung und Entzifferung des Textes korrespondieren einander. Der Text fordert den Leser dazu auf, zu den wenigen zu gehören, die ernsthaft nachsinnen werden über das, was hier 'eingeGRABen' ist: „For indeed strange things shall happen, and secret things be known, and many centuries shall pass away, ere these memorials be seen of men. And, when seen, there will be some to disbelieve, and some to doubt, and yet a few who will find much to ponder upon in the characters here graven with a stylus of iron" (ebd.). GrabInschriften geHörten zu den ersten Texten, und sie verwiesen auf GeWESENes, Kommendes und Bleibendes. Das 'Eingraben mit eisernem Griffel'[125] erinnert an das sprichwörtliche Mene-Tekel, wo von einem überzeitlichen Standpunkt aus gewogen, zu leicht befunden und beEndet, zerteilt wurde[126] — das ist auch *eine* der möglichen Assoziationen zum Ausruf „Tekeli-li!", den archaischen Schriften und dem „I have graven it within the hills" am Ende der *Narrative of Arthur Gordon Pym* (1838).[127] Dort läßt Poe individual- und gattungsgeschichtliche Urzeichen Revue passieren, Höhlenschrift, „baby talk"[128], Rollen der Mutter[129], eine riesige *verhüllte* Gestalt erscheint im Ewigen Eis, deren abwesend-anwesende Haut die Farbe reinsten Schnees aufweist, bevor ein ultimativer UnFall statthat, eine Konjunktion von Geburt und Tod, welche der kanufahrende Flüchtling, den Menschenfressern entkommen, nur noch so weit überlebt, daß er einen anderen (den 'Autor') beauftragen kann, darüber zu berichten: denn Ich ist ein anderer.[130] Oder, wie man auch übersetzen kann, ein Anderes. An den

---

[125] *Eine* Quelle dafür ist sicherlich jene „'eiserne( ) Schreibfeder' der Antike, die unbeugsam die Wahrheit schreibt, wie es in einem Gedicht Launcelot Cannings heißt: '—unbending that all men / Of thy firm Truth may say — 'Lo! this is writ / With the antique *iron pen*.'" (Zumbach, E.A.Poe, 474). Zumbach weist darauf hin, daß Poe nach dieser Gedichtstelle eine von ihm geplante Zeitschrift THE STYLUS benennen wollte, zieht aber erstaunlicherweise keine Verbindung zu *Shadow*.
[126] Vgl. Daniel 5,4ff.: „Und als sie so tranken, lobten sie die goldenen, silbernen, ehernen, eisernen, hölzernen und steinernen Götter. Im gleichen Augenblick gingen hervor Finger wie von einer Menschenhand, die schrieben gegenüber dem Leuchter auf die getünchte Wand in dem königlichen Saal. Und der König erblickte die Hand, die da schrieb. Da entfärbte sich der König, und seine Gedanken erschreckten ihn, so daß er wie gelähmt war und ihm die Beine zitterten." Zur Entfzifferung des Spruches durch Daniel vgl. 5,24–28; König Belsazar wird noch in derselben Nacht getötet.
[127] Siehe dazu die *Introduction* von Harold Beaver zur von ihm besorgten Ausgabe der *Narrative*, Harmondsworth 1975 u.ö.
[128] Silverman, Remembrance, 135
[129] „*Tekeli* was the surname of a Hungarian patriot who became the subject of a popular melodrama, *Tekeli; or The Siege of Montgatz* (1806), in which Eliza (Edgars Mutter Elizabeth Poe, T.C.) acted several times" (ebd., 136, vgl. auch 5).
[130] Rimbauds „Je est un autre" im Brief an Georges Izambard vom 13.Mai 1871

Tod zu erinnern, ist Rache[131] für sich selbst, und 'sich selbst' wiederum ist Verdopplung als Pro-Nomen.[132]

Mit der „dim city called Ptolemais", die den Schauplatz von *Shadow* bildet, ist wahrscheinlich Ptolemais Hermiou im oberen Ägypten gemeint[133] — das würde einen Bezug zum griechischen Gott Hermes ergeben, dem Seelengeleiter und mythischen Erfinder des Alphabets, als Hermes Trismegistos auch mythischer Erbauer der ägyptischen Pyramiden. Oft bleibt bei Poe der Ich-Erzähler namenlos, hier trägt er den Namen *Oinos*, griechisch für *Wein*, damit auch für die Ambivalenz von φάρμακον (pharmakon, der Schlangenstab der Ärzte und Apotheker geht auf den des Hermes zurück): Heilmittel, Zaubermittel, Gift. Wie unvermittelt beim Wein ersteres in letzteres umschlagen kann, war Poe hinreichend bekannt. Wein ist dem Dionysos zugeordnet, der rituell zerstückelt wurde und starb, um wiederaufzuerstehen, damit per se das *Zwiespältige und Zerteilte* verkörpert, das auch die Sprache, als gesprochene wie als Schrift, aufweist — da Hermes in einem späteren Kapitel näher behandelt wird, reicht es hier aus, darauf hinzuweisen, daß Hermes und Dionysos mythologisch miteinander verwandt sind.[134] Das mythologische und das astrologische Sprachspiel werden hier ebenso nur kurz angeklickt wie das alttestamentarische; dieser Aufputz trägt dazu bei, eine geheimnisvolle, todesschwangere Stimmung heraufzubeschwören.

---

[131] Der letzte Satz von Poes 'Note' zum *Pym* lautet vollständig, und zwar, um die Mystifikation zu komplettieren, in distanzierenden Anführungszeichen: „'I have graven it within the hills, and my vengeance upon the dust within the rock.'" Nach dem Hinweis von Harold Beaver (in seinem Kommentar zur 1975er Ausgabe, Harmondsworth 1986, vgl. 271) muß man hier wohl Hiob 19,22-25 hinzuziehen: „Warum verfolgt ihr mich wie Gott und könnt nicht satt werden von meinem Fleisch? / Ach daß meine Reden aufgeschrieben würden! Ach daß sie aufgezeichnet würden als Inschrift, / *mit einem eisernen Griffel in Blei geschrieben, zu ewigem Gedächtnis in einen Fels gehauen!* / Aber ich weiß, daß mein Erlöser lebt, und als der letzte wird er *über dem Staub* sich erheben" (Hervorheb. von mir, T.C.). In Sachen 'Erlösung' war sich Poe wohl nicht so sicher, und auch nicht, wer letztlich der Verfolger dieses Verfolgers war, es sei denn man zieht hier *Eureka* hinzu: „Und nun — dies Göttliche Herz — was *ist* es? *Es ist unser eigenes*" (Bd.5, 1056, H. v. Poe). Damit dreht sich die Sache in einem absolut-antinomischen (und dabei potentiell produktiven, auch was *Schreiben* angeht) *Kreis*, wenn sich dieses Herz nun nach der mystischen Vereinigung mit Gott bzw. der Weißen Göttin *sehnt*, von der/denen es, obzwar *intern* (sich erinnernd), ebenso vollständig *abgetrennt* (ab-solutum) ist, und sich ebensosehr davor fürchtet, einer Vereinigung, die dieses Ansichseiende ebenso realisieren wie *auslöschen* wird...

[132] Platzhalter für einen Namen: Pyms Großvater kam aus „Edgarton", mit anderen Worten: schreibend wird Edgar zum 'Vater seiner selbst', bringt sich selbst hervor als den, der er gewesen sein wird. Ein solches 'causa sui'-Projekt (vgl. dazu noch einmal Brown, Life Against Death) wäre völlig unterschätzt, würde man es auf jene ödipale Problematik reduzieren, die für es selber zur Metapher wird...

[133] Vgl. die Anm. der Hrsg. in der 10-bänd. dt. Übers., Bd.2, 1022

[134] Siehe Anhang I. Zu Dionysos vgl. die Studie von Marcel Detienne, Dionysos – Göttliche Wildheit (Dionysos à ciel ouvert, 1986), Frankfurt/M. 1992. — Daß Poe freilich keinen Sinn für die griechische Tragödie hatte, zeigen seine erstaunlich platten Bemerkungen in der Besprechung einer *Antigone*-Aufführung (er spricht hier tatsächlich von „dramatische(m) Unvermögen der Alten", findet eine „unerträgliche Dürftigkeit oder Platitüde als das unausweichliche Ergebnis mangelnder Erfahrung in den Künsten", Bd.7, 606 bzw. 605). Wenn er eine neue Euripides-Übersetzung rezensiert, so gibt er sich zwar Mühe, gelehrt zu wirken, schreibt aber im wesentlichen bei August Wilhelm Schlegel ab (vgl. Bd.6, 13–17, die Anm. der Hrsg. in Bd.8, 763f.) — dem er in Sachen *Antigone* vorwirft, dem Wenigen, was es dazu zu sagen gebe, „die weitläufigste Beredsamkeit zu widmen" (Bd.7, 604).

Der Himmel[135] verkündet Unheil („the heavens wore an aspect of ill"): Um eine genaue Konstellation ist es Poe hier nicht zu tun, ihm reicht aus, wenn schlaglichtartig nachvollzogen wird, daß das Sternbild Widder („Aries") mit dem Kriegsplaneten Mars verbunden ist, und daß „the terrible Saturnus", griechisch *Chronos*, die Zeit regiert und 'seine Kinder frißt', dabei als unfreundlicher, kalter, rationalistischer 'Sensenmann' auch die wissenschaftliche Analyse (erneut: Teilung, Trennung) regiert. Jupiter (das ist Zeus, der seinem Vater Saturn dem Mythos zufolge die Herrschaft entriß, indem er ihn kastrierte) gilt astrologisch als wohltätiger Planet, den „Gott zwischen die beyde schädliche Sternen, Mars und Saturnus darum gesetzet hat, damit er durch seine Güte derselben boßheit solte mindern"[136]; eine Konjunktion von Jupiter und Saturn verheißt aber nichts Gutes (ebenso wie eine von Sonne und Saturn als konfliktvoll gilt). Zwar ist der Ring des Planeten Saturn in Wahrheit nicht rot, doch Mars wird 'der rote Planet' genannt, wohl weil ihm das rostansetzende Eisen zugeordnet ist und er in dem Ruf steht, Blutvergießen zwischen den Menschen hervorzurufen.
Die Farben Rot und Schwarz dominieren diese Parabel sichtlich: „the Red Chian wine" (P 457), den Oinos und seine sechs Gefährten trinken, hat, wie ausdrücklich erwähnt wird, die Farbe des Blutes („the purple wine reminded us of blood", P 458). Der düstere Raum, in dem die sieben hocken, ist von schwarzen Draperien verhangen (alchimistisch verweist Schwarz auf das Stadium der *nigredo*, der fauligen Gärung, die sich verfestigen kann, und der 'schwarzen Sonne'; die *nigredo* wird, wichtig im Hinblick auf Poe, durch den *Raben* symbolisiert[137]). Das Jahr, so heißt es hier, war ein Jahr des Schreckens gewesen, denn die Pest hatte 'ihre schwarzen Schwingen über Meer und Land gebreitet': Die Pest wird bekanntlich sowohl 'der rote Tod' als auch 'der schwarze Tod' genannt, in *The Masque of the Red Death* ist ersteres explizit der Fall, hier letzteres („the black wings of the Pestilence", P 457). Kupfer ist als Metall der Venus zugeordnet (daraus besteht die kunstvoll gearbeitete Tür, die das Zimmer verschließt), dem Saturn jedoch das Blei, und eine *bleierne Schwere* hängt über den sieben Menschen: „A dead weight hung upon us. It hung upon our limbs" und über allen Dingen der Inneneinrichtung, abgesehen von den Flammen, die aus sieben eisernen Leuchtern brennen. Die Todesschwere hat diese sieben Leben (Lebensflammen!) noch nicht erfaßt, doch sie werden davon bedroht — das kommt auch darin zum Ausdruck, daß das Eisen (der Leuchter) dem Mars zugeordnet ist, der ja teilhat an der herrschenden Unheilskonstellation, während von der Venus nicht die Rede ist; entsprechend hat auch die kupferne Tür keine Macht, sie vermag ihre Aufgabe, die Pest draußen zu halten und die Menschen drinnen zu schützen, nicht zu erfüllen. Daß der

---

[135] Der Ortsname Ptolemais gemahnt nicht nur an die Herrscherdynastie der Ptolemäer, die im 4. u. 3. Jahrhundert v. Chr. Ägypten regierte, sondern auch an den in Alexandria wirkenden Astronomen Claudius Ptolemäus (um 140 n. Chr.), dessen geozentrisches Weltbild bis ins 17. Jahrhundert hinein die Grundlage der Astronomie blieb.
[136] P. Martin Cochem, Das grosse Leben Christi, Mainz 1727, zit. nach Hans Biedermann, Lexikon der magischen Künste. Die Welt der Magie seit der Spätantike (1986), München 1991, 240. Nicht zu vergessen aber, daß hingegen in Shelleys *Prometheus Unbound* Jupiter als Prinzip der Tyrannei und aller sozialen Übel auftritt (Shelley war ja ein Autor, den Poe gut kannte und sehr schätzte).
[137] Vgl. H.Biedermann, Lexikon der magischen Künste, 406; C.G.Jung, Traumsymbole des Individuationsprozesses (Psychologie und Alchemie 1), Grundwerk Bd.5, Olten 1984, 95 (eine Illustration aus dem Jahr 1622)

spezifische 'Geist' der Himmelskonstellation sich gerade auch *psychisch* manifestiert, wird ausdrücklich betont: „The peculiar spirit of the skies, if I mistake not greatly, made itself manifest, not only in the physical orb of the earth, but *in the souls, imaginations, and meditations* of mankind" (P 457 b). So *erscheint, offenbart sich* im menschlichen Mikrokosmos das makrokosmische Wesen. Das 'Haus des Selbst' entfaltet hier eine klaustrophobische Atmosphäre — weil das *Außen* schrecklich ist und gefürchtet wird, ist das *Innen* längst infiziert. Genau wie Leben & Tod, sind Innen & Außen in Wirklichkeit nicht gegeneinander abgeschottet; jede Abschottung ist künstlich, die Prozessualität des Lebens, des Todes, der Zeit geht über die aufgerichtete Schranke hinweg. Poes Erzählungen spielen häufig in geschlossenen Räumen und schaffen dadurch eine Atmosphäre des Lebendigbegrabenseins. Das, was draußen gehalten werden soll, ist drinnen schon vorhanden — in diesem Fall befindet sich ein bereits an der Pest Gestorbener drinnen bei den sieben Gefährten, „the genius and the demon of the scene" (P 458).

Die sieben versuchen, durch *aufgesetzte, künstliche Heiterkeit* sich ihre Bedrückung nicht anmerken zu lassen, setzen also voreinander und vor sich selbst gleichsam eine Maske auf, von der sie hoffen, sie möge dadurch, daß die anderen sie als adäquat bestätigen, auch für jeden selbst sich bewähren. Doch das Gegenteil geschieht: In dem Spiegel, den das Licht der sieben bleich & bewegungslos brennenden Flämmchen auf dem runden Ebenholztisch bildet, sieht jeder die Blässe in seinem eigenen Gesicht und das unruhige Flackern in den Augen der anderen („each of us there assembled beheld the pallor of his own countenance, and the unquiet glare in the downcast eyes of his companions"). Zwar lachen sie, doch das Lachen ist „hysterical". Sie trinken, ganz wie Belsazar & seine 1000 Mächtigen, bevor die geheimnisvolle Hand erscheint und mit ihrer Schrift die Stimmung des Gastmahls in Schrecken verwandelt. Anders als dort, wo Übermut den König dazu verführt, die von seinem Vater Nebukadnezar aus dem Tempel von Jerusalem geraubten Gefäße bringen zu lassen, um darin den Wein zu servieren, ist hier die Stimmung von vornherein gedrückt & die Luft innerhalb des abgeschlossenen Zimmers zum Ersticken: „the boding and the memory of Evil, they would not be so excluded" (P 457). Die Erinnerung an das Unheil und seine Prophezeiung läßt sich durch künstlichen Selbstabschluß nicht ausgrenzen, so wie wahrhafte Leichtigkeit nicht durch künstliche Hilfsmittel herstellbar ist. Die „loud and sonorous voice" (P 458), mit welcher der Erzähler die Lieder Anakreons singt, ist aufgesetzt, so wie die souveräne, wohltönende Stimme des *Man that Was Used up*. Der Tote, der bei ihnen liegt, nimmt an ihrer Heiterkeit, wenn überhaupt, nur soviel Anteil, wie ein Toter an der Heiterkeit derer nimmt, die bald sterben werden. Statt durch die Augen der lebenden Kameraden Bestätigung und Anerkennung zu finden, fühlt der Erzähler die Augen des Toten wie lebendig auf ihm ruhen. Er zwingt sich zwar, ihren bitteren Ausdruck nicht zu bemerken und starrt hartnäckig in die Tiefen des Ebenholzspiegels, aus dem er, wie der ebenfalls 'für sich' bleibende Narkissos, die narzißtische Bestätigung sich erhofft. Doch seine Lieder hören nach & nach auf, versiegen wie ein Rinnsal, das den Anschluß an den nächsten kleinen Fluß nicht findet, in dem sein Quellwasser Aufnahme finden könnte. Ihr Echo verklingt in den düsteren Draperien des Zimmers — Narkissos hatte die Nymphe Echo verschmäht und wurde dafür von Aphrodite bestraft (vgl. die kupferfarbene Tür, ihr rötlicher Ton ist nicht die Verheißung der Venus, sondern das Rot des Kriegsgottes, und der Mond ist durch die Vorhänge nicht zu sehen); das Echo ist seither ein Symbol der Einsamkeit, es ist nur die eigene Stimme, die zurückgeworfen wird, so wie das bleiche Gesicht von der spiegelnden Tischplatte. Mit anderen Worten: das narzißtische Ich, als Maske und scheinbarer Schutz aus Abwehrmechanismen, ist dem Zerfall preisgegeben, den es zu verbergen versucht. Im Fall Poes ist der Blick des Toten auch mit der Erinnerung an die tote Mutter verknüpft, deren unauslöschlicher Blick ihn realmögliche Liebesbeziehungen zum Scheitern bringen ließ, so wie Narkissos die Nymphe zurückwies (vgl. die im Narzißmus je individualspezifisch wirksame Ausprägung des Todestriebs). Der Grieche Oinos identifiziert sich verborgenerweise mit dem Toten, der ihn anblickt, und daß dieser den Namen Zoilus trägt, zeigt wiederum an, daß Poe sich über Oinos mit Zoilus identifiziert (dies war ein Spitzname, den ihm Kollegen für seine scharfzüngigen Kritiken verliehen hatten — Zoilus bzw. Zoilos hieß ein Kyniker, der für spitze Attacken gegen Homer, Platon und Isokrates bekannt war[138]). Anakreon, dessen Lieder hier von den Weintrinkenden gesungen werden, obzwar man wisse, daß sie „madness" seien (P 458), war ein griechischer Lieddichter aus spätarchaischer Zeit, der „seine Heimat an der kleinasiatisch-ionischen Küste verließ, als diese im Jahr 546 (v. Chr.) dem Perserreich einverleibt wurde".[139] Er besang die Freuden des Trinkens und der Liebe mit „bestechender Eleganz" in einem locker-ironischen Tonfall, wobei er von der Macht des Eros „ohne jeden tragischen Unterton" sprach.[140] Insofern war er kein *dionysischer* Dichter, aber vielleicht wird gerade diese

---

[138] Vgl. die Anm. der Hrsg. in der 10-bänd. dt. Übers., Bd.2, 1022

[139] Albrecht Dihle, Griechische Literaturgeschichte, Stuttgart 1967, 88. Hier scheint sich eine Parallele zu Belsazar aufzutun, dessen Reich ja, wie das „Mene mene tekel u-parsin" verhieß, ebenfalls an die Perser fiel, aber vielleicht führt eine solche Überlegung auch zu weit.

[140] Ebd., 88f.; die Nachwelt habe ihn „als den selig-trunkenen Greis in Erinnerung behalten, und bis in die byzantinische Zeit hinein sind Trink- und Liebeslieder in freilich als Sprechversen verstandenen, aber im rhythmischen Prinzip doch auf Anakreon zurückgehenden Maßen, sog. Anakreonteen, gedichtet worden" (ebd., 89). Walter Kranz erwähnt, daß deutsche Dichter des 18. Jahrhunderts, so auch Goethe, in einem Bezug auf die z.T. süßlichen 'anakreontischen Lieder' des späten Altertums schon eine „Befreiung vom Zeitgeist" sahen, dabei oft aber nicht einmal deren Kraft und Selbstironie erreichten (Geschichte der griechischen Literatur, Birsfelden-Basel 5.Aufl. o.J., 93). Schon gar nicht war kraftvolle Erotik Sache Poes, dessen teils puritanistisch-idealisierender, teils nekrophiler Attitüde wohl manches recht Harmlose schon als 'wahnsinnig' erschien; der 'Wahnsinn', den andere, ähnlich voreilig, bei *ihm* wahrzunehmen meinten, war ein anderer. Nimmt man diese Thesen von Marie Bonaparte auf, so könnte man diesen Ausdruck hier zudem als Abwehr einer unterschwellig wirksamen homoerotischen Komponente interpretieren, sagt Friedrich Engels doch über Anakreon (1884): „Und dem klassischen Liebesdichter des Altertums, dem alten Anakreon, war die Geschlechtsliebe, in unserm Sinne, so sehr Wurst, daß ihm sogar das Geschlecht des geliebten Wesens Wurst war" (Der Ursprung der Familie, des Privateigentums und des Staats. Im Anschluß an Lewis H. Morgans Forschungen, in: MEW Bd.21, 78). Friedrich Schiller meint in den Briefen *Über die ästhetische Erziehung des Menschen* (1795), daß Leser, die nicht in der Lage sind, bei einem schönen Kunstwerk auf die *Form* zu achten — diese sei entscheidend, der Stoff bzw. Inhalt hingegen werde durch die Form „vertilgt" — in ihrem Verlangen nach Erbauung geschmacklos genug seien, „an einem Anakreontischen oder Catullischen Lied unfehlbar ein Ärgernis" zu nehmen (Schiller, Gesammelte Werke in 3 Bdn., ed. R.Netolitzky, Gütersloh o.J., Bd.III, 788f.). Zu den Lesern, die sich nicht auf die Form verstehen und Moralpredigten statt Kunst erwarten, gehörte Poe nun allerdings unzweifelhaft nicht; *ein* Indiz dafür, wie Ästhetizismus und Puritanismus bei ihm in Konflikt geraten konnten.

vermeintliche Leichtigkeit hier als 'Wahnsinn' bezeichnet (sofern man nicht annehmen will, daß diese Charakterisierung lediglich ein mit etwas Pseudo-Bildung hingeworfener Effekt ist, der keine tiefere Bedeutung hat).
Bemerkenswert jedenfalls, daß just *aus den schwarzen Vorhängen*, in denen die letzten Echos der Lieder verklingen, in denen also die nur scheinbar kräftige und sonore Stimme des Sängers gleichsam zum Stillstand gekommen ist, dann jener *dunkle, undeutliche Schatten* hervorkommt, sozusagen als Verlängerung des Echos und dieses absorbierend — so wie er zuvor bereits die Echos der Stimmen 'tausender verstorbener Freunde' aufgesogen hat, die nun von der Stimme des Schattens zurückgespiegelt werden. Zunächst jedoch spricht er kein Wort, und die sieben Lebenden wagen auch nicht sofort, das Wort an ihn zu richten. Er wird beschrieben als „a dark and undefined shadow — a shadow such as the moon, when low in heaven, might fashion from the figure of a man: but it was the shadow neither of man, nor of God, nor of any familiar thing" (P 458). Der Mond hat hier nichts Rettendes, ebensowenig wie Aphrodite oder Eros, der Schatten legt sich vielmehr über die Kupfertür, die sich zu den Füßen des Toten befindet, und dominiert den Raum wie Thanatos' geflügelter Bote, unbeweglich.

Die Anwesenden schlagen ihre Augen nieder, wagen lange nicht, ihn anzublicken, so wie zuvor der Sänger nicht wagte, in die Augen des Toten zu blicken, und stattdessen 'in die Tiefen des Ebenholzspiegels' starrte; genauso fixieren sie alle auch jetzt wie gebannt die spiegelnde Tischplatte. Doch in der Tiefe des narzißtischen Spiegels befindet sich selber nichts anderes als Thanatos; *gerade auf diese Weise ist ihm nicht zu entkommen*. Deutlich wird das, als Oinos endlich das Schweigen bricht — offenbar weil er es nicht länger erträgt, denn Echo ist fort und der Spiegel reflektiert Blässe und Bewegungslosigkeit und Leere. Oinos fragt den Schatten also mit leiser Stimme nach seiner Heimat und seinem Namen. „And the shadow answered, 'I am SHADOW, and my dwelling is near to the Catacombs of Ptolemais, and hard by those dim plains of Helusion which border upon the foul Charonian canal'" (P 458). Er wohnt also nahe den Gängen und Grüften unter der Stadt, in der sie sich befinden — eben in den Tiefen der kollektiven Psyche, welche die sieben durch den reflektierenden 'runden Tisch', an dem sie saßen, zusammenzuhalten suchten, zum Schutz und zur Stärkung eines jeden von ihnen; es erwies sich aber, daß die Verleugnung und Verkennung jedes einzelnen *die der anderen war*, und umgekehrt. Daß es sich bei der 'realen' Stadt um Ptolemais Hermiou handelt, ist in der Tat wahrscheinlich: ist Hermes doch der Seelengeleiter, der dem Totenfährmann Charon die Seelen der Verstorbenen als Schatten zuführt; Charon fährt sie dann über die Unterweltströme und bringt sie an das Tor des Hades[141], sofern ihre Leiber von den Lebenden bestattet wurden und

---

[141] Von Bedeutung ist hier der Mythos, den Sokrates, bevor er den Giftbecher trinkt, in Platons *Phaidon* seinen Schülern erzählt: „Denn man sagt ja, daß jeden Gestorbenen sein Dämon, der ihn schon lebend zu besorgen hatte, dieser ihn auch dann an einen Ort zu führen sucht, von wo aus mehrere zusammen, nachdem sie gerichtet sind, in die Unterwelt gehen mit jenem Führer, dem es aufgetragen ist, die von hier dorthin zu führen" (107e). Dort werden auch die „unversieglichen(n) Ströme von unübersehbarer Größe unter der Erde" geschildert: „Einer nämlich von diesen Erdspalten ist auch sonst der größte und quer durch die ganze Erde gebohrt" (111d, e, vgl. dazu noch einmal die Strudel-

jedem von ihnen ein Obolos, eine Münze, als Lohn für Charon *unter die Zunge gelegt wurde*.[142] Dieser Bezug ist interessant, signalisiert er doch zum einen bildmächtig jene Prägung des Menschen durch das Geld, in welche die Prägung des Geldes durch den Menschen umgeschlagen ist; das Geld begleitet ihn noch über den Tod hinaus, ist sogar Voraussetzung dafür, daß er sicher 'zur anderen Seite' gelangt. Damit würde denn auch die 'kupferfarbene Tür' eine ähnliche Interpretationsmöglichkeit erhalten wie die 'kupferfarbene Wolke' in *A Descent into the Maelström*; denn die Tür symbolisiert ja den 'Zugang zur anderen Seite', zumal wenn draußen, wie im Falle der sieben, tatsächlich der Tod regiert. Zweitens ist mit *Zunge* ein Bezug zum Sprechen, zur Stimme gegeben (vgl. lateinisch *lingua*, was Zunge, Rede, Beredsamkeit, Sprache und Mundart bedeutet). Ein von Hexen und Dämonen unterschobenes Kind z.B., ein Wechselbalg, wird (nach dem Volksglauben) mit einer Kröte unter der Zunge geboren, und der Fluch löst sich, wenn man den Wechselbalg *zum Sprechen bringt*. In einer kapitalistischen Gesellschaft dienen Zunge und Sprache eines Menschen dazu, seiner wohlausstaffierten Marketing-Persona durch Beredsamkeit bessere Chancen zu verschaffen — hier wird der Mensch sozusagen mit einer Münze unter der Zunge *geboren*. Für den Kontext von *Shadow* kann offenbleiben, welche Bestattungsriten während einer Pestepidemie eingehalten wurden, und welche zu der Zeit, in der die Geschichte spielt, überhaupt galten, denn es geht Poe nicht um historische Genauigkeit, sondern um stimmungsvolle Effekte mittels Symbolen.[143] Wenn der Schatten sagt, er wohne dicht „by those dim plains of Helusion which border upon the foul Charonian canal", so sticht die klangliche Nähe von *Helusion* zu *illusion* hervor: *die nebeligen*

---

metaphorik in *MS Found in a Bottle* und im *Maelström*!): dies ist der *Tartaros*. „In diesen Spalt nun strömen alle diese Flüsse zusammen, und strömen auch wieder von ihm aus" (112a). „Ja es gibt auch welche, die im Kreise herumziehen, ein oder mehrere Male sich um die Erde winden wie Schlangen (...). So gibt es nun gar viele andere große und verschiedene Ströme, unter diesen aber gibt es vorzüglich viere, von denen der größte und der am äußersten rund herum fließende, der sogenannte *Okeanos* ist; diesem gegenüber und in entgegengesetzter Richtung fließend ist der *Acheron*, welcher durch viele andere wüste Gegenden fließt, vorzüglich aber auch unter der Erde fortfließend in den Acherusischen See kommt, wohin auch der meisten Verstorbenen Seelen gelangen, und nachdem sie gewisse bestimmte Zeiten dort geblieben, einige länger andere kürzer, dann wieder ausgesendet werden zu den Erzeugungen der Lebendigen" (112d–113a). Genannt werden außerdem der *Pyriphlegeton*, der *Styx* und der *Kokytos*. Es ist nicht verwunderlich, daß, nachdem das kopernikanische Weltbild das ptolemäische abgelöst hatte, die Metaphorik dieser Unterweltströme dennoch attraktiv blieb, eignet sich doch die Kugelform der Erde mindestens ebenso gut als Symbol für die Ganzheit des Selbst wie die Form einer runden (in einer himmlischen Kristallkugel ruhenden) Scheibe (vgl. oben das Bild des Ouroboros, der die Erde umschließenden Schlange, die als Symbol des Äon & der Ewigkeit problemlos übernommen werden konnte). In *Eureka* greift Poe Pascals 'Definition' (oder paradoxes Bild) des Universums auf, als 'eine Kugel, deren Mittelpunkt überall, deren Umfang nirgends ist' (Bd.5, 921f.).

[142] Vgl. Herbert Hunger, Lexikon der griechischen und römischen Mythologie (1969), Reinbek 1979, 90

[143] Wenn Poe den Oinos sagen läßt, er habe an den Konstellationen der Gestirne erkannt, „that now had arrived the alternation of that seven hundred and ninety-fourth year" (P 457), so meint er wahrscheinlich das Jahr 794 *ab urbe condita*, also die Zeitrechnung ab der Gründung Roms (sogenannte Varronische Aera); umgerechnet ergäbe dies das Jahr 41 n. Chr. (nach: F.Ritschl / L.Mendelssohn, Parallel-Tabellen zur griechisch-römischen Chronologie, Leipzig 1874), das Todesjahr Caligulas. Falls er hingegen (weniger wahrscheinlich) die christliche Zeitrechnung meint, so befinden wir uns im frühen Mittelalter (Ägypten stand bis 639 unter römischer und dann bis 1517 unter arabischer Herrschaft).

Ebenen der Illusion, das würde gut passen zu dem Lacanschen Ansatz, das Ich als eine *Funktion des Verkennens* zu interpretieren, dessen pseudo-grandiose Gesten ultimativ *flach* sind. Sachlich besteht Nähe zwischen einer verfestigten Illusion und einem falschen Paradies. In die vom Lethestrom (Strom des Vergessens) umflossenen *elysischen Gefilde* gingen diejenigen Seelen ein, die vom Totengericht für fromm und gerecht befunden worden waren, während die Frevler in den Tartaros gestoßen wurden. Wenn ein Dichter 'dämmrige, nebelige' Ebenen an einen 'modrigen, trüben' Strom grenzen läßt, hält er offensichtlich *bewußt* beides semantisch so eng zusammen. So wie der Schatten keinen bestimmten Gott verkörpert, ent–spricht er auch nicht dem Glaubenshorizont einer bestimmten Religion oder eines bestimmten Idealsystems, obzwar er dem Griechen Oinos im Sprachspiel der griechischen Mythologie antwortet.

Als die sieben seine Stimme hören, fahren sie voller Schrecken von der kollektivnarzißtischen Platte auf, in deren Spiegel sie gestarrt haben, und stehen zitternd & schaudernd & entsetzt („trembling, and shuddering, and aghast"): „for the tones in the voice of the shadow were not the tones of any one being, but *of a multitude of beings*, and, varying in their cadences from syllable to syllable, fell duskly upon our ears in the well-remembered and familiar accents of many thousand departed friends" (P 458 b). Die Stimme des Schattens ist nicht die *eines* (bestimmten) Wesens, sondern es ist die einer *Vielheit*, einer *Mannigfaltigkeit* von Wesen. Da es *viele tausend* sein sollen, die in der Stimme des Schattens einander abwechseln, dieser aber nur relativ wenige Worte spricht (jedenfalls soweit die Erzählung reicht), findet offenbar nicht nur ein *Nacheinander* ('von Silbe zu Silbe'), sondern auch ein *Zugleich* statt, eine durchsichtig werdende Schichtung. „Das Subjekt als Vielheit" (Nietzsche[144]), das Ich als „Wechselbalg", ein schillernder Proteus (Joyce[145]), das Ich „gebaut wie eine Zwiebel", ein Ge-SCHICHTs-werk aus den Sedimenten versuchter Identifikationen & der daraus sich ergebenden Unfälle (Lacan[146]) — an solche identitätskritischen Konzepte, zur Zeit Poes erst am Horizont wie Vorzeichen aufsteigend, zu denken, liegt nahe. Eben noch meinten die sieben in der spiegelnden Tischplatte 'sich selbst' und einander wechselseitig, vor dem Hintergrund einer unbeStimmten 'Tiefe', zu erblicken — jetzt nötigt sie die Stimme des Schattens, eine wesentlich komplexere Struktur zu 'vernehmen', in der Vergangenes auf Künftiges hin sich mischt und präsent ist. Das strukturelle Zusammen von Ineinandergeschachteltsein & Nacheinander-Sich-entfalten[147] in der Stimme des Schattens legt vor allem auch die Assoziation eines geschriebenen Textes (lat. *textum* wörtlich: Gewebe) nahe, mit seinem Zusammenspiel von Oberfläche, Subtext und intertextuellen Verweisen sowie seinem Rekurrieren auf literarische *Traditionen*. Der (mutmaßlich) ägyptische Schauplatz läßt nun daran denken, daß in Ägypten die hieratische Schrift als älteste Buch- und Schreibschrift entstand,

---

[144] Aus dem Nachlaß der Achtzigerjahre, in: Nietzsche, Werke (ed. Karl Schlechta) Bd.IV, Frankfurt/M.–Berlin–Wien 1977, 65 (bzw. Bd.III, München 1969, 473)
[145] Siehe James Joyce, Ulysses (1922), Harmondsworth 1992, 56: „that I, a changeling"
[146] Das Seminar von Jacques Lacan I (1953/54): Freuds technische Schriften (ed. N.Haas), Olten & Freiburg i. B. 1978, 220
[147] Dialektisch gesprochen, wäre diese *Simultanität von Simultanität und Sukzessivität* eine Spielart der Hegelschen negativen Einheit von Identität und Nichtidentität.

wobei mit Tinte auf Papyrus geschrieben wurde; der 'eiserne Griffel' des Einleitungspassus legt ebenfalls eine solche Schrift-Assoziation nahe (ich werde später Deleuzes & Guattaris Thesen zum Primat der Einschreibung/Markierung behandeln und dann noch einmal auf *Shadow* zu sprechen kommen). Teilnehmer an Napoleons ägyptischer Expedition hatten 1799 in Raschid (Rosette) einen schwarzen Basaltstein entdeckt, auf dem ein Text in drei verschiedenen Schriften eingegraben war: in Hieroglyphen, in demotischer Schrift (eine von dieser sakralen Schrift abgeleitete, im 7. Jahrhundert v. Chr. für Alltagszwecke entstandene 'Volks'-Schrift) und auf Griechisch; die Übersetzung der griechischen Inschrift lieferte den Schlüssel zu den beiden anderen Schriften. „Die Inschriften erinnern an die Thronbesteigung durch Ptolemaios V. Epiphanes (205–180 v. Chr.)"[148], auch dies könnte von Bedeutung für den von Poe gewählten Ort Ptolemais Hermiou sein, zumal Hermes (der nach dem Vorbild der ägyptischen Götter Thoth und Anubis gestaltet wurde) ja als mythischer Erfinder des Alphabets gilt (dazu ebenfalls später mehr). Sie stammen aus dem Jahr 196 v. Chr. und enthalten königliche Verlautbarungen[149], dabei „mehrere Königsnamen, deren phonetischer Gehalt zu den griechischen Bezeichnungen in Beziehung gesetzt werden konnte."[150] 1822, also nur 13 Jahre bevor *Shadow* entstand, hatte der französische Ägyptologe Jean-François Champollion (1790–1832) den entschlüsselten Text veröffentlicht[151]; es darf angenommen werden, daß Poe davon wußte und sich dafür interessierte.[152] Der Osiris-Kult stand im Zentrum der ägyptischen Religion, darum ranken sich die Texte des ägyptischen Totenbuchs, Osiris aber entspricht dem griechischen Dionysos, und auf diesen spielt der Name Oinos an. Im Zentrum des Osiris-Kultes wiederum stehen die wiederkehrenden Naturzyklen und das Leben nach dem Tod[153] (der Pharao, so glaubte man, verschmilzt nach seinem Tod mit Osiris[154]) — Tod und Auferstehung sind im Denken Poes ständig präsent, insofern paßt dies zusammen. Thoth, der „Gott der Schrift, der Erfinder überlistender Technik, das Analogon zu Hermes", erfüllte, worauf Jacques Derrida in der *Grammatologie* hinweist, „auch bei den Bestattungsriten wesentliche Funktionen", wird mitunter als Totenfährmann bezeichnet (soweit

---

[148] David Crystal, Die Cambridge Enzyklopädie der Sprache (The Cambridge Encyclopedia of Language, 1987, Übers./Bearb. S.Röhrich/A.Böckler/M.Jansen 1993), Frankfurt & New York 1995, 199
[149] Vgl. George A.Miller, Wörter. Streifzüge durch die Psycholinguistik (The Science of Words, 1991, dt. Ausg./Übers. J.Grabowski/Ch.Fellbaum 1993), Frankfurt/M. 1996, 302
[150] Die Cambridge Enzyklopädie der Sprache, 199
[151] Ebd.; George A.Miller, Wörter, 302f., gibt hingegen die Jahreszahl 1824 an. Indes waren um die Mitte des 19. Jahrhunderts noch „keine an Bedeutung und Umfang wirklich großen religiösen Texte aus der älteren pharaonischen Zeit Ägyptens bekannt und veröffentlicht (...); im Vordergrund blieben noch lange Zeit die ausführlichen Tempeltexte der ptolemäischen und römischen Zeit des Nillandes" (Erik Hornung in seiner Einleitung zu: Das Totenbuch der Ägypter (ed./Übers. E.Hornung 1979), Düsseldorf & Zürich 1997, 9).
[152] Auch Herman Melville erwähnt diese Entzifferung: „Champollion deciphered the wrinkled granite hieroglyphics. But there is no Champollion to decipher the Egypt of every man's and every being's face" (Moby Dick, 299).
[153] Vgl. ebd. die abgebildete Statue aus Theben (etwa 1490 v. Chr.) mit einer Hieroglypheninschrift, die ein „Gebet an Osiris" enthält, u.a. mit „einer Bitte für ein glückliches Leben nach dem Tod".
[154] Siehe dazu Robert Bauval / Adrian Gilbert, Das Geheimnis des Orion. Nach mehr als 4000 Jahren wird das Geheimnis der Pyramiden gelöst (The Orion Mystery, 1994), München 1996. Dort wird die These vertreten, daß in der Grabkammer des Pharaos ein Fruchtbarkeitskult stattfand, dem die 'Sternenschächte' dienten. Osiris herrschte im Jenseits, sein Sohn Horus auf Erden.

nicht der schakalköpfige Anubis, als Totenwächter, diese Rolle ausübte) und fungierte „als Schreiber vor dem Jüngsten Gericht."[155]
Wer sind die tausende & abertausende verstorbener 'Freunde', deren Stimmen in der des Schattens, welcher sie eingeholt hat, gleichsam zusammengefaßt *und* überschritten sind? Soll man hier wirklich nur an gefallene Kampfgenossen oder an der Pest Gestorbene denken, zumal die praktische Unmöglichkeit, so viele Stimmen 'real' auszumachen, doch eine *ideelle* Dimension nahelegt, die gleichwohl mehr ist als *bloß ideell*? Es erscheint sinnvoll, an die vielen Sprechenden und Schreibenden zu denken, die Poes Sprache geprägt haben und sie, als Sprache *eines* Menschen, doch zu einer *Vielheit* machen, in der speziell viele längst tote Schriftsteller ihre Spuren hinterlassen haben und so 'präsent sind'. Der SCHATTEN, der hier spricht und mit seiner unaufhebbaren Ambivalenz von Greifbarkeit & Ungreifbarkeit erschreckt, wäre somit der 'Geist' der *Zeit*, Geist der über die Menschen (die in ihr, wechselwirkend, konkretisiert sind) hinwegschreitenden *Geschichte* und des *Todes* zugleich — doch damit und speziell auch *der Geist der Sprache, der aufbewahrenden Schrift wie des verklingenden Sprechens*.
An dieser Stelle sollte wohl in Form eines Exkurses kurz dargelegt werden, welche Tragweite m.E. dem Ansatz Derridas eingeräumt werden sollte und welche nicht. Derrida kommt das Verdienst zu, die *Schrift* als unterdrücktes, doch in mehrfachem Sinne Druck ausübendes Thema sehr nachhaltig in die philosophische und literaturwissenschaftliche Diskussion eingebracht zu haben. Sprachproblematik wird bei ihm zur Schriftproblematik, als Aufklärung über die Exteriorisierung & Verdrängung eines intern strukturgenerierenden Faktors; erst mit diesem nachholenden Programm kann der ganze Bereich sprachlichen Handelns und sprachlich vermittelter Welterschließung, auch der selbstbewußte Umgang des Menschen mit dem Tod umfaßt werden. Dabei wird ein sehr weiter Begriff von Einschreibung / Einzeichnung / „Inschrift überhaupt"[156] zugrunde gelegt (den Deleuze/Guattari, vgl. Anhang II, übernehmen): „'kratzen', 'gravieren', 'einritzen', 'aufkratzen', 'einschneiden', 'zeichnen', 'eindrücken' usw."[157]; den sogenannten 'schriftlosen' Völkern fehlt daher „immer nur ein ganz bestimmter Schrifttypus".[158] In bezug auf mündliche Rede wirkt Schrift nicht nur alterierend, fixierend, konservierend und (z.B. als Gedächtnisstütze) stabilisierend, sondern *begründend* in einem transzendentalen Sinne (historische Aspekte dazu werde ich später aufführen), d.h. Schrift fungiert als Bedingung der Möglichkeit sprachlich vermittelter Erfahrung und damit (für einen stets in einer schon vorinterpretierten, vorerschlossenen, vorkartographierten Welt befindlichen & aufwachsenden Menschen) ebenso als Möglichkeitsbedingung der ihm stets schon im Zeichenmodus begrifflich vermittelten (oder zu vermittelnden) *Gegenstände* der Erfahrung. Ein Zeichen ermöglicht Wiederholbarkeit, Ritualisierung, damit Selbstverständnis des Menschen als geschichtliches Wesen. Schriften, die nach der Lautsubstanz der Rede gestaltet sind, verkörpern einen relativ späten Entwicklungstypus, jedoch einen, der für die abendländische Metaphysik, so Derrida, eine entscheidende Selbstverkennung mit

---

[155] J.Derrida, Grammatologie (De la grammatologie, 1967, Übers. Hans-Jörg Rheinberger / Hanns Zischler 1974), Frankfurt/M. 3.Aufl. 1990, 120
[156] Ebd., 498
[157] Ebd., 216
[158] Ebd., 148

sich brachte: Daß Menschen 'sich' im Modus eines (bzw. *als*) generalisierten Anderen (vgl. Idealich, Über-Ich, Gewissen, verständige & vernünftige Selbstkorrektur etc.) im Sprechen selbst vernehmen und ein über Stimme und Schrift vermitteltes Unbewußtes ausbilden[159] (vgl. den von Lacan rekonstruierten 'Eingriff der symbolischen Ordnung'), verleitet sie dazu, eine eigenständige Sphäre als Ideenwelt, Maximen der Vernunft, Sphäre des Geistes usw. in sich selbst zu hypostasieren, zu versubjektivieren & zu versubstanzialisieren. In einer exemplarischen Lektüre von Rousseaus *Essai sur l'origine des langues* arbeitet Derrida erhellend heraus, welche Rolle die sanfte und unerbittliche 'Stimme der Mutter', die 'Stimme der Natur' und der *volonté générale* als 'himmlische Stimme' erhalten.[160]

Selbstsubstitutivität, Wiederholbarkeit, Selbstähnlichkeit sind Grundcharakteristika des Signifikanten: „Ein Signifikant ist von Anfang an die Möglichkeit seiner eigenen Wiederholung, seines eigenen Abbildes oder seiner Ähnlichkeit mit sich selbst. Das ist die Bedingung seiner Idealität."[161] Und dem verdankt sich der von Derrida anhand einer Lévi-Strauss-Lektüre rekonstruierte Zusammenhang von *Eigenname und Gewalt*: „Wir sehen, daß der Name, insbesondere der Eigen-Name, immer von einer Kette oder einem System von Differenzen umgeben ist"[162], die er (so läßt sich im Sinne Lacans fortsetzen) als fixierende *Identifizierung-als* sowohl allererst eröffnet wie auch (als starrer Designator) abdichtet. Der Eigen-Name wird eingefügt, um am Ort des Mangels eine Selbstpräsenz zu ermöglichen, die doch immer ersatzhaft, stellVertretend, aufgepappt bleibt. „In der Tat gab es eine erste Gewalt zu benennen. Benennen, die Namen geben, die es unter Umständen untersagt ist auszusprechen, das ist die ursprüngliche Gewalt der Sprache, die darin besteht, den absoluten Vokativ in eine Differenz einzuschreiben, zu ordnen, zu suspendieren. Das Einzige *im* System zu denken, es in das System einzuschreiben, das ist die Geste der Ur-Schrift: Ur-Gewalt, Verlust des Eigentlichen, der absoluten Nähe, der Selbstpräsenz, in Wahrheit aber Verlust dessen, was nie stattgehabt hat, einer Selbstpräsenz, die nie gegeben war, sondern erträumt und immer schon entzweit, wiederholt, unfähig, anders als in ihrem eigenen Verschwinden in Erscheinung zu treten."[163] Die Selbstpräsenz tritt ein, *indem* sie entgleitet, und das gewaltsame Auffüllen, konstituierend die Lücke tilgen, doch sie dabei nur verschieben, im Supplement eines Supplements weiterverlängern, gehört zu jener Vielfältigkeit, die von Derrida mit dem Namen 'Urschrift', als Paradox eines 'urspünglichen Supplements' (das freilich nie in Erscheinung tritt, sondern sich in den Einschreibungen absentiert), belegt wird.

Ein Schriftsteller wie Poe, so läßt sich im Anschluß an Derrida interpretieren, verschiebt im Sinne der Logik des Supplements[164] das stabilisierende Einspringen der Schrift auf das von ihm Geschriebene hin, das er dem schon als konservierter Corpus existierenden Schriftwerk, auf dem sein Werk auffußt, hinzufügt. Das Alphabet, das sich *in seinem eigenen Namen* breitmacht (vgl. *The Man that Was Used Up*!), wird in Substitution dieses konstitutiven Namens-Teils (bei Poe war es das verhaßte *Allan*, das er kurzentschlossen zum ersten Buchstaben des Alphabets, der auf *alle* potentiellen

---

[159] „Als Unbewußtes bemächtigt sie (die Schrift, T.C.) sich der Seele" (ebd., 66).
[160] Vgl. ebd., 297, 343, 511, 543
[161] Ebd., 165
[162] Ebd., 162
[163] Ebd., 197 (Hervorheb. v. Derrida)
[164] Zu diesem Ausdruck vgl. ebd., 356, 389, 420, 482, 521, 540

Signifikanten und Signifikate, die gesamte Totalität der Selbstpräsenz-als-Selbstsubstitutivität verweist, abkürzt) zur eigenen Schrift, Selbst-Produktion, die als Selbstgemachtes für das, wozu *man* ihn gemacht hat, einspringt. Selbstsubstitution über den Tod hinaus: Edgar A. Poe wird PoeT, PoeThoth, PoeThanatos.

Das verinnerlichte Stimmbewußtsein wirkt als Verdrängung der Urschrift, jener urSPRUNGhaften Gewalt, die verkrüppelte springende Zwerge und Hofnarren gebiert. Die Selbstaffektion durch die Stimme nimmt selber selbstsubstitutiven Charakter an: die Stimme des Schattens ist zugleich Stimme der Ideen im vermeintlich abgeschlossenen Raum, einer Art ewiger Urhöhle, suppleMENTierter Gebärmutter. Es ist sicher richtig, zu sagen, daß Sprechen, ob es nun mehr oder weniger rhetorisch ausfällt, regelmäßig deutliche Züge der Selbstimitation (oder — dies ist ein inklusives 'oder' — des andere imitierenden Selbstentwurfs, imaginäre zuSÄTZliche Installierung zum Ichideal/Idealich) annimmt. Solche Aspekte wurden, wie auch das Scheitern solch schauspielambitionierter, librettogestützer Unternehmungen, von Poe u.a. in *Loss of Breath* eingebracht. Ausläufer des darstellenden Ritus, der schon immer der Bewältigung des Schreckens und der Verzauberung des Tieres und des Menschen (zum Tier, oder auch des Tieres im Menschen zum Menschen, Sublimierung) diente — ein historischer Aspekt, den Derridas Schrifttheorie unzureichend einbezieht.

Derrida beschwört stattdessen, mystifizierend, die 'Urschrift' wie eine Art (selbst nie präsentes) Urphänomen. Hier gilt es Kritik anzumelden: Was er dem Logozentrismus und Phonozentrismus entgegensetzt, droht ein Graphozentrismus (oder Grammazentrismus, im Modus 'negativer' Anwesenheit des Abwesenden) zu werden. Indem er die Abspaltung des Lautmomentes im psychischen Erleben verortet[165] und ihr mit Hilfe der kritisierten transzendentalen Phänomenologie Husserls zu Leibe rückt, vermag er keineswegs, wie er meint, die ganze Tragweite z.B. des Hegelschen 'Geistes' zu reduzieren: Obzwar kein einzelner Totalitätsbegriff, vor allem auch nicht der christlich belastete 'Geist', das zu leisten vermag, was Hegel ihm aufbürdet, so ist doch deutlich, daß damit die lebendige Wechselbeziehung zwischen dem Sichhineinbilden der objektiven Wirklichkeit ins tätige menschliche Subjekt und dessen aktiv-veränderndem Sichauseinandersetzen mit den jeweils geschichtlichen Gestalten der naturhaften und gesellschaftlichen (bzw. kulturellen) Umwelt zu verstehen ist, worin Menschen sich vorfinden, die in Selbstbildung & -realisierung gleichsam im Zeitraffer die wichtigsten Stationen langer geschichtlicher Entwicklungsprozesse nachholend zu 'verinnerlichen' haben, um sich Kompetenzen und Kenntnisse 'auf der Höhe der Zeit' anzueignen. Diese bewegliche Konstellation läßt sich nicht symptomatologisch auf ein Verkennen der 'Stimme der Vernunft', Gottes, des Geistes einer Zeit usw. *reduzieren*, obwohl solches Verkennen aufgrund unzureichender Sprachanalyse in Philosophien wie der Kantischen oder der Hegelschen unstrittig *auch* eine Rolle spielt. Ebenso unstrittig hat ein Hegel unterschätzt, wie sehr der lineare Duktus seiner Begriffsentwick-

---

[165] „Dieser Trug (*leurre*), die Geschichte der Wahrheit, läßt sich nicht so rasch durchschauen. In der Geschlossenheit dieser Erfahrung wird das Wort als elementare und unzerlegbare Einheit des Signifikats und der Stimme, des Begriffs und einer transparenten Ausdruckssubstanz erlebt" (ebd., 38f.). Jürgen Habermas' Kritik, dieser 'Subjektivismus' bleibe im Banne der Bewußtseinsphilosophie, statt sie zu überwinden, ist nicht ganz unbegründet (vgl. Habermas, Der philosophische Diskurs der Moderne, Frankfurt/M. 2.Aufl. 1985, 191-218).

lung an die Linearität des *in Buchform geschriebenen* Systems gebunden war. Im vermeintlich 'reinen Zusehen' bzw. 'Zuhören' wurden Laut-/Bild und Begriff, Signifikant und Signifikat, zum 'reinen Beisichsein im absolut Anderen' kurzgeschlossen — Ich, das Wir, & Wir, das Ich ist, Selbstbegegnung des Geistes, der sich selbst durchstreichende Autor. Eine solche Konstellation scheint von seinem Zum-Teil-Zeitgenossen Poe in der Multiplizität der Schattenstimme(n) recht treffend auf Metapher gebracht. Ebenso, „daß die Einbildung zur gleichen Bedeutungskette gehört wie die Antizipation des Todes. In ihrem Grunde ist die Einbildung das Verhältnis zum Tode. Das Bild ist der Tod"[166] — dies würde gut auf Poe passen, und es möge zur nächsten hier interpretierten Geschichte überleiten.

---

[166] Derrida, Grammatologie, 314f.

5 / Da ist Nichts hinter der Maske: *The Masque of the Red Death*

Shadow ist ein sehr poetischer Text, der mit Recht als 'Gedicht in Prosa' charakterisiert wurde.[167] Noch in zwei weiteren Poe-Stories bildet eine Pestepidemie den Rahmen: in der eher harmlosen Groteske *King Pest*, sowie in der bekannten Horror-Erzählung *The Masque of the Red Death* (erstveröffentlicht im April 1842), in der viele Motive aus *Shadow* wiederkehren. Verwandt auch *The Sphinx* (1846) vor dem Hintergrund der in New York grassierenden *Cholera*.

King Pest (wie *Shadow* 1835 erstveröffentlicht) spielt in London zur Zeit Edward III, der von 1327–77 regierte — damals wütete von 1348 bis 1352 die Seuche dermaßen vernichtend, daß ein Drittel der europäischen Bevölkerung dahingerafft wurde. In einem deswegen abgesperrten Stadtteil treffen zwei stark angetrunkene Seeleute in den Räumen eines Leichenbestatters, wo sich ein geplünderter Weinkeller befindet, auf eine bizarre sechsköpfige Festgesellschaft unter Leitung von König Pest dem Ersten und seiner Gemahlin. Die heiteren Eindringlinge werden zum Schlürfen von Punsch aus Totenschädeln eingeladen bzw. dazu verurteilt, als sie es gegenüber seiner Exzellenz an gebührendem Respekt fehlen lassen. Als sie dann in ihm gar den Schauspieler *Tim Hurlygurly* wahrzunehmen meinen (Poes leiblicher Vater hat übrigens nach einem Versprecher, den ihm das Publikum übelnahm, den Spottnamen *Dan Dilly* erhalten[168]), kommt es zum Kampf, aus dem sie jedoch siegreich hervorgehen — es bleibt allerdings offen, ob nicht die beiden Frauen, die sie aus der Pestgesellschaft entführen und mit sich nehmen, für sie das sichere Verderben bedeuten werden.

Man nimmt an, daß Poe in allen vier Texten seine Erfahrung der Cholera-Epidemie in Baltimore 1831 mitverarbeitet hat (wo sich die Wohlhabenden auf der Flucht vor der Seuche aufs Land zurückzogen). Doch höchstwahrscheinlich kannte er auch *A Journal of the Plague Year* von Daniel Defoe[169], dieses 1722 erschienene Buch über die Pest in London von 1665, denn er erwähnt es 1836 in seiner Rezension einer *Robinson Crusoe*-Ausgabe[170], und in *The Premature Burial* schreibt er: „We thrill, for example, with the most intense of 'pleasurable pain' over the accounts of (...) the Plague at London" (P 258). Defoe beschreibt u.a. die behördliche Schließung und Bewachung befallener Häuser, den Anstieg von Aberglauben, Sektenwesen und Quacksalberei[171] sowie von Raub und Schurkereien[172] — in *King Pest* aber ist ja von Plünderungen und Räubereien („the carcass of many a nocturnal plunderer arrested by the hand of the

---

[167] So in der von Fritz Levi herausgegebenen Sammlung: *Aus den Tiefen der Seele. Phantastische Geschichten*, Wiesbaden o.J.
[168] Dieser steht sichtbarer noch Pate in *The Murders in the Rue Morgue* für den Namen des wegen mangelnder Größe für die Tragödie ungeeigneten Schauspielers *Chantilly* (vgl. P 145ff.).
[169] Dt. Die Pest zu London, Frankfurt/M. & Berlin 1996
[170] Siehe in der 10-bänd. dt. Übers.: Bd.6, 35 (aus der dortigen Liste geht die Lektüre dieses Buches freilich nicht sicher hervor, da Poe dort in Stichworten zahlreiche Defoe-Bücher charakterisiert, die er kaum alle gelesen haben wird)
[171] Vgl. Die Pest zu London, 31, 36–39, 43f., 232, 320
[172] Vgl. ebd., 43f. u. 114

plague in the very perpetration of his robbery", P 722f.) ebenso die Rede wie vom Aberglauben an einen Dämon der Seuche („The city was in a great measure depopulated — and in those horrible regions, in the vicinity of the Thames, where, amid the dark, narrow, and filthy lanes and alleys, the Demon of Disease was supposed to have had his nativity, Awe, Terror, and Superstition were alone to be found stalking abroad", P 721). Defoes Schilderungen, wie in Menschen plötzlich etwas ausbricht, was unsichtbar bereits in ihnen wucherte und an ihren Kräften zehrte, wurden später u.a. auch von Antonin Artaud aufgegriffen, als expressive Metapher zur Verdeutlichung seines *Theaters der Grausamkeit*, welches, indem es den Menschen befalle und umstülpe, durch *Ver*zerrung *ent*zerren und eine kollektive Entleerung von Abszessen bewirken könne, zumindest aber den Menschen dazu aufrufe, sich mit seinem Schicksal zu messen, und sei es auch ohne Gewinn für die Wirklichkeit.[173]

Die klassische antike Tragödie, deren Handlung vom Wirken der Pest angestoßen wird, ist *König Ödipus* von Sophokles: Sie beginnt ja mit der Bitte eines Priesters an Ödipus, den Mörder seines Vorgängers Laios ausfindig zu machen, damit die von Apollon über Theben verhängte Seuche ein Ende habe; Ödipus besteht dann, mit unerbittlicher Konsequenz jede Verschleierung und Maskierung verwerfend, auf vollständiger Aufdeckung der für ihn vernichtenden Wahrheit und ist damit nicht nur 'der erste Detektiv'[174], sondern auch das archetypische Beispiel für die nietzscheanische Koinzidenz des 'Selbstkenners' mit dem 'Selbsthenker', von Aufklärung und Selbstdestruktion. Der Titel *The Sphinx* verweist auf Ödipus, der das Rätsel der Sphinx löste und doch die Wahrheit über sich selbst nicht wußte, und der Aberglaube („the popular belief in omens", P 471), über den der Erzähler gerade liest, geht dort mit ihm selbst durch, als er das vermeintliche Ungeheuer „with a sentiment of forthcoming evil" sichtet (P 472f.). Sein Verwandter beruhigt ihn durch wissenschaftliche Aufklärung: das 'Monster' war nur ein kleiner Totenkopffalter, der Erzähler hatte in seinem durch die Gedanken an die Epidemie und den Tod von Freunden angegriffenen Zustand Entfernung und Bedeutung des Objekts völlig falsch eingeschätzt; indes, einen spezifischen Symbolwert hat die Totenkopfzeichnung des Schmetterlings, nicht nur unter solchen Umständen, schon[175], und diese Lösung des 'Rätsels der Sphinx' könnte sehr wohl bedeuten, daß der Erzähler, wie Ödipus, sich selbst nicht kennt, wenn ihm doch solche (schon fast unglaubwürdigen) Fehleinschätzungen unterlaufen.[176]

---

[173] Vgl. Antonin Artaud, Das Theater und sein Double ('Le théâtre et son double' suivi de 'Le théâtre de Séraphin', 1964, Übers. G.Henniger, 1969), Frankfurt/M. 1979, 17–34. Siehe zu Artaud auch am Schluß von Kap.X sowie Anhang II, c!
[174] Vgl. Peter Krumme, Augenblicke – Erzählungen Edgar Allan Poes, 2
[175] Zur „Figur eines versch(r)obenen Blicks" in *The Sphinx* vgl. Krumme, ebd., 30–41. In der Zeichnung des Totenkopfs auf dem Leib eines Insekts „vermischen sich" deutlicher als irgendwo sonst bei Poe „künstliche und natürliche Momente der Schrift" (39): „Der blicklose Totenkopf", der, in der sehr treffenden Formulierung von Krumme, „als Negativ gesteigerten Schauens" fungiert (38), wird zum „caput mortuum des Textes" (39).
[176] Unzureichende Aufklärung erfährt in der Geschichte z.B. der markerschütternde Klagelaut, den der Falter ausstößt, und der durchaus an das Heulen des Moskoestroms erinnert: „,I perceived the huge jaws at the extremity of the proboscis suddenly expand themselves, and from them there proceeded a sound so loud and so expressive of woe, that it struck upon my nerves like a knell, and as the monster disappeared at the foot of the hill, I fell at once, fainting, to the floor" (P 473). Zwar liest der Verwandte ihm aus einem *Natural History*-Buch später vor: „,The Death's-headed Sphinx has

Auf die Erfahrung der Pest rekurrierten auch spätmittelalterliche *Totentanz*-Motive[177], und in ihren Kontext gehört die Gestalt des *Jedermann*, zu dem der Tod kommt, als er ihn am wenigsten erwartet; Interpreten haben Parallelen zwischen diesem Maskenspiel und Poes *Masque of the Red Death* gezogen.[178] Plausibel erscheint zudem die Möglichkeit, mit Michel Foucaults großer historischer Studie über *Wahnsinn und Gesellschaft* zu berücksichtigen, daß das Aufkommen des Wahnsinns am Horizont der Renaissance eine Todessymbolik implizierte, die jene ablöste und auch institutionell, was die Internierung anging, weiterführte, die mit den großen Epidemien verbunden gewesen war: „Der Kopf, der zum Schädel werden soll, ist bereits leer. Der Wahnsinn ist die bereits hergestellte Präsenz des Todes"[179] — entsprechend zeigte das Ritual, „mit dem der Leprakranke ausgeschlossen wurde, (...) daß er als Lebender die Präsenz des Todes war."[180] Jene etwa in Gemälden Boschs sich manifestierende apokalyptische Endzeitstimmung, die signifikanterweise mit dem Wechsel vom Feudalismus zum Kapitalismus zusammenfiel, griff auf dieses neue Emblem anstelle des alten zurück, indem das Pestschiff Europa gleichsam zum Narrenschiff wurde: „Das Ansteigen des Wahnsinns, seine stumme Invasion zeigt, daß die Welt ihrer letzten Katastrophe nahe ist. Der Irrsinn der Menschen verlangt nach ihr und macht sie notwendig."[181]

---

occasioned much terror among the vulgar, at times, by the melancholy kind of cry which it utters, and the insignia of death which it wears upon its corslet'" (P 474), aber es wird keine zureichende Erklärung dafür gegeben, wie auch dieses Geräusch ins Monströse verzerrt werden konnte, und das trägt zu dem insgesamt unbefriedigenden Eindruck dieser Erzählung bei. Der Schrecken kam 'aus der Seele', gewiß, doch der Ich-Protagonist bleibt einfach zu blaß, als daß man ihn nachvollziehen könnte. Wichtig indes für den Kontext vorliegender Untersuchung, daß hier der Klagelaut als „Signal der Krise" fungiert (Krumme, Augenblicke, 37). Die Stimme spiegelt sich in diesem Laut und geht darin auf — und dann sogleich in *Ohnmacht* über — wo die gesprochene Sprache versagt. Dem 'blicklosen Blick' des Totenkopfes korrespondiert so die sprachlose Stimme. Insofern ist die Totenkopfzeichnung Versammlungspunkt für das Übersichhinausweisen nicht nur der geschriebenen (die von Krumme thematisiert wird), sondern auch der gesprochenen (bzw. *nicht mehr gesprochenen, nicht mehr sprechbaren*) Sprache. Und ein nicht zu unterschätzender Aspekt des geschriebenen Textes ist ja, daß er dort einzuspringen versucht, wo nicht mehr gesprochen werden *kann*. Sei es aus Komplexitätsgründen, aus psychischen Gründen, aus welchen Gründen auch immer weil ein Toter in seinem tradierten Text quasi als Zurückkehrender bzw. noch Präsenter zu uns sprechen kann!

[177] Die einflußreichste Totentanz-Malerei war der nicht mehr erhaltene *Danse macabre* von Paris (1424/25). In seiner Tradition stehen zwei Werke des Lübeckers Bernt Notke (etwa 1430/40–1509, also ein Zeitgenosse von Hieronymus Bosch), der 1463 einen *Totentanz* für die Lübecker Marienkirche schuf (1701 von Anton Wortmann kopiert, 1942 verbrannt) und kurz vor 1500 einen für die Nikolaikirche in Reval (Tallinn); vgl. die Hinweise von Hartmut Freytag & Hildegard Vogeler in: Bernt Notke – Das Revaler Totentanz-Fragment / Tallinna Surmatantsu-Fragment, Lübeck 1992, 1. Dessen mittelniederdeutscher Text läßt den Tod wie folgt sprechen: „Zu diesem Tanz rufe ich alle miteinander: / Papst, Kaiser und alle Kreaturen, / arm, reich, groß und klein. / Tretet hervor, denn euch hilft kein Trauern! / Aber bedenkt zu jeder Zeit, / daß ihr gute Werke mit euch bringt / und eure Sünden büßt; / denn ihr müßt nach meiner Pfeife tanzen" (Übers. H.Freytag, ebd., 3). Zu den Gestalten, die von den tanzenden Gerippen heimgesucht wurden, gehörten ein in typisch rotfarbener Kleidung dargestellter Kardinal (Rottöne dominierten auch bei einigen anderen Würdenträgern) und ein Herzog.
[178] Vgl. James L. Roberts, Poe's Short Stories – Notes (1980), Lincoln (Nebraska) 1996, 66
[179] Foucault, Wahnsinn und Gesellschaft (Histoire de la folie, 1961, Übers. U.Köppen, 1969), Frankfurt/M. 12.Aufl. 1996, 34
[180] Ebd. (anm.51)
[181] Ebd., 35

Der erste Absatz der Erzählung ist eine emotionale Attacke mit vielen Reizwörtern und Superlativen: „The 'Red Death' had long devastated the country. No pestilence had ever been so fatal, or so hideous" (P 269). Um welches Land es sich handelt, wird nicht gesagt, die „castellated abbeys", das Walzertanzen und der Name „Prince Prospero" deuten auf ein europäisches Land hin, am ehesten wohl auf ein südeuropäisches (der Prospero in Shakespeares *The Tempest* ist Italiener, der legitime Herzog von Mailand), aber der Ort ist nebensächlich. Auffällig, daß die *Schnelligkeit*, mit der die Seuche zum Tod führt (auch dies deutet auf einen Einfluß Defoes hin, der solche Fälle beschreibt), von Poe hier *mit stilistischen Mitteln* (in mitreißender Raffung) wiedergegeben wird: „There were sharp pains, and sudden dizziness, and then profuse bleeding at the pores, with dissolution. The scarlet stains upon the body and especially upon the face of the victim, were the pest ban which shut him out from the aid and from the sympathy of his fellow-men. And the whole seizure, progress, and termination of the disease, were the incidents of half an hour." Mit der Betonung der Isolation von seinen Mitmenschen, die der Pestkranke erfährt[182], in Verbindung mit einer Häufung durchaus vordergründig horrorerzeugender Wörter („the horror of blood" etc.), wird der Leser gleichsam ruckartig auf sich selbst zurückgeworfen; dazu paßt zudem, daß auch sorgfältige Lektüre dieser Story (gemäß Poes Forderung nach literarischer Kürze, zur Optimierung des *Effekts*) weniger als eine halbe Stunde Zeit erfordert. Die Bedeutung von *The Red Death* wird mit den Stichworten „scarlet stains" und „blood" sofort geklärt. Die sogenannte *Scharlachpest* wurde rund siebzig Jahre später auch von Jack London zum Thema einer seiner ungewöhnlichsten Erzählungen gemacht (in *The Scarlet Plague*, 1915 erstveröffentlicht, schildert London eine apokalyptische Szenerie, wo nach weltweitem Wüten der Seuche Zivilisation und Kultur nur noch in der Erinnerung einiger weniger existieren).

Der zweite Absatz baut nach diesem düsteren Anfangsstakkato einen scharfen Gegensatz auf: „But the Prince Prospero was happy and dauntless and sagacious" (P 269). Die Personifizierung des 'Roten Todes' hat dafür gesorgt, daß sich die beiden Gegenspieler damit bereits gegenüberstehen. Im Deutschen gebraucht man *prosperieren* im Sinne von blühen, gedeihen, vorankommen. Das lateinische Verb *prosperare* (darin steckt *sperare*: hoffen) bedeutet soviel wie: eine Sache segnen, ihr Glück und Erfolg wünschen, sie gedeihen lassen; das Adjektiv *prosperus* bedeutet: glücklich, günstig. Erhellend ist hierzu eine Stelle in *The Domain of Arnheim*, wo Poe den Ausdruck *prosperity* verwendet und wie folgt erläutert: „Nor do I use the word prosperity in its mere worldly sense. I mean it as synonymous with happiness" (P 604). „Prince Prospero was happy" ist somit quasi tautologisch. Doch eingedenk des unglücklichen Fortunato in *The Cask of Amontillado* (oder des fiesen Mr.Goodfellow in *„Thou Art the Man"*) ist naheliegend, daß sich auch das Glück des Fürsten Prospero ins Gegenteil verkehren wird.

Dieses Wortspiel ist wohl entscheidender als ein möglicher Bezug zu Shakespeares *The Tempest*. Dort verkörpert Caliban einen entwurzelten Naturmenschen bzw. deformierten Sklaven, den Prospero die Sprache gelehrt hat, was aber nur dazu führt, daß

---

[182] Defoe schildert in seinem Buch die umstrittenen behördlichen Maßnahmen der Absonderung der Kranken und Versiegelung befallener Häuser.

Caliban seinen Herrn verrät; Prospero ist dagegen der Kultivierte, der am Ende seinen Feinden vergibt. Genauer: Calibans Mutter Sycorax war eine Hexe, die 'schwarze' Magie praktizierte, Prospero hingegen ist ein Magier, der 'weiße', wohltätige Kunst praktiziert, sich allerdings auch quasi selbstverständlich zum Herrn einer Insel, gewissermaßen als Kolonisator, gemacht hat, von wo aus er sein Herzogtum, das sein Bruder Antonio sich unrechtmäßig angeeignet hat, zurückgewinnt. Einen Gegenpart sowohl zu Prospero als auch zu Caliban spielt der bezaubernd-leichte Luftgeist Ariel, den Prospero für seine Dienste mit der Freiheit belohnt (demgegenüber ist bei Poe die Rollenverteilung viel einliniger). Samuel Coleridge hat den hohen Reiz des Stückes für die Imagination hervorgehoben: „*The Tempest* is a specimen of the purely romantic drama, in which the interest is not historical, or dependent upon the fidelity of portraiture, or the natural connection of events, (...) It adresses itself entirely to the imaginative faculty".[183] Das läßt sich bei Poe ähnlich sehen, und er hat *The Tempest* sicher gekannt (seine Mutter Eliza hat übrigens während ihrer Bühnenzeit manchmal den Ariel gespielt), aber tiefgreifende Affinitäten zu dieser „pastoral romance" mit „tragicomic form"[184] bestehen kaum. Zwar ist Poes Prince Prospero ein kultivierter Aristokrat, doch ohne shakespeareähnliche Zeichnung; überhaupt erhält er nur wenige Charakterzüge, abgesehen von seiner Vorliebe fürs Bizarre („the duke's love of the bizarre", P 269) und Protzige, für kultivierte Dekadenz. Vielleicht spielte bei Poe dennoch eine gewisse Lust am Gegenentwurf eine Rolle, denn im Gegensatz zu Shakespeares Prospero gibt es für Poes Protagonisten, ebenfalls „master of a full poor cell"[185], keine Rückkehr von seiner 'Insel', und während bei Shakespeare ein mögliches Scheitern von Prosperos Großmut nur durch Antonios Schweigen signalisiert wird, ist das Scheitern der im buchstäblichen Sinne 'exklusiven' (nämlich das Andere, den Tod ausschließenwollenden) Lebensform von Poes Prospero total und offensichtlich. Nimmt man Ariel als Gegenpol, so wird deutlich, daß im Gegensatz zu ihm beide Prosperos niemals froh sein werden, wenn auch aus unterschiedlichen Gründen: Die Lebensform von Poes Prospero ist künstliches, dandyhaftes Sichverschaffen von *kicks*; die Maske ist für ihn charakteristisch nicht nur beim Maskenball. Shakespeares Prospero, der seine magische Kunst aus Büchern bezogen hat, von denen er abhängig ist, wird 'gedrückt' von Kunst und Verantwortung ('divine magic' zu praktizieren, bedeutet Macht durch Selbstunterwerfung, Selbstlosigkeit); er wird niemals „merrily, merrily" leben wie Ariel (der ihn darin bestärkt, seine Rauheit durch Großmut zu vertauschen), sondern jeder dritte Gedanke wird seinem Tod gelten.[186] Festhaltenswert, daß der 'Wechselbalg' Caliban seinem Herrn Prospero zuruft: „The *red plague* rid you / For learning me your language!"[187] — hier bestünde eine unmittelbare Übergangsmöglichkeit zu Poe.

---

[183] Coleridge, The Tempest (Lectures, 1818), in: drs., Selected Poetry and Prose (ed. Kathleen Raine), Harmondsworth 1957 (u.ö.), 262. Auch Shelley hat *The Tempest* sehr geschätzt und bezieht sich auf die dortige Welt der Naturgeister in *Prometheus Unbound*, vgl. Richard Holmes, Shelley – The Pursuit (1974), London 1995, 492f. u. 705.
[184] Frank Kermode in seiner *Introduction* zur Arden-Edition von *The Tempest*, London 1957, lix
[185] The Tempest, I.II.20 (a.a.O., 10)
[186] Vgl. The Tempest V.I.90 (Ariels Song) und V.I.310)
[187] The Tempest I.II.365 (a.a.O., 33); Hervorheb. von mir, T.C.

Als die Besitztümer des Fürsten halb entvölkert sind, zieht er sich mit tausend ausgewählten Rittern und Damen in die Abgeschiedenheit einer gegen die Außenwelt komplett abgeschlossenen Abtei zurück. Die Aristokratie, der Adel ist unter sich, der Herrscher wählt aus, die einfache Bevölkerung bleibt außen vor und ist der Seuche preisgegeben.[188] Die Szenerie erinnert sehr an den Beginn des V. Kapitels im Buch *Daniel*: „König Belsazar machte ein herrliches Mahl für seine tausend Mächtigen und soff sich voll mit ihnen." Im Deutschen ist der Ausdruck *Schloß* schön doppelsinnig: die Festgesellschaft des Fürsten Prospero verbarrikadiert sich völlig, die Ringbolzen (wir erinnern uns, daß der Bruder des Fischers sich gegen den *Maelström* vergebens an einem solchen festklammert!) werden verschweißt, so daß niemand mehr herein, aber auch niemand mehr heraus kann, sei es im Fall von Verzweiflung oder Tobsucht. Für Unterhaltung und Ablenkung ist gesorgt: es gibt Ballett-Tänzer, Musikanten, Possenreißer, Schönheit und Wein (mit anderen Worten, Angehörige der niederen Schichten sind dabei, soweit sie unterhaltsam sind, nach Hofnarrenart). „All these and security were within. Without was the 'Red Death'" (P 269).

Nicht nur diese abstrakt verfestigte Innen-Außen-Trennung und die Farbe Rot, auch die Bedeutsamkeit der Zahl Sieben wird aus *Shadow* in *Masque of the Red Death* herübergenommen. Dort hockten sieben Gefährten (und ein Toter) zusammen, hier sind es sieben Räume, in denen die Lustbarkeit, ein Maskenball, stattfindet. In Mythologie und Magie spielt die Sieben eine gewichtige Rolle: die Bibel nennt sieben Schöpfungsakte Gottes, in der johanneischen *Offenbarung* werden sieben Siegel geöffnet, indische Lehren kennen sieben Chakren des siebenfachen menschlichen Körpers; der alchimistische Prozeß, der das psychische 'Gold', den *lapis philosophorum* hervorbringen soll, besteht aus sieben Stufen unter dem Einfluß von sieben Planeten. Diese letztere Assoziation mag man in der Tat ziehen, wenn nun geschildert wird, wie in jedem der sieben Räume eine bestimmte Farbe vorherrscht, doch eine auch nur annähernde Entsprechung ergibt sich nicht, und es wäre wohl auch nicht im Sinne Poes, eine lückenlose *systematische* Interpretationsmöglichkeit zu erwarten. Die des ersten ist Blau, diese Farbe (genauer: Blaugrau) ist dem Saturn zugeordnet, Väterchen Zeit, dessen Sense in Totentanzdarstellungen bei den tanzenden Gerippen wiederkehrt. Purpur (im zweiten Raum) war die „Prestigefarbe des Altertums"[189] und ist durch *Shadow* mit Wein und Blut verbunden („the purple wine reminded us of blood", P 458), deutet damit auf den siebenten Raum vorweg. Der dritte Raum wird vom Grün beherrscht, der Farbe der Isis, im vierten dominiert Orange, die Farbe der Venus, und zu Weiß, der Farbe des fünften Raumes, läßt sich die *White Goddess* assoziieren, von der Isis und Venus / Aphrodite *Aspekte* verkörpern; insofern bilden diese drei Räume eine Einheit. Die Räume des weiblichen Prinzips müssen durchschritten werden, um zur Sublimierung zu gelangen. Weiß ist im alchmistischen Prozeß dem *dritten* Stadium assoziiert: die *prima materia* (beachte: in *materia* steckt *mater*, die Mutter) wurde in Merkurialwasser verflüssigt, dann im Bauch der Erde vergraben (Stadium

---

[188] Defoe führt in *Die Pest zu London* wiederholt aus, daß besonders die Armen unter der Seuche zu leiden haben (vgl. 108, 127ff., 133, 201f., 281, 298).
[189] Krumme, Augenblicke, 145. Dieser Purpur wurde „als Extrakt der Purpurschnecke" gewonnen bzw. als „Porphyr, das purpurfarbene Gestein, das einzig in Ägypten abgebaut werden konnte" (ebd.).

der Schwärze, *nigredo*, Materie-zu-Erde bezeichnet eine Art Selbstbezug des weiblichen Prinzips[190]), dann aufgehellt (*sublimatio*), viertens wird sie gelb, fünftens rot (*rubedo*, das zeigt, daß die Reduktion geglückt ist). Bei Poe ist nun die Farbe des sechsten Raumes Violett, das ähnelt dem zweiten, sowohl Purpur (sofern es nicht allzu sehr ins Rot des Mars hinüberspielt) als auch Violett sind dem Jupiter zugeordnet, der als Glücksplanet dem Prospero gewogen sein müßte. Dieses Violett teilt sich nun im siebenten Raum gewissermaßen auf, in Schwarz (genauer: „black velvet tapestries") und Blutrot („The panes here were scarlet — a deep blood color", P 270), nimmt also die Farben der Pest, des Roten Todes an. Es ist möglich, die Story vom Stadium der *rubedo* aus zu interpretieren, daß also das fünfte Stadium des alchimistischen Prozesses hier von Poe an den Schluß gesetzt wird: „die Materie rötet sich (*rubedo*) und 'wütet als roter Drache gegen sich selbst', bis sie sich 'in Blut verwandelt'"[191]; Prospero und der Rote Tod könnten dann plausibel als die beiden Pole eines innerpsychischen Kampfes aufgefaßt werden, eine Spaltung, die sich als Selbstzerstörung äußert. Daß dieses Stadium hier bei Poe, anders als bei den Alchimisten, das *Endstadium* bezeichnet, könnte ausdrücken, daß das 'Große Werk' (gattungsgeschichtlich: Kultur & Zivilisation; individualpsychologisch: die Herstellung einer die disparaten Pole integrierenden 'Ganzheit des Selbst') scheitert. Doch so, wie es keine Eins-zu-eins-Analogie zum alchimistischen Prozeß gibt, liegt hier vermutlich auch keine bewußt durchkonzipierte Abweichung auf der Basis der alchimistischen Symbolik vor (ich führe das Thema 'Alchimie und Sprache' im Anhang I an der Gestalt des Hermes, die schon in *Shadow* eine gewisse Rolle zu spielen schien und im alchimistischen Prozeß die 'Wandlungssubstanz' verkörpert, weiter aus). Wichtiger, als nach einem durchgehenden Prinzip zu suchen[192], ist vielleicht, einen anderen Hinweis

---

[190] Das ist insofern wichtig, als der Bezug der weiblichen Anteile in Poe zur toten Mutter freudianisch nicht nur mit dem Todestrieb — das Stadium der *nigredo* als symbolischer Tod — sondern (vgl. Marie Bonaparte) auch mit verdrängten homoerotischen Anteilen assoziiert und diese gesamte Konstellation *innernarzißtisch* gedeutet werden kann.
[191] Kurt Bensch, Magie. Auf den Spuren des Unbekannten, Wien 1975, 80. Die Herstellung des 'Steines der Weisen' wird hier in sieben Stufen nach Basilius Valentinus und Paracelsus geschildert; es heißt, daß bei anderen Alchimisten der Vorgang abgekürzt in vier Stufen beschrieben werde.
[192] Platon läßt Sokrates im *Phaidon* von der mythischen 'wahren Erde' erzählen, die nicht die unsrige ist: „ein Teil sei purpurrot und wunderbar schön, ein anderer goldfarbig, ein anderer weiß, aber viel weißer als Alabaster oder Schnee" (110c). Und sicherlich kannte Poe Shelleys *Ode to the West Wind* (1819), deren erste zwei Strophen lauten: „O wild West Wind, thou breath of Autumn's being, / Thou, from whose unseen presence the leaves dead / Are driven, like ghosts from an enchanter fleeing, /// *Yellow, and black and pale, and hectic red*, / *Pestilence-stricken multitudes*: O thou, / Who chariotest to their dark wintry bed" (Percy Bysshe Shelley, Selected Poems, ed. Stanley Appelbaum, London & Toronto 1993, 35; H. v. mir, T.C.). Shelley interessierte sich sehr für alchimistische Experimente, die er nicht nur symbolisch zum Werk des Dichters in Bezug brachte (siehe Richard Holmes, Shelley – The Pursuit, 262). Frank Zumbach weist darauf hin, daß Poe wiederholt *synästhetische* Konzepte anklingen läßt, wonach Farben bei ihm auch *akustische* Sinneswahrnehmungen auslösen; so ist für ihn nach einer *Marginalien*-Notiz die Farbe Orange mit dem Sirren einer Mücke (also erneut die 'Stimme' eines Insektes, vgl. in *The Sphinx* den Totenkopffalter!) assoziiert. „Um das 'smaragdene Grün' eines Rasens am tiefsten aufzunehmen, empfiehlt er, die Augen halb zu schließen. Violett, die Mischung von Rot und Blau, von Kalt und Heiß, gilt als die Farbe des Traumes. Weiß, das im Spektrum nicht vorkommt, wird von Poe mit Tod und Annihilation assoziiert, wie in *Arthur Gordon Pym*" (E.A.Poe, 454). Zumbach deutet die sieben Zimmer als sieben Lebensabschnitte des

Poes zu beachten: „The apartments were so irregularly disposed that the vision embraced but little more than one at a time. There was a sharp turn at every twenty or thirty yards, and *at each turn a novel effect*" (P 269 b). Diesen Eindruck des Neuen, Überraschenden, Unerwarteten, Einzigartigen, latent Inkommensurablen (mit einem Ausdruck, den schon Hoffmann und Novalis gebraucht hatten und den im 20.Jahrhundert die Surrealisten, vor allem Louis Aragon, wiederaufleben ließen: des 'Wunderbaren') hat Poe auch sonst gern hervorgehoben: In *A Descent into the Maelström* heißt es, die Beschreibung des Jonas Ramus „cannot impart the faintest conception either of the magnificence, or of the horror of the scene — or of the wild bewildering sense of *the novel* which confounds the beholder" (P 129 a). Besonders aufschlußreich ist ein Passus aus der Landschaftsbeschreibung in *Landor's Cottage*: Das „*tout ensemble*" des Wohnhauses, so Poe, „struck me with the keenest sense of combined novelty and propriety — in a word, of *poetry*" (P 621 a) — also der schlagartige (schlaglichtartig erhellende!) kombinierte *ganzheitliche* Eindruck des *Neuartigen* und des *genau Passenden* wird hier von Poe mit dem Ausdruck *Poesie* zusammengefaßt.[193] Somit spiegelt sich in dem künstlichen Arrangement der Räume des Prospero eine zentrale Facette von Poes Ästhetik.

Zusammen ergeben diese Räume eine „imperial suite" (P 269), da ist der Gedanke an den siebenfachen Körper des Menschen und, erneut, an 'das Subjekt als Vielheit' naheliegend. Für letzteres spricht auch die unregelmäßige Anlage der Gemächer, und daß man nie viel mehr als eins zur selben Zeit überblicken kann. Im letzten Raum

---

Menschen, „der vom Blau der Dämmerung des Lebens zur Schwärze seiner Nacht voranschreitet" (ebd.). Eine gewisse Verwandtschaft *nach* Poe und wohl nicht unbeeinflußt durch ihn (über Baudelaire) zeigt Rimbauds Gedicht *Selbst-Laute*: „A schwarz, E weiß, I rot, U grün, O Blau: Selbst-Laute: / ich will bei zeiten eure geheimen Ur-Sprünge sprechen: / zottig-schwarzes Korsett aufglänzender Fliegen / die Pestflat-Greuel umbrumsen / Schatten-Stunde" (Das poetische Werk, Übers. Hans Therre / Rainer G.Schmidt, München 1979–80, 375). Daß hier von 'Pest' und 'Schatten' die Rede ist, verstärkt den Eindruck einer gewissen Poe-Reminiszenz, doch eine genaue Zuordnung ist nicht möglich, und es ist auch nicht klar, wie ernst es Rimbaud (der von alchimistischen und illuministischen Lehren beeinflußt war) mit dieser (vermeintlichen?) Laut-Lehre war — genausowenig wie klar ist, ob und inwiefern etwas Ernsthaftes hinter Poes Räume-Ästhetik steckte.

[193] Vgl. auch in *The Domain of Arnheim*, wo der Erzähler über seinen Freund Ellison sagt: „In the widest and noblest sense he was *a poet*. He comprehended, moreover, the true character, the august aims, the supreme majesty and dignity of *the poetic sentiment*. The fullest, if not the sole proper satisfaction of this sentiment he instinctively felt to lie in *the creation of novel forms of beauty*. (...) led him to believe that the most advantageous at least, if not the sole legitimate field for *the poetic exercise*, lies in *the creation of novel moods of purely **physical** loveliness*" (P 606 ab). Darum wendet sich Allison, nachdem er ein riesiges Vermögen geerbt hat, einer aufwendigen Form der Landschaftsgärtnerei zu: um „*forms of novel beauty*" zu erschaffen (P 607 b). Dieses Changieren von „*novel forms of beauty*" zu „*forms of novel beauty*" signalisiert, worum es Poes Ästhetik geht: *neue Formen sinnlicher Schönheit als Formen einer neuen Art von Schönheit überhaupt, die an sich selbst auf dem Effekt des Niegesehenen, Nieerlebten basiert*. Dieser Effekt ist stets ganzheitlich, totalisierend. Eben darum verschlägt er, wenn er gelingt, zunächst die Sprache: diese ist eben nur bedingt geeignet, solche Totalität des Wahren und Schönen auszudrücken; sie kann es nur, indem sie sich gleichsam durchstreicht und neuerschafft, sich selbst überbietend. Sie muß sich der Vision des Neuen anschmiegen, indem sie selbst neu und ganz wird. Hier gibt es wirklich eine starke Parallele zu Rimbauds 'Illuminationismus', jener schlaglichtartigen Erhellung: Poesie als *Schöpfung* in einem gottähnlichen Sinne, der die Selbsterschaffung des Dichters ebenso voraussetzt wie erst intendiert.

paßt die Farbe der Fenster nicht zu den Dekorationen, die Verbindung zur Außenwelt nicht zur Ausstaffierung des Ich („failed to correspond with the decorations", P 270). Das Ich bewohnt zwar eine *herrscherliche Suite*, doch es ist, wie Freud sagt, 'nicht Herr im eigenen Haus'[194], und eben dies wird die Erzählung bestätigen. Die Gemächer erstrecken sich von Osten (Sonnenaufgang) nach Westen, dort geht *blutrot* die Sonne unter, entsprechend befand sich sowohl für die alten Ägypter als auch für die nordamerikanischen Indianer das Totenreich im Westen, für die Griechen die elysischen Gefilde (vgl. *Shadow*, wo ein Grieche, also 'Abendländler', von Ägypten aus prophetisch vom eigenen Untergang berichtet). An der westlichen Wand des westlichsten Raumes steht eine riesige Uhr aus Ebenholz — erneut eine Reminiszenz an *Shadow*, dort erhielt der runde Ebenholztisch eine zentrale Bedeutung. Diese Uhr spielt die Rolle eines Mahners an den Tod und die verfließende Zeit, ihre Stimme (ausdrücklich: „voice", P 271) weist jene Züge auf, die das sprechende Ich oft nur künstlich erreicht, bzw. die Uhr wird selbst personalisiert, zur künstlichen Person: Aus ihren Lungen von Messing kommt „a sound which was clear and loud and deep and exceedingly musical, but of so peculiar a note and emphasis that, at each lapse of an hour, the musicians of the orchestra were constrained to pause, momentarily, in their performance, to hearken to the sound" (P 270). Jegliche Tätigkeit, die helfen soll, den Gedanken an den Tod zu vertreiben, Musik, Tanz, Unterhaltung verstummt, solange die Uhr schlägt, eine Art Verlegenheit und Blässe überkommt die ganze Gesellschaft, denn ihre Betriebsamkeit ist buchstäblich unfähig, den souveränen Klang der Uhr zu *übertönen*. War der letzte Ton der Uhr verklungen, so suchte man sich gegenseitig wieder in der Verkennung und Übertünchung zu bestärken, lächelte einander leichthin zu und versprach einander flüsternd (so als könnte die Uhr sie hören und als schämten sie sich wegen ihrer Furcht, um die doch jeder beim anderen wußte), sich vom nächsten Uhrenschlagen nicht wieder dermaßen beirren zu lassen — ein Vorsatz, der freilich nicht eingelöst wurde.

Gerade die Rede von den 'Lungen' der Uhr verweist darauf, daß ein Mensch, dessen Atemholen ja dem unmittelbaren Überleben dient, mit jedem Atemholen dem Tod näher kommt; sein Dasein ist 'Sein zum Tode', sein jeweiliger Selbstentwurf durch ein Wissen um den Tod wesentlich mitbestimmt, auch wenn dieser Daseinsentwurf

---

[194] „Es ist wichtig, daß man rechtzeitig beginne mit der Tatsache zu rechnen, das Seelenleben sei ein Kampf- und Tummelplatz entgegengesetzter Tendenzen, oder nicht dynamisch ausgedrückt, es bestehe aus Widersprüchen und Gegensatzpaaren" (Vorlesungen zur Einführung in die Psychoanalyse (1916/17), Frankfurt/M. 1983, 61). Damit ist weniger gemeint, daß das Ich „sich während mancher" seiner Funktionen „spaltet" (Neue Folge der Vorlesungen zur Einführung in die Psychoanalyse (1933), Frankfurt/M. 1981, 52), als vielmehr, daß das Ich überhaupt „jener Teil des Es" ist, „der durch die Nähe und den Einfluß der Außenwelt modifiziert wurde (...). Im Auftrag des Es beherrscht das Ich die Zugänge zur Motilität, aber es hat zwischen Bedürfnis und Handlung den Aufschub der Denkarbeit eingeschaltet, während dessen es die Erinnerungsreste der Erfahrung verwertet" (ebd., 64f.). Das Ich ist in dynamischer Hinsicht „schwach", da es seine Energien „dem Es entlehnt" hat; seine „drei Zwingherren sind die Außenwelt, das Über-Ich und das Es" (65f.); „vom Es getrieben, vom Über-Ich eingeengt, von der Realität zurückgestoßen, ringt das Ich um die Bewältigung seiner ökonomischen Aufgabe, die Harmonie unter den Kräften und Einflüssen herzustellen, die in ihm und auf es wirken" (66f.).

durch Vergessenwollen und Verdrängen gekennzeichnet ist. Ein Mensch hat nur eine begrenzte Lebenszeit zur Verfügung und 'muß sie sich einteilen', daran erinnert ihn die Uhr; das Maß, das sie ihm zurückspiegelt, ist unendlich differenzierbar, doch das ändert nichts am kontinuierlichen 'Sauseschritt' der Zeit, der den Menschen zum 'Schritthalten' nötigt — jede Stunde hat, wie Poe erinnert, „three thousand and six hundred seconds of the Time that flies" (P 271). Die Zeit läßt sich nicht 'totschlagen', auch wenn viele es versuchen, sie schwingt vielmehr selbst die Sense, wie Saturn / Chronos, der sie regiert. Geschichtliche Abläufe (vgl. die Purpurmäntel von Herrschern und Kardinälen: der König ist tot, es lebe der König) und Naturzyklen (vgl. das Grün der Isis, das Korn auf den Feldern wird abgemäht und wächst wieder neu, Dionysos wird blutig zerstückelt und steht wieder auf) verweisen uns auf das Sowohl-als-auch von zyklischer Wiederkehr und offener Zukunft. Die vier apokalyptischen Reiter waren Hunger, Krieg, Pest und Tod. Eine spezifische Nuance könnte man hier aus Poes Ausdruck „ebony" (Ebenholz) heraushören, der oft auf die schwarzen Sklaven angewandt wurde[195] — der Zerfall des Aristokratismus im amerikanischen Süden hatte nicht zuletzt mit dem Sklavenproblem zu tun, vor dessen drohendem Pendelschlag man zwar Furcht empfand, diese aber gern verdrängte. Der Schwarzenaufstand unter Nat Turner von 1831 mit seinen „bible-haunted overtones"[196] lag zur Abfassungszeit von *Shadow* und *Masque of the Red Death* erst wenige Jahre zurück. Die Zeit des Sklavenhalter-Aristokratismus lief ab. Zur Zeit Hieronymus Boschs war jene Umbruchsstimmung, die sich in seinen kirchenkritischen Schreckensvisionen ausdrückt, zum einen mit der Erfahrung der Pestepidemien, zum anderen mit dem Ende des Feudalismus assoziiert gewesen. Einen vergleichbaren Umbruch zeigt auch hier das Absterben des dekadent gewordenen Alten an.

Poe, der sein Aristokratismusverständnis im Sinne der englischen Romantik modifiziert hatte, greift bei der Darstellung der abgeschlossenen Lebensweise des Fürsten Prospero verschiedentlich zu Selbstanspielungen: „Gothic window(s)" befinden sich in den Räumen (P 270, vgl. *Gothic Story*), die Masken, die auf der Festlichkeit zu sehen sind, werden u.a. als „grotesque" und „arabesque" beschrieben (P 271; zwei Jahre zuvor, 1840, war sein Buch *Tales of the Grotesque and Arabesque* in 1750 Exemplaren erschienen). Wie von so vielen Hauptfiguren Poes heißt es vom Fürsten: „There are some who would have thought him mad. His followers felt that he was not." Seine Vorliebe für das Exquisite und Bizarre hat eine deutliche Parallele in dem reichen adeligen Selbstmörder von *The Assignation* (als *The Visionary* 1834 erstveröffentlicht, unter diesem Titel auch in den *Tales* enthalten), in dem Interpreten ein idealisiertes Portrait Lord Byrons gesehen haben. Dessen Gemach, so heißt es dort, war mit der deutlichen Absicht entworfen und eingerichtet worden, zu blenden und zu verblüffen („to dazzle and astound"): „The eye wandered from object to object, and rested upon none" (P 297). Solche Ruhelosigkeit spiegelt sich auch in der hektischen Betriebsamkeit der Maskierten. „And then, for a moment, all is still, and all is silent save the voice of the clock. The dreams are stiff-frozen as they stand" (P 271). Um

---

[195] Herman Melville z.B. bezeichnet den schwarzen Koch der *Pequod* synonym mit „the old black" und „this old Ebony", vgl. Moby Dick, 257
[196] Harold Beaver in seiner *Introduction* zu *The Narrative of Arthur Gordon Pym of Nantucket*, 16

Mitternacht wagt sich niemand mehr in das westlichste Gemach, wo die Schläge der Uhr noch ernster und feierlicher dröhnen als in den übrigen Räumen.

Mitternacht, wo die Zeit gleichsam auf der Kippe steht, gemahnt daran, daß das menschliche Leben, auch die geistige, seelische und körperliche 'InTAKTheit' ständig gefährdet ist, sich dicht am Abgrund bewegt: Die Zeit des vollen Tages, 24 h, ist *unmittelbar* zugleich die Stunde Null, und Null ist im Tarot die Zahl des Narren, der dicht am Abgrund einherschreitet, ein Wanderer zwischen den Welten, meist dargestellt als begleitet von einem Hündchen, das ihn zu warnen oder in den Abgrund zu stoßen versucht oder beides. Dieses Zeitzwischenreich, Interregnum, ist nicht gegen das Kontinuum der üblichen Zeitmessung abgegrenzt, sondern findet *darin* statt (als sogenannte Geisterstunde, Zeit der Zwischenformen), so wie der Tod *im* Leben präsent ist. Um Mitternacht dauert das Schlagen der Uhr länger als sonst, so auch das Einhalten, die Irritation: „now there were twelve strokes to be sounded by the bell of the clock; and thus it happened, perhaps that more of thought crept, with more of time, into the meditations of the thoughtful among those who revelled" (P 271f.). Schon zuvor wurden die Reaktionen auf das Schlagen der Uhr mit den Ausdrücken „disconcert and tremulousness and meditation" beschrieben (P 271): Verwirrung, Bangigkeit & Nachdenklichkeit (Hans Wollschläger übersetzt *meditation* mit „Sinnesschwere") sind diesmal noch größer als sonst. Und so gibt es etliche Individuen in der Menge, die, wie es ausdrücklich heißt, *Muße* („leisure") finden, die Anwesenheit einer maskierten Gestalt zu bemerken, die auch zuvor wohl schon dagewesen war oder dagewesen sein mußte, doch niemandes Aufmerksamkeit erregt hatte. Mitternacht, wenn die schleichende und unmerkliche Ablösung des Alten durch das Neue mit langanhaltendem Glockengedröhn zu Bewußtsein gebracht wird, ist der Moment, wo die *Präsenz* des Todes nicht länger verdrängt werden kann, wenn sie auch noch nicht gleich als solche wahrgenommen wird.

Die einzelnen Räume sollen jeder für sich den Anblick des 'Neuen', Überraschenden, Unvergleichlichen bieten. Genau dies bietet nun, ironischerweise, „this new presence" dieses Vermummten. Die ganze Gesellschaft durchzieht ein Summen, ein Gemurre der Mißgehaltenheit und Überraschung, schließlich „of terror, of horror, and of disgust" (P 272). Zwar war man im Gewimmel der bizarren und grotesken Masken ja einiges gewohnt, und „the masquerade license of the night was nearly unlimited", d.h. *nahezu* alles war erlaubt. Doch diese Gestalt übertraf noch Herodes an Schrecklichkeit („had out-Heroded Herod"), verstieß gegen die guten Sitten der Maskierten und stellte die Narrenfreiheit selber in Frage, gekleidet exakt als das, *wogegen der ganze Maskenball stattfand und was man zu vergessen versuchte*: „the mummer had gone so far as to assume the type of the Red Death", mit Leichentüchern und starrem Totenantlitz, was an sich vielleicht noch ganz lustig gewesen wäre, doch eben auch blutbefleckt und das Gesicht mit allen Anzeichen der Pest versehen. Wie der Zeiger der Uhr, hat diese Maske den Zenit erreicht, an dem die Funktion und Ordnung des Maskenballs auf den Kopf gestellt, verhöhnt, demaskiert wird und umkippt. Dem Fürsten Prospero fährt zunächst ein Schauder durch Mark und Bein — dann verlangt er voller Zorn, den Unruhestifter zu ergreifen und bei Sonnenaufgang an den Zinnen des Schlosses zu hängen. Derjenige, von dem *er* sich demaskiert fühlt, soll demaskiert werden, um die Ordnung der Maskierten zu bewahren bzw. wiederherzustellen. Doch dabei gesteht der Befehl bereits ein, daß die vom Fürsten bestimmte Ordnung des Selbstabschlusses durchbrochen und gescheitert ist, denn wie kann man jemanden von den Zinnen hängen („from the battlements"), ohne dazu eine Tür oder wenigstens ein Fenster zu öffnen? Der Vermummte soll doch wohl von der Außenmauer des Schlosses bzw. von den Befestigungsaufbauten herabbaumeln, ausgeworfen aus dem Panzer der kollektiv-narzißtischen Staffage? Ein solches Schamglied der Gesellschaft abzuschneiden, setzt im allgemeinen einen geöffneten Reißverschluß voraus, und wer auf den zu entleerenden Stoff einen Wechsel ausschreiben will, muß aufpassen, daß er sich nicht in die Hosen macht. Der Fürst, der beweisen will, daß er selbige noch längst nicht voll hat, steckt also in der Bredouille. Er äußert den Exekutionsbefehl — mit hallender Stimme, wie sie sonst nur der Uhr zugeschrieben wird — im *östlichen* Zimmer, dem blauen Gemach. Es symbolisiert den Morgenlandhimmel, und *bei Sonnenaufgang* soll der Frevler gehängt werden; doch Blau ist die Farbe Saturns, der die Zeit regiert, und die Zeit arbeitet, in Gestalt des Fremden, ruhig und mit feierlich abgemessenem Schritt gegen den Fürsten. Niemand wagt den Fremden zu ergreifen, der stolz aufgerichtet und bedächtig sich dem Selbstgefälligen bis auf Armlänge nähert und dann alle sieben Räume der Reihe nach durchschreitet, so wie im Tod der Lebensweg eines Menschen noch einmal vor ihm abläuft. Die ganze Gesellschaft ist an die Wände zurückgewichen, marginalisiert sich und läßt ihm die Mitte, den Tanzraum; sein Totentanz ist ein ununterbrochenes diskursives Voranschreiten. Da stürzt nun der Fürst, wütend und beschämt über seine eigene momentane Feigheit („maddening with rage and the shame of his own momentary cowardice", P 273), eilig durch alle Räume allein dem Fremden nach und erreicht ihn, mit einem Dolch auf ihn eindringend, im schwarz-roten Zimmer. Man soll niemanden vor seinem Tode glücklich preisen, sagt das antike Sprichwort, und das Prosperieren vor der ultimativen Krise, die den Umschlag bringt, ist hin-fällig. Die anderen hören nur den gellenden Todesschrei Prosperos, und mit dem Mut der Verzweiflung stürzt ein Haufen Leute ins schwarz-rote Zimmer und packt den vermeintlich Vermummten, dessen Bezug zur Uhr, zur Zeit, von Poe hier noch einmal so deutlich herausgestellt wird, als habe er Sorge, sonst vielleicht nicht verstanden zu werden: „whose tall figure stood erect and motionless within the shadow of the ebony clock" — grob und ungestüm packen sie seine Leichenmaske und die Grabgewänder *und finden dahinter keinerlei greifbare Gestalt.* Nun erkennen sie, daß es der Rote Tod selber ist: „He had come like a thief in the night", heimlich, doch völlig offen, unmaskiert bzw. *maskiert als er selbst.* „And one by one dropped the revellers in the blood-bedewed halls of their revel, and died each in the despairing posture of his fall" (P 273). Niemand entkommt, alle sterben. Sie noch einmal als Fröhliche („gay") zu titulieren, ist böser, triumphierender Sarkasmus: *Ihre* Maske, die der aufgesetzten Souveränität und Heiterkeit, ist es, die gefallen ist, der Tod hatte keine Maske zu verlieren. Das Drängende, Mahnende, Bedrückende der Zeit existiert nur für den Menschen, das macht Poe ganz deutlich, indem er sagt, daß das Leben in der Uhr von Ebenholz mit dem Leben des letzten dieser Fröhlichen erlosch.[197] Der abgegrenzte Bereich, der um des *Über*lebens, aber

---

[197] Wollte man, was nur eine (im Kontext dieser Story nicht unbedingt vorrangige) Möglichkeit ist,

eben auch um des *guten* Lebens willen dem Tod abgetrotzt schien, ist an die Herrschaft des Todes zurückgefallen. Der letzte Satz, in biblisch-feierlicher Sprache formuliert, klingt abgrundtief hoffnungslos und nihilistisch: „And Darkness and Decay and the Red Death held illimitable dominion over all."[198]

Der Rote Tod, wie er auf dem Maskenball erscheint, ist das fleischgewordene *Zeichen*, nämlich die fleischlose Augenhöhle als progressiv-regressive Totalisierung aller Blicke. Er ist das Zeichen des Zeichens, verselbständigte Maske und zugleich *keine* Maske, verweist auf sich selbst. Die Erscheinungsweise, der ganze Mummenschanz, ist irrelevant, *insofern* er nur um des nicht Greifbaren willen da ist, des AbGrundes: „a voice is wanting, the deep truth is imageless" (Shelley[199]). Der Grund, warum der drinnen erscheinende Rote Tod so anstößig wirkt, ist, daß 'draußen' *wirklich* der Rote Tod umgeht, aber Drinnen *ist* Draußen[200] und die Außenwelt im Innern präsent, die gesetzte Grenzmarke wie vom 'Dieb' schon gekippt, ge- und entwendet, der Selbstabschluß aufgehoben und *wirklich* zum Schlußstrich gemacht. Der Brief, in dem Nichts *steht*, als GeSTÄNDnis, und der erblassen läßt, wird im Umschlag der Zeit als Einschreiben überbracht. Im Schein des symbolischen Aufputzes erscheint das Wesen, sich als jenes negative Unwesen stilisierend, um dessen willen, uneingestandenermaßen, der ganze Aufwand betrieben wird. Es durchbricht, sich scheinbar ihr unterwerfend (das Spiel, den Maskenball, mitspielend), die symbolische Ordnung, die um diesen im Innern wuchernden Hohlraum des Nichts herum veranstaltet wird. Man will ihm die Maske abreißen, denn es wird einfach unterstellt, daß es doch eine Maske sein muß, *alle* tragen ja hier eine Maske — doch hinter der Maske ist Nichts, *nihil, no-thing*, eine absolute Leere, die unerträglich ist; Anwesenheit von Abwesenheit. Um null Uhr erscheint eine wandelnde Nullität, die, *weil* 'im Grunde' das zu Erwartende, scheinbar das von niemandem Erwartete ist. Schein-BAR: bar des Scheins, das Oszillieren der Negativität ist das Scheinen des Wesens in ihm selbst, das sich offenlegt. Die lebendige Bewegung des Geistes, sein anGEBliches Beisichsein, bei den Menschen zur Angeberei verkommen, ist auf absoluter Negativität gebaut bzw. *ist diese selbst*. Nicht der Herrscher der Suite verfügt über Tod und Leben, über 'seine' Masken und über sich selbst, sondern der Tod ist 'der absolute Herr'[201], für den jede

---

den Ausdruck *ebony* tatsächlich mit den amerikanischen Schwarzen assoziieren, müßte man nun wohl die Konsequenz ziehen, daß die Schwarzen nach Ansicht Poes der weißen 'Herren' bedürfen und ohne sie nicht lebensfähig sind.

[198] Ein solches Bild malt auch König Pest in der vergleichsweise freilich sehr biederen Groteske: „by so doing to advance not more our own designs than the true welfare of that unearthly sovereign whose reign is over us all, whose dominions are unlimited, and whose name is 'Death'" (P 727).

[199] Prometheus Unbound, II.116 (ed. R.Ackermann, Heidelberg 1908, 66)

[200] In Hegels Logik hat das 'nur' Innere (z.B. ein Talent, das sich nie aktualisiert, eine Disposition, die nicht realisiert wird) den gleichen defizitären Status wie das 'nur' Äußere/Äußerliche (vgl. Werke Bd.6, 179-85).

[201] Vgl. Hegel in der *Phänomenologie des Geistes* in dem berühmten Kapitel B.IV.A über *Herrschaft und Knechtschaft*: „Dies Bewußtsein hat nämlich nicht um dieses oder jenes, noch für diesen oder jenen Augenblick Angst gehabt, sondern um sein ganzes Wesen; denn es hat die Furcht des Todes, *des absoluten Herrn*, empfunden. Es ist darin innerlich aufgelöst worden, hat durchaus in sich selbst erzittert, und alles Fixe hat in ihm gebebt. Diese reine allgemeine Bewegung, das absolute Flüssigwerden alles Bestehens, ist aber das einfache Wesen des Selbstbewußtseins, die absolute Negati-

ihm gesetzte Grenze bloß als schon überschrittene Schranke existiert. So tänzelt er durch die Verliese, die in den Farben einer zu kreierenden 'neuen Erde' gemalt sind, Raum für Raum.

Das Begehren nach Glück ist immer schon Begehren nach dem Erlöschen des Begehrens. Der Name des Fürsten Prospero vermag das nur auszudrücken, indem er ihn als Glücklichen zum Narren hält. Der 'Tod im Leben' ist der Punkt, wo es kippt, wo Es das Ich kippen läßt, wo der Sinn im Symbol ausgleitet, im Stehen zu Fall und im Fall zu Stande kommt. Das sich maskierende Ich ist dazu verurteilt, sich selbst zu konfrontieren und sich zu demaskieren; Prospero[202] und „the mummer" sind die beiden Seiten einer und derselben nichtigen Person, Thanatos der unliebsamste aller Doppelgänger: Wenn man in diesen Spiegel schaut, ist dort Nichts. Der Reichtum des Fürsten wächst auf dem Verkauf seines Schattens, seines Spiegelbildes, das ihn stellt und das er auszuhebeln versucht, indem er ins Leere sticht. Den selbstzerstörerischen Drang zur Annihilierung hat Poe in anderer Form in *The Imp of the Perverse* ausgestaltet, oder in *William Wilson*. Dort wird, in der finalen Konfrontation mit dem Verfolger, dieser leidige Rivale und ewig Wispernde aus einem vermeintlichen Spiegel über das *identische* Abbild des Erzählers in dessen 'andere' Stimme zurückverwandelt, die erstmals „no longer in a whisper" spricht, als sie ihm sagt, daß er mit dem Doppelgänger *sich selbst* ermordet habe (P 641). Der Tod in *Masque of the Red Death* spricht nicht, bzw. er 'spricht' nur aus den Lungen der Uhr[203], doch er ist auch nicht das moralische (gleichwohl zerstörerische, den Zerstörer zerstörende) Über-Ich, sondern das, was jener 'festverankerten Rivalität-mit-sich-selbst', wie Lacan das menschliche Ich beschreibt, *zugrundeliegt*. Das *gute Leben* zu leben, heißt das gute Leben zu *spielen*, doch das eben heißt, den *Tod* zu spielen, den Herrn. Jetzt habt ihr, was ihr wollt: das Erlöschen des Begehrens. Die Uhr kann nun schweigen, sie hat ihre Lungen ausgepumpt, ihre Stimme ist 'verschollen', der Hohlraum ihres dunklen Kastens nun abgelöst durch den, welchen sie verkörpert hat.[204]

---

vität, das reine Fürsichsein, das hiermit an diesem Bewußtsein ist" (Werke Bd.3, 153; Hervorheb. von mir, T.C.). Die gleiche Formulierung verwendet Hegel auch, wenn er schildert, wie die französische Revolution in den jakobinischen Terror und dann in die napoleonische Kaiserherrschaft mündete: „Diese (die individuellen Bewußtseine, T.C.), welche die Furcht ihres absoluten Herrn, des Todes, empfunden, lassen sich die Negation und die Unterschiede wieder gefallen, ordnen sich unter die Massen und kehren zu einem geteilten und beschränkten Werke, aber dadurch zu ihrer substantiellen Wirklichkeit zurück" (438).

[202] Silverman hört in 'Prospero' einen Nachklang von 'Poe': „twice or thrice *Poe*" (Remembrance, 181).

[203] Und für Poe sprachen die Lungen der Zeit und des lungernden Todes aus den tuberkulösen Lungen Virginias, deren helles Kleid mit Blut befleckt wurde, als ihr beim Singen (zu dem ausgerechnet Poe selbst sie animiert hatte, und das ihm immer sinnliche 'Ekstasen' bereitete) ein Gefäß platzte bzw. ein Geschwür aufbrach — wie Zumbach sicher richtig sieht, ging dieses für Poe schreckliche Bild ihres blutbetropften Kleides in die blutbefleckte Verkleidung des 'Roten Todes' ein (vgl. E.A.Poe – Eine Biographie, 453).

[204] Man sieht, daß man Poes persönliche Problematik gegenüber Virginia bis zu einem gewissen Grade aus diesem Bild herauslesen kann, ist der Uhrkasten doch (unter anderem) ein 'weibliches Symbol': Virginia war für Poe dazu verurteilt, die Reihe der Vorausgegangenen (Elizabeth Poe, Jane Stanard, Frances Allan) fortzusetzen, doch daß sie dies *wirklich* tat, führte Poes eigenen Zusammenbruch herbei — diese überkonsequente 'Logik des Todes', der er nur zusehen konnte, war für ihn,

Indem Poe den Standpunkt des Todes einnimmt, identifiziert er sich mit dem, der die Ordnung stört. Der Künstler ist Meister des Symbolischen und *dadurch* Meister des Imaginären. Indem er am Realen scheitert und verliert, gewinnt er. Der Künstler, der die Maskerade der Gesellschaft übersteigert und karikiert, ist der Sündenbock — die 'Normalen' versichern sich gegenseitig ihrer Normalität, indem sie ihn ausstoßen und/oder fetischisieren.[205] Kunst und Literatur sind die Pest, die Sprache, als symbolische Zerstückelung und Befleckung des Imaginären, ist die Leere des Künstlichen, die das Bestehende und sich selbst durchstreicht. Die ursprüngliche Einschreibung / Markierung / Stigmatisierung ist das Kainszeichen, welches das Begehren dazu verurteilt, daß sein tätiger Weg zu sich selbst ein Wille zum Nichts wird. Diese Negativität substanzialisiert sich im Text und ist damit der Tod-im-Leben, der konservierte Verblichene, der mit seiner hinübergeretteten Infektion andere infiziert. Darum versuchen Fürsten, Sammler und Verwerter solch symbolische Ver- & Enthüllung ihres siebenfach geschwänzten Lebensraums, dieser sich kugelnden Schlange, zu bannen, doch ihre Versuche, sie unschädlich zu machen, belegen nur ihre Infektion, das keimhaft sich Ausstülpende, den Belag unter der Zunge zu entrichten, den Obolos an den Geschwüre übersetzenden Fährmann. Der Ausgestoßene & Auszustoßende hat gegen die Ordnung, die ihn abstößt, zu verstoßen — das tut er, indem er ihrer Nichtigkeit einen Spiegel vorhält. 'Echt' zu sein, bedeutet, hinter einer vermeintlichen Maske vollkommen zu verschwinden. Die Gesellschaft erträgt weder den 'Idioten' Dostojewskijs, der ihren ekstatischen Kollaps vorwegnimmt, noch die uneingestandene Selbstzerstörung, die sie betreibt — darum ist sie zum Tode verurteilt.

Gibt es für Poe einen *'richtigen'* Umgang mit dem Tod? Deutet die Ironie in dieser Geschichte auf Spuren von Hoffnung? Wenn es falsch ist, Thanatos abstrakt zu verdrängen, wäre der richtige Umgang mit ihm dann der, ihn zu 'integrieren'? Aber wie sollte der „mummer", der den Fürsten Prospero konfrontiert, indem er sich von ihm konfrontieren läßt, auf eine solche 'richtige' Umgangsweise hindeuten können? Poe bestätigt in diesem Text so harsch wie in kaum einem anderen, daß es ihm nicht um 'Moral' und Lebenshilfe geht. Der Spiegel, den er den Maskierten vorhält, ist vernichtend. *The effect is shattering*, sozusagen.

---

mochte er ihren Vollzug auch psychisch 'begehren', nicht mehr zu bewältigen. Auch die noch leicht hoffnungsvolle Schilderung, wie der verkrüppelte Hofnarr *Hop-Frog* (eine Art hüpfender Embryo, der zum exemplarischen Rächer wird) mit seiner kleinen Freundin Tripetta wahrscheinlich in die Heimat entkommen ist, aus der man einst beide entführt hatte, um sie an den Hof eines affigen Herrschers zu versetzen, ist nicht weit entfernt von jener Vereinigung im Tod und durch den Tod, die Poe in *Annabel Lee* bedichtet hat...

[205] Interessant ist in diesem Zusammenhang die Interpretation von Günter Kunert: In *The Masque of the Red Death* zeige sich ein „selbstverständlicher Haß", der diesmal kaum verborgen „auf die 'gute Gesellschaft' des Südens" ziele, „der Poe vorübergehend angehörte und doch nicht angehören durfte; die er verinnerlicht hatte und gleichzeitig verachtete" (im Nachwort (1974) zu: E.A.Poe, Erzählungen, ed. Friedrich Baadke, Berlin 5.Aufl. 1984, 451). Die Seuche zeige hier im Grunde die Symptome „von Tuberkulose im letalen Stadium, die in Blutstürzen endet (...). In seiner Geschichte (...) ordnet Poe die kaum kaschierte Armenkrankheit den Reichen zu und läßt sie allesamt daran zugrunde gehen (...). Die Krankheit belangt sie, weil sie, im Kontext der Realität, selber die Verursacher dieser Krankheit waren, an denen Elizabeth Poe, Henry Poe und Virginia starben" (ebd.). In der Tat kann die Erzählung insofern als eine der prägnantesten *Rache*-Phantasien Poes verstanden werden.

6 / Das unerträgliche Auge des Alten und das unerträgliche Geschwätz der Ordnungsmacht: *The Tell-Tale Heart*

Das schwatzende Herz — m.E. eine treffendere Übersetzung für *The Tell-Tale Heart* als *Das verräterische Herz* — ist eine psychologische Schlüsselerzählung. Was hier, erstveröffentlicht im Januar 1843, zu einer Studie der paranoiden Persönlichkeit zugespitzt wird, spiegelt in einigen Grundzügen gleichwohl Poes eigene desolate Verfassung wider: Zu Beginn des Vorjahrs hatte seine Frau Virginia ihren ersten Blutsturz erlitten, damit war ihre lebensbedrohliche Krankheit unabweisbar geworden. Poe war dadurch in eine schwere Krise geraten, war in der Redaktion von GRAHAM'S MAGAZINE, für das er so erfolgreiche Arbeit geleistet hatte, nur noch unregelmäßig erschienen und hatte daraufhin seine Stellung als Chefredakteur verloren, war allerdings Mitarbeiter geblieben. Der Hinweis auf die Nervosität und Reizbarkeit des Protagonisten, mit dem die Geschichte beginnt, ist vor dem Hintergrund dieser Situation zu sehen.

Mit dem ersten Satz — „True! — nervous— very, very dreadfully nervous I had been and am; but why *will* you say that I am mad?" (P 303 a) — wird der Leser in den nervösen Monolog einer von Poes bestkomponierten Kurzgeschichten förmlich hineingerissen. Das suggestive *will* verheißt: Wenn Sie mich durch meine Geschichte kennengelernt haben, dann *werden* Sie mich für verrückt halten! Es wird unterstellt, daß dies schon jetzt der Fall ist, die Verteidigungsrede setzt *reaktiv* ein, als wäre eine Aktion des Lesers vorausgegangen: Ihm wird unterstellt, zu unterstellen, der Protagonist sei verrückt. Indes kennt er ihn ja noch nicht — doch die tragikomische Weise, in der dieses 'Ich' unternimmt, das Unterstellte abzustreiten, ist von Beginn an geeignet, genau den Argwohn zu wecken, der hier sowohl als schon vorhanden vorausgesetzt wie auch als Resultat der Erzählung erst prognostiziert wird („will"), also der Suggestion des Erzählers zu folgen und ihm recht zu geben, angesichts dessen, *wie* dieser das Unterstellte leugnet. Der Erzähler unterstellt dem Leser Vorurteile — durch ein eigenes Vorurteil, so könnte man sagen, das sich aber am Ende bestätigen wird, so daß der Erzähler, indem er verliert, auf paradoxe Weise dennoch gewinnt. Dabei ist indes der zweite Satz — „The disease had sharpened my senses — not destroyed — not dulled them" — zunächst einmal durchaus geeignet, das dem Leser unterstellte Vorurteil auf konstruktive Weise in Frage zu stellen: Sinnesschärfe und sogenannter Scharfsinn sind ja vom Alltagsverstand positiv besetzt, Wachheit, Aufmerksamkeit und Sensibilität ebenfalls, *Übersensibilität*, Überempfindlichkeit und Reizbarkeit hingegen nicht (sie deuten auf jemanden hin, mit dem schwer umzugehen ist). Hier wird beides zusammengeworfen und damit eine gesunde Irritation erzeugt: Warum eigentlich sollten 'geschärfte Sinne' als ein Zeichen von 'Verrücktheit' gelten? Das deutsche Wort *Verrücktheit* signalisiert, daß etwas verschoben, von seinem 'üblichen Maß' entfernt, verändert wurde — vielleicht durch Verschärfung und Intensivierung. Der englische Ausdruck *mad*, den Poe verwendet, wird zwar nicht ganz so leichthin gebraucht wie *crazy*, aber doch in vielen umgangssprachlichen Zusammenhängen, wo man keinesweg psychische Deviation / AbWegigkeit / Abnormität in einem klinischen Sinne unterstellen will.[206] Diese positive Irritation, die ein wünschenswertes Infragestellen primitiver Vorurteile zur Folge haben könnte, wird jedoch sogleich wieder zum Schweigen gebracht, indem die gesteigerte Sinnesschärfe auf das hin präzisiert wird, was man als wahnhafte akustische Halluzination zu charakterisieren geneigt ist: „Above all was the sense of hearing acute. I heard all things in the heaven and in the earth. I heard many things in hell." Damit ist natürlich beim Leser schon ein extremer Argwohn geweckt, so daß die anschließende Frage: „How then, am I mad?" das Abgestrittene, gemäß der Suggestion des Erzählers, in der Tat nur bestätigt. Es kann also nur noch eine *verquere*, argwöhnische Identifikation zustandekommen, wenn nun, nach dieser Thematisierung akustischer Überempfindlichkeit, der Leser ebenso knapp wie heftig aufgefordert wird, *aufmerksam zuzuhören*, achtzugeben: „Hearken!" Die darin liegende Ironie wird im Nachsatz von den akustischen Wahnvorstellungen wieder abgelenkt auf ein Thema hin, das nicht nur einen alltäglichen, sondern einen offiziell verordneten 'Wahnsinn' betrifft, der auf dem Persönlichkeitsmarkt geradezu als Garant von Gesundheit, Lebensfähigkeit und Konkurrenzfähigkeit gilt: Der Erzähler wird zeigen, daß er imstande ist, seine Geschichte ruhig, kohärent und damit allem Anschein nach *gesund* vorzutragen („Hearken! and observe how healthily — how calmly I can tell you the whole story"). Kohärente, überzeugende Redeweise ist in der durch Marktanforderungen geprägten Alltagspraxis noch positiver besetzt als Sensibilität (bzw. letztere ist es, wie auch Scharfsinn, nur dann, wenn sie funktionell 'dienlich' ist, weniger hingegen an und für sich selbst). Wie sehr wäre also erst diese Aussage, stünde sie allein, geeignet, die Vorurteile des Lesers in puncto geistige Gesundheit und Wahnsinn konstruktiv in Frage zu stellen! Allen ist ja die *Anstrengung der Kohärenz* vertraut, die man sich, um einigermaßen 'beieinander' zu wirken, antut, wenn einem 'in Wirklichkeit' auch gar nicht danach zumute sein mag. Dieses Thema, die *glättende*, selbstdarstellerische Geste des Ich, die auf dem gesellschaftlich verordneten Gelingen des Versuchs basiert, die unterschwelligen Störgeräusche zu übertönen, sie erfolgreich zu ignorieren und 'in den Griff zu bekommen', ist, wie nun schon mehrfach nachgewiesen wurde, ein in Poes Geschichten oft wiederkehrendes Hauptthema. Das Ich als Gebärde der Tarnung, Verkennung und Verstellung: *VerStellung* als die Anstrengung, eine unterschwellige *VerRückung* durch Verrückung der Verrückung zu korrigieren. Nicht von ungefähr hat Lacan das Ich, dieses Rivalisieren mit dem Anderen-seiner-selbst, als die 'Geisteskrankheit des Menschen' bezeichnet[207] und damit sehr rigoros auf die Relativität der Grenzziehung

---

[206] David Cooper weist darauf hin, daß *mad* und *to maim*, d.h. *verstümmeln*, auf die gleiche indoeuropäische Wurzel zurückgehen (vgl. Die Sprache der Verrücktheit. Erkundungen ins Hinterland der Revolution, orig. The Language of Madness, 1978, Berlin 1978, 17). In der Tat läßt sich begründet sagen, daß jede Verstümmelung der Sinne (welche die moderne Zivilisation, insbesondere durch die Rationalisierungsschübe der kapitalistischen Industrialisierung, kollektiv und weltweit betrieben hat und betreibt) zu Formen der 'Verrücktheit' führt (siehe dazu Anhang II).
[207] Den ichpsychologischen Freud-Reformisten — „fast alle, die seit 1920 über Psychoanalyse geschrieben haben", würden nach dem Motto verfahren: „Wir wenden uns nur ans Ich, wir stehen nur mit dem Ich in Verbindung, alles muß über das Ich laufen" — gibt Lacan zu bedenken, daß sich „der gesamte Fortschritt dieser Ich-Psychologie" im Grunde in dem Satz zusammenfassen lasse: „das Ich ist genauso wie ein Symptom strukturiert. Im Innern des Subjekts ist es bloß ein privilegiertes Symp-

zwischen geistiger Gesundheit und Wahnsinn hingewiesen. *Das schwatzende Herz* erweist sich insofern denn auch weniger als eine Studie „of the psychotic personality"[208], sondern vielmehr als einer von diversen Versuchen Poes, die Grenzen zwischen Wahnsinn und Normalität symbolisch effektvoll zu verflüssigen. Die Art, wie dies hier gleich in den wenigen Zeilen des ersten Absatzes geschieht, ist ungewöhnlich komprimiert, sprunghaft-vielschichtig und dadurch spannungserzeugend. Und die so verdächtig nachhaltig betonte Ruhe und Gelassenheit wird auch weiterhin durchweg im Gegensatz zum *nervösen* Duktus der Ich-Erzählung stehen. Dadurch spricht sie in uns eine Schicht an, die nicht umhin kann, ihr *Wahrheit* zu attestieren. Auch darum ergeben die beiden abgehackten Ausrufe „True! — nervous—" einen passenden Beginn!

„It is impossible to say how first the idea entered my brain" (P 303): der Gedanke, den 'alten Mann' zu töten. Der Protagonist sagt nicht 'Ich vermag es nicht zu sagen' oder 'Es ist *mir* unmöglich', sondern nimmt einen generalisierenden Standpunkt ein, den Standpunkt des Allgemeinen: Es *ist* unmöglich. Punkt. Auch ihr werdet es nicht herausbekommen. Denn ein Zweck war nicht dabei („Object there was none"). Auch Leidenschaft war nicht im Spiel („Passion there was none"). Naheliegend, daß hier etwas verborgen werden soll: man könnte ihm auf die Schliche kommen. Abwehr im Gestus des Apodiktischen. Oder *Verstellung* — zumindest des Autors. Denn dessen Motiv, seinen Stellvertreter diesen scheinbar sinnlosen Mord ausführen zu lassen, läßt sich leicht, fast *zu* leicht aufklären, so daß auch der indirekt zugestandene Wahnsinn des Protagonisten Teil der Verschleierung ist: Mit *the old man* wird umgangssprachlich der *Vater* bezeichnet. Im rituellen Mord des Fruchtbarkeitskultes wurde so im Herbst das letzte mit der Sichel gemähte Korn bezeichnet: „'the Old Man is being beaten to death'"[209] (Saturn, Herr der Zeit, ist auch Herr der Jahreszeiten — sein Signum, die Sichel, kastrierendes Symbol des Herrn, des Todes, tötet den Vater, also der Vater gleichsam sich selbst). Es ist Poes verhaßter Pflegevater John Allan, der hier symbolisch erwürgt wird. „I loved the old man. He had never wronged me. He had never given me insult. For his gold I had no desire." Auf der Ebene der Erzählung ist es konsequent, einzig das böse Auge des alten Mannes, das den Erzähler verfolgt, verantwortlich zu machen. Auf der versteckt autobiographischen Ebene ist jedoch genau das Gegenteil dessen, was die Sätze behaupten, jeweils der Fall, eben dadurch vermag das böse Auge zum alleinigen symbolischen Motiv aufgewertet zu werden, das die anderen in sich zurücknimmt und sie verdrängt: John Allan hatte Poe aufs äußerste gekränkt, das Gefühl der Erniedrigung war so stark, daß es emotional nicht mehr

---

tom. Es ist das menschliche Symptom par excellence, es ist die Geisteskrankheit des Menschen" (Freuds technische Schriften, 24). Und daß „das Ego eine Macht des Verkennens sei, ist das eigentliche Fundament der ganzen analytischen Technik" (ebd., 198). Verkennung ist aber „nicht Unwissenheit"; das Subjekt hat sehr wohl eine Vorstellung, „eine gewisse Erkenntnis dessen (...), was da zu verkennen ist" (ebd., 214); insofern verhält es sich strategisch. Doch die Strategien nützen ihm nichts, denn, wie Lacan zuspitzt, „die Verdrängung und die Wiederkehr des Verdrängten" sind „dasselbe" (ebd., 244). Es ist wohl nicht übertrieben, zu sagen, daß man Stories wie *The Tell-Tale Heart* oder *The Black Cat* geradezu als Illustrationen dieses Standpunkts auffassen kann!
[208] Unter dieser Rubrik wird der Text bei James L. Roberts, Poe's Short Stories, 42-48, vorgestellt
[209] James G.Frazer, The Golden Bough, 429

aufgearbeitet werden konnte, konkreter Haß wäre zu wenig und lächerlich gewesen, an seine Stelle trat ein *abstrakter* Haß, der die kontingente Person, viel effektiver und unangreifbar, ausradierte zugunsten dessen, wofür sie selbst, unwissenderweise, stand. John Allan hatte, wie aus erhaltenen Bildern leicht ersichtlich ist, eine ausgeprägte Raubvogel*nase*, dafür wird hier mittels *Verschiebung* das Geier*auge* eingesetzt, zumal auf den ebenso raffgierigen wie geizigen Kaufmann die Metapher des Geiers traditionell paßt[210] („One of his eyes resembled that of a vulture", und dieses eine Auge, welches John Allan gleichsam auf einem Auge blind macht, dominiert). Die Inversion ins Gegenteil durch verdächtig nachdrückliche Negation („He had never wronged me" etc.) und das traumanaloge Zusammenspiel von Metonymie und Metapher unter Verwendung einer Alltagsphrase ('der alte Mann mit dem Geierauge') wären also die psychologischen Mechanismen, mit denen Poe hier buchstäblich „an opening sufficient for my head" bewerkstelligt. Blaugrau ist, wie wir bereits wissen, die Farbe Saturns — hier ist es die Farbe des Häutchens, womit das Auge überzogen ist: „a pale blue eye, with a film over it", der blinde Fleck des Vaters, wodurch er zu Polyphem wird, der vom listenreichen, verstellungskundigen Sohn, diesem 'Niemand', geblendet und *ausgestochen* werden muß, nachholend, denn real war John Allan ja schon gestorben (ohne seinem Pflegesohn etwas von seinem verfluchten Geld zu hinterlassen). Das allessehende Auge ist ein traditionelles Symbol für den christlichen Gott (so ist z.B. auf der um 1475 von Hieronymus Bosch bemalten Tischplatte *Die sieben Todsünden und die vier letzten Dinge* ein Auge dargestellt mit der Inschrift *Cave cave deus videt*; die Sünden und Deformationen, die Gott sieht, spiegeln sich im äußeren Kreis des Auges). „'Ist es wahr, daß der liebe Gott überall zugegen ist?' fragte ein kleines Mädchen seine Mutter: 'aber ich finde das unanständig'" (Nietzsche[211]). Für Poe hatte, nicht anders als für den zwölf Jahre jüngeren Baudelaire und den erst im Jahr *nach* der Veröffentlichung von *The Tell-Tale Heart* geborenen Nietzsche, der christliche Gott die zentrale weltanschauliche Stellung verloren, doch schwer einlösbar war der Vorsatz, to „rid myself of the eye forever". Obzwar Poe eine eher undogmatische christliche Erziehung 'genossen' hatte[212], war er doch zumal in erotischen Dingen arg puritanisch gebeutelt. Der Weg zur Entpuritanisierung, zur sexuellen Selbstentjungferung, führte über das zu enthäutende väterliche Geierauge, das als ihn beobachtende und gängelnde Elternrepräsentanz seinem reflektierenden Ich eingesetzt war. Die Hauptbeschichtung des Filmes, durch den der Pflegevater die Welt sah, aber leistete die Geldform (über deren Kalkülduktus Allan andererseits in

---

[210] So wird z.B. schon in Platons *Phaidon* darüber diskutiert, ob nicht diejenigen, die in ihrem Leben „Ungerechtigkeit, Herrschsucht und Raub vorzogen", bei ihrer Wiedergeburt „in die verschiedenen Geschlechter der Wölfe, Habichte und Geier" eingehen werden (82a, in: Platon, Sämtl. Werke zweispr. in 10 Bänden (ed. Karlheinz Hülser), Frankfurt/M & Leipzig 1991, Bd.IV, 255).
[211] Die fröhliche Wissenschaft, Vorrede zur 2. Ausgabe, in: Werke Bd.II, 289
[212] Vgl. Walter Lennig, Edgar Allan Poe (mit Selbstzeugnissen und Bilddokumenten), 17: „Dieser Mann hat aber wohl doch eine etwas größere Bedeutung für die geistige Prägung Edgar A. Poes gehabt, als man gemeinhin annimmt. John Allan hatte eine feste und skeptische Weltanschauung, die in den Aufklärungsbestrebungen des 18. Jahrhunderts wurzelte; so unterschied er immer betont zwischen Kirche und Religion und hat dadurch wohl dazu beigetragen, daß Edgar später der Kirche ferner stand als fast alle seine Zeitgenossen."

Poe ein Talent zur scharfen Analyse gefördert hatte[213]). Die Herrschaft des Geldes war das, woran Edgar Poe in der amerikanischen Gesellschaft immer wieder scheiterte und was zutiefst mit dem Namen seines falschen Vaters verknüpft war, welcher zumindest als Buchstabe im Innern seines eigenen Namens auftauchte, den er zu einem Markenzeichen zu machen versuchte.[214] „For his gold I had no desire" ist, bei aller Inversion, keine bloße Rationalisierung, denn obwohl Poe fest mit dem ihm von John Allan vorenthaltenen Erbteil gerechnet hatte, *haßte* er das Geld, um das er, wie früher bei John Allan, noch immer auf entwürdigende Weise 'betteln' mußte (oder Maria Clemm für ihn), wenn er doch für die von ihm geleistete Arbeit oft nur geringfügig oder gar nicht bezahlt wurde. Er haßte es, *taxiert* zu werden, und für solches Abschätzen steht das Auge, dem die Wertform als Blende und Filter eingesetzt ist. Der *säkularisierte* Gott, bzw. mit Luther der Teufel als 'Herr dieser Welt', ist das Geld, das durch die kontingenten Persönlichkeiten hindurch und über sie hinweg 'herrscht', insofern ist die abstrakte Verschiebung des konkreten Hasses auf das 'böse Auge', den 'bösen Blick' völlig konsequent: „for it was not the old man who vexed me, but his Evil Eye" (P 303). „Es gibt *niemanden*, der hassenswert wäre, keinen 'würdigen Feind', man kann nur das System hassen, das im Prinzip *niemand* ist" (David Cooper[215]). Mr.Allan war bloß eine Marionette dieses Auges, so wie jene Amerikanerin, von der Poe sagte, ihre Börse müsse schon recht groß sein, „denn all ihr Geld und mehr noch schließt sie darin ein: ihre ganze Seele!"[216] In *Philosophy of Furniture*

---

[213] Insofern mag es erhellend sein, daß der *Geier* in Poes Jugend-Sonett *To Sience* vorkommt, und zwar in Verbindung mit dem *Auge* und der *Vergangenheit*: „Science! true daughter of Old Time thou art! / Who alterest all things with thy peering eyes. / Why preyest thou thus upon the poet's heart, / Vulture, whose wings are dull realities? / How should he love thee? (O Wissenschaft! Du Tochter alter Zeit! / Du, deren Auge ändert alle Dinge: / Ein Geier, der das Herz benagt und weit / Ausbreitet des Realen träge Schwinge! Wie sollte dich der Dichter lieben?)" (P 992, Übers. von Th.Etzel / H.Lachmann, zit. n. Zumbach, E.A.Poe, 169). Wichtig auch die Stelle am Ende von *The Premature Burial*, wo von „the sober eye of Reason" die Rede ist (P 268).

[214] Vor allem im ebenso verschlafenen wie vom Krämergeist besessenen Deutschland und auch in den USA firmiert Poe bis heute als Edgar *Allan* Poe, während Baudelaire für die Franzosen das mittlere Einhängsel, diese Reminiszenz an den verhaßten Pflegevater, entschlossen strich. K.Silverman stellt klar: „In the first two letters he is known to have written following Allan's death, he signed himself 'Edgar Allan Poe' — the only times in his correspondence, with a single exception, when he did not give his full name as 'Edgar A. Poe' or 'E.A.Poe', the names he used for his published works" (Remembrance, 126). Marcus Cunliffe unterscheidet nicht ohne Süffisanz zwischen „Edgar Allan Poe" und „Edgarpo", den er zu einem Gutteil als die Erfindung von Baudelaire und Mallarmé betrachtet: „Der gepeinigte Publizist verwandelte sich (um Baudelaire frei zu zitieren) in einen tragischen Aristokraten, allein im tristen Gaslicht eines barbarischen Amerika. Zugegeben: Diese Figur deckt sich nicht ganz mit Edgar Allan Poe, aber er ist Poe, wie er selbst der Welt erscheinen wollte, und dieses Wunschbild entspricht auch einigen Aspekten seines Werkes, die ihn eher den späteren Symbolisten zuordnen, als den Schauer-Schriftstellern einer früheren Generation" (Amerikanische Literaturgeschichte (The Literature of the USA, 1954), München 1961, 77). So sehr auch eine kritische Distanz gegenüber Baudelaire, der sich auf der Basis von wenig biographischer Information zweifellos in nicht unwesentlichen Zügen ein Idealbild zurechtmachte, berechtigt erscheint, so wenig besteht doch Anlaß, Poe anders zu nennen, als er sich selbst nannte: Wenn nicht *Edgar Poe*, dann halt *Edgar A. Poe* oder *E.A.Poe* (was sich in Biographien der letzten Jahrzehnte auch zunehmend durchgesetzt hat), nicht aber *Edgar Allan Poe*.

[215] Die Sprache der Verrücktheit, 39

[216] Zit. nach Baudelaire, Weiteres über Edgar Poe (1857), in: drs., Gesammelte Schriften Bd.3, 156

diagnostiziert Poe: „We have no aristocracy of blood, and having therefore as a natural, and indeed as an inevitable thing, fashioned for ourselves an aristocracy of dollars, (...) the coins current being the sole arms of aristocracy" (P 462). Und in einer Version dieses Textes heißt es: „It is an evil growing out of our republican institutions, that here a man of large purse has usually a very little soul which he keeps in it."[217] Was für die Römer ihr Feldzeichen, der Adler, gewesen sei, dem sie nahezu göttliche Verehrung zollten, das sei für den Amerikaner der Dollar, dem er eine „zehn Mal so tiefe Devotion" erweise — so nimmt Poe in den *Marginalien* den Geldkult seiner Zeitgenossen aufs Korn (Bd.10, 754), und dort findet sich auch der heute nicht minder treffende Aphorismus: „Lukian, bei seiner Beschreibung einer Statue, 'deren Aeußeres von parischem Marmor ein Inneres von Lumpen-Werk verdeckt' habe, muß mit prophetischem Blick schon etliche unserer großen 'Finanz-Institute' vorausgesehen haben" (770). Wer funktionalistisch dem Geldschematismus untersteht und sich dabei auf Konkurrenzdruck berufen kann, der (als Funktionär) bzw. das (System) wird nur verstehen, was sich in Geld ausdrücken läßt, und ihm Antennen für Anderes anmoralisieren & anerziehen zu wollen, ist vergebliche Liebesmüh & Zeitverschwendung; was sich nicht ummodeln läßt, läßt sich allenfalls stürzen, unter 'Inkaufnahme' der Folgen. Der verselbständigte Tauschwert regiert das gesellschaftliche Ganze *blind* und verordnet 'Rationalisierung' bis zur offenkundigen Verrücktheit. Um dieses Auge, den bösen Blick des schulderzeugenden und schuldeneintreibenden Gottes bzw. seiner Vertreter, adäquat bekämpfen und auf immer schließen zu können, wäre es nötig (so eine nicht seltene, freilich selbst auf Rationalisierung setzende Überlegung), sich quasi selbst zum Gott zu machen, zum Stifter eines Gesetzes für sich selbst und die Anderen. Scheitert dies, bleiben nur Wahnsinn, Niederlage, Resignation. Insofern ist die Tragödie des Protagonisten von *The Tell-Tale Heart* die Tragödie von Rodion Raskolnikow — Dostojewskij wurde von dieser Poe-Story tief beeindruckt.

In seinem Bemühen, uns davon zu überzeugen, daß er keineswegs wahnsinnig sei, schreibt der Erzähler sich und uns das Vorurteil zu: „Madmen know nothing." Er dagegen sei mit einem Höchstmaß an Vorsicht, weiser Voraussicht und *Verstellung* zu Werke gegangen. Es fällt auf, daß es sich hierbei zum Teil durchaus um klassische Kaufmannstugenden handelt: sorgfältiges Kalkül, überlegtes Handeln, den Gegner nicht in die Karten schauen lassen — auch die Formulierung 'an die Arbeit gehen' („I went to work") verweist auf das christlich-kapitalistische Arbeitsethos. Ein solcher Wunsch, vor dem Auge des Vaters zu bestehen, entbehrt nicht der Ironie — der Erzähler offeriert uns gleichsam an dessen Stelle einen (obzwar ausschnitthaften) Maßstab gesellschaftlich akzeptierter 'Normalität', mit dem wir ihn beurteilen sollen. Die Frage, der wir uns konfrontiert sähen, wenn der Erzähler nun das perfide Spiel, das er mit dem alten Mann spielt, in der Hoffnung auf unsere Bewunderung seines Geschicks vor uns ausbreitet, würde dann aber lauten: Wieviel *Sadismus* gehört zur gesellschaftlichen 'Normalität'? „I was never kinder to the old man than during the whole week before I killed him" (P 303). Tagsüber wiegte er den Alten mit herzlichem Gesprächston in Sicherheit (dabei verweist die Kombination „in a hearty tone

---

[217] Zitiert nach Silverman, Remembrance, 149

(...) inquiring" in der Tat auf einen *alltäglichen Sadismus 'wohlmeinenden' Ausforschens*), nachts belauerte er ihn, in hämischer Vorfreude ob seiner Macht, die Tat zu begehen. Die *hektisch eindringliche* Art, von der extremen *Ruhe und Geduld* seiner Vorbereitungen zu berichten, erzeugt als Stilmittel Spannung (das abgehackt raunende „I moved it slowly — very, very slowly", „oh, so cautiously — cautiously", „you cannot imagine how stealthily, stealthily"); und freilich ist das überspannte Gebaren nun gerade wieder geeignet, entgegen der erklärten Absicht des Erzählers die *madness* seiner fixen Idee hervorzukehren. Sieben Nächte lang schleicht er sich mit minuziös verzögerten Bewegungen ans Bett des alten Mannes, findet aber das ominöse Auge jedesmal geschlossen — dann, so lautet die 'psychotische' Logik, kann das Mordwerk nicht verrichtet werden, denn es ist ja nicht der alte Mann, der ihn quält, sondern sein böses Geierauge. Er benötigt den Schlüsselreiz des Angestarrtwerdens, um in eine Wut zu geraten, die ihm die Tat ermöglicht. Zum Ritual gehört auch, daß die Probe jeweils genau um Mitternacht erfolgt (vgl. deren 'magische' Bedeutung in *The Masque of the Red Death*, und auch die Zahl Sieben spielt hier wieder eine Rolle: die Zahl der biblischen Schöpfungstage sprengend, erscheint am achten der Engel der Vernichtung, so wie in *The Devil in the Belfry* der Teufel die bürgerliche Ordnung sprengt, indem er die Uhr der Dorfkirche Dreizehn schlagen läßt). Obwohl er betont, sich am achten Tag eher noch vorsichtiger und leiser bewegt zu haben als an den sieben vorangegangenen, scheint er beim Erwachen des Alten doch ein wenig 'nachgeholfen' zu haben, denn vielleicht wurde sein Kichern — bei der Vorstellung, daß der alte Mann völlig ahnungslos sei — gehört. Das Zimmer des Alten ist förmlich verrammelt, aus Furcht vor Einbrechern (auch diese Erzählung spielt also in der klaustrophobischen Atmosphäre eines geschlossenen Raumes, und der personifizierte Tod dringt durch die Abschottung), und es ist völlig abgedunkelt, so daß er nichts sehen kann („so I knew he could not see the opening of the door", P 304). Dies deutet darauf hin, daß der alte Mann nicht völlig blind ist, obwohl das von dem Häutchen überzogene Auge blind zu sein scheint; sein anderes Auge ist also wohl gesund. Dies läßt sich nur aus dem Kontext erschließen, gesagt wird es nicht; doch es wäre plausibel, den Kaufmann John Allan symbolisch zum 'Einäugigen' zu machen, der in seiner Welt gefangen ist, dessen Geiz und Sicherheitsbedürfnis — vgl. die Angst vor Einbrechern — jene 'Sehbehinderung', die ihm eigen ist, noch verstärken. Ein solcher Einäugiger ist König allenfalls unter gänzlich Blinden, und der Täter betont nachhaltig die eigene Konkurrenzfähigkeit und Kompetenz.

Er läßt das alarmierte „Who's there?" des Opfers ins Leere laufen, indem er eine volle Stunde lang keinen Muskel bewegt — ein stummes Kräftemessen, das den alten Mann in Unsicherheit läßt und allmählich in Todesangst treibt. Es ist der Alte, der das tödliche Schweigen mit seinem „slight groan" bricht. Hat nicht John Allan Edgars Briefe oft unbeantwortet gelassen und *geschwiegen*, während Edgar sehnlichst auf Antwort wartete? Poes Ressentiment, seine Revanchelust werden deutlich, wenn der Protagonist nun den Alten, der ihm angeblich nichts getan hat, dazu bringt, das Grauen zu empfinden, das er selber, wie er sagt, manche Nacht, und zwar jeweils genau um Mitternacht, empfunden hat: „It was not a groan of pain or of grief — oh, no! — it was the low stifled sound that arises from the bottom of the soul when overcharged with awe. I knew the sound well. Many a night, just at midnight, when all the world slept, it has welled up from my own bosom, deepening, with its dreadful echo, the terrors that distracted me." Gegenüber dem Brüllen und Tosen des *Maelström* sind dies 'leise Töne', doch sie drücken die gleiche Agonie aus. Die selbstberuhigende Rationalisierung scheitert: 'Es ist nichts', versucht der alte Mann sich einzureden; 'es war nur der Wind im Kamin; eine Maus, die über den Boden gelaufen ist; ein Heimchen hat gezirpt'. *„All in vain*; because Death, in approaching him, had stalked with his black shadow before him" (P 304 a), der Protagonist spielt den Tod, spielt Gott, der über Leben und Tod entscheidet. Der Vater, die Mutter können wahlweise Beruhigung und Sicherheit spenden oder das Kind in extremen Schrecken versetzen; nun ist es der Protagonist, der mit dem Sicherheitsbedürfnis, der Hilflosigkeit des alten Mannes spielt. Die Rollen sind vertauscht: *Er* belauert das Auge, von dem er sich sonst belauert fühlt. Der millimetergenaue Strahl, den seine Blendlaterne aussendet wie eine Laserkanone, fixiert und blendet das Auge, von dem *er* sich sonst fixiert und geblendet sieht. Quasi instinktiv hat der Strahl genau den „damned spot" getroffen, die erwartete Wut tritt ein, und da es gelang, das Auge zu *isolieren* — vom übrigen Gesicht des alten Mannes und seiner sonstigen Person ist nichts zu sehen — wird die Tat möglich. Zuvor, als der Alte in seiner Todesangst aufstöhnte, war neben dem Kichern der Überlegenheit noch Mitleid im Spiel gewesen. Das Schlagen des Herzens des alten Mannes, das der Erzähler nun, lauter und lauter, vernimmt, mildert die Wut nicht, sondern steigert sie im Gegenteil, „as the beating of a drum stimulates the soldier into courage" (P 305). War Poe nicht Soldat geworden, weil sein Pflegevater ihn von der Universität genommen hatte? Und hatte er nicht eine der unglücklichsten Zeiten seines Lebens auf der Militärakademie in West Point verbracht, weil er sich mit John Allan darauf gerade noch hatte einigen können? Nun gut, hier waren die Folgen dieser mechanischen Soldatenausbildung, die er dem 'Alten' zu verdanken hatte! Der dumpfe Trommelwirbel des kalten Vaterherzens spornt den gut gedrillten Edgar Perry, diesen namenlosen Rekruten mit dem namenlosen Zorn, zur Aktion! Nun mag der Geizkragen, um dessen Hals sich die Schlinge zusammenzieht, die Folgen seiner Herzlosigkeit ausbaden! Denn auch die wird nun mit dem Donner des blutdurchpulsten Muskels ins Gegenteil verkehrt, so wird das geleugnete Gefühl zur Rückkehr gezwungen! Nehmen wir seine Kälte beim Wort, schneiden wir ihm den pochenden Klumpen heraus!

Es ist der Faktor Zeit, der, wie in *Masque of the Red Death*, auch hier eine prominente Stellung erhält, nach den sieben Nächten schleichender Vorbereitung nun durch den anschwellenden Rhythmus des Herzens, der an den unbarmherzigen Takt der Uhr und damit an die Hinfälligkeit des menschlichen Lebens gemahnt. Solch plastische Darstellung von Sukzession ermöglicht dem Autor, nachdem die Erzählung so schlagartig eingesetzt hatte, mit retardierenden Momenten zu arbeiten, um die Spannung zu strecken und wieder neu zu schüren. Der Erzähler kennt (wie sicherlich auch der Leser) den Horror der lastenden Zeit aus eigener Erfahrung: „He was still sitting up in the bed listening; — just as I have done, night after night, hearkening to the death watches in the wall" (P 304) — von diesem 'Klopfen der Totenuhren' (wie Wollschläger übersetzt) gibt es eine offenkundige Verbindung zum Klopfen des Herzens, diesem rhythmisch pumpenden Fleischballen, der, zumal bei sich steigernder Angst, das *Noch*-am-Leben-Sein und damit eben das Dem-Tod-Ausgesetztsein anzeigt. Viele Menschen kennen wohl die Erfahrung, von einem merkwürdig dumpfen Laut zu erwachen, den man selber ausgestoßen hat, oder das Summen im Ohr, das manchmal entsteht, wenn man sich gegen die Geräusche der Außenwelt die Ohren verstopft hat und dennoch nicht einschlafen kann, weil man nun 'die Geräusche im Innern' lauter als sonst hört, darunter das nervöse Pulsieren des eigenen Herzens. Gerade mit der Betonung des '*leisen* erstickten Lautes, der sich vom Grund der Seele löst, wenn ein übermächtiges Grauen auf ihr lastet', hat Poe den eher unscheinbaren Momenten der Alltagserfahrung einen äußersten Horror abgewonnen (mehr als vielleicht dem aufdringlichen Takt des sich herabsenkenden Pendels in *The Pit and the Pendulum* oder gar dem halseinklemmenden Minutenzeiger in *A Predicament*), und kann nun nach diesen *feinen* Mitteln, die dafür sorgen, daß der Effekt des Ganzen nicht zu grell und äußerlich wird, zum mehr vordergründigen Schrei übergehen.

Der Vater hatte agiert, Poe hatte reagieren müssen. Bzw. der Vater hatte dadurch agiert, daß er auf Bittbriefe des Pflegesohnes eben *nicht reagiert* hatte — so wie hier der Protagonist auf die alarmierte Frage des alten Mannes 'Wer da?' *nicht reagiert*. Die Fronten sind nun vertauscht. Der Protagonist agiert, indem er den Strahl seiner Blendlaterne auf das Geierauge richtet, und *jede* Reaktion des alten Mannes wird bloß nutzlos sein. So ist es bei der Zuspitzung der Handlung, die nun erreicht ist: „The old man's hour had come! With a loud yell, I threw open the lantern and leaped into the room. He shrieked once — once only" (P 305). Ein Schrei des agierenden Täters — dann ein Schrei des nutzlos reagierenden Opfers. Die vorherige Überlegung des Täters, daß, wenn das Herz des alten Mannes so rasend weiterklopfe, ein Nachbar das Getrommel hören könnte („I thought the heart must burst. And now a new anxiety seized me — the sound would be heard by a neighbor!"), erweist sich als eine durchsichtige Rationalisierung, die einzig und allein den Sinn hat, ihn zur Tat anzuspornen, welche ihm somit quasi aufgezwungen werde — denn wieviel wahrscheinlicher ist es erst, daß ein Nachbar jenen gellenden Kriegsschrei hören könnte, den er nun ausstößt, und der gleichfalls den Sinn hat, ihn zur Tat anzuspornen! Es kostet eben doch Überwindung, den Mord zu begehen — wie denn auch die Versicherung, als 'die Arbeit' erst einmal so weit vollzogen gewesen sei, daß der Alte lautlos & bewegungsunfähig unter dem umgestürzten Bett lag und nur noch konsequent erstickt werden mußte, da habe er, der Erzähler, froh & erleichtert gelächelt, nicht recht glaubwürdig ist. Daß jetzt noch jemand das 'viele Minuten' weitertönende, doch nun abgedämpfte Klopfen seines Herzens hören würde, sei nicht zu befürchten gewesen. Ein ebenfalls minutenlanger Test ergibt endlich, daß der Alte „stone dead" ist: „I placed my hand upon the heart and held it there many minutes. There was no pulsation. He was stone dead. His eye would trouble me no more." Zwar findet wohl in dem erkaltenden Leichnam zweifelsfrei noch Molekularbewegung (insofern *pulsation*) statt, das hindert aber nicht, ihn als inerte Masse und 'ganz rational' zu behandeln: so wie ein Schlachthaus-Angestellter den noch warmen Körper eines Tieres zerlegt, als habe es sich schon immer um leblose Materie gehandelt. Das Zerstückeln der Leiche wird wiederum in Termen von Arbeit und Arbeitszeit beschrieben, auch die Betonung der perfekten Sauberkeit, der gelungenen Beseitigung aller Spuren, appelliert an bürgerliche Tugenden. Das zeigt deutlich, daß der Täter das taxierende Auge des Ermordeten noch immer auf sich anwendet. Die gewaltsame Verbannung dieses Auges war *äußerlich*, entscheidend ist, daß er es *internalisiert* hat, entsprechend wird es ihm auch aus dem 'Innern' der Seele heraus wiederauferstehen: „I then replaced the boards so cleverly, so cunningly, that no human eye — not even *his* — could have detected anything wrong" (P 305 a). Daddy wäre zufrieden gewesen. Gute Arbeit, Sohn! „Ha ha!"

Das Unheil kündigt sich erneut — wie könnte es anders sein — durch ein *Pochen* an: Drei Beamte stehen vor der Tür, ein Nachbar hat einen Schrei gehört, die Polizei pocht darauf, dem nachzugehen. Der Protagonist geht *leichten Herzens* („with a light heart": unüberhörbare Ironie Poes, wie schon beim *hearty tone*, mit dem derjenige, der das pochende Herz des Alten verstummen machen würde, diesen zuvor begrüßte!) hinunter, um zu öffnen, denn warum sollte er das Auge des Gesetzes zu fürchten haben, wenn doch das des alten Mannes ihn nicht mehr behelligt? Die drei Polizisten stellen sich mit vollendeter Freundlichkeit vor, „with perfect suavity", was nun allerdings fatal an die Verstellungskünste des Täters dem alten Mann gegenüber erinnert (P 305f.). Der Täter indes scheint sie völlig zufriedenzustellen, indem er, durchaus zutreffend, den verräterischen Schrei sich selbst zuschreibt: er sei ihm im Traum entfahren. (Hm, ein *böser* Traum müßte das wohl gewesen sein, doch im Grunde ging es ja wirklich ständig um den *eigenen* Horror). Der alte Mann sei abwesend, aufs Land gefahren. Im Vollgefühl seiner Überlegenheit, wie er sie dem Alten gegenüber empfand, fordert er die Beamten auf, sich sorgfältig umzusehen, zeigt ihnen die unberührten Schätze des Alten, bringt ihnen Stühle in die Kammer des Toten, auf denen sie sich ausruhen können, und postiert seinen eigenen, in einem Anfall von Hybris, direkt über den Bohlen, worunter die Leiche liegt. Die Beamten scheinen überzeugt — wie beim General A.B.C. Smith in *The Man that Was Used Up* ist es das souveräne Verhalten als ganzes, the „*manner*" (von Poe hier wie dort hervorgehoben), die ganze Art sich zu geben, der Stil, der bestechend gewirkt hat. Es ergibt sich die prototypische Szenerie eines *small talk*, einer freundlichen, aufgesetzt lockeren, belanglosen Unterhaltung: „They sat, and while I answered cheerily, they chatted familiar things" (P 306). Der Protagonist überschätzt seine Fähigkeit, dieses Verhalten, diese Verstellung lange durchzuhalten: „But, ere long, I felt myself getting pale and wished them gone." Er bekommt Kopfschmerzen und Ohrensausen („a ringing in my ears") — doch die Beamten sitzen weiter da und *reden & reden, schwatzen über alle möglichen belanglosen Dinge*. Unversehens ist ein neuer Machtkampf ausgebrochen, wie vorhin, als der Protagonist die Frage des alten Mannes 'Wer da?' nicht beantwortete, sondern sich eine Stunde lang absolut ruhig verhielt. Da war es ein Machtkampf des *Schweigens*, den der Alte verlor, als er voller Grauen leise aufstöhnte. Jetzt ist es ein Machtkampf des *Schwatzens*, auf den der Protagonist zudem ganz unnötigerweise sich eingelassen hat, und er ist dabei, ihn zu verlieren. *Der Horror der Lautlosigkeit ist umgeschlagen in den Horror des Geschwätzes.* Und nun, da der Protagonist in einer Klemme steckt, die er sich durch vorübergehenden Übermut selbst eingebrockt hat, mischt sich das Herz des alten Mannes ein *und schwatzt mit*. Zuerst schien es nur ein Ohrenklingen zu sein, dessen zunehmende Lästigkeit der Protagonist zu übertönen versuchte, indem er

dagegen anschwatzte. „I talked more freely to get rid of the feeling" — doch das gelingt ihm nicht, so wie es dem alten Mann nicht gelang, sich erfolgreich einzureden, daß das Kichern des auf ihn Lauernden nur das Geräusch des Windes im Kamin, das Laufen einer Maus oder das Zirpen eines Heimchens sei. Das Geräusch wird stärker — „until, at length, I found that the noise was *not* within my ears" (P 306 a).
Der Protagonist wird nun, mitten in einer unablässig schwatzenden Runde, in seine eigene Welt zurückgeworfen, konfrontiert mit seinem eigenen privaten Horror, seiner Vergangenheit und seinen Obsessionen. Für ihn — und *nur für ihn* — hat das Herz des alten Mannes wieder zu schlagen begonnen und schlägt lauter und lauter. Dieses Geräusch wird ausdrücklich erneut mit der lastenden *Zeit* assoziiert, und in der Tat pflegt sich Zeitbewußtsein bei jemandem, der wie auf Kohlen in einer Runde sitzt, wo Nichtigkeit auf Nichtigkeit gefaselt wird, während er sich sonstwohin wünscht, aber aus irgendeinem Grund nicht fortkann, sehr nachhaltig zu melden: It was a *low, dull, quick sound — much such a sound as a watch makes when enveloped in cotton*" (P 306 a, man beachte in diesem Satz das lautmalerisch erzeugte *quatschende* Geräusch, wie Schlammwasser, das aus dreckigen, durchnäßten Schuhen sickert auf einem morastigen Landweg). Dem Erzähler stockt der Atem, er ist totenbleich geworden — doch die Polizisten hören nichts. Der Erzähler unternimmt einen letzten Anlauf, durch intensive Beteiligung am Gespräch das verdammte Geräusch zu übertönen und übersteigert dabei sein Verhalten zur längst unglaubwürdigen Karikatur eines lebhaft Schwatzenden, führt seine Rolle für jedermann sichtbar *ad absurdum*: „I talked more quickly — more vehemently; but the noise steadily increased. I arose and argued about trifles, in a high key and with violent gesticulations, but the noise steadily increased. Why *would* they not be gone?" Berechtigte Frage! Selbst als der Täter *schäumt, tobt und flucht* und seinen Stuhl mit voller Wucht auf die verdammte Stelle niedersausen läßt — der Lärm des Herzschlags übertönt dennoch alles und schwillt ständig weiter an — schnattern die Polizisten harmlos-freundlich weiter und lächeln, grienen herum, während er sich verzweifelt zum Narren macht.
Hier reicht es nun nicht aus, darüber zu streiten, ob der Täter Wahnvorstellungen hört (er hört ja aufgrund seiner Überempfindlichkeit angeblich alle Geräusche im Himmel & unter der Erde & in der Hölle), oder ob es sein eigener aufgeregter Herzschlag ist, den er fälschlich dem Toten zuschreibt. Die Frage ist, warum verhalten sich die Beamten angesichts dieses extrem auffälligen Verhaltens des Mannes, das doch, wenn sie auch kein Herz klopfen hören, unmittelbar vor ihren Augen stattfindet, weiterhin so, als hegten sie wirklich keinen Verdacht? Man mag den Schluß dahingehend interpretieren, daß der Täter es einfach nicht aushält, daß niemand von seiner Tat erfährt, die für ihn doch ein entscheidender Akt der Selbstbefreiung sein sollte und von so elementarer Bedeutung ist; oder daß er mit dieser Tat eben doch nicht leben kann und Schuldgefühle ihn zu plagen beginnen, das Auge des Alten also als Auge des Gewissens in ihm wiederaufersteht bzw. noch immer vorhanden ist; oder daß der 'Alb der Verkehrtheit', der ihn die sinnlose Tat begehen ließ, ihn nun auch zur Selbstzerstörung, zur Selbstbezichtigung treibt. Alle diese Aspekte mögen hier eine Rolle spielen, und sicher könnte man auch ihr Zusammenwirken noch weitergehend analysieren. Nicht übersehen werden darf dabei aber, daß der Wutausbruch des Täters über das heuchlerische Verhalten der Beamten *völlig berechtigt* zu sein scheint, und daß er *der*

Wut über das Geierauge des alten Mannes genau analog ist. Den absurden Wettstreit der Verstellung, in dem er sich befindet, kann er nur verlieren, wenn er ihn gewinnt, und nur gewinnen, wenn er ihn verliert. Die Situation ist so absurd wie in *King Pest* der *mit Kreide* auf ein Brett gemalte Hinweis „No chalk" ('Hier gibt's keine Kreide').[218] In der institutionellen Rolle der Staatsdiener ist die Heuchelei gleichsam als konstitutives Moment verwurzelt; der 'Alb der Verkehrtheit' ist sozial geformt. *In ihrer professionellen Verstellung hat der Erzähler, insofern er ein Begehren Poes ausgeführt hat, die professionelle Verstellung und Heuchelei jenes 'Vaters' wiedererkannt, den er getötet zu haben glaubte* — und insofern schlägt dessen Herz für ihn in der Tat weiter. Der *Kommunikation*, auf die er sich rivalisierend mit ihnen eingelassen hat, ist die *Selbstüberwachung* eingepflanzt als Böses Auge oder Großer Bruder, Gott oder Über-Ich. Indem der Täter das Geschwätz der Ordnungshüter nicht länger ertragen kann, ist er gezwungen, ihnen recht zu geben, auch wenn sie die Wahrheit vielleicht bislang allenfalls halb ahnen. In dem Verfolgungswahn, der ihn überzeugt sein läßt, sie wüßten es, ist das Geierauge wieder eingeschaltet wie eine ihn anstrahlende Blendlaterne: „Was it possible they heard not? Almighty God!" — der Voyeur-Gott ist ironisch präsent in diesem Ausruf — „no no! They heard! — they suspected! they *knew*! — they were making a mockery of my horror!" (P 306 a). Das ist der entscheidende Punkt. Denn das tun sie, *wenn* sie Bescheid wissen, ebenso wie wenn sie *nicht* Bescheid wissen, insofern hat der Erzähler nicht unrecht: „—this I thought, and this I think. But any thing was better than this agony! Any thing was more tolerable than this derision! I could bear those hypocritical smiles no longer! I felt that I must scream or die!" Für Poe wird eine tiefe Wahrheit in diesem verzweifelten Ausbruch gelegen haben. Denn daß er in dieser Story einem sehr privaten Vatermord symbolisch Ausdruck verliehen hatte, konnte ihm nur eine vorübergehende Befreiung bringen; das Herz des Zerstückelten freizulegen, hieß, auf sein eigenes Herz zu deuten, und solange noch das unerträgliche Geschwätz der Staatsdiener und Politikaster, der Funktionäre, Transzendentalisten, Unternehmer, Gläubiger, Krämerseelen & Marketing-Charaktere aller Art, der Journalisten & Party-Löwen, der kulturseligen Schwadroneure, neugierigen Damen, Möchtegernpoesieschreiber & -schreiberinnen, der Kritikerkollegen und Herausgeber von Magazinen & Anthologien weiterging, überhaupt jeder „*manner*", die aufgrund heuchlerischer Oberfläche 'überzeugt' und sozial prämiiert wird, solange starrte das *dull blue eye* ihm weiter aus allen Ecken und Winkeln entgegen. „'Villains!' I shrieked, 'dissemble no more! I admit the deed! — tear up the planks! — here, here! — it is the beating of his hideous heart!'"

---

[218] Vgl. P 721. Solche Stellen — wie z.B. auch das spielerische Aufgreifen des Lügnerparadoxons in seinem Dramenfragment *Politian*: „Kein Zweifel, guter Ugo, daß du logst, / bist du doch, wie du sagst, ein schlimmer Lügner" (Bd.9, 196) — belegen Poes Interesse an Antinomien, Paradoxien, Rätseln und Aporien. Da sich übrigens die mit Kreide geschriebene Aufschrift 'Hier gibt's keine Kreide' (anders als der an eine Tafel geschriebene Satz 'Dieser Satz ist falsch', wenn deutlich wird, daß eindeutig dieser Satz selbst damit gemeint ist) nicht eindeutig selbstreferenziell auf eben diesen Satz und seine Äußerungsweise (das Anschreiben mit Kreide) bezieht, sondern kontextuell eher auf die Vorräte des betreffenden Ladens bezogen werden dürfte, haben wir es hier strenggenommen nicht mit einer Antinomie zu tun, sondern nur mit dem Schein eines pragmatischen Selbstwiderspruchs, der für die beabsichtigte Pointe freilich allemal ausreicht.

7 / Schreiende Rückkehr des Verdrängten: *The Black Cat*

'Der schwarze Kater' (erstveröffentlicht im August 1843, also wenige Monate nach *The Tell-Tell Heart*) hat mit *'Das schwatzende Herz'* einige Motive gemeinsam, ist aber weniger komprimiert und weniger vielschichtig, obzwar Poe hier, anders als dort, einige explizite psychologische Reflexionen einflicht. Während in *Tell-Tale Heart* der hektische Duktus die Verfassung eines noch völlig in seine 'Besessenheit' Involvierten widerspiegelt, spricht dieser Ich-Erzähler, der ebenfalls namenlos bleibt, mehr aus der Distanz zum Geschehen — schon als der 'Wahn' über ihn kam, sah er ihm gleichsam zu wie einem Verhängnis, das er nicht aufhalten konnte. Der äußeren Form nach ist *The Black Cat* die Beichte eines zum Tode Verurteilten, der morgen sterben wird; diese 'Beichte' ist freilich nicht religiös motiviert, er will zwar 'seine Seele erleichtern' („unburden my soul", P 223), doch nicht aus Reue, eher sucht er nach einer Erklärung und überträgt sie dem Leser, während er selber angeblich nicht versuchen will, das Geschehene zu deuten (gleichwohl setzen u.a. seine Reflexionen über den *Spirit of Perverseness* zu einer Deutung an). Spannung und Erwartung werden sogleich durch scheinbar widersprüchliche Prädikate geschürt: Die folgende „narrative" sei „most wild yet most homely", der Erzähler erwarte keinen Glauben, denn seine Sinne würden ja ihr eigenes Evidenz-Zeugnis zurückweisen. Von einer „series of mere household events" zu sprechen, kontrapunktiert dabei nicht nur das versprochene Schauerlich-Sensationalistische durch Verharmlosung, sondern verweist auch auf eine Schicht, die jeden angeht, im Sinne eines *tua res agitur*, tatsächlich wird das Haus („household"!) hier einmal mehr zum Symbol der Psyche (vgl. die umgangssprachliche Formulierung, jemand habe 'Leichen im Keller'). Wie sein *Heart*-Kollege, streitet auch dieser Erzähler ab, *mad* zu sein, bezeichnet sich stattdessen als übererregbar, wenn er die Hoffnung äußert: „perhaps, some intellect may be found which will reduce my phantasm to the commonplace — some intellect more calm, more logical, and far less excitable than my own, which will perceive, in the circumstances I detail with awe, nothing more than an ordinary succession of very natural causes and effects" (P 223). Die Ereignisse werden mithin Züge nicht nur des Schrecklichen, sondern auch des Mysteriösen, Unbegreiflichen aufweisen. Die Story gestaltet sich damit als Herausforderung an den *Verstand* ihrer Leser, aber auch ans *Verstehenkönnen* in einem *alle* psychisch-geistigen Vermögen umgreifenden Sinne, und sie wird dabei in mindestens zweifacher Hinsicht zur Zumutung. Zum einen, was die auch sonst gern von Poe bemühten Motive des Doppelgängers, der Seelenwanderung und der mystischen Rache betrifft — diese kann man hier achselzuckend als 'mysteriös' stehenlassen, sie würden allein auch den Grübelaufwand nicht lohnen, es sei denn, man versucht eine *psychologische* Deutung, so daß Verdopplung, Wiederauferstehung und Rache (hier dem Kater zugeschrieben) im Grunde *innerpsychische* Vorgänge bezeichnen. Zum anderen, was die fast unbegreifliche 'perverseness' der Taten des Protagonisten angeht: Hierzu werden wohl jedem, und sei es auf der geringfügigeren Ebene tatsächlicher 'household events', Parallelen und Beispiele einfallen, bei denen schon einmal mit einer gewissen Verzweiflung nach Erklärungen gesucht zu haben schlicht

zur *conditio humana* gehört. Beides zusammenzuführen, ist ein Trick in typischer *Gothic Story*-Tradition. Poe führt den Leser in ein Labyrinth und läßt ihn darin zurück. So ist in diesem einleitenden Abschnitt sein Ein-Leiten exemplarisch auch ein *Anführen*, im doppelten Sinne.

Der Ich-Erzähler betont, er sei von Kindheit an lenksam, mitfühlend und weich gewesen, so sehr, daß er deswegen von seinen Kameraden gehänselt wurde. Soweit dies nicht nur ein effektheischender Kontrast zur späteren Mitleidlosigkeit seiner Taten ist — zum Affekttotschlag an seiner Frau wird kein Wort des Bedauerns geäußert — mag man immerhin vermuten, daß dieses Gehänseltwerden einen Zug zur Unduldsamkeit und bemühten Härte (die seinem Wesen nicht entsprach) auslöste; daß er versuchte, seine Weichheit zu verdrängen (vgl. später die eingemauerte Frau als das eingemauerte Gefühl). Indes ist von Menschenfreundlichkeit weniger die Rede als von Tierliebe — die jemand oft besonders dann, kompensatorisch, hochentwickelt, wenn er oder sie mit Menschen nicht sonderlich gut zurechtkommt. Und im Gegensatz zu dem Auge-Besessenen in *Tell-Tale Heart*, fand „the Fiend Intemperance" (P 224) in diesem Fall besonders durch den Alkohol Einlaß, der offenbar eine Neigung des Protagonisten zu unkontrollierten Wut- und 'sinnlosen' Affekthandlungen zum Ausbruch brachte: „for what disease is like Alcohol!" Während in *Heart* das *Evil Eye* ein autobiographisches Moment bedeutet, wird hier die eigene Erfahrung des Alkohols, aber ungleich distanzierter und keineswegs zum Mittelpunkt stilisiert, von Poe eingebracht. Als Erklärung reichen diese wenigen Hinweise auch dem Wortführer selber nicht aus, darum springt der 'Alb der Verkehrtheit' ein, wird aber weit weniger ausführlich thematisiert als in dem danach benannten eigenständigen Text. Die Hexen-Konnotationen der 'schwarzen Katze' werden ausdrücklich, und zwar als Aberglaube („superstition") angeführt; sie können mit der Frau des Protagonisten, die geradezu kitschig-klischeehaft als stille Dulderin porträtiert wird, nicht *direkt* zusammengebracht werden. Nun ist freilich Pluto (so heißt der Kater) die römische Bezeichnung für Hades, den Herrscher in der *Unterwelt* — und in der Tat scheint die Möglichkeit, in ihm *das Unbewußte* dargestellt zu sehen, die Story vor der Belanglosigkeit einer halbwegs trickreichen, doch nur auf Effekt zielenden Konstruktion zu retten. Er verkörpert dann nämlich nicht nur das puritanisch verteufelte 'Animalische' im Menschen, sondern in einem bestimmten Sinne die 'erstaunlich intelligenten' Züge des Unbewußten: „sagacious to an astonishing degree" (P 223).

Der brüchige Narzißmus des Protagonisten ist auf den Kater gerichtet, so auch die narzißtische Aggression. Der große, schöne und kluge Pluto ist für den Ich-Erzähler ein zweites Ich und auch ein verbindendes Element zwischen ihm und seiner Frau. Es ist eine eingespielte Freundschaft. Die „radical alteration for the worse" (P 224), die der psychische Zustand des Erzählers mit den Jahren durchmacht, erfährt abgesehen vom Alkohol keine rechte Erklärung — „I grew, day by day, more moody, more irritable, more regardless of the feelings of others". Er beschimpft seine Frau und droht ihr Gewalt an; die Frau scheint sanft, passiv zu sein, so wie der Erzähler früher gewesen ist; sie erinnert ihn daran, gegen seinen Willen. Pluto fungiert als Indikator seines Zustands, auch das verbittert den Erzähler: Wenn er betrunken nach Hause kommt, meidet ihn der Kater, der Kontakt ist gestört. Während jemand zunächst wohl trinken mag, um sich leichter mit sich selbst zusammenschließen zu können, eine geringere Selbstdistanz zu erreichen, kann diese Wirkung zumal mit zunehmender Gewöhnung leicht ins Gegenteil umschlagen und die Selbstentfremdung verstärken — genau das scheint hier der Fall zu sein. Wer die Erinnerung an Exzesse durch weitere Exzesse zu betäuben versucht, befindet sich in einem Teufelskreis.

Eines Nachts, als der Kater ihm ausweicht, ergreift sein Herr ihn gewaltsam, um ihn zu konfrontieren, und das nervöse Tier bringt ihm sozusagen in Selbstverteidigung eine Bißwunde bei. Der Herr begeht seine erste 'wahnsinnige Tat', indem er dem Kater ein Auge herausschneidet — er schildert dies rückblickend mit allen Anzeichen der Scham, des Bedauerns („the poor beast"), des Schauderns und der Selbstverfluchung.[219] Gleichwohl habe es ihn damals im Innersten nicht berührt: „the soul remained untouched" (P 224). Das Auge drückte schulderzeugende Selbstbeobachtung aus, diese wurde teilweise 'herausgeschnitten', natürlich verschwand sie auf diese Weise nicht, doch der Kater ist nun, während er sich erholt, gleichsam an den Rand verdrängt, er flieht seinen Herrn jetzt mit Schrecken, sobald er ihn sieht. Dieser *weiß*, daß Pluto ihm kein Unrecht getan hat, doch er will ihn nun *ganz* verderben, da die leere Augenhöhle ihn natürlich mindestens ebensosehr anklagt wie das Auge — er weiß, daß es *selbstzerstörerisch* ist, den Kater, an dem er doch hängt, zu 'hängen', doch seine *Schuld* nimmt die Wendung, ihm einzureden, sich selber genau das *schuldig* zu sein (nicht ohne Logik, wenn der Kater wirklich sein *alter ego* ist!), also hängt er den Freund *in vollem Bewußtsein, daß es falsch ist*, an einem Baum im Garten (d.h. 'außerhalb' des Hauses) auf, während ihm selbst Tränen der Qual die Wangen herunterströmen. Er hat damit versucht, sich die Liebe zu seinem Tier („hung it *because* I knew that it had loved me", P 225) gleichsam aus dem Herzen zu schneiden. Daß dies ein Akt fundamentaler Aggression gegen sich selbst war, zeigt sich daran, daß schon in der folgenden Nacht *sein ganzes Haus in Flammen steht* — das Haus des Selbst brennt bis auf die Grundmauern nieder, nur eine Wand bleibt stehen, die *das Bild einer riesigen gehenkten schwarzen Katze* zeigt. Wie dieser Einbruch bzw. die Rückkehr des Exteriorisierten (Ausquartierten) *in das Innere* des Hauses 'tatsächlich' stattfand, ist letztlich irrelevant. Die Rationalisierung, die der 'Herr' dieses Hauses selbstberuhigend aufbietet, nämlich der ammoniakhaltige Kadaver der erhängten Katze sei von jemandem, der ihn warnen (!) wollte, durchs Fenster geworfen worden und habe den Abdruck hinterlassen, hat zwar versteckten Symbolwert, ist aber 'faktisch' schon insofern nicht haltbar, als es sich ja um „the figure of a *gigantic* cat" handelt. Überhaupt spielen äußerliche Fakten des Lebens fast keine Rolle: Wir erfahren weder, welchen Beruf der Erzähler ausübt, noch, wie es ihm gelingt, wenn doch das Feuer seine

---

[219] Interessant, daß Poe *möglicherweise* als Jugendlicher in einer Phase, wo er viele 'Streiche' verübte, tatsächlich eine entsprechende Greueltat beging: „'Poe schwankte zwischen zwei Wesenszügen hin und her, Zartheit und Grausamkeit. Einmal schnitt er, um die erste Mrs.Allan zu verletzen, die Kehle ihres Lieblingshündchens durch.' Wenn man diesem Bericht Glauben schenken darf, so wirft er sicher ein unschönes Licht auf Poes Charakter, und es ist nicht ausgeschlossen, daß es sich um eine der vielen Verleumdungen handelt, die nach seinem Tod in Umlauf waren" (Zumbach, E.A.Poe, 78; die zitierte Quelle ist: *Recollections of Poe by Various Persons Who Had Known Him*. Kopie einer handschriftlichen Aufstellung aus dem Besitz von William Hand Browne, 159).

gesamte irdische Habe dahingerafft hat, ein neues Haus zu beziehen. Die Story der *psychischen* „household events" geht weiter; eine Art Restaurierung ist einfach schon vollzogen. Weitere Ungereimtheiten: Wie konnte der 'Herr', der nun zufällig einen neuen Kater aufliest und bei sich aufnimmt (das ist schon die *zweite* Rückkehr!), zunächst *übersehen*, daß auch diesem ein Auge fehlt, genau wie Pluto? Sollte dies nicht (und sei es unterschwellig) vielmehr der *Grund* gewesen sein, ihn mitzunehmen? Und erst allmählich nimmt für ihn jener weiße Fleck am Hals — das einzige Merkmal, in dem sich der Kater von Pluto unterscheidet — die Form eines *Galgens* an (es ist seine Frau, die ihn darauf aufmerksam macht). Im Alltagssprachspiel schlügen manche dieser Elemente zu Lasten des Schriftstellers; bezeichnet aber die allmähliche Selbstenttarnung des neuen alten Katers *die sukzessive Rückkehr des Verdrängten*, das Sichaufdrängen des 'bewußt' Übersehenen, so ist die Story plausibel.

Der 'Herr', das erzählende (redende) Ich, entwickelt nun allmählich einen immensen Horror vor dem Kater, je mehr dieser ihn geradezu verfolgt, sich ihm aufdrängt, ihn nicht in Ruhe läßt. „It followed my footsteps with a pertinacity which it would be difficult to make the reader comprehend. (...) If I arose to walk it would get between my feet and thus nearly throw me down" (P 227). Nun, das Unbewußte meldet sich in *Fehlleistungen, Stolpern* und anderen Symptomen, um so aufdringlicher, je schwerwiegender die 'innere Verletzung' ist. Der Herr denkt daran, auch dieses Tier umzubringen, hat aber zuviel *Furcht* vor ihm. Was sollte es ihm auch bringen? Es ist klar, daß nur ein vollendeter und wirklicher *Selbstmord* (kein bloß teilweiser, symbolischer, stellvertretender, alkoholisch langsamer etc.) ihm 'Ruhe' vor der ihn störenden Präsenz und Stimme dieses Anderen-seiner-selbst verschaffen könnte. Bei Tage, so heißt es, läßt ihn 'die Kreatur' („the creature") keinen Moment mehr allein, und bei Nacht hockt 'das Ding' („the thing": es erfolgt also eine sukzessive Entpersönlichung) ihm wie ein Alb auf der Brust, läßt ihn seinen heißen Atem auf dem Gesicht spüren, während er nicht „the power" hat (*die Macht* wäre hier sicher treffender übersetzt als 'die Kraft'), ES abzuschütteln. Daß er immer übellauniger wird, scheint durchaus auf die leidige Eingleisigkeit dieser festgefahrenen Wechselwirkung mit seinem Dämonen zurückführbar. „Evil thoughts became my sole intimates — the darkest and most evil of thoughts. The moodiness of my usual temper increased to hatred of all things and of all mankind" (P 228) — wozu schon rein logisch auch er selbst und seine Frau gehören. Geschildert wird hier ein echter Persönlichkeitszerfall; die Teile (vgl. wieder 'das Subjekt als Vielheit'!) harmonieren in keiner Weise mehr miteinander, der Haussegen hängt mehr als schief, die 'Verarmung nach dem Brand' ist aussagekräftig; das Haus, in das man, wie erst jetzt beiläufig eingeflochten wird, aus Armut ziehen mußte (zuvor hieß es einfach, die neue Katze sei dem Herrn zum „house" gefolgt, ohne weitere Erklärung!) ist nicht nur „old", sondern im Grunde das alte, so wie der Kater der alte ist. Mann, Frau und Kater gehen gemeinsam „upon some household errand" (tja, die Ironie der *household events*!) in den *Keller* (kaum erläuterungsbedürftig), und dabei kommt es dann zu jener dramatischen Zuspitzung, welcher der Herr sein Todesurteil verdanken wird. Charakteristischerweise ist es wieder ein *Stolpern*, das zum Auslöser dieser Zuspitzung wird: „The cat followed me down the steep stairs, and, nearly throwing me headlong, exasperated me to madness" (P 228).

Alle 'kindische Furcht' vergessend, hebt 'Ich', der Herr, eine Axt und will dem Kater den Garaus machen; doch seine Frau fällt ihm in den Arm — eine erneute „interference" (Einmischung, Dazwischentreten, Störung), mit welcher die Frau (nämlich das Gefühl, die frühere Weichheit!) sich der Funktionsweise des Unbewußten gleichschaltet, das dem Herrn als Kater zwischen die Beine läuft. So ist es nun *sie*, gegen die der wütende Hieb geführt wird, welcher ihr den Schädel spaltet. Sie ist sofort tot, ohne auch nur einen Seufzer von sich zu geben.

Dieser Vorfall kommt für den Leser blitzartig und unerwartet, noch erschreckender ist aber, daß der Täter, dem bei der Erhängung der Katze immerhin die Tränen heruntersträmten, keine Spur von Bedauern äußert, sondern sich kaltblütig ans Werk begibt, um die Mordtat zu verschleiern. Daß sein explizit verschlimmerter Zustand ihn bereits so weit gebracht hat, überrascht denn doch. Wenn aber 'die Frau' in erster Linie *das Gefühl* des Erzählers repräsentiert, ist die Konsequenz überzeugend: Er hat sein Gefühl in sich abgetötet und empfindet nun keins mehr. Das Unbewußte ist ihm entwischt, weil Gefühl dazwischenkam — aus Affekt (was ja Gefühl bedeutet) nahm er eine Amputation vor und kann nun *scheinbar* 'völlig rational' agieren. Berechnung, Kalkül, Verstellung beherrschen seine Gedanken. Das Abgestoßene (abstoßend, ekelhaft, verwesend) wird auf ein Abstellgleis verfrachtet, sein Leben wird durch diese Parallelführung erst recht zum Doppelleben, die Spaltung des Schädels der Frau erweist ihn selbst als den Doppelgänger, den er loszuwerden versuchte: Das Abgespaltene wird zur vermeintlich sicheren Überbrückung der rekonstruierbaren Zeit-, Ort- & Identitätskoordinaten der Tat in jene *konstitutive Lücke* hineingestellt, in der scheintotes Material der Vergangenheit, der Vergessenheit sich entreißend, sich wiederzumelden pflegt. Der abgewürgte Kater ist schon zweimal wiedergekehrt, aber daran denkt der Held jetzt nicht, verdrängt solches gleich mit. Er beschließt, die Leiche im Keller einzumauern — Exteriorisierung des Gefühls, das sich damit freilich, wenn auch von Mauern umgeben und abgestorben, sehr wohl noch 'im Haus' befindet. Dieses Verhalten ähnelt in der Tat dem der *Mönche* („I determined to wall it up in the cellar, as the monks of the Middle Ages are recorded to have walled up their victims", P 228), waren sie doch dazu angehalten, jegliche Erinnerung an 'die Frau' und ein etwa persistierendes leibliches Begehren zu verdrängen.

Die „calculation" scheint zu gelingen, die vom Ich offerierte Illusion einer perfekten Hauswand scheint standzuhalten. Er rührt einen Verputz an, der von dem alten nicht zu unterscheiden ist, die Anstrengung der *Kohärenz* ist hier (wie bei der Offerierung sogenannter kontinuierlicher Lebensläufe) offensichtlich. Brüche werden überkleistert, überdeckt, überschmiert. Die tarnende Konstruktion funktioniert scheinbar *störungsfrei*: „The wall did not present the slightest appearance of having been disturbed" (P 229). Der verhaßte Kater, nach dem sich der erfolgreiche Mauermann *erst jetzt* umsieht, ist nirgendwo zu erblicken. Daß er ihn, als *verdrängtes* Unbewußtes, miteingemauert hat, ist wiederum nicht nach Maßstäben der Alltagsrealität — denn wie sollte er das nicht bemerkt haben, wo der Kater doch permanent und aufdringlich auf sich aufmerksam zu machen pflegt? — wohl aber in der Sprache psychologischer Symbolik plausibel. Indem er sich der Quelle aller Fehlleistungen entledigt glaubte, beging er eine äußerste, entscheidende Fehlleistung, die sein ganzes Kalkül zur Makulatur machte. Aber davon weiß er jetzt nichts. Der seines Kalküls, das ihn nicht täuschen wird, gewisse Mann empfindet eine unendliche Erleichterung und kann erstmals nach langer Zeit wieder ruhig schlafen („*slept* even with the burden of murder upon my soul", P 229 a). Als 'das Ding' auch nach zwei, drei Tagen noch nicht wieder aufgetaucht ist, und eine erste polizeiliche Durchsuchung des Hauses erfolgreich bestanden wurde, ist das Glück des Mannes vollkommen („My happiness was supreme!"), und er hofft einer ungestörten Zukunft entgegensehen zu dürfen. Die moralische Betroffenheit des Lesers ruft hier nach einem Rachegeist, doch Moral ist, wie auch in anderen Geschichten, Poes Intention nicht, darum gehen auch alle Interpretationen, die den Kater letztlich als das schreiende *Gewissen* auffassen möchten, in die falsche Richtung. Indes muß man auch gegen die hier versuchte Deutung einen Einwand formulieren: Wenn 'das Gefühl' wirklich tot ist, wie kann der Mann jetzt Glück und Erleichterung empfinden? Eine gewisse Diffusität scheint bestehenzubleiben. Allerdings darf man auch nicht vergessen, daß Poe in solchen Texten nach einer rudimentären Tiefenpsychologie erst *tastete*. Er ging nicht von einem geschlossenen Menschenbild aus, das er dann symbolisch einkleidete; eher läßt sich sagen, daß er experimentelle Explorationen in einen Bereich hinein vornahm, der weitgehend noch literarisches Neuland war — eine Art *Antarktis der Seele*.

Der Schluß der Erzählung weist starke Parallelen zu *The Tell-Tale Heart* auf. Am vierten Tag nach dem Totschlag betreten noch einmal Polizisten das Haus und steigen zum dritten oder vierten Mal in den Keller hinab. Die Selbstmaskerade des Täters scheint sich bestens zu bewähren: „My heart beat calmly as that of one who slumbers in innocence" (P 229), kein Anzeichen von etwas unterschwellig Unaufgelöstem tut sich kund. Die Polizisten sind zufrieden und wenden sich zum Gehen. Die Hybris des Täters, der, isoliert mit dem Bewußtsein seiner Tat, nach dem Wegfall seiner bisherigen (wenn auch verhaßten oder verachteten) Gesprächspartner es nicht ertragen kann, daß seine perfekte Restaurationsleistung nicht als solche erkannt und gewürdigt wird, ist hier nun deutlich bezeichnet: „The glee at my heart was too strong to be restrained. I burned to say if but one word, by way of triumph" — auch wenn dies vielleicht gerade nicht zu dem (an sich unsinnigen) Ziel führt, „to render doubly sure their assurance of my guiltlessness" (P 229). Er drückt seine Befriedigung darüber aus, ihre Verdächtigungen entkräftet zu haben, wünscht den Fortgehenden alles Gute und (offenbar nicht ohne Ressentiment) etwas mehr Höflichkeit, kann es also nicht lassen, noch jene paar Karten draufzusetzen, die sein Kartenhaus überlasten und zum Einsturz bringen könnten. Er schwatzt dummes Zeug, ohne zu merken, daß es in seinem bemüht lockeren Geschwätz genau um das Haus des Selbst geht, als dessen unumschränkter Herr er sich von den Vertretern des Gesetzes, des substanzialisierten Abstrakt-Allgemeinen, anerkannt & bestätigt sehen möchte, *um sich selbst als Herrn unter Herren anerkennen zu können*: Meine Herren, Sie wollen schon gehen? Übrigens, „'this is a very well-constructed house,' (in the rabid desire to say something easily, I scarcely knew what I uttered at all)", er weiß schon gar nicht mehr, was er da faselt, möchte einfach *leicht* wirken, *leicht redend, selbstredend* — „'I may say an *excellently* well-constructed house'", die Wände sind sehr solide gefügt — und dabei schlägt er in jenem Übermaß von „bravado", welches umkippt und selbstzerstörerisch wird, mit einem Stock genau auf die Stelle der Mauer, wohinter der aufrechtstehende

Leichnam seiner Frau sich befindet: „the wife of my bosom" darf hier vielleicht nicht nur als sarkastisch gewertet werden ('mein Herzensweib'), sondern auch als ein versteckter Hinweis, daß es sich um die Frau *in seiner eigenen Brust* handelt (mit einem Ausdruck Carl Jungs: um *seine Anima*), das Andere seiner selbst, *sein* eingemauertes Gefühl, damit auch die abservierte Liebe zu anderen und zu sich selbst; denn es ist ja *narzißtische Bestätigung*, die er in diesem Moment sucht, doch sie zu suchen, heißt eben, die Mauer abklopfen zu müssen, hinter der sich das befindet, was sie als Teil und Vorboten jenes 'glücklichen' Lebens, das er sich immerhin erhofft, und nicht bloß als Signum des Todes erweisen würde.

Die Folgen dieser Handlung sind für ihn verheerend: die Vergangenheit, auf die er seinen verlängerten Finger gelegt hat, indem er auf ihren Hohlraum pocht, *der er selbst ist*, öffnet die Pforten ihrer Hölle, *das Unbewußte spricht* — nicht als nachgeholter Seufzer, den die Frau, als sie erschlagen wurde, nicht mehr auszustoßen vermochte, auch nicht als ein Stolpern, ein sinnhaftes Intervenieren, sondern als „a cry, at first muffled and broken, like the sobbing of a child, and then quickly swelling into one long, loud, and continuous scream, utterly anomalous and inhuman — a howl — a wailing shriek, half of horror and half of triumph, such as might have arisen only out of hell, conjointly from the throats of the damned in their agony and of the demons that exult in the damnation" (P 230). Dieses anschwellende akustische Höllenspektakel, das hier so eindrucksvoll abgestuft gezeichnet wird, von *kindlichen Klagelauten* (denn alle Narben des Unbewußten gehen zurück auf solche im Kindesalter) bis zum dämonisch-unmenschlichen Geheul, worin die Seite *des Gequälten* und die *des Triumphierenden* zu einer Identität verschmolzen sind, in der beide Seiten noch ihren Unterschied erkennen lassen[220], im Sinne jener sadomasochistischen Selbstzerstörung, die zeigt, daß hier ein Mensch das ihm gesetzte Maß 'erfolgreich' überwunden und sich dadurch zerstört hat, ist eines *Maelström* würdig. Genaugenommen, ist dies

---

[220] Dies ist das, was Hegel die 'absolute' oder 'konkrete' Identität nennt, abstrakt gesprochen die Identität der Identität und der Nichtidentität, eine solche eben, in der der konstitutive Unterschied als Widerspruch aufbewahrt ('aufgehoben') ist. Die Wechselwirkung zwischen dem Negierenden und dem Negierten ist in diesem Fall die Bewegung zwischen dem Sadistisch-Aktiven und dem Masochistisch-Passiven, das Ganze ist selbsterzeugende Tätigkeit ('Negativität'), doch hier in ihrem auflösenden, selbstzerstörerischen Aspekt. Wer oder was sein ihm gesetztes Maß überschreitet, wird dem griechischen Mythos zufolge von Dike, der personifizierten universellen Gerechtigkeit, bestraft und zurechtgestutzt. Für Hegel geht im Übermaß, der Maßlosigkeit, das Maß jedoch mit sich selbst zusammen und sedimentiert sich zum Wesen, welches in der Identität, der Verschiedenheit und dem Gegensatz außer sich kommt und über den Widerspruch im Doppelsinn 'zu Grunde geht', d.h. aber zum wesentlichen und absoluten Verhältnis wird, das es innerhalb der Logik des Wesens über Substanzialität und Kausalität 'nur' bis zur Wechselwirkung bringt und dann in die Sphäre des *einzelnen Allgemeinen* übergeht, d.h. für Hegel des Begriffs. In psychologischer Anwendung ist es nicht schwer, mittels dieser logischen Struktur das die Persönlichkeit ebenso konstituierende wie auflösende Wirken eines *grund*-legenden Sadomasochismus zu interpretieren, welcher der *Realmöglichkeit* nach (die Hegel unter 'Wirklichkeit' behandelt) „*schaffende*" und „*zerstörende* Macht" zugleich ist: „Aber beides ist identisch, das Schaffen zerstörend, die Zerstörung schaffend" (Werke Bd.6, 220f., Hervorheb. v. Hegel). In welcher Konstellation sich dies aber bei einem Menschen im einzelnen *objektiviert* (immer noch in individualpsychologischer *Anwendung* gesprochen), unterliegt einer *Dialektik von Freiheit und Notwendigkeit* (Hegel läßt dabei die 'Freiheit' aus der 'absoluten Notwendigkeit' selber hervorgehen). Eine solche kann man im Verhalten der Protagonisten von *The Tell-Tale Heart*, *The Black Cat* und *The Imp of the Perverse* durchaus exemplarisch am Werke sehen.

die *dritte* 'Rückkehr' Plutos, des Herrn der Unterwelt, und es ist diejenige, mit der die *Rückkehr des Verdrängten* (Frau und Kater zusammen, der Kater *spricht* für beide!) wohl eine der verblüffendsten und brillantesten Darstellungen der Literaturgeschichte erhält (in einer insgesamt qualitativ nicht unanfechtbaren Geschichte).[221]

Als Reaktion darauf bleibt nur Sprachlosigkeit: „Of my own thoughts it is folly to speak." Das 'Sprechen' hat der Kater übernommen, der „with red extended mouth" auf der schon halbverwesten Leiche der Frau sitzend den Ausgräbern entgegenklagt & -faucht, als der Wall, jene Präzisionsarbeit des sprechenden Ich, von den Händen, für die er bestimmt war, eingerissen wird.[222] Das „solitary eye of fire", das dem vermeint-

---

[221] Man mag z.B. an eine Stelle bei Georg Groddeck denken, wo er „das Verdrängen die hauptsächliche Beschäftigung des Lebens" nennt: „Was verdrängt wird, ist nicht vernichtet, es bleibt da, ist nur in eine Ecke geschoben, aus der es eines Tages wieder hervorkommt, ist vielleicht nur aus seiner Lage gebracht, so daß es nicht mehr, vom Sonnenlicht beleuchtet, rot glänzt, sondern schwarz zu sein scheint" (Das Buch vom Es. Psychoanalytische Briefe an eine Freundin (1923), München o.J., 187).

[222] Die 'extremste' Deutung von *The Black Cat* ist wohl nach wie vor die freudianische von Marie Bonaparte: Der schwarze Kater sei „eine Totemdarstellung der Mutter des Dichters" (Edgar Poe. Eine psychoanalytische Studie, Bd.II, 386), ausgelöst durch den okkasionellen Eindruck der Hauskatze Catterina, welche Poes todkrank daniederliegende Frau Virginia zu wärmen pflegte, während Poe vor den unbewußten Versuchungen, die von Virginias Körper ausgingen (Erinnerung an die todkranke Mutter) in den Alkohol geflohen sei. Bereits in *Metzengerstein* hat Bonaparte die Erscheinung des riesigen Pferdes als Totemdarstellung der Mutter gewertet („die symbolischen 'Pferde' und die 'Jagd', die im Unbewußten Frauen und den Ritt bedeuten", 102) — da zeigt sich deutlich der *Kontingenzspielraum* solcher Symbolzuordnungen, tritt doch in Freuds berühmter Deutung der Phobie des kleinen Hans von 1909 das Pferd als *Vatersymbol* auf; Groddeck hingegen sagt 1923 wie zehn Jahre später Bonaparte, daß „die Identifikation von Pferd und Weib tief im Unbewußten alles Denkens steckt" (Das Buch vom Es, 194). Bonaparte vertritt die These, das Pferd *solle* zwar „für Poe den gehaßten Feind (Vater) darstellen, der den (Sohn) mit sich hinabzieht, der ihn getötet hat" (a.a.O., 108), doch in Wahrheit sei es, was Poe verborgen bleibe, „eine Mutter-Imago, diesmal nach dem primitiven Schema des Totemtiers, einem Schema, das im Unbewußten brauchbar erhalten geblieben ist" (104). Erich Fromm hat 1966 darauf hingewiesen, daß für Hans die Mutter ein mindestens ebenso großes Problem darstelle wie der Vater (siehe in: Fromm, Schriften über Sigmund Freud (ed. R.Funk), Stuttgart 1988, 145-59); Aron Ronald Bodenheimer (Warum? Von der Obszönität des Fragens, Stuttgart 1995), legt den Finger zu Recht auf die in der ausforschenden Rede von Hans' Vater (den Freud, allemal anfechtbar, die Analyse durchführen ließ) sich manifestierende Gewalt und moniert: „Ob Hans an den Vater gedacht hat, als das Pferd gefallen ist, läßt sich nicht ausmachen; aber mit Gewißheit ist zu sagen, daß danach jedes fallende Pferd ein Vater geworden ist — mit allen Konsequenzen, die sich daraus ergeben" (227; ich danke Nicolai Fanin für den Hinweis, denn analoge Vorbehalte sind auch angebracht gegenüber meiner Interpretation von Jim Morrisons *Horse Latitudes*, vgl. Pfeile gegen die Sonne, 143-60; dort könnte man sagen, daß die Gedankenwelt von Freud-Leser Morrison, wie auch andere Gedichtstellen nahelegen, beim Pferd wohl zur Vatersymbolik tendiert, daß aber ja, wie ich dort auch herausarbeite, die Mutter für ihn mindestens ebenso problematisch ist wie der Vater, wodurch sich schon mindestens eine Doppelwertigkeit ergibt). Zu *The Black Cat* nun sagt Bonaparte: „Unsere Leser werden vielleicht finden, daß unsere Identifizierung der Mutter mit einer männlichen Katze zu gezwungen ist" (a.a.O., 387). Dagegen werden alltagssprachliche Umschreibungen des weiblichen Geschlechtsteils als 'Katze', Poes ausdrückliche Hexenkonnotationen u.a. aufgeboten. Inakzeptabel, daß die Autorin völlig unkritisch dem Freudschen Männlichkeitsdogmatismus folgt, die Frau als das „verstümmelte", kastrierte Geschöpf zu betrachten — darauf basiert ihre These, sowohl das Erhängen des Katers als auch das aufrechte Einmauern des Körpers der getöteten Frau seien als imaginäre Rephallisierungen der Mutter zu verstehen. Wenn sie vorschlägt, am Schluß das weitgeöffnete Maul des schreienden Tieres als die von Kastrationsängsten eingegebene Phantasie der *vagina dentata* zu deuten, unterschlägt sie wie in *Loss of Breath* den Problemkreis *Sprechen — Schreien —*

lichen Herrn entgegenleuchtet, ähnelt hier stark dem „Evil Eye" des Alten aus *The Tell-Tale Heart* (ebenso entspricht die leere Augenhöhle der beiden Kater dem 'blicklosen Blick' des Totenschädels in *The Sphinx* und *The Masque of the Red Death* oder dem lebendigen Blick des Toten in *Shadow*). Und in der Tat werden plötzlich Gott und Teufel bemüht („But may God shield and deliver me from the fangs of the Arch-Fiend!", P 230), von denen schon lange nicht mehr die Rede war: Immerhin nahm das Erhängen Plutos den Charakter einer Herausforderung des allessehenden Gottes an, als der Protagonist meinte, damit eine Todsünde zu begehen, die seine unsterbliche Seele gefährden müßte, falls möglich „even beyond the reach of the infinite mercy of the Most Merciful and Most Terrible God" (P 225). Nichts dergleichen nach der Ermordung der Frau. Und zweifelsfrei hat der Wortführer es ihr übelgenommen, daß der neue Kater so rasch ihr Liebling wurde („When it reached the house it domesticated itself at once, and became immediately a great favorite with my wife", P 226). Kein Zufall, daß sie den Hieb gegen den Kater abzuwehren versuchte; kein Zufall, daß ihr Mann darauf *doppelt wütend* reagierte; kein Zufall auch, daß nun 'hinter der Mauer' beide vereint sind. Mit dem Unbewußten verkracht man sich nicht, ohne es mit dem Gefühl zu verderben, und der Weg 'nach Hause' führt über beide. Das der Verwesung überantwortete Gewesene gehört zum eigenen Wesen — ohne trauernde ErInnerung, d.h. Introjektion des ehemals mit Objektliebe Bedachten ist jenes Wesen selbst der Verrottung anheimgegeben.[223] Das Aufschreien des Katers erfolgt *auch* im Namen der Toten, aber keineswegs *nur* in ihrem Namen, da darf dem Kater schon ein gewisser Egoismus unterstellt werden (das Es, als Teil des 'Hauses des Selbst', ist auf sich selbst gerichtet, auf seine eigene 'Lust', hat bzw. *ist* eigene komplexe Selbstreferenzialität, wenn auch kein Selbst mit eingebauter Idealfunktion so wie der Gesamt-Mensch). Das Es ist trickreich im Irreführen und im Offenlegen. Doch daß der Täter nun, sich selbst zur Marionette stilisierend, vom „hideous beast" spricht, „whose craft had seduced me into murder, and whose informing voice had consigned me to the hangman" (P 230), ist billige Rationalisierung, vergleichbar dem Ammoniakfleck an der einzigen stehengebliebenen Mauer, der signalisierte, daß weder Fleckenwasser noch Mörtel verhindern würden, dem EinDruck des erhängten Einaugs in jedem 'neuen Haus' wiederzubegegnen. Nicht einmal 'von selbst' hat der Kater den Mund aufgemacht, sondern weil sein 'Herr' darauf pochte. Die Schlaufen und Alibis von Rationalisierung: diversifiziert, mal 'wissenschaftlich', mal 'rechtgläubig', mal 'okkultistisch'. Insofern hat der Erzähler nichts dazugelernt — aber er fordert uns ja auf, an seiner Stelle die Phantasmen aufs Gewöhnliche zurückzuführen.

Sprache. Unhaltbar sind die allzu große Sicherheit, mit der sie erkannt zu haben glaubt, warum Poe *The Black Cat* schreiben „mußte" (391), und die glatte Selbstimmunisierung, mit der jeder Zweifel an dieser Deutung als Abwehrhaltung zurückgewiesen wird (vgl. 412).

[223] Facetten der ebenso harten wie realistischen Lacanschen Insistenz, daß „die Liebe eine Form des Selbstmords" sei (Freuds technische Schriften, 193)...

8 / Der Drang zur Selbstzerstörung: *The Imp of the Perverse*

Schon in *The Black Cat* war vom „spirit of PERVERSENESS" die Rede (P 225, Großschreibung von Poe), als einem bisher von der Philosophie vernachlässigten, unterschätzten Antrieb menschlichen Verhaltens, der nicht auf andere zurückführbar sei und dem menschlichen Charakter *Richtung* gebe: „Of this spirit philosophy takes no account. Yet I am not more sure that my soul lives, than I am that perverseness is one of the primitive impulses of the human heart — one of the indivisible primary faculties, or sentiments, which give direction to the character of Man." Ein *Vermögen*, eine *Empfindung*, ein *Urantrieb*: 'Vermögenstheoretische' Redeweisen hatten sich seit John Lockes Untersuchung der Quellen der Erkenntnis (er unterschied zwei: *sensation* und *reflection*) eingebürgert[224], erst recht dann durch Kants Versuch, den Streit zwischen Lockes Empirismus und Leibniz' Rationalismus durch eine transzendental-kritische Analyse der menschlichen Erkenntniskräfte zu schlichten; Kant sprach dabei von 'Vermögen des Gemütes'.[225] Das großgeschriebene „Man" scheint darauf hinzudeuten, daß es Poe hier um eine *anthropologische* Bestimmung geht, um etwas, das für den Menschen als solchen konstitutiv ist und zugleich das Verhalten des Individuums *ausrichtet* und formt. Wenn nun jeder den entsprechenden Antrieb in sich selbst vorfinden kann, so darum, weil er die betreffenden Impulse *empfindet* — Freud definierte später den 'Trieb' als „die psychische Repräsentanz einer kontinuierlich fließenden, innersomatischen Reizquelle"[226], und im „sentiment" scheint für Poe der „impulse" und damit auch die „faculty" der Introspektion des Einzelnen zugänglich und für die weitere Reflexion sozusagen *repräsentiert* (obzwar die Empfindung sich *zunächst* als etwas Unmittelbares darstellt, erweist sie sich als durch einen

---

[224] Vgl. Locke, An Essay Concerning Human Understanding (1690), dt. Über den menschlichen Verstand (Übers. C.Winckler), Hamburg 1976
[225] Vgl. Immanuel Kant, Kritik der reinen Vernunft (1781 (A) bzw. 1787 (B); ed. R.Schmidt), Hamburg 1956. 'Gemüt' bezeichnet bei Kant, da er den schon allzu verdinglichten Begriff 'Seele' nicht überstrapazieren möchte, so etwas wie die Totalität aller psychischen Vermögen und Erkenntnisvermögen. Dadurch, daß die Hauptfrage immer bleibe, „was und wie viel kann Verstand und Vernunft frei von aller Erfahrung, erkennen und nicht, wie ist das Vermögen zu denken selbst möglich" (Vorrede zur 1.Aufl., A XVII), muß Vernunft eine „Kritik ihres eigenen Vermögens" leisten (Vorrede zur 2.Aufl., B XXXV), was möglich ist durch eine ursprüngliche synthetische Einheit des Selbstbewußtseins. Von diesem obersten transzendentalen (d.h. die Bedingungen der Möglichkeit der Erfahrung betreffenden) Prinzip (das zugleich eine oberste Verstandesfunktion und in vielen Formulierungen Kants auch so etwas wie ein psychologisches Faktum darstellt), unterscheidet er scharf das *empirische* Selbstbewußtsein: „Der innere Sinn, vermittelst dessen das Gemüt sich selbst anschaut, gibt zwar keine Anschauung von der Seele selbst, als einem Objekt", er ist aber die Form der *zeitlichen* Anschauung und Vorstellung (B 37), als „die Art, wie das Gemüt durch eigene Tätigkeit, (...) mithin durch sich selbst affiziert wird" (B 67f.). Unsere Erkenntnis, so Kant, „entspringt aus zwei Grundquellen des Gemüts", der „Rezeptivität der Eindrücke" und der „Spontaneität der Begriffe" (B 74).
[226] Sigmund Freud, Drei Abhandlungen zur Sexualtheorie (1904–05), in: drs., Drei Abhandlungen zur Sexualtheorie und verwandte Schriften (ed. A.Mitscherlich, 1977), Frankfurt/M. 1981, 43; Freud versteht so 'Trieb' im Unterschied zu 'Reiz', „der durch vereinzelte und von außen kommende Regungen hergestellt wird" (ebd.).

Bedingungszusammenhang vermittelt, auf den die Reflexion sie selbst vermittelnd-vermittelt zurückbezieht). Poe flicht in den Handlungsverlauf von *The Black Cat* nur sehr knappe Bemerkungen zu diesem komplexen Thema ein, aber deutlich wird, daß er an die Erfahrung eines jeden einzelnen appelliert: „Who has not, a hundred times, found himself committing a vile or a stupid action, for no other reason than because he knows he should *not*? Have we not a perpetual inclination, in the teeth of our best judgment, to violate that which is *Law*, merely because we understand it to be such?" (P 225 a). *Weil* das Gesetz, die Regel besteht, entsteht der Reiz bzw. Wunsch, die aufgestellte Schranke zu übertreten. Es ist etwas in uns, das nur sich selbst will, selbst Gesetz sein und sich nichts sagen lassen will, vielmehr, wie der sprichwörtliche Versucher, uns selbst zu bereden versucht, vom 'vorgeschriebenen' Pfad abzuweichen. Nicht nur das äußerlich aufgedrückte Normative, auch die eigene 'bessere Einsicht' steht diesem „spirit of perverseness" im Wege, dieser Antrieb anerkennt weder das moralisch Gute noch das für die Person selbst Angenehme oder Nützliche: „It was this unfathomable longing of the soul *to vex itself* — to offer violence to its own nature — to do wrong for the wrong's sake only" (Hervorheb. wiederum von Poe). Dieses unergründliche psychische Verlangen wird von Poe also schon in *The Black Cat* ausdrücklich als selbstquälerisch bezeichnet, die Seele bedroht und attackiert damit sich selbst, ihre eigene Natur (der Protagonist versucht so das Erhängen des Katers Pluto zu erklären, wobei ihm klar ist, daß diese Rückführung auf *Unerklärliches* verweist; er sagt ja auch, daß er die geschilderten Geschehnisse weder erklären könne noch dies versuchen wolle).

In *The Imp of the Perverse* (erstveröffentlicht im Juli 1845) wird das Verhältnis von Erzählung und Reflexion nachdrücklich umgekehrt: der reflektierende Abschnitt ist keine bloße Einleitung, sondern umfaßt zwei Drittel des Gesamttextes; die anschließende Erzählung erscheint bloß angehängt, zum Fallbeispiel depotenziert. Es scheint tatsächlich am sinnvollsten, in diesem Poe-Text das Wirken des *imp* durch vier Beispiele veranschaulicht zu sehen, von denen jedes ausführlicher und intensiver gestaltet ist als das vorige — die 'eigentliche Erzählung', die nur ein Drittel des Textes umfaßt, bildet in dieser Kette das abschließende Glied, ist also *keine* eigentliche Erzählung. Andernfalls müßte man den Text zweifellos als arg verkomponiert werten. *The Imp of the Perverse* ist somit ein formales Experiment, *ein Zwitter aus Essay und integrierter Erzählung*. Unbefriedigend bleibt daran, daß der Ich-Erzähler den 'Essay' voranschickt und ihn dann zur bloßen Rationalisierung abzuwerten scheint, indem er ihm nur die Funktion zuweist, to „assign to you something that shall have at least the faint aspect of a cause for my wearing these fetters, and for my tenanting this cell of the condemned" (P 283). Damit wird das tatsächliche Verhältnis umgekehrt (sozusagen *pervertiert*): nicht die Erzählung erscheint so als integratives Moment des Essays, sondern der Essay als Teil der Erzählung. Es ist schwer zu sagen, ob man dies als absichtliche Ironie Poes werten darf, oder ob der Text einfach nicht die optimale Form fand und somit *im fragwürdigen Sinne* 'experimentell' blieb. War es schon etwas merkwürdig, den Erzähler von *The Black Cat* über die Nichtbeachtung bestimmter menschlicher Antriebe durch die Philosophie räsonieren zu hören, so muß es erst recht seltsam anmuten, wenn nun der Mörder in *The Imp of the Perverse* (über den persönlich so gut wie nichts verlautet) lange geistesgeschichtliche und psychologische Überlegungen anstellt. Die Umständlichkeit und Merkwürdigkeit der Komposition ist auch nicht das einzige, was heutige Leser irritieren mag: Es wird auf theoretische Ansätze eingegangen, die damals viel diskutiert wurden, heute aber nur noch kurios wirken (die Phrenologie oder Schädellehre, deren Kritik Hegel in der *Phänomenologie des Geistes* einen aus heutiger Sicht ebenfalls erstaunlich breiten Raum widmete). Und drittens ist, nicht zuletzt aufgrund der Komposition, nicht ganz klar, was ernstgemeint ist und was nicht. Das ändert aber nichts daran, daß dieser Text von größter Bedeutung ist nicht nur für Poes *implizite* Anthropologie und Psychologie, sondern auch als Vorarbeit zur Psychoanalyse vor allem des 'späten' Freud, seinem oft als skandalös pessimistisch empfundenen Modell einer konfliktvollen Dualität von *Lebens-* und sogenannten *Todestrieben*.

Daß bittere Ironie mit im Spiel ist, zeigt schon der Ausdruck *imp*, was soviel bedeutet wie *Alb, Teufelchen, Kobold*. Da man heute geneigt ist, *perverseness* in einem einseitig psychopathologischen Sinne, vor allem im Sinne *sexueller* 'Perversion' zu verstehen — was falsch wäre — ist 'Der Alb der Verkehrtheit' (Gisela Etzel / Fritz Levi[227]) oder 'Der Verkehrtheitsteufel' (Helmut T. Heinrich[228]) eine treffendere Übersetzung als 'Der Alb der Persersheit' (Hans Wollschläger[229]). Völlig irreführend, da auf einen moralisch-ethischen Kontext reduzierend, ist 'Der Geist des Bösen' (Hedda Eulenberg[230]).
Diejenige 'Vernunftkritik', die Poe in den ersten Sätzen dieses Textes andeutet, richtet sich gegen eine *Überschätzung* der menschlichen Vernunft, ihren Dünkel. „In the pure arrogance of the reason" haben Schädelforscher, Ethiker, wir alle jenen Antrieb, um den es hier geht, übersehen („we have all overlooked it", P 280). Wie schon in *The Black Cat*, wird er als *faculty, impulse & sentiment* charakterisiert, zusätzlich nun auch als *propensity*, dies alles ist offensichtlich genau überlegt: das Vermögen äußert sich als Impuls, dieser Impuls wird wahrgenommen als Empfindung (*sentiment*) und Neigung (*propensity;* Neigung, etwas Bestimmtes zu tun bzw. nicht zu tun, oder zu bevorzugen; Präferenz). Es geht um einen der „*prima mobilia* of the human soul", und die Empfindung, die dieser Urantrieb hervorbringt, ist „radical, primitive, irreducible", ihr (und damit dem entsprechenden Urantrieb) muß eine gesonderte, eigenständige Existenz eingeräumt werden („obviously" deutet, psychologisch und — darauf aufbauend — wahrheitstheoretisch gesprochen, auf *Evidenz*: die betreffende Wahrnehmung ist klar und distinkt). Warum ist dieser Urantrieb in seinem Status, der ihm gebührt, nicht anerkannt worden, warum haben wir 'zugelassen', daß er unseren Sinnen, die ihn doch wahrnehmen, entging? Poe nennt drei Gründe, die genau besehen miteinander zusammenhängen: Erstens, wir wollten es nicht wahrhaben, weil wir uns unseren *Glauben* — sei es nun christlicher Offenbarungsglaube oder ein Vertrauen in die Kabbala — bewahren wollten (die Übersetzung von Hans Wollschläger ist hier ausnahmsweise falsch: „solely through want of belief — of faith" bedeutet

---

[227] In: E.A.Poe, Aus den Tiefen der Seele, ed. & Nachwort Fritz Levi, Wiesbaden o.J.
[228] In: E.A.Poe, Erzählungen, ed. F.Baadke, Nachwort Günter Kunert (1974), Berlin 5.Aufl. 1984
[229] In Bd.4 von: E.A.Poe, Das gesamte Werk in zehn Bänden, ed. Schumann / Müller
[230] In: E.A.Poe, Erzählungen in 2 Bdn. Mit den Zeichnungen von Alfred Kubin, München 1965

nicht „einzig weil wir des Glaubens, des Vertrauens ermangeln", sondern: weil wir gern glauben wollten, uns unseren Glauben erhalten wollten). Zweitens, wir sahen keinen Sinn, keinen Zweck, keine zwingende Notwendigkeit in einem solchen Impuls, einer solchen Neigung („We saw no *need* of the impulse — for the propensity. We could not perceive its necessity", P 280 a). Dummerweise sind wir gewohnt, Gott Vorschriften zu machen („to dictate purposes to God"), indem wir voraussetzen, er habe uns mit allem ausgerüstet, was für uns gut & nützlich ist — dieser Urantrieb aber scheint für uns eben weder gut noch nützlich zu sein. Das hängt eben damit zusammen, daß wir uns eine verquere, idiotische Art von 'Vertrauen' bewahren wollen. Und es führt nun auch zu einer falschen Anwendung der *deduktiven Methode*, wie Poe am Beispiel der Phrenologen zeigt: Weil Gott eine bestimmte Fähigkeit des Menschen für gut befunden habe, wird aus dieser Fähigkeit ihr Vorkommen in der menschlichen Seele — in der Konstruktion der Phrenologen: ein Ort im Schädel, der ihr zugeordnet wird — a priori deduziert. Es wird also aus den Ratschlüssen Gottes das abgeleitet, was 'man' selber in sie hineingegeistert hat — in dem Vertrauen, daß Gott dieses Geistern selbst offenbart und damit gerechtfertigt habe. Wenn aber Offenbarungsglaube (wie tendenziell noch bei Hegel der Fall, wenn die Geschichte für ihn Theodizeecharakter hat!) kein tragfähiges wissenschaftliches Fundament abgibt, kann man, so Poe, nur einen radikalen Wechsel der Methode, von der deduktiven zur induktiven, empfehlen: „Induction, *a posteriori*, would have brought phrenology to admit, as an innate and primitive principle of human action, a paradoxical something, which we may call *perverseness*, for want of a more characteristic term" (P 281 a). Dann würde, so darf man Poe wohl verstehen, eben von jenen elementaren Empfindungen ausgegangen, ohne sie sogleich einer moralisch-ethischen, teleologischen und theologischen Bewertung zu unterziehen; von dem „radical, primitive, irreducible sentiment" (P 280) würde durch Verallgemeinerung auf einen ebensolchen Impuls und ein entsprechendes Vermögen rückgeschlossen: „It is a radical, a primitive impulse — elementary" (P 281).

Mindestens dreierlei fällt hier auf. *Erstens* kritisiert Poe gar nicht die Phrenologie als solche, sondern nur ihr methodisches Vorgehen; durch dieses, aber keineswegs generell ist sie für ihn eine Pseudowissenschaft. Bereits im März 1836 im SOUTHERN LITERARY MESSENGER hatte er eine erstaunlich zurückhaltende und wenig kritische Rezension zu einem Buch von einer Frau L.Miles geschrieben, dessen voller Titel lautete: *Phrenology, and the Moral Influence of Phrenology. Arranged for General Study, and the Purposes of Education, from the First Published Works of Gall and Spurzheim, to the Latest Discoveries of the Present Period.*[231] Bei dem Buch soll es sich in erster Linie um eine Zusammenstellung der Schriften der beiden Begründer der Schädellehre, Franz Joseph Gall (1758-1828) und Johan Caspar Spurzheim (1776-1832), handeln; sie sind offenbar jene „precedessors", deren Verfahren „the Spurzheimites", die Spurzheimianer, wie Poe in *The Imp of the Perverse* kritisiert, im Prinzip gefolgt seien (P 280). Die genannte Rezension erkennt der Phrenologie zu, sie habe die Würde einer Wissenschaft erlangt, die nicht länger verlacht wer-

---

[231] Siehe in der 10-bänd. dt. Übers. Bd.6, 94-98, sowie die Anm. der Hrsg. in Bd.8, 777f.; Bd.2, 1008

den solle und von Leuten mit gesundem Menschenverstand auch nicht mehr verlacht werde. Nur die Klassifizierung jener 'instinktiven Neigungen und Empfindungen' einerseits (da haben wir die Rede von *propensities* und *sentiments*!) und 'geistigen Anlagen' andererseits (vgl. *faculties*), die aus heutiger Sicht im einzelnen nur grotesk wirkt, da sie völlig kultur- und sprachabhängig ist und überdies völlig willkürlich verfährt, wird mit dem Hinweis kritisiert, „daß der bloßen Übersichtlichkeit zuliebe Gesichtspunkte von grundlegender Bedeutung für diese Wissenschaft geopfert wurden"[232]; hingegen wird z.B. der Blödsinn, daß Idiotie unabweichlich die Folge eines zu kleinen Gehirns sei, unwidersprochen hingenommen.[233]

Poe fällt damit weit hinter den kritischen Standpunkt zurück, den Hegel bereits 1806, also fast vierzig Jahre zuvor, in der *Phänomenologie des Geistes* eingenommen hatte.[234] Ein Blick auf den dortigen Abschnitt *Beobachtung der Beziehung des Bewußtseins auf seine unmittelbare Wirklichkeit; Physiognomik und Schädellehre* ist zum Vergleich erhellend: „Das *wahre Sein* des Menschen", sagt Hegel, ist „*seine Tat*; in ihr ist die Individualität *wirklich*" (242). Dies entspricht ganz dem Motto 'Identität ist Negativität'[235], denn letztere bezeichnet die lebendige Bewegung der Selbstkonkretisierung und Selbstabstraktion, des Sichauflösens und Sichneuschaffens, kurz: „durch seine Tätigkeit sich selbst hervor(zu)bringen" (261). „Sprache und Arbeit" sind entsprechend die beiden Bereiche, in denen ein Individuum sein Inneres 'wirklich' preisgibt und äußert (235). In der Astrologie, Physiognomie und Schädellehre hingegen wird nur Äußeres auf Äußeres bezogen. „Der Schädelknochen ist kein Organ der Tätigkeit, noch auch eine sprechende Bewegung" (251), er ist nur das *Totenhaupt*, der *Knorren*, und je „elender die Vorstellung von dem Geiste ist", desto leichter fällt es, bestimmte 'ruhende Schädelstellen' zu bestimmten unbegriffenen Geisteseigenschaften in Beziehung zu bringen (252); „es ist dem hohen Knorren ebenso gleichgültig, ob ein Mörder in seiner Nachbarschaft, als dem Mörder, ob die Plattheit in seiner Nähe ist" (253). Die „Schmählichkeit des begrifflosen nackten Gedankens, für die Wirklichkeit des Selbstbewußtseins einen Knochen zu nehmen" (261), inspiriert Hegel zu herrlichen Stellen, wenn er z.B. vom „Diebs-Mörders-Dichters-Kopf-Kitzel" spricht (252), um zu illustrieren, wie die Unbestimmtheit des Gefühls zu dümmlichen Abstraktionen Anlaß geben kann, wenn jene *Selbstbestimmung unter dialektischer Aufhebung der Fremdbestimmtheit* (also kein abstrakter Freiheitsdusel, sondern Beisichsein-im-Anderen-seiner-selbst) nicht berücksichtigt wird, die erst das entwickelte Selbstbewußtsein zu denken erlaubt. „Der Mensch ist frei; es wird zugegeben, daß das *ursprüngliche* Sein nur *Anlagen* sind, über welche er viel vermag oder welche günstiger Umstände bedürfen, um entwickelt zu werden" (255); ein Knochen hingegen ist für den Menschen „nichts *an sich*, viel weniger seine wahre Wirklichkeit" (257), er ist keine entwickelbare Anlage, sondern äußerliche Pseudo-Unmittelbarkeit. — Es

---

[232] Bd.6, 96
[233] Dies entspricht fatal Poes Tendenz, im 'Neger' aufgrund von Äußerlichkeiten einen Menschen zweiter Klasse zu sehen.
[234] Die im folgenden im Text erscheinenden Seitenzahlen beziehen sich somit auf: Hegel, Werke Bd.3, 233–62
[235] Welches Hegel in der *Wissenschaft der Logik*, vor allem der *Lehre vom Wesen*, ausgeführt hat. Vgl. dazu Hinweise weiter unten in diesem Kap. sowie in Kap.XII u. in Anhang II

fällt nicht schwer, zu vermuten, daß Poes Wertschätzung der Schädellehre nicht zuletzt seinem *Totenkult* entspringt, für den der Schädel ein narzißtisch besetztes Symbol ist, dem das Lebendige unterstellt wird.

Zweitens ist klar, daß der *Rekurs auf Elementarerlebnisse* sich in jene für den Positivismus typische Problematik unkritischer Ansetzung eines vermeintlich 'einfachen Unmittelbaren' begibt, die (so viel man auch bezüglich überzogenen Vernunftvertrauens gegen ihn sagen könnte) ebenfalls bereits von Hegel sehr facettenreich kritisiert wurde: der internen *Vermitteltheit* solcher 'Unmittelbarkeit' muß nachgegangen werden. Dazu gehört, *drittens*, auch die sprachkritische Auflösung *derjenigen* 'Paradoxien', die sich nur vorübergehend aufgrund der Äquivokation (Mehrfachbedeutung) von Prädikaten ergeben: „In the sense I intend, it is, in fact, a *mobile* without motive, a motive not *motiviert*" (P 281 a); eine gerichtete Aktivität ohne 'vernünftiges Ziel', *insofern* 'sinnlose' Aktivität, ist immer noch gerichtet (*intentional,* wenn auch nicht *bewußt*) und hat insofern ihren eigenen 'Sinn'. Poe versucht denn auch die „contradiction in terms", die jemand darin sehen könnte, daß hier von einem nicht ziel- oder zweckgerichteten Handeln gesprochen wird, so aufzulösen, daß durch das Wirken jenes Antriebs „we act, for the reason that we should *not*. In theory, no reason can be more unreasonable; but, in fact, there is none more strong. With certain minds, under certain conditions, it becomes absolutely irresistible" (P 281). Wenn der Grund (*reason*) für solch unvernünftiges (*unreasonable*) Handeln, darin besteht, daß wir gerade darum so handeln, weil wir wissen, daß wir es nicht sollten, so ist damit immerhin klargestellt, daß Vernunft (*reason*) eben keineswegs immer unsere Gründe (*reasons*), zu handeln, bestimmt; der zureichende Handlungsgrund ist unter Umständen gerade das Unvernünftige, Regelmißachtende und Zerstörerische solchen Tuns. Gerade auch das Selbstzerstörerische, in 'bewußter' Verwerfung jenes Lebensdienlichen, der Selbsterhaltung Dienenden, das die Phrenologen als vermeintlichen Willen Gottes obenanstellen: „in the case of that something which I turn *perverseness*, the desire to be well is not only not aroused, but a strongly antagonistical sentiment exists" (P 281 a). Es hat darum auch nichts mit jener lebensdienlichen Kampfeslust („combativeness") zu tun, jener konstruktiven Aggressivität, die bei den Phrenologen eindeutig im Dienste der Selbsterhaltung (z.B. als Selbstverteidigung) steht. Diese Formulierungen sind interessant, denn ähnliche Überlegungen brachten Freud dazu, von Lebens- und Todestrieben im Sinne eines letztlich unaufhebbaren *Antagonismus* zu sprechen (beide durchdringen einander zwar ständig konkret, sind aber nicht 'versöhnbar'), und eben der Ausdruck *antagonistical* wird hier ja von Poe verwendet.

Natürlich ist es kaum möglich, in einem solchen Zwittergebilde von Text ein so komplexes Thema mit dem psychologisch und philosophisch gebotenen Differenzierungsreichtum abzuhandeln, und das ist auch gar nicht Poes Absicht. Er bringt darum nunmehr einige konkrete Beispiele, und wie bereits erwähnt, läßt sich auch die abschließende 'Erzählung' als *Fallbeispiel* verstehen.
Das erste Beispiel hat, wie auch das vierte, mit *Sprechen* zu tun. Es gebe wohl niemanden, der nicht zu zeiten von einem intensiven Verlangen geplagt werde, „to tantalize a listener by circumlocution." Dies ist insofern ironisch, als es sich auf genau

das beziehen läßt, was der Sprecher, insofern man von ihm eine Erzählung erwartet, hier in Gestalt einer überlangen und umständlichen Einleitung gerade tut: er quält durch umständliches und ausschweifendes Reden. Bemerkenswert, daß er ein eigenes Gequältwerden (*to be tormented*) quasi weitergibt, indem er andere quält (*to tantalize*), und sich mit den Folgen des Unwillens, den er erregt, wiederum selbst schadet, zu seinem eigenen Bedauern und Verdruß („to the deep regret and mortification of the speaker", P 281f.) — eine Art in sich zurücklaufender sadomasochistischer Zirkel, wenn auch hier an einem eher harmlosen Beispiel ausgeführt. Der Drang, gerade den Unwillen zu erregen, den man befürchtet, scheint hier einerseits etwas bloß Experimentelles, Spielerisch-Boshaftes zu haben ('Mal sehen, was passieren wird'), doch das *Zwanghafte*, und daß man ja *weiß*, was passieren wird (man wird nämlich Unwillen erregen und sich selbst schaden), bringen die selbstquälerische Dimension hinein. Dabei ist der Drang, etwas, das man auch viel kürzer sagen könnte, breit und vermeintlich glänzend auszuwalzen und dadurch zu 'nerven', zweifellos nur *einer* von zahlreichen sadistischen Aspekten von Kommunikation, die hier eingebracht werden könnten: Arroganz, Sarkasmus, beleidigende Irreführung, aber auch verletzende Offenheit, plumpe Aufdringlichkeit oder verweigerndes Sichentziehen, die Vorspiegelung einer Selbst-Maske, die auf Dauer nicht aufrechtzuerhalten sein wird, und vieles andere mag dem Leser hierzu einfallen. Das 'Verfolgtwerden' von einem „single thought" wird im vierten Beispiel wiederaufgenommen und verschärft werden. Hier klingt die Steigerung „The impulse increases to a wish, the wish to a desire, the desire to an uncontrollable longing" (P 281) noch ironisch und rhetorisch, im Sinne der soeben kritisierten Umständlichkeit.

Das zweite Beispiel handelt vom Nichtvollziehen eines Werkes oder einer Handlung, die dringend vollzogen werden muß, aber (trotz Eifer und glühender Begierde, wie es heißt) aufgeschoben wird, bis es zu spät ist. Bloße Bequemlichkeit oder Faulheit ist es nicht. Poe spricht von einem Konflikt in uns, „of the definite with the indefinite — of the substance with the shadow" (P 282) — das Unbestimmte, das Schattenhafte behält die Oberhand. Der Geist, der uns niederdrückt (wie den Zauderer Hamlet) verschwindet erst und gibt der alten Tatkraft Raum, als die Chance dahin und die Frist abgelaufen ist. Man mag hier eine Tendenz am Werke sehen, etwas, das einem sehr wichtig ist, darum kaputtzumachen, weil es in der Imagination einen *allzu hohen* Stellenwert einnimmt, und jede etwaige Realisierung, die notgedrungen mit der Profanität des Unvollkommenen behaftet wäre, das Imaginäre beleidigen würde. Der AnSpruch, etwas entweder vollkommen oder gar nicht machen zu wollen, hätte in diesem Fall die zweite Möglichkeit gewählt, doch dies vor sich einzugestehen, könnte bedeuten, das Minderwertigkeitsgefühl, das dadurch vermieden werden sollte, daß man im Bereich des 'nur' Imaginären verblieb, durch das vollzogene 'Gar nicht' noch stärker zu bestätigen, als dies durch die zu befürchtende Mängelbehaftetheit des Realisierten der Fall gewesen wäre. Wer sich im Imaginären *einschließt*, verhungert im Konflikt mit dem siegenden Schatten — diese Deutung würde zwanglos zu *Shadow* und *Masque of the Red Death* zurückführen. Der Drang, etwas Wichtiges aus Angst gar nicht erst zu versuchen, wäre mit Recht als selbstquälerisch bezeichnet, denn wer dem Verletztwerden durch das Reale auszuweichen versucht, wird ebenfalls oder erst recht verletzt werden. Mindestens so sehr wie beim ersten Beispiel wird die Interpretation hier dem Leser überlassen, es wird emotionell an etwas allgemein Bekanntes appelliert, doch dabei wird nur angeschnitten und nicht weiter ausgeführt. Dergestalt Ange-SCHNITTenes soll beim Leser alte Wunden aufreißen und neu zum Bluten bringen, Heilung kann nicht versprochen werden.

Schon gar nicht, wenn nun provozierend im dritten Beispiel die Tendenz, das Unheil zu wählen, als unter gewissen Umständen (hier bleibt immerhin ein unbestimmter Spielraum) absolut unwiderstehlich hingestellt wird. Das *Angezogenwerden vom Abgrund* geht von allen vier Beispielen am weitesten in Richtung Abstraktion, „this rushing annihilation" (P 282) geht über die konkrete Szenerie hinaus und läßt sich auf alle Beispiele anwenden. „We stand upon the brink of a precipice. We peer into the abyss — we grow sick and dizzy." Reflexhaft meldet sich der Selbsterhaltungstrieb in Anbetracht der Gefahr. Doch Übelkeit und Schaudern werden hinübergesogen in das, was oben als das 'Unbestimmte', 'Schattenhafte' charakterisiert wurde, „become merged in a cloud of unnamable feeling." Erneut fordert Poe indirekt dazu auf, das Gefühl zu bestimmen und zu benennen, und weist diesen Versuch zugleich als unsinnig zurück. So hieß es oben: Warum das Ausweichen vor dem, was getan werden muß, warum der Aufschub? „There is no answer, except that we feel *perverse*, using the word with no comprehension of the principle" (P 282 a). Dort war es ein Ausweichen vor dem Sinnvollen und Nützlichen, hier nun ist es ein Nichtausweichenkönnen vor dem Verderblichen; diese Komplementarität ist offensichtlich *ein* bewußtes Konstruktionsprinzip dieser Abfolge. Und das Gernwissenwollen, was für ein Gefühl es ist, sich in diesen Abgrund zu stürzen, schließt an den (auf den ersten Blick) 'experimentellen' Zug im *ersten* Beispiel an. Dieser erwies sich als rationalisierender Vorwand *insofern*, als wir wußten, daß die Folgen unseres Redeverhaltens für uns schädlich sein würden, dennoch verschaffte es uns in dem betreffenden Moment eine rätselhafte Lust, uns genau so zu verhalten. Hier ist nun die gleiche Konstellation ungleich dramatischer, da der uns (wie wir wissen) drohende Schaden größer, nämlich unmittelbar lebensbedrohlich ist. Gerade darum ist aber der Wunsch, die *kicks*, den Kitzel des betreffenden Gefühls zu erleben & auszukosten (paradox, denn wir werden danach keine Gelegenheit mehr haben, uns daran *zu erinnern*, Glück bedarf aber ebenso der Erinnerung wie Trauer), erst recht eine Herausforderung. Man mag hier an trickreiche Verhaltensweisen denken, die bezwecken, den Adrenalinstoß der Todesgefahr zu erleben und dennoch dem Tod ein Schnippchen zu schlagen, etwa an Fallschirmspringer, die keinen Höhenmesser benutzen, sondern „auf Sicht" springen, weil sie „angezogen sind vom Schauspiel ihres nahen Todes"[236], an Leute, die sich an einer elastischen Leine befestigt von einem Turm oder einer Brücke stürzen, usw. Doch darüber hinausgehend ist hier ein Verhalten im Visier, *das nicht mehr strategisch denkt*, sondern die Selbstzerstörung wirklich bis zur bitteren Konsequenz durchführt, gegen alle Vernunft und auch gegen jeden strategischen Verstand: „And because our reason violently deters us from the brink, *therefore* do we the most impetuously approach it" (P 282 a). Es geht hier um eine *Gegen*rationalität, die nicht

---

[236] Paul Virilio, Revolutionen der Geschwindigkeit, 44

nur nicht mehr Gesetzen der Selbsterhaltung unterstellt ist (wie bei jenen mit Fallschirm oder Gummileine Ausgerüsteten unstreitig noch der Fall), sondern die sich auch in der Hinsicht, wie sie noch Gegen*rationaliät* ist, selbst durchstreicht und ihre eigene Annihilation betreibt. Der „worm that *would* not die"[237] meldet sich sozusagen *gerade darum* so hartnäckig im Innern, *um sterben zu können*. Es ist, wie Poe klarmacht, ein Gedanke, der sich dämonisch verselbständigt gegen denjenigen Menschen, welcher ihn 'faßt' — der Mensch wird vielmehr umgekehrt von ihm erfaßt und verliert damit die Fassung, den auf Verfestigung und Abgrenzung (vgl. *EinFassung*) bauenden Zusammenhalt. Der Gedanke kann sich nur verabsolutieren, indem er den Menschen, der ihn denkt, vernichtet, und insofern er etwa wie ein Virus auf den ihn denkenden Menschen wie auf eine Wirtssubstanz angewiesen ist, 'will' er eben durchaus seine eigene Vernichtung, wenn die Vernichtung des Wirtes seine eigene zur Folge hat. Als 'allgemeiner', allen Menschen vertraut, wird der Gedanke ja gewissermaßen in anderen weiterleben, und falls es der Vernichtung der gesamten Menschheit bedarf, bevor dieses Ideell-Absolute in den vorgeburtlichen Sektor einer rein virtuellen Existenz zurückkehren kann, so wird dies eben ihr 'Ziel' sein: von Nichts zu Nichts und dadurch zu sich selbst zurück. Selbstannihilierung des Wortes, damit wieder Schweigen einkehren kann. Der psychische Drang des Menschen, in den vorgeburtlichen, angeblich 'schmerzfreien' Zustand zurückzukehren, wo alles Eins war und Trennung noch nicht stattfand, ist hier sozusagen auf das Zeichen, das Wort, den 'göttlichen' Logos selbst übertragen (später werden wir anhand von *Eureka* diese Überlegungen vertiefen können). *Die Verselbständigung des Gedankens allen Ernstes zuzulassen, ist daher die Selbstdurchstreichung des Menschen zugunsten des seine eigene Selbstdurchstreichung betreibenden Wortes.* Daß dieses Konzept implizit hinter diesen Gedankengängen steckt, wird hier erst andeutungsweise klar, doch das vierte Beispiel (die 'eigentliche Erzählung') wird die Macht des Gedankens gegenüber dem ihn Denkenden weiter ausführen: *das sprechende Wesen ist durch die Sprache, die sein Begehren unausweichlich prägt, zum Tode verurteilt.* Sein 'unnatürlicher' Selbstannihilationsdrang ist in der Tat das, wodurch es aus der Natur herausfällt, oder kulturoptimistischer gesprochen, 'herausragt': „There is no passion in nature so demoniacally impatient, as that of him who, shuddering upon the edge of a precipice, thus meditates a plunge. To indulge, for a moment, in any attempt at *thought*, is to be inevitably lost; for reflection but urges us to forbear, and *therefore* it is, I say, that we *cannot*. If there be no friendly arm to check us, or if we fail in a sudden effort to prostrate ourselves backward from the abyss, we plunge, and are destroyed" (P 282f. a). Der kategorische Ausdruck „cannot" *soll* schockieren und wird nur unwesentlich gemildert durch das Zugeständnis, durch äußere Hilfe — Liebe, Freundschaft, Solidarität, Sozialstaatlichkeit — oder eine entschiedene Willensanstrengung können die Konsequenzen dieses an und für sich selbst absolut unwiderstehlichen Impulses unter

---

[237] Diese Formulierung aus *Morella* (P 670 a) entspricht dem in *Ligeia* eingearbeiteten Gedicht *The Conqueror Worm* und wurde von Baudelaire recht glücklich auf Poes Alkoholismus angewandt: „Ich höre, daß er nicht als Gourmand trank, sondern als Barbar, mit einer völlig amerikanischen Aktivität und Zeiteinteilung, gleichsam eine menschenmörderische Funktion erfüllend, gleichsam, als habe er 'irgend etwas' in sich zu töten, 'a worm that would not die'" (Edgar Poe, sein Leben und seine Werke, in: Baudelaire, Gesammelte Schriften Bd.3, 132).

Umständen vielleicht abgewendet werden. Es ist ein zutiefst pessimistisches, fast 'vernichtendes' Menschenbild, das sich hier äußert.

Das kurze Zwischenresümé vor dem vierten und letzten Fallbeispiel ist in mehrfacher Hinsicht unbefriedigend. Die weitere Untersuchung dieser und ähnlicher Handlungen werde, so heißt es, *immer* ergeben, daß sie allein aus dem „spirit of the *Perverse*" resultieren (P 283 a). Soweit damit gesagt ist, es sei eben sinnvoll, dies als einen eigenständigen Antrieb in Rechnung zu stellen, ist das akzeptabel, doch die Unklarheit, *wer spricht*, bewirkt gewissermaßen eine *Immunisierung der Immunisierung*: Spricht Poe hier als Quasi-Theoretiker des genannten Prinzips, so scheint sein apodiktisch klingendes Statement weitere Untersuchungen nicht nur anzuregen, sondern zugleich abzuwerten. Dabei zeigt die angedeutete Komplexität der bisherigen drei Beispiele, daß ein Satz wie „We perpetrate them merely because we feel that we should *not*", der über die Reflexionen in *The Black Cat* nicht hinausgeht, zwar geeignet sein mag, die Wahl der Bezeichnung „spirit of the Perverse" zu erläutern (er treibt uns dazu, bewußt *verkehrt* zu handeln), aber sachlich zu kurz greift. Was meint er mit „Beyond or behind this there is no intelligible principle"? Wiederholt dieser Satz nur die Behauptung der Nichtzurückführbarkeit dieses Prinzips auf andere, oder soll er besagen, das betreffende Prinzip sei nicht rational erklärbar? Wenn letzteres der Fall ist, wäre zu fragen, *warum* dem so sein soll, denn daß ein 'irrationales' Prinzip selber nicht rational erklärbar ist, folgt ja nicht per se (eine irrationale Handlung kann sehr wohl rational erklärbar sein). Nun wird aber im folgenden der gesamte bisherige Text als einleitende 'Rationalisierung' dem Erzähler des vierten Fallbeispiels zugerechnet, und eben darin besteht die 'Immunisierung der Immunisierung'. So ist nun auch der folgende Satz, daß man beim Wirken des Alben der Verkehrtheit am ehesten an das Wirken Satans denken könnte, beim Lesen mit dieser Klammer zu versehen. Das ist um so fataler, als nun im Nachsatz ein sehr wichtiger Gedanke folgt, der *nicht* erläutert wird: Man *könnte* daran denken — wäre nicht bekannt, daß dieses Wirken mitunter auch das Gute fördere („were it not occasionally known to operate in furtherance of good"; P 283). Da im Text kein Beispiel dafür genannt wird, wäre hierzu wohl eine nähere Untersuchung/Erläuterung (zur Durchdringung von faustischer & mephistophelischer Ruhelosigkeit in *diesem* Sinne einer 'produktiven Macht des Negativen') dringend geboten. Denn der Sprecher will sich ja wohl nicht jenen christlichen Dogmatikern anschließen, die behauptet haben, der Teufel *könne* eben, dank des weisen Ratschlusses Gottes, nicht anders, als letztlich das Gute zu fördern: schon das einschränkende „occasionally" spricht gegen die Unterstellung einer solchen Gesetzmäßigkeit (abgesehen davon, daß auch unter Theologen noch nie Einigkeit in dieser Frage bestand). Eine Erläuterung aber, inwiefern dieser Antrieb etwa mit seinem Gegenpol konstruktiv zusammenarbeiten kann (so wie bei Freud Eros und Todestrieb) fehlt. Somit ist dieses Zwischenresümé eigentlich nur geeignet, Verwirrung zu stiften; dem Leser, mit solch 'Angeschnittenem' alleingelassen, mag ganz wohl der Argwohn aufsteigen, daß der Schriftsteller ein 'sadistisches' Spiel mit ihm treibt, bei dem ihm vielleicht der *Imp of the Perverse* selber die Feder gelenkt hat.

Der Ich-Wortführer, der nun seine Geschichte erzählt, kann auf so knappem Raum kaum noch Kontur gewinnen und bleibt selbst verglichen mit dem Protagonisten von *The Black Cat* charakterlich blaß. Es wird unterstellt, der Leser habe ihn gefragt, warum er hier gefesselt in der Todeszelle sitze, das ähnelt dem Beginn von *The Tell-Tale Heart* um so mehr, als die Umständlichkeit seiner bisherigen Ausführungen angeblich bewirken soll, daß ihn der Leser nicht, wie der Pöbel, für verrückt halten, sondern in ihm eins der „many uncounted victims" des IMPrimateurs der Verkehrtheit erkennen möge. An die Stelle der scheinbar perfekten Beseitigung aller Spuren des Mordes tritt hier weitgehend die *perfekte Planung*. Anders als beim *Heart*-Mann und beim *Cat*-Mann, findet keine *direkte* Gewalt gegenüber dem Opfer statt, sondern die Tat wird mittels einer vergifteten Kerze durchgeführt; es ist auch keine Übererregbarkeit und Unbeherrschtheit des Täters im Spiel — das alles verstärkt, wie die Vorrede, den Eindruck großer Rationalität. Über den Mann, den er umgebracht hat, verlautet nur, daß der Täter es (anders als der *Heart*-Mann) auf sein Vermögen abgesehen hatte, welches er nach dem Mord erbte. Erneut wird eine klaustrophobische Szenerie als Ort der Tat skizziert: das Zimmer, wo der zu Ermordende im Bett bei Kerzenschein zu lesen pflegte, war eng und schlecht belüftet. Die präparierte Kerze wirkt wie ein phallisches Machtsymbol dessen, der sich an die Stelle Satans oder des Todes gesetzt hat; die offizielle Todesursache gibt diesem Spiel recht, indem sie auf 'göttliche Heimsuchung' lautet („'Death by the visitation of God'").

Die eigene Heimsuchung, die Zerstörung seiner vermeintlich 'absoluten Sicherheit' findet nicht Stunden und nicht Tage, sondern erst *Jahre* nach der Tat statt. Für diese wird zwar der Ausdruck Sünde („sin") verwendet, doch war bisher nur von schwelgerischer Genugtuung die Rede, kein Hinweis auf irgendwelche Reue- oder Schuldgefühle. Allmählich, in unmerklichen Stufen, verwandelt sich das 'köstliche Gefühl' in einen *Gedanken*, der den Täter quält und zermürbt, *weil er immer wiederkehrt*. Wie das zunächst harmlos erscheinende 'Ohrenklingen' des Täters aus *The Tell-Tale Heart*, wird er mit einem Vergleich aus der alltäglichen Erfahrung beschrieben: Jeder hat es erlebt, von einem Melodiefetzen aus einem Song etc. sich regelrecht 'verfolgt' zu fühlen. Der deutsche Ausdruck *OhrWurm* entspricht hier sehr schön der bereits zitierten Poe-Formulierung aus *Morella* von einem „worm that *would* not die" (P 670 a). Der Täter ertappt sich nun ständig dabei, daß er über seine Sicherheit *nachgrübelt* und, wie um den sich wiederholenden beunruhigenden Gedanken mit seinen eigenen Mitteln zu bekämpfen, selbstsuggestiv den kleinen Satz vor sich hinspricht: „'I am safe'" (P 284). Das rationale 'Denken als Probehandeln', das die Tat ermöglichte, ist hier umgeschlagen in ein (auf den ersten Blick) 'unproduktives', Unsicherheit verbreitendes Grübeln, verselbständigt sich und wendet sich gegen den Denkenden. Dessen Bemühungen, mit *positive thinking* dagegenzuhalten, schlagen nicht nur fehl, sondern bewirken das genaue Gegenteil: das Sicheinreden von Sicherheit speist sich nämlich, als 'Positivum', aus dem Negativen, das dem Satz, den der positiv Denkende bejahend vor sich hinspricht, *immanent* ist als Wogegen, Worüber und Wodurch, kurz: als Sinnimplikat, und sich nun unversehens als ein 'Was wäre wenn' mit ausstülpt. Die Sinnbedingung wird zum konjunktivischen Konditional, dem nur noch die Realisierung mangelt, welche sie vorzeichnet; dieses VorZeichen wird zum Kainszeichen, greift zurück auf die verunsichernde Handlung, welche beruhigt werden muß, und extrapoliert ihre Folgerungen im Vorgriff, der dem sein Mantra Murmelnden an den Hals fährt. Der vermeintlich autonom Denkende kann diesem Sichweiterentwickeln des Satzes auf dasjenige hin, dem er sich als vermeintlich 'abgeschlossenes' Urteil verdankt, praktisch nur *zusehen*, als passives Opfer, der Satz wird gleichsam zur vergifteten Kerze, die sich in seinem Bewußtsein entzündet hat wie eine ihrem Ausbruch entgegenreifende Eiterbeule: „One day, whilst sauntering along the streets, I arrested myself in the act of murmuring, half aloud, these customary syllables. In a fit of petulance, I re-modelled them thus: 'I am safe — I am safe — yes — if I be not fool enough to make open confession!'" (P 284). Erneut wird also die *Hybris* betont, die schon dem *Heart*-Mann und dem *Cat*-Mann als eine Art Geständniszwang zum Verhängnis wurde. Dem griechischen Mythos zufolge war es die Nemesis bzw. Dike, die, wenn ein sterbliches Wesen sich überhob (das ihm gesetzte Maß überschritt), dieses stürzte und ihm Fesseln anlegte; schon Heraklit hat in seiner Lehre vom Logos dieses Maß mit dem gesprochenen sinnvollen Wort, das zugleich Strukturgesetz des Seienden ist, identifiziert. Das deutsche Wort *Urteil* meint beides: das gerichtliche Urteil und das mit einer Aussage Gesagte (engl. *proposition*, in der Logik Freges: 'der Gedanke'[238]). Der Erzähler von *The Imp of the Perverse* hat unversehen sein eigenes Urteil gesprochen, als er dem formelhaft Wiederholten erlaubte, den darin enthaltenen Gegensinn, die immanente Verkehrung (vgl. 'Alb der Verkehrtheit'!) mit auszusprechen: 'sein' Sprechen *spricht ihn*, es gelingt ihm nicht, dieses UrTEILen auf einen abgeschlossenen Binnenraum zu restringieren (das alte Poe-Thema), sondern ES 'drängt' seinem Wesen nach auf MitTEILung — eine Mitteilung, die dem Täter zuteilt[239], was ihm zukommt, dem Subjekt das Prädikat seiner Tat offen zuspricht. Das Wolkenschloß des sein Maß mißachtenden Täters wird, wie Belsazars Reich, von

---

[238] Vgl. Gottlob Frege, Der Gedanke (1918), in: drs., Logische Untersuchungen (ed. G.Patzig), Göttingen 2.Aufl. 1976. Wenig später bekräftigte der von Frege beeinflußte Ludwig Wittgenstein mit dem *Tractatus logico-philosophicus* (1921) den Paradigmenwechsel in der Philosophie vom Mentalismus ('Bewußtsein', 'Selbstbewußtsein' als Explikationsmedium) zur Sprachanalyse, indem er in Satz Nr.4 dieser Schrift verfügte: „Der Gedanke ist der sinnvolle Satz" (Frankfurt/M. 12.Aufl. 1977, 77). Eine Konsequenz dieser Neuorientierung lautete: „Das denkende, vorstellende, Subjekt gibt es nicht" (90, Satz Nr.5.631), dieses Subjekt ist nämlich kein Gegenstand, über den sich sinnvolle Sätze formulieren lassen; es ist einfach eine „Grenze der Welt" (ebd., Satz Nr.5.632), und die „Grenzen meiner Sprache bedeuten die Grenzen meiner Welt" (89, Satz Nr.5.6). Die 'sprachanalytische Wende' der Philosophie leistete damit ebenso ihren Beitrag zur 'Subversion des Subjekts' wie die linguistische Transformation der Psychoanalyse durch Lacan, für die das Subjekt zu einem Effekt des Signifikanten wird: Signifikant für einen anderen Signifikanten. Auch die Auflösung des Solipsismus ist tendenziell für beide Positionen gleich: Da Intersubjektivität sich auf kommunikative Effekte reduziert, hebt der Solipsismus sich selbst auf. Die gesellschaftliche Entwicklung vermag aus dem kritischen Potential beider Positionen paradox Kapital zu schlagen und tut dies auch weitreichend (im wörtlichen Sinne, insofern nämlich von Kapitalismus nicht mehr gesprochen werden soll, wohl aber von 'Kommunikation' und 'Kommunikationsgesellschaft').

[239] Etymologisch ist *Urteil* verwandt mit *erteilen* (vgl. das 'Zukommende' zu- und absprechen), der Ausdruck kommt nicht, wie noch zur Zeit Hegels und Hölderlins weithin geglaubt wurde, von 'ursprüngliche Teilung', obwohl es sachlich vertretbar ist, den *Begriff* als das Gegensätze Umfassende/'Umgreifende' im Sinne von Platons *Dihairesis* (διαίρεσις), polaren Aufspaltungen, zu verstehen und darzustellen — und, darüber mit Hegel hinausgehend, abstrakte Identität überhaupt als Negativität, Sich-von-sich-Unterscheiden, Allererst-werden durch Sein-Anderes-zu-sich-Aufheben, d.h. *Sich*-zu-sich-Aufheben, zu begreifen.

einer unsichtbaren Hand zerteilt. Und es ist etwas in ihm selbst, das den eisernen Griffel dieser Hand führt.

Das 'Sichverfolgtfühlen' von diesem Gedanken (im Sinne von *Wiederholungszwang*) nimmt nun Züge von 'Besessenheit' an: „Not sooner had I spoken these words, than I felt an icy chill creep to my heart. I had had some experience in these fits of perversity (...), and I remembered well that in no instance I had successfully resisted their attacks" (P 284).[240] Die beschworene 'Rationalität' war also doch nicht so festgefügt, obzwar die bisherigen Niederlagen gegen den 'Alben der Verkehrtheit' nur kleinere Vorfälle betroffen haben können, sonst wäre der Erzähler wohl schon nicht mehr am Leben. Diesmal aber ist es wirklich ernst: Seine eigene „self-suggestion", daß er womöglich[241] Narr genug sein könnte, offen zu bekennen, wird zur fixen Idee, fordert ihn heraus, so als handle es sich um den Geist des Ermordeten (der ja wahrscheinlich ein enger Verwandter war, da der Täter sein Vermögen erbte), und fordert seine Selbstzerstörung — „confronted me (...) and beckoned me on to death." Der 'Verfolgte' versucht dem Gedanken zu entkommen, wie einem körperlich anwesenden Verfolger, indem er, für die Außenwelt ohne ersichtlichen Grund, immer schneller geht, dann rennt, schließlich 'wie ein Verrückter' durch die Straßen springt — alles nur, um der Konsequenz seines Denkens zu entkommen, „for, alas! I well, too well, understood that to *think*, in my situation, was to be lost" (P 284 a). Das *Gehen, Schreiten*, das in engl. *discourse* (Diskurs, von lat. *discurrere*, hin- und herlaufen) noch durchscheint, wird hier ganz wörtlich genommen, die *Konsequenz* des logischen Schlusses, von lat. *consequi* (unmittelbar nachfolgen, nachkommen, folgen, begreifen) buchstäblich als *Verfolgung* verstanden. Es ist der Horror der Sprache selbst, ihrer logischen 'Gesetze' (nach denen ge- und ver*ur*teilt wird, das Konzept 'Wahrheit' stammt denn auch aus der Gerichtssprache), was den im vermeintlich solipsistischen Binnenraum seines 'Bewußtseins' Sprachhandelnden regelrecht (!) *umtreibt*. Die Ruhelosigkeit solch ziellosen (in 'Wahrheit' auf den Tod, die *ultima conclusio*, das Ende, den 'Schluß' zielenden) Umhergehens, Hin- und Herrennens, wird von Poe in *The Man of the Crowd* ausdrücklich mit dem *Schuldkomplex* assoziiert — wobei es, darin geht jene Erzählung über *The Imp of the Perverse* noch hinaus, als *sinnlos* hingestellt wird, nach einer *konkreten* Schuld zu suchen, die Schuld ist *abstrakt verselbständigt*, präsent in den Schuldenrechnungen der Begierde nach 'Vermögen' wie in dem, was 'man' 'sich' 'schuldig' ist (Sittlichkeit, Macht, Regelbefolgung, Kreativität etc.). Den Alb der Verkehrtheit hat man *vermöge eines Vermögens*, wie Nietzsche später karikierend über Kants Theorie der Begriffs- und Erkenntnis*vermögen* meinte, den präsuppositionalen

---

[240] Interessant ist in diesem Zusammenhang, daß in der psychopathologischen Literatur jener Zeit *gelesenen Sätzen* bzw. *gesprochenen (gehörten) Äußerungen* tatsächlich bisweilen die Kraft zugeschrieben wurde, 'Wahnsinn' zu erzeugen. Michel Foucault erwähnt einen Traktat von J.-D.-T. Bienville aus dem Jahr 1771 über Nymphomanie: Bienville zufolge verstärken gefährliche Reden & Lektüren „die Erregung der Fibern, die schwächer werden. Schließlich verwischt sich allmählich die fundamentale Sprache, durch die" das betreffende Mädchen „bisher widerstanden hatte: (...) Diese grundlegenden Worte öffnen die Tore zum Wahnsinn. Die Vorstellungskraft befreit sich, die Triebe vergrößern sich weiter, und die Fibern erreichen den höchsten Grad der Erregung" (Foucault, Wahnsinn und Gesellschaft, 238).

[241] Vgl. den feinen semantischen Unterschied zwischen *möglicherweise* und *womöglich*...

Charakter dieser auch von Hegel abgelehnten „Seelensack"-Theorie verhöhnend, wo Gottesbeweise diskutiert werden anhand des Beispiels der 100 Taler, die, was *rein begriffsinhaltlich* laut Kant aufs selbe hinauskommt, entweder in meinem Vermögen sich befinden oder nicht, virtuell sind oder real: die Logik als das Geld des Geistes. Der hortende Charakter, der das Geheimnis seines Schatzes nicht bei sich behalten kann: „I felt a maddening desire to shriek aloud", denn jeder Gedanke wird nun, wie das zusammengestohlene Privat-'Vermögen', dem die Möglichkeit innewohnt, seine Genesis offen zu bekennen, zur Tortur, zum Folterinstrument. Das logisch-konsequente Umherspringen des Täters, schillernd wie das Krisenbarometer seiner verinnerlichten 'rationalen' Ordnung, wird auffällig: Passanten werden aufmerksam und beginnen ihn zu *verfolgen* (*consequi*), die bittere Ironie wird so mit Konsequenz zuendegeführt, das Sichverfolgtfühlen des Täters ist zur *self-fulfilling prophecy* geworden und hat die echte Verfolgung durch „the populace" herausgefordert, provoziert (*Provokation* ist ursprünglich die Vorladung zum Duell!). Der Agon im Ich selbst ist zur Agonie geworden, die das Selbstbewußtsein (Ich = Ich) rein formal kennzeichnende Spaltung[242] zum unkontrollierten Changieren, Hin- und Herrennen. Die Außenwelt hat den in der Isolation von sich selbst abgetrennten Täter wieder 'einzuholen' und abzuurteilen. Sprache als Implosion, Effekt jenes Eingriffs, dem sich die Einpflanzung *des sich selbst verfolgenden Signifikanten* verdankt. Der Signifikant ist auf dem Wege zu sich selbst, seiner Neuschöpfung durch Annihilierung.

Das Geheimnis war in diesem Fall nicht verdrängt, sondern nur eingemauert, hat das Gefängnis vorweggenommen, aus dem sich nun zu befreien heißt, sich in ES hineinzubegeben: „The long-imprisoned secret burst forth from my soul" (P 284). Ein Ausbruch, durch den der Täter unter das Gesetz des Allgemeinen (das, wie Hegel wußte, die logischen Schlüsse beispielhaft repräsentieren) zurückkehrt; der Signifikant, der den Vereinzelten als vereinzelter abstrakt in Haft nahm, inhaftiert ihn nun konkret und steckt ihn in die Todeszelle, gleicht insofern dem Roten Tod. Das Ich nimmt Gelegenheit, im situativen Straßengeständnis und nun auch in der 'Antwort' an den Leser mit altbewährter Rationalität (dem von der Kirche ritualisierten Ablabern der Beichte) zu glänzen und unmittelbar daran anSchließend den Tod, zu dem es sich verurteilt hat, in Gestalt eines situativen Kollapses vorgreifend zu inszenieren, somit trotz allen Glanzes und aller distinkten Redeweise *und gerade durch sie* (mitsamt der gebotenen unumständlichen Kürze!) seine reale Ohnmacht bekennend: „They say that I spoke with a distinct enunciation, but with marked emphasis and passionate hurry, as if in dread of interruption before concluding the brief but pregnant sentences that consigned me to the hangman and to hell." Prägnante, todesschwangere Sätze

---

[242] Auch hier war es Hegel, der darauf aufmerksam machte, daß jene abstrakte Identität, als die Fichte sein 'absolutes Ich' konstruierte, den Unterschied impliziert und dies auch an sich selbst aufzeigt: Um abstrakte Selbigkeit auszusagen, wird beim 'A = A' das A *verdoppelt* und dann äußerlich durch das Gleichheitszeichen verbunden. Der Satz *sagt* also, daß *nicht* sein *soll*, was er gleichwohl *zeigt*, und auf welchem Zeigen das Sagen-können allererst basiert. Entsprechend ist für Hegel abstrakte Identität nichts anderes als Selbstabstraktion von Negativität (genetivus subiectivus und obiectivus!), und jene 'Identität', für die das Selbstbewußtsein paradigmatisch wurde, ist die *konkrete* Identität, welche, abstrakt gesprochen, die Identität der Identität und der Nichtidentität ist: dialektische Bewegung zwischen dem Negierenden und dem Negierten.

(„pregnant"), in denen die abstrakte Denkmöglichkeit über die sich aufdrängende konkrete Realmöglichkeit zum *factum brutum* geworden ist bzw. *sich dazu macht*. Dem Tod zuvorkommen, indem man sich ihm ausliefert, jede Möglichkeit der Unterbrechung selbsttätig abschneidend. Die Selbstbezichtigung als der Punkt, wo Hybris ihren äußersten Funken erreicht, sich ins eigene Fleisch schneidet — Selbstunterhöhlung des Geistes als Selbstunterhöhlung des Lebens. Das *Wort* ist das Wort Gottes — damit fängt es an und damit endet es. Alpha und Omega. Zur Hölle mit dem Sprecher! Wer Gott spielen will, muß den Signifikanten spielen (lassen), *sich aufhängen* an einem Satz: 'Ich bin sicher'. Mit dem Geständnis steht das Urteil und fällt das Beil, das den rasch und emphatisch Rabulierenden[243] von seinem 'Vermögen', der falschen Potenz, Gott und Satan zu spielen, trennt — damit das Wort zu sich selbst zurückkehren kann. Der kastrierende *imp* wird freigelassen werden in der Todeszelle. Das Wort als beschleunigter Prostratakrebs: „Having related all that was necessary for the fullest judicial conviction, I fell prostrate in a swoon." Rückwärtsgang, der Hybride ist wieder auf dem Boden. Mehr gibt es in der Tat nicht zu sagen: „But what shall I say more?" Das Wort seiner selbst zu erschaffen, führt zum Schweigen aus ErSchöpfung, mit einem 'Es ist vollbracht'. Der Täter hat die Gesellschaft dazu gebracht, ihn zur Räson zu bringen, bei dieser Selbstrichtung ist sie seine Marionette wie er die ihre, denn beide sind die des *Wortes*. Dieses genießt nun seinen schwarzen Sabbat, den Sabber, den Hassan i Sabbah, den ES angerührt hat — ob es hingegen für den Sprecher, Wortführer dieser Bewegung zwischen dem Anführenden und dem Angeführten, noch etwas zu genießen geben wird, einen *Garden of Delights*, ist fraglich. Morgen kommt der Große Atemverlust, zugleich mit einem Abwerfenkönnen aller Signifikantenketten — doch der göttliche Logos ist ungenießbar als abwesender wie als anwesender. Die Unsicherheit, was in dem Großen Schlaf für Träume kommen mögen, hindere uns am direkten Selbstmord, räsoniert Hamlet (der in diesem Text wiederholt präsent ist, gerade auch als Betrachter des Schädels). Darum muß ein indirekter her, über Prädikate, Urteile und Verurteilung. Das Ergebnis ist wiederum Aufschub — wie vorauszusehen war, denn sich aufzuschieben ist die Arbeit des Signifikanten. „To-morrow I shall be fetterless! — *but where?*" (P 284 a). Der *experimentelle* Zug des *imp* ist *am Ende*, wenn es *konsequent* wird. Schiebung!

Mag *The Imp of the Perverse* kompositorisch dubios sein, inhaltlich ist es einer von Poes wichtigsten Texten. Mit seinem abgründigen Pessimismus und Vernunftskeptizismus erweist sich Poe (1809–49) als Zeitgeistverwandter des ihm sicherlich unbekannten Arthur Schopenhauer (1788–1860). Die erste Auflage von *Die Welt als Wille und Vorstellung* war, kaum beachtet, 1819 erschienen und mangels Nachfrage teilweise eingestampft worden, die zweite, erweiterte Auflage erschien 1844, erst von da an fand Schopenhauer in Europa Beachtung — das ist aber schon fast zeitgleich mit der Entstehung von *The Imp of the Perverse*. Es liegt hier keine Beeinflussung vor, sondern eine solche Geistesströmung, als sogenannter Gegendiskurs der Moderne, war einfach an der Zeit.

---

[243] Hier verwendet im Sinne von lateinisch *rabula*: „mit geläufiger Zunge tobender Sachwalter" (Wahrig, Deutsches Wörterbuch, Gütersloh 1970, Spalte 2840)

Zum Dreh- und Angelpunkt dieses 'Gegendiskurses' (mit dem Zwischenglied Nietzsche) wurde dann um die Jahrhundertwende Sigmund Freuds psychoanalytische Theorie, der es gelang, die Gesetzmäßigkeiten des Unbewußten erstmals wissenschaftlich zu beschreiben. Um Poes spezielle 'Vorarbeit' besser zu verstehen, ist hier ein Blick auf die revidierte Triebtheorie der Psychoanalyse geboten, die Freud ab der Schrift *Jenseits des Lustprinzips* (1920) entwickelte (wobei er zwischenzeitlich den Eindruck hatte, „unversehens in den Hafen der Philosophie Schopenhauers eingelaufen" zu sein[244]). Es waren zwei Erfahrungen, die ihn zu dieser Revision nötigten: Zum einen, daß sich der *Wiederholungszwang*, der „dem unbewußten Verdrängten zuzuschreiben"[245] ist, eindeutig über das Lustprinzip hinwegsetzt. Es werden Erlebnisse der Vergangenheit wiederbelebt und zu neuer Wirksamkeit gebracht, „die keine Lustmöglichkeit enthalten"[246]: Traumatische Erlebnisse, Liebesverlust, Sichverratenfühlen, Zurückweisung, Mißlingen werden z.B. per Übertragung wiederholt („So kennt man Personen, bei denen jede menschliche Beziehung den gleichen Ausgang nimmt"[247]), ein 'dämonischer Zug' scheint dabei Gestalt zu gewinnen. Die Einbindung des Wiederholungszwangs in die Trieblehre versuchte Freud spekulativ dadurch zu bewerkstelligen, daß jeder Trieb als „ein dem belebten Organischen innewohnender Drang zur Wiederherstellung eines früheren Zustandes" aufzufassen sei.[248] So war bereits in Platons *Symposion* der Eros, in Form eines Mythos, beschrieben worden: er versuche das ursprünglich nicht Getrennte, dann 'Zerschnittene', Auseinandergerissene über ein Begehren wieder zusammenzuführen, „um die ursprüngliche Natur wiederherzustellen"[249]; in der Formulierung „um so zur ursprünglichen Natur *zurückzukehren* (εἰς τὴν ἀρχαίαν ἀπελθὼν φύσιν)"[250] ist deutlich bereits das enthalten, was Sándor Ferenczi als thalassalen *Regressionszug* beschrieben hat, nämlich eine psychische Tendenz zur Rückkehr in den vorgeburtlichen Zustand, und Platons an Empedokles anknüpfende Konzeption, wonach der Eros „nicht allein über die Seelen der Menschen waltet", sondern „auch in allen andern Dingen, in den Leibern aller Tiere sowohl als in den Gewächsen der Erde, kurz in allem was ist"[251], entspricht bereits Freuds Versuch, den Eros *biologistisch* zu verankern. Biologisch scheinen *assimilatorische* Prozesse (das Bestreben, das Organische zu immer komplexeren Einheiten zusammenzufassen) und *dissimilatorische* (Zersetzungs- und Auflösungsprozesse) einander zu korrespondieren, und wenn Freud nun den Schritt tut, „den Sexualtrieb als den alles erhaltenden Eros zu erkennen"[252], so scheint auch das, was er früher als *Selbsterhaltungstriebe* bezeichnet hat, wegen ihres libidinösen Charakters dem zuzuweisen zu sein, was er nun unter *Lebenstriebe* zusammenzufassen versucht. Doch

---

[244] Freud, Jenseits des Lustprinzips, in: drs., Das Ich und das Es und andere metapsychologische Schriften, Frankfurt/M 1978, 157
[245] Ebd., 131
[246] Ebd., 132
[247] Ebd., 133
[248] Ebd., 146
[249] Platon 191d (in der 10-bänd. zweispr. Ausg. von K.Hülser, Frankfurt/M & Leipzig 1991: Bd.IV, 103)
[250] Ebd., 193c (Bd.IV, 107)
[251] Ebd., 186a (Bd.IV, 89)
[252] Das Ich und das Es, a.a.O., 160

im Ich scheinen „noch andere als die libidinösen Selbsterhaltungstriebe tätig" zu sein[253] — darauf deuten die Untersuchung des *Narzißmus*, der sich zunehmend als ein sehr komplexes (und durchaus *regressives*!) Phänomen erweist[254], die Erfahrung des *Masochismus* und des *Sadismus*, und schon generell die keineswegs neue Einsicht, daß in der Objektliebe selbst eine Polarität „von Liebe (Zärtlichkeit) und Haß (Aggression)" wirksam ist.[255] Wie soll man z.B. „den sadistischen Trieb, der auf die Schädigung des Objekts zielt, vom lebenserhaltenden Eros ableiten können?"[256] Wenn der Masochismus, die sadistische Wendung gegen das eigene Ich-als-Objekt, als Rückkehr zu einer früheren Phase des Ich, als „Regression" aufgefaßt werden kann, kann er durchaus als „primärer" aufgefaßt werden.[257] Der Wiederholungszwang gewinnt damit eine neue Perspektive, ebenso die Annahme zweier Gruppen von Grundtrieben, die (wie man mit und gegen Freud *dialektisch* formulieren darf) sich in ihrem gegenseitigen Sichausschließen doch gegenseitig (und damit jeder sich selbst) hervorzubringen scheinen: Lebens- und Todestriebe. Das 'Streben' des Lebens zum Nichtmehrsein erweist sich als die Pro-jektion eines erfüllten bzw. allererst *wieder*zuerfüllenden Noch-Nicht. Für Heraklit zeigte sich gerade *im* Streit der Gegensätze, woraus sich alle Dinge herleiten, die höchste Harmonie (Empedokles, auf den Freud hinweist, stellte *Liebe* und *Streit* dualistisch auf, doch Heraklit sah hier im Sinne einer widerspruchsvollen Einheit von Sein, Wesen und Begriff *ein* Strukturprinzip, den Logos). Wenn Freud nun das Streben „nach Aufhebung der inneren Reizspannung" mit einem Ausdruck von Barbara Low als „Nirwanaprinzip" bezeichnet, so fallen das, was im Lustprinzip zum Ausdruck kommt, und das, was an die Existenz von „Todestrieben" glauben läßt, paradox zusammen. Und gerade der Sexualdrang nimmt zumal unter bestimmten kulturellen Voraussetzungen sehr leicht Züge eines 'dämonischen' Wieder-

---

[253] Ebd.
[254] Rückblickend hat Freud „die Erweiterung des Begriffs der Sexualität und die Aufstellung des Narzißmus" als die ersten beiden entscheidenden Schritte in der Triebtheorie bezeichnet, denen nun der dritte, riskantere und spekulativere, folge (ebd., 165f.). Das Ich als das „vornehmste" der Sexualobjekte zu erkennen, öffnete den Blick für den Sprengstoff, der darin lag, nicht nur für die Libidotheorie („Wenn die Libido so im Ich verweile, wurde sie narzißtisch genannt", 159); die 'Unübersichtlichkeit' dessen, was nun als 'Ichtriebe' zu gelten hatte, erwies die bisherige Annahme zweier Arten von Triebe, Sexual- und Selbsterhaltungstriebe, als unzureichend und führte zunächst zu einem neuen Gegensatz zwischen libidinösen Ich- und Objekttrieben einerseits „und anderen, die im Ich zu statuieren und vielleicht in den Destruktionstrieben aufzuzeigen sind", andererseits (ebd., 167 anm.). In seinem Aufsatz *Zur Einführung des Narzißmus* (1914) hatte Freud u.a. darauf hingewiesen, daß Ichidealbildung nicht mit Triebsublimierung verwechselt werden dürfe: „Das Ichideal fordert zwar solche Sublimierung, aber es kann sie nicht erzwingen" (ebenfalls in: Das Ich und das Es und andere metapsych. Schriften, 35), bei Scheitern der Sublimierung sind Ambivalenz und Konflikte vorprogrammiert. Dort ist auch das *regressive* Streben des Narzißmus deutlich betont: „Die Entwicklung des Ichs besteht in einer Entfernung vom primären Narzißmus und erzeugt ein intensives Streben, diesen wieder zu gewinnen. Diese Entfernung geschieht vermittels der Libidoverschiebung auf ein von außen aufgenötigtes Ichideal, die Befriedigung durch die Erfüllung dieses Ideals. (...) Ein Anteil des Selbstgefühls ist primär, der Rest des kindlichen Narzißmus, ein anderer Teil stammt aus der durch Erfahrung bestätigten (scheinbaren, T.C.) Allmacht (der Erfüllung des Ichideals), ein dritter aus der Befriedigung der Objektlibido" (ebd., 40).
[255] Jenseits des Lustprinzips, a.a.O., 161
[256] Ebd.
[257] Ebd., 162

holungszwanges an[258], wobei das Begehren nach dem noch nie erlebten *kick* und das Begehren nach dem Erlöschen des Begehrens (vgl. die romantische Assoziation von Liebe und Tod, die gerade auch bei Poe sehr stark ausgeprägt ist) unmittelbar ineinander übergehen. Freuds spätere Einsicht (in seinem Aufsatz *Das ökonomische Problem des Masochismus*, 1923), „daß wir überhaupt nicht mit reinen Todes- und Lebenstrieben, sondern nur mit verschiedenwertigen Vermengungen derselben rechnen sollten"[259], führt hier einen Schritt weiter. Der Destruktions- oder Bemächtigungstrieb ist *ein* Vertreter des Todestriebs, doch er ist regelmäßig „in den Dienst des Eros gestellt", offenbar muß mit vielfältigen 'Mischungen und Entmischungen' gerechnet werden, nicht nur bei Phänomenen *ursprünglicher Ambivalenz*[260] (mit Lacan kann hier hinzugefügt werden, daß der Bezug des Individuums zur Sprache, zu Regeln und Gesetzmäßigkeiten überhaupt — ein wichtiger Punkt, auf den Poe in dem oben analysierten Text *implizit* hinweist — *ursprünglich ambivalent* ist). Zum „klassischen Zeugen für die Existenz der Triebvermischung" wurde dem 'späten' Freud der 'moralische Masochismus': „Der Sadismus des Über-Ichs und der Masochismus des Ichs ergänzen einander und vereinigen sich zur Hervorrufung derselben Folgen."[261] Die Gefährlichkeit des moralischen Masochismus rühre daher, „daß er vom Todestrieb abstammt, jenem Anteil desselben entspricht, welcher der Auswärtswendung als Destruktionstrieb entging. Aber da er anderseits die Bedeutung einer erotischen Komponente hat, kann auch die Selbstzerstörung der Person nicht ohne libidinöse Befriedigung erfolgen."[262]

Die Protagonisten von *The Tell-Tale Heart*, *The Black Cat* und *The Imp of the Perverse* haben sich in die geschlossene Gedankenwelt einer sekundären narzißtischen 'Omnipotenz' zurückgezogen, wo sie scheinbar die Möglichkeit haben, Gott zu spielen, die Außenwelt über ihre Taten zu täuschen und die Früchte dieser Taten rein egoistisch zu genießen, doch an ihnen bestätigt sich das Freud-Diktum: „Ein starker Egoismus schützt vor Erkrankung, aber endlich muß man beginnen zu lieben, um nicht krank zu werden, und muß erkranken, wenn man infolge von Versagung nicht lieben kann."[263] Das 'Mauern' des Katzenmannes läßt sich z.T. in die Worte kleiden:

---

[258] Freuds Überlegung in *Jenseits des Lustprinzips*, daß „wir gerade für den Sexualtrieb jenen Charakter eines Wiederholungszwanges nicht nachweisen können, der uns zuerst zur Aufspürung der Todestriebe führte" (a.a.O., 163), ist offensichtlich falsch und entspringt dem Bemühen, Lebens- und Todestriebe allzu säuberlich getrennt zu halten.

[259] Ebenfalls in: Das Ich und das Es und andere metapsychologische Schriften, 213

[260] Vgl. Das Ich und das Es (1923), ebenfalls a.a.O., 193f.

[261] Das ökonomische Problem des Masochismus, a.a.O., 218

[262] Ebd.

[263] Zur Einführung des Narzißmus, a.a.O., 28. — Zu *The Black Cat* gibt es eine interessante Parallele in dem Song *Killer* des englischen Rocksängers & -lyrikers Peter Hammill (1970 auf dem Album *H to He Who am the Only One* von Van der Graaf Generator, der Albumtitel meint 'die primäre Energiequelle des Universums' und „psychischen Solipsismus), dessen Text überhaupt Poe-Bezüge aufzuweisen scheint: Was beginnt mit „On a black day in a black month at the black bottom of the sea / Your mother gave birth to you & died immediately", endet mit der Klage, nicht 'fliegen' zu können („Fishes can't fly, fishes can't fly, fishes can't & neither can I, neither can I") und dem Wunsch, das uns eingefleischte Bedürfnis nach Liebe ein für allemal vergessen zu können (m.a.W. alles Gefühl in sich abtöten zu können, so daß es nicht wiederkehrt): „& I too am a killer, for emotion runs as deep as flesh / Yes, & I too am so lonely, & I wish that I could forget: We need love..."

„Es wird eine großartige 'Gegenbesetzung' hergestellt, zu deren Gunsten alle anderen psychischen Systeme verarmen, so daß eine ausgedehnte Lähmung oder Herabsetzung der sonstigen psychischen Leistung erfolgt."[264] Die schreiende Katze auf der toten Frau signalisiert eindringlich, daß Verdrängung „eine Lustmöglichkeit in eine Unlustquelle verwandelt" hat[265]; die Frau verkörpert als früheres Liebesobjekt auch das in der Psyche des Mannes selbst, womit er sich auseinandergelebt hat. Das zurückgezogen verarmende Ich des *Imp*-Mannes fühlt sich schließlich durch die eingeschlossenen, abgeschnittenen Wortvorstellungen 'verfolgt', so wie der *Heart*-Mann vom bösen Voyeur-Auge. Poes Schilderungen des sadomasochistisch gespaltenen Ich greifen spezifische Aspekte dessen auf, daß das Ich 'nicht Herr im eigenen Haus' ist und gestalten insofern ein *Kontinuum* zwischen sogenannter Normalität und sogenanntem Wahnsinn. Am Ende seines Aufsatzes *Das Ich und das Es* (1923) hat Freud vielleicht am eindringlichsten die zwiespältige und gefährdete Rolle des Ich (als der eigentlichen 'Angststätte') dargestellt, das gewissermaßen von drei Seiten unter Druck steht und sich gegen alle drei Seiten wehren muß: gegen die Triebansprüche (des Es), gegen die oft feindselig-kritische Selbstbeobachtung (durch das Über-Ich, das eine Differenzierung im Ich, aber als Anwalt des Es ist) und gegen die Reize und Anforderungen der Außenwelt. Was von nachfreudscher Psychoanalyse (etwa H.Kohut) als 'narzißtische Persönlichkeitsstörungen' zusammengefaßt (und dabei oft unkritisch mit der 'sozial wünschbaren' Konfiguration eines angeblich *stabilen* Narzißmus konfrontiert) wurde, läßt sich mit diesem Modell immer noch sehr gut begreifen. Das Scheinhafte einer durch amerikanistisch-optimistisches *positive thinking* gestützten Stabilität wird von Poe als bösartiges Umschlagen des „I am safe" aufs Schönste illustriert. Daß Poe persönlich unter Melancholie und Depressivität litt, ist bekannt. So ist doppelt aufschlußreich, was Freud über die Melancholie schreibt, wo „das überstarke Über-Ich, welches das Bewußtsein an sich gerissen hat, gegen das Ich mit schonungsloser Heftigkeit wütet, als ob es sich des ganzen im Individuum verfügbaren Sadismus bemächtigt hätte. Nach unserer Auffassung würden wir sagen, die destruktive Komponente habe sich im Über-Ich abgelagert und gegen das Ich gewendet. Was nun im Über-Ich herrscht, ist wie eine Reinkultur des Todestriebes, und wirklich gelingt es diesem oft genug, das Ich in den Tod zu treiben, wenn das Ich sich nicht vorher durch den Umschlag in Manie seines Tyrannen erwehrt."[266] Das Umschlagen in Manie (das

---

[264] Jenseits des Lustprinzips, a.a.O., 140
[265] Ebd., 124
[266] Das Ich und das Es, a.a.O., 203. Dabei gelingt es Lacan stärker als Freud, diese Spaltungserscheinungen als Auswirkungen der symbolischen Ordnung zu beschreiben: „Auf ganz allgemeine Weise ist das Unbewußte im Subjekt eine Spaltung des symbolischen Systems, eine Begrenzung, eine durch das symbolische System induzierte Entfremdung. Das Über-Ich ist eine analoge Spaltung, die sich in dem vom Subjekt integrierten symbolischen System herstellt" (Freuds technische Schriften, 250). Und, treffend vor allem auf den *Imp*-Mann beziehbar, in dem die Macht vom Sprache & Regel-GeSETZlichkeit am deutlichsten 'sich selbst' einholt / einzieht / zurückfordert: „Das Über-Ich ist diese Spaltung, sofern sie sich für das Subjekt — aber nicht allein für dies (Hegel sprach diesbezüglich von 'objektivem Geist'! T.C.) in seinen Beziehungen zu dem herstellt, was wir Gesetz nennen" (ebd., 251). Ironischerweise ist jenes 'Umschlagen in Manie', das viele Schriftsteller (vgl. Poe selbst) durch besessenes Schreiben hervorzurufen versuchen, selbst einer Unterwerfung unter den Signifikanten (die symbolische Ordnung) geschuldet...

Poe selber durch den Alkohol zu befördern suchte, wobei dieser Selbstschutz langfristig gesehen freilich per 'Teufelskreis' die Depressivität wieder verstärkte) ist in seiner Schilderung aller drei Protagonisten ebenso deutlich wie das gewissenähnliche Wüten des Abgespaltenen gegen das Abspaltende (weshalb es dann auch zu einseitig 'moralischen' Fehlinterpretationen aller drei Erzählungen kommen kann). Das unbestimmte Schuldgefühl ist oft *vor* der Tat stärker als hinterher und bedingt sie mit, so als würde es „als Erleichterung empfunden", nun „an etwas Reales und Aktuelles anknüpfen zu können. In all diesen Verhältnissen erweist das Über-Ich seine Unabhängigkeit vom bewußten Ich und seine innigen Beziehungen zum unbewußten Es"[267], von dem es oft mehr weiß als das Ich — genau so hat Poe das Gequältwerden des *Cat*-Mannes durch den Pluto-Ersatz konstruiert, der am Ende aus der aufgebrochenen Mauernische als *beides*, Es und Über-Ich, wiederkehrt.

---

[267] Das Ich und das Es, a.a.O., 202f.; vgl. 199: das Über-Ich steht „dem Es dauernd nahe und *kann* dem Ich gegenüber dessen Vertretung führen. Es taucht tief ins Es ein, ist dafür weiter vom Bewußtsein entfernt als das Ich" (Hervorheb. von mir, T.C.).

9 Zielloses Im-Kreis-Gehen: *The Man of the Crowd*

'Der Massenmensch' spürt dem inneren Zusammenhang dreier Themen nach: Großstadt, unspezifischer Schuldkomplex und ruheloses Getriebensein. Die Großstadt ist ein Dickicht, ein Dschungel, in dem sich der anonyme, atomisierte Einzelne zu behaupten versucht wie ein gehetztes Tier. Poe stellt zwei Leitsätze an den Anfang, die je eine *Facette* des Textes beleuchten, sozusagen als Schlaglichter das Feld öffnen; doch was auf diesem Feld wächst und wuchert, wird damit nur von einer Seite, in einem Aspekt angestrahlt. „Das große Unglück, nicht allein sein zu können" (La Bruyère), beherrscht die Seele des Massenmenschen, der in der Menge untertaucht, um sich zu verbergen, nicht um sich zu öffnen. Könnte man ihm in die Seele schauen, was würde man sehen? Vielleicht, daß da *Nichts* hinter der Maske ist, daß der Massenmensch eine wandelnde Null ist — die Konfiguration von Maskierung und Demaskierung aus *The Masque of the Red Death* wird hier variiert. „Es läßt sich nicht lesen" lautet das zweite Motto, das zugleich den ersten und den letzten Satz der Erzählung bestimmt, die somit einen Zirkel beschreibt, formell konsequent, da sie vom sinnlosen Im-Kreis-Gehen handelt. So sei von einem bestimmten deutschen Buch gesagt worden, heißt es, und offenbar bezieht sich Poe hier auf *Hortulus Animae (cum Oratiunculis Aliquibus Superadditis)*, also *Das Seelengärtlein*, von Grüninger, bzw. so hieß der Drucker dieser „1500 in Straßburg erschienenen Gebetssammlung, die etwa dem französischen Stundenbuch entspricht"[268]: „The worst heart of the world is a grosser book than the 'Hortulus Animae', and perhaps it is but one of the great mercies of God that '*es läßt sich nicht lesen*'" (P 481 a[269]). Hier meint der Erzähler, am Ende seines Kreislaufs, nun offenbar die Seele selbst: Vielleicht sei es gut so, daß 'es sich nicht lesen läßt' — man ist versucht, hier 'Es' groß zu schreiben, mit Georg Groddeck und Sigmund Freud ein metaphorisches Substanzprädikat anzusetzen für „die Kraft", die den Menschen „handeln, denken, wachsen, gesund und krank werden läßt, kurz die ihn lebt."[270] Welches Geheimnis steht hinter dem Massenmenschen und läßt ihn sich so verhalten, wie er sich verhält? Ihm wird hier buchstäblich 'nachgegangen', *discurrere* hier wörtlich als *hin- und hergehen* verstanden; so wie der Protagonist aus *The Imp of the Perverse* schneller und schneller läuft, rennt hier ein anonymer Mann wie 'getrieben' durch die Straßen einer Großstadt, und hinter ihm sein Verfolger, der ebenfalls anonyme Ich-Erzähler, der sich in den Kopf gesetzt hat, herauszufinden, was es mit diesem Dahinhetzenden auf sich hat. Das Gehen erweist sich als ein Leerlauf, dem 'Geheimnis' wird nicht auf die Spur gekommen, die Sprache selber läuft leer oder wird kurzschlüssig (vgl. 'das Es', 'das Nichts') beim

---

[268] Die Herausgeber der 10-bänd. dt. Übers., die bei diesem Hinweis (Bd.5, 1127) auf die Virginia-Edition zurückgreifen, beziehen dies nicht explizit auf den ersten Satz des Textes („It was well said of a certain German book that 'es läßt sich nicht lesen'"), nur auf den letzten (im folgenden von mir zitierten); anders (und wohl zu Recht) Heinz Brüggemann, Zivilisationskritik und ästhetische Erfahrung. Zu Edgar Allan Poes Erzählung 'Der Massenmensch', in: AKZENTE Nr.3/Juni 1980, 275
[269] Das falsche Deutsch von „'er lasst sich nicht lesen'" hier stillschweigend korrigiert
[270] Georg Groddeck, Das Buch vom Es, 287

Versuch, es auszusprechen: „There are some secrets which do not permit themselves to be told" (P 475). Die Seele ist kein offenes Buch, sondern eins mit sieben Siegeln — und wenn „Es läßt sich nicht lesen" sich ursprünglich auf Textuelles bezieht, Schrift, *Einschreibung*, so wird man gut daran tun, *textum* erneut im Sinne von Gefüge, Gewebe, auch Gewaber, Brandung, Gischt, Geist, *spirit* aufzufassen, mitsamt jener Grauzone, wodurch hinter dem *spirit of the perverse* „kein intelligibles Prinzip" mehr zu finden ist — 'nachgegangen' wird ihm dennoch. Und man sollte wohl daran denken, daß griech. λέγειν nicht nur *lesen*, legen, auslegen, einsammeln, sondern auch *reden* bedeutet. Manches kann nicht ausgesprochen, nicht *gesagt* werden. Warum nicht? Es gibt mehrere Möglichkeiten: Weil Erkenntnis und Sprache nicht ausreichen. Oder aufgrund bloßer Konvention, so wie der Rote Tod mit seinem vermeintlichen Kostüm gegen die guten Sitten verstieß: 'Darüber redet man nicht.' Der unter der Oberfläche verborgene Horror. Der *alltägliche* Horror, welcher der größte Horror überhaupt ist — ihm widmet sich diese Poe-Erzählung, eine der *leisen* Töne, nicht der grellen Effekte, eine *experimentelle*, eine *unorthodoxe* Horror-Story sozusagen, darin *The Imp of the Perverse* vergleichbar, doch literarisch in sich geschlossener und, nicht zuletzt wegen ihres virtuosen Spiels mit den Erwartungen der Leser, die ebenfalls *ins Leere laufen*, effektvoller. Der alltägliche Horror wird gern, wie der Gedanke an den Tod, verdrängt und übertüncht, zugekarrt. Und zwar *weil* dieser Horror oft so groß ist, daß nur der Tod die Seele eines Menschen, der ihm verfallen ist, vielleicht befreien kann. Nicht mehr kann da aufgearbeitet werden durch *Aussprechen*, etwa beim Versuch der Gewissenserleichterung gegenüber geisterhaften Beichtvätern: „Men die nightly in their beds, wringing the hands of ghostly confessors, and looking them piteously in the eyes — die with despair of heart and convulsion of throat, on account of the hideousness of mysteries which will not *suffer themselves* to be revealed. Now and then, alas, the conscience of man takes up a burden so heavy in horror that it can be thrown down only into the grave. And thus the essence of all crime is undivulged" (P 475 a). Der Protagonist von *The Imp of the Perverse* wird dazu getrieben, sein Geheimnis auszuplaudern — ohne daß es ihm freilich Erleichterung bringt, zumal er nicht weiß, was ihn auf der anderen Seite des Todes erwartet. Manche Geheimnisse aber, das ist ebenso schlimm und vielleicht noch schlimmer, lassen es überhaupt nicht zu, ausgesprochen zu werden — sie lassen sich nur mit ins Grab nehmen, egal ob nun der Tod 'Befreiung' bringt oder nicht. Man kann sagen, daß *The Man of the Crowd*, obzwar früher geschrieben, insofern eine notwendige Ergänzung zu *The Imp of the Perverse* darstellt. Es gibt auch keinen Grund, warum Poe den Satz, seinem eigentlichen Wesen nach bleibe jedes Verbrechen ungeklärt, nicht auch *nach* seinen Schilderungen und Untersuchungen zum 'Geist der Verkehrtheit' hätte aufrechterhalten können bzw. sollen: Es geht ja hierbei nicht um die 'Aufklärung' eines Verbrechens im juristischen Sinne, sondern um letztliche *Klärung* im Sinne der innersten psychischen Antriebe, und dafür ist auch jener 'Alb', sofern er im Spiel ist, nur eine Verlegenheitsformel.

The Man of the Crowd erschien im Dezember 1840 in BURTON'S GENTLEMAN'S MAGAZINE, zu einer Zeit, als Poe gerade versuchte, ein eigenes Magazin zu gründen, und ist ein recht ambitionierter Text: Die 'listig' auf der Klaviatur der Lesererwartungen spielende Erzählung trägt zugleich Züge einer sozialpsychologischen Studie und bearbeitet als *Thematisierung der Großstadt* literarisches Neuland (vgl. etwa Balzac[271], Heine[272], Sue[273], Dickens[274], Baudelaire). Die Metropole, in der die

---

[271] Vgl. Honoré de Balzac, *Grandeur et Décadence de César Birotteau* (1837), das im Paris des Jahres 1815 spielt: Der erste Satz dieses Romans lautet: „Während der Winternächte wird es in der Rue Saint-Honoré nur auf Augenblicke ruhig" (dt. Cäsar Birotteau, Übers. Arthur Schurig, Berlin 1954, 5); da ist die Rede vom „brutalen Egoismus der Großstadt" (27), oder es heißt, aussagekräftig im Hinblick auf *The Man of the Crowd*: „In Paris schlendern die Menschen ebenso häufig aus Verzweiflung wie aus Müßiggang umher" (37). Vgl. auch die Schilderungen des Pariser Milieus in *Le Père Goriot* (1835) im Restaurationsjahr 1819: Paris sei „ein wahrer Ozean. Werft getrost das Lot hinein; ihr werdet dennoch seine Tiefe niemals ermessen. Durchwandert es, beschreibt es: Welche Mühe ihr auch daransetzt, es zu durchwandern und zu schildern; wie zahlreich und interessiert die Erforscher dieses Meeres auch sein mögen: Immer wird man eine unentdeckte Stelle, einen ungekannten Winkel, Blumen, Perlen, Ungeheuer, irgend etwas Unerhörtes finden, das die literarischen Taucher vergessen haben" (Vater Goriot, Übers. Ernst Sander, München 1986, 19) — die unerforschliche 'Tiefe' der Großstadt entspricht insofern der Seele. Auch die 'dunkle' Seite, das Verbrechen, der gnadenlose Kampf um Aufstieg sind gerade in diesem Buch präsent: „In Paris ist der Erfolg alles; er ist der Schlüssel zur Macht" (83); „Ich wette: Sie können in Paris keine zwei Schritte tun, ohne auf höllische Machenschaften zu stoßen" (110), heißt es dort, und über die Anonymität in der Masse: „Einer der Vorzüge der guten Stadt Paris besteht darin, daß man hier geboren werden, leben und sterben kann, ohne daß sich jemand auch nur im mindesten darum kümmert. Diesen Vorteil der Zivilisation sollten wir wahrnehmen" (275). Andere vergleichbare Balzac-Passagen, so die soziologische Studie zu Beginn von *La Fille aux Yeux d'Or* (1850) erschienen später als *The Man of the Crowd*: „Eines der erschrecklichsten Schauspiele ist ohne Zweifel der Gesamtanblick der Bevölkerung von Paris. Diese hohlwangigen, grünen, gegerbten Menschen sind entsetzlich anzusehen. Auf diesem weiten, durch einen Sturm von Interessen unaufhörlich bewegten Felde wächst eine dicht zusammengedrängte Menschensaat, die der Tod öfters und schneller fortmäht als anderwärts. (...) abgezehrte, mit dem unauslöschlichen Mal einer keuchenden Gier gebrandmarkte Masken. Was wollen sie? Gold oder Vergnügen" (Das Mädchen mit den Goldaugen, Übers. V. v. Koczian, 1977), Zürich 1986, 5).

[272] H.Brüggemann (Zivilisationskritik und ästhetische Erfahrung, a.a.O., 278f.) weist darauf hin, daß Heinrich Heine 1828 in seinen *Englischen Fragmenten* London als einen Ort beschreibt, wo die „verborgendsten Geheimnisse der gesellschaftlichen Ordnung" gleichsam zugespitzt erscheinen (H.Heine, Reisebilder, Ottobrunn 1983, 458), er zeichne „ein großes allegorisches Schlachtengemälde" (Brüggemann 279), wo unter dem erbarmungslosen Gesetz der Konkurrenz „jeder in wahnsinniger Angst, um sein bißchen Leben zu fristen, sich durchdrängen will", und „derjenige, der zu Boden fällt, auf immer verloren ist" (Heine 459). Die Rede vom Offenbarwerden der verborgendsten Geheimnisse scheint mir auch insofern interessant, als Poe ja mit der Bemerkung einsetzt, es gebe Geheimnisse (des einzelnen Menschen, der aber ein einzelnes Allgemeines ist), die sich *nicht* aussprechen lassen...

[273] Eugène Sues Roman *Les Mystères de Paris* ('Die Geheimnisse von Paris') erschien ab 1842 (also erst nach *The Man of the Crowd*) zunächst als Fortsetzungsroman im JOURNAL DES DÉBATS (mit sensationellem Erfolg). Poe äußert sich zur englischen Übersetzung von C.H.Town in seinen *Marginalien* (vgl. Bd.10, 741–48), wobei er jedwedes soziale Engagement bei Autoren als einen 'ganz gewöhnlichen Trick', der die Verkäuflichkeit des Buches heben solle, abqualifiziert. Daß er zudem bei Sue ein Plagiat aus seiner eigenen Geschichte *The Murders in the Rue Morgue* entdeckt haben will, gilt als kaum haltbar, da deren erste französische Bearbeitung erst 1846 erschien (vgl. die Anm. der Hrsg. in Bd.10, 972; in der heute verbreiteten dt. Übers. von N.O.Scarpi, welche die Bearbeitung / Kurzfassung von François Fosca zugrundelegt, ist die von Poe monierte Affen-Episode nicht enthalten). Was realistische Großstadtschilderungen angeht, gibt dieser gewiß verwickelt strukturierte, aber auch mit sehr künstlichen Lösungen (vgl. die Verwandtschaftsverhältnisse und zufälligen Begegnungen) und Reißbrett-Figuren arbeitende Roman eigentlich wenig her; die Schilderungen von Gewalt, Ausbeutung und Edelmut geraten überwiegend klischeehaft.

[274] Wiederum Brüggemann verweist auf die *Sketches by Boz* von 1836 (im selben Jahr erschien in den USA ein Raubdruck), die ganz offenbar Poe, der sie enthusiastisch rezensiert habe, „als Material

Geschichte spielt, ist London — dort hat Poe sein sechstes bis elftes Lebensjahr verbracht, ist dort zur Schule gegangen (seine Schulerfahrungen hat er u.a. in *William Wilson* einfließen lassen). Großstadteindrücke, wie er sie damals in London sammeln konnte, waren zwischen 1815 und 1820 in den USA noch gar nicht möglich. Man darf eben nicht vergessen, daß die Bevölkerung der USA im Geburtsjahr Poes (1809) gerade mal sieben Millionen Menschen betrug.[275] *The Man of the Crowd* erwähnt New York während einer Nachtszene als die bevölkerungsreichste Stadt Amerikas: „The street was a narrow and long one, and his course lay within it for nearly an hour, during which the passengers had gradually diminished to about that number which is ordinarily seen at noon on Broadway near the park — so vast a difference is there between a London populace and that of the most frequented American city" (P 479). Um 1750 zählte London bereits 750.000 Einwohner, 1800 waren es 860.000.[276] In New York hingegen lebten im Jahr 1800 ganze 60.515 Menschen. Ihre Zahl wuchs freilich sehr rasch: 1820 hatte sie sich mehr als verdoppelt auf 123.706[277], und 1840, als diese Story erschien, erneut weit mehr als verdoppelt.[278] Im Sommer 1838 war Poe mit seiner kleinen Familie (Maria Clemm und Virginia) von New York nach Philadelphia gezogen, eine Stadt, „in der spätestens um zehn Uhr abends jedes Leben aufhörte", und die doch mit 220.000 Einwohnern die damals zweitgrößte der USA war.[279] Er blieb dort bis 1844, dann zog er wieder zurück nach New York. Eindrücke aus beiden Städten gesellten sich so zu den Londoner Kindheitserinnerungen.

Die Londoner Zeit war für Poe eine *relativ* glückliche gewesen[280], und der Ich-Erzähler befindet sich, nach monatelangen gesundheitlichen Problemen, auf dem Wege der Besserung; dies wird als Grund für seine gehobene Stimmung angeführt, in der er durch die Scheiben eines Hotels das Treiben draußen auf der Straße beobachtet, mit gelassener Aufmerksamkeit: „I felt a calm but inquisitive interest in every thing" (P 475). Muße und lustvoll-entspannte Beobachtung lassen ihn das 'Neue' des mit anbrechender Dunkelheit zunehmenden Gedränges draußen wahrnehmen: „At this particular period of the evening I had never before been in a similar situation, and the tumultuous sea of human heads filled me, therefore, with a delicious *novelty* of emotion" (P 475 b). Ein vertrautes Poe-Element, wie diese Betonung des Niewahrgenommenen, Niegesehenen ist auch die scharfe Innen-Außen-Trennung, die dadurch aufgelöst werden wird, daß der Beobachter sich 'nach draußen' begibt und sich ins Gewühl stürzt; schon jetzt 'absorbiert ihn' die Betrachtung des Draußen: „I gave up, at length, all care of things *within* the hotel, and became absorbed in contemplation of

---

gedient" hätten (a.a.O., 280; vgl. in der dt. Ausg. von Schumann/Müller Bd.6, 146-58: Poe zu Charles Dickens, Watkins Tottle und andere Skizzen (Watkins Tottle, and Other Sketches, Illustrative of Every-Day Life, and Every-Day People. By Boz.. Philadelphia: Carey, Lea and Blanchard, in: THE SOUTHERN LITERARY MESSENGER, Juni 1836)).

[275] Quelle: Reader's Digest Universal Lexikon in 3 Bdn., Stuttgart/Zürich/Wien o.J. (ca.1967), 1338
[276] Quelle für diese beiden Daten: MERIAN: London, Mai 1991, 158
[277] Quelle für diese beiden Daten: MERIAN: New York, November 1987, 169
[278] F.Zumbach gibt für 1837 bereits eine Einwohnerzahl von etwa 300.000 an (vgl. E.A.Poe, 344)
[279] Walter Lennig, Poe (mit Selbstzeugnissen und Bilddokumenten), 87
[280] Das schlägt sich in *William Wilson* in dem Satz nieder: „It gives me, perhaps, as much of pleasure as I can now in any manner experience, to dwell upon minute recollections of the school and its concerns" (P 627).

the scene *without*" (P 475 b). Beide Elemente werden hier auf eine eher unspektakuläre, wenig sensationelle Szenerie angewandt, und die glückhafte Stimmung erstreckt sich auf so gewöhnliche Tätigkeiten wie das Atmen (wir erinnern uns: der Atemverlust signalisiert Krise, insofern konsequent, daß ruhiges 'Durchatmenkönnen' Harmonie ausdrückt) sowie (ebenfalls zunächst dezent) auch auf solche Quellen, die sonst Leid und Schmerz hervorrufen können („and I derived positive pleasure even from many of the legitimate sources of pain"). Eine Story der leisen Töne eben. Doch diese Elemente werden später nach dem Prinzip der Steigerung wiederaufgenommen: Der einzelne Mann, der dann die ganze Aufmerksamkeit des Erzählers auf sich ziehen wird, zeigt einen Ausdruck, wie der Erzähler ihn *noch nie auch nur annähernd gesehen* zu haben meint; der Massenmensch *flieht* tatsächlich *vor seinem Innern, indem er versucht, sich von der Außenwelt absorbieren zu lassen*; und die Verfolgungsjagd, auf die der Erzähler sich begibt, wird etwas entschieden *Selbstquälerisches* annehmen, so daß schließlich durchaus kein Vergnügen, nicht einmal ein masochistisches, mehr daraus gezogen werden kann.

Die Erzählung teilt sich ziemlich genau in zwei Hälften[281], die erste ist der Beobachtung der Masse, die zweite der eines Einzelnen gewidmet. Der Erzähler registriert die vorbeihastenden Menschen zunächst quasi-phänomenologisch als 'reines Phänomen', depersonalisiert sie zu einem heftig bewegten Meer von Köpfen („tumultuous sea of human heads"[282]), thematisiert sie davon ausgehend „abstract and generalizing" als Abstrakt-Allgemeines, Herden-Ganzes, „the passengers in masses"; danach versucht er Typen zu unterscheiden, gelangt dabei durch Vergleich zu konkreten Einheiten, Gruppen-, Schichten- und Klassenzugehörigkeiten (er verwendet den Ausdruck *class*, den man hier natürlich nicht marxistisch verstehen darf), um sich schließlich auf einen konkreten Einzelnen zu konzentrieren und seinen Bewegungen über längere Zeit zu folgen. Die Thematisierungsweise geht also vom Unbestimmt-Konkreten zum Bestimmt-Konkreten, über das Abstrakt-Allgemeine, Konkret-Allgemeine und Konkret-Einzelne; am Schluß wird der Thematisierende ins Unbestimmte zurückgeworfen, indem er sein „Es läßt sich nicht lesen" bestätigt bekommt; dennoch ist das Ergebnis nicht Null, sondern er hat etwas über die Massenseele herausbekommen, am Beispiel des Verhaltens eines Einzelnen. Im Kern ist dies eine solide Verfahrensweise (auch wenn sie nicht dialektisch konsequent entwickelt wird, Poes Interesse ist ja auch nicht primär ein methodologisches): eine Spielart der ehrwürdigen 'analytisch-synthetischen Methode'.[283]

---

[281] Ein Konstruktionsprinzip, das Poe mehrfach angewandt hat, z.B. in *The Premature Burial*: dort schildert der Erzähler genau ab der Hälfte des Textes seinen eigenen Fall.
[282] Eine Parallele zu Heines Beschreibung, wo es heißt: „noch immer starrt in meinem Gedächtnisse dieser steinerne Wald von Häusern und dazwischen der drängende Strom lebendiger Menschengesichter mit all ihren bunten Leidenschaften, mit all ihrer grauenhaften Hast der Liebe, des Hungers und des Hasses — ich spreche von London. Schickt einen Philosophen nach London (...); und wie die Menschenwogen ihn umrauschen, so wird auch ein Meer von neuen Gedanken vor ihm aufsteigen" (Englische Fragmente, in: Reisebilder, 457f.).
[283] Die analytisch-synthetische Methode, so als Oberbegriff gefaßt, fand spezifische Ausprägungen u.a. in Descartes' resolutiv-kompositiver Methode (vgl. *Discours de la méthode*, 1637), Hegels dialektisch-spekulativer Methode, Marx' „Methode der politischen Ökonomie" (vgl. MEW Bd.13,

Anders gesagt, die Bewegung jenes 'menschlichen Meeres' versetzt den Erzähler in innere und schließlich in äußerliche Bewegung; die Thematisierungsweise ist ein Weiterschreiten, und das Schreiten wird dem Betrachter auch physikalisch aufgenötigt, da er sich 'gezwungen' sieht, von der bloß abgehobenen Beobachterperspektive tendenziell in eine Teilnehmerperspektive hinüberzuwechseln, Hut und Mantel zu ergreifen, das Hotel zu verlassen und selber zu einer bewegten Gestalt in dem 'Meer menschlicher Köpfe' zu werden. Seine *innere Lenkung* geht dabei in ein *Von-außen-Geleitetwerden* über, je mehr und je länger er sich dazu verurteilt, seine Bewegungen von denen des Mannes, dem er folgt, bestimmen zu lassen. Die Ziellosigkeit, der er sich von nun an unterwirft, ist für ihn selbst dadurch abgeschwächt und aufgehoben, daß sein Ziel eben darin besteht, den Bewegungen jenes Anderen zu folgen, die sich, nach Maßstäben rationalen Handelns, als 'ziellos' erweisen; wenn aber das Ziel des Mannes darin besteht, sich selbst, sein Inneres, zu vergessen, hat sein Herumgerenne *insofern* freilich ebenfalls sehr wohl Zweck und Ziel.

Wenn der Betrachter vom gestaltlosen Herden-Ganzen zu Einzelheiten („details") übergeht, betrachtet er „with minute interest the innumerable varieties of figure, dress, air, gait, visage, and expression of countenance" (P 476). Solche Einzelheiten sind, als Besonderes, im Herden-Ganzen 'aufgehoben', d.h. sowohl untergegangen als auch aufbewahrt; es käme nun darauf an, die allgemeinen Gesetzmäßigkeiten dieser Massenbewegungen über eine Herausdestillierung besonderer Gesetzmäßigkeiten herauszufinden (auch das Meer folgt ja Gesetzmäßigkeiten wie Ebbe und Flut bzw. den sie verursachenden Kräften, wird von Stürmen aufgewühlt usw.). Von den Einzelfällen, auf die er achtet, geht der Erzähler zu *Typisierungen* über, und dabei sind es einmal mehr die Unfälle, das *Stolpern*, worauf hier Poes Augenmerk fällt: In diesem Fall, wo es um soziale Beziehungen geht (die in der Masse eigentlich Nichtbeziehungen bzw. nur schwundstufig sind, keine 'echten' Beziehungen), sind es die *Kollisionen*, die ihn interessieren, und wie die Betreffenden darauf reagieren. Es entbehrt nicht der Ironie, so auf die *Unwirklichkeit* sozialer Beziehungen in der Anonymität der Masse hinzuweisen: Die 'Atomisierung' der Menschen zeigt sich im zufälligen, atomgleichen Aufeinanderstoßen, das Sich-in-der-Masse-Bewegen ist wesentlich auch ein

---

631ff.) und beim 'späten' Sartre (vgl. *Questions de méthode*, 1960, dt. Marxismus und Existentialismus, Reinbek 1965), deren Methoden je nachdem, welcher Status dabei den totalisierenden Zugriff (als in sich vermitteltem Rück- & Vorgriff) auf ein konkretes Ganzes zukommt, voneinander differieren. Nicht nur bei dem im engeren Sinne *dialektischen* Methodentypus, dem die drei letztgenannten Autoren angehören, sondern auch in den *alltagspraktischen Verfahren* (aus denen das analytisch-synthetische entwickelt wurde), kann die Abfolge jeweils mit dem Dreischritt 'konkret — abstrakt — konkret' beschrieben werden: Ausgangspunkt ist stets das Begegnen eines lebensweltlichen Ganzen (das 'konkret' in der wörtlichen Sinne des 'Zusammengewachsenen' ist, es ist nämlich eine in sich vielfältige Einheit mannigfacher Bestimmungen), dieses wird 'zerlegt', getrennt, auf allgemeine Bestimmungen zurückgeführt (Detotalisierung), doch um es in seiner spezifischen Konkretheit 'begreifen' zu können (das analytische Moment wird also synthetisch 'aufgehoben', immanent kritisiert und überschritten, um so die ursprünglich relativ unbestimmte Totalisierung nun als konkret in sich bestimmte Gedankentotalität zu retotalisieren). Das Verfahren des Erzählers von *The Man of the Crowd* wird von Poe als ein 'alltagspraktisches' Verfahren geschildert, das relativ spontan einer bestimmten Situation entspringt und insofern relativ 'luxurierend' und abgehoben ist, als es keinen unmittelbar lebenspraktischen Zwecken dient.

Von-der-Masse-Bewegtwerden.[284] Aus der Art und Weise, *wie* hier jeweils reagiert wird, ergibt sich schon eine Art Typologie.

Da sind die Geschäftsmäßig-Betriebsamen mit ihren zufrieden-beflissenen Mienen und lebhaft rollenden Augen, sie scheinen allein bestrebt, sich ihren Weg zu bahnen, und wenn sie angerempelt werden, streichen sie lediglich ihre Kleidung glatt und eilen weiter ohne Anzeichen von Ungehaltenheit.[285] Die Mitglieder einer zweiten Gruppe zeigen ihre Anpassungsbereitschaft etwas anders, durch eine Art von vorauseilendem Gehorsam, der schon leicht 'hysterische' Züge aufweist: Sie lächeln übertrieben und verbeugen sich überschwenglich vor den Remplern, in klassischer 'Identifikation mit dem Angreifer', wovon sie sich in einer Ellbogengesellschaft Überlebensfähigkeit versprechen. Beide Typen sind anständig gekleidet und werden vom Erzähler als Durchschnittler der Gesellschaft eingeschätzt, wobei sie unter dem Etikett 'Selbständige' durchaus heterogen zusammengewürfelt sind: „noblemen, merchants, attorneys, tradesmen, stock-jobbers", Müßige und eigenverantwortlich Tätige, die nicht groß seine Aufmerksamkeit erregen. (Zu ihnen würde auch Poes Pflegevater John Allan mit seinen Kaufmannstugenden wie Geschäftsmäßigkeit und Ordentlichkeit gehören.) Noch verächtlicher werden ihre Handlanger geschildert, vor allem die „junior clerks of flash houses", junge Herrchen mit geckenhaftem Gehabe, die sozusagen die abgelegten Manieren der Nobelwelt auftragen („They wore the cast-off graces of the gentry; — and this, I believe, involves the best definition of the class", P 476). Hier kommt auch Selbsthaß zum Ausdruck, hatte Poe als junger Mann doch selber versucht, solch pseudo-aristokratischen Narzißmus zur Schau zu tragen und war dabei auf John Allan wie auf einen Vorgesetzten angewiesen geblieben. „The gamblers", „the dandies", „the military men" (P 477): das alles war er selber gewesen. Die Spieler sprechen gedämpft und haben abgespreizte Daumen vom Kartenmischen und -zinken, während höhere Büroangestellte sich durch ein abstehendes rechtes Ohr ausweisen, hinter dem sie ihr Schreibzeug bereitzuhalten pflegen und dessen Gehörgang der Stimme ihres Chefs entgegenbuckelt. Davongetragene Macken und Deformationen, Sedimente der noch harmloseren Art. Er steigt nun die Skala gesellschaftlicher Angesehenheit weiter hinab, auch dabei blitzt manchmal eine versteckte Identifikation auf, kennt er den 'Abstieg' doch aus eigener Erfahrung. Geschildert werden, oft nicht ohne Klischees, jüdische Händler, Bettler, Straßendiebe, Prostituierte und Trinker, gemeinsam ist allen eine gewisse geräuschvolle Munterkeit, die den Beobachter unangenehm berührt und durchaus an die forcierte Maskenhaftigkeit

---

[284] Brüggemann drückt dies (im Anschluß an Benjamin und Adorno) so aus: „Poes Figuren bewegen sich in einem von allen wirklich kommunikativen Situationen entleerten gesellschaftlichen Zwangszusammenhang, der nur den reflektorischen Bezug der Subjekte aufeinander zuläßt"; der gesellschaftliche Mechanismus erscheine bei Poe „gleichsam rein in seiner verdinglichten Form" (a.a.O., 281). Die *Maschinenhaftigkeit* der Menschen in der Masse findet sich in der Tat auch bei Heine (1828) betont: „Aber schickt keinen Poeten nach London! Dieser bare Ernst aller Dinge, *diese kolossale Einförmigkeit, diese maschinenhafte Bewegung*, diese Verdrießlichkeit der Freude selbst, dieses übertriebene London unterdrückt die Phantasie und zerreißt das Herz" (Reisebilder, 458; H. v. mir, T.C.).
[285] Ich erinnere mich, daß ich einmal in einem Gartenbaubetrieb, wo ich als Neunzehnjähriger arbeitete, den trefflichen Rat erhielt: „Du mußt nur immer wissend gucken und schnell laufen, dann kann dir nichts passieren." Der erfahrene Arbeiter Horst Timke war offenbar ein ähnlich guter Beobachter wie Poe...

der Festgesellschaft aus *The Masque of the Red Death* denken läßt. Der Ausdruck *the mob*, der hier mehrfach vorkommt, wird von Poe auch sonst gern verwendet, seine Verachtung sowohl der Vornehmen als auch der einfachen Leute ließ ihn gewissermaßen aus allen Kategorien herausfallen in die Rolle eines misanthropischen Beobachters. Als freier Schriftsteller ohne festes Einkommen, dann wieder Angestellter in einer Redaktion, ist er sozusagen ein Wanderer zwischen den Welten, der sich zwischen Muße und harter selbstverantwortlicher Arbeit bewegt, zwischen einer Vergangenheit, die er zu vergessen versucht, die ihm aber nachhängt, und einer offenen, unsicheren Zukunft.

Die Schilderungen der verschiedenen Typen drohen etwas langatmig zu werden, der Wechsel zur Konzentration auf eine einzelne Person ist geeignet, die erlahmende Aufmerksamkeit des Lesers neu zu wecken. Zumal die Plötzlichkeit des Perspektivenwechsels betont wird und ein zweites Mal der Eindruck der *novelty*, des Niegesehenen („Any thing even remotely resembling that expression I had never seen before") — der Mann, an dem nun so nachhaltig eingehakt wird, eignet sich angeblich geradezu als Verkörperung des Leibhaftigen, „the fiend" (P 478). Wirre und paradoxe Vorstellungen befallen den Erzähler bei diesem Anblick, so daß man überlegt, ob nicht erneut ein autobiographischer Aspekt dabei eine Rolle spielt (auch das 'Niegesehenhaben' müßte dann eine *spezifische* Bedeutung annehmen).

Was ist an diesem alten Mann von 65 oder 70 Jahren so Besonderes? Das Adjektiv *decrepit* bedeutet *hinfällig, klapprig, abgelebt, verbraucht* — bei 'verbraucht' fällt der *Man that Was Used Up* ein, und obzwar es sich hier nicht um einen 'künstlichen Menschen' handelt, so deutet doch der *Gesichtsausdruck* des Mannes, die Physiognomie (vgl. Poes Interesse an 'Schädellehre'!) und darüber hinaus offenbar die ganze Haltung, *the manner*, wie Poe sonst gern sagt, auf eine *wild history* hin, die der Erzähler spekulativ hinter solcher Erscheinung vermutet. Wie ist dieser Mann so *geworden*? In der Erscheinung drückt sich das *Wesen* aus, Hegel pflegt dies mit dem *Gewesenen*, der aufgespeicherten Geschichte zu assoziieren: jedes Etwas hat sein Gewordensein als Zug an ihm — Poe scheint da ganz ähnlich zu denken. Seit einiger Zeit schon hat sein Erzähler das Gefühl, mit einem kurzen Blick auf einen Vorübergehenden die Geschichte langer Jahre in komprimierter Intuition (Anschauung eines Ganzen) *lesen* zu können. Die *wesentlichen* Eigenschaften eines Menschen, dieses Mannes, als *interne* Bezüge, die auf Gelebtes verweisen, Rückstände eines LebensLAUFES, *erscheinen* für den Betrachter in seinem *Äußeren*, obzwar sie sich, wie sich erweisen wird, nicht vollständig *offenbaren*, so daß die Geschichte sich aus dem Verhalten allein nicht ablesen läßt, das Wesen (das in der Charakterisisierung *Man of the Crowd* zusammengefaßt werden wird) jedoch als eine Art strukturelle Gesetzmäßigkeit *erschlossen* werden kann (und jeder Schluß ist eben, um noch einmal Herrn Hegel zu bemühen, ein Vermittlungsvollzug zwischen dem Allgemeinen, dem Besonderen und dem Einzelnen). Die unterstellten Eigenschaften, die sich dem Betrachter als 'wirre und paradoxe Vorstellungen' aufdrängen, sind „the ideas of vast mental power, of caution, of penuriousness, of avarice, of coolness, of malice, of blood-thirstiness, of triumph, of merriment, of excessive terror, of intense — of supreme despair. I felt singularly aroused, startled, fascinated" (P 478). Das Begehren, dem Mann auf der Spur zu bleiben, ist unwiderstehlich: „a craving desire (...) to know more of him."

Die aufgezählten Eigenschaften machen hellhörig: Geisteskraft, Vorsicht, Geiz, Herzenskälte und Bosheit dürften allesamt recht gut auf Poes Pflegevater John Allan zutreffen, wenn auch 'Blutdurst' (ungeachtet eines gewissen Sadismus Allans) zu weit ginge. Die folgenden Eigenschaften hingegen — Triumph, Fröhlichkeit, exzessiver Schrecken und intensive, äußerste Verzweiflung — könnten Projektionen auf seinen *wirklichen* Vater, David Poe, sein, den gescheiterten, von Kritikern verhöhnten Schauspieler, der zu abrupten Stimmungsumschwüngen geneigt haben soll, nervös, reizbar, empfindlich war und unzuverlässig wegen seiner Neigung zum Alkohol. Er verließ seine Frau, Poes Mutter Elizabeth, die im Gegensatz zu ihm als Schauspielerin sehr beliebt und erfolgreich war, als Edgar erst eineinhalb Jahre alt war, verschwand spurlos und tauchte nie wieder auf, starb wahrscheinlich relativ bald darauf in irgendeiner armseligen Absteige. Das 'Niegesehenhaben' nähme in diesem Fall eine besondere Bedeutung an, denn Edgar hatte ja kaum bewußte Erinnerungen an seinen Vater, und das Begehren, mehr über ihn zu erfahren, wäre nur allzu verständlich. Heißt nicht das Hotel, aus dem der Erzähler schaut, „D—" wie David? Vielleicht geht eine solche Interpretationsmöglichkeit zu weit, sie ist nicht verifizierbar, und wäre auch mit Sicherheit nicht die *alleinige* Lesart, die hier eine Rolle spielt; der Bezug mag immerhin *mitgespielt* haben. *The Man of the Crowd* ist eine Story, in der Menschen *kein Wort miteinander sprechen* (es gibt nur Selbstgespräche des Erzählers), und als John Allan die Briefe seines Pflegesohns nicht mehr beantwortete, dürfte dies für Poe wie eine Wiederholung jenes Sichentziehens und jener stummen Verweigerung gewesen sein, die er von seinem leiblichen Vater erfahren hatte. Allemal erscheint mir die These, daß hier reale und mutmaßliche Eigenschaften *beider* Väter kombiniert werden, plausibler als Marie Bonapartes verengende, mit allzu großer Sicherheit vorgetragene These, es handle sich „zweifellos" um einen „heruntergekommene(n) John Allan, der mehr Jahre angekreidet bekam, als er in Wirklichkeit erreicht hatte"[286], und der hier als ein Verbrecher, nämlich als der Mörder von Edgars geliebter Mutter (wobei Elizabeth Poe und Frances Allan ineinandergeblendet werden) porträtiert werde, den die Last dieser Tat ruhelos umhertreibe.[287]

Was auf jeden Fall deutlich wird, ist eine gewisse *Identifikation* des Erzählers mit dem Mann, dem er nun folgt: Im Schein von Laternen glaubt er zu erkennen (eigentlich unglaubwürdig!), daß der alte Mann unter seiner zerlumpten Kleidung feine (wenn auch dreckige) Wäsche trägt, also wohl 'eigentlich' ein vornehmer Mann ist, den unglückliche Umstände so weit heruntergebracht haben (Parallele zum gefallenen Pseudoaristokratensproß Edgar, auch zu Dupin, Legrand und anderen seiner Protagonisten!). Daß er einen Diamanten und einen Dolch bei sich zu tragen scheint, *könnte* ihn als professionellen Räuber ausweisen, die Verfolgung des Mannes nimmt damit den Hauch einer Detektivgeschichte an, doch ist dies eher ein vordergründig die Spannung schürendes Element, das den Vorsatz des Verfolgers, ihm auf den Fersen zu

---

[286] Edgar Poe. Eine psychoanalytische Studie, Bd.II, 316f.
[287] Nun war ja John Allan an Frances' Tod in der Tat nicht schuldlos, doch ebensowenig David Poe am Tod Elizabeths, insofern erscheint mir M.Bonapartes Verengung schon *immanent* fragwürdig; man muß aber, wie ich im folgenden zu zeigen versuche, den Text überhaupt nicht auf die Unterstellung eines real begangenen Verbrechens hin einengen, sondern die These, hier werde ein 'unspezifischer Schuldkomplex' thematisiert, hat m.E. manches für sich.

bleiben, wohin immer er auch gehen werde, äußerlich rationalisiert.[288] Ein rationalisierendes Moment ebenfalls, daß das Gedränge ihn 'nötige', dem Alten praktisch unmittelbar auf dem Fuße zu folgen.

Das Verhalten *beider* zeigt nun stark *rituelle* Züge, der Erzähler entwickelt eine Art 'Verfolgerwahn'[289], sozusagen einen umgekehrten Verfolgungswahn, während der Verfolgte ihn nicht bemerkt, auch nicht, wenn er fast neben ihm geht, aus Angst, ihn aus den Augen zu verlieren. (Es gibt hier eine Parallele zu der schon 1833 erschienenen Erzählung *MS Found in a Bottle*, wo jene alten, gebrechlichen Männer auf dem Geisterschiff den Schiffbrüchigen, den es zu ihnen an Deck verschlagen hat, partout nicht bemerken, auch nicht, wenn er unmittelbar vor ihnen und zwischen ihnen steht.) Der Voyeurismus kontinuierlicher Beobachtung hat einen sadistischen Zug, die kräfteaufreibende Dauerverfolgung hingegen zunehmend einen masochistisch-selbstquälerischen; beides fließt zusammen. Symbolisierung von 'Außenlenkung' scheint im Spiel, wenn der „odd effect" geschildert wird, den der Wetterwechsel auf die Menge hat: quasi synchron, wie nach dem Schema eines bedingten Reflexes, werden unzählige Schirme gen Himmel gereckt (Poe als Sozialbehaviorist!). Der Erzähler hingegen bindet sich ein Taschentuch vor den Mund, was den Regen freilich wenig abhalten dürfte, ihn aber zum 'Maskierten' macht, so wie wenn Kinder *Räuber & Gendarm* spielen (maskiert ist dabei in der Regel der Räuber, hier schimmert erneut Identifikation durch wie dreckige feine Wäsche: der Detektiv ist ebenfalls ein Asozialer, und in seinen Kautschukschuhen kann er sich lautlos im Dschungel der Großstadt bewegen wie ein Raubtier). Der alte Mann läßt kein bestimmtes Ziel erkennen: „He crossed and re-crossed the way repeatedly, without apparent aim (...). I was surprised, however, to find, upon his having made the circuit of the square, that he turned and retraced his steps. Still more was I astonished to see him repeat the same walk several times — once nearly detecting me as he came round with a sudden movement" (P 479). Das sähe nach freiem, regellosem Spiel aus, wäre da nicht der Eindruck von Getriebenheit. Der Erzähler nennt es „exercise", Übung, und verstärkt damit den Eindruck eines sportlichen Rituals. In den abrupten äußeren Schwenks und dem Dahineilen scheint sich eine heftige innere Bewegung verquer auszuleben: die Aktionen des Mannes wirken (mit einem Ausdruck aus der Ethologie / Verhaltensforschung) wie Übersprunghandlungen, wie das Hin- und Herfedern und -wanken von Käfigtieren, Reflexketten, um innere Spannungen abzubauen, die sich jedoch unverzüglich von neuem aufzubauen scheinen. Ein Vergessenwollen, selbstsuggestiv durch den Eindruck, das Ziel *tatsächlich* vergessen zu haben, doch dabei genötigt, sich immer neue

---

[288] Viel zu sehr verengend und oberflächlich ist die Interpretation von Link, für den der alte Mann sich zweifelsfrei „eines Verbrechens schuldig gemacht" hat, „das ihn aus der Gesellschaft der Menschen ausschließt", und das der Ich-Erzähler nicht herausbekommen ('lesen') kann (Franz H.Link, Edgar Allan Poe – Ein Dichter zwischen Romantik und Moderne, Frankfurt/M. & Bonn 1968, 224). Das Geheimnis des Mannes, sein mysteriöser Bezug zu der ihn umgebenden Menge, verbirgt sich für Link in der Möglichkeit weiterer Verbrechen oder Vergehen „gegenüber der Gesellschaft" — der Erzähler wird jedoch „nicht Zeuge eines seiner Verbrechen. Dementsprechend bleibt ihm das Geheimnis verborgen" (229).
[289] Eine hübsche Parallele dazu findet man etwa 100 Jahre später in Dylan Thomas' Erzählung *The Followers* (siehe in: drs., The Collected Stories, London 1992, 329–36).

Zwischenziele einzureden. Der Anblick einer Seitenstraße scheint hinreichend, um die Schritte dorthin zu lenken, egal ob man ihr Pflaster schon vorhin einmal abgraste oder nicht. Ein Hunger, für den es keine Nahrung zu geben scheint, Engagements vorgaukelnd, ein wachsamer Tran, der manchmal die 'unglaubliche Behendigkeit' von Stevensons Mr.Hyde erreicht, gespeist durch Rückstände aus unerfindlichen Quellen und Schallgruben und darum alarmierend wirkend. 'Absurdes' Verhalten, geeignet, jene 'paradoxen' Vorstellungen, die dem Beobachter sogleich beim Anblick des Mannes kamen, zu bestätigen, auf ungelöste Konflikte hinweisend, vielleicht auf *objektive* Widersprüche, die den Mann wie eine Marionette ins Leere laufen lassen. Verselbständigte Bewegung als Ausdruck von Blockierung, Hektik als Form des Stillstands, Fortschreiten als Auf-der-Stelle-Treten. Angesichts dieser Inszenierung von 'Fort-Schritt' ist sicherlich daran zu denken, daß Poe den diesbezüglichen Optimismus vieler seiner Zeitgenossen (Teil der offiziellen amerikanischen Ideologie) nicht teilte.

Auffällig, daß die gängigen Befriedigungsversprechen und Beruhigungsmöglichkeiten, welche die warenproduzierende Gesellschaft ihren verwalteten Mitgliedern anbietet, den alten Mann sowohl anziehen als auch *zurückweisen*: Warenansammlungen, kulturelle Einrichtungen und die Droge Alkohol sind hier explizit im Visier. Quer durch den Schwarm der Käufer und Verkäufer bahnt er sich seinen ziellosen Weg („he forced his way to and fro, without aim, among the host of buyers and sellers"). „He entered shop after shop, priced nothing, spoke no word, and looked at all objects with a wild and vacant stare" (P 480). Der Anblick der angebotenen Waren fasziniert ihn offenkundig[290], doch vielleicht ist er nicht finanzkräftig genug, um seinem Begehren nachzugeben, oder vielleicht ist sein Dabeisein als *potentieller* Kunde ihm Dabeisein genug (solch imaginäre, pseudosublime Selbstbestätigung von Konsumentenkompetenz kann man oft genug bei anonym durch Kaufhäuser Streichenden beobachten, die mit taxierenden Blicken an und in Waren herumtasten). Weder das eine noch das andere 'Einbezogensein' hält freilich vor, und genau davon lebt ja die kapitalistische Warenflut, daß sie das Begehren stets nur vorübergehend und scheinhaft bindet, in Wahrheit aber schlecht-unendlich verschiebt und verewigt. Nicht einmal die ohnehin sehr reduzierte Kommunikation zwischen Kunde und Verkäufer — hier treffend stichwortartig skizziert als ein Erfragen bzw. Nennen von Warenpreisen — findet statt. Eine lautdröhnende Glocke signalisiert den Ladenschluß, so wie die tönende Standuhr in *Red Death* das Entfliehen der Zeit ausspricht, die hier freilich bloß 'totge-

---

[290] Einen frühen Exkurs zum Thema Warenfetischismus liefert auch Heinrich Heine, wenn er die das Auge ansprechende Anordnung der Waren in den Schaufenstern herausstellt: „die Kunst der Aufstellung, Farbenkontrast und Mannigfaltigkeit gibt den englischen Kaufläden einen eigenen Reiz; selbst die alltäglichsten Lebensbedürfnisse erscheinen in einem überraschenden Zauberglanze; gewöhnliche Eßwaren locken uns durch ihre neue Beleuchtung" (Reisebilder, 460), und ihm fällt auch auf, daß die ernsthaften Mienen der Menschen und die Gleichförmigkeit ihrer Kleidung zu diesem Glanz in einem seltsamen Kontrast stehen. Die Schlüsselrolle des Geldes in dieser Marktmetropole sieht er klar, wenn er vorschlägt, „jene Straße, die von der Börse nach Downingstreet führt, als die Pulsader der Welt zu betrachten" (458). Englands Nobility betrachte „die ganze Welt als ihr Eigentum", denn Gold sei ihr Talisman und Zaubermittel (461), und an solchen Bessergestellten zeige sich auch ein wechselseitiger Einfluß der Kulturen (exemplifiziert zwischen Engländern und Franzosen), es ist jenes Zusammenrücken, das sich der Herstellung des Weltmarktes verdankt.

schlagen' scheint. Der das Gitter vorlegende Ladenbesitzer sperrt den Alten aus oder bestätigt vielmehr bloß dessen Ausgesperrtsein, rempelt ihn dabei an, ein Schauder scheint den Gerempelten zu durchlaufen, reißt ihn aber nicht aus seiner solipsistisch abgeschlossenen Innenwelt. Der alte Mann eilt weiter, passiert dabei, den Beobachter im Schlepptau, das D–Hotel (man hat sich also im Kreis bewegt), erbleicht, scheint ratlos, wendet sich dann einem der führenden Theater zu, doch dieses wird gerade geschlossen, auch hier wird ihm also keine Zuflucht. Ratlos ist auch der Beobachter — alle Gesten sind überzeichnet und dennoch realistisch, stummfilmähnlich. Der Alte wirft sich unter die abziehenden Theaterbesucher, nach erneutem Umhertappen fällt ihm von neuem ein Ziel ein, von dem er so tun kann, als habe er es. Ironischerweise wird sein Umherirren ja nur dann deutlich, wenn man ihn über längere Zeit kontinuierlich im Auge behält, für einen bloß kurzfristigen Beobachter würde er den Eindruck äußerster Zielstrebigkeit abgeben. Welches Licht wirft es auf die 'Rationalität' einer Gesellschaft, wenn sich die gleiche Konstellation bei noch anderen und vielleicht vielen bestätigen sollte? Wenn sich die scheinbare Geradlinigkeit sich entwickelnder Makrobewegungen bei genauer Betrachtung als irrationales Chaos herausstellt?

Ein 'scharfer Schwenk' ist nun auch derjenige vom Kulturbetrieb zum Ghetto: „It was the most noisome quarter of London, where every thing wore the worst impress of the most deplorable poverty, and of the most desperate crime" (P 480f.).[291] Hier, wo Schmutz und Verzweiflung sich ballen, ist sozusagen der Tiefpunkt der sozialen Skala erreicht, hier leben die 'Ausgestoßenen', die sich, soweit sie können, mit billigem Fusel zu betäuben versuchen[292], und genau hier flackern die Lebensgeister des Alten

---

[291] Vgl. bei Heine: „Die Armut in Gesellschaft des Lasters und des Verbrechens schleicht erst des Abends aus ihren Schlupfwinkeln" (Reisebilder, 461).

[292] Der Ausdruck *deplorable* (beklagenswert, erbärmlich) bedeutet kein nennenswertes sozialpolitisches Engagement, das Poe auch sonst schwerlich zeigt (außer wenn er auf die miserable Situation von Schriftstellern in den USA hinweist, etwa das fehlende *copyright* moniert); die professionellen Straßenbettler mit ihrer Dreistigkeit und ihren scheelen Blicken (vgl. P 477) erregen vielmehr seinen *ästhetischen* Protest. Freilich, Poe wußte aus eigener Erfahrung, was es hieß, als 'Ausgestoßener' die Nacht unter freiem Himmel verbringen zu müssen. Das Elend von East End, das Viertel, die er als Schüler aus eigener Anschauung kaum kennengelernt haben wird, imaginiert er nicht ohne abstrakte Identifikation. — 1903 veröffentlichte sein amerikanischer Schriftstellerkollege Jack London das anklagende *People of the Abyss*, wobei er nicht nur auf offizielle Statistiken, sondern vor allem auf eigene Erlebnisse unter Betroffenen zurückgriff: Sechs Wochen lang sah er sich in Ost-London um, als einfacher Ex-Seemann verkleidet, sprach mit Arbeitslosen, schmorte in der Warteschlange vor Obdachlosenasylen und würgte die dort angebotene 'Nahrung' herunter, ließ sich von Parkwächtern vertreiben, registrierte Einzelschicksale und inaugurierte ein neues Literaturgenre: die Sozialreportage aus der Teilnehmerperspektive. Für *The Man of the Crowd* aussagekräftig: „'Die Stadt der fürchterlichen Einsamkeit' nennt man oft das East End von London" (In den Slums, Übers. Max Barthel, München 2.Aufl. 1976, 98). Um 1900 hatten in der britischen Hauptstadt 900.000 Menschen weniger als den gesetzlich vorgeschriebenen Wohnraum zur Verfügung (vgl. 99), 38.000 waren in öffentlichen Unterkunftshäusern eingetragen (110), 25% der Kinder von East End starben vor ihrem fünften Lebensjahr (139); im gesamten Vereinigten Königreich verdienten 37,5 Millionen Menschen „weniger als zwölf Pfund Sterling monatlich, und ein stehendes Heer von 8.000.000 lebt gerade an der Grenze der Not. Ein Komitee für Speisung in den Londoner Schulen hat folgende Erklärung erlassen: *In Zeiten, in denen keine besondere Not herrscht*, befinden sich 55.000 Kinder in seinem solchen Zustand von Hunger, daß man denken sollte, sie könnten unmöglich etwas in der Schule lernen" (134f., H. v. London). — Für die Zeit, in der *The Man of the Crowd* spielt, unmittelbar relevant sind die Zahlen, die Friedrich Engels 1845 in *Die Lage der arbeitenden Klasse in England* erwähnt: „In

noch einmal auf, obzwar wie eine Lampe, die kurz vor dem Verlöschen scheint. Er stürzt sich mit einem halben Freudenschrei in „one of the palaces of the fiend, Gin" (P 481), schreitet noch einmal scheinbar kräftig, obschon unvermindert haltlos im Gedränge auf und ab, wird aber vom Wirt mitsamt den anderen hinausgeworfen, die Kaschemme wird geschlossen, erneut sieht sich der Alte mit seiner motorischen Unruhe auf sich selbst zurückgeworfen. Die Verzweiflung ist nun komplett, doch unermüdlich strebt der Eilende 'dem Herzen des mächtigen London' wieder zu (daß die Charakterisierung *heart* für das Stadtzentrum hier von äußerstem Sarkasmus ist, versteht sich). Sein Eilen wird jetzt offen als *Fliehen* bezeichnet („swiftly he fled"), und das Interesse des Verfolgers erreicht nun angeblich seinen Höhepunkt („I followed him in the wildest amazement, resolute not to abandon a scrutiny in which I now felt an interest all-absorbing"). Doch nun ist es dieses hartnäckige Festhalten an der fixen Idee des Aufdeckenwollens, was wie das letzte Aufflackern einer Lampe vor dem Erlöschen wirkt, während der Alte wie ein unabschaltbares Uhrwerk weitertickt. Erneut ein *full circle*: das D–Hotel wird wieder passiert, es ist ein neuer Tag, das Menschengedränge ist so stark wie am Vorabend, für den Verfolgten jedoch scheint Zeit nicht zu existieren, er versucht sie zu ignorieren, so wie mutmaßlich die in ihm 'eingeschlossene' Geschichte.

Den ganzen folgenden Tag über ändert sich sein Verhalten nicht, die Schatten des zweiten Abends ziehen herauf, und endlich erkennt der Verfolger, daß er den Wettkampf gegen den Alten verloren hat, denn er selber ist jetzt todmüde („I grew wearied unto death"), der Alte hingegen läuft weiter wie eine Maschine. Er beschließt, den Alten zu *konfrontieren*, doch was nun der Höhepunkt der Erzählung zu werden verspricht, wird ein Stich ins Leere: In der Tat reagiert der Schmuddelkleidige *wie ein Automat*, der ihm in den Weg Tretende ist für ihn lediglich ein mechanisches Hindernis, kein Adressat einer irgendwie gearteten zwischenmenschlichen Handlung — „stopping fully in front of the wanderer, gazed at him steadfastly in the face. He noticed me not, but resumed his solemn walk, while I, ceasing to follow, remained

---

London stehen jeden Morgen fünfzigtausend Menschen auf, ohne zu wissen, wo sie für die nächste Nacht ihr Haupt hinlegen sollen" (MEW Bd.2, 263). In der Gemeinde St.Philip's im östlichen Stadtteil Bethnal Green gibt es nach Angaben des dortigen Pfarrers „1400 Häuser, die von (...) ungefähr 12.000 Personen bewohnt werden. Der Raum, auf dem diese große Bevölkerung wohnt, ist weniger als 400 Yards (1200 Fuß) im Quadrat, und bei solch einer Zusammendrängung ist nichts Ungewöhnliches, daß ein Mann, seine Frau, vier bis fünf Kinder und zuweilen noch Großvater und Großmutter in einem einzigen Zimmer von zehn bis zwölf Fuß im Quadrat gefunden werden, worin sie arbeiten, essen und schlafen" (261). Auch in Nichtkrisenzeiten wandten sich in England und Wales von den für den Produktionsprozeß „Überflüssigen" (Dauerarbeitslosen) 1,5 Millionen an die Armenverwaltung um Hilfe (317). Zum Thema 'Alleinsein / Atomisierung in der Großstadt' gibt es bei Engels ebenfalls eindringliche Stellen: „Die brutale Gleichgültigkeit, die gefühllose Isolierung jedes einzelnen auf seine Privatinteressen tritt um so widerwärtiger und verletzender hervor, je mehr diese einzelnen auf den kleinen Raum zusammengedrängt sind; und wenn wir auch wissen, daß diese Isolierung des einzelnen, diese bornierte Selbstsucht überall das Grundprinzip unserer heutigen Gesellschaft ist, so tritt sie doch nirgends so schamlos unverhüllt, so selbstbewußt auf als gerade hier in dem Gewühl der großen Stadt. Die Auflösung der Menschheit in Monaden, deren jede ein apartes Lebensprinzip und einen aparten Zweck hat, die Welt der Atome ist hier auf ihre höchste Spitze getrieben. Daher kommt es denn auch, daß der soziale Krieg, der Krieg Aller gegen Alle, hier offen erklärt ist" (257). Poes umherirrender, mit einem Dolch bewaffneter Mann ist dafür ein treffendes Symbol...

absorbed in contemplation" (P 481). Der Alte merkt nicht einmal, daß es sich um eine Konfrontation handeln soll. Angesichts der Verweigerung auch nur der geringsten intersubjektiven Anerkennung, wie sie das bloße Zurkenntnisnehmen der Existenz eines anderen Menschen, schwundstufenhaft genug, darstellen würde, fehlen dem Erzähler zunächst die Worte — er sieht sich aus seinem eigenen verbissenen Bezug auf den Anderen (der, wie sich nun erweist, selbst nur ein pseudo-zwischenmenschlicher Bezug war!) ausgespien und auf sich selbst zurückgeworfen, so wie der Alte aus einer Kneipe gekehrt wurde, in der er nichts genossen hatte. Es dauert eine Weile, bis der Abgeblitzte solches Verhalten für sich selbst zu resümieren vermag: „'This old man', I said at length, 'is the type and the genius of deep crime. He refuses to be alone. *He is the man of the crowd*. It will be in vain to follow; for I shall learn no more of him, nor of his deeds" (P 481 a).

Stilistisch gleicht die Charakterisierung *the man of the crowd* der ebenfalls einer tiefen Verlegenheit und Bestürzung entspringenden *the man that was used up*. Beide stehen am Ende des jeweiligen Textes und kennzeichnen jeweils einen *Typus* von Mensch, dessen irritierendes Verhalten auf einem *fundamentalen Mangel* basiert und dem bei flüchtiger Betrachtung vielleicht überzeugenden, näher betrachtet absurden Versuch, diesen Mangel zu übertünchen. Beide sind Spielarten des 'modernen' und das heißt des 'künstlichen' Menschen. Die Geschichte des Generals läßt sich noch rekonstruieren, die des Massenmenschen nicht. Er ist gleichsam ein wandelndes Nichts. Daß er unter einem Schuldkomplex leidet, kann ihm nur *unterstellt* werden, im einzelnen konkretisierbar ist es nicht.[293] Vielleicht ganz gut, daß sein genauer Werdegang verborgen bleibt, doch im Grunde ist jener so irrelevant wie er selbst. Er kann nicht allein sein, ist aber offenkundig ebenfalls unfähig zu zwischenmenschlichen Beziehungen, hängt also gleichsam im leeren Raum, durch den er sich marionettenhaft treiben läßt, so lange noch rein mechanische, unpersönliche Lebenskraft in ihm ist, die durch seine irrelevante Hülle hindurch autokatalytisch vor sich hin prozessiert. Er ist bewegte Materie, *matter in motion* (Hobbes), verdinglicht durch das, was ihn ausspeit. Von seinem Verfolger nimmt er so wenig Notiz, wie die Behörden und Unternehmen der Massengesellschaft vom tatsächlichen Leben eines ihrer auf Rollen und Mitgliedschaften reduzierten Eingeschriebenen oder Kunden, und das umgekehrte Notiznehmen des beobachtenden Verfolgers führt zu Nichts. Die im Leser aufkeimende Frage 'Worauf soll das bloß hinaus?', ist damit beantwortet: 'Auf Nichts', doch dieses Nichts ist ein potentiell sprechendes, inhaltsvolles, dessen Gesicht sich vor Verzweiflung verzerrt. Der 'Mensch der Masse' muß sich nicht erst annihilieren durch Selbstzerstörung, indem er hybrid dazu getrieben wird, sich selbst zu beweisen, so wie die vom 'Geist der Verkehrtheit' besessenen Protagonisten — *nicht einmal das*, denn als eigenständige Persönlichkeit gibt es ihn gar nicht, *er ist bereits annihiliert*, existiert nur im Stande der Nichtigkeit, des Nicht-zu-Stande-Gekommenseins, und genau darin besteht seine ständige Getriebenheit — von Nichts zu Nichts und dadurch zu sich selbst zurück. Er hat keine Chance, sich noch zu realisieren. Er weiß

---

[293] Wäre das Verhalten des Mannes, wie Franz Link meint, auf tatsächlich begangene Straftaten und/oder die Möglichkeit weiterer zurückzuführen, so wäre die typisierende Verallgemeinerung zum 'Massenmenschen, der nicht allein sein kann', nicht einsichtig. (Solche Überlegungen findet man auch nicht in Marie Bonapartes insgesamt oberflächlicher und stereotyper Deutung.)

nicht, was er will, und es ist sinnlos, es sozusagen stellvertretend für ihn herauszubekommen zu wollen. Der Erzähler erkennt, daß es sich um eine 'tiefe Schuld' handelt, doch diese wird eben immer größer dadurch, daß der alte Mann nicht weiß, was er sich schuldig ist — warum sich, in Verfolgung der eigenen fixen Idee, an die Stelle dieses Nichts setzen? Am besten, man beachtet ihn nicht weiter! Falls dies nämlich möglich ist, und einen dieses *alter ego* nicht dazu verurteilt, ihm beim Blick in den Spiegel wiederzubegegnen... Falls diese 'nur äußerliche' Verfolgung nicht, wie bei William Wilson, eine 'nur innerliche' war... Wer hat Polyphem das Stirnauge ausgestochen? Niemand! Warum die schmutzige Wäsche des Anderen waschen — *wenn* es nicht die eigene ist? Die angebliche Rationalität des modernen Massenmenschen ist Schein, sie verträgt es nicht, daß man genauer hinsieht. Aber was ist mit der Rationalität des Verfolgers, des Beobachters? Schön lächerlich, wenn man *ihn* während dieser zwei Tage, so wie der Leser in Textkompression es tut, beobachtet hätte! Verträgt *der Beobachter* es, daß man genauer hinsieht? Und ist nicht der Leser / die Leserin hier der Beobachter beider gewesen? Verträgt *er / sie* es, daß das verschlingende Auge des eigenen Voyeurismus gegen ihn oder sie selbst gekehrt wird?

The Man of the Crowd ist zweifellos eine der 'nihilistischsten' Stories, die Poe geschrieben hat, und sie trifft vielleicht um so mehr, als sie ohne Sensationalismus auskommt. Sie hält dem Leser einen Spiegel vor: Bist du das? Warum hast du erwartet, daß die aufgebaute Spannung sich lösen würde? *Was* hast du erwartet? Kennst du nicht diese Nichtigkeit, weißt du nicht, daß sie realistisch ist? Ja, das Fluten der Massen ist wie das Fluten des Meeres: Ein gewaltiges Schauspiel, doch wenn man die Bewegung einer einzelnen Welle genauer verfolgt, merkt man, daß es Chaos ist. Warum sollten dann die Auswirkungen auf gesamtgesellschaftlicher Ebene 'vernünftig' sein? Nur weil sich das Zusammen der Einzelchaosse nach bestimmten Mustern, nach Wellen der Wiederkehr formiert?
So wie man versucht sein könnte, den Pessimismus und Nihilismus von *Masque of the Red Death* dadurch aufzufangen, daß man dort die Frage gestellt sieht, ob es nicht auch einen 'richtigen' Umgang mit dem Tod gebe, könnte man hier mit ähnlich verharmlosender Tendenz die Frage am Werke sehen, ob es einen 'richtigen' Umgang mit der Nichtigkeit gibt. Das kann jedoch angesichts dessen, daß das negative Psychogramm des Verfolgten zum Typus 'Der Mensch der Masse' *verallgemeinert* wird, kein Trost sein — denn wie sollte dieser Typus nach Poes Ansicht nicht repräsentativ für einen großen Prozentsatz der in einer Massengesellschaft und speziell in einer Metropole lebenden Menschen sein? Oder wie sollte nicht zumindest gemeint sein: Auf solche Typen baut also die Massengesellschaft, die gepriesene Massendemokratie? Und falls Poe ein Nachgraben nach der eigenen Geschichte, vielleicht die Suche nach seinem 'wirklichen' Vater mitintendiert hat, so scheint dies hier ebenfalls mit einem traurig-achselzuckenden 'Es läßt sich nicht lesen' als sinnlos zurückgewiesen. Er stößt bei dieser privaten, hartnäckigen Suche auf eine Mischung aus alltäglichem Horror und mickrig-belangloser Nichtigkeit — welche vielleicht der größte Horror überhaupt ist, so wie das leere Lasten der Zeit, welche der Massenmensch, ein lebender Toter, zu töten, totzuschlagen versucht.

Ein Toter, der bei den sieben Lebenden lag, war in *Shadow* „the genius and the demon of the scene" (P 458). Mit *genius* kann der gute oder der böse Geist gemeint sein, *the genius of a period* ist der Zeitgeist. Wenn nun der alte Mann „the type and the genius of deep crime" genannt wird, gilt er Poe als Urbild tiefer Schuld, Geist des Schuldkomplexes, dies aber als repräsentativ für eine *Massengesellschaft*; er ist der (arche)- typische Großstadtbewohner der Moderne — ArcheTypus bzw. UrBild hier im Sinne eines *Beginns* jener großen abendländischen Metropolen, die durch die erste industriell-technische Revolution geprägt sind und die den Menschen psychisch und sozial formen.[294] Die *Atomisierung*, die psychische, sensuelle, soziale und kommunikative *Verarmung* ist bei dem wandernden Zombie, den Poe schildert, klar bezeichnet. Das Abtauchen in die Menge, als Flucht vor sich selbst, trägt deutliche Zeichen von leerem Wiederholungszwang als rituell-scheiterndem Bewältigungsversuch. Die Antriebe, aus denen er 'handelt', sind dem alten Mann verborgen, seine *exercises* bringen ihn keinen Schritt weiter, sie befestigen vielmehr das Alleinsein-mit-sich-selbst, vor dem er flieht. Er ist eine nutzlose Maschine, die auf Hochtouren leerläuft. „Das Schuldbewußtsein ist eines der Werkzeuge, mit denen das Es am Menschen sicher und ohne je zu stocken oder zu fehlen arbeitet. Das Es braucht dieses Schuldbewußtsein, aber es sorgt dafür, daß die Quellen des Schuldbewußtseins niemals vom Menschen ergründet werden; denn es weiß, daß im selben Augenblick, wo irgendwer das Geheimnis der Schuld aufdeckt, die Welt in ihren Fugen zittert" (Georg Groddeck[295]) — das scheint auf den alten Mann recht gut zuzutreffen. Der Beobachter wird hier zum unbemerkten Doppelgänger des Getriebenen, doch würde er ihn wie in *William Wilson* mit 'gelungenem' Aufdecken der verborgenen Karten real peinigen, so müßte die Rivalität in jenen finalen Kampf mit dem Spiegelbild münden, in dem das Ich sein Anderes nur um den Preis des eigenen Todes töten kann.

Poe tastet in diesem Text nach dem 'sozialen Charakter', wie er bestimmten Gruppen gemeinsam ist. Die Soziologie als eigenständige empirische Wissenschaft war damals gerade erst am Entstehen (Comte z.B. ist Jahrgang 1798, Marx 1818, Engels und Spencer 1820; Comtes *Système de politique positive ou Traitè de sociologie* etwa erschien ab 1851, Engels' *Die Lage der arbeitenden Klasse in England* 1845). Brauchbar heranzuziehen für die Interpretation und Einschätzung von *The Man of the Crowd* ist das einflußreiche *The Lonely Crowd* von dem amerikanischen Juristen und Soziologen David Riesman aus dem Jahr 1950. Riesman unterscheidet drei Typen von sozialem Charakter: den traditionsgeleiteten, den innengeleiteten und den außengeleiteten; die jeweiligen Gesellschaftstypen basieren je nachdem, wie sie Verhaltenskonformität erreichen, auf Traditionslenkung, Innenlenkung oder Außenlenkung.[296] Das Schema will bewußt vereinfachen, es handelt sich dabei um Idealtypen im Sinne Max Webers, die in der Wirklichkeit als 'reine' nicht vorkommen; man wird es oft mit Mi-

---

[294] Der Rockpoet Jim Morrison, der Poe recht gut kannte, schreibt: „We all live in the city. The city forms — often physically, but inevitably psychically — a circle. A Game. A ring of death (...)" (The Lords and The New Creatures, New York 1970, 12).
[295] Das Buch vom Es, 226
[296] Vgl. Riesman, Die einsame Masse (dt. 1958, Übers. Renate Rausch, mit einer Einführung von Helmut Schelsky), Reinbek 1977, 24–47

schungsverhältnissen zu tun haben. Der bedeutendste soziale und charakterologische Wandel, so Riesman, sei ab ca.1650 der Übergang von stabiler Traditionslenkung zur Innenlenkung gewesen (vgl. den Unternehmertyp der 'protestantischen Ethik'); der Wechsel von (durch Eltern und Leitbilder eingepflanzten) verinnerlichten Prinzipien zu einer flexibleren, auch oberflächlicheren Außenlenkung sei im 20. Jahrhundert noch im Gange. Der außengeleitete Charaktertyp sei in den Großstädten deutlicher als in Kleinstädten zu bemerken und werde sich allmählich „auf eine ständig wachsende Anzahl von Großstädtern in den hochindustrialisierten Ländern" erstrecken.[297] Zum Zeitpunkt seiner Studie (1950) erschienen ihm „die heutigen Großstädte Amerikas ein angemessenes Beispiel (möglicherweise gibt es bisher gar kein anderes) für eine Gesellschaft, in der die Außen-Lenkung die vorherrschende Art der Konformitätssicherung ist"[298], doch sei in nordwesteuropäischen Großstädten allmählich eine ähnliche Tendenz zu beobachten.[299] Man darf wohl Poes Text *The Man of the Crowd* hier eine recht hellsichtige Prognose attestieren, und zwar ausgehend von Eindrücken aus Westeuropa (London) *und* (soweit bereits möglich) den USA (New York, Philadelphia).[300] Die Außenlenkung werde, so meinte Riesman, zumal unter dem Einfluß der neuen Massenkommunikationsmittel zum typischen Charaktermerkmal eines 'neuen Mittelstandes' werden — sie scheint nun aber gegen Ende des 20. Jahrhunderts auch ins Abseits Geratene aller Art, tendenziell sämtliche Schichten erfaßt zu haben, insofern könnte Poes Gestalt des alten Mannes, von dem man nicht erfährt, welche Tätigkeit er ausübt und ob überhaupt eine (er könnte ein aus dem Produktionsprozeß Herausgefallener sein, ein Gelegenheitsarbeiter, ein Obdachloser, ein kleiner Gauner etc.) als ein noch weiter greifender Vorblick betrachtet werden (auffällig, daß auch von den Protagonisten aus *The Tell-Tale Heart*, *The Black Cat* und *The Imp of the Perverse* keiner einen erkennbaren Beruf ausübt). Ein *Bedürfnis* nach Außenlenkung scheint bei diesem Entwurzelten immerhin ersichtlich. Er lebt in einer sozialen Welt, die zwar angebotsorientiert ist, ihn aber zurückweist ('ausschließt'), ihm nur ein scheinbares Ein- und Untertauchen ermöglicht; in Wahrheit verweigert sie sich ihm ebenso, wie er selber die Kommunikation verweigert (flexible Kommunikationsfähigkeit wäre mit Riesman die Chance des außengeleiteten Typen, der „anomal" wird, wenn man ihm die Geselligkeit versagt[301]). Man kann sagen, daß Poe selber (der ebenfalls oft als Problem empfand, nicht allein sein zu können!) aus einer stabilen Traditionslenkung herausgefallen bzw. gar nicht mehr in sie hineingekommen war (J.Allan hatte schon mehr den innengeleiteten Typus verkörpert) und sich zwischen Innen- und Außengeleitetheit in einer Art Zwischenform bewegte: Sein Ressentiment, seine ehrgeizigen

---

[297] Ebd., 36
[298] Ebd.
[299] Ebd., 48
[300] In einer westeuropäischen Großstadt (Paris 1815) spielt auch das schon erwähnte *Grandeur et Décadence de César Birotteau* von Balzac (1837), der den Protagonisten zu seiner Ehefrau sagen läßt: „Du weißt, man muß sich stets nach den Umständen richten, in denen man sich befindet" (9). Er ist ebenfalls ein frühes literarisches Beispiel für den außengeleiteten Charakter, vgl. auch: „Seine Ansichten kamen ihm von außen, er prüfte sie nicht nach" (58). (Sein Mangel an Prinzipien bekommt ihm schlecht: Er läßt sich zu Finanzspekulationen verleiten, die ihn in den Bankrott und schließlich in den Tod treiben).
[301] Ebd., 290

Pläne, die oft durch widrige äußere Bedingungen behindert wurden, sind Kennzeichen des Innengeleiteten, sein Bemühen um Beweglichkeit (wenn er z.B. das Gedichteschreiben zugunsten solcher Texte zurückstellte, von denen er hoffte leben zu können, oder als Redakteur Kompromißbereitschaft zeigte) geht in Richtung Außengeleitetheit. Interessant, daß Riesman dem Außengeleiteten, der während seiner Tätigkeit mit ständig wechselnden, sehr unterschiedlichen Menschen zu tun hat, zuschreibt, während seiner 'Freizeit' (die zunehmend nicht mehr strikt getrennt von der Arbeit sei, so wie die opferbetonte Arbeitsmoral des Innengeleiteten in eine diffuse 'Spaßmoral' übergehe) „genau die gleiche Gesellschaft" aufzusuchen: „Zum Teil ist es vielleicht die schreckliche Furcht vor der Einsamkeit, unter der ja auch die Gangster in den Filmen charakteristischerweise leiden."[302] Das läßt sich auf *The Man of the Crowd* in gewisser Weise anwenden. Anders als Norman O.Brown, der eine explizite Verbindung zwischen städtischer Lebensform, Geldkomplex und Schuldkomplex hergestellt hat[303], sieht freilich Riesman den Übergang vom innen- zum außengeleiteten Typus mit einem Übergang vom „Schuldgefühl" zur „diffusen Angst" verbunden.[304] Diese drückt Poes 'alter Mann' zwar in der Tat aus, doch assoziiert Poes Erzähler eben auch „deep crime" (was außer *Schuld, Jammer,* auch *Verbrechen, Schande* bedeutet) — ob und *wie* genau berechtigt, bleibt angesichts der 'Nichtlesbarkeit' der Geschichte des Anderen natürlich offen.

---

[302] Ebd., 171

[303] Was Brown die 'faustische Ruhelosigkeit' („Faustian restlessness") des Geschichte machenden Menschen nennt, kann man in *The Man of the Crowd* recht gut auf einen aus der Menge herausgegriffenen einfachen 'modernen' Massenmenschen beziehen, der eben kein 'großer Einzelner' ist (vgl. Nietzsche) und seine Geschichte weniger 'macht' als sie vielmehr erleidet. Sein Weg führt ihn nirgendwo hin — dies sagt Brown von jener rastlosen Getriebenheit, der Formen des Schuldbewußtseins (sich und dem Anderen etwas schuldig sein, den Göttern, dem Karma, dem Stamm, den Eltern, dem Lebensplan, der 'inneren Stimme') sowohl in archaischen als auch in modernen Gesellschaften destruktiv am Werke sieht: „Archaic consciousness was strong enough to recognize a debt of guilt; Christian consciousness is strong enough to recognize that the debt is so great only God can redeem it; modern secular Faustian man is strong enough to live with irredeemable damnation; full Psychoanalytical consciousness would be strong enough to cancel the debt by deriving it from infantile fantasy" (Life Against Death, 292). Erst ein Mensch, der keinen Unterdrückungen und Verdrängungen unterworfen wäre, wäre laut Brown wahrhaft ein Individuum, er hätte keine Angst, keine Schuldgefühle und keinen Geldkomplex, sein Körper wäre befreit „from unconscious oral, anal, and genital phantasies of return to the maternal womb" und damit von destruktiver und autodestruktiver Todesbesessenheit (ebd., 322). Die Ideen der Zivilisation, der Stadt und des Reichtums sind nach Brown durchzogen vom Komplex des Selbstopfers, ihr Ewigkeitsschein erkauft durch repressive Sublimierung: „Every city is an eternal city: civilized money lasts forever" (ebd., 283). — Schon Nietzsche hat 'Schuld' etymologisch & genealogisch auf 'Schulden' zurückgeführt, vgl. Anhang II, b, wo ich ausführlich darauf eingehe. Für Poes Lebensgeschichte ergibt sich die Konkretisierung, daß seine Schuldgefühle ja wesentlich mit seinen Geldproblemen zu tun hatten, und der Bruch mit John Allan sich nicht zuletzt an seinen Spielschulden entzündet hatte...

[304] Die einsame Masse, 40f.

10 Das Sprechen des Hypnotiseurs und ein Sprechen jenseits des physischen Zerfalls: *The Facts in the Case of M. Valdemar*

Daß in *The Man of the Crowd* nicht gesprochen wird, trägt zu der Atmosphäre von Ratlosigkeit und Einsamkeit bei, die dieser Text verbreitet: Der Beobachter ist mit seinem Bewußtsein allein, zugleich wird ihm das Nichtalleinseinkönnen als Übel vor Augen geführt; der entbotene Horror ist ebenso realistisch wie untergründig. Wie, im Kreuzgang dazu, ein auf den ersten Blick extrem vordergründiger, ebenso 'unrealistischer' wie effektvoller Horror *vollständig* auf Effekten des Sprechens und der Stimme aufgebaut werden kann (und zwar so, daß der Leser diesen Trick zunächst kaum bemerkt), zeigt *The Facts in the Case of M.Valdemar* (erschienen im Dezember 1845), sicherlich die Poe-Story mit dem ekelhaftesten aller Schlüsse.[305]
Thema ist, wie so oft, die verschwimmende Grenze zwischen Leben und Tod, ihre Beweglichkeit, so wie es in *The Premature Burial* heißt: „The boundaries which divide Life from Death are at best shadowy and vague. Who shall say where the one ends, and where the other begins?" (P 258). Versprochen wird, mit gewohnt sensationalistischem Gestus, ein 'außerordentlicher Fall' („extraordinary case", P 96), eine Premiere auf dem Gebiet der Hypnose: Bisher war noch niemand „*in articulo mortis*", auf dem Sterbebett, mesmerisiert worden. Magnetismus und Hypnose hatten ab 1779, als Anton Mesmer (1734–1815) seine publikumswirksamen 'magnetischen Kuren' in Paris auszuüben begann, das Interesse einer breiten Öffentlichkeit erregt. Nachdem etliche seiner Patienten gestorben waren, ließ die französische Regierung Mesmers Praktiken verbieten und seine Heilmethode für Humbug erklären, doch während der Mesmerismus seitdem in der europäischen Schulmedizin keine große Rolle spielte, nahm man ihn in den USA, wo man damals mit einem gewissen Verspätungseffekt auf kulturelle Einflüsse aus Europa reagierte, noch nach 1840 „sehr ernst".[306] Poe beutet diese Konjunktur aus, schlägt dabei aber eine interessante Strategie ein: Indem er zeigt, wie versucht wird, das Leben eines Sterbenden künstlich zu verlängern, was jedoch mit einem barbarischen Scheitern endet (gerade heute ein sehr aktuelles Thema!), bringt er einen ausgeprägten Fortschrittspessimismus zum Ausdruck und erreicht damit im Prinzip das gleiche, wie wenn er gezeigt hätte, wie jemand durch hypnotischen Einfluß in Gefahr gerät oder ums Leben kommt. Einen ebenso großen oder m.E. noch größeren Reiz bietet aber die Geschichte dadurch, daß Poes Interesse am Mesmerismus eindeutig *auch sprachlicher Natur* ist, denn die Macht der Suggestion entfaltet sich wesentlich durch die *Macht der Worte*. Schon der Ausdruck *in*

---

[305] K.Silverman nennt den *Case of M.Valdemar* „Poe's most gruesome tale" (Remembrance, 294).
[306] Kurt Möser, Magnetismus und Hypnose im Werk Edgar Allan Poes, in: drs., Die großen Klassiker – Edgar Allan Poe, 116. Von den für Poe vorbildhaften Autoren der europäischen Romantik waren u.a. E.T.A. Hoffmann und Percy Shelley vom Mesmerismus fasziniert (vgl. Richard Holmes, Shelley – The Pursuit, 626; Gabrielle Wittkop-Ménardeau, E.T.A.Hoffmann. Mit Selbstzeugnissen und Bilddokumenten (1966), Reinbek 14.Aufl. 1997, 93ff.).

articulo mortis macht hellhörig: *articulus* bedeutet hier *Zeitpunkt, Wendepunkt*, doch *articulo* ist auch die 1.Person Singular Präsens Aktiv von *articulare — deutlich aussprechen, artikulieren, gliedern*.

Der Text möchte eine Lücke füllen und weiß, daß er dies nur *fiktiv, imaginär* zu tun vermag. Das ist symptomatisch, denn es geht in diesem Text um jene konstitutive Lücke, die das sprechende Wesen weniger im Innern der Seele 'besitzt' oder 'aufweist', als vielmehr selbst *ist*. Sie *kann* nur imaginär, fiktiv gefüllt werden, sei es über Kommunikation, Konsum, Idole, Ausübung von Macht. Man darf nicht übersehen, daß M.Valdemar ein Kollege von Poe, ein *Schriftsteller* ist, der übrigens schreibt bis zuletzt, solange er überhaupt eine Feder halten kann — als der Ich-Erzähler, dessen Name mit 'P' beginnt (man darf wohl den des Autors ergänzen), das Zimmer des Todkranken betritt, ist dieser „occupied in penciling memoranda in a pocket-book" (P 97). Valdemar leidet unter einer tödlichen Lungenkrankheit (Tuberkulose, woran Poes Mutter, sein Bruder und seine Frau Virginia starben), und eben die *Lunge* ist das Organ, aus dem jener *Atem* kommt, der in *Loss of Breath* die *Stimme* vertritt: Beherrschung der Sprache als Beherrschung des Lebens, Lebensfähigkeit. Macht über das Andere seiner selbst: über das hypnotisierte *alter ego*, das hier wie auch sonst bei Poe weniger 'das andere Ich', als vielmehr 'das Andere des Ich' darstellt. In *Loss of Breath* kann der lebende Tote 'nicht mehr sprechen', hier hingegen, und das erzeugt wohl gar noch größeren Horror, *wird* ein lebender Toter *sprechen*, wird mit letzter, schon transzendenter Kraft seinen Zustand *herausschreien*, weil das peinigende Ich und das hochoffizielle soziale Experiment, in das er eingewilligt hat, ihn dazu zwingen: „*tot! tot!*". Die Lunge ist der konstitutive Hohlraum, wo der Gasaustausch zwischen Außen- und Innenwelt erfolgt, die (und man darf diesen Ausdruck für das, was sprechende Wesen anrichten und anrühren, mit Bedacht wählen) *Gaskammer der Stimme*, die Resonanzbox, aus der die Resonanz der anderen Menschen auf ein sich fixierendes Selbst von diesem auf sie zurückschlägt. Sehen wir uns an, welchen Zustand die Lunge im Fall Valdemar hat (Poe schildert ihn, obwohl er ihn ohne Autopsie gar nicht kennen kann, äußerlich betrachtet ist dies ein Fehler, an dem medizinisch Gebildete denn auch einhaken, um ihre Zweifel an der Glaubwürdigkeit der Geschichte anzumelden): „The left lung had been for eighteen months in a semi-osseous or cartilaginous state, and was, of course, entirely useless for all purposes of vitality. The right, in its upper portion, was also partially, if not thoroughly, ossified, while the lower region was merely a mass of purulent tubercles, running one into another. Several extensive perforations existed; and, at one point, permanent adhesion to the ribs had taken place" (P 97f.). Der längliche Resonanzkasten (man spricht nicht umsonst von *Grabesstimme*, denn der Körper ist der Sarg des lebenden Toten) ist also fast vollständig *verknöchert*, und soweit er nicht aus solch lebensfeindlichen *Verfestigungen* besteht (totem Material, Totenhäuptern der Abstraktion), besteht er aus *eiternden Geschwüren*, die längst den restlichen Leib ergriffen haben. Genau das ist die Alternative, die der Sprache eröffnet ist: *mit totem Material zu arbeiten oder zu eitern*. Als traditionsverhafteter Dichter hat Poe sich weitgehend für ersteres entschieden, doch die Aussagen, die er in solch totem Material entzündet, quellen über von Eiter. Letzterer ist normalerweise ein Signal dafür, daß der Körper etwas *abzustoßen* versucht — ist dies nicht mehr möglich, so ist er dazu verurteilt, sich selbst aufzufressen.

In *The Sphinx* und *The Gold-Bug* dominiert das Zeichen des Schädels — in *The Gold-Bug* fordert die Schädelstätte des verborgenen Textes zum Entziffern der Geheimschrift auf, was freilich nur unter Einwirkung von *Hitze* möglich ist (ohne Leidenschaft kann nichts Großes geschaffen und auch nicht wiederentdeckt werden!), und dadurch, daß Legrand ('der Große', das grandiose Ich) sich in Kidd (das Kind, das jedoch ein Pirat ist, sein Zeichen sieht aus wie ein dionysischer Bock[307]) und seinen Versuch, sich zu chiffrieren, *hineinversetzt*. Ein vergleichbares Komplott besteht auch zwischen Monsieur P. und Monsieur Valdemar: die beiden Schriftsteller sind sich einig in ihrem explorativen, experimentellen Bemühen, die bewegliche Grenze zwischen Leben und Tod zu erkunden, denn *die authentische Stimme konstituiert sich von der überschrittenen Schranke her*, aus dem Jenseits der Grenze. Man kann sie explizit nur ziehen, wenn man sie, wie in der Dialektik Hegels, implizit schon überschritten hat und aus dem verknöcherten Material heraus *die lebendige Bewegung* dem Absoluten (Herrn) neu abringt. Im Bewußtsein dieses Projektes spricht Herr Valdemar deutlich und entschieden („He spoke with distinctness", P 97), und frei & offen spricht auch Herr P. zu Herrn Valdemar, nachdem die behandelnden Ärzte ihm dessen hoffnungslosen Zustand mitgeteilt haben: „I spoke freely with M. Valdemar on the subject of his approaching dissolution, as well as, more particularly, of the experiment proposed. He still professed himself quite willing and even anxious to have it made, and urged me to commence it at once" (P 98). Dieses Drängen wird nicht etwa von dem Wunsch nach Lebensverlängerung bestimmt, sondern von dem Begehren, *den eigenen Zerfall, der ohnehin unabDINGbar ist, wenigstens noch zum Nutzen aller auszubeuten* — fraglos ein archetypisches Schriftsteller-Ethos, für das sich zahllose Beispiele nennen ließen (hier leuchtet die Kette einer transhistorischen Gemeinschaft auf, in die nicht zuletzt Monsieur Poe sich nolens volens eingliederte). *Verläßliche Zeugen werden benötigt*, um den Zerfall, beschleunigt oder aufgehalten, als kulturell relevant zu bestätigen. Ein P. bekannter Student ist so freundlich, die Prozedur zu protokollieren, als am folgenden Abend der Patient noch einmal gefragt wird, ob er auch wirklich voll und ganz einverstanden sei: „He replied feebly, yet quite audibly: 'Yes, I wish to be mesmerized' — adding immediately afterward: 'I fear you have deferred it too long.' While he spoke thus, I commenced the passes which I had already found most effectual in subduing him."

Magnetiseur P. bringt Herrn Valdemar nun in einen Zustand 'ungewöhnlich vollkommener mesmerischer Trance'. Bemerkenswert, daß es als ein sicheres Anzeichen des

---

[307] Legrand berichtet, wie er auf dem rätselvollen Lageplan das Zeichen des Captain Kidd entdeckte: „'(...) there became visible, at the corner of the slip, diagonally opposite to the spot in which the death's-head was delineated, the figure of what I at first supposed to be a goat. A closer scrutiny, however, satisfied me that it was intended for a kid'" (P 61). Nun war *kid* in der Tat einer der Namen des Dionysos (vgl. James G.Frazer, The Golden Bough, 390), der ja unter anderem in Gestalt eines Bockes erschien (vgl. ebd., 454–57, den Abschnitt 'The Corn-Spirit as a Goat'; H.Hunger, Lexikon der griechischen und römischen Mythologie, 110ff.). Auch wenn es vielleicht nicht sehr wahrscheinlich ist, daß Poe dies wußte, ergibt dies doch eine merkwürdige dionysische Unterströmung, wie sie in Kap.IV auch bereits an *Shadow* aufgezeigt wurde.

ausgeübten Einflusses gewertet wird, wenn das glasige Rollen des Auges einen Ausdruck *zwanghafter innerer Prüfung* annimmt („The glassy roll of the eye was changed for that expression of uneasy *inward* examination which is never seen except in cases of sleep-waking", P 99 a) — analog und durchaus vertretbar könnte man sagen, daß zwanghafte Selbstbeobachtung und Gewissensprüfung, der eine Person unterworfen ist, einer Art von verinnerlichtem hypnotischem Einfluß entstammen. Valdemars rasselndes Atmen hat sich beruhigt, doch die Ruhe währt nicht lange, denn da der Magnetiseur feststellt, daß Herrn Valdemars Arm bereitwillig jeder Weisung des seinigen folgt, sieht er sich nun verpflichtet, etwas „conversation" zu machen: „'M.Valdemar', I said, 'are you asleep?'" (P 100). Der Angesprochene gibt zunächst keine Antwort, doch seine Lippen zittern, wodurch der Frager sich bemüßigt fühlt, die Frage noch dreimal zu wiederholen. Was bleibt dem Bedrängten also übrig, als „in a barely audible whisper" um Ruhe zu bitten: „'Yes; —asleep now. Don't wake me! —let me die so!'" Seine Glieder sind steif & kalt, doch seine ganze Erscheinungsweise ist noch nicht die eines Toten. Erneute Frage: Ob er noch Schmerzen in der Brust empfinde. Um endloses Nachfragen zu vermeiden, antwortet der Patient diesmal lieber sofort: „'No pain — I am dying!'" Ein paar Stunden lang hat er nun dankenswerterweise Ruhe. Dann trifft einer der beiden Ärzte ein, ist verblüfft, den Patienten noch am Leben zu finden, und besteht auf einer neuerlichen Ansprache. Diese lautet: „'M.Valdemar, do you still sleep?'" Minutenlang sammelt der Sterbende alle Kräfte, um sich eine Antwort abzupressen. Nach der vierten Wiederholung gelingt es ihm, sehr schwach, nahezu unhörbar, die Worte zu äußern: „'Yes; still asleep — dying.'" Nicht gänzlich unvernünftig erscheint daraufhin der Wunsch der beiden Ärzte, den Gebeutelten in Ruhe sterben zu lassen. Was dem entgegensteht, so lautet die offizielle Begründung, ist eine auffällige Veränderung im Verhalten des Sterbenden selbst: Seine Augen rollen langsam auf, die Pupillen verschwinden nach oben in einen Himmel hinein, der leider nicht auffindbar wird, obzwar die Haut nun die Färbung *weißen Papiers* annimmt — was soll man von einem *Schriftsteller* auch anderes erwarten? Die hektisch grellen Wangenflecken erlöschen wie eine ausgepustete Kerze, die Oberlippe kriecht von den Zähnen, das Kinn fällt herunter und gibt den Blick auf eine *geschwollene und schwarz angelaufene Zunge* frei, deren Anblick so schauerlich ist, daß selbst die abgebrühten Experimentatoren erschrocken zurückfahren. Nun bedeutet das lateinische *lingua* freilich nicht nur *Zunge*, sondern auch *Rede, Beredsamkeit, Stimme, Sprache*, das englische *tongue* nicht nur *Zunge*, sondern auch *Redeweise, Sprache, Glockenklöppel, Dorn* sowie den *Zeiger einer Waage*[308], und wie könnte man die Sprache Poes, wenn er sich wie ein krepierender Wechselbalg fühlt, der sich 'dank' der Schliche der Außenwelt selbst zum Sprechen zwang, 'seine' Sprache gefunden hat und entsprechend auch weiter zur Sprache verdammt sein wird, mit zwei Wörtern viel treffender charakterisieren denn als „swollen and blackened" (P 101)?

---

[308] Man kann also, nebenbei bemerkt, die 'schwere Zunge' problemlos mit jenem 'Gewogen und zu leicht befunden' korrelieren, das die Kommunikationsgesellschaft als ihr Menetekel ausspricht, wenn sie im Konkurrenzbetrieb ihren Glockenklöppel schwingend jemanden ein- oder ausschließt; dabei hockt ihr der Teufel, der es auf Dauer unter solchen Spießern nicht aushielt, schon lange nicht mehr auf der Brust und kann folglich auch nicht mehr bestätigen, daß es schon verdächtig lange Zeit 'fünf vor dreizehn' ist...

Schon kommt auch ein typisches seiner Stilmittel zum Zuge, wenn er jetzt anmerkt: „I now feel that I have reached a point of this narrative at which every reader will be startled into positive disbelief. It is my business, however, simply to proceed." Genau, das ist sein Job: einfach weiterzumachen.

Das Tal des Kaffeesatzes (*le val du marc*, sprich: *mahr*) bzw. des Pfuhles (*le val de la mare*, sprich ebenfalls: *mahr*) ist noch nicht erreicht, auch nicht das Tal der Mutter (*le val de la mère*), darum hilft es nichts, Herr Valdemar muß weitersprechen. Seine Zunge wird von einer minutenlangen Vibration geschüttelt. Dann quält sich zwischen den reglos klaffenden Kinnbacken eine Stimme hervor, *die beschreiben zu wollen Wahnsinn wäre* („a voice — such as it would be madness in me to attempt describing"). Man könnte sich zwar diesem Wahnsinn hingeben und zum Beispiel sagen, die Stimme sei rauh — oder gebrochen — oder hohl. Das ist zwar alles richtig, bleibt aber weit hinter der Gräßlichkeit des *Ganzen* zurück, die bzw. das es zu beschreiben gälte (oder schreib, in Erinnerung an den Katzenmann: die das ES zu beschreiben *gellte*): „the hideous whole is indescribable, for the simple reason that no similar sounds have ever jarred upon the ear of humanity." Ein Novum eben. Eine Premiere. Ohne Vorläufer. Nicht vergleichbar.

Zunächst scheint diese Stimme wie aus weiter Ferne zu kommen, oder aus einer tiefen Höhle im Erdinnern, den Gebärkammern einer nicht vorhandenen Mutter. Im nächsten Moment fällt das Gallerthafte, Glitschige, Glibbrige dieser Stimme auf, die halb-festhalb-flüssig wie Gelantine ist, dazu klebrig, schlüpfrig, so wie Boden und Wände in jenem Verlies, in das der Protagonist aus *The Pit and the Pendulum* von der Inquisition gesperrt wurde. Und wurde nicht auch Herr Valdemar *inquisitorisch bearbeitet*, damit er rede? „He who has never swooned, is not he who finds strange palaces and wildly familiar faces in coals that glow" (P 247).[309]

Es wäre nutzlos, angesichts dieser klaffenden Kinnbacken von der *vagina dentata* zu faseln oder vielleicht auf die Klangähnlichkeit von Valdemar und Vagina hinzuweisen[310], oder am *anus mundi*, der einen Hans Pfaall oder Phall auf den Mond spie, die

---

[309] Einer der poetischsten Sätze aus *The Pit and the Pendulum*.

[310] Ah, M.Bonaparte tut dies beides nicht, sondern interpretiert das Verhalten Valdemars (wie dasjenige Bedloes in *A Tale of the Ragged Mountains*) als *passive Hingabe an den Vater*, den Hypnotiseur (vgl. Edgar Poe. Eine psychoanalytische Studie, Bd.III, 111-29). Doch dieser nicht unproduktive Ansatz wird glatt verschenkt, indem Valdemar unsinnigerweise mit Rufus Griswold assoziiert wird. Konsequent wäre vielmehr, die Tätigkeit des Hypnotiseurs als den Versuch, *Vater seiner selbst zu werden*, aufzufassen, ein Versuch, der sich bei Poe in der Tat *über die Sprache* vollzog: die *Bewegung zwischen dem Hypnotisierenden und dem Hypnotisierten* ließe sich dialektisch als innerpsychische Bewegung *zwischen dem negierenden und dem negierten Moment* im Sinne der *Negation der Negation* (Negativität) verstehen, d.h. als Versuch, produktiv & kreativ, d.h. letztlich *selbstschöpferisch, selbstkonstitutiv, selbstbestimmt* zu sein (negative Tätigkeit im Sinne Hegels). Das Scheitern des Valdemar-Experiments würde dann darauf hinweisen, *daß der Versuch, mittels des Imaginären und des Symbolischen auf der Ebene des Realen Vater seiner selbst zu werden* (wie man mit N.O.Browns *Life Against Death* plus etwas Lacanscher Terminologie das 'ödipale Projekt' als 'causa sui-Projekt' umdeuten oder reformulieren kann), *scheitert* (wie dies bei Poe in der Tat geschah). Dies wäre m.E. eine konsequente & plausible Interpretation, und daß Bonaparte sie nicht leistet, kann *zum Teil* als *immanente* Kritik, dem Ansatz an der Figur des internalisierten Vaters folgend, ausgesprochen werden (*nur zum Teil* deshalb, weil sie weder dialektisch denkt, noch das ödipale Projekt im Sinne Browns neu formuliert; vgl. dazu auch Anhang II, c).

White Goddess zu suchen. Denn Poe geht es hier um die ultimative Schlüpfrigkeit und das Ausgleiten dessen, was als der Gipfel kulturschaffender Rationalisierung gilt: *das Sprechen vom Orte des Zum-Tode-VerURTEILten*, das der Strukturlosigkeit (und was wäre das Geschlechterverhältnis anderes als eine sehr grundlegende *Struktur*?) die Form einer *black box* abzwackt, so daß überhaupt *gezeigt* (verstanden als interne Schicht zu *gesagt*) & gewogen (& gegebenenfalls zu leicht befunden) werden kann. Das ärztlich verordnete 'Aaaaaaah' des Zungezeigens ist mehr als die Karikatur des Sicheinlassens auf ein kulturelles Sprachspiel, insofern dabei der Unterschied, den die Verdopplung zum identifizierenden 'A = A' als Ausdruck abstrakter Selbigkeit benötigt, nicht ausgesprochen, aber im Klaffen der Kinnbacken *aufgezeigt* wird. Wer Anti-Struktur sagt, sagt Struktur. Wer Strukturlosigkeit zeigen, Chaos verbildlichen kann, *zeigt* Struktur und verhilft der Selbstähnlichkeit zum Sichkonstituieren (Sichverfestigen). Und wer aussprechen kann, er sei tot, der ist für den abstrakten Verstand auf das *Wie & Inwiefern* verwiesen (damit *statisiert* werden kann: Geboren — Ja? / Nein? — Wenn ja, warum? / Wenn nein, warum nicht?[311]). Die *Hinsicht*, die den Studenten mit dem schönen Namen L—l in Ohnmacht fallen läßt, wird hier abgeschnitten durch einen Blick in den schwarzen Kasten. Ein Schoß, mit den Schrecken des Geborenwerdens und der Rückkehr zur Erde winkend, wäre da aLLan-falls die halbe Miete; die Schwere, die Schwärze, die Schwellung, das Aufspringen von & zu Schwären-Zungen, mit denen dieser Engel des Todes spricht, der sich einer etwa kastrierend sich herabsenkenden Uhrpendel-Sichel längst nicht mehr entgegenstellen will, *enthält* ihn zwar und ist darin enthalten, geht aber darüber hinaus, und zwar *gleichgültig*, ob nun Nichtgeborenwerden 'besser' ist oder nicht, ob wir alle ins Meer zurückwollen oder nicht, und das Nichts das vernünftigerweise gleich beisichgebliebene Eins darstellt oder nicht. Denn über solches zu philosophieren, wäre allemal schon wieder Kultur, Sprache, Sichäußern, Sichprüfen, ob man Es aussprechen soll kann darf muß oder was sonst noch, und eben dies ist es, was dem Experimentierenden am Ende wie verwesender Schleim unter den Fingern dahinrotten wird. Es ist die Totalität der leeren Raumes, aus dem ein sprechender Mensch 'besteht', dieses Bestehen jedoch zum Hohn geworden zu sein vorZieht, dessen Morast in der Strukturunterbietung in sich zurücksinkt. *All-an, Phall-an, Phall-aus, thalassal, kolossal, Hel-en, Hall-aus, halt aus.* Es geht hier um einen Glibber jenseits des Grabes, gegen dessen Urschleim die Geschlechtsprodukte der Frau und des Mannes etwas Fernabkünftiges, fatal Strukturierendes & Strukturiertes sind, Vermögen, Aktualität, Entelechie, und der sich solchen Identifizierungen-als-und-über-Differenzen *entzieht*. Ob seine Spur die einer Schnecke ist, kolportiert sich als gleichgültig, wir sehen nur sein Schwinden, dessen andere Seite seine unverschämte Festigkeit ist, Gesetztsein & Reflexion-in-sich. Sobald 'man' (d.h.: A = A, Herr L–l, N.N. oder auch Dan Dilly) ihn, sie oder es symbolisiert, signalisiert oder symptomatologisiert, artikuliert sich auf solche Weise nur Unverständnis, und der flüssige Eiter ist, so benannt, längst wie gewonnen so zerronnen.

---

[311] Dieses STA(A)TISTIK-Beispiel (als Hinweis auf die (in)sistierende Statik solcher Stasi-Methoden) geht auf meinen früheren Griechischlehrer Wolfgang Albrecht zurück, die dialektische Entfaltung des 'A = A' auf G.W.F. Hegel (Identität ist Negativität).

Solange wir es freilich noch mit Herrn Valdemar zu tun haben, seiner Dreieinigkeit von Symbol, Symptom & Signal, ergibt sich die Paradoxie & Paraphrenie, „that the sound was one of distinct — of even wonderfully, thrillingly distinct — syllabification. M. Valdemar *spoke* — obviously in reply to the question I had propounded to him a few minutes before. I had asked him, it will be remembered, if he still slept. He now said: 'Yes; —no; —I *have been* sleeping — and now — now — *I am dead*'" (P 101 a). Weit davon entfernt, den 'unaussprechlichen Horror', den diese Äußerung hervorruft, verständlich machen zu können, fällt der Text an dieser Stelle auf oberflächliches sprachliches Effektheischen zurück[312], indem mit dem simplen Changieren zwischen Bejahung & Verneinung jenes zwischen Leben & Tod ausgedrückt wird. Auch wenn man diese Figur *zuspitzte* zur in jedem anständigen Grundbegriff lauernden Antinomie, die für den abstrakten Verstand der Dorn (*tongue*) in jeder Zunge und der Splitter im Auge des anderen (Menschen) ist, hätte man lediglich jenen kulturell und philosophiehistorisch bestens anerkannten Disput wieder auf dem Tisch (oder auf dem Sterbebett) darüber, ob man hier aufhören oder anfangen muß soll kann oder darf. Nein, hier gibt es keine Kreide, darum können wir sie auch nicht fressen. Kein Grund, wie Student Lingual[313] oder Lintel in Ohnmacht zu fallen, für den bereits die Oberschwelle erreicht ist[314] und der darum nun (Achtung: Ironie!) *wiederbelebt* werden muß: „For nearly an hour, we busied ourselves, silently — without the utterance of a word (na immerhin, das hat Herr Valdemar also erreicht! T.C.) — in endeavors to revive Mr. L—l. When he came to himself, we addressed ourselves again to an investigation of M. Valdemar's condition" (P 101).

Um die scheint es nicht bestens bestellt zu sein, denn der Spiegel, den man ihm vorhält, auf daß er sich darin seiner Identität versichern möge (V = V, Viva Valdemar!) zeigt nicht mehr die geringsten Spuren von *Atem*. Auch ein Versuch, seinem Arm Blut zu entnehmen, scheitert. Die *Zunge* jedoch gibt noch immer nicht auf: „The only real indication, indeed, of the mesmeric influence, was now found in the vibratory movement of the tongue, whenever I addressed M. Valdemar a question. He seemed to be making an effort to reply, but had no longer sufficient volition" (P 102). Wir nehmen hier den guten Willen für die Tat: die Gesinnung ist, was zählt. Denn auf Fragen *des Magnetiseurs* zeigt sich immerhin ein rührendes Bemühen, auf Fragen anderer hingegen erfolgt nicht die geringste Reaktion. Ein sogenanntes Subjekt hat zu den eigenen Bewußtseinszuständen das, was analytische Philosophen einen 'privilegierten Zugang' nennen, und den hat hier der Magnetiseur allemal noch, obzwar der Betreffende ansonsten so gut wie tot ist. „It was evident that, so far, death (or what is usually termed death) had been arrested by the mesmeric process" (P 102). Solches *psychical engineering* zeigt nebenbei, daß der Leib-Seele-Dualismus abstrakt und

---

[312] Und ebenso wohl auf Poes Opium-Erfahrungen mit zeitlichen Verzögerungs- / Verlangsamungseffekten
[313] Zungenlaut
[314] Engl. *lintel* bedeutet nicht nur *Oberschwelle*, sondern auch *Sturz*; Fenstersturz; jemand, der mit der Tür ins Haus fällt. Ich nehme an, daß Poe ab & an durchaus auf die Mitarbeit der Rezipienten setzt; jedenfalls besteht für sie kein Grund, sich auf den Status bloß passiver Empfänger von Effekten zu reduzieren.

darum falsch ist: der beeinflußte Wille kann den physischen Zerfallsprozeß aufhalten. So scheint es zumindest zu diesem *Zeitpunkt*. Der des Todes wird beim Schopf gepackt und beliebig prolongiert: Saturn, der die kastrierende Sichel schwingt, wird von Zeus seinerseits kastriert, und der technisch versierte Mensch (versiert in Kommunikationstechnologie als psychosozialer Ingenieurwissenschaft) ist Zeus, ist Gott. Beileids- wie Glückwunschtelegramme wären verfrüht. Was Statt hat, ist ein Interim des Dazwischenhängens mit der Möglichkeit einer Zuspitzung der Pole zur Oszillation: Schwingen der Zunge, wo schon nicht mehr der Lunge.

Die Zeit der Herrschaft währt in diesem Fall sieben fette Monate — wir kennen die Magie dieser Zahl aus *Shadow* und aus *Red Death*. Die Verwalter des Todes unternehmen, wie ein gutorganisierter Geheimdienst, täglich ihre Überwachungsaktivitäten im Haus Valdemar: „All this time the sleep-waker remained *exactly* as I have last described him" (P 102 a).

Für den Textingenieur E.A.Poe ist es nun Zeit, die Spannung wieder zu schüren, denn der Aussetzer des Studenten sinkt langsam ins Vergessen. Plötzlich rückt der Leser nun ganz dicht ans Geschehen, gilt sogar als potentiell im Bilde über gewisse Gerüchte, die in privaten Zirkeln kursieren (dort wird immer getratscht, das kennt man) über das vielleicht unglückliche Resultat des ganzen Experiments. Der Autor muß daher öffentliche Auswirkungen befürchten (nun, in Wahrheit *erhoffte* er sie sich und stellte sie nach Kräften her, so daß er später mehrfach dementieren mußte, da viele die Geschichte für bare Münze nahmen). Er bereitet uns also schonend vor: das Ende habe geführt „to so much of what I cannot help thinking unwarranted popular feeling" — Hans Wollschäger übersetzt: „und im Volk so viel von dem, was ich nicht umhin kann, für ganz ungerechtfertigte Gefühlsduselei zu halten" (Bd.4, 852).

Was zum Teufel ist denn nun passiert? Letzten Freitag haben sie endlich versucht, Herrn Valdemar aufzuwecken. Nun gibt es lebende Tote unterschiedlichster Couleur, und sie zu *wecken* haut oft nicht hin: Versucht man z.B. einen mechanisch dahinhastenden Zombie wie den *Man of the Crowd* zu konfrontieren, so verweigert er schlicht die Kenntnisnahme, bzw. blickt wirklich gar nicht, was los ist. Die mesmerierenden Striche, die der Magnetiseur am Siebenschläfer Valdemar vornimmt, führen zunächst zu nichts. Dann findet eine Pupillensenkung statt: wieder ist es das *Auge*, das signalisiert, daß noch irgendeine Form der Kontrolle stattfindet. Doch wenn dies ein Anzeichen wiederkehrenden Lebens sein soll („the first indication of revival"), so muß man wohl sagen, daß diese Art von Leben *stinkt*, denn: „this lowering of the pupil was accompanied by the profuse out-flowing of a yellowish ichor (from beneath the lids) of a pungent and highly offensive odor" (P 102). Dem dubiosen Einfluß, dem die prägsame Psyche des willigen Probanden unterzogen wurde, korrespondiert ein kongenialer Ausfluß. Das Auge, dieses Symbol eines in sich gebrochenen, in sich zurückgebeugten Narzißmus und aller damit verbundenen kreativen und destruktiven Konflikte, befindet sich offenbar bereits in einem Stadium partieller Zersetzung. Das widerliche Gesicker läßt zumindest offen, ob nicht schon das Auge selber am Zerfließen ist. Das eingesetzte Auge der Rationalität ist abstoßend, der Ingenieur-Gott zum Stinkekoch geworden.

Der Arm des Patienten zeigt keine Reaktion. Dr.F—[315] wünscht sehnlichst, daß eine Frage gestellt werden möge. Der Magnetiseur, ein Schnacker von hohen Graden, hat somit das gewünschte Alibi: er wird dem Ersuchen entsprechen. Das hört sich dann so an: „'M.Valdemar, can you explain to us what are your feelings or wishes now?'" Eine höfliche, tadellose Frage, wie man zugeben muß, die erstklassige Manieren verrät. Den leblos Daliegenden versetzt sie allerdings in Hektik und Aufregung. „There was an instant return of the hectic circles on the cheeks: the tongue quivered, or rather rolled violently in the mouth (although the jaws and lips remained rigid as before), and at length the same hideous voice which I have already described (soweit sie sich überhaupt beschreiben ließ, T.C.), broke forth: 'For God's sake! —quick! — quick! —put me to sleep — or, quick! — waken me! —quick! — *I say to you that I am dead*!'" (P 102f. a). Der arme Patient weiß also nicht mehr, was er will, nur daß er aus diesem schrecklichen Zwischenzustand, in dem man ihn sieben verfluchte Monate lang festgehalten hat, heraus will, das weiß er gewiß. Er *besteht darauf*, tot zu sein, ist insofern klüger als seine Quälgeister. Der Magnetiseur, ein Positivist, ist verwirrt durch die widersprüchlichen Weisungen, die er vom Patienten erhält, zumal er gewohnt ist, daß *er* die Befehle gibt und den Finger am Drücker hat, die Kontrolle des Patienten hat sich auf die verordnete Selbstunterdrückung zu beschränken. Immerhin wird er nicht zum Drückeberger, sondern beweist, nach einem Moment der Unentschiedenheit, einen erklecklichen Restbestand abstrakten Verstandes, indem er die 'Wünsche' *nacheinander* befolgt, in der Reihenfolge, wie sie geäußert wurden: „At first I made an endeavor to recompose the patient; but, failing in this through total abeyance of the will, I retraced my steps and as earnestly struggled to awaken him" (P 103). Interessant, daß er zugibt, aus eigener *Willenserschöpfung* den ersten Vorsatz nicht ausführen zu können: seine Macht scheint am Ende. Der Ausdruck 'I *earnestly* struggled to awaken him' genehmigt sich, im Banne der Identifikation, den Anstrich eines Wortspiels, lautet der vollständige Name des Patienten doch M. *Ernest* Valdemar: Der Magnetiseur hat sich an die Stelle des anderen gesetzt, um die Erweckung durchzuführen, und erkennt auch bald, daß er 'erfolgreich' sein wird — oder stellt sich zumindest vor, daß sein Erfolg komplett sein werde (*to fancy* hier im Sinne von *phantasieren, sich einbilden*, es ist nicht die wahrhafte, kreative *imagination*, die in Poes an Coleridge geschulter Vermögenstheorie die für den Dichter entscheidende Fähigkeit darstellt[316]). Noch einmal eine letzte Steigerung der Spannung: „For what really occured, however, it is quite impossible that any human being could have been

---

[315] Die Namen der Herren Mediziner, D— und F—, mögen uns heute an Dracula und Frankenstein erinnern, und während für Bram Stokers adligen Vampir, der erst 1897 das Spuken aufnahm, dies leicht ausgeschlossen werden kann, zeigt Mary Shelleys unglücklicher Monstrenkonstrukteur sogar eine gewisse Resistenz, erschien dieser Klassiker der Schauerliteratur doch bereits 1818 und war schon damals recht erfolgreich. (Da Poe die Gedichte Percy B. Shelleys ja kannte und schätzte, kannte er vielleicht auch Werke von dessen Frau.) 'D—' läßt an das 'D—'-Hotel aus *The Man of the Crowd* denken, das ich oben mit dem Vornamen von Edgars leiblichem Vater David Poe in Verbindung brachte. Ihm einen Frankenstein zur Seite zu stellen, würde Sinn machen: die Allans haben aus Edgar ein Monster bzw. einen Konstrukteur monströser Literatur gemacht, und einer ihrer Vornamen (der von Johns Frau Frances, Poes Ersatzmutter) beginnt sogar mit 'F'.
[316] Zwischen *the fancy* und *the imagination* unterscheidet Poe explizit z.B. in der vermögenstheoretischen Einleitung von *The Murders in the Rue Morgue*, vgl. P 143

prepared." Denn nur *äußerlich* war der Zerfallsprozeß unterbunden gewesen, *an sich* jedoch ('innerlich' oder 'wesentlich') hat der Tod in der ver-STRICHEnen Zeit sehr wohl sein Werk getan, und präsentiert nun, den angehaltenen Zeitpunkt des Todes wie einen Uhrzeiger auf den vom verborgenen Parallellauf vorgeschriebenen Punkt vorrückend, das Ergebnis: *In Sekundenschnelle* fault der Körper des Patienten dem Magnetiseur unter den Händen weg, und vor den Beobachtern liegt eine fast flüssige Masse abscheulicher Verwesung, während eben noch, derweil die mesmerischen Striche geführt wurden, nicht von den Lippen, sondern *von der Zunge* des Patienten die Ausrufe „dead! dead!" *förmlich hervorgebrochen* waren. „Upon the bed, before that whole company, there lay a nearly liquid mass of loathsome —of detestable putrescence."
Die verselbständigte Stimme schreit hier als verselbständigte Sprache den Zerfall des Körpers heraus — einen Zerfall, der erst jetzt stattzufinden *scheint*, in Wahrheit jedoch längst stattgefunden *hat*. Die Ausrufe „dead! dead!", die das Kind Edgar & den Autor Poe sein Leben lang verfolgt haben, führen ein Eigenleben noch über den Tod hinaus — in Gestalt dieses Textes versuchen sie den kaum noch erweckbaren Leser mit eben jener Fäulnis zu bewerfen, von dem das *foul play*, als das Poe sein Leben angesichts der ihm aufgezwungenen Umstände empfand, infiziert war.
Dies hat vielleicht niemand tiefer empfunden als Antonin Artaud, für den Poe eine Art selbstgewählter Verwandter war (siehe dazu näher Anhang II, c) — und der dem Theater und der Literatur die Aufgabe stellte, eine neue Sprache zu erschaffen, die das Leben erneuert, indem sie ganz *wörtlich* dem Menschen einen neuen Körper gibt, der ihm ermöglicht, zu leben, ohne zu eitern und zu stinken: So wie er jetzt sei, habe der Mensch *zugestimmt*, „tot zu leben"[317]; der „ewige Arschgeruch des Todes", als Kultur und Freiheit pseudo-vergeistigt, sei „die unterdrückte dynamische Kraft einer Seele, der der Mensch das Leben verweigert hat."[318] Die Affäre, von der Artaud hier spricht, „heißt Affaire allgemeiner Zauberei, an welcher jedermann mehr oder weniger, an einem Tag mehr und an anderen weniger, teilnimmt, aber unter dem Vorwand, es nicht zu wissen, und mit dem Willen, vor sich selbst zu verbergen, daß er bald mit seinem Unbewußtsein, bald mit seinem Unterbewußtsein und immer mehr mit seinem ganzen Bewußtsein daran teilnimmt."[319] Daß sich dies fortsetzt, bis der Zerfall, als scheinbar aufgehaltener, in Wahrheit beschleunigter, komplett ist, dafür sorgen die sich auf Systemzwänge berufenden Sozialtechnologen mit ihrem Terror der verknöcherten Gefäße und des schleimigen Datenflusses, des fiktiven, festen oder liquiden Kapitals und der Kommunikation. Wo nur überlebt werden kann, wenn man sich all dem angleicht, bleibt allein *der Wunsch nach einem sauberen Tod*.

---

[317] Artaud, Schluß mit dem Gottesgericht / Das Theater der Grausamkeit / Letzte Schriften zum Theater (französ. Ausg. 1974, Übers. Elena Krapalik), München 1993, 15
[318] Artaud, Briefe aus Rodez / Postsurrealistische Schriften (1944–47, französ. Ausg. 1972, Übers. Franz Loechler, mit einer Marginalie von Bernd Mattheus), München 1979, 19
[319] Ebd., 7. Artaud sagt dort auch: „Alles, was kein Tetanus der Seele ist oder keinem Tetanus der Seele entstammt, wie die Gedichte von Baudelaire und Edgar Poe, ist unwahr und kann nicht als Poesie gelten" (12). Poe sei von Schweinehunden vergiftet worden, „die sein Genie haßten. (...) Man kann seine Sprache erfinden und die reine Sprache in einem außergrammatischen Sinne sprechen lassen, aber dieser Sinn muß für sich genommen gültig sein, daß heißt, er muß der Angst entstammen" (13).

11 / Stimmen, Schreien und Schweigen in anderen Texten von Poe: *The Premature Burial, The Cask of Amontillado, The Murders in the Rue Morgue, Morella, Hop-Frog, The Fall of the House of Usher*

Welch vielfältiger und zentraler Stellenwert dem Themenfeld *Stimmen, Geräusche, Sprechen und Nichtsprechen(können)* in etlichen Poe-Texten zukommt, ist bei den vorangegangenen neun Einzelinterpretationen deutlich geworden. Das folgende Kapitel hat ergänzende Funktion, indem es weitere Texte ausschnitthaft einbezieht und dabei den roten Faden unserer Untersuchung weiterverfolgt.

The Premature Burial (erstveröff. im Juli 1844) fügt sich in den Kontext der zuletzt interpretierten Story insofern ein, als hier *Sprechen als Lebensbeweis* gilt: Ein Mann wird dem vermeintlichen ewigen Frieden entrissen und zu medizinischen Zwecken wieder ausgegraben. Ein nicht unbeträchtlicher Schnitt in den Unterleib wird vorgenommen (vgl. die Kastrationsthematik in *Loss of Breath*), ein galvanisches Experiment löst das andere ab, wobei es an der erstaunlich frisch wirkenden Leiche gelegentlich zu gewissen Zuckungen kommt. Nachdem ein grober Schnitt an einem seiner Brustmuskeln zur Aufnahme der Elektroden getätigt wurde, beginnt er sich plötzlich zu bewegen und spricht ein paar unverständliche Wörter: „What he said was unintelligible; but words were uttered; the syllabification was distinct. Having spoken, he fell heavily to the floor" (P 262). Der Mann wird wiederbelebt, gesundet und erklärt, er habe die Wörter *'I am alive'* äußern wollen, als er den Ort, an dem er sich befand, als Sezierraum erkannte. Das kontrapunktiert die Rolle von Herrn Valdemar (der umgekehrt *'I am dead'* äußert), auch im Hinblick darauf, daß hier niemand die Absicht hatte, die Unschärfe der Grenze zwischen Leben und Tod mit einem solchen Resultat zu erproben (der Überraschungseffekt findet gleichsam in umgekehrter Richtung statt). Erwähnenswert an diesem Text ist auch die extreme Furcht des Ich-Erzählers vor etwaigem *Sichnichtverständlichmachenkönnen*, wenn er, aufgrund seiner Neigung zu einer besonders schweren Form von Katalepsie, irrtümlich begraben werden sollte, wohl wissend, daß auf den ersten wahrnehmbaren Wink von ihm Freunde zur seiner Rettung herbeieilen würden, doch unfähig, auch nur das geringste stimmliche oder sonstige Lebenszeichen von sich zu geben. In einem ausführlich geschilderten Vorgang verwirrten Erwachens dämmert nach und nach die Einsicht, daß eine solche „crisis of my disorder" (P 267) tatsächlich eingetreten sein muß, doch dann erhält die Geschichte eine heitere Wendung: Es gelingt ihm zu schreien — „A long, wild, and continuous shriek, or yell, of agony, resounded through the realms of the subterranean Night" — doch dieser Aufwand erweist sich als herzlich unnötig, da dem Schreier lediglich entfallen war, wo er sich befand, nämlich in einer geschlossenen Bootskoje statt in dem befürchteten Sarg. Schreck & Blamage tragen vereint dazu bei, ihn von seiner pathologischen Furcht vor dem Lebendigbegrabenwerden zu heilen: das verrutschte Taschentuch, das ihn 'mit zugebundenem Mund' erwachen ließ, figurierte lediglich als Ersatz für die gewohnte, aber nicht zuhandene Nachtmütze.

The Cask of Amontillado (1846) gilt als eine von Poes bestkonzipierten und -durchgearbeiteten Kurzgeschichten, und die genannte Thematik trägt zu der hier angezielten und erreichten „totality or unity of effect"[320] ihren guten Teil bei. Zur Zeit des Karnevals, wo das Tragen einer Maske zum guten Ton gehört (vgl. *The Masque of the Red Death!*), fädelt Montresor sein Rachewerk an Fortunato über das Medium der *Verstellung* ein. Die Schellenkappe, die der Düpierte trägt, klingelt wiederholt, nicht hingegen läutet es dem schon stark Angetrunkenen, daß der leutselige und scheinbar besorgte Ton, den Montresor ihm gegenüber anschlägt, nur den Zweck verfolgt, ihn in Sicherheit zu wiegen, um ihn desto gründlicher ins Verderben führen zu können. Als Grund seines Ressentiments erfahren wir nur, daß Fortunato ihn schwer gekränkt hat, aber nicht, worin genau diese Kränkung bestand. Indem er an Fortunatos Eitelkeit appelliert, an sein Selbstverständnis als Weinkenner und seine Rivalität mit einem anderen solchen 'Kenner' (Luchesi), gelingt es dem Rächer, seinen Feind in die feucht-dunklen Katakomben zu locken, wo die Gebeine der Montresors ruhen, und ihn dort unter dem Vorwand, er wolle ein Faß mit kostbarem Wein von ihm prüfen lassen, lebendig einzumauern. (Er wird damit quasi ehrenhalber unter Montresors Vorfahren aufgenommen, worin man, obwohl Poes Schlagabtausch mit den *Literati of New York City* den unmittelbaren Anlaß lieferte[321], nebenbei eine weitere Abrechnung mit dem verhaßten John Allan erkennt.)

---

[320] Für J.L.Roberts, Poe's Short Stories – Notes, 54, läßt sich diese Story als Paradebeipiel dafür anführen, wie jedes Moment, jeder Ausdruck, jede Wendung dazu beitrage. Poe hat seine Theorie von der Einheit der Wirkung oder des Interesses (u.a. im Anschluß an A.W.Schlegel) in seinen Besprechungen zu Longfellows *Ballads and Other Poems* (vgl. Bd.7, 433-55, insbes. 446) und zu Dickens' *Sketches by Boz* (vgl. Bd.6, 147f.) entwickelt sowie in seinen Aufsätzen *The Philosophy of Composition* (vgl. Bd.10, 531-48, insbes. 532-35) und *The Poetic Principle* (vgl. Bd.10, 674).

[321] Es gilt als sicher, daß Poe in der Gestalt des Fortunato den Herausgeber Thomas Dunn English karikiert, mit dem er sich nicht erst seit seinem abfälligen Portrait eines sich überschätzenden Möchtegernpoeten (der zwar English heiße, aber nicht Englisch könne, vgl. Bd.10, 574-78) und der darauffolgenden beleidigenden Reaktion Englishs in heftigem Streit befand (vgl. die Anm. der Hrsg. in Bd.5, 1146ff.; F.Zumbach, E.A.Poe, 579-99; die diesbezügliche Forschung geht zurück auf einen Aufsatz von Francis B.Dedmond, *The Cask of Amontillado* and the War of the Literati, in: MODERN LANGUAGE QUARTERLY XV (1954), 137-46). Ob *Amontillado* nicht auch Wortspiele enthält (wie *Vondervotteimittiss* etc.)? Der Name besteht aus fünf Silben, wie der des von English herausgegebenen Magazins (ARISTIDEAN), über deren seltener als monatliches Erscheinen Poe sich in dem genannten Portrait lustig macht: Vgl. *A month till I do*, einen Monat bis ich es tue — von der Rolle des Täters aus gesehen (Poe spielt Montresor) würde dies zur Drohung. *Amon* heißt zudem der ägyptische Sonnengott, und Montresor spielt Gott, indem er Fortunato exekutiert. Im Französischen bedeutet *amont* soviel wie *stromaufwärts* (*un voyage en amont* wäre eine *Bergfahrt*, vgl. die Katakomben) und *tille* einen Stauraum oder Verschlag auf einem Schiff (das weckt, wie das lebendige Begraben Fortunatos, Erinnerungen an *The Premature Burial*; Poe sieht für English imaginär eine Todesart vor, die er selbst besonders fürchtet). Noch mehr ist vielleicht zu beachten, daß *Amontillado* die Buchstaben A-l-l-a-n enthält. Zieht man sie ab, kann man aus den restlichen Buchstaben noch *Tom* bilden und *odi*: lateinisch für *ich hasse, ich verwünsche*. Ein Anagramm von AMONTILLADO wäre also *ODI TOM ALLAN*, ich hasse (verwünsche) Tom Allan: das würde bestätigen, daß es sich bei Fortunato um eine Kombination aus Thomas Dunn English und John Allan handelt! Poe hat bekanntlich viel Freude an solchen Wort- bzw. Satzrätseln und an Geheimschriften gehabt (vgl. *The Gold-Bug*)...

Interessant ist das akustische Wechselspiel, das sich entspinnt, als Fortunato endlich die Absicht seines Begleiters bemerkt, der ihn in einer Wandnische angekettet hat und sich nun anschickt, den Eingang zu vermauern (vgl. die ähnliche Situation in *The Black Cat*, nur daß hier die entscheidende Täuschung der Tat *vorausgeht*, und der Täter auch keineswegs autodestruktiv ihre Entdeckung verursacht, vielmehr 'beichtet' er sie, und zwar ohne Reue, erst nach fünfzig Jahren Unentdecktheit, vielleicht kurz vor seinem eigenen ohnehin bevorstehenden Tod): „I had scarcely laid the first tier of the mansonry when I discovered that the intoxication of Fortunato had in great measure worn off. The earliest indication I had of this was a low moaning cry from the depth of the recess. It was *not* the cry of a drunken man. There was then a long and obstinate silence" (P 278 a). Montresor mauert die zweite, dritte und vierte Reihe; nun ist ein wütendes Kettengerassel zu hören, das mehrere Minuten andauert. Ein noch lauterer Ausbruch des Todgeweihten folgt, als die Mauer Brusthöhe erreicht hat und Montresor mit seiner Fackel hinüberleuchtet. Angesichts dieser Serie lauter, schriller Schreie zögert er einen Moment — *dann schreit er gegen den Schreienden an, übertönt ihn und bringt ihn dadurch zum Verstummen* (daß die Außenwelt das Wettgeschrei der beiden hört, ist nicht zu befürchten): „I replied to the yells of him who clamored. I re-echoed — I aided — I surpassed them in volume and in strength. I did this, and the clamorer grew still." Diese scheinbare Unterstützung durch ein *taking the attitude of the other* (G.H.Mead) — eine 'Lösung', auf die Montresor spontan aus der Situation heraus, geradezu reflexhaft, verfällt — ist von bösester Ironie. Um den Gegner auszustechen, muß man sich genau in ihn hineinversetzen können, lehrt der Privatdetektiv Dupin. *Das eigentlich kommunikationsstiftende Übernehmen der Rolle des Anderen hat hier den Charakter offener Rivalität und unmaskierter Gewalt.* Dem unglücklichen Fortunato wird damit der Wind aus den Segeln genommen, die Einsicht abgenötigt, daß Schreien und Zerren an den Ketten keinerlei Erfolg zeigen werden. Noch einmal kann sich der Gefangene zu einem verzweifelten Strategiewechsel aufraffen: „But now there came from out the niche a low laugh that erected the hairs upon my head. It was succeeded by a sad voice, which I had difficulty in recognizing as that of the noble Fortunato" (P 278). Ohne wirklich an den Erfolg glauben zu können, doch auch nicht ohne einen letzten Funken trauriger Hoffnung, appelliert Fortunato an die Möglichkeit, die ganze Aktion als einen bösen Scherz hinzustellen: „'We will have many a rich laugh about it at the palazzo'" (P 279) — es ist ein Angebot an Montresor, die Gestalt seiner Rache rückwirkend neu zu definieren. Er könnte sich damit begnügen, seinen Gegner in wirkliche Todesangst versetzt zu haben; sie könnten gemeinsam darüber lachen, vielleicht sogar über ihre gemeinsame Eitelkeit und Empfindlichkeit, die eine solch bittere KETTENreaktion ausgelöst hat. Montresor wehrt diese aufscheinende Möglichkeit ab, sperrt sich dagegen und schaltet auf stur, indem er die vorhin erfolgreiche Strategie, seinen Gegner *durch Nachäffen zum Schweigen zu bringen*, neu aufgreift und variiert: Er wiederholt zweimal, scheinbar zustimmend, die jeweiligen Äußerungen Fortunatos, nicht ohne sie dabei in einen Ton von trocken-mitleidlosem Sarkasmus zu übertragen: „'(...) Let us be gone.' — 'Yes,' I said, 'let us be gone.' — *'For the love of God, Montresor!'* — 'Yes,' I said, for the love of God!'" (P 279 a). Was soll, was kann der Andere daraufhin noch sagen, nachdem sein Eingeständnis äußerster Verzweiflung auf Granit prallte? Er sagt denn auch nichts mehr. *Und genau damit bringt er seinen Peiniger noch einmal kurz aus der Fassung!* „But to these words I hearkened in vain for a reply. I grew impatient. I called aloud: 'Fortunato!' No answer. I called again: 'Fortunato!' No answer still." Der Rächer beginnt sich unwohl zu fühlen, den sicheren Sieg vor Augen: denn er erhält nun keine *Bestätigung* dieses Sieges mehr, die Kommunikation reißt ab, und beinahe gelingt Fortunato damit noch eine subtile Rache am Rächer — die schon gar nicht mehr intendiert ist, denn er hat aufgegeben, ist im wahrsten Sinne des Wortes ohnmächtig geworden oder 'spielt' den Ohnmächtigen, das macht nun keinen Unterschied mehr. Dieser Entzug der ausdrücklichen Anerkennung des Sieges durch den Besiegten wirft den Sieger auf sich selbst zurück, in eine private, abgeschlossene Welt, aus der heraus er noch die letzten Handgriffe des Mauerns zu vollziehen hat, mechanische, zielgerichtete Handgriffe, um eine Tat zum Abschluß zu führen, von der, falls er sich nicht selber eines Tages zur Mitteilung entscheidet, niemand je erfahren wird (Parallele zum Mörder aus *The Imp of the Perverse*!). Der Täter ist plötzlich allein. Das letzte Friedensangebot hat er abgelehnt. Der Genuß seiner Tat wird schon jetzt schal. Er stößt eine Fackel durch die noch vorhandene Öffnung (die den letzten Rest an Kontakt zu dem Anderen darstellt) und läßt sie in die Nische fallen. Doch als Antwort kommt nur das Gekling der Schellen, Produkt einer rein mechanischen, keiner kommunikativen Berührung. Was vorhin noch so ironisch wirkte und dem Täter teuflische Vorfreude bereitete, macht ihn jetzt beklommen — doch er *rationalisiert* diese aufschießende Leere und Trauer, redet sich ein, sie rühre nur von der feuchten, dumpf-modrigen Atmosphäre in den Katakomben her, und beeilt sich, sein Werk zu vollenden: „There came forth in return only a jingling of the bells. My heart grew sick — on account of the dampness of the catacombs. I hastened to make an end of my labor" (P 279). Mit dem abschließenden „*In pace requiescat!*" scheint, nämlich *im rückblickenden Bericht*, ein souveräner Zynismus zurückgewonnen — doch die schmerzhafte Diskrepanz zwischen jenem ersten, durch den Trick des Überschreiens hervorgerufenen Schweigen, und diesem letzten, endgültigen, verwirrenden Schweigen, das den Täter in sein isoliertes Ego einsperrt (eine unbeabsichtigte Affinität zum eingemauerten Fortunato!), bleibt als stärkster Eindruck dieses Schlußteils der Geschichte haften. Genau darauf, so meine These, beruht zu einem guten Teil der von Poe herausgearbeitete *Effekt*.

Aus *The Murders in the Rue Morgue* (erstveröffentlicht im April 1841) sollen uns an dieser Stelle vor allem die Gestalt des mörderischen Orang-Utan und sein stimmlicher (und psychologisch *stimmiger!*) Wettkampf mit seinem 'Besitzer', dem Matrosen, interessieren. Marie Bonapartes Konstruktion, Poe habe in den vergewaltigungsähnlichen Taten des Tieres 'zweifellos' die Zeugung seiner jüngeren Schwester Rosalie durch einen Liebhaber seiner Mutter (nachdem David Poe bereits 'gegangen' war) verbildlicht[322], halte ich für zu weit hergeholt. Plausibler und völlig ausreichend erscheint es, sich erneut am Motto 'Das Subjekt als Vielheit' zu orientieren und die Hauptfiguren der Erzählung als unterschiedliche Persönlichkeitsanteile zu rekonstru-

---

[322] Vgl. Bonaparte, Edgar Poe. Eine psychoanalytische Studie, Bd.II, 329-75; man muß allerdings sagen, daß Bonapartes Deutung *im Rahmen ihrer Voraussetzungen* konsequent entwickelt ist.

ieren: Der Affe verkörpert den animalischen, triebhaften, nicht ohne weiteres zu bändigenden Teil, der seinem 'Herrn' entläuft, als dieser ihn, wie gewohnt, mit einer Peitsche zur Raison zu bringen versucht. Der Matrose, der den wütenden Ausbruch des Tieres nicht verhindern, sondern ihm nur hilflos zusehen kann, stellt die begrenzte Handlungsmacht des rationalen Ich als einer repressiven Funktion (Selbstunterdrückung!) dar — normalerweise hält er den Orang-Utan eingesperrt und sorgt dafür, daß die Mitmenschen ihn nicht zu sehen bekommen („he kept it carefully secluded", P 165). Die guten Vorsätze moralischen Handelns verkörpert noch einmal spezifisch Le Bon (französisch: *der Gute*), der, in der Erzählung eine Randfigur, die bloß erwähnt wird (nicht selbst in Erscheinung tritt), fälschlich des Doppelmordes bezichtigt und von der bemühten, aber methodisch inkompetenten Polizei in Haft genommen wird. Der (wie so oft) anonyme Ich-Erzähler ist der integrierende Beobachter, er berichtet und registriert, doch gegenüber dem genialen Privatdetektiv Dupin (der das Leben eines ab-soluten / los-gelösten Sonderlings führt) bleibt ihm nur atemlose Bewunderung; Dupin, nicht er (und auch nicht die Polizei) löst den Fall. Auguste (d.h. 'der Erhabene') Dupin ist freilich eng mit dem Erzähler verbunden und für ihn jedenfalls eine Art Ideal-Ich. Er schöpft aus Quellen, die dem Erzähler ein Rätsel sind, besitzt die Gabe der gleichsam im Vorübergehen schlaglichtartig aufblitzenden Intuition und der produktiven Imagination ebenso wie die der minuziösen Beobachtung und des minuzösen Gedächtnisses, der souverän schaltenden Assoziation und scharfsinnigen Kombination des Aufgenommen, und nicht zuletzt die Fähigkeit des induktiven wie des deduktiven Schließens. Er taucht tief in das eigene Unbewußte ein, verkörpert dessen kreative Kräfte mit, vermag sich in den Anderen hineinzuversetzen wie in *sein* Anderes; seine Fähigkeiten bilden ein Ganzes, seine Analysekunst ist kein oberflächliches Kalkül, und anders als die Bildnisse der Göttin Laverna ist er nicht nur Kopf ohne Körper. Freilich ist auch er nicht in der Lage, Taten wie die des Orang-Utan zu *verhindern*, sein Aufklären erfolgt ja stets *im Nachhinein*, insofern bleibt es, bei aller Komplexität, ein Rationalisieren und Sublimieren. Der Affe verkörpert insofern das primäre *Begehren* (das einzige, was den psychischen Apparat 'antreibt' und alles weitere auslöst, zur Folge hat). Das *Denken* ist *reaktiv*, geht Umwege, kontrolliert die Kontrolleure (die Staatsdiener als die eigentlichen 'Ordnungshüter', die dem Privatdetektiv immerhin eine Nachuntersuchung erlauben); es kann, bei aller selbstbewußt-begreifenden Reflexivität, auch den Affen selber nicht 'einfangen', wohl aber kann es dadurch, *daß es so tut, als habe es ihn schon eingefangen* (Dupins Inserat, wodurch der Matrose angelockt wird!), die letztliche Aufklärung durch den 'Herrn' (die im Grunde nur das Eingeständnis seiner Ohnmacht ist!) trickreich provozieren und die Wiederfestsetzung des enteilten begehrenden Teils mitbewirken — bezeichnenderweise wird noch erwähnt, es sei „the owner himself" gewesen, der das Tier schließlich wieder eingefangen habe (P 167).
Diese Bezüge seien im folgenden noch etwas vertieft. Der Erzähler und Dupin bilden zusammen eine gegen andere relativ abgeschlossene Einheit („Our seclusion was perfect. We admitted no visitors"), nachts streifen sie „arm in arm" durch die Straßen von Paris, „madmen of a harmless nature" (P 144). Der Schriftsteller Poe vervielfacht sich innerhalb der Verdopplung, die heitere Vorstellung des Erzählers von einem 'doppelten Dupin' („the creative and the resolvent") ist eine glatte Untertreibung.

Dupins (vgl. französ. *dupe*, betrogen, 'düpiert'![323]) Bemühen erhält durch die Rettung Le Bons selbst einen Anstrich des 'Guten', doch es ist klar, daß er (wie auch in *The Purloined Letter* und *The Mystery of Marie Roget*) in erster Linie aus *Ressentiment* handelt, zweitens auch, weil er Einkünfte braucht (Honorare, Belohnungen): Aus vornehmer Familie stammend, ist er in bittere Armut gefallen, der einzige Luxus, den er sich leistet, sind Bücher. Das französische *morgue* bedeutet nicht nur *Leichenschauhaus* (vgl. die sensationalistische Gräßlichkeit der Morde), sondern auch *Dünkel, Arroganz*, und in der Tat sind Dupin solche Züge nicht fremd („He boasted to me", P 144). Sein Narzißmus wird z.B. deutlich, wenn er seine Erläuterungen und Schlüsse wie im Selbstgespräch vorträgt („very much as if in a soliloquy", P 155). Er beherrscht die Reflexion auf den *inneren Monolog* und kennt dessen Gesetzmäßigkeiten, darum vermag er die Assoziationsketten, die seinem Gegenüber soeben durch den Kopf gegangen sind, aufgrund äußerer Indizien (ein Stolpern, ein Lächeln, eine Veränderung der Haltung, ein Aufblicken) korrekt zu rekonstruieren (das Chantilly-Bravourstück als Illustration von Dupins Erweiterung der Selbstbeobachtung auf den Anderen). Gelassene Beobachtung verschafft ihm große geistige Erregung (vgl. den Beginn von *The Man of the Crowd*!), die Untersuchung des Mordschauplatzes „amusement" (P 153). Sein Auftreten gegenüber dem Matrosen ist von strategischer Jovialität, aber auch von großer Bestimmtheit; den auf seinem eigenen Felde geschlagenen Polizeipräfekten bezeichnet er gönnerhaft als 'gute Kreatur': „'Let him talk (...). Let him discourse; it will ease his conscience. I am satisfied with having defeated him in his own castle'" (P 167). Dupin ist ein Urbild und Vor-Bild kompensatorischer *imaginärer Macht*, er ist der 'Schloßherr', Schlüsselbewahrer, der sich zurechtfindet in jenem normalen, guten, nicht sehr alten Hauses, in dem der Doppelmord stattfand: „The house was a good house — not very old" (P 149). „It was an ordinary Parisian house", mit einem seitlich angebrachten verglasten Wächterhäuschen, aus dem man herausspähen kann (P 153) — das System Wahrnehmung-Bewußtsein ist also etwas dezentriert angebracht, eine Art Anbau. Das 'Haus des Selbst' nimmt auch in anderen Poe-Stories die Gestalt einer 'durchsichtigen' Metapher an, mit der trügerischen Geborgenheit eines latenten Gefängnisses; es ist keineswegs in erster Linie der Mutterleib (wie M.Bonaparte will), sondern der Einschluß- und damit Ausschlußbereich der eigenen Bezüge, der eigenen Körperhülle und des psychischen Binnenraums, erst damit auch des Auflösungs- und 'Regressionswunsches' und des Todes-im-Leben, speziell auch des eigenen Sprachuniversums. An der durch ein offenes Fenster markierten Grenze dieses Raumes, zwischen Innen und Außen — der Orang-Utan ist im Zimmer, der Matrose kann sich vom Blitzableiter aus nicht wie der Affe hineinschwingen, sondern nur teilweise hinein*spähen*, ist auf die Rolle des Voyeurs verwiesen — findet der *Streit zweier Stimmen* statt, der schrillen, unartikulierten des unbewußten Begehrens und der barschen, erschrocken fluchenden des Herrn, der nicht Herr ist.

---

[323] Das sieht z. B. Peter Krumme, vgl. Augenblicke, 6. Doch erst wenn man Vor- und Nachnamen zusammennimmt, wird klar, warum Auguste Dupin, ein *'erhabener Betrogener'*, Poes *alter ego* und Idealbild ist...

Die Auswertung der verschiedenen Zeugenberichte von diesem Streit zweier Stimmen ist für Dupin ein entscheidender Schritt zur Aufklärung des Falles: Der von Nachbarn, die alarmiert von den markerschütternden Schreien der alten Dame zusammengelaufen waren, herbeigerufene Gendarm hörte „two voices in loud and angry contention — the one a gruff voice, the other much shriller — a very strange voice" (P 149). Zahlreiche Zeugen sind sich darin einig, daß die „gruff voice" die eines Franzosen war, der „sacré", „diable" und „mon Dieu" ausrief (wörtlich genommen, heißt das, daß er quasi unwillkürlich Gott & Teufel bzw. Gott *gegen* den Teufel beschwor, seine Rufe greifen den klassisch-dualistischen 'Streit zweier Mächte', Hell & Dunkel, auf). Die andere, schrille Stimme sei *die eines Fremden* gewesen. Dabei ergibt sich die erstaunliche Konstellation, daß fünf verschiedene Sprecher je einer der großen europäischen Sprachen — ein Italiener, ein Engländer, ein Spanier, ein Holländer und ein Franzose — sie jeweils einer anderen bedeutenden Sprache zuordnen, und zwar einer solchen, die sie weder sprechen noch verstehen (der Franzose glaubt, es sei Spanisch gewesen, der Holländer meint Französisch, der Engländer Deutsch, der Spanier Englisch, der Italiener Russisch). Jedem kam also etwas an dieser Stimme bekannt vor, doch beim Nachfragen zeigt sich, daß keiner die betreffende Sprache, die er angibt, beherrscht. „The voice is termed by one witness 'harsh rather than shrill.' It is represented by two others to have been 'quick and *unequal.*' No words — no sounds resembling words — were by any witness mentioned as distinguishable" (P 156 a). Für Dupin wird dies zu einem von mehreren Indizien dafür, daß es sich bei dem Mörder eben nicht um einen Menschen gehandelt habe. Doch die pseudonaturwissenschaftliche Beschreibung nach einem Buch von Cuvier kann nicht verdecken, daß Poe diesen Orang-Utan *vermenschlicht*. Einerseits wird die „wild ferocity" des Tieres weit überbetont (P 162), andererseits wird zugestanden, es habe wahrscheinlich friedliche Absichten gehabt („probably pacific purposes", P 167), als es vor dem Gesicht der alten Dame mit dem stibitzten Rasiermesser die Bewegungen eines Barbiers nachahmte und erst durch ihr Schreien und Sträuben dazu aufgestachelt wurde, ihr die Kehle durchzuschneiden; der Anblick des Blutes habe dann seine Wut zur Raserei gesteigert. Mit seinem Nachahmungsdrang wird das Tier geschildert als ein barbarischer Knecht, der so sein will wie sein kultivierter Herr: „Razor in hand, and fully lathered, it was sitting before a looking-glass, attempting the operation of shaving, in which it had no doubt previously watched its master through the keyhole of the closet" (P 166) — der Affe als lernbegieriger Voyeur, der nun vor dem Spiegel den brüchigen Narzißmus des Menschen einübt, während in Wahrheit, worauf Lacan hinwies, ein Affe, anders als ein Menschenkind, beim Anblick seines Spiegelbildes *keine* Jubelreaktion zeigt, *nicht* eine imaginäre Ganzheit antizipiert, die es, im Gegensatz zur Erfahrung der eigenen Zerstückeltheit & Hilfsbedürftigkeit, seinen Eltern und später den an ihre Stelle tretenden Vorbildern (Idolen) als realisierte, faktisch gegebene zuschreibt.[324] Hier bei Poe fungiert der Mensch als das Idol und Ganzheitsphantasma des Affen. Sogar ein schlechtes Gewissen und ein Wunsch nach Vertuschung werden dem Tier

---

[324] Siehe dazu Lacan, Das Spiegelstadium als Bilder der Ichfunktion, wie sie uns in der psychoanalytischen Erfahrung erscheint, in: Schriften Bd.I, 61-70, insbes. 63 („Dieser Akt erschöpft sich nicht, wie beim Affen, im ein für allemal erlernten Wissen von der Nichtigkeit des Bildes")

beigelegt, als es nach vollbrachter Mordtat den mit der Peitsche assoziierten Herrn im Fensterrahmen erblickt („Conscious of having deserved punishment, it seemed desirous of concealing its bloody deeds, and skipped about the chamber in an agony of nervous agitation", P 167). So wird der Orang-Utan in dieser Poe-Story zu einer nur teilweise überzeugenden Metapher für das Es und das Unbewußte: Dieses *scheint* Sprache zu haben, klingt irgendwie vertraut, hat aber doch keine 'richtige', eindeutig subsumierbare Sprache (das dürfte in etwa Poes Kenntnisstand entsprechen, die Sprache des Unbewußten war ja noch nicht sehr weit erforscht, und er pflegte an dichterischer Sprache den Anteil bewußter, rationaler Konstruktion zu betonen). Das Tier wird dazu verurteilt, den 'Herrn', das Ich, sich zum Bilde zu nehmen, vor dem es Angst und Gewissensbisse empfindet, während das Es in Wahrheit durchaus unmoralisch und egoistisch bleibt, das Ich vielmehr die eigentliche Angst- und Schuldstätte ist; die gelingende Kultivierung des Es wird so als Wunsch deutlich, auch daran, daß der Affe nur zwischenzeitlich entläuft und Unheil anrichtet, später aber wieder eingefangen wird. In *A Descent into the Maelström* ist die Konstellation ähnlich und doch anders: Wenn der Maelström dort für die Sogwirkung des Unbewußten und seine Schrecken steht, vor allem aber für seine rational rekonstruierbaren Gesetzmäßigkeiten, auf die man sich einlassen und sich ihnen bis zu einem gewissen Grade anvertrauen muß, um ihnen (obzwar arg gezeichnet) entkommen zu können, so muß sich hier der Detektiv / Forscher in einen Affen versetzen, dessen Verhalten sich diffus zwischen Menschlichem und Nichtmenschlichem bewegt und nur teilweise rational rekonstruierbar ist — seine Sprache jedenfalls ist im Grunde keine, der stimmliche Wettkampf ist ein letztlich *sprachloser* zwischen Pseudo-Herr und Pseudo-Knecht, und das triumphierende Ideal-Ich (das hier, als der eigentliche Herr, an die Stelle des Ich tritt) konkurriert letztendlich nicht mit dem Affen, sondern mit den phantasielosen Verwaltern der Ordnung (gewissermaßen einem falschen, inkompetenten, vernunftlosen Idealich). Dupin *konkurriert* auch nicht mit dem Matrosen, sondern bewegt ihn lediglich geschickt zur Mitarbeit, bedient sich seiner. Die Macht der Sprache gehört Dupin — er verkörpert somit das, wovon der Schriftsteller Poe ideell und real lebt. Der Schriftsteller wird von der Sprache, die ihn spaltet, gesprochen, doch er gibt auch noch selber Hinweise, wie sie zu deuten wäre (insofern *ist* der Erzähler Dupin, und mit Dupins Kompetenz und seiner tastenden Einsicht in psychologische Gesetzmäßigkeiten, die er teils direkt, teils indirekt zum Ausdruck bringt, ist er seiner Zeit voraus). Dennoch ist auch die Beziehung zwischen dem Matrosen und dem Affen aufschlußreich im Hinblick auf Poe und das, wovon seine schriftstellerische Produktion sich speist: „He will reason thus: — 'I am innocent; I am poor; my Ourang-Outang is of great value — to one in my circumstances a fortune of itself — why should I lose it through idle apprehensions of danger?" (P 163). Die unbewußten Antriebe, aus denen er schrieb, waren für Poe in der Tat ein Vermögen, wenn er sie auch nur wenig in klingende Münze umsetzen konnte (welche Notwendigkeit ihm ohnehin nur durch die äußeren Umstände aufgenötigt wurde — denn, wie aus der Story hinreichend deutlich wird, der Affe interessiert sich ebenso wenig für die in der Wohnung herumliegenden Reichtümer wie der 'Wahnsinnige' aus *The Tell-Tale Heart* für die Reichtümer des alten Mannes). Diese unbewußten Antriebe, obzwar er häufig unter ihnen litt und sie auch nur teilweise verstand, waren alles, was er hatte; und sie waren es eben, die einen Dupin mit allen seinen Fähigkeiten in Bewegung setzten. Insofern ist der Affe die andere Seite Dupins (der zu dem Matrosen sagt, er bedaure es, sich von dem schönen Tier wieder trennen zu müssen, „a remarkably fine, and no doubt a very valuable animal", P 164!), und beide zusammen sind die andere Seite des Erzählers *und* des Matrosen, der Matrose *insofern* das *alter ego* des Erzählers. Denn wie der Erzähler ohne Dupin sprachlos *wäre* und angesichts von Dupins Künsten sprachlos *ist*, und wie die nackten primitiven Äußerungen des Affen eines Dupin bedürfen, um sie aufzuklären und sie gleichsam stellvertretend zu *kultivieren*, so ist auch der Matrose zunächst schlichtweg *sprachlos*, als Dupin ihm betreffs seines Hierseins reinen Wein einschenkt. „The sailor's face flushed up as if he were struggling with suffocation. He started to his feet and grasped his cudgel; but the next moment he fell back into his seat, trembling violently, and with the countenance of death itself. *He spoke not a word*. I pitied him from the bottom of my heart" (P 165 b). Die Identifikation des Erzählers mit dem Matrosen wird hier deutlich. Dem Ich werden sein phallisches Gebaren (der Knüttel, den der Matrose ergreift) und seine defensiven Strategien nichts nützen — es verliert wie der Katatoniker sein Ausdrucksvermögen (so wie der alte Fischer nach den Schrecken des Maelström und bei seiner Erinnerung daran vor Erschöpfung nicht sprechen kann), und es bedarf eines Dupin, um ihn zum Reden zu bringen. „'So help me God!'", wiederholt er fast seinen Schreckensruf gegenüber dem Untier, „'I *will* tell you all I know about this affair; — but I do not expect you to believe one half I say — I would be a fool indeed if I did'" (P 165 a). So sprechen viele von Poes Protagonisten. Und mit dem Ideal Dupin vor Augen, dem „Subjekt, dem unterstellt wird, zu genießen"[325], kann der Erzähler Poe *sprechen*.

Es gibt noch andere Texte, in denen sich für unser Thema aufschlußreiche Stellen finden. Die genialische, gebildete *Morella* („her powers of mind were gigantic", P 667) ist für den Ich-Erzähler eine Art Seelenführerin. Er vertraut sich ihr an, so wie der Dichter sich der Stimme seines Unbewußten anvertraut: „I abandoned myself implicitly to the guidance of my wife, and entered with an unflinching heart into the intricacies of her studies." Zwar empfindet er für sie eine „most singular affection", doch liebt er sie nicht mit der Kraft des *Eros*; bei der Beschreibung ihrer Stimme, die ihn gefangen nimmt, aber zunehmend mit Schrecken füllt, wird vielmehr deutlich, daß *Thanatos* seine Hand im Spiel hat, Morellas 'kalte Hand' ist die seine[326], und die Töne ihrer stimmlichen Musik sind allzu 'unirdisch': „And then, hour after hour would I linger by her side, and dwell upon the music of her voice — until, at length, its melody was tainted with terror, — and there fell a shadow upon my soul — and I

---

[325] Zu diesem Topos vgl. Slavoj Zizek, Liebe Dein Symptom wie Dich selbst! Jacques Lacans Psychoanalyse und die Medien, Berlin 1991; Rastko Mocnik, Das 'Subjekt dem unterstellt wird zu glauben' und die Nation als eine Null-Institution, in: Henning Böke / Jens Christian Müller / Sebastian Reinfeldt (ed.), Denk-Prozesse nach Althusser, Hamburg 1994, 225-73

[326] Vgl., daß Poe noch vor dem zwanzigsten Lebensjahr in seinem Gedicht ROMANCE die Verse schrieb (und sie dort später unterdrückte): „I could not love except where Death / Was mingling his with Beauty's breath" (zit. nach M.Bonaparte, Edgar Poe, Bd.I, 42, die dort sicher zu Recht anmerkt, daß diese Verse Poes „persönlichste Auffassung von der Liebe" aussprechen, „eine Auffassung, der er sein ganzes Leben lang hindurch treu geblieben ist").

grew pale, and shuddered inwardly at those too unearthly tones" (P 667). Die Sprechweise wird, wie auch in anderen Fällen, von Poe mit der „manner", dem Verhalten als ganzem, verbunden; Morellas mysteriöse Manier wird dem Erzähler unerträglich, liegt auf ihm wie ein böser Zauber, ein düsteres Schicksal: „But indeed, the time had now arrived when the mystery of my wife's manner oppressed me as a spell. I could no longer bear the touch of her wan fingers, nor the low tone of her musical language, nor the lustre of her melancholy eyes. And she knew all this, but did not upbraid; she seemed conscious of my weakness or my folly, and, smiling, called it Fate. (...) I met the glance of her meaning eyes, and then my soul sickened and became giddy with the giddiness of one who gazes downward into some dreary and unfathomable abyss" (668). In den Augen der Frau, die er nicht lieben kann und doch liebt, sieht er die Anziehungskraft des Todes (zum 'Blick in den Abgrund' vgl. später *The Imp of the Perverse*; *Morella* erschien bereits 1835); die Schönheit der geistigen Welt, mit der Morella ihn vertraut macht, ist selbst vom Tod überzogen. Nun waren die wohltönende, melancholische Stimme, die Aura des Mysteriösen und der schwermütige Ausdruck der Augen freilich Eigenschaften von Poe selbst, und wenn die tote Morella in der gemeinsamen Tochter gleichsam wiederaufersteht und weiterlebt, so läßt dies daran denken, daß Poes 'Kinder', nämlich seine Werke, seine Erzählungen und Gedichte, von jener Faszination des Todes durchzogen waren, die mit der schattenhaften Erinnerung an seine tote Mutter und den schicksalhaften Wiederholungen jenes frühen Verlustes verbunden waren. „Of the mother I had never spoken to the daughter; — it was impossible to speak" (P 670): Wohl aber tauft er sie, wie ein Feind seiner selbst („What fiend spoke from the recesses of my soul"), auf den Namen ihrer Mutter, seiner verstorbenen Frau Morella, mit der ihn angeblich erotisch nichts verband, mit der er aber gleichwohl diese Tochter hat, in der sie wiederkehrt. Manche Geheimnisse lassen sich nicht aussprechen, ohne sie im Doppelsinn zu 'verraten' — auch wenn man andererseits (wie es Poe mit seiner leiblichen Mutter Eliza[327] tatsächlich ging) ebenfalls das Gefühl hat, ihnen Unrecht zu tun, wenn man sich *nicht* öffentlich dazu bekennt.[328] In der Stimme seines kreativen Vermögens schienen die dem Eros entzogenen bzw. sich entziehenden Gestalten zu ihm zu sprechen, die ihn schwächten so wie die geisterhafte Madeline in *The Fall of the House of Usher* ihren Zwillingsbruder Roderick, und die, wenn sie aus jeder Totenkammer, in die man sie sperrte, mit Macht wiederkehrten, als Verkörperungen des Schwindens doch zugleich einen unwiderstehlichen Drang zum Leben versinnbildlichten (vgl. Madeline und Ligeia) — und in der Tat waren sie es, die den Dichter am Leben hielten und seinen Lebensentwurf trugen. In der Gestalt der Madeline ist mit der Konstellation 'Sterben

---

[327] So lautete übrigens auch der zweite Vorname seiner Frau Virginia

[328] K.Silverman weist darauf hin, daß Poes Konflikte, ob er sich nach Virginias Tod wiederverheiraten solle oder nicht, nicht zuletzt mit einem Gefühl zu tun hatten, die Toten zu 'verraten' (vgl. Remembrance, 371). Poe scheint ein schlechtes Gewissen gehabt zu haben, wenn er über seine leibliche Mutter sprach, ebenso wie wenn er *nicht* über sie sprach; wenn er Virginia wie ein überirdisches Wesen verehrte ebenso, wie wenn er gegenüber Sarah Helen Whitman erstaunlich abfällig äußerte, Virginia (die er *Sis* oder *Sissy* zu nennen pflegte) sei für ihn eigentlich mehr wie eine Schwester (*sister*) und wie ein Kind gewesen, das sein Leben nicht wesentlich habe bereichern können, schon gar nicht intellektuell (vgl. ebd., 358).

— Wiederkehren — erneut und endgültig sterben und dabei den Zwillingsbruder mitreißen' jener *Wiederholungszwang* ausgedrückt, der Poes eigener war, aber auch derjenige 'des Schicksals', dem er sich anvertraute und unterwarf, um sich mit ihm zu messen. Als Virginia starb, riß sie Edgar Poe mit, es war der Wiederholung zuviel — doch *The Fall of the House of Usher* war bereits mehr als sieben Jahre zuvor veröffentlicht worden, im September 1839. Die Verbreiterung des Risses bis zum Einsturz des Gebäudes wird nicht bloß *erlitten*, sondern auch *erschaffen*. Der Wunsch, Morella möge sterben, ist der Wunsch, die Erinnerungen möchten verschwinden, und ist ebenso der Todeswunsch für die eigene Person, deren Schaffen (und damit, soweit dies möglich ist, das Sichselbsterschaffen des Dichters) von ihnen lebt. Der Signifikant schwindet, indem er sich verschiebt, Ketten bildet, die das Subjekt versklaven, es an die Kette legen wie einen Hofhund, einen Hofnarren — der Wunsch, das Sprechen und das Beherrschtwerden von Sprache möchten aufhören, ist der Wunsch nach Annihilierung des vom Logos durchherrschten Universums. *Ein Gott, der sprechen muß, ist ein zur Falschheit verurteilter Gott, wie das Abbild, das ihn nachäfft, der Dichter.*

Was die symbolträchtige *Kette* angeht, so dreht der verkrüppelte *Hop-Frog* den Spieß um: Er legt den König und seine Minister an die Kette, mehr noch, er kehrt die verordnete *Selbstunterdrückung* um und sorgt dafür, daß sie sich selbst an die Kette legen, so daß er an ihnen das Höllenfeuer entzünden kann. Der zwergenhafte Hofnarr wird von dem selbstherrlichen König, an dessen Hof er und Tripetta verschleppt wurden, nicht ernstgenommen: Nur zum *Gelingen der Makerade*, zum Amüsement der Herrschenden, Erschrecken der Damen usw. hat er gefälligst seinen Teil beizutragen — keine schlechte Metapher für die Hungersituation eines ambitionierten Schriftstellers wie Poe, und nebenbei verkörpert ein König im Traum oft den Vater. „'Come, Hop-Frog, lend us your assistance. Characters, my fine fellow; we stand in need of characters — all of us — ha! ha! ha!'" (P 504) — und da dies offensichtlich als Witz gemeint war, fallen die sieben Minister folgsam in das Gelächter des Königs ein. Nicht was man unter echtem Charakter verstehen würde, sondern witzige, originelle Typen (so wird im Englischen / Amerikanischen die Wendung *He's quite a character* gebraucht) verlangt natürlich heute erst recht der Medien-Markt (nicht nur der Literaturbetrieb), insofern darf *Markt* für 'König' gesetzt werden — so ist problemlos die Aktualität der Hofnarren hergestellt. Auch der erste Satz der Story würde diesen Nagel auf den Kopf treffen: „Nie kannt' ich einen, der so hitzig auf Witze erpicht war wie der König" (Bd.2, 706, Übers. H.Wollschläger). Der Markt macht's: '*Wir* werden es in Szene bringen!', bemerkt der König zu dem neuen närrischen Vorschlag, sich emporreckend. „'Capital!'" brüllen im Chor Monarch und Minister. In der Tat. Kapital. Ob nun der Doppelsinn Absicht ist oder nicht.
Kommt der König mit seinem dümmlichen Gequatsche nicht zum Erfolg, so schreitet er zur unmaskierten Gewalt: Als Hop-Frog, der keinen Wein verträgt, nicht trinken will, und die reizende kleine Tripetta, bei allen beliebt, sich für ihren Freund einsetzt, schleudert der König ihr wortlos („without uttering a syllable", P 505) den Becher ins Gesicht, was ein betretenes Schweigen auslöst („There was a dead silence for about half a minute"). Wenn Hop-Frogs Emotionen so stark sind, daß er sie nicht mehr verbalisieren kann, *knirscht er mit den Zähnen* — so stark, daß das Geräusch den ganzen

Raum ausfüllt und zugleich von 'außerhalb' zu kommen scheint. Er schafft es aber, seine Emotionen hinreichend unter Kontrolle zu halten, um keinen Verdacht auf sich zu lenken, als er dem König listenreich seinen Plan erläutert, ihn und seine Minister beim Maskenfest als eine Horde von Orang-Utans auftreten zu lassen: Daß er, unter äußerem Zwang, ein paar Gläser Wein hinunterstürzt (bekanntlich war es Poes eigene übersensible Konstitution, die ihn durch ein einziges Glas bereits eine starke Veränderung erfahren ließ), macht ihn paradox fit für das Unterfangen, die Machenschaften der Peiniger mit seinen eigenen beantworten zu können. Bestechend an *Hop-Frog* nun das Symbol der *Kette*: „A long chain was now procured. First, it was passed about the waist of the king, *and tied*; then about another of the party, and also tied; then about all successively, in the same manner" (P 506 a). Wenn *eins* sistiert ist, kann Anderes explizit verknüpft werden: das verdichtete Moment streckt sich zur Metonymie (und damit nach der Decke), Simultanität wird zur Sukzessivität, immer schön eins nach dem anderen, denn Linearität ermöglicht Hierarchie (die hier mit ihren eigenen Waffen geschlagen & *vorgeführt* wird). So weit, so gut: Treten nun die verketteten Herren so weit wie möglich auseinander, dann bilden sie einen Zirkel. Jeder für sich, & alle für den großen *circulus vitiosus*, so ist es recht. Die freien Enden werden benutzt, um den Kreis zu *durchkreuzen*: so fängt man auf Borneo Schimpansen und andere Großaffen (nein, Herr Darwin hatte noch nicht geschrieben, aber Lamarck, und der verfängliche Schritt zur Evolutionstheorie zeichnete sich ab). Der Narr übt sich darin, das System gegen es selbst zu kehren, so wie bei einer Kritik der Vernunft oder einer Kritik der politischen Ökonomie: *mit einer Kette gegen eine Kette*, wird das Prinzip seiner Rache sein. Denn im Großen Saal hängt ein riesiger Kronleuchter (vgl. die riesige Uhr in *The Masque of the Red Death*), und der Zwerg setzt durch, daß dieser überdimensionale Kerzenhalter während des Maskenballs entfernt wird: tropfendes Wachs (wie es auch zum *Besiegeln* benutzt wird, und früher wurde auf Wachstafeln *geschrieben*) könnte die Kleider der Gäste beschmutzen. Die Kette hingegen, an der sonst der große Lichtspender hängt, bleibt, und sie kann auch herabgelassen (bisweilen sogar herablassend) werden, samt Haken (nun, jedes soziale Bindemittel weist einen solchen auf). Hop-Frog als Menschenaffenfischer...

Als die Landesfürsten in ihrem Aufzug in den Maskensaal stürmen, stolpern sie und rollen übereinander, „for the impediments of their chains caused most of the party to fall, and all to stumble as they entered" (P 507). Die Verkettung bringt zu Fall, sagt was der Fall ist, was im Weg steht; die Sprache ist das, was dafür sorgt, daß es *hapert*, sie macht fett und inkompetent (den König) oder geschickt und die konstitutive Behinderung überkompensierend (Hop-Frog), und man kann problemlos sagen, daß sie (so die 'offizielle' Begründung des Narren) beim Publikum die Wirkung verfolgt, *durch Rasseln die Verwirrung noch zu vermehren* („'The chains are for the purpose of increasing the confusion by their jangling'", P 506). Schon die *natürlich bedingte Beulung* des Königshauptes läßt aufhorchen (denn eine solche Beule, einen Auswuchs am oder als Hohlraum, hat natürlicherweise das sprechende Wesen, der Mensch); ebenso die Eigenart des Narren, sich nicht in 'normalen' Schritten, sondern nur *sprungweise, zuckend und schlängelnd* fortbewegen zu können, es ist ja diese Anomalie, die den 'Wert'(!) des kleinwüchsigen Narren, in den voyeuristischen Augen des unterhaltungsgeilen Königs, bedeutend steigert („His value was trebled in the eyes of the king, by the fact of his being also a dwarf and a cripple", P 502). Dabei ist Hop-Frog aber zugleich ein unschlagbarer Kletterkünstler — *sein* Affesein ist Gewandtheit, die Affigkeit der Herrschenden hingegen ist, wie alles an ihnen, Maske und sorgt dafür, daß sie in Flammen aufgehen. Ihre Kostüme sind Teergeschmier und Flachs, sie hängen in den Seilen und können der Fackel desjenigen, der *sagt*, wer & was sie sind („'Ah, ha! I begin to see who these people *are*, now!'", P 508 a), keinen nennenswerten Widerstand entgegensetzen; auch die Hilfe 'von unten' ist abgeschnitten. Hop-Frog klettert an *jener* Kronleuchterkette *empor*, welche die Fesseln der anderen *aufzieht*, nämlich totalisierend emporliftet und dabei zugleich verhöhnt. Diese Kette hat einen Haken, aber manchmal kommt sie zum Zuge. Freilich, ohne Tripettas Mithilfe hätte Hop-Frog seine Rache nicht ausführen, die Kette, von der die Gegner sich hatten fesseln lassen, nicht bewältigen können. Das Mädchen Tripetta ist ebenso zwergenhaft wie Hop-Frog, doch von vollendeter Schönheit und eine glänzende Tänzerin: Wenn das tanzende ästhetische Gefühl und das ressentimentgetriebene Narren-Ich sich *gemeinsam* jener Signifikantenkette bedienen, die gemeinhin der herrschenden Ordnung dient, und ihren Mechanismus des *Emporliftens* (vgl. das ehrwürdige dialektische 'Aufheben') für ihre Zwecke in Anspruch nehmen, sind sie stark! Am Ende sind die acht „maskers", die leblos in ihren Ketten schwingen, zu einer „fetid, blackened, hideous, and indistinguishable mass" reduziert worden (P 509). Kohle zu Kohle, Knete zu Knete, Schmiere zu Schmiere. Filtration der Filtreure, Zersetzung der Zersetzer. Es ist deutlich: diese abstoßende Masse kann, anders als jenes 'Bündel', das General A.B.C. Smith darstellt, nie und nimmer mehr zu grandioser Blendwirkung ausstaffiert werden, genauso wenig wie die Überreste von Herrn Valdemar.

An Roderick Usher ist die *Stimme* ebenfalls symptomatisch für seinen Zustand, wieder im Rahmen des mit „the manner" umschriebenen Habitus des Verhaltens: „In the manner of my friend I was at once struck with an incoherence — an inconsistency; and I soon found this to arise from a series of feeble and futile struggles to overcome an habitual trepidancy — an excessive nervous agitation. (...) His action was alternately vivacious and sullen. His voice varied rapidly from a tremulous indecision (when the animal spirits seemed utterly in abeyance) to that species of energetic concision — that abrupt, weighty, unhurried, and hollow-sounding enunciation — that leaden, self-balanced, and perfectly modulated guttural utterance, which may be observed in the lost drunkard, or the irreclaimable eater of opium, during the periods of his most intense excitement" (P 234f.). Seine Sprechweise ist also ebenso wie sein ganzes Gebaren abwechselnd dumpf-bleiern und energisch-aufgeputscht. Er versucht eine übergroße Nervosität *zu unterdrücken, sie zu überwinden,* und daraus resultiert eine sprunghaft-inkohärente, nämlich abwechselnd zurückgenommene und dann wieder forciert-zugespitzte Verhaltensweise. In 'manischen' Phasen, wie sie von manchen durch gezielte Intoxikation herbeigeführt werden (hier dachte Poe unzweifelhaft auch an seinen eigenen Alkoholismus), ist die Sprechweise von künstlicher Gekonntheit, reflektiert ausgesteuert und „perfectly modulated", in anderen Phasen fehlt gleichsam jegliche Kraft, zu sprechen. Besonders eindringlich ist, daß Usher die verzweifelten Anstrengungen seiner lebendig eingemauerten Zwillingsschwester, sich aus dem Grab zu befreien, seit Tagen *gehört* hatte, aber *nicht zu sprechen wagte* bzw. sich nicht erdreistete, zu sprechen („*I dared not speak!*", P 245 a). Wie seine zu Apathie und Starrkrampf neigende Schwester (die in der Grabkammer gleichwohl noch einmal äußerste Kräfte entwickelt), steht er gleichsam unter einem ebenso körperlichen wie geistigen Bann seiner Bemühungen, ein zweites Mal geboren zu werden (oder: überhaupt erst einmal wirklich geboren zu werden, bevor er / sie sterben kann![329]), und sein Sprechen drückt wie die gesamte Palette seiner Ausdrucksformen das Changieren zwischen dem wiederholten (wiederholungszwangartigen) konzentrierten Versuch und dem Scheitern(müssen) dieses Unternehmens aus. Die 'krankhafte Verfeinerung der Sinne' ist ja auch charakteristisch für den *Heart*-Mann, doch die Gestalt Ushers ist von Poe viel komplexer angelegt: Als letzter eines alten Adelsgeschlechtes wird er zu einem Bild des zerfallenden Aristokratismus des amerikanischen Südens, doch zugleich verkörpert er diejenige Lebensform, auf die Poe jenen dekadent-überfeinert gewordenen Aristokratismus übertragen hat, nämlich den zum Outsider & Paria werdenden Künstler, der im Lebenskampf unterliegt & untergeht — nachhaltig werden seine hohen künstlerischen Fähigkeiten betont, er 'malt Ideen' (als Beispiel wird ein Bild von einer Art Geburtskanal beschrieben!), er improvisiert wild-genialisch auf der Gitarre (was schon Assoziationen zum Jazz & Rock des 20. Jahrhunderts weckt, jenen Ausdrucksformen, zu denen sich ja schwarze & weiße Wurzeln verbanden) und textet dazu euphorisch-konzentrierte Gedichte. Poe erprobt in dieser Erzählung vielfältige Analogie- und Wechselbezüge zwischen einem Menschen und dem Raum, seinem Bau-Werk, in dem er sich bewegt und von dem er gelähmt & ausgehöhlt wird[330]: Das gilt für den Bezug zwischen der 'Inkonsistenz' des Hauses Usher und der von Rodericks Verhalten & Sprechweise (zumal wenn es heißt: „He roamed from chamber to chamber with hurried, unequal, and objectless step", P 241, er streift mit hastigem, ungleichem, ziellosem Schritt von Zimmer zu Zimmer!) ebenso wie für die Schädel-Stätte des von ihm vorgetragenen *The Haunted Palace* — der Geist des Herrschers wird, ungeachtet goldener Vergangenheit, von „evil things, in robes of sorrow" befallen und schließlich von einem „rapid ghastly river" schrill hinweggeschwemmt (P 238f., siehe dazu weiter Anhang II, c) — oder für den Wechselbezug zwischen der (vorgelesenen) textuellen Aktion des weinbeherzten, drachenkämpfenden Ritters und Madelines Wiederkehr nach Sprengung der steinernen Form.

---

[329] Diese psychologische Deutungsmöglichkeit erscheint sinnvoll auch gegenüber der von Dagmar Klein vertretenen Interpretation, es handle sich nicht um eine reale, sondern um eine von Roderick und dem Erzähler *imaginierte* Wiederkehr der Lady Madeline aus der Gruft. Wenn die Vampir-These mit dem Hinweis zurückgewiesen wird, daß die Lady zurückkehre, um zu *sterben*, „a thing unheard of in vampires" (D.Klein, The House is I, Chesterfield & London 1998, 21), so könnte dies ja auch gegen das halluzinierte Bild angeführt werden — es sei denn, damit wird die psychische Überzeugung ausgedrückt, daß das Projekt des Zuendegeborenwerdens nur scheitern könne...

[330] Vgl. dazu Gerhard Hoffmann, Poe – The Fall of the House of Usher, in: Karl Heinz Göller & Gerhard Hoffmann (ed.), Die amerikanische Kurzgeschichte, Düsseldorf 1972, 82–93

12/ Die Macht der Worte und die Macht des Schweigens: *Silence, Al Aaraaf, The Power of Words, Eureka*

In *Silence* (*Siope – A Fable*, erstveröffentlicht 1837) ist es die Stille, die schwerer erträglich ist als das Tosen der Naturgewalten und das Brüllen von Ungeheuern. Stilistisch und auch motivisch scheint der Text ein wenig an die *Offenbarung* des Johannes angelehnt, wo die Stille zwar nicht als Höhepunkt einer Ausschüttung von Schrecken, wohl aber zu deren Ankündigung auftritt: „Und als das Lamm das siebente Siegel auftat, entstand eine Stille im Himmel, etwa eine halbe Stunde lang" (8.1). Im Gebiet des Kongoflusses, wo die Fabel spielt, gebe es keine Ruhe und Stille, heißt es einleitend bei Poe. Das Murmeln und Brodeln unterirdischer Gewässer verweist durchaus auf das unterschwellige Arbeiten der Psyche (vgl. den Hinweis im manchmal hinzugefügten Untertitel, die Fabel sei im Stil der „psychologischen Autobiographisten" verfaßt). Zwei Kontrahenten werden eingeführt: Ein meditierender Eremit, mit den Zügen einer Gottheit, aber wohl ein Mensch, wird charakterisiert durch Stichwörter wie Gedankenreichtum, Kummer, Müdigkeit, Ekel am Menschen („disgust with mankind", P 460) und Sehnsucht nach Alleinsein („a longing after solitude"). Der Mann schaut empor in den unruhigen Himmel (mit einem karminroten Mond, in der *Offenbarung* heißt es, daß der Mond „wie Blut" wurde, 6.12), er horcht auf das Gemurmel & Geseufze der Sumpfgewächse rings um ihn her. Ein 'Dämon', der die Fabel einem anonymen Ich erzählt, lauert auf den Mann und beobachtet ihn. Er läßt die Flußpferde laut & erschreckt aufbrüllen und erweckt einen Sturm gegen den Mann. Dieser erbebt in seiner Einsamkeit, doch standhaft und unerschütterlich sitzt er auf seinem Felsen; viermal steht der gleiche Satz am Ende eines Abschnitts: „And the man trembled in the solitude; — but the night waned and he sat upon the rock" (P 460).

Der Dämon übernimmt gleichsam die Rolle des Versuchers, der Felsen ist hier möglicherweise als christliches Symbol gemeint. Was das sich steigernde akustische Inferno nicht vermag, nämlich ernsthaft an den Nerven des Mannes zu zerren, das vermag die Stille, die der Dämon nun in einer entschlossenen Kehrtwendung seiner Taktik heraufbeschwört: „'Then I grew angry and cursed, with the curse of *silence*, the river, and the lilies, and the wind, and the forest, and the heaven, and the thunder, and the sighs of the water-lilies. And they became accursed, and *were still*. And the moon ceased to totter up its pathway to heaven — and the thunder died away — and the lightning did not flash — and the clouds hung motionless — (...). And I looked upon the characters of the rock, and they were changed; and the characters were SILENCE'" (P 461 a, Großschreibung von Poe). Die Eigenart des Felsens — man ist versucht, mit Poes sonst gern verwendetem Ausdruck zu sagen: *the manner*, Arno Schmidt übersetzt „the characters" mit „die Schriftzeichen", was gut möglich ist — hat bzw. haben sich verändert. Man mag daran denken, daß das *Schweigen* Gottes mitunter die größte Herausforderung für den Glauben eines Menschen ist. Der Mann hat die Stille und Einsamkeit gesucht, jetzt wird sie ihm auf eine Weise zuteil, die das vorherige Getöse an irritierender Wirkung noch weit überbietet. Endlich zeigt sich Schrecken auf dem

Gesicht des Mannes: „'And mine eyes fell upon the countenance of the man, and his countenance was wan with terror'" (P 461). Die absolute Stille kann er nicht ertragen. „'And the man shuddered, and turned his face away, and fled afar off, so that I beheld him no more.'"
Der Dämon lacht bei diesem Ende seiner Geschichte, seines Sieges offenbar gewiß, das anonyme Ich aber, dem die Geschichte erzählt wurde, bekennt, daß es sich dem Gelächter des Dämonen nicht anschließen konnte und daraufhin von ihm verflucht worden sei. Der Ort, wo dies geschah, wird nun als eine Grabnische kenntlich gemacht. Mit der Aufforderung des Dämonen: „'Listen to *me*'" (P 459 a) setzte der Text im ersten Satz unvermittelt ein, und mit seinem Gelächter kehrt der Dämon in die Höhle, den Hohlraum („cavity") des Grabes zurück, aus dem er sich für die Dauer der Erzählung emporgelehnt hat. Er besitzt die Erfahrung und die Macht der absoluten Stille, die wir als Lebende nicht kennen — nach der wir uns wohl manchmal sehnen, vor der wir aber, wenn wir als Tod-im-Leben eine Kostprobe davon erhalten, zurückschrecken[331] (so wie Ligeia vor dem Tod zurückschreckt und über den Körper einer anderen Frau tatsächlich ins Leben zurückkehrt). Poe endet mit dem ambivalenten Bild des Luchses, das am totalen Sieg des Dämonen zweifeln läßt: „And the lynx which dwelleth forever in the tomb, came out therefrom, and lay down at the feet of the Demon, and looked at him steadily in the face" (P 461). Ob und wie dieser darauf reagierte, wird nicht mehr gesagt. Der aufmerksame Blick des Luchses wirkt wie der Reflex eines kosmischen Bewußtseins, das durch das ausgegossene Schweigen nicht zum Schweigen gebracht werden konnte. Instruktiv ist hierzu auch eine Stelle in Poes *Marginalien*, wo es heißt: „Nur dem luchsäugigen Blick des Philosophen ist's heutzutage noch möglich, alle Nebel-Schwaden menschlicher Unwürdigkeit zu durchdringen und dahinter noch immer des Menschen Würde zu erkennen" (Bd.10, 754f.). Das scheint zum Wachsambleiben & Sichnichtkleinkriegenlassen in einem sehr diesseitigen, realistischen Sinne aufzufordern. Obzwar in *Silence* offenbleibt, ob Gehorsam oder möglicher Aufruhr im Blick des Luchses liegen, trägt dieser geheimnisvolle Schluß jedenfalls wesentlich zum Gelingen der Parabel bei. In *The Conversation of Eiros and Charmion*, wo der Untergang alles irdischen Lebens durch den Zusammenstoß der Erde mit einem Kometen geschildert wird, assoziiert der im Jenseits wiederauferstandene Eiros zu einem letzten äußersten Klang der explodierenden Lufthülle der Erde die Stimme Gottes: „then, there came a shouting and pervading sound, as if from the mouth itself of HIM" (P 456, Großschreibung von Poe). Hier hingegen markiert den äußersten, nicht mehr erträglichen Horror das absolute *Schweigen*.

---

[331] Kenneth Silverman deutet: „The Malignity in the universe is not disease, decay, or destruction; what terrifies above all is human awareness of a derealized world of inexistence, the chill of unbeing" (Remembrance, 131). Freilich könnte man im Sinne des frühen Sartre deuten, daß die Angst, aber auch die Freiheit des Menschen (und die Furcht vor dieser Freiheit) aus der spezifisch menschlichen Erfahrung des 'Nichts' resultieren; wir versuchen zu sein wie das in sich fest gefügte 'Sein', erreichen dies aber nicht und bleiben einem tätigen Zwischenbereich verhaftet, weder ganz hier noch ganz dort... Wir sind Hohlräume, Löcher im Sein, die sich auf das Nichts hin entwerfen, von dem wir, dem Sein entgegengestellt, affiziert sind...

Daß indes das Schweigen, das die Aufnahmekraft des lebenden Menschen übersteigt, bei Poe nicht nur mit Schrecken, sondern auch mit einer musikalischen Sinnerfülltheit assoziiert wird, welche der Lärm des Sprechens und auch der schattenstreuende Lärm der leblosen Abstraktion und des vorschwebenden Ideals nicht erreichen, wird in einer Passage aus *Al Aaraaf* deutlich: „She stirr'd not — breath'd not — for a voice was there / How solemnly pervading the calm air! / A sound of silence on the startled ear / Which dreamy poets name 'the music of the sphere.' / Ours is a world of words: Quiet we call / 'Silence' — which is the merest word of all. / All Nature speaks, and ev'n ideal things / Flap shadowy sounds from visionary wings — / But ah! not so when, thus, in realms on high / The eternal voice of God is passing by; / And the red winds are withering in the sky!" (Bd.9, 50). *'Schweigen'* mag zwar das *reinste* Wort sein[332], doch als Wort ist es *dürftig*[333]; die ewige Stimme des Göttlichen charakterisiert ein Schweigen jenseits des (benannten) Schweigens. Keineswegs ist sie bloß Abwesenheit der Negation des Schweigens, doch sie 'positiv' charakterisieren zu wollen, und sei es in widerSprüchlich sich selbst aufhebender & transzendierender Sprache, erreicht nur Näherungswerte; genauer, es ist wie das Aufblinken eines wandernden Sterns: *dasselbe* Universum durchziehend, doch im vermeintlichen Fixieren schon verschwunden. Das, was sich selbst ausdrücken muß, ausdrücken zu wollen, bleibt dennoch Sache des Dichters, denn das Göttliche ist nichts abstrakt von uns Getrenntes.

Der wandernde Stern Al Aaraaf verkörpert für Poe eine platonische Welt überirdischer Schönheit, die man auf Erden nur erahnen kann angesichts jener Schönheit, die uns in den farbenprächtigen Blüten von Blumen zurückgespiegelt erscheint oder im ruhig-melodiösen Wogen des Waldes, in einer Muschel, aus der das Rauschen des Meeres an unser Ohr klingt — oder im Wirkenlassen bestimmter Kunstwerke. „*Al Aaraaf* ist die höchste Steigerung des Ideals — das Wunschbild eines Glückes, nach dem man auf Erden nur streben darf; dieses Streben an sich aber ist es, das Poe in sich selbst 'wiederfindet' und das er durch die Beschreibung einer Art von 'Verheißung' zu vermitteln sucht."[334] Dieses ambitionierte Gedicht, das Poe 1828 mit neunzehn Jahren vollendete, ist beeinflußt von John Milton, Percy Shelley, Thomas Moore und John Keats (1795–1821), dessen *Ode on a Grecian Urn* mit den Worten endet: „'Beauty is truth, truth beauty, — that is all / Ye know on earth, and all ye need to know.'"[335] Die Einheit von Wahrheit und Schönheit ist auch das Thema von Schellings

---

[332] Mit „reinstes in der Worte Reigen" übersetzt H.Wollschläger „which is the merest word of all" (Bd.9, 51)

[333] Franz H. Link, Edgar Allan Poe – Ein Dichter zwischen Romantik und Moderne, Frankfurt/M. & Bonn 1968, 100, übersetzt „the merest word of all" mit „das dürftigste aller Worte"; ein gewisser Doppelsinn ist wohl beabsichtigt, denn insofern 'Schweigen' oder 'Stille' die *bloße Abwesenheit von* Rede / Lauten / Geräuschen ausdrücken *kann* und nicht von sich aus zeigt, daß ein *sinnerfülltes* Schweigen etc. gemeint ist, ist es bloß abstrakt (im Sinne Hegels, so wie dieser sagt: „Die Analyse des Anfangs gäbe somit den Begriff der Einheit des Seins und des Nichtseins (...) oder der Identität der Identität und Nichtidentität. Dieser Begriff könnte als die erste, reinste, d.i. abstrakteste Definition des Absoluten angesehen werden", kommt in dieser Formalität aber über die Dürftigkeit der leeren Bestimmungen Sein und Nichtsein kaum hinaus; Werke Bd.5, 74).

[334] Frank Zumbach, E.A.Poe – Eine Biographie, 157

[335] Keats, Gedichte / Sankt Agnes-Abend / Sonette / Die Oden / Hyperion (zweispr., ed./Übers. Alexander v. Bernys, nach: The Poetical Works of John Keats, 1906), Heidelberg 1958, 205. (F.Zumbach, a.a.O., weist auf diese Gedichtstelle hin.)

platonisch getöntem Dialog *Bruno oder Über das göttliche und natürliche Prinzip der Dinge* aus dem Jahr 1802, worin er seine objektiv-idealistische 'Identitätsphilosophie' weiterentwickelte. Nur vermittels der Schönheit, so Poe in *Al Aaraaf*, kann der Mensch aus seiner Unvollkommenheit erlöst werden, nämlich durch einen zweifachen Tod, zuerst den irdischen, leiblichen, und dann den Tod seiner seelischen Existenzform auf Al Aaraaf, der ihn zur göttlichen Einheit zurückführt. Mit dem Namen Al Aaraaf wird im Koran „ein Bereich zwischen Himmel und Hölle, ähnlich dem christlichen Fegefeuer" bezeichnet[336], „wo die Menschen keine Strafen erleiden, aber auch noch nicht die Ruhe oder gar das Glück erreichen, das ihnen als Charakteristikum himmlischer Freuden gilt."[337] So wie Poe später in *The Conversation of Eiros and Charmion* die Erde durch den Zusammenstoß mit einem Kometen untergehen läßt („It oppressed us with a hideous *novelty* of emotion", P 455 a), wird in diesem frühen Gedicht die Welt „in Chaos (...) geschnellt" und rollt „flammend durch den Feuerhimmel", Angelo stürzt dabei auf Al Aaraaf, den Schreckensstern, der ihm „der nächste" ist im All" (Bd.9, 67, die Verbindung von Schönheit, Schrecken und Tod wird hier verbindlich für Poes gesamtes Werk formuliert). Irdische Schönheit wird aus transzendenter Perspektive beschrieben, wenn Al Aaraaf, als er erkennt, daß sein Lauf ihn direkt zur Erde führt, angesichts ihres Glanzes „erzittert" und gleichsam *zögert*, ihre Schönheit zugunsten der überirdischen zu negieren (69). Doch Poe läßt keinen Zweifel daran, daß für ihn nur die *idealisierte* Schönheit wirklich zählt: Schon die kühl-formale Schönheit des Parthenon-Tempels ist dem 'glühenden Busen' („glowing bosom", 66) von Ianthe, Angelos Liebster (durch ihre Liebe zu ihm 'absinkender' Hilfsgeist auf Al Aaraaf), vorzuziehen — so wie im Gedicht *To Helen* die realexistierende Helen zum antiken Marmorbild 'verklärt' wird. Der idealisierende Blick verwandelt gleichsam in Stein, wie in Verteidigung gegen das Medusenhaupt körperlicher Leidenschaft. Indes ist es an der gesprochenen und durch Wörter, prädikative Urteile usw. sich festlegenden Rede nicht zuletzt diese *Fixierung*, die zu ihrer Abwertung führt, denn wie der verklingende Laut und die Einbindung in begrenzte Situativität ist sie *Index der Endlichkeit*[338]: ihr wird das *lautlose* Gebet Nesaces, der Herrsche-

---

[336] F.Link, Ein Dichter zwischen Romantik und Moderne, 97. Etwas mehr noch erfahren wir bei Edward H. Davidson, Poe – A Critical Study (1957), Cambridge 1964, 15f.: „Poe tells us (and he is probably telling the truth) that he got the wandering star Al Aaraaf from the stellar body discovered by Tycho Brahe, a star which appeared on November 11, 1572, and continued to shine into December. Tycho thought it a planet and put it into the eighth sphere. Poe made the star a wandering planet; he was correct in his astronomy, for it has the nature of a comet. The name *Al Aaraaf* furthermore, is not merely the name of the Mohammedan region located between heaven and hell but is the name Arab astronomers signed the planet in Tycho's nova or constellation. (...) Poe was also aware of Sir Isaac Newton's view that spirits guide comets; and here again he employed a pseudo-scientific concept to enforce his myth."

[337] Poe in einem Brief vom Mai 1829, zitiert nach Bd.10, 783. Er sagt dort, er habe Al Aaraaf dargestellt „als einen von der Gottheit gesandten Stern, der z. Zt. seiner Entdeckung durch Tycho unserer Welt eine Botschaft überbringen sollte" (ebd.).

[338] Hier wird erneut eine *relative* Parallele zu Hegel sichtbar, obzwar es bei Poe nicht die *Vernunft* ist, der es zukommt, das durch den abstrakten Verstand Fixierte wiederaufzulösen und zur wahrhaften Konkretion zu retotalisieren.

rin auf *Al Aaraaf* und Botin Gottes, entgegengesetzt.[339] Die beiden Liebenden sind noch nicht so weit, sie *reden*, vertreiben sich die Zeit der Nacht *im Gespräch* — diese Nacht schwindet und schwindet, doch sie endet nicht und bringt keinen Tag: „Thus, *in discourse*, the lovers whiled away / The night that waned and waned and brought no day" (68 b). Poe bringt an dieser Stelle sehr klar *das konstitutive Schwinden des Signifikanten* zum Ausdruck, die leer weiterprozessierende metonymische Kette, die in keiner Metapher Ruhe findet, sofern sie das ständig zerTeilte und neu verTeilte Ganze, die Totalität aller Totalitäten, nicht wahrhaft erreicht. Eben darin kommt auch das Schwinden, die Hinfälligkeit des Menschen zum Ausdruck, wenn er nämlich das sprechende Wesen bleibt und das endlose irdische Sprechen, die schlechte Unendlichkeit der Kommunikation, die zu Nichts führt, nicht überwindet (was nur bei *Auflösung sowohl des narzißtischen als auch des irdisch-objektliebenden Ich* möglich wäre): „They fell: for Heaven to them no hope imparts / Who hear not for the beating of their hearts." Die beiden willigen nicht ein in den endgültigen Tod, der die wahrhafte Rückkehr zu Gott wäre, und *fallen* darum durch die 'schlechte Unendlichkeit' der Räume des Alls. Man kann diesen Schluß wohl nur dann richtig verstehen, wenn man ihn vor dem Hintergrund von *Eureka* liest, wonach das menschliche Herz im Grunde das göttliche ist und umgekehrt. Nur unter dieser Perspektive wird die konstitutive SchwindSucht, das Zum-Tode-verUR-TEILt-Sein des Menschen zur Quelle der Hoffnung. *Al Aaraaf* thematisiert, so kann man sagen, die innere Dialektik des menschlichen Ideals glückhafter Unsterblichkeit[340] — die leere LANGE–Weile vermeintlich harmonischer selig-'herrschaftsfreier' Dauerkommunikation (Zusammensein, TEIL-nehmen & TEILnehmenlassen) wäre nicht die *wahrhafte* Unendlichkeit.

Eine Vorarbeit Poes zu *Eureka* und doch mehr als nur dies ist das umfangmäßig knappe *The Power of Words* (1845). Dieser Text gehört zusammen mit *The Colloquy of Monos and Una* und *The Conversation of Eiros and Charmion* zu den kosmologisch-eschatologischen Dialogen, die sich zwischen nach ihrem irdischen Tod in einer jenseitigen Welt wiedergeborenen Seelen abspielen, und zwar stets so, daß für

---

[339] Wenn E.Davidson diese Abwertung der Worte *nicht* sieht, scheint er mir *Al Aaraaf* unausgesprochen von *The Power of Words* aus zu interpretieren, das er in seiner Studie *nicht* (ausdrücklich) behandelt: Thema sei „the power of the idea and the ideal to manifest themselves in reality, fact, and word. The poet is the world's major 'realist'; for it is he who, as god, can make the word the prime agency of revelation; word-making is the reenactment of both the original and the ultimate creation" (Poe – A Critical Study, 16f.). So sieht er auch in Nesaces Nichtsprechen nur eine Ehrerbietigkeit gegen Gott, nicht hingegen ein stummes Verstehen des Klanges der Stille (vgl. 18f.); richtiger hier m.E. Link, a.a.O., 99. Vom menschlichen Standpunkt aus wäre m.E. durchaus auf Hölderlins Zeilen zu verweisen: „Da ich ein Knabe war, / Rettet' ein Gott mich oft / Vom Geschrei und der Rute der Menschen, / (...) / O all ihr treuen / Freundlichen Götter! / (...) / Zwar damals rief ich noch nicht / Euch mit Namen, auch ihr / Nanntet mich nie, wie die Menschen sich nennen, / Als kennten sie sich. / Doch kannt ich euch besser, / Als ich je die Menschen gekannt, / *Ich verstand die Stille des Aethers, / Der Menschen Worte verstand ich nie*" (Werke / Briefe / Dokumente, 38f., Hervorheb. v. mir, T.C.). Weniger subtil ausgedrückt, aber vergleichbar heißt es in Poes Jugendgedicht *Alone*: „From childhood's hour I have not been / As others were / (...) / I could not awaken / My heart to joy at the same tone / And all I lov'd, I lov'd alone" (P 1026), und in *Tamerlane*: „I have no words — alas! — to tell / The loveliness of loving well!" (Bd.9, 12). Entsprechend einem Ideal der 'Sphärenmusik' bewegt sich Poe in seinen späten Gedichten manchmal fort von der Bedeutung zum reinen Klang hin...

[340] Vgl. Poe in seinem Brief vom Mai 1829: „Ich habe mir vorgestellt (verzeihen Sie den frevelhaften Gedanken), daß manchem die glückselige Unsterblichkeit gar nicht behagen würde" (Bd.10, 783).

einen der beiden Gesprächspartner dieser Zustand noch neu und ungewohnt ist, während der andere die Rolle des wissenden Seelenführers erhält. Für Poe persönlich dürften solche Texte die Funktion einer mystischen Selbstberuhigung gehabt haben — wäre er doch selbst gern ein Wissender in diesen Fragen gewesen: wie die Erde untergehen wird, ob es ein Leben der Seele nach dem Tod gibt (vgl. Platons *Phaidon*, der Typus des platonischen Dialogs hat diese drei Texte unstrittig beeinflußt), usw.; insofern gleich zu Beginn zugegeben wird, daß Erkenntnis kein „thing of intuition" sei (P 440), muß man den Text, wie Poe auch *Eureka* verstanden wissen wollte, als einen *dichterischen* lesen. Daß Intuition für sich allein noch nicht *Erkenntnis* generiere, dürfte sein tatsächlicher philosophischer Standpunkt gewesen sein, der den 'rationalen' Poe zeigt, doch der Nachsatz, wegen *Weisheit* solle man sich vertrauensvoll an die Engel wenden, damit sie *gegeben* werde, verunklart sogleich wieder: Unterscheidet Poe hier zwischen 'Weisheit' und 'Erkenntnis', oder nimmt er, wie William Blake, im Grunde doch eine Art göttliche Inspiration für sich in Anspruch? Der fiktive Kontext sichert ihn vor etwaigen Anforderungen, Farbe zu bekennen...

Das Gespräch findet statt zwischen Agathos (griechisch: 'der Gute') und dem gerade erst im Jenseits eingetroffenen Oinos ('Wein'). Oinos ist wohl nur ein Namensvetter des Protagonisten aus *Shadow* und nicht dieser selbst, denn man erfährt, daß er (so wie Eiros in *The Conversation of Eiros and Charmion*) beim 'endlichen Untergang der Erde' ums Leben kam („the final overthrow of the earth", P 441), der Oinos in *Shadow* hingegen starb offenbar viele Jahrhunderte zuvor an der Pest. Agathos lehrt, daß Glückseligkeit nicht „in knowledge" selbst bestehe, sondern „in the acquisition of knowledge" (P 440), im *Erwerb* von Wissen oder Erkenntnis.[341] Oinos fragt nach der Allwissenheit des Höchsten Wesens (also Gottes), doch Agathos antwortet ihm, *alles* zu wissen wäre ein teuflischer Fluch: der Alleswissende kann nicht glücklich sein, da es für ihn nichts mehr zu entdecken gibt. Nicht einmal Gott, wenn er denn das *allerglückseligste* Wesen ist, *kann* darum alles wissen, zumindest kann er nicht wissen, *ob* er *alles* weiß. Philosophisch überzeugend ist diese Argumentationsweise nicht, da sie in doppelter Hinsicht bloß formell verfährt und beides zudem nur diffus zusammenbringt ohne weitere Problematisierung: Der eine Punkt ist, daß hier rein formell aus dem Begriff des allerglücklichsten Wesens 'deduziert' wird, und zwar unter zwei Prämissen, nämlich erstens, daß das Glück auch für Gott im Erwerb von Erkenntnis liegt, und zweitens, daß Gott sinnvoll als das allerglückseligste Wesen bezeichnet werden kann. Der andere Punkt betrifft den Streit darum, ob es eine Metaebene gibt oder nicht: Verwirft man nämlich diese abstrakte Ebenentrennung, so gibt es keinen Grund, warum Gott sich nicht im Wissen zugleich auf die Totalität dieses Wissens, als vollständige, beziehen können sollte. Aber dann kann er eben nicht das allerglückseligste

---

[341] H.Wollschlägers Übersetzung geht davon aus, daß Poe hier nicht spezifisch zwischen *Wissen* und *Erkenntnis* unterscheidet, was wohl zutrifft; *knowledge* kann allerdings auch bloße *Kenntnis* bedeuten (die etwa Hegel streng vom systematisch organisierten und (dadurch quasi 'absolut'-selbst-)begründeten *Wissen* unterschied, vgl. Werke Bd.2, 29f. u. 35f., unter dieser Prämisse neigte er seinerseits dazu, *Wissen* und *Erkenntnis*, gegen Kant, auf durchaus fragwürdige Weise miteinander zu identifizieren). Man muß sicher berücksichtigen, daß dieser Poe-Text nur bedingt als substanziell philosophischer gewertet werden kann. Wenig spezifisch wird *Erkenntnis* im Englischen auch als *perception* und *realization*, in einem 'philosophischeren' Sinne als *cognition* wiedergegeben.

Wesen sein, weil... usw. — Dieser ganze, bei Poe nur angerissene Argumentationsgang darf füglich als schlechte Metaphysik betrachtet werden: Für Kant wäre es ein transzendentaler Fehlschluß, für Hegel ein begriffsloses (eben bloß formelles) Verfahren, für einen Vertreter der Analytischen Philosophie wäre es schlicht *sinnlos*, dergestalt über Gott zu räsonieren, ebenso für manche, die einen anspruchsvollen Begriff von Mystik haben. Nun, könnte man hier beschwichtigen, Poe war halt kein bedeutender Philosoph, auch wenn er Philosophen gern schlagwortartig einbringt und dabei oft ihre Namen falsch schreibt (aus Leibniz wird Leibnitz, aus Fichte Fitche usw.). So wäre z.B. Oinos' Frage: „Doch da wir ja stündlich an Erkenntnis zunehmen, müssen am Ende nicht alle Dinge erkannt sein?" (Bd.5, 890), statt von Agathos mit einem Hinweis auf die „abgrundtiefen Fernen" und die „Unermeßlichkeit der Sternbilder", deren Weiten die beiden gerade durchfliegen, abgewehrt zu werden, triftiger wohl beantwortet mit dem seit Kant und Hegel gängigen Hinweis auf die quantitativ-unendliche Teilbarkeit dessen, was als 'einzelnes Ding' gelten soll.

Interessant aber, daß hier für Poe die Seele ewiges Streben, ewiger Wissensdurst ist — was sie zweifellos nicht nur glücklich macht, sondern auch unbefriedigt läßt („the thirst *to know* which is for ever unquenchable within it — since to quench it, would be to extinguish the soul's self", P 440 a). Das Bild von der „loud harmony of the Pleiades" nimmt die 'Sphärenmusik' aus *Al Aaraaf* auf, ebenso der Vergleich von Sternen mit Blumen und Sternhaufen mit Blumenwiesen („the starry meadows beyond Orion"). Eine Zeile von Hölderlin fällt ein: „Nun, nun müssen dafür Worte, wie Blumen, entstehn."[342] Hier kommt nun der Titel des Textes zum Zuge, dessen impli-

---

[342] *Brot und Wein*, in: Hölderlin, Werke / Briefe / Dokumente, 123. Dieses Gedicht hier hinzuzuziehen, scheint um so berechtigter, als hier auch „Vater Aether" angerufen (122) und das göttliche Feuer des Heraklit (aus dem die Stoiker das zyklische Vergehen und Neuentstehen der Welt ableiteten) etymologisierend & mythologisierend mit dem AUF-BRUCH INS OFFENE assoziiert wird: „Göttliches Feuer auch treibet, bei Tag und bei Nacht, / Aufzubrechen. So komm! daß wir das Offene schauen, / Daß ein Eigenes wir suchen, so weit es auch ist" (121). Hier findet man das 'Eins und Alles' (ἓν καὶ πᾶν), bezogen auf das Sichoffenbaren der Götter: „(...) / dann aber in Wahrheit / Kommen sie selbst und gewohnt werden die Menschen des Glücks / Und des Tags und zu schaun die Offenbaren, das Antlitz / Derer, welche schon längst Eines und Alles genannt, / Tief die verschwiegene Brust mit freier Genüge gefüllet" (122f.). Da wird die Furcht zum Ausdruck gebracht, daß das Christentum den geschwundenen Geist der Griechen nicht vollenden konnte, daß die Götter auf Erden nicht mehr präsent sind: „Aber Freund! wir kommen zu spät. Zwar leben die Götter, / Aber über dem Haupt droben in anderer Welt" (123); der Dichter ist darum einsam, er erreicht seine Zeitgenossen nicht, sie verstehen ihn nicht, er wünscht sich manchmal den Tod: „Indessen dünket mir öfters / Besser zu schlafen, wie so ohne Genossen zu sein, / So zu harren, was zu tun indes und zu sagen, / Weiß ich nicht, und wozu Dichter in dürftiger Zeit" (124). Nietzsche glaubte 'zu früh', Hölderlin 'zu spät' gekommen zu sein, unter der Perspektive des heraklitisch-zyklisch 'aus sich selbst rollenden Rades' sind beide einander verwandt und Poe ihnen. Der Titel *Brot und Wein* ist *dionysisch*, es geht um die Wiederkehr eines *dionysischen Christus*: sind Brot und Wein doch die Symbole des christlichen Abendmahls und zugleich dem Dionysos zugeordnet, der, ein Getreidegott, ein Fruchtbarkeitsgott war. Vgl. die Zyklizität von Abmähen und Aussäen des Korns: der Mensch kann nur den Acker bestellen, wachsen läßt Gott allein — mit diesem Gleichnis lehrte der historische Jesus das Kommen des Reiches Gottes, eines *irdischen* Reiches. Poe erwartet ein solches auf Erden nicht mehr und setzt seine Hoffnung darum allein auf das Jenseits, den Tod, Hölderlin hingegen klammert sich an einen Rest Hoffnung auf die verheißene Wiederkehr, eben dafür stehen für ihn auf Erden Brot und Wein ein: „Brot ist der Erde Frucht, doch ists vom Lichte gesegnet (weil das Getreide emporwächst zum Himmel, T.C.), / Und vom donnernden Gott kommet die Freude des Weins. / Darum denken wir auch dabei der Himm-

zite Aussage, wie uns längst klar ist, in Poes Universum eine gewichtige Rolle spielt: Können Wörter Schönheit *erschaffen*? Aufschlußreich an *The Power of Words* ist, wie diese Frage *positiv* beantwortet wird.

Da wird zunächst auf den göttlichen Logos verwiesen. „Im Anfang war das Wort, und das Wort war bei Gott, und Gott war das Wort", heißt es zu Beginn des Johannes-Evangeliums. Alle Dinge seien durch dasselbe gemacht — in ihm sei das Leben gewesen und Licht, das in der Finsternis scheint. Agathos lehrt nun, daß die Gottheit einzig am Anfang erschaffen habe („In the beginning *only*, he created", P 441 a) — denn sie schuf sozusagen das Prinzip der Selbstorganisation und der autokatalytischen Tätigkeit mit! So ergab sich eine selbsttätige Kettenreaktion des ersten Wortes, und wenn nun ein Dichter, inspiriert durch das Prinzip der Liebe, den göttlichen Eros, wahrhaft mit Leidenschaft tätig ist, kann er einen *wilden Stern* erschaffen. Denn so wie die Gottheit nichts abstrakt vom Universum und von den Geschöpfen, die darin leben, Getrenntes ist, hängt im Universum alles mit allem zusammen, alles stammt aus Einem und geht in Eins zurück. Dies besagt das griechische ἓν καὶ πᾶν ('Eins und alles'), von dem Hölderlin, Schelling und Hegel als Studenten im Tübinger Stift aufs äußerste begeistert waren, und das ihnen im wesentlichen durch Lessing vermittelt wurde, der auch in Poe-Agathos' Standpunkt präsent ist, das ewige Streben nach Erkenntnis sei der letzten resultativen Erkenntnis vorzuziehen. So wie kein Gedanke vergehen kann, sagt Agathos weiter, bleibt auch keine Handlung, kein Impuls ohne unendlich fortwirkende Folge: „We moved our hands, for example, when we were dwellers on the earth, and, in so doing, we gave vibration to the atmosphere which engirdled it. This vibration was indefinitely extended, till it gave impulse to every particle of the earth's air, which thenceforward, *and for ever*, was actuated by the one movement of the hand" (P 441 a). In seiner populären Schrift *Die Bestimmung des Menschen* (1800) hat Fichte, dessen subjektiven Idealismus Poe in *Morella* als „wild Pantheism" charakterisiert (P 668, dort auch der Hinweis darauf, daß Poe von Schellings „doctrines of *Identity*" zumindest aus zweiter Hand wußte), eine ähnliche Position vertreten: „In jedem Momente ihrer Dauer ist die Natur ein zusammenhängendes Ganze; in jedem Momente muß jeder einzelne Teil derselben so sein, wie er ist, weil alle übrigen sind, wie sie sind; und du könntest kein Sandkörnchen von seiner Stelle verrücken, ohne dadurch, vielleicht unsichtbar für deine Augen, durch alle Teile des unermeßlichen Ganzen hindurch etwas zu verändern."[343] In neuerer Zeit hat die

---

lischen, die sonst / Da gewesen und die kehren in richtiger Zeit, / Darum singen sie auch mit Ernst, die Sänger, den Weingott / Und nicht eitel erdacht tönet dem Alten das Lob" (124). Daß für ihn der ernsthafte Dichter sich nicht von der Erde abwendet, sondern es ihm (wie dem historischen Jesus, dessen Lehre die Kirche verfälschte) um eine Befreiung gerade auch der politischen Verhältnisse ihm Diesseits geht, zeigt Hölderlin mit dem Bild des gefesselten Prometheus (hier besteht eine Verwandtschaft eher zu Shelleys *Prometheus Unbound* als zu Poe): Noch sind wir herzlose Schatten, haben kein Mittel, verbreiten Beruhigung und Selbstberuhigung wider Willen, „bis unser / Vater Aether erkannt jeden und allen gehört", wir bedürfen der Herabkunft des „Fackelschwinger(s) des Höchsten" (125). Das Gedicht endet mit dem sehr ambivalenten Bild des vom Wein *eingeschläferten* Höllenhundes: „Sanfter träumet und schläft in Armen der Erde der Titan, / Selbst der neidische, selbst Cerberus trinket und schläft" (125).
[343] Johann Gottlieb Fichte, Die Bestimmung des Menschen (auf der Grundlage der Ausgabe von Fritz Medicus revidiert von Erich Fuchs, Einleit. Reinhard Lauth), Hamburg 1979, 13f.

Chaosforschung vom sogenannten *Schmetterlingseffekt* gesprochen: „Kleine Details der Wetterlage, und in globaler Betrachtung gelten oftmals auch Gewitter und Schneestürme als kleine Details, können binnen kürzester Frist jede Vorhersage in Makulatur verwandeln. Irrtümer und Unsicherheiten vermehren sich in atemberaubendem Tempo und summieren sich zu einer ganzen Kette charakteristischer Einzelheiten".[344] Kleine Turbulenzen, kleine Impulse setzen sich fort und generieren eine 'geordnete Unordnung'; zufällige Effekte, die ihrerseits auf Notwendigkeit beruhen („sensitive Abhängigkeit von den Anfangsbedingungen"[345]). *Nichtlinearität* bedeutet, „daß die Durchführung des Spiels selbst seine Regeln verändern kann"[346] — geht man von einer ersten Ursache, etwa der göttlichen Schöpfung, aus (die dann antinomisch als *causa sui*, Ursache ihrer selbst, gedacht werden muß), so kann man annehmen, daß die Möglichkeit zu solch negativer Rückkopplung, progressiver Alternation oder schöpferischer Eigenkraft des 'Chaos' von vornherein als Realmöglichkeit gesetzmäßig angelegt war. In einem 'anschauenden Verstand', wie wir ihn laut Kant der Gottheit zuschreiben können, obzwar wir nicht selbst darüber verfügen, wären Möglichkeit und Wirklichkeit ungetrennt: Für eine solche „intellektuelle Anschauung" würde „ein, obzwar für uns unerkennbarer, übersinnlicher Realgrund für die Natur stattfinden, zu der wir selbst mitgehören".[347] Was Kant in den berühmten Paragraphen 75–78 seiner *Kritik der Urteilskraft* (1790) bloß 'negativ' aufgezeigt hatte, versuchten Fichte, Schelling und Hegel, jeder auf seine Weise, *positiv* zu wenden, sei es, daß eine nicht weiter explizierbare 'intellektuelle Anschauung' als ein künstlerisches Sondervermögen weniger Menschen in Anspruch genommen wurde (Schelling), oder daß die Rekonstruktion eines solchen nicht-diskursiven *intellectus archetypus* unter Bedingungen strikter Diskursivität und konkreter Allgemeinheit in Angriff genommen wurde (Hegel). Was Agathos hier bei Poe vorträgt, schließt ebenfalls an die Idee eines göttlichen *intellectus archetypus* an: Von den Erfahrungen der Mathematiker mit dem Quantitativ-Unendlichen (er müßte freilich auch die *qualitative* Dimension thematisieren, die schon Hegel im sogenannten Inkrement des Differentialkalküls gesehen hatte) lasse sich 'deduzieren', „that to a being of infinite understanding — one to whom *perfection* of the algebraic analysis lay unfolded — there could be no difficulty in tracing every impulse given the air — and the ether through the air — to the remotest consequences at any even infinitely remote epoch of time. It is indeed demonstrable that every such impulse *given the air*, must, *in the end*, impress every individual thing that exists *within the universe*" (P 442 a). Ein Wesen, wie wir es uns *vorgestellt* haben (vgl. Kant, bei dem Gott zur 'regulativen Idee in praktischer Absicht' wird), könnte jede Schwingung im Universum in beiden Richtungen vollständig

---

[344] James Gleick, Chaos – Die Ordnung des Universums. Vorstoß in Grenzbereiche der modernen Physik (orig. Chaos – Making a New Science, 1987; Übers. Peter Prange, 1988), München 1990, 35; siehe auch 52, anm.15. Der Ausdruck 'Schmetterlingseffekt' geht zurück auf einen Aufsatz von Edward Lorenz: Predictability. Does the Flap of a Butterfly's Wings in Brazil Set Off a Tornado in Texas? (Ansprache vor dem Jahreskongreß der American Association for the Advancement of Science in Washington am 29.12.1979)
[345] Ebd., 39
[346] Ebd., 40
[347] Kant, Kritik der Urteilskraft, 352 (Ausgabe von Karl Vorländer, Hamburg 1974, zitiert nach der Zahl am Seitenrand)

verfolgen, *antizipativ alle Wirkungen bis zur Erschaffung von Neuem und rekursiv alle Ursachen bis zur göttlichen Initialkraft.* Eine solche *absolut* übergreifende selbstreferenziell-totalisierende Fähigkeit sei freilich das Vorrecht der Gottheit allein („this faculty of referring at *all* epochs, *all* effects to *all* causes — is of course the prerogative of the Deity alone", P 442 a). Doch da man sich hier (fiktiv) jenseits des Irdischen, sogar jenseits des 'endlichen Endes' der irdischen Welt befindet, und zusätzlich ein unübersehbares Heer jenseitiger Intelligenzen in Gestalt von *Engeln* angenommen wird, an die man sich in Sachen Weisheit vertrauensvoll wenden kann, schlägt diese kantische Position unversehens in einen extremen *mystischen Pantheismus* um.

Natürlich ist es aus heutiger Sicht unbefriedigend, wenn nun der *Äther*, diese Hilfsvorstellung der damaligen Naturwissenschaften, zum 'großen Medium der Schöpfung' wird („the great medium of *creation*", P 442 a).[348] Jegliche Bewegung, gleich welcher Natur, so lehrt Agathos, ist *schöpferisch* aufgrund ihrer Wirkungen auf den Äther. Daraus folgt nun *die Macht der Gedanken und die Macht der Worte*: „And while I thus spoke, did there not cross your mind some thought of the *physical power of words*? Is not every word an impulse on the air", nämlich *irdisch* gesprochen, und *übersinnlich* ein Impuls auf den Äther (P 442 a)? Man *muß* hier im quasi-wissenschaftlichen Sprachspiel keineswegs mehr folgen, denn nunmehr nimmt dieser experimentellphilosophische Textzwitter ganz explizit und unverhüllt eine *rein dichterische Dimension* an (wie sie freilich auch die platonischen Dialoge immer wieder annehmen, ohne damit an Reiz zu verlieren): Oinos fällt auf, daß Agathos *weint*, jetzt wo sie gerade über einen besonders schönen Stern hinschweben, den grünsten und schrecklichsten von allen, denen sie auf ihrem Flug begegnet sind: „Its brilliant flowers look like a fairy dream — but its fierce volcanoes like the passions of a turbulent heart." Erneut also die Assoziation von Stern und Blumen, und in der Tat gemahnt das Bild dieses smaragden funkelnden Himmelskörpers an den wandernden Stern Al Aaraaf. Nicht der rein *mechanische* Impuls, den eine beliebige ausrechenbare Bewegung auf Luft bzw. Äther hat, sondern der *bedeutungstragende* ästhetische Impuls des Wortes, das

---

[348] Die englischen Physiker Michael Faraday (1791-1867) und James Clerk Maxwell (1831-79) taten implizit einen Schritt über die damals allesdominierende Newtonsche Physik hinaus, indem sie den Begriff der Kraft „durch den viel subtileren Begriff eines Kraftfeldes" ersetzten. „Sie wiesen nach, daß die Kraftfelder ihre eigene Wirklichkeit haben und ohne Bezugnahme auf materielle Körper untersucht werden können. Diese, Elektrodynamik genannte Theorie kulminierte in der Erkenntnis, daß Licht ein schnell alternierendes elektromagnetisches Feld ist, das sich in Form von Wellen durch den Raum ausbreitet" (Fritjof Capra, Wendezeit. Bausteine für ein neues Weltbild (orig. The Turning Point, 1982, dt. 1985), München 1988, 71). Gleichwohl versuchte Maxwell, „seine Ergebnisse mit mechanischen Begriffen zu erläutern: Er deutete die Felder als Zustände mechanischer Spannung in einem sehr leichten, allesdurchdringenden Medium, Äther genannt, und die elektromagnetischen Wellen als elastische Wellen in diesem Äther" (ebd.). Als Poe Texte wie *The Power of Words* schrieb, war die Entwicklung dieser Sichtweise des Elektromagnetismus noch nicht abgeschlossen, Maxwell hatte seine Theorie noch nicht formuliert. Der 'Äther' hatte erst Anfang des 20. Jahrhunderts mit Einsteins physikalischem Paradigmenwechsel endgültig ausgedient. — Erstmals im abendländischen Denken findet man übrigens den Äther (αἰθήρ) bei Homer, der ihn als 'obere Luft' von der dunklen 'unteren Luft' (ἀήρ/'aër') unterscheidet (vgl. Wolfgang Schadewaldt, Die Anfänge der Philosophie bei den Griechen. Die Vorsokratiker und ihre Voraussetzungen – Tübinger Vorlesungen Bd.1 (ed. I.Schudoma), 2.Aufl. Frankfurt/M. 1979, 292).

auf die Schönheit zielt, steht jetzt im Vordergrund. Grün ist die Farbe der Isis, und die Macht der 'Weißen Göttin' und der Liebe werden allemal heraufbeschworen, wenn Agathos nun erzählt, wie er diesen *wilden Stern* vor dreihundert Jahren „with clasped hands, and with streaming eyes, at the feet of my beloved" ins Leben gerufen hat: „I spoke it — with a few passionate sentences — into birth" (P 443).
Nicht Kant und nicht Hegel, nicht einmal Schelling, sondern kein anderer als Nietzsche fällt einem hier ein, der seinen Zarathustra 28 Jahre später sagen ließ: „Wo ist der Wahnsinn, mit dem ihr geimpft werden müßtet? (...) Ich sage euch: man muß noch Chaos in sich haben, um einen tanzenden Stern gebären zu können. Ich sage euch: ihr habt noch Chaos in euch."[349]

Sein Spätwerk *Eureka* (1848), das Poe außerordentlich wichtig nahm, ist eine eigenwillige Mischung aus spekulativer Kosmologie, pantheistischer Philosophie, Plädoyer für die produktive Imagination, Prosagedicht und verkappter Psychologie. Die für einen Autodidakten immerhin respektablen naturwissenschaftlichen Implikationen werden im folgenden nur am Rande berücksichtigt, stattdessen sollen uns im Rahmen dieses Kapitels vornehmlich drei Aspekte interessieren: Zunächst ist es reizvoll, einige von Poes philosophischen Ausgangsüberlegungen mit *Hegel* zu konfrontieren — hätte er dessen Philosophie gekannt, so wäre er vielleicht zu einer etwas anderen Einschätzung manch eigener Gedankenbruchstücke gekommen. Zweitens sind die implizit *psychologischen* Aussagen aufschlußreich, drittens die ebenfalls impliziten Folgerungen für das Ideal der *Textkonstruktion*.
Ziel von *Eureka* ist eine Gesamtschau des Universums — dabei soll der Gegenstand, anders als bei Alexander von Humboldt, nicht (nur) in seiner Allgemeinheit, sondern in seiner 'Individualität' dargestellt werden. Das heißt, der *eine* Makrokosmos, von der „ursprünglichen Einheitlichkeit des Ersten Dinges" an (Bd.5, 897), soll in seinem Bezug auf eine einzelne menschliche Persönlichkeit und von dieser (als *einem* Mikrokosmos) aus gesehen thematisiert werden.[350] Das Absolute, wenn es das Allumfas-

---

[349] Nietzsche, Also sprach Zarathustra, in: Werke Bd.II, 555 u. 558 (§ 3 u. 5)
[350] Hierbei kann man durchaus an den *totalisierenden* Zug denken, den auch Albert Einsteins Arbeiten zur Speziellen und Allgemeinen Relativitätstheorie (1905 bzw. 1915) erkennen lassen: er ergibt sich mit dem Unterfangen, „das Universum als ganzes zu erfassen" (Nigel Calder, Einsteins Universum, orig. 1979, Frankfurt/M. 1980, 166), „ein allgemeines 'Konzept' für das Universum aufzustellen, das den Ursprung und das Schicksal aller Atome, Sterne und Galaxien in ihm umfaßt" (171), und zwar so, „daß ein Forscher unausweichlich Teil des Systems ist, das er untersucht" (12) — die Thematisierung der physikalischen *Totalität aller Totalitäten* nötigt per se zur *Teilnehmerperspektive*. Die „Zeitskala der Ereignisse" ist „festgelegt (...) nur durch den Energieinhalt" (172), insofern *ist* der Prozeß des Universums sein *sich selbst bestimmender Inhalt* und jede Form dessen *Selbstbewegung* in einem durchaus Hegelschen Sinne. Der leitende Totalitätsbegriff der Einsteinschen Theorie ist *Energie*, mit Hegel gesprochen ist das die *absolute Negativität* (in physikalischer Betrachtung). Jede sich verfestigende Struktur ist deren Selbstmanifestation, entsprechend ist massehabende Materie sozusagen 'gefrorene Energie'. *Energie* wird als *Dispositions*begriff eingeführt ('Fähigkeit, Veränderungen hervorzurufen') und ist doch die Totalität der *Wirklichkeit*; das *negativ in seinem Anderen Sichmanifestierende* wird zugleich als *abstrakt mit sich identische Größe* vorausgesetzt, denn „die Gesamtenergie im Universum ist unveränderlich. Man kann die einzelnen Formen nur ineinander umwandeln" (23). Dieses Absolute ist mithin sein eigenes Relatives: Nicht nur in ihrer massehabenden Stofflichkeit ist Materie Selbstabstraktivität jener absoluten Negativität, sondern auch in ihrem *infor-*

sende, Vollständige sein soll, kann nicht außerhalb von uns sein, sondern wir müssen (vgl. Hegel) unsere Gedanken von ihm letztlich als die obschon sekundären, gebrochenen, durch unsere kontingente Persönlichkeit vermittelten Gedanken *des Absoluten selbst* auffassen — dazu nötigt uns der Versuch, ein mannigfaltiges Ganzes in seiner *Einheitlichkeit* zu begreifen. Was nun allerdings die Gottheit, „an sich, angeht, so ist allein Derjenige nicht kindisch — er allein der nicht Unfromme, der von ihr aussagt — ja: NICHTS" (922). Dabei kann es sich aber nicht um die Festschreibung eines abstrakten Nichts handeln, sondern allein darum, dieses 'Nichts' (Vernichtung / Nichtigkeit alles Endlichen / Begrenzten) mit der *einen* absoluten Schöpferkraft, die *alles* aus sich entläßt und alles in sich zurücknimmt, zusammenzudenken; darum beschrieb Poe das Thema des Buches gegenüber George W. Eveleth so: „Die Allgemeine Proposition lautet folgendermaßen: — Weil Nichts war, deshalb sind alle Dinge."[351] Vergleichbar hatte Hegel zwischen der abstrakten Negativität ('Nichts') und der *absoluten Negativität* unterschieden, welche die *lebendige selbstreferenzielle Bewegung des Sichabstoßens von sich und Sichaufhebens zu sich* ist, von der jegliche Abstraktion ('Sein', 'Nichts', 'Werden' etc.) *selbstabstraktiv*, eben als ihr eigenes Sich-von-sich-Unterscheiden, abgezogen ist. „Es ist noch Nichts, und es soll Etwas werden"[352] lautet Hegels Aufforderung an den philosophierenden Menschen, *das Allererstwerden selbst* diskursiv auseinanderzusetzen, dies aber als die „*eigene* Auslegung des Absoluten" in seinem Anderssein zu begreifen[353], sein Sichzeigen und -manifestieren; *insofern* bezeichnet jener Satz den Panlogismus der Schöpfung: Die Logik ist die „reine Intellektualansicht des Universums"[354], bei der „der Begriff als solcher (...) das an und für sich Seiende ist"[355], ja Hegel geht so weit zu sagen, die hierarchisch-linear vom Einfachsten / Abstraktesten zum Reichsten, In-sich-selbst-Bestimmten sich entfaltenden Begriffsbestimmungen versuchten gewissermaßen eine „Darstellung Gottes, wie er in seinem ewigen Wesen vor der Erschaffung der Natur und eines endlichen Geistes ist"[356], was nur aufgrund der Annahme möglich ist, daß Gott sich den Menschen historisch in einem einzelnen Menschen (Jesus Christus) von sich aus offenbart habe, und sein Geist alle Realität sei. Daß seine Logik insofern zugleich Metaphysik und *rationale* Mystik ist (bzw. mit einem kritischen Begriff Derridas gesprochen, Onto-Theo-Teleologie), hat Hegels absoluter Idealismus bewußt akzeptiert. Poe, dessen mystischer Gottesbezug die Züge einer abendländischen Situation trägt, wo das christliche Weltbild ebensosehr an Macht verliert wie noch kulturprägend ist, scheint in seiner Philosophie zwischen Idealismus und Materialismus zu schwanken, weil er nach einer Position sucht, die in der Lage wäre, beides spekulativ zu umfassen: In *Mesmeric Revelation* (1844) heißt es, daß es sinnlos und sogar falsch sei, Gott als

---

mationellen Aspekt, der sie meßbar, wägbar, berechenbar usw. sein läßt, dabei sind die Resultate relativ in bezug auf den Bewegungszustand des Beobachters bzw. Theoretikers. Auch in gedanklichen und informationsverarbeitenden Prozessen wirkt Energie auf Energie, insofern ist der Dualismus von Materie und Geist in der Einsteinschen Theorie dialektisch 'aufgehoben'.

[351] Zitiert nach: Julian Symons, Edgar Allan Poe – Leben und Werk, 180
[352] Hegel, Wissenschaft der Logik I, in: Werke Bd.5, 73
[353] Wissenschaft der Logik II, in: Werke Bd.6, 187
[354] Werke Bd.5, 44
[355] Ebd., 43
[356] Ebd., 44

'immateriell' zu bezeichnen, denn damit mache man ihn zu etwas Nichtexistierendem; man müsse die Materie zurückverfolgen, „until we arrive at a matter *unparticled* — without particles — indivisible — *one*" (P 90 a); diese Materie durchdringe und bewege alle Dinge, und sie sei Gott, „the universal mind" (P 92). Was wir als 'Gedanken' zu begreifen versuchen, sei „this matter in motion" (P 91). Poe denkt hier, wie schon diese Hobbes-ähnliche Formulierung zeigt, durchaus eine Spur materialistischer als Hegel, bei dem 'Geist' der höchste spekulative Begriff bleibt und die Idee „die Schöpferin der Natur wird"[357]; jene Selbstbewegung und Selbsttätigkeit, die der Geist 'ist', bezeichnet er *in logischer Hinsicht* — und in der Logik geht es um 'den Begriff', das schlechthin Allgemeine als Einzelnes — als die 'absolute Negativität'.[358] Auch Poes Überlegungen werden 'von selbst' auf den Gedanken der *Selbstbewegung* geführt, doch in *Mesmeric Revelation* schreibt er sie (durch einen Sterbenden) jener spekulativ gefaßten 'Materie' zu: „And the power of self-movement (equivalent in effect to human volition) is, in the unparticled matter, the result of its unity and omni-prevalence; *how*, I know not, and now clearly see that I shall never know" (P 91 a). *Eureka* (vier Jahre später) empfiehlt die *vorläufige* Annahme, Gott sei „Geist — was bedeuten soll: *Nicht-Materie*" (Bd.5, 922 a), und kommt später, leider nicht sehr präzise, darauf zurück: Mittels der Wirksamkeit der Materie, die einzig dazu geschaffen sei, um den „Absichten" des „spirituellen Äthers" zu dienen, „manifestiert sich dieser Äther — *individualisiert sich Geist*" (1053 a). Der 'Äther' (vgl. seine wichtige Rolle in *The Power of Words*) wird damit zu demjenigen Medium, das zwischen Geist und Materie vermittelt, in der Sprache Hegels könnte man sagen: er ist negative (konkrete) Einheit von Geist und (unendlich feinstofflicher) Materie, und alle Dinge sind ebensosehr Gedanken Gottes wie materiell. Der Äther entwickelt sich „infolge von Heterogenität" zu belebter Materie (Poe denkt aber nicht animistisch, es gibt für ihn auch unbelebte Materie), empfindungsfähiger, denkender Materie. „Aus solcher Schau wird es uns möglich, Materie als ein Mittel zu erkennen — nicht als ein Ende" (1053). Selbstzweck ist allein das Ganze, die Totalität aller Totalitäten, das Universum in seinem Pulsieren zwischen All und Nichts. Ziel ist, die absolute Harmonie des Nochnichtseins im Nichtmehrsein wiederzuerreichen und damit in einen neuen Zyklus einzutreten. Es gibt für Poe nicht, wie für Hegel, eine Einheit des Wahren und Guten

---

[357] Werke Bd.6, 265

[358] Vgl. Bd.6: „der Begriff ist (...) als absolute Negativität das Formierende und Erschaffende" (277). „Das wahrhafte, unendliche Allgemeine, welches ebensosehr Besonderheit als Einzelheit in sich ist", ist „*schöpferische Macht* als die absolute Negativität, die sich auf sich selbst bezieht" (279). Getreu der Devise, die *Substanz* (als Identität-mit-sich) müsse ebensosehr als *Subjekt* (Sich-von-sich-Unterscheiden, Negativität) begriffen werden, ist das Intensivste und „Reichste", die absolute Idee, „das Konkreteste und *Subjektivste*, und das sich in die einfachste Tiefe Zurücknehmende das Mächtigste und Übergreifendste" (570). Dabei wird unter dem 'Subjektivsten' durchaus auch Individualität im Sinne von Persönlichkeit (aber als *allgemeines* Einzelnes) verstanden: „Die höchste, zugeschärfteste Spitze ist die *reine Persönlichkeit*, die allein durch die absolute Dialektik, die ihre Natur ist, ebensosehr *alles in sich befaßt* und hält, weil sie sich zum Freisten macht, — zur Einfachheit, welche die erste Unmittelbarkeit und Allgemeinheit ist" (ebd., Hervorhebungen von Hegel). Damit hat sich der Kreis der Logik geschlossen, das *Sichallererstherstellen des ersten Allgemeinen* ist retotalisiert, das Sein als äußerste Selbstabstraktion des äußerst Konkreten begriffen. Da es mehr mit rein logischen Mitteln nicht zu begreifen gibt, muß nun der 'realphilosophische' Bereich eröffnet werden, d.h. zunächst der der Natur.

im Absoluten, wohl aber eine Einheit des Wahren und Schönen — Gott wird zum absoluten Künstler eines *l'art pour l'art*, ihm am nächsten kommt der Dichter, der das Kunstwerk als *einzelnes Allgemeines* erschafft und *sich durch es bzw. in ihm*. Der Streit um Worte, als leitende philosophische Totalitätsbegriffe ('Geist oder Materie?') wird zurückgewiesen zugunsten *des Kampfes dieses individualisierten Logos selbst*, zu entstehen, zu vergehen und wieder zu entstehen.

Dabei ist Poe zu wenig an stringenter diskursiver Explikation und zu sehr an *einfacher Einheit* als Ausgang und Ziel des Prozesses interessiert, als daß eine *dialektische* Entwicklung dessen stattfände, was Hegel in seiner Lehre vom *Begriff* als 'einzelnes Allgemeines' expliziert hat; für Poe steht die Imagination höher als das diskursive Denken und Dichtung höher als Philosophie und Wissenschaft. Für die Grundannahme seiner Abhandlung, die er als „die einzige *theoretische Voraussetzung*" beansprucht (924 a), beruft er sich auf eine „gänzlich unwiderstehliche obschon unaussprechliche" *Intuition*, versteht dabei allerdings 'Intuition' als eine Kompression *implizit diskursiver* Prozesse (Schlüsse, womit er Hegel wieder relativ nahe kommt): „eine Überzeugung, hervorgegangen aus Inductionen oder Deductionen, deren Ineinandergreifen so schattenhaft erfolge, daß es unserem Bewußtsein entgehe, unserer Aufmerksamkeit sich entzöge, oder auch unsre Fähigkeit der Darstellung übersteige" (923).[359] Als diese vermeintlich einzige Voraussetzung gibt er an: daß „das, was Gott ursprünglich schuf — wie jene Materie, die er am Anfang vermittelst seines Willenaktes aus seinem Geist, oder aus einer Nichts-Art, machte, nichts anderes gewesen sein *könne*, als Materie in einem Zustand von alleräußerster nurvorstellbarer — was? —: *Einfachheit*" (923 a). Daß der Anfang mit einer Explikation von 'Anfang' selbst (vgl. in *Mesmeric Relevation*: „You must begin at the beginning", P 90), als dem einfachen Unmittelbaren, gemacht werden müsse, war auch Hegels Standpunkt gewesen, doch bei ihm erfolgte diese Voraussetzung eben sogleich *im Medium einholender diskursiver Selbstkritik*, in einer Dialektik von Setzen und Voraussetzen, welche dieses 'einfache Unmittelbare' im Nachhinein als Schein, nämlich als in Wahrheit *vermittelt*, erweist, und (in einem Textvollzug von rund 1000 Seiten) zumutet, nun *selbstbestimmte Unmittelbarkeit* als Sicherstellen des ersten Allgemeinen, *sein Außersichsein zu sich aufhebende Sichselbstgleichheit*, zu retotalisieren. Poe entgeht, daß „die majestätische Hochstraße des MIT-SICH-SELBST-HARMONIE-

---

[359] Generell neigte Poe allerdings zu der Ansicht, daß alles, was sich überhaupt sinnvoll als ein *Gedanke* bezeichnen lasse, verbal formulierbar / ausdrückbar sei — (auch) insofern vertraute er auf die 'Macht der Worte': „Wie alltäglich ist's doch, daß wir hören müssen, der oder jener Gedanke lasse sich nicht in Worte fassen! Ich aber glaub' nicht daran, daß irgend ein Gedanke, der dieser Bezeichnung wert ist, außerhalb unseres Sprach-Bereiches liegen könnte. Vielmehr bild' ich mir ein, daß dort, wo Schwierigkeiten im Ausdruck sich ergeben, in dem betreffenden Geist entweder an der nötigen Bedachtsamkeit oder an der erforderlichen Methodik gebricht" (Marginalien, in: Bd.10, 733). Was er in dem dortigen Kontext ausnimmt und, mangels eines geeigneteren Wortes, als „Phantasien von exquisiter, zartester Feinheit" bezeichnet, „die man *nicht* als Gedanken beschreiben kann" (ebd.), betrifft Zustände seelisch-leiblichen Einklangs beim Überschreiten der „Schwelle des Schlummers", zwischen Wachen & Traum, wenn er sich des „Hinüberwechselns eben noch bewußt" sei (ebd., 734) — das ist offensichtlich etwas anderes als jene unaussprechlichen 'Intuitionen', von denen er hier in *Eureka* spricht.

RENDEN" (910) in Gestalt jener Hegelschen *sich herstellenden Kongruenz des Begriffs* längst befahren war, und zwar auf eine Weise, die das Sich-von-sich-Unterscheiden, die Negativität oder Nichtidentität in der Identität, eben nicht als „abnormen Zustand des Vielfältigen" abwerten mußte wie Poe (925), sondern als die lebendige Selbstexplikation des über Entfremdung sich vollendenden Wesens begreifen konnte. Wo für Hegel 'das Negative' (einem bloß abstrakt-fixierenden Denken nicht Faßbare) entgegen einem verfestigten umgangssprachlichen Gebrauch eben nicht das 'Schlechte', sondern gerade das Schöpferische, Dynamische, Lebendige ist (welches nicht nur nicht aus der Diskursivität herausfällt, sondern ihr konstitutiv zugehört), wirft Poe die Vielheit & Vielfalt, das Differenzielle, mit dem existenziell und moralisch Schlechten zusammen. Damit zusammenhängend: Wo Hegel, darin demokratisch[360], auf begriffliche Vermittlung im Medium des Allgemeinen setzt, erspart sich Poe von vornherein den Versuch, die impliziten diskursiven Prozesse, Kategorien und Schlüsse, die er im Binnenraum seiner 'Intuition' gleichwohl als wirksam behauptet und voraussetzt, offenzulegen und zu explizieren. Interessant & zeitgemäß dennoch das von ihm vorgeschlagene Verfahren, zwischen Supersystem und Subsystem zu changieren („Wir könnten *auf*-, könnten aber auch *ab*steigen", 913 a), das Aufsteigen zur Makroebene und das Absteigen zur Mikroebene, die Bewegung vom Allgemeinen zum Einzelnen und vom Einzelnen zum Allgemeinen zu „*kombiniere(n)*" (915 b). Das „Dilemma", daß wir uns (quantitative) Unendlichkeit nicht resultativ vorstellen können und andererseits genötigt sind, über jede gezogene Grenze 'hinauszudenken', hatte mit den Kantischen Antinomien und deren kritischer Diskussion durch Hegel freilich längst ebenfalls das Niveau „tölpelhafte(r) Vernünfteleien" hinter sich gelassen, die Poe uninformierterweise noch glaubt, als 'üblich' unterstellen zu dürfen (919), und beim Regreß der Kette der Ursachen kennt er nur den dogmatischen Abbruch (das „Abreißen", 918), nicht Hegels Verfahren der negativen Totalisierung und seinen Ansatz einer Fundamentalisierung und sukzessiven Anreicherung struktureller Selbstreferenz (der angesichts neuerer Entwicklungen in den Naturwissenschaften noch immer oder wieder aktuell ist[361]). Auf die Klasse der 'Gedanken von Gedanken' hinzuweisen, um so zwischen Vorstellung und Begriff zu unterscheiden (vgl. 920), ist unzureichend, insofern solch einfache Ebenendifferenzierung nur wieder in die 'schlechte Unendlichkeit' (wie Hegel sie im Gegensatz zur 'wahrhaften' nannte) führt; so kann freilich kein anspruchsvoller Begriff der „*absoluten* Unendlichkeit" zustandekommen, Poe hält ihn offenbar für unmöglich, da die betreffende *Vorstellung* unmöglich ist — er hat zwar soeben selber betont, es komme darauf an, zwischen Begriff und Vorstellung zu unterscheiden, bleibt aber bei dem stehen, was Hegel das Unendliche des *Verstandes* genannt hat und kommt nicht zu dem der *Vernunft*. Gleichwohl gelangt er von selbst (was für den Autor der *Wissenschaft der Logik* notwendig & unvermeidlich ist) zur *Oszillation der Grenze* (vgl. „eine schattenhafte und *pulsierende* Herrschaftssphäre, nun schrumpfend, nun schwellend", 921 b), darin verbirgt

---

[360] Vgl. in der *Phänomenologie des Geistes*: „Erst was vollkommen bestimmt ist, ist zugleich exoterisch, begreiflich und fähig, gelernt und das Eigentum aller zu sein" (Werke Bd.3, 20). Wer sich hingegen „auf das Gefühl, sein inwendiges Orakel", berufe, der sei, so Hegel, „gegen den, der nicht übereinstimmt, fertig" und trete „die Wurzel der Humanität mit Füßen" (ebd., 64f.).
[361] Vgl. Th.Collmer, Natur und Dialektik, in: MARXISTISCHE BLÄTTER Nr.1/1994, 49-63

sich die *Kreativität der Antinomie*. Hegel zog die Konsequenz, jede erste Negation, als Grenzziehung, Grenze, Bestimmung ('Jede Bestimmung ist Negation', *Bestimmung* dabei doppelsinnig: Beschaffenheit und Woraufhin der Entwicklung), sei implizit schon überschritten und aufgehoben (Negation der Negation), das Diesseits der Grenze erhält so seinen Sinn durch seine 'andere Seite'. Entsprechend wird Poe (für den das Irdische seinen Sinn erst durch 'sein Anderes', nämlich eine 'jenseitige Welt' erhält!) zum Modell eines *pulsierenden*, sich selbst vernichtenden und von neuem sich selbst erschaffenden und ausbreitenden Universums gelangen[362], und bezieht sich

---

[362] Dieser Gedanke hat seine Aktualität voll und ganz bewahrt. Die Einsteinsche Theorie legt die Modellvorstellung von einem im Logos der Antinomie *oszillierenden*, sich ausdehnenden und wieder kontrahierenden Universum nahe. Die Annahme, daß wir uns zur Zeit in einer (durch den die Fluchtbewegung der Galaxien via Rotverschiebung anzeigenden 'Doppler-Effekt' und die Entdeckung der den Raum erfüllenden 3-K-Radioenergie, als vom *Big Bang* zurückgebliebener kosmischer Hintergrundstrahlung, nachgewiesenen) Expansionsphase vielleicht zahlloser solcher Zyklen befinden, ermöglicht es, *offene Linearität und zyklische Wiederkehr des Gleichen (nicht Desselben!) zusammenzudenken*. Obzwar sich diejenige Galaxie, in der sich 'unser' Sonnensystem befindet, mit fast 650 km/sec durch das Universum bewegt, gibt es „an jedem Ort (...) einen Bezugspunkt der 'Ruhe' relativ zum gesamten Universum" (Calder, Einsteins Universum, 169f.). Diese quasi Heraklitische Simultanität von rasender Bewegung und Ruhe ist eine Seite jener negativen Einheit von Identität und Nichtidentität, die „Einsteins Gleichungen" als „eine moderne Version von Werden und Vergehen" ausdrücken, dabei sogar die Prognose ermöglichend, daß das Universum, wenn es nach Beendigung seiner Expansionsphase in sich zurückläuft, „zu einem schrumpfenden Volumen" kollabieren wird, „gefüllt mit Strahlung und durchsetzt mit Schwarzen Löchern, die (...) zu einem gemeinsamen Punkt der 'Singularität' zusammenschmelzen" (174) — die 'Totalität aller Totalitäten' als (energetisch-materialistisch gefaßtes) *einzelnes Allgemeines*, Rückkehr zu einer in sich reflektierten Ur-Einheit von Sein und Nichts! Beim *Big Bang* kam es zu extremen Wechselwirkungsprozessen von Vernichtung & Erschaffung, und nur aufgrund einer *ursprünglichen Asymmetrie* blieb etwas übrig — das ist freilich nicht im Sinne Poes, der die einfache Identität bzw. Gleichheit bevorzugt, obwohl ihm der Gedanke einer *Vernichtung im Werden und eben dadurch Entstehung des Neuen* eigentlich liegen müßte. Wenn ein Teilchen sein Antiteilchen trifft, vernichten sich beide gegenseitig und verschwinden aus dem Universum: „Alles was bleibt, ist ein Blitz aus Gammastrahlen — die Umkehrung des Schöpfungsprozesses" (34). „Nach der allgemeinen Relativitätstheorie ist die Gravitation letzten Endes unaufhebbar. Innerhalb eines Schwarzen Loches oder eines kollabierenden Universums stürzt der gesamte Inhalt in ein Nichts — in einen geometrischen Punkt, eine Singularität in der Raumzeit, wo ungeheure Massen einen Raum Null einnehmen. Einstein selbst schreckte vor dieser Idee zurück, obwohl seine Theorie darauf hinauslief" (196). Diese Konstellation verbildlicht exzellent auch jene 'wahrhafte (oder absolute) Unendlichkeit', die der 'schlechten' zugrundeliegt und sie aufhebt und die wir allenfalls in Gestalt einer *Selbstanwendung negativer Totalisierung* diskursiv denken können (nämlich so, daß jene 'schlechte Unendlichkeit', die in der 'negativen Totalisierung negativer Totalisierung' sich sogleich wieder zeigt, selbstimplikativ u.d.h. selbstexplikativ auf 'wahrhafte Unendlichkeit' in sich zurückgebogen wird; siehe dazu Th.Collmer, Aktuelle Perspektiven einer immanenten Hegel-Kritik. Negative Totalisierung als Prinzip offener Dialektik, Gießen 1992). Einstein hielt am Ideal eines *statischen* Universums fest und verpaßte darum sowohl den Gedanken des *Big Bang* (den Edwin Hubble 1927 nachholte), als auch die Möglichkeit, ein 'oszillierendes Universum' (Calder nennt es 'Jo-Jo-Universum') im Sinne von *Offenheit durch Geschlossenheit und Geschlossenheit durch Offenheit* zu konzipieren: Es kommt nämlich darauf an, das ständige Hinausschieben der Grenze des Raumes (der durch sich ausbreitende sich bewegende Materie bzw., was hier das gleiche ist, das sich ausbreitende sich bewegende Licht allererst *definiert* wird, nämlich als selbst beweglich, in sich widersprüchlich, *absolute Raumkrümmung!*) im Sinne eines Einholens immer weiterer Horizonte zu begreifen, jedoch im Sinne jenes *Rückgangs-in-sich*, der eben durch die negativ totalisierende Struktur eines 'Horizonts aller Horizonte' vorgezeichnet wird. Das ständige Sichdurchstreichen des Universums (spezifisch negativ-dialektisches Moment!) *ist* insofern sein Allererstwerden.

positiv auf Pascals bewußt paradoxe 'Definition' des Universums als 'eine Kugel, deren Mittelpunkt überall, deren Umfang nirgends ist' (vgl. 922; Hegel hat gelehrt, daß *im* negativ-dialektischen Durchstreichen der Fixierung das 'Positive', Spekulative, als Sichneuaufheben des weitertreibenden Widerspruchs liegt). Doch er fuhrwerkt wild & vage herum, unterläßt es, zu untersuchen, *unter welchen Bedingungen* ein Gegenstand in einer und derselben Hinsicht ein Anderes als das von ihm Prädizierte sein kann (das nicht durchgeführte Baum-Beispiel, vgl. 908f.), behauptet im Vorübergehen, Unrecht sei „lediglich die Verneinung des Rechts", ohne zwischen konträrem und kontradiktorischem Gegensatz zu unterscheiden (958), usw. — Sein absolut Einfaches, von dem er ausgeht, soll nichtsdestotrotz *Materie* sein, sich selbst bestimmender und organisierender Inhalt, Einheit von Disposition und Aktualität, δύναμις und ἐνέργεια, darum kann der Gedanke 'weitereilend' von diesem Einen sagen, es sei qualitatives und quantitatives Eins, teilbar, in sich heterogen, nicht statisch, 'habe' bzw. 'sei' *Attraktion und Repulsion* (vgl. Kants *Theorie des Himmels*, die ohne göttliche Schöpfung auskommt, so wie das ewige Heraklitische 'Feuer', das bewegt-bewegende 'Chaos'); diese beiden Bestimmungen bringt Poe (wie Hegel sagen würde: empirisch aufraffend und bloß hererzählend) mit Gravitation und Elektrizität zusammen.[363] Wahrheitstheoretisch völlig inakzeptabel ist die Voraussetzung,

---

Wir sind sozusagen noch nicht zu Ende geboren, so wie das Universum sich selbst noch nicht zu Ende geboren hat — diesen Gedanken kann man, poetisch-spekulativ, in Edgar Poes *Eureka* vorgedacht finden & in seinem ganzen Werk, und zwar, wie bei Einstein, stets in der Gefahr, zum Ideal einer bloß *statischen* 'Harmonie' zurückzufallen.

[363] Dumm ist das nicht: Auch im Einsteinschen Universum muß man eine Art Ur-Attraktion annehmen, im wesentlichen verkörpert durch die Gravitation. Denn das Universum begann „als extrem dichte Zusammenballung von Energie, und dann dehnte es sich aus", und durch „einen Prozeß, der noch nicht völlig geklärt ist, schlossen sich die Atome zu Galaxien und Sternen zusammen" (N.Calder, Einsteins Universum, 171). Laut Robert Penrose bleibt „die anziehende Tendenz der Gravitation erhalten (...), ob nun das Universum expandiert oder kontrahiert" (176). Bekanntlich erhält die Gravitation in Einsteins Theorie eine zentrale Rolle, da sie das Licht ablenkt, d.h. den Raum krümmt (der durch die Bewegung des Lichtes definiert ist) und die Zeit verlangsamt; Gravitation kann Materie zerquetschen und dabei enorm hohe Energiemengen freisetzen. Gegenwärtig aktuell ist das Projekt, die Einsteinsche Relativitätstheorie, eine des *Kontinuums*, und die Quantentheorie, eine der *Diskontinuität*, miteinander zu verbinden. Angenommen werden jetzt vier physikalische Grundkräfte: die *Gravitation*, die *elektromagnetische Wechselwirkung* (manifestiert im Licht, in chemischen Reaktionen und Lebensprozessen, sie ist stärker als die Gravitation, doch durch die Beziehungen zwischen positiver & negativer Ladung oft faktisch neutralisiert, und bewirkt die Bewegung der Elektronen um das Atomkern); die sogenannte *starke Kernkraft* (die die Teile des Atomkerns zusammenhält und von deren Wirkung bei technischen Kernspaltungs- & Kernfusionsprozessen ein Bruchteil freigesetzt wird) und die sogenannte *schwache Kraft* (die den radioaktiven Beta-Zerfall der Atomkerne verursacht und eine Schlüsselrolle bei der Umwandlung subatomarer Teilchen ineinander spielt). Die Gravitation wirkt „zwischen allen Körpern als anziehende Kraft (...), während die anderen drei Kräfte bald anziehend, bald abstoßend wirken und sich darum nicht selten gegenseitig aufheben" (Robert Steigerwald, Abschied vom Materialismus? Materialismus und moderne Wissenschaft, Bonn 1994, 66f.). Diese drei, die man bis zu einem gewissen Grade zusammenfassen kann, bilden sozusagen die Ur-Repulsion (was Einstein einmal als „eine Art kosmische Anti-Gravitationsmaschine" zu formulieren versuchte, Calder a.a.O., 177). Alle diese Kräfte wirken im Sinne der Einsteinschen Formel $E = mc^2$, sie „regiert" gewissermaßen „alles Werden und Vergehen im Universum" (ebd., 26), indem sie (als im Kern antinomische wechselseitige Implikation) *die sich herstellende Kongruenz der Energie mit sich selbst über ihr Anderes* ausdrückt, nämlich die Masse multipliziert mit der in sich reflektierten Lichtgeschwindigkeit — die sich nur in dem Sinne zur Wirklichkeit 'potenzieren'

ein „perfekter innerer Zusammenhang (a perfect consistency)" *könne* gar nichts anderes sein als eine absolute Wahrheit (1044); in sich *kohärent* können bekanntlich auch Wahnsysteme sein, dieses Kriterium *allein* reicht also nicht aus, und es ist auch leicht zu sehen, daß Poe zumindest auf ein weiteres, nämlich *Evidenz*, zurückgreift, während er *Korrespondenz* unzureichend berücksichtigt, *Praxis* gar nicht (sie war aber das Entscheidende bei der Überprüfung von Keplers anfänglicher Intuition!), und *Konsens* als Kriterium schon wegen seiner antidemokratischen Haltung scharf zurückweisen würde (nicht ganz zu Unrecht, denn es ist da wie mit der Kohärenz: einigen kann man sich bekanntlich auch auf Falsches). Es waren *ästhetische* Gründe, die ihn die 'vollendete Konsistenz' so hoch bewerten ließen, während die Durchführung von *Eureka* selbst damit ihre offensichtlichen Schwierigkeiten hat. Wiederholt erweist sich Poe als ein *spekulativer* Denker im besten Sinne, wenn er z.B. die Einheit von „Raum & Dauer" zu erläutern versucht (1030, man kann hierin aber nur schwer einen Vorgriff auf Einsteins vierdimensionales Raum-Zeit-Kontinuum sehen, da die Voraussetzungen völlig andere sind[364]), wenn er statt einliniger Kausalität eine universelle

---

kann, wie die negative Totalisierung der negativen Totalisierung, soweit sie als bloß abstrakte Ebenenaufstockung und damit als 'schlechte Unendlichkeit' erscheint, im Sinne 'wahrhafter Unendlichkeit' als intern überschritten begriffen werden muß. Mit Hegel müßte man die *potenzierte* Lichtgeschwindigkeit (wobei die Lichtgeschwindigkeit ja per se als Naturkonstante gesetzt wird, die nicht überschritten werden kann!) im Sinne jenes negativen Selbstbezugs deuten, der sich als 'absolute Reflexion' objektiviert (eben im Sinne des schon erwähnten dialektischen Zusammenspiels von Selbstdurchstreichung & Selbstkonstitutivität). Andernfalls wäre auch die Aussage unsinnig: „Der Raum des Universums erscheint (dies aber wäre eben mit Hegel das Scheinen des Wesens in sich selbst, T.C.) sicherlich punktähnlich für Reisende, die Lichtgeschwindigkeit haben. Sie können es (Einwand: aber es gibt sie dann nicht mehr, weil der Gammafaktor, die schwere/träge Masse und die Energie unendlich wären, vgl. 138-41, T.C.) innerhalb der Zeit Null durchkreuzen, weil die Zeit bei ihrer hohen (höchstmöglichen, gesetzt als absolut, T.C.) Geschwindigkeit stillsteht" (175). Der Kosmos wäre zum sich aufhebenden Punkt geschrumpft — die Totalität aller Totalitäten hätte sich *zur*, doch damit auch *als* Singularität 'aufgehoben'. Die zitierte Formulierung ist *insofern* unsinnig, als eine solche Formulierung *abstrakter* Negativität („Null") eben nur das selbstabstraktive Außersichsein der *absoluten* Negativität bezeichnen und nicht diese selbst fixieren & umgreifen kann. Die ideelle Reise mit Lichtgeschwindigkeit, wie deren Insichreflektiertsein selbst, wäre eine Reise 'von Nichts zu Nichts und dadurch zu sich selbst zurück' (wie Hegel das Werden *im* Wesen, seine reflektierende Bewegung, expliziert, d.h. die interne selbstkonstitutive Bewegung zwischen dem Negierenden & dem Negierten). Was Einstein als 'Geschlossenheit' ansah und als 'positive' Raumkrümmung bezeichnet wird, besagt, daß Licht „im gleichen Sinne 'nach innen' gebogen" wird, „wie es auch in der Nähe eines massiven Körpers wie der Sonne geschieht" (180), es entstehen Wechselwirkungen der Gravitation aller Körper miteinander, die sich quasi autokatalytisch verstärken und das Universum auf einen Kollaps zusteuern lassen. Dieses Nach-innen-Biegen wäre in der Sprache Hegels *negativ* und erst dadurch 'positiv'...

[364] Überhaupt sollte man sich mit dem Wittern naturwissenschaftlicher Vorgriffe bei Poe sicherlich zurückhalten. Interessant ist in diesem Zusammenhang ein Gutachten von Edmond Bauer, einem Physik-Professor, das Marie Bonaparte für ihre 1934 erschienene Poe-Studie anfertigen ließ: „Vom wissenschaftlichen Standpunkt aus gesehen", so Bauer, „enthält *Heureka* einige Behauptungen und theoretische Einsichten, die wir heute noch für richtig oder wahrscheinlich halten; es enthält aber auch eine große Anzahl Irrtümer und unklarer und kindlicher Schlußfolgerungen. Unter den Gedankengängen, die heute noch gelten, befindet sich jedoch kein einziger, dessen Vaterschaft man Edgar Poe zuschreiben könnte" (Edgar Poe. Eine psychoanalytische Studie, Bd.3, 203, anm.85). Was seine Auffassung der Materie angehe, so kenne er die Trägheit nicht, daher auch nicht die Bewegungsgesetze, überhaupt scheine ihm jeglicher Instinkt für das Dynamische abzugehen; entsprechend fehle bei ihm auch der Begriff der Energie. Elektrizität lasse sich nicht auf Repulsion restringieren, da sie sowohl attraktive als auch repulsive Kräfte entwickle; gleichwohl sei der Standpunkt, die Naturkräfte auf nur

Wechselwirkung betont, und vor allem auch dann, wenn er Gott vor der Schöpfung mit dem Ausdruck „*still-existent being*" belegt: Es ist klar, daß Gott hier als einerseits *noch existent* vom vorigen Expansions- und Kontraktionszyklus her gedacht werden muß, andererseits aber im Stande des *Noch-Nicht* sich befindend, da er als Stifter und Verkörperung der Gesetzmäßigkeit des materiellen Universums in diese selbst einbezogen gedacht wird. Diese negative (konkrete) Einheit von '*Noch*' (bzw. '*Je schon*') und '*Noch nicht*' ist dialektisch-spekulativ im Sinne Hegels. F.Link bezeichnet solche Denkfiguren als bloß „paradox", sie bestärken ihn in dem Eindruck, am Ende stehe bloß ein großes Nichts[365]; doch Poe sah sehr wohl, *daß er zur methodischen Realisierung seiner Idee von einem konsistenten Gedankengebäude eine konsistente Einbeziehung von Antinomien würde leisten müssen*, verfügte allerdings weder über die strukturellen Mittel noch über die philosophische Kenntnis und Übung, um solches durchführen zu können. So werden dann Sprünge, Ungereimtheiten, sarkastische Spitzen und Selbstüberschätzungen allzu pauschal gerechtfertigt durch den ausdrücklich *dichterischen* Anspruch, was einer ernsthaften Rezeption des Werkes nicht unbedingt dienlich war und ist, auch wenn eine Zeit, die gelernt hat, vermeintlich scharfe Abgrenzungen neu in Frage zu stellen, mit *Eureka* wieder unbefangener umgehen kann. Es ist und bleibt außerordentlich schwierig, dieses Werk weder zu *über-* noch zu *unter*schätzen.

Das materielle Universum, so wie Poe es beschreibt, trägt in sich den Keim zu seiner „*offenbar unvermeidliche(n) Vernichtung*" (Bd.5, 924 a). Man stutzt, wenn man näher betrachtet, *wie* Poe spricht von einer „*der Befriedigung fähige(n)* Tendenz der Atome, wiederum zur *Einheit* zurückzukehren" (928 a). Die „Tatsache, (...) *daß jedes Atom jedwedes andere Atom anzieht*" (938 a) und „mit den delikatesten Regungen jeglichen anderen Atoms" *sympathisiert* (939), entspricht jener schon in *The Power of Words* betonten Totalitätssituation, daß alles mit allem zusammenhängt und jeder Impuls jeden anderen beeinflußt — eben darin besteht die negative Einheit des Universums, alles Heterogene umfassend, doch auch es von einem Zustand maximaler Ununterschiedenheit zu maximaler Dissipation vorantreibend, d.h. *zum Kollaps*. Genau das ist, wie der irdische Tod (Systemkollaps) eines Individuums, für die (nach Art Leibnizscher Monaden) mit 'Streben' und 'Appetit' begabten Atome die Bedingung „zu ihrer unvermeidlichen Wiedervereinigung in der Endzeit" (928). Wie sollte man hier nicht an Poes zwanghafte Beschäftigung mit dem Tod denken, an das, was Freud

---

zwei ursprüngliche zurückzuführen, Elektrizität und Gravitation, auch der moderne. Das Newtonsche Gesetz als Reaktion auf ein Gesetz der 'Ausstrahlung' aufzufassen, sei eine „findige, aber einfältige und nur aus Worten gebildete kosmische Phantasie Poes" (ebd., 205). Die Einwände von Olbers (den Poe nicht namentlich nennt) gegen eine unendliche Ausdehnung der Materie seien damals bereits klassisch gewesen. Die Urnebel-These von Laplace sei für das Universum und die Milchstraße noch immer diskutabel, bezogen auf die Abschleuderung der Planeten aber wenig wahrscheinlich (das ursprüngliche Sonnensystem habe sich wohl nie schnell genug um sich selbst gedreht, um solches zu ermöglichen). Die Modelle von Haufen und Systemen sowie von Untergang und Wiederauferstehung des Weltalls finde man alle schon bei Kant. Vom Carnotschen Kreisprozeß, den Valéry bei Poe vorweggenommen sah, da er 1848 in weiteren Kreisen noch kaum bekannt war, scheine Poe nur eine sehr unklare Idee gehabt zu haben.
[365] Siehe Franz H. Link, Edgar Allan Poe – Ein Dichter zwischen Romantik und Moderne, 346-51

'Todestrieb' und 'Nirwanaprinzip' nannte, an Poes Autodestruktivität, doch eben auch an seine Hoffnung, das ihm auf Erden durch den Tod Entrissene in einer anderen Welt wiederzusehen und für das von ihm als unvollkommen und heterogen Abgewertete (vgl. die *irdische* Liebe, *irdische* Schönheit, *irdische* Erkenntnis) in einer anderen Welt entschädigt zu werden? Das Ziel ist jenseits des diskursiv Bestimmbaren, da Diskursivität *Negativität* ist: „Es ist nicht auf irgendeinen *Punkt* zu, daß die Atome sich hin-verbünden. (...) Nichts einem *Raumpunkt* ähnliches wurde als ihr Ursprung aufgestellt. Ihre Quelle liegt in dem *Prinzip Einheitlichkeit.* Dies ist ihr verlornes Elternteil. *Dies* suchen sie immerfort — unverzüglich — in allen Richtungen" (941 a). Die Rede vom 'verlorenen Elternteil' *(lost parent)* zwingt endgültig dazu, hier an Ferenczis 'maternalen Regressionszug' zu denken, das Streben des Individuums, die leidvolle Erfahrung seiner Fragmentierung aufzuheben durch eine Rückkehr in den vorgeburtlichen Zustand: *durch Nichtmehrsein zum Nochnichtsein zurückkehren.* Erich Fromm erblickte darin das schlechthin *destruktive* Prinzip, auch Norman O. Brown sah hier den 'death instinct' (als Gegenspieler des Prinzips 'Life') am Werke, und diejenigen (Neo-)Freudianer, die Poe als einen klinischen Fall von 'Nekrophilie' diagnostizieren zu können meinen, mögen sich dadurch bestätigt sehen. Einmal waren die Atome „*mehr* als *zusammen*" (940 a), das 'Sein' war so schlechthin unbestimmt gegen und durch anderes, daß es von 'Nichts' (vgl. Hegel) schlechterdings nicht zu unterscheiden war (Poe: „Meine *Ur-Partikel* ist nichts als *absolute Beziehungslosigkeit*", 969 a), und eben diese Ununterschiedenheit war die höchste Harmonie (reine Selbigkeit, nein Selbstlosigkeit)[366]: Das *Entstehen* (reines Übergehen von Nichts in

---

[366] Tatsächlich zeigt Poe auch in seiner Dichtungstheorie die Tendenz, „Gleichheit" in einem durchaus *abstrakten* Sinne (denn er spricht dabei vom „mathematische(n) Erkennen", meint also wohl ein 'A = A') als die „Wurzel aller Schönheit" anzusehen und dabei die lebendige *Bewegung* unter dieser Oberfläche (im Gegensatz zu Hegel) zu vernachlässigen (in seiner Besprechung der Lieder von George P. Morris, zit. nach Link, a.a.O., 38). In *The Rationale of Verse* heißt es entsprechend: „Der *Vers* entstammt dem menschlichen Vergnügen an der Gleichheit, am Stimmigen" (Bd.10, 618). Dieses Prinzip faßt Poe dort quantitativ und abstrakt, geradezu statisch: „Die 'Gleichförmigkeit'", auch wenn er diesen Ausdruck im Grunde für ungeeignet hält, sei „das Prinzip"; „die 'Vielfalt' bildet lediglich den natürlichen Schutz des Prinzips vor Selbstzerstörung durch Selbstübersteigerung" (621), denn „absolute Gleichheit" würde „die Verwendung identischer Wörter" bedeuten (629; in Wahrheit meint Poe hier *abstrakte Gleichheit unter einem Gesichtspunkt).* Daß gerade das Differenzielle strukturbildend (auch für abstrakte Gleichheit!) ist, läßt Poe nicht gelten, für ihn ist „der grundlegende Sinn für *Gleichheit* der unablässige Impuls" (630), der jede Verschiedenheit trägt & begründet. Auffallend unbeweglich-dogmatisch fällt in diesem Essay z.B. auch die Doktrin aus, betonte Silben seien „natürlich immer lang" (622, zu schweigen von Kuriositäten wie der, daß „die Franzosen vergleichsweise *keine* Akzentuierung haben", also auch „keinen Vers, der so heißen dürfte", 667). Gemäß seiner pauschalen Parteinahme für 'Gleichheit' erweist sich Poe als parteiisch für Kongruenz & 'Harmonie' — *und sei es auch eine des Todes,* bzw: *gerade für eine solche.* Während er formelle Gleichheit *politisch* ablehnte und Angleichung im Sinne von Anpassung durch Eigenwilligkeit und ästhetischen Aristokratismus auch praktisch verweigerte, fetischisierte er sie dichtungstheoretisch, obwohl er wußte, daß 'Einheit des Effektes' ein *Totalitätsprinzip* ausdrückte und keins *abstrakter Einheit.* Wir werden später an einigen Gedichten spezifisch sehen, daß & wie die solchem Schein als Wesen zugrundeliegende 'Negativität' sich dennoch zeigt, sich durchsetzt und auch so (d.h. als siegreich) thematisiert wird, dabei oftmals aber eben ihrerseits *als ein Prinzip des Todes* dargestellt & ausgedrückt wird (vgl. Kap.XIII, etwa zu *The Bells*), mit dem der Dichter sich auf unterschiedliche Weise kurzschließt. So ergibt sich der scheinbar paradoxe Befund, daß die (in Wahrheit ebenso konstituierende wie auflösende) Differenz & Diskrepanz 'dasselbe' Prinzip vertritt wie die abstrakte Einheit &

Sein) muß durch *Vergehen* (reines Übergehen von Sein in Nichts) zurückgenommen werden, und genau das wird auch geschehen, denn beides ist im Grunde *Eins*. „All will return to Nothingness, in returning to Unity, thus Unity is *Nothingness*", resümiert Poe *Eureka* in einem Brief.[367] Das „'Gesetz der Heimkehr'" ist „schlicht die genaue Umkehrung vom Gesetz des Exodus" (957). Gott ist gleichsam ein schlafender Säugling, wir Menschen hingegen sind auf Erden schlechthin ruhelos, schwindend, fallend (vgl. die beiden Liebenden in *Al Aaraaf!*)[368] taumeln wir „von Nichts zu Nichts und dadurch zu sich selbst zurück".[369] *Liebe*, auch als allgemeine Menschenliebe, *ist Regression*, denn es ist „die Tendenz von Jedem zu Jedem; und die Tendenz von Jedem zu Jedem ist die Tendenz zum Zentrum hin" (961). Da die *Aktion* nur begrenzt sein kann und darum unbefriedigend sein muß, folgt die *Reaktion*: „Rückkehr (...) aus einem Zustand von *Wie Es Ist Und Nicht Sein Sollte*, in den Zustand von, *Wie Es Ursprünglich War Und Deshalb Sein Sollte*" (959 a). Liebe und Kollabieren sind austauschbare Reaktionen auf den Ur-Akt, „die Liebe eine Form des Selbstmords"[370] wie die künstlerische Tätigkeit: „'Tendenz zum Insichzusammenfallen' und 'Anziehung durch Gravitation' sind vertauschbare Wendungen: bedienen wir uns der einen oder der anderen, immer sprechen wir von der Re-Aktion auf den Ur-Akt" (1043). Liebe ist letztlich symbolisch und imaginär zugleich — *das Reale ist Kollabieren*. Anders gesagt: in ihrer Vereinigung weisen die drei Dimensionen des Symbolischen, des Imaginären und des Realen über sich hinaus. Und ihr Hinausweisen ist eben das Streben nach *absoluter* Vereinigung.

Falls in dieser Trinität eine Dimension den Primat führt, so ist es *das Imaginäre mittels des Symbolischen um des negativen Realen willen*. Mit anderen Worten, eigentlich führt keine den Primat. Was uns, soweit Selbstbefreiung auf Erden überhaupt möglich ist, einzig befreien kann, ist unsere „feeische Führerin, IMAGINATION" (946). Und genau das ist nun der Grund, warum diese ganze Weltanschauung Poes eben doch nicht nur 'destruktiv' und 'nihilistisch' ist, obwohl die Befreiung eine zum Tode, zum Sterbenkönnen ist. F.Link irrt sich, wenn er platt schreibt: „Die

---

Gleichheit, nämlich den Tod, und damit ist — völlig konsequent in der scheinbaren Paradoxie — *wiederum das Prinzip tödlicher Harmonie bestätigt...*

[367] Zitiert nach Link, Ein Dichter zwischen Romantik und Moderne, 346 (Hervorheb. v. Poe)

[368] Vgl. Hölderlin, *Hyperions Schicksalslied*, worin sogar ebenfalls die Verbindung des 'Äthers' mit der Sphärenharmonie gefunden werden kann: „Ihr wandelt droben im Licht / Auf weichem Boden, selige Genien! / Glänzende Götterlüfte / Rühren euch leicht, / Wie die Finger der Künstlerin / Heilige Saiten. // Schicksallos, wie der schlafende / Säugling, atmen die Himmlischen; / (...) / Doch uns ist gegeben, / Auf keiner Stätte zu ruhn, / Es schwinden, es fallen / Die leidenden Menschen / Blindlings von einer Stunde zur andern, / Wie Wasser von Klippe / Zu Klippe geworfen, / Jahr lang ins Ungewisse hinab" (Werke / Briefe / Dokumente, 38).

[369] So charakterisiert Hegel „das Werden im Wesen, seine reflektierende Bewegung" (Bd.6, 24). Diese selbstexplikative, selbstabstraktive & selbstkonstitutive (dabei *außer sich* kommende, in einer Dialektik von Selbstbestimmung & Fremdbestimmtheit sich der *leeren* Oszillation, dem *leeren* Hin- & Herschillern stets wieder von neuem zur *lebendigen* Pulsation entreißenmüssende) Bewegung zwischen dem Negierenden & dem Negierten, als *Internstruktur der Negation der Negation* (konkrete Negativität), wird durch sämtliche Bestimmungen der Wesenslogik hindurch weiterexpliziert, so auch beim 'Zu-Grunde-Gehen' des Wesens, als einer reflektierten (um diese Internstruktur reicher gewordenen) Rekapitulation des 'Vergehens' aus der Seinslogik.

[370] Lacan, Freuds technische Schriften, 193

andere Welt aber erweist sich als ein Nichts; Erfüllung bedeutet letztlich Verlust"[371], und er irrt sich auch, wenn er annimmt, in der irdischen Welt gebe es für Poe „keine Schönheit"[372], die absolute Schönheit aber, nach der Poe suche, „gibt es im Grunde nicht", sein Dichten und Denken sei damit „paradoxerweise von einem Ziel bestimmt, daß es gar nicht gibt."[373] Diese allzu einfache Deutung würde Ambiguitäten im Ausdruck *nothingness* aufsitzen, derer sich Poe durchaus bewußt war: Jenes absolut Zugrundeliegende, das begrifflich schon deshalb nicht fixierbar ist, weil es jeder begrifflichen Fixierung schon konstitutiv vorausliegt und sie andererseits sprengt & überschreitet, ist (wie man es in hegelscher Terminologie wohl am treffendsten ausdrücken kann), nicht das *abstrakte Nichts*, sondern die *absolute Negativität*, und die *Nichtigkeit* des Irdischen ist ebenso relativ in diesem doppelten Sinne, nämlich in bezug auf das auf Erden nicht realisierbare Vollkommene, welches dennoch eine *immanente* Kritik des Unvollkommenen ermöglicht (so wie die 'wahrhafte Unendlichkeit' für Hegel eine immanente Kritik der 'schlechten' ermöglicht). Wäre nicht das letztlich unabschließbare Streben, das vollkommene Gedicht, die vollkommene Erzählung zu erschaffen, für Poe mit relativen, vorübergehenden, unHaltbaren Befriedigungen (insofern 'Erfüllungen') verbunden gewesen, dann hätte er nicht einmal so lange durchgehalten, *wie* er durchhielt. Der Kampf um das Imaginäre bleibt nicht dadurch erspart, daß die körperlich-irdische Imagination relativ 'nichtig' ist und die absolute Imagination auf absolute Negativität verweist, *denn beides hängt untrennbar zusammen und bringt einander wechselseitig hervor*. Imagination ist leer, wenn sie nicht wenigstens vorübergehend in fixierten Resultaten erlischt, denn sie nötigt konstitutiv, zu *erschaffen* — auch wenn für Poe, psychologisch gesprochen, der entScheidende Antrieb zu aller Tätigkeit, insbesondere auch der künstlerischen, der Regressionszug ist. *Negativität ist Tätigkeit, die auf Selbsthervorbringung zielt* — dieser Hegelschen Position hätte er exakt zustimmen können, und wenn man Norman O. Brown hinzunimmt, so war die ästhetische Produktion für Poe exakt mit dem verbunden, was Brown das *causa sui project* genannt hat: mit dem sich antinomischen Versuch, Vater seiner selbst zu werden.[374] *Insofern spielt der Künstler Gott, an dessen absolu-*

---

[371] Link, Ein Dichter zwischen Romantik und Moderne, 346
[372] Ebd., 350
[373] Ebd., 351
[374] Dagegen erscheint Marie Bonapartes Deutung einmal mehr äußerst verengend: Aufgrund seiner starken konstitutionellen Bisexualität habe Poe in *Eureka* eine homosexuell getönte Wiedervereinigung mit dem Vater (hier: Gott) unter physischer Entfernung von der Frau ausagiert — wobei Bonaparte andererseits darauf besteht, daß die *gesamte* Vaterproblematik eines (und zwar: *jedes!*) Menschen nur eine Verschiebung der 'ursprünglichen' Beziehungen zur Mutter darstelle (a.a.O., 211: „Dabei muß aber daran erinnert werden, daß alle Beziehungen des Kindes zu seinem Vater eine sekundäre Verschiebung der ursprünglichen Beziehungen zwischen dem Kind und seiner Mutter sind", sie beruft sich hierbei auf Freud). Diese abstruse Generalisierung ist schon darum unangebracht, weil die Mutterbeziehung eine individuell flexible Entwicklung von der Nichtambivalenz zur Ambivalenz durchmacht (mitunter beginnt eine signifikante Ambivalenz schon bei der Geburt, vielleicht sogar schon im Mutterleib, das hängt von vielen Faktoren ab), wohingegen die Vaterbeziehung von vornherein ambivalent ist und jedenfalls irreduzible Eigenkomponenten aufweist. Hingegen eine gewisse Erotisierung des Todes (Bonaparte spricht von „Thanatisierung der Libido", 213) auch in *Eureka* zu erkennen, dürfte plausibel sein. Dies könnte aber gerade im Sinne einer spezifischen Dialektik von Eros und Thanatos verstanden werden, die in der Größenphantasie wirksam ist, 'eins und

ter Negativität er (mit einem an sich unzureichenden platonischen Ausdruck formuliert) *'teilhat', in einer wechselseitigen Bewegung des Sich-und-sein-Anderes-Durchstreichenmüssens — um dadurch sich selbst allererst hervorzubringen.* Das 'tatsächlich' Hervorbringbare ist damit ebenso absolut ab- wie aufgewertet — das gilt für religiöse Gedankengebäude ebenso wie für wissenschaftliche und philosophische. Darin, daß die *dichterische* Produktion sie noch ein Stückweit zu überflügeln vermag, hätte Poe zweifelsohne von Hegel *keine* Zustimmung erhalten, wohl aber von Hölderlin: das Bleibende stiften die Dichter, auch wenn die absolute Negativität sie und es hinwegspült.[375] Es ist wie ein wild funkelnder Stern, der irgendwo am Himmel bleibt und weiterzieht und nach dem Untergang dieses Universums in neuer Form wiederkehrt. Auch Nietzsche sprach nicht von der ewigen Wiederkehr *desselben*, sondern von der *des Gleichen*[376], und davon, daß der Mensch, wie er jetzt ist, überwunden werden müsse, *und zwar durch sich selbst*, daß er *durch eigene Anstrengung* etwas über sich Hinausgehendes hervorbringen müsse, darin waren sich beide einig. Seine planetarische Geburtsmetaphorik zeigt, daß sich Poe, wie Hölderlin und Nietzsche, in *Eureka* in eine *mythische* Dimension hineinbewegt: „Zuguterletzt, erst bis auf Venusbahn dann auf die des Merkur, in sich einsinkend, schleuderte die Sonne diese beiden innersten Planeten ab; von denen keiner mehr einem Monde das Leben gab" (981). Merkur ist Hermes, der Vermittler, Stifter des Alphabets, das ihm die Weiße Göttin gab. Venus und Merkur bringen keine Kinder hervor; nach allen Erfahrungen, die Poe mit Eltern gemacht hatte, wäre er niemals dazu bereit gewesen, andere Kinder in die Welt zu setzen, als jene *symbolischen* und *imaginären* in Gestalt seiner Texte. Der Künstler ist ein kastrierter Gott, der in seiner Retortenwerkstatt die Schöpfung wiederholt bzw. variiert, und dabei zieht ihn das Ewig-Weibliche, wie der in mancher Hinsicht seelenverwandte Nietzsche den Goethe-Spruch abwandelte, *hinab*. Am Ende

---

alles' zu sein, und nicht als Scheitern an jener angeblichen Harmonie, die darin bestünde, „nichts als ein Mann oder nichts als eine Frau zu sein" (229). Und verdrängte Sexualität war ganz sicher nicht der einzige Grund, der Poe „in weitestem Maße unfähig" machte, „die Realität zu ertragen", ihn „zu regressiven Befriedigungen einer unentwickelten Libido" trieb und ihm „nur den Weg der schöpferischen Phantasie offen" ließ (ebd.) — wird Poes Hochwertung der schöpferischen Imagination überhaupt ernstgenommen mit dieser abgedroschenen Litanei von Mama, Papa, Geschlechterliebe und genitaler Sexualität? Muß nicht „Flucht vor der Realität" auch an deren steriler gesellschaftlicher Verfaßtheit gemessen werden?

[375] In *Andenken* spricht sich ein unüberhörbares Todesbegehren aus — zudem deutlich als 'thalassaler Regressionswunsch' ausgesprochen: ins Meer zurückzukehren, wo alles Leben begann; doch dann wird die See in einer großartigen Schlußwendung als dasjenige ausgesprochen, welches das Gedächtnis ebenso auslöscht wie bewahrt und umfängt (sie nimmt nämlich den Strom, der ihr zufließt, auf), so wie die absolute Negativität den einzelnen (gelungenen) Text, das Gedicht: „Es reiche aber, / Des dunklen Lichtes voll, / Mir einer den duftenden Becher, / Damit ich ruhen möge; denn süß / Wär unter Schatten der Schlummer. / (...) / (...) Mancher / trägt Scheue, an die Quelle zu gehn; / Es beginnt nämlich der Reichtum / Im Meere. (...) / (...) Es nehmet aber / Und gibt Gedächtnis die See, / Und die Lieb auch heftet fleißig die Augen, / Was bleibet aber, stiften die Dichter" (Werke / Briefe / Dokumente, 194).

[376] Gleich sind einander/sich zwei (verschiedene!) Dinge *in bezug auf etwas*, entsprechend behandelt Hegel die *Gleichheit* unter der Rubrik *Unterschied*, unter *Identität* hingegen nur die abstrakte *Selbigkeit* — deren Formulierung aus sich selbst heraus den Unterschied *hervorbringt*, da sie ihn wesentlich *enthält* und im 'A = A' auch *aufzeigt*, wo das A verdoppelt werden muß, um (über die Bewegung eines Außersichgehens & einer Rückkehr-in-sich) abstrakte Selbigkeit aussagen zu können.

werden alle Himmelskörper in die Substanz eines „*bereits existierenden, stupenden Zentralleibs* eingesaugt" (1045 a, es fällt nicht schwer, hierbei zur Illustration an das Ende von *Arthur Gordon Pym* zu denken).

„The plots of God are perfect. The universe is a plot of God": „Die Fabeln der Gottheit sind perfekt. Das Universum ist eine Fabel der Gottheit" (1033, Arno Schmidts Übersetzung, Franz Link übersetzt, vielleicht glücklicher, *plot* mit *Entwurf*[377]). Die von Menschen auf Erden gemachten sind unvollkommen — „weil es sich bei dem konstruierenden Intellekt um einen endlichen handelt". Dennoch können Menschen in ihren kunstvoll geflochtenen Texten jene *unity of effect*, welche das Universum ist, bis zu einem gewissen Grade abbilden bzw. ausdrücken: Texte, in denen jedes Element auf alle anderen wirkt und durch alle anderen vermittelt ist. Ein Text als Totalität, einzelnes Allgemeines. Schelling und Hegel hatten beide den Standpunkt vertreten, daß jener *intellectus archetypus* (anschauender Verstand), den Kant nur Gott (als Ideal) zusprechen zu können meinte, sich gleichwohl der Sache nach in Kants Konzeption der *produktiven Einbildungskraft* (des Menschen) finde, wobei Schelling die Kunst höher stellte als Hegel, und Poe der Standpunkt Schellings durch seine Rezeption der ästhetischen Schriften der Brüder Schlegel zumindest indirekt sicherlich besser bekannt war als der Hegelsche. Eine sehr hohe Bewertung dieses Vermögens hatte Poe vor allem bei Samuel Coleridge gefunden[378], und sie war

---

[377] Ein Dichter zwischen Romantik und Moderne, 337; Link weist darauf hin, daß sich diese Formulierung Poes wortwörtlich bereits in seinem Text *The American Drama* findet.

[378] Siehe dazu Edward H. Davidson, Poe – A Critical Study: „The line from Kant to Coleridge is straight and direct. In the *Biographia Literaria* Coleridge took over bodily these three functions of mental activity (Sensibility, Imagination, and Understanding, T.C.) and then put his special emphasis on the second, the Imagination" (57). Diese ist für ihn „dual. The 'primary Imagination' is the first stage of perceptual insight and illumination; it is the fullest, the most complete agency of perception, for it is the all-comprehensive, 'esemplastic,' or 'building-up' faculty" (58), welche die sinnliche Erfahrung verganzheitlicht; sie ist allen Menschen gemeinsam. (Bei Kant ist es letztlich der Verstand, der in Gestalt der transzendentalen Apperzeption auch die Einheit der Einbildungskraft sichert; der 'innere Sinn', der die Anschauungsform zeitlicher Sukzession hinzubringt, wird davon getrennt, T.C.). Das *spezifisch poetische* Vermögen ist für Coleridge die *'secondary Imagination'*, sie durchbricht die alltägliche Wahrnehmung, löst ihre geordnete Totalität auf und baut sie gleichsam neu, leistet „a disordering and reordering of what is the known world and the mind's ideas" (60), eine völlige Neuordnung und Uminterpretation (z.B. Abwertung) dessen, was lebensweltlich als Wissen gilt. „The secondary Imagination may (...) end by creating a wholly new conceptual realm of idea quite on its own; and this new range of perception may become so 'real' that the imagination or mind can live simultaneously in two dimensions or two worlds" (ebd.). Mit anderen Worten, sie ist ein *totalisierendes*, nämlich die Alltagserfahrung *re*totalisierendes, und dabei *simultanisierendes* (diskursive wie zeitliche Sukzession auf Simultanität zurückbeziehendes und damit zugleich gewissermaßen überbauendes, insofern transzendierendes) Vermögen. Laut Davidson hat Poe dieses Konzept von Coleridge fast genau übernommen, er fasse lediglich die drei Grundvermögen als stärker unabhängig voneinander auf, so daß sinnliche Wahrnehmung / Gefühl (was er manchmal 'Heart' nennt), Imagination und Intellekt als „separate actions of man's power of expression and communication" erscheinen können. „The imagination is, for Poe, the one truly creative or discovering faculty of the mind" (61). Aufgabe der Imagination ist es auch, die für den Dichter *adäquate Sprache* zu finden; Gefühl und Intellekt sind dazu nicht in der Lage. — Übrigens findet man eine Herrschaftsrolle der 'produktiven Einbildungskraft' schon bei Rousseau, also noch vor der Kant-Rezeption der Romantik, vor Coleridge und Poe, vgl. Derrida, Grammatologie, 315–320.

für viele Autoren (darunter Shelley[379]) kennzeichnend, die sowohl 'romantisch' als auch 'modern' dachten. Am Schluß von *Eureka* deutet Poe, obzwar in sehr unklarer Weise, nicht nur eine Teilhabe der schöpferischen Imagination des Menschen an der göttlichen, sondern sogar eine Art *Ersetzung* letzterer durch die menschliche an, was damals von manchen Kritikern als pure Blasphemie empfunden wurde. Doch es war an der Zeit, sich Gedanken zu machen, *wie* dem Schweigen Gottes zu begegnen sei (vgl. *Silence*). Hegel diagnostizierte 1802, „die Religion der neueren Zeit" beruhe auf dem „Gefühl: Gott selbst ist tot", und zitierte Pascals *Pensées*: „die Natur ist so beschaffen, daß sie überall, sowohl innerhalb als außerhalb des Menschen, auf einen verlorenen Gott weist", was Hegel den „spekulativen Karfreitag" nannte, der durchschritten werden müsse.[380] Das zitierte Werk Pascals (auf dessen 'Definition' des Universums Poe zurückgreift) erschien immerhin bereits 1670. Nietzsche, der rund 200 Jahre danach den 'Tod Gottes' als den historischen Bankrott der christlichen Moral verkündete, stellte sich dem 'spekulativen Karfreitag', indem er einen Mythos *gegen den christlichen* zu rehabilitieren versuchte, den der christliche einst in sich aufgenommen (und dabei negiert) hatte: den des zerstückelten und wiederkehrenden Dionysos. Seine zentrale Struktur ist das *Oszillieren* zwischen Werden und Vergehen, Kernsymbole des Dionysos sind der gärende Wein (vgl. Poes Oinos in *The Power of Words* und *Shadow*), der sich aufrichtende und wieder zusammensinkende Phallus sowie der zuckende Herzmuskel.[381] In *The Tell-Tale Heart* wird, wie oben herausge-

---

[379] Unter diesem Gesichtspunkt schätzte Shelley, anders als Poe, auch die befreiende Wirkung einer Freizügigkeit im Erotischen: „His argument is that the erotic is the last and most private stronghold of the imagination against social corruption; and that when poetry and imaginative thought generally is under great social pressure, it is to the erotic that writers retire, as to a final fortress of the individual sensibility" (Richard Holmes, Shelley – The Pursuit, 644).

[380] Glauben und Wissen (erstveröff. in dem von Hegel gemeinsam mit Schelling herausgegebenen KRITISCHEN JOURNAL FÜR PHILOSOPHIE, Bd.II, Juli 1802), in: Hegel, Werke Bd.2, 432. Vgl. auch in der *Phänomenologie des Geistes* (1807), wo hinsichtlich des Christentums das „unglückliche Bewußtsein" ein bleibendes Moment der 'offenbaren Religion' ausmacht: „es ist der Schmerz, der sich als das harte Wort ausspricht, daß *Gott gestorben ist*" (Werke Bd.3, 547, ebenso 572: „das schmerzliche Gefühl des unglücklichen Bewußtseins, daß *Gott selbst gestorben* ist", Hervorhebungen von Hegel). Angesichts dieser Stellen erscheint Nietzsches berühmte Zuspitzung, im Bild vom 'Tod Gottes' den Bankrott des Christentums im Sinne eines kulturhistorischen Einschnitts zu fassen, als eine *Uminterpretation*, nämlich dergestalt, daß das 'unglückliche Bewußtsein' einer entschiedenen *Bejahung* weichen soll: „Das größte neuere Ereignis — daß 'Gott tot ist', daß der Glaube an den christlichen Gott unglaubwürdig geworden ist — beginnt bereits seine ersten Schatten über Europa zu werfen" (Die fröhliche Wissenschaft, in: Werke (ed. K.Schlechta) Bd.II, 479). Für Nietzsches Zarathustra hat der Glaube an Götter überhaupt abgewirtschaftet, der Mensch soll *aus sich selbst heraus* etwas über seine gegenwärtige unzureichende Existenzform Hinausgehendes schaffen, sich selbst überschreiten: „'Tot sind alle Götter: nun wollen wir, daß der Übermensch lebe' — dies sei einst am großen Mittage unser letzter Wille!" (Also sprach Zarathustra, in: Werke Bd.II, 614). Poes (pseudo)wissenschaftlicher Mystizismus nimmt im Vergleich zu dem Nochchristen und panlogistischen Deisten Hegel und den Nichtmehrchristen und Nichtmehrdeisten Feuerbach und Nietzsche eine dritte, eigentümliche Position ein, die in den Fallstricken & dem Gleisgewirr der bereits angebrochenen Moderne eine gewisse individualistische Verlorenheit ausdrückt.

[381] Vgl. Marcel Detienne, Dionysos – Göttliche Wildheit (Dionysos à ciel ouvert, 1986), Frankfurt/M. & New York 1992, 39–46 u. 53–72. Das strukturell Verbindende ist dabei das *Springen* (des /der Tanzenden), das *Zucken, Sprudeln* und *Schwanken* und dabei vor allem auch das „*'Vonselbstgeschehen'* einer „*autonomen Kraft*" (ebd., 60). Dionysos steht für „das *Pulsieren* — als Prinzip,

arbeitet wurde, die Ermordung des Vaters mit dessen weiterschlagendem Herzen und dem allessehenden Auge assoziiert (dem der Protagonist weiterhin unterliegt). Insofern sehr aufschlußreich, daß in *Eureka* das Oszillieren des Universums in das Bild des göttlichen Herzens gekleidet wird: Nach Erfüllung ihrer Zwecke wird die Materie „in den ihr ursprünglichen Zustand des EINEN zurückgekehrt sein", eine nächste Schöpfung wird ausgreifend ausstrahlen, „in sich selbst zurückkehrend" (1055; 'Rückkehr-in-sich' ist übrigens ein Zug auch der Hegelschen 'Negativität'), „ein neues Universum" wird „ins Dasein schwellen, und dann wieder einsinken in Nichthaftigkeiten, bei jeglichem Schlage des Göttlichen Herzens" (1056; Schwellen und Einsinken erinnern unausgesprochen an den dionysischen Phallus, doch natürlich wäre Poe nicht 'amoralisch' genug gewesen, um eine solche Metapher offen zu benutzen). Dann der Skandal-Satz: „Und nun — dies Göttliche Herz — was *ist* es? *Es ist unser eigenes*" (1056 a). Daß Poe damit freilich, anders als bereits sieben Jahre zuvor Ludwig Feuerbach in *Das Wesen des Christentums*, nicht sagen will, jede Theologie sei nur verkappte Anthropologie und Gott ein reines Kulturprodukt, läßt ihn auf die „nur scheinbare Unehrerbietigkeit dieser Idee" mit einer gewissen Gelassenheit hinweisen. Er sichert sich gegen den etwaigen Verdacht eines größenwahnsinnigen Solipsismus, indem er betont, „daß nicht eine Seele minderwertiger sei, als die andere", besteht aber ebenfalls darauf, nichts könne *höher* stehen als irgendeine Seele, was impliziert, daß auch Gott unseren Seelen nicht überlegen sein könne — diese sind nämlich *partiell* „ihr eigener Gott, ihr eigener Creator", doch dabei sind sie aufgefordert, an der „Einholung" der verstreuten Materie und Intelligenz mitzuwirken und damit, *durch ihre eigene Verausgabung und ihren Untergang*, an der „Wiederherstellung jenes rein spirituellen & individuellen Gottes" (1058) — um mit dieser relativen Eigenmächtigkeit & Eigenständigkeit (damit auch Einsamkeit!) wiederum dem von Gott gesetzten Gesetz zu entsprechen, welches er selbst *ist*! Eine sehr subtile Konstruktion, die sich zwischen Tradition (allerdings einer, die mehr ketzerischer, esoterisch-mystischer, illuministischer Art war) und radikalem Modernismus bewegte, und die in der konfus zusammengedrängten Weise, wie Poe sie hier präsentierte, zweifellos nur von sehr wenigen verstanden werden *konnte*. Ungeschickt zumal, daß Poe, um den Zugang zu 'erleichtern', an jedermanns Erfahrung in der Jugend appelliert, wie schwer es doch sei, ein höheres Wesen zu akzeptieren, das größer sei als die eigene Seele — schwer nämlich darum, weil es *falsch* sei. Das klingt fatal 'offenherzig' nach der Anstrengung eines vom Persönlichkeitszerfall bedrohten Künstlers, um jeden Preis einen primären Narzißmus der imaginären Omnipotenz zu restaurieren — klar, daß etwa ein T.S.Eliot solches sofort zum Anlaß nehmen mußte, um seinen

---

das Leben konstituiert" (64f.): „*Das pochende Herz* ist so untrennbar mit Dionysos und seiner Kraft verbunden, daß die orphische Theologie die Wiedergeburt des von den Titanen getöteten und verschlungenen Gottes ihm eingeschrieben hat" (67; alle Hervorheb. von mir, T.C.). Wir werden später genauer sehen, inwiefern sich dieser negativ-selbstbezügliche (die *Oszillation* läßt sich als Kernstruktur von Antinomien beschreiben!) Status des Begehrens als einer 'autonomen Kraft' (vgl. *Autopoiesis*, basale Selbstreferenz!) mit dem 'causa sui-Projekt' des pseudo-ödipalen Begehrens, 'Vater seiner selbst zu werden', in Verbindung bringen läßt. Jedenfalls durchzieht jene 'dionysische Unterströmung', die Texte wie *Shadow*, *The Gold-Bug* und *The Tell-Tale Heart* durchzieht, auch *Eureka*.

Verdacht bestätigt zu finden, Poe sei als Schriftsteller von Anfang bis Ende in der Pubertät steckengeblieben.[382]

Auch wenn *Eureka* in jeder Weise ernstgenommen zu werden verdient, so läßt sich doch nicht leugnen, daß Poes selbstzerstörerischer Zug sich an vielen Stellen mit erschreckender Deutlichkeit herauslesen läßt, z.B.: „Parallel zum Voranschreiten der Verdichtung — parallel dazu, wie die Göttlichen Absichten in Vollendung begriffen sind — parallel dazu, wie weniger und immer noch weniger zu vollenden übrig bleibt — all-so, im selben Verhältnis, werden wir erwarten dürfen, eine Beschleunigung DES ENDES zu finden" (1031 a). Hat er nicht 1849 zu Maria Clemm gesagt, nach der Vollendung von *Eureka* habe er im Grunde kaum noch Lust, zu leben, denn es bleibe ihm jetzt praktisch nichts mehr zu tun? Aber warum sollte dieser offenkundige Wunsch nach Selbstannihilierung (der um so weniger nihilistisch war, als Poe ja damit sagte, er glaube nun wohl *getan* zu haben, was *er* auf Erden *tun konnte*[383]) — warum sollte nicht gerade „this rushing annihilation" (P 282), this „self-suggestion, that (...) beckoned me on to death" (P 284), wie er in *The Imp of the Perverse* formuliert hatte, prophetisch und symptomatisch sein für eine eingeläutete Moderne, *die ihre Vollendung betreibt, indem sie ihre Selbstzerstörung betreibt*?

---

[382] Vgl. Thomas Stearns Eliot, Von Poe zu Valéry, in: drs., Essays II. Literaturkritik, Frankfurt/M. 1988, 252-69

[383] Vgl. dazu erneut, wie Hegel 'Negativität' manchmal kurz und bündig mit 'Tätigkeit' übersetzt und so das 'einzelne Allgemeine' faßt: „Das Allgemeine ist tätig, bestimmt sich; und der Zweck ist das Sichselbstbestimmen, was sich realisiert. (...) Δύναμις ist Anlage, das Ansich (...). Erst die Energie, die Form ist die Tätigkeit, das Verwirklichende, die sich auf sich beziehende Negativität" (Werke Bd.19, 153f.). Das läßt sich bei Poe sowohl auf die Tätigkeit des Universums als auch auf die des Dichters anwenden.

13 / Die relative Macht der Imagination, die Verselbständigung des Klangs und das Scheitern von Rationalisierung: *The City in the Sea, Eldorado, The Raven, The Philosophy of Composition, Ulalume, Annabel Lee, Sonnet – Silence, The Bells*

Poe hat als Dichter begonnen und sich der kurzen Erzählung nicht zuletzt aus finanziellen Erwägungen zugewandt. In ihr hat er das ihm gemäße schriftstellerische Betätigungsfeld gefunden, er wurde zu einem der wirklichen Vollender der Kurzgeschichte und hat sie auf ein kaum mehr zu überbietendes künstlerisches Niveau getrieben. Doch es war nicht seine Art, ein Feld weiter zu beackern, dessen Möglichkeiten er für sich ausgelotet und erschöpft hatte — insofern waren eben doch letztlich stets schriftstellerische Erwägungen für ihn ausschlaggebend und nicht finanzielle (so sehr die Finanzmisere ihn auch immer wieder drückte). Während seiner letzten Jahre wandte er sich verstärkt dem Gedichteschreiben wieder zu und hatte mit *The Raven* sogar den größten Publikumserfolg, der ihm zu Lebzeiten vergönnt war. Obzwar ihm dieses Genre sehr am Herzen lag, ist der Anteil am Gesamtwerk nicht umfangreich, und von den kaum mehr als fünfzig Gedichten erreichen nur wenige das Niveau seiner besten Kurzgeschichten. Die Einschätzung dieses Teils seines Schaffens schwankt: Manche halten jenes vielleicht knappe Dutzend Gedichte, die in die Literaturgeschichte eingingen, für das Beste, was Poe geleistet hat; andere meinen, wenn von ihm nichts anderes erhalten wäre als seine Gedichte, wäre Poe längst vergessen. Das hängt nicht zuletzt damit zusammen, daß er in der Regel auf traditionelle Formen zurückgriff und seine Auffassungen von Dichtkunst oft in einem eigenwillig dogmatischen Ton vertrat.

Eine umfassende Analyse und Würdigung seiner Gedichte zu leisten, gehört freilich weder zu den Möglichkeiten noch zu den Aufgaben der vorliegenden Untersuchung. Die folgenden Interpretationen werden sich auf die bisher verfolgten Hauptstränge konzentrieren.

The City in the Sea (veröffentlicht 1831 in der dritten Gedichtsammlung) gehört zu Poes eindrucksvollsten Gedichten, gilt aber auch als dunkel und schwer interpretierbar. Man nimmt an, daß es „während der langen Wartezeit vor dem Eintritt in die Militärakademie" von West Point entstanden ist.[384] Der Titel (den es erst später erhielt), hebt aus Poes geheimnisvoller Welt der Imagination zwei uns bereits bekannte Embleme heraus und setzt sie über eine lokative Präposition zueinander in Bezug: Das den Raum öffnende Meer steht für die Totalität der Psyche, deren Ober-

---

[384] Walter Lennig, Edgar Allan Poe (mit Selbstzeugnissen und Bilddokumenten), 57f.

fläche manchmal von Stürmen heftig aufgewühlt, dann wieder ruhiger, aber nie völlig glatt, völlig eben ist. Die Stadt gibt ein leicht variierbares Bild der Multiplizität subjektiver Ausbildungen & Ausprägungen ab: Bauten, Konstruktionen, Wege, Markierungen, Winkel. Das Gedicht war zunächst betitelt *The Doomed City* ('Die verdammte, dem Untergang geweihte Stadt'), dann *The City of Sin* ('Die Stadt der Sünde'), was das Selbstgefühl eines Ausgestoßenen anklingen läßt bzw. das die Vielheit des Selbst wie grauer Mörtel durchziehende Gefühl, (sich etwas) 'schuldig' zu sein. Der Jung-Schüler Ernst Aeppli beschreibt Individuationsträume, in denen das „'Selbst' der Mitte" als „ein fester Turm, eine Burg, die himmlische Stadt" erscheint: „Sie kann auch die von zentralem Gebäude gekrönte Insel sein, aufsteigend aus dem Meer des kollektiven Unbewußten."[385] Dieser Deutungsansatz neigt dazu, über Gebühr die Einheit, Ganzheit, Mitte, die anzustrebende Harmonie einer geglückten Integration zu betonen, aber es ist doch etwas damit anzufangen, zumal Poes Gedicht ein Stück Kritik daran schon selbst leistet: Das 'Selbst der Mitte' wird nämlich bei ihm von der Stadt selber deutlich abgehoben, es ist der Tod. „Lo! Death has reared himself a throne / In a strange city lying alone" (Bd.9, 88) — *himself* ist jenes Reflexivpronomen, das zu 'dem Selbst' nominalisiert zu werden pflegt, die Mitte ist *konstruiert*, errichtet, von dort aus herrscht Thanatos, der sich, ganz Usurpator, diesen Herrensitz selbst gebaut hat. Die Stadt, die er beherrscht, ist fremdartig und liegt einsam, allein: das Subjekt (welches für das eigentliche Subjekt, den Tod, Objekt ist), ist in sich vielfach segmentiert und als ganzes, als Individuum, von den anderen abgetrennt, atomisiert. Wo liegt diese Stadt? „Far down within the dim West", der Westen verkörpert hier den Untergang wie in *Masque of the Red Death*, und die vielen verschiedenen Bewohner, ob nun moralisch einwandfrei oder nicht, sind nivelliert im Tod: „Where the good and the bad and the worst and the best / Have gone to their eternal rest." Diese Aufzählung wirkt fast langweilig, redundant, daran ändert auch die eingeschobene Überkreuzstellung nichts, im Gegenteil verstärkt sie den Eindruck, daß Verdienste und Sünden vor dem Angesicht des Todes als gleichGültig erscheinen mögen. Das Inhumane wird noch gesteigert durch den hyperbolischen Hinweis, daß menschliches Maß hier in der Tat nicht zähle, sogar nicht einmal *in irgendeiner* Hinsicht (was selbstwidersprüchlich ist, denn dann könnte die Fremdheit nicht einmal festgestellt werden!) irgendetwas hier an menschliches Bauen & Bilden, menschlichen Fug & Trug erinnere: „There shrines and palaces and towers / (Time-eaten towers that tremble not!) / Resemble nothing that is ours." Der strenge, in Klammern gesetzte Ausruf deutet auch an, warum nicht: Menschen pflegen zu schwanken und zu fallen, vom Zahn der Zeit & der Geschichte gefällt; hier dagegen, obzwar Erosion sichtbar ist, wankt nichts. Es herrscht leblose Stille, „eternal rest". Rund um die Stadt erstreckt sich das Meer, unbewegt, schwermütig, Winde & Stürme haben diese stehenden Gewässer vergessen & sind nicht präsent: „Resignedly beneath the sky / The melancholy waters lie."

Kein Zweifel, dies schrieb jemand in einer tief melancholischen Stimmung, der Dichter fühlt sich von einer ebenso lähmenden wie gleichgültigen Präsenz des Todes

---

[385] E.Aeppli, Der Traum und seine Deutung, München o.J., 110. Vgl. dazu die bereits in Kap.III erwähnte Bild-Variante von J.Morrison mit „A city rises from the sea".

beherrscht. Zu Beginn der dritten Strophe werden diese beiden Zeilen wiederholt, und der Tod, so heißt es dort, blickt von einem stolzen Turm (dort ist offenbar sein Herrensitz verankert) gigantisch auf die Stadt hernieder. Einem altbackenen Freudianer wird das Aha-Erlebnis 'Phallussymbol' von der Zunge springen, und daß der Turm als Thron des Todes die nekrophile Verfaßtheit von Poes erotischer Disposition ausdrücke und die Thanatisierung seiner Libido. Mit Lacan wäre aber gerade auf die Hohlheit & Nichtigkeit des sich blähenden & blahblahenden Phallus als eines totalisierenden Signifikanten zu verweisen, der die Winkelzüge des Symbolischen zusammenhält, welches wiederum totalisierend in das Imaginäre und das Reale verflochten ist, wie jeweils dieses in es selbst. Von diesen drei Ebenen, aus denen (& auf die) menschliche Erfahrung gebaut ist, wird in der zweiten, dritten und vierten Strophe in der Tat geredet: Aus dem heiligen Himmel fällt kein Licht mehr, das christliche Weltbild ist nicht länger erhellend, doch „from out the lurid sea", aus dem bleichen Meer selbst, in dem die Kräfte der produktiven Imagination schlummern, strömt Licht und tastet über die Überreste einer unlebendigen Kultur & Zivilisation, erklettert die Tempel & Kathedralen, die (wie einige Jahrzehnte später auch Nietzsches Zarathustra feststellen wird) *Gräbern* gleichen. Licht fällt auf die „Babylon-like walls" (*Babylon* wurden die USA von den schwarzen Sklaven in ihren Gesängen genannt!), auf die Bildwerke, die das Lebendige bloß in Stein abbilden, „sculptured ivy and stone flowers", tote Kunstwerke & Schreine, die dennoch „marvellous", prachtvoll, erstaunlich sind. Nur hier, im Schönen, obzwar KÜNSTlichen und gleichfalls vom Tod Regierten, scheint das Gefüge noch Leben zu bergen, hier zeigen sich als ineinander verflochten & verschlungen „the viol, the violet and the vine". In dieser durch Alliteration in der Tat verflochtenen (vgl. „intertwine") Reihe stößt sich das Veilchen förmlich ab von der Viole, entwächst dem alten Saiteninstrument wie ein Ton, bringt es wieder zum Klingen, und gelangt in der Verkörperung des Dionysischen, dem wilden Wein, zu neuer Bewegung und alter Ruhe, erlischt darin (am Ende der Strophe) zu einem neuen Keim.

Der Tod schaut auf klaffende Grüfte („graping graves") — erneut reicht hier eine nur sexualisierende Deutung keineswegs aus, sondern es ist die gesellschaftliche Realität, ihr Götzendienst am Gold, an den hohlen Idolen des 'Wertes', den die wiedererwachende schöpferische Imagination in den Blick nimmt, indem sie sich davon *abgrenzt*: „But not the riches there that lie / In each idol's diamond eye — / Not the gaily-jewelled dead / Tempt the waters from their bed" (Bd.9, 88/90). Nicht Reichtum, den es vielleicht zu raffen gälte, nicht toter glitzernder Schmuck in leeren Augenhöhlen reizt die Seelengewässer, sich zu regen. Ihre Abgeschnittenheit von solch lebensfeindlicher Zivilisation ist irreversibel. Doch es gibt auch keine Hoffnung darauf, daß es anderswo auf Erden irgend besser sein könnte, kein aufkommender Wind (als ausgleichende Strömung zwischen Hoch und Tief) kündet davon, daß in weiter Entfernung glücklichere Meere existieren, oder verweist als noch regsame Bewegung darauf, daß sie je existiert hätten: „No swellings tell that winds may be / Upon some far-off happier sea — / No heavings hint that winds have been / On seas less hideously serene." Die Ruhe der See (mit *serene* wird sie normalerweise positiv im Sinne von *heiter* ausgedrückt, hier erhält sie mit *hideously — gräßlich, schrecklich* — das gleiche Attribut wie etwa der Kater Pluto am Ende von *The Black Cat*) ist hoffnungslos, abgewandt von der Gegenwart, doch auch nicht einer erstrebenswerten Vergangenheit oder Zukunft zugekehrt. Poe formuliert hier in poetischer Sprache eine eindeutige Absage an jede Utopie und an jeden nostalgisch-verklärenden Rückblick ebenso wie an jedes Sicharrangieren mit einem Hier & Jetzt, in dem nur der Tod herrscht, als nutzlos ausgestellter Reichtum und verdinglichter Tauschwert wie als nivellierte Tugend, substanzlos gewordene Tempel und leer klaffende Grüfte (wobei letzteres sehr wohl auch die vermeintlich realen sexuellen Befriedigungsmöglichkeiten einer irrelevanten Gegenwart mitumfassen dürfte).

Gleichwohl endet das Gedicht hier nicht — nun setzt trotz alledem noch die bisher vermißte lebendige Bewegung ein! Es obliegt dem Ausruf „lo!" ('Sieh!'), der schon die erste Strophe einleitete, diese dramatische Wendung der Dinge anzukündigen, die oberflächlich betrachtet nur ihr endGültiges Sichvollziehen ist, nämlich ihr Untergang. Nun kommt doch Wind auf — woher, wird nicht gesagt. „But lo, a stir is in the air! / The wave — there is a movement there!" (Bd.9, 90). Eine Welle. Nein, der *bestimmte* Artikel wird verwendet: *die* Welle. Das kann einfach besagen 'Sieh die Welle dort!', es kann aber auch darauf hindeuten, daß hier *die einzige* Welle ins Rollen gekommen ist, die in der geschilderten Situation vollständiger Starre & Katatonie noch etwas bewegen kann. Es ist, als hätten die Spitzen der Türme einen sanften Riß, einen Zwischenraum in den hautartigen Himmel eingeschrieben („A void within the filmy Heaven") — die Blindheit des hautüberzogenen Auges wird durchbrochen (vgl. *The Tell-Tale Heart*), und die an einen Schreibprozeß gemahnende Metaphorik ist wohl nicht zufällig. Die produktive Imagination verschafft sich Luft, schlägt eine neue Seite auf, schafft sich einen Freiraum und erhebt ihre Stimme. Die uns schon bekannte Verbindung von Wind und Stimme liegt um so näher, als den neubelebt dahinfließenden Stunden nunmehr ausdrücklich *Atem* zugeschrieben wird, der in falscher Ewigkeit still verharrende Zeiger ist wieder in Gang gekommen: „As if the towers had thrust aside, / In slightly sinking, the dull tide — / As if their tops had feebly given / A void within the filmy Heaven. / The waves have now a redder glow — / The hours are breathing faint and low —". Das 'rotere Glühen', das jetzt die Wellen durchströmt, weckt deutlich Assoziationen zu Blut, Feuer, Leben — so wie wenn auf den bleichen Wangen & Lippen einer totgeglaubten Frau wieder ein rosiger Schimmer sichtbar wird (vgl. *Ligeia*), noch kräftiger, ins Dionysische spielend, Rot des Sonnenuntergangs (der Westen) und des -aufgangs scheinen zusammenzufallen. Der Riß erweitert sich und führt zum Einsturz des Ganzen, wie in *The Fall of the House of Usher*. Die starr gewordene Welt war nur der aufgeschobene Untergang, der jetzt nachgeholt wird: „And when, amid no earthly moans, / Down, down that town shall settle hence, / Hell, rising from a thousand thrones, / Shall do it reverence." Donnernd, gurgelnd, stöhnend versinkt die Stadt im Meer, und ihr entgegen erhebt sich die Hölle, um ihr Reverenz zu erweisen, dabei kehrt der eine Thron, den sich der Tod in jener Stadt erbaut hatte, zurück in die apokalyptische Masse von tausend Thronen. Das 'rotere Glühen' ist zu einer Art Weltenbrand geworden, der Tod bleibt in seinem Anderen bei sich selbst. Das rote, aufgerissene Maul des Katers oder der apokalyptisch rote Mond aus uns schon bekannten Erzählungen lassen sich hierzu in Bezug setzen, und sie werden auch hier begleitet von einem *akustischen Inferno*.

Dieser machtvolle Schluß scheint zu besagen: Nicht das gelähmte Verharren, sondern der bewußt ergriffene & ausagierte Untergang bringt paradoxe Rettung, die freilich im 'irdischen' Sinne keine sein kann. Meine These ist, das hier *das Ethos einer ultimativen künstlerischen Verausgabung* gestaltet wird, weil nur sie noch ein annehmbares Substitut für eine anders (bzw. auf Erden überhaupt) nicht realisierbare Menschenwürde bietet.[386] Und in der Tat, als Edgar Poe starb, hatte er sich schriftstellerisch verausgabt. *The City in the Sea* scheint diesen (unter Thanatos' Vorherrschaft stehenden) Prozeß, etwa achtzehn oder neunzehn Jahre zuvor, gewissermaßen ahnend vorwegzunehmen und durchaus zustimmend zu resümieren. Es klingt fast wie eine Aufforderung an sich selbst, konsequent zu sein und bis zum letzten zu gehen, auch wenn die Würdigung, die von den John Allans nicht erfolgt, vielleicht nur von der Hölle kommen wird (keine Frage, daß dieses Gedicht inspirierend auf Poeten wie Baudelaire, Rimbaud oder Morrison wirken mußte). Nicht ruhige Resignation (wie sie zunächst wiederholt das Bild des stumm & unbewegt daliegenden Gewässers ausdrückt), sondern *tätige* Resignation wird hier gepredigt, eine Art illusionsloses Sichaufbäumen. Die Welt der sogenannten kulturellen Werte, der Behausungen, des Mitseins versinkt, das Untergründige hingegen, die Unterwelt, erhebt sich — eine Nähe zu Nietzsche darf hierin, wie auch in manchen der geschilderten Details, ganz sicher gesehen werden.

Die jeweilige *Grundhaltung* herauszuarbeiten, ist ein wesentliches Moment jeder Interpretation (nicht nur) von Gedichten. „Der Begriff der Haltung meint inhaltlich die im weitesten Sinne psychische Einstellung, aus der heraus gesprochen wird, er meint formal die Einheit dieser Einstellung, und er meint funktional die Eigenheit und, wenn wir das Wort nicht scheuen, die Künstlichkeit, die in der Einstellung liegen"[387], also die Totalität der künstlerischen Mittel, durch welche die Grundhaltung zum Ausdruck kommt, und die künstlerische Überhöhung einer (historisch-gesellschaftlich vermittelten) Lebenshaltung oder Lebenspraxis[388], auch in dem Sinne, daß das Gedicht dann für sich selbst steht und nicht nur Spiegel ist. Um die Grundhaltung, die in *The City in the Sea* zum Ausdruck kommt, weiterzuverfolgen, erscheint es mir sinnvoll, das kleine, kompakte und sehr eingängige Gedicht *Eldorado* hinzuzuziehen, das Poe in seinem letzten Lebensjahr schrieb.

---

[386] Vielleicht darf man als bekräftigende Illustration dazu auch den überraschend martialischen Schluß von *The Poetic Principle* heranziehen, wo Poe ein Gedicht von William Motherwell (*The Song of the Cavalier*) zitiert, dazu auffordert, sich „mit Phantasie in die Seele des alten Ritters (zu) versetzen", und den Essay entsprechend beendet mit „Our business is like men to fight, / And hero-like to die!" (Bd.10, 702f.).

[387] Wolfgang Kayser, Das sprachliche Kunstwerk. Eine Einführung in die Literaturwissenschaft, Bern 1954, 291f.

[388] Dies läßt sich unmittelbar im Sinne von Ludwig Wittgenstein und Peter Winch so verstehen, daß jedes Sprachspiel Ausdruck einer Lebensform ist ('Form' im doppelten Sinne eines Formenden und Geformten, vgl. das Negierende und das Negierte in der dialektischen 'Negation der Negation'). Die Grundhaltung wird herausgearbeitet über *Indizien*, was sich freilich nicht auf Stilforschung beschränken kann (vgl. dazu Kayser, Das sprachliche Kunstwerk, 281-89; Kayser läßt indes eine Einbeziehung historisch-gesellschaftlicher Aspekte vermissen).

„Gaily bedight, / A gallant knight, / In sunshine and in shadow, / Had journeyed long, / Singing a song, / In search of Eldorado" (Bd.9, 176[389]). Der tapfere Ritter hat offenbar viele Wechselfälle des Lebens durchschritten, er hat einen langen kontrastreichen Weg hinter sich (wie Poe selbst). Daß das Lied, welches er singt, unmittelbar mit der Suche nach dem verheißenen goldenen Land zu tun hat, sei es, daß er davon singt, oder sei es sogar, daß er singt, *um es zu finden* (mit anderen Worten, daß er ein Dichter ist), wird zwar nicht gesagt, doch grammatisch läßt die enge Folge „Singing a song / In search of Eldorado" diese Möglichkeit immerhin zu. Manche haben in dem Gedicht einen Kommentar Poes zu dem Goldfieber von 1849 gesehen, doch Franz Link weist mit Recht darauf hin, daß Poe bereits in *Dream-Land* (das die Gedichtsammlung von 1845 einleitete) „Eldorado als Bild für das Glück und Erfüllung verheißende Land in einem viel allgemeineren Sinne verwandt" hat.[390] Und nicht bloß in einem allgemeineren, so möchte ich präzisieren, sondern auch in einem *Gegensinn*. In *The Poetic Principle* schreibt Poe über die von Dichtung angestrebte Schönheit: „There is still a something in the distance which he has been unable to attain. We have still a thirst unquenchable (...). This thirst belongs to the immortality of Man. (...). It is the desire of the moth for the star. It is no mere appreciation of the Beauty before us — but a wild effort to reach the Beauty above" (P 893f.). Die 'Sehnsucht der Motte nach dem Stern'[391] ... Dieses 'nirwanistische' Begehren, als unlöschbarer Durst, charakterisiert den Menschen überhaupt, auch den profanen Goldsucher, doch im schöpferischen Dichter gewinnt es eine spezifische und anti-profane Ausprägung, denn sein Thema (formal wie inhaltlich) ist die unerreichbare Schönheit selbst. Dorthin ist Poes Ritter unterwegs.

Nun aber lassen seine Kräfte nach, und noch immer ist keine Spur des gelobten Landes zu sehen: „But he grew old — / This knight so bold — / And o'er his heart a shadow / Fell as he found / No spot of ground / That looked like Eldorado." Der Endreim '(...) shadow – Eldorado' kehrt in allen vier Strophen wieder, dabei steigert sich die *Gegenwärtigkeit* dieses Schattens: Der wandernde Ritter hat Licht & Schatten erlebt, jetzt, wo mit der Erschöpfung die Enttäuschung wächst, fällt zunehmend ein Schatten auf sein Gemüt, und nun begegnet er gar einem *wandernden Schatten*, seinem *alter ego*, mit dem er spricht, so wie in dem Prosatext *Shadow* (vgl. Kap.IV) ein ungreifbarer und doch konkreter, *sprechender* Schatten auftrat, dessen Stimme, wie das 'kollektive Unbewußte' oder die literarische Tradition, aus den Stimmen unzähliger Verstorbener (Vorausgegangener) zusammengesetzt war. „And, as his strength / Failed him at length, / He met a pilgrim shadow — / 'Shadow,' said he, / Where can it be — / This land of Eldorado?" Der Schatten wird, und sei es nur aus Verzweiflung, als ein vielleicht Wissender angesprochen. In *Shadow* hat dieses Wissen unmittelbar mit dem Tod zu tun, den er als Mittler, als Hermes-Figur und

---

[389] Unglücklicherweise ist die Übersetzung dort ziemlich fragwürdig; falls eine Übersetzung benötigt wird, sollte wenigstens zusätzlich die enger am Text sich haltende Übersetzung bei Franz H. Link, Edgar Allan Poe. Ein Dichter zwischen Romantik und Moderne, 162, hinzugezogen werden.
[390] Link, a.a.O., 162
[391] Hier kann noch einmal Jim Morrison herangezogen werden mit der Zeile aus seinem Song *When the Music is Over*: „Before I sink / into the Big Sleep / I want to hear / the scream of the butterfly"... (zu hören auf dem zweiten Doors-Album *Strange Days*, Elektra Records 1967).

Fährmann, vertritt, indem er ihm die Sterbenden zuführt; entsprechend blitzt hier Poes altes Thema 'Tod-im-Leben & Leben-im-Tod' auf, und wir erinnern uns, daß in Kap.IV der Schatten als Geist der (verstreichenden) Zeit und Geist der Sprache, der aufbewahrenden Schrift (d.h. der literarischen Tradition) und des verklingenden Sprechens, gedeutet wurde.
Der Schatten antwortet: „'Over the Mountains / Of the Moon, / Down the Valley of the Shadow, / Ride, boldly ride,' / The Shade replied, — / 'If you seek for Eldorado!'"
Der Mond verkörpert, zumal für die romantischen oder von der Romantik beeinflußten Dichter, im Gegensatz zum 'solar'-abstraktverständigen Denken die 'lunaren' Kräfte des Unbewußten, der Poesie und der schöpferischen Imagination. In *Annabel Lee* ist es der schimmernde Mond, der dem Dichter Träume von seiner verstorbenen Geliebten bringt, die für ihn die Verkörperung der vollkommenen Schönheit ist, einer Schönheit, die auf Erden nicht realisierbar und nicht überlebensfähig ist. Wenn man genau liest, wird nun hier der Mond, zumindest als realexistierender Himmelskörper, gar nicht als Ziel bezeichnet, sondern etwas darüber Hinausgehendes, das sich jenseits der sichtbaren Erhebungen auf dem Trabanten (vgl. das sichtbare und als fiktive Stimme vernehmbare Schriftmaterial auf dem Papier) befindet. Das vollkommene Gedicht, im/am & durch Sprachmaterial vorgenommen, würde allein *die* Funktion (vollkommen) erfüllen, *über sich hinauszuweisen*. Mit *The City in the Sea* gesprochen, wäre es sozusagen die Welle, die alles Verfestigte, Tote, zum Einsturz brächte. Und in seinem Hinausweisen nimmt der Schatten, der Vermittler, einen *Selbstbezug* vor: „Down the Valley of the Shadow", dorthin soll der Ritter kühn & tapfer reiten. Ein Verweis auf den Tod, oder eben auf die Verweisungsfunktion der schöpferischen Imagination und der Poesie selbst.
Gemessen am Sprachspiel des Alltagsverstandes, verweist der Schatten auf offenkundig *UnMögliches*, auf eine Utopie jenseits alles Bekannten. Doch er tut dies *ermutigend, auffordernd*, etwa wie der 'utopische' Revolutionär Che Guevara sagte: „Seien wir realistisch, versuchen wir das Unmögliche!" Der Ritter auf dem Weg nach El Dorado wird so einerseits, wie F.Link schreibt, „zu einem Don Quixote auf der Suche nach seiner Dulzinea."[392] Darin liegt eine so souveräne Selbstironie, wie sie Edgar Poe, dessen Humor oft schwerfällig und/oder bloß bissig-sarkastisch ausfällt, nur ganz selten zustandegebracht hat — dieses Gedicht, das spielerisch in die Form eines Märchens, einer Allegorie gekleidet wird, ist in keiner Weise schwerfällig, sondern von bezaubernder Leichtigkeit, und dabei ist die Schlußstrophe von großer poetischer Kraft. Und jenseits der Selbstironie leuchtet auch eine entschlossene *Trotzdem-Haltung* auf: „das Erstreben des Zieles" wird „anerkannt"[393], mehr noch, es wird dazu aufgefordert, nicht nachzulassen, und *ohne Illusionen* den Weg bis zur letzten Konsequenz weiterzugehen. Darin liegt eine Parallele zu *The City in the Sea*. Und zur Verwerfung des irdischen 'Reichtums' und Blendwerks dort darf man auch hier annehmen, daß Poe *gegen* das Eldorado der Goldgierigen, der Glücksritter und Babylon-Besessenen bewußt sein *eigenes* Eldorado in einfache, jedermann zugängliche Verse faßt: das Eldorado der Dichter, die mit den bestehenden Verhältnissen

---

[392] Link, a.a.O., 163
[393] Ebd.

gebrochen haben und sich auch nicht beirren lassen, wenn ihre 'Sehnsucht nach dem Stern' als Donquichotterie verlacht wird. Manchmal lachen sie mit & nehmen sich selbst auf die Schippe — aber sie machen „boldly" weiter. Dann gibt es am Ende auch keinen Tod, von dessen Schippe sie springen müßten. Sie kennen ihn. Er hat mit ihnen gesprochen. Sie haben ihn durch sich sprechen lassen.

The Raven (Ende Januar / Anfang Februar 1845 in mehreren Zeitschriften parallel erschienen) ist unzweifelhaft Poes populärstes Gedicht, allerdings nicht sein bestes. Dazu ist es zu sehr als Bravourstück angelegt. Die 'Einheit des Effektes', auf die Poe so großen Wert legte, kann sich hinsichtlich ihrer bewußten *Herstellung* zurückhaltender oder aufdringlicher manifestieren; hier ist letzteres der Fall. Poe hat diese Doktrin mitunter sehr zugespitzt formuliert: Bereits das erste Element eines Textes, etwa der erste Satz einer Geschichte, müsse auf die Wirkung des Ganzen hin entworfen werden oder sei vergeblich; die Komposition solle kein einziges Element enthalten, das nicht direkt oder indirekt auf das vorbestimmte Ziel gerichtet sei[394], und *ein* Fehler bringe, zumal in einem Gedicht, das Ganze zum Einsturz.[395] Die *Totalität*, die sich, die Vielheit des Materials (der formalen und inhaltlichen Momente) übergreifend & durchdringend, in der einheitlichen Wirkung *äußert* bzw. *nur darin* Bestand hat, überschreitet jede bloß summative Vielheit der Momente nach Art eines Organismus; durch bzw. *als* diese im Rezeptionsakt sich retotalisierende Totalität wird das Gedicht zu einem relativ *selbständigen* Gebilde, das sein Ziel in sich trägt. Der Text ist auf den Effekt angelegt und legt es auf den Effekt an; seine Wirklichkeit ist die Wirkung. Mit anderen Worten, gerade in der Abhängigkeit vom mehr oder weniger (!) zwanglosen Eintreten des Effektes konstituiert sich die Selbstgenügsamkeit des künstlerischen Gebildes — ein durchaus dubioser (obzwar potentiell produktiver) Widerspruch, der hinsichtlich des darin enthaltenen Potentials an technizistischer Gewaltsamkeit oder gewaltsamem Technizismus (vgl. Rhetorik als Handwerk) ziemlich genau dem strukturanalog ist, was unter der Oberfläche des „Phänomen(s)"[396] des eigentümlich zwanglosen Zwangs des besseren Argumentes" in (idealiter gewaltfrei) Konsens stiftender Kommunikation an Vermittlungsdruck sich verbirgt. Es ist wohl kein Zufall, daß *The Raven* als eins der elaboriert-suggestivsten Gedichte Poes auch dasjenige ist, das Lob von Kenner- und Feinschmeckerseite mit breiter Publikumswirksamkeit verbinden wollte (und dies auch erreichte). Hinsichtlich des *handwerklichen Konstruierens* verfaßte Poe eine lehrhafte Selbstrechtfertigung (*The

---

[394] Siehe zu diesen beiden Punkten Poes Rezension zu N.Hawthornes *Twice-told Tales*, in: Bd.7, 461
[395] In seiner Besprechung von Edward Bulwer-Lyttons *Night and Morning* (1841) möchte Poe unter einer *Fabel* verstanden wissen: „*Etwas, in dem kein Teil seinen Platz vertauschen kann, ohne dem Ganzen Ruin zu bringen*. Man könnte es mit einem Gebäude vergleichen, so sparsam & rationell konstruiert, daß den Platz eines einzigen Ziegels zu verändern, gleichbedeutend mit dem Einsturz des ganzen Baues wäre. Bei dieser Definition, bzw. Versinnbildlichung, haben wir selbstverständlich nur jene absolute Perfektion im Auge, wie sie dem echten Künstler beständig vorschwebt — jenes unerreichbare Ziel, auf das seine Augen beständig geheftet sind" (Bd.6, 321f., Hervorheb. von Poe).
[396] Jürgen Habermas, Theorie des kommunikativen Handelns. Bd.1: Handlungsrationalität und gesellschaftliche Rationalisierung, Frankfurt/M. 1981, 52f.; vgl. auch drs., Der philosophische Diskurs der Moderne, 157

Philosophy of Composition, April 1846 in GRAHAM'S MAGAZINE), die im folgenden einzubeziehen ist.

'Populär' hebt das Gedicht — es hat eine richtige Story, die in Ich-Form erzählt wird — schon an, indem das märchenträchtige „Once upon" mit einem Gothic-Element („a midnight dreary") verbunden wird (Bd.9, 134). Ein Gelehrter versucht beim Studium alter Bücher vergebens die traurige Erinnerung an seine verstorbene Geliebte zu betäuben. Eingenickt, glaubt er ein Klopfen gegen der Tür wahrzunehmen, vermutet einen späten Besucher und, nachdem er sich selbst Mut zugesprochen hat, geht er hin, um nachzusehen. Draußen in der Dunkelheit ist niemand zu erkennen, doch unwillkürlich flüstert er den Namen seiner Geliebten („Lenore?"), und ein Echo spiegelt ihm, ebenso leise murmelnd, den Namen zurück; wieder hat nur ein Selbstgespräch stattgefunden. Die erneuerte Erinnerung wühlt ihn stark auf. Damit ist im Grunde „this mystery", das Geheimnis, dem er angesichts eines neuerlichen Pochens, nunmehr an seinem Fensterladen, auf die Spur kommen möchte (Bd.9, 136), schon genannt: die durch nichts zu beschwichtigende traurige Erinnerung. Das unheilvolle Pochen, die klaustrophobische Atmosphäre, die versuchte *Selbstberuhigung*, es sei nur der Wind („'T is the wind and nothing more"): dies alles kennen wir bereits aus *The Tell-Tale Heart*. Mag dort die Identifikation mit dem 'Besessenen' schwergefallen sein, hier fällt sie mit dem, der einen schweren persönlichen Verlust erlitten hat, leicht. Nach diversen verzögernden Momenten erfolgt nun ein so kräftiger Stimmungswechsel, daß die bisher düstere Stimmung später regelrecht zurückgewonnen werden muß: Das hoheitsvolle Gehabe des Raben, der ohne zu zögern in die Studierstube stolziert kommt und auf einer Büste der Pallas Athene über dem Türrahmen Platz nimmt, nähert sich, wie Poe selbst betont hat, „soweit wie nur angängig dem Lächerlichen" (Bd.10, 544). Das Gedicht entwickelt nun groteske bzw. burleske Züge, wobei man darüber streiten kann, ob manches eingesetzte Stilmittel nicht darüber hinaus ins *unfreiwillig* Komische abdriftet: etwa das onomatopoietische „with many a flirt and flutter", oder die Steigerung der noch ironischen Anrede „Ghastly grim and ancient Raven" zu der ebenso unwillig-gehetzt wie überladen wirkenden Frage: „What this grim, ungainly, ghastly, gaunt, and ominous bird of yore / Meant in croaking 'Nevermore'" (Bd.9, 140). Mit diesem Wort hat der Rabe, zur Belustigung des Gelehrten, die Frage nach seinem Namen beantwortet, doch schon bei der nächsten Gelegenheit ist dem Frager der Humor vergangen: Zufällig und unerwartet paßt das *Nevermore* auf die melancholische Überlegung, morgen werde auch dieser seltsame Gast ihn wieder verlassen, so wie es ihm mit anderen, die ihm teuer waren, und seinen Hoffnungen gegangen sei. Daß dieses offenbar einzige Wort, das der Rabe äußern kann, *manchmal paßt*, ist eigentlich gar nicht verwunderlich, sondern *selbstverständlich*, doch der Gelehrte befindet sich in der Stimmung, an Omen glauben zu wollen, und zeigt zugleich, wie Poe im Essay treffend schreibt, eine deutliche Neigung zu „jener Art von Verzweiflung, die sich in Selbstquälerei gefällt" (Bd.10, 540; indem Poe dies im Essay generalisiert — „das menschliche Verlangen nach Selbstquälerei", 546 — klingt wieder einmal 'the spirit of perverseness', *The Imp of the Perverse* an, und die Formulierung „that species of despair which delights in self-torture" unterstellt bemerkenswert deutlich einen *Lustgewinn durch Selbstquälerei*). Das Sinnieren nach einer *Bedeutung* des Raben-Wortes ist schon wieder pures (masochistisches)

215

Selbstgespräch und ansonsten *unnötig*, hatte der Gelehrte sich doch eben noch, und zwar zur *Selbstberuhigung*, die ganz realistische These zurechtrationalisiert, der Rabe habe sicherlich einem unglücklichen Herrn gehört und von ihm dieses eine Wort aufgegriffen. Die Vermutungen über diesen Herrn klingen sogar leicht zynisch: „Caught from some unhappy master whom unmercyful disaster / Followed fast and followed faster (diese alliterative Steigerung streift erneut die Grenze des Lächerlichen, T.C.) till his songs one burden bore / Of 'Never — nevermore'". Doch in Wahrheit identifiziert sich der Gelehrte mit diesem unglücklichen Herrn, er selber ist es nun, der dem Raben aufdrängt, das Wort wieder und wieder äußern. Leicht könnte er solche Fragen formulieren, bei denen die immergleiche Antwort seinen Wünschen (vor allem, die geliebte Lenore in einer anderen Welt wiederzusehen) entgegenkommen müßte, doch er formuliert so, daß die Antwort seine Hoffnungen gemäß einer *self-fulfilling prophecy* zerstören muß. Mit anderen Worten: er benutzt den Raben als *alter ego*, als marionettenhafte Reflexkammer, um sein Selbstgespräch fortsetzen zu können genau in jenem Sinne, der auf den Raben projiziert wird, wenn er klischeehaft als ein *Bote des Unheils* gilt. Indes hat er auch den Ruf eines *Vogels der Weisheit*, das ist hier ebenfalls relevant: der Mann ist ein *Gelehrter*, und obzwar er sich wie ein Narr benimmt, tut er dies darum, weil seine Trauer echt ist (insofern eine Identifikationsfigur für Poe). Die Aufforderung, sich mit Verlusten abzufinden, könnte durchaus etwas Aufklärerisches und Stärkendes haben. Der Rabe steht zudem, als Hexenbegleiter, für *Ketzerei* — die Frage „Tell me what your lordly name is on the Night's Plutonian shore" (Bd.9, 138) erwähnt den Namen des Herrn der Unterwelt, Hades (Pluto), vgl. *The Black Cat* — und für einen dogmatischen Kirchenchristen klänge es wohl lästerlich, wenn die Vertröstung auf das Jenseits und die Auferstehung völlig verworfen werden. Die bereitwillige Selbstunterwerfung des 'Gelehrten' unter restriktive Verdikte ist aber weniger abergläubisch (das wäre auch naive Jenseits*gläubigkeit*) als selbstzerstörerisch.

Das *Scheitern von Rationalisierung* ist das Grundthema, von dem das Gedicht durchzogen wird. Die gelehrten Bücher vermochten den Mann nicht von seiner Trauer abzulenken, und die rationale Einsicht in das mechanische Verhalten des Raben vermag nicht zu verhindern, daß er seine irrationale Rolle als Unheilsstifter erfüllt. In diesem Zusammenhang ist auch die Pallas-Büste von Interesse, auf deren Gipskopf der Rabe sich häuslich einrichtet. Die kämpferische Stadt- und Hausgöttin Pallas Athene, die in voller Rüstung dem gespaltenen Haupt des Zeus entsprang und neben anderen Helden vor allem den listenreichen Odysseus auf seinen Irrfahrten schützte, verkörpert nur einen recht einseitigen Aspekt der dreifältigen 'Weißen Göttin' (Graves), indem sie etwa im Gegensatz zur mütterlichen Demeter oder zur Liebesgöttin Aphrodite stark solar-männliche Aspekte aufweist. Zeus' Gemahlin Hera war erzürnt über die eigenmächtige Kopfgeburt, an der sie keinen Anteil hatte, und gebar aus Rache das Ungeheuer Typhaon[397]; und der gestörte Bezug zu Aphrodite schlägt sich darin nieder, daß Athene neben Artemis und Hestia diejenige Göttin ist, über die Aphrodites Liebes-

---

[397] Vgl. den Hymnos an den pythischen Apollon, in: Die Homerischen Götterhymnen (ed. E.G. Schmidt, Übers. Thassilo von Scheffer, Leipzig 1974), Birsfelden-Basel & Bremen 1987, 60ff. (Zeile 127–177)

macht nichts vermag: „Liebt sie doch nicht die Taten der goldenen Aphrodite."[398] Ein kleiner Hymnos *An Athene* enthält den auffallenden Kontrast, daß sie einerseits als „die Städtebeschirmerin" gepriesen und andererseits als „die gewaltige, die mit Ares auf Kämpfe und Kriege und auf der Städte Zerstörung bedacht" ist, gefürchtet wird[399]; auch dies bestätigt, daß sie psychische Konflikte garantiert. Eine Schutzfunktion gegen das, was aus der düsteren Nacht der Seele durch die Tür eindringt, vermag sie im Poe-Gedicht nicht zu erfüllen; dieser leblose Hausgeist (und *Pallas* erinnert im Klang ein wenig an *Allan*[400], auch an den von Poe gern benutzten pathetischen Ausruf *Alas!*) versagt gegen einen lebendigen, der ihren Platz usurpiert hat. Ihre Rüstung verweist auf die Panzerungen des rationalen Ich: Der Rabe, in dessen Gestalt der Gelehrte seine Hoffnungen schwinden sieht, *sitzt auf dem geschmückten Helm,* das ist aussagekräftig. Athene „lehrt die Menschen Zucht und Bändigung der Rosse"[401], steht also für Sublimierung & Beherrschung leidenschaftlicher Triebansprüche. Das ihr heilige Tier ist die Eule (die in den Gemälden von Hieronymus Bosch ständig wiederkehrt und dort einige der Funktionen innehat, die hier bei Poe der Rabe erhält). Speziell *handwerkliche* Geschicklichkeiten weiß Athene zu vermitteln[402], auf denen ja das Gedicht, als Kopfgeburt, angeblich basiert; doch die Meisterin kann hier dem Gelehrten nicht helfen. Zugespitzt formuliert: Poe zeigt, *daß das Scheitern von Rationalisierung Teil und innere Konsequenz der Rationalisierung selbst ist* — genau darum vermag *The Raven* noch heute zu faszinieren. Durch die Freudsche Psychoanalyse sind kulturalistisch-zivilisationsgeschichtliche und ökonomische Verwendungsweisen von 'Rationalisierung' unter den generellen Verdacht geraten, an jener *Zwiespältigkeit* von Denken überhaupt (vgl. das durch einen exemplarischen Handwerker-Künstler, den Schmied Hephaistos, gespaltene Vaterhaupt des Zeus!) teilzuhaben & zu kranken, für die der *psychologische* Sinn von 'Rationalisierung' steht, und wir haben nun schon mehrfach gesehen, daß & wie Poe dieser die Moderne *immanent* charakterisierenden, ihr einen Spiegel ihrer Opfer & Lasten vorhaltenden Gegenrechnung vorgearbeitet hat.

Die vielfältigen Stimmungswechsel müssen beim Lesen unbedingt berücksichtigt werden, monoton-pathetisch vorgetragen würde das Gedicht aufgrund seiner gleichförmigen Struktur unerträglich: Erstaunen, Belustigung, Ernst, Melancholie, neugieriges Forschen, Sichhineinsteigern in 'Realitätsverlust' (Davidson), Zorn und Verzweiflung lösen einander ab. Wenn der Protagonist den Vogel, auf dessen Prophetenrolle er besteht, egal ob er nun vom Satan („Tempter") gesandt oder nur vom Sturm („tempest") hereingeweht worden sei, mit einem Wort aus dem Alten Testament[403] anfleht, ihm zu

---

[398] Hymnos an Aphrodite, in: Die Homerischen Götterhymnen, 94 (Zeile 9)
[399] Ebenfalls in: Die Homerischen Götterhymnen, 130
[400] K.Silverman weist darauf hin und meint überdies, daß „the 'bleak December' perhaps recalls the other December when Eliza Poe died" (Remembrance, 241).
[401] Herbert Hunger, Lexikon der griechischen und römischen Mythologie, 74
[402] So heißt es in einem kleinen Hymnos an den Schmied Hephaistos, er habe „auf Erden zugleich mit der augenleuchtenden Pallas herrliche Werke die Menschen gelehrt" (Die Homerischen Götterhymnen, 134).
[403] Vgl. Jeremia 8.20–23: „'Die Ernte ist vergangen, der Sommer ist dahin, und uns ist keine Hilfe gekommen!' Mich jammert von Herzen, daß mein Volk so ganz zerschlagen ist; ich gräme und entsetze mich. Ist denn keine Salbe in Gilead, oder ist kein Arzt da? Warum ist denn die Tochter mei-

sagen, ob es denn keinen Balsam in Gilead gebe, und dazu dickaufgetragene Alliterations- und Assonanzeffekte á la „On this home by Horror haunted" oder „Clasp a rare and radiant maiden" fallen, ist das Gedicht schon fast zur Strecke gebracht, so daß nach einem Moment gelähmter Stille, der auf das erneute „Nevermore" folgt, schon ein äußerster Gefühlsausbruch inszeniert werden muß, der im hämmernd skandierten „Take thy beak from out my heart and take thy form from off my door!" gipfelt, bevor dann das vorletzte „Nevermore" (das letzte des Raben) dem Erzähler gleichsam auch den letzten Wind aus den Segeln nimmt und ihn gebrochen zurückläßt. Die Schlußstrophe kann nur noch leise, unpathetisch, traurig gesprochen werden, stockend, mit einem verwunderten, grauenerfüllten „*still* is sitting" — die Identifikation des ehemaligen Gelehrten mit dem Raben, der ihn niemals mehr verlassen wird, ist jetzt komplett, er spricht nun selbst dessen 'Nevermore' vor sich hin, es ist eine 'Identifikation mit dem Angreifer', dem Eindringling, diesem automatenhaften Rationalitätsersatz, die den ganzen Prozeß als das erweist, was er von Beginn an war: innerer Vorgang und Selbstgespräch. „And his eyes have all the seeming of a demon that is dreaming / And the lamp-light o'er him streaming throws his shadow on the floor" kennzeichnet (bzw. stigmatisiert) nun den Gelehrten selbst, es ist seine lähmend-desillusionierte, nutzlose Selbstbeobachtung, ein blind gewordenes Idealich, das nur noch reflexhafte Hoffnungslosigkeit wiederkäuen kann. Die grelle Lampe eines leeren Bewußtseins wirft jenen Schatten eines Todes-im-Leben, aus dem die Psyche, die er erfüllt, sich nie mehr wird befreien können. Angesichts der unterwegs losgelassenen Heerscharen technischer Effekte kann man jedoch sagen, daß erst diese Schlußstrophe das *Gefühl* zurückbringt, welches in so viel Kopflastigkeit unterzugehen drohte, und das ganze Gedicht dadurch gleichsam 'gerettet' wird.

Poe freilich versucht in seinem Essay *The Philosophy of Composition* die Prävalenz der äußerlichen Technik in Tugend umzuwerten. *Die Rationalisierung, hinter der sich Poe hier versteckt, ist gleichsam eine Rechtfertigung der Rationalisierung selbst, während das Gedicht deren Ausweglosigkeit ausspricht.* Daß für ihn bei der Abfassung *biographisch-psychologische* Aspekte (Verlust der Mutter und zweier Ersatzfiguren, dann Virginias) eine wesentliche Rolle gespielt haben, jene Trauer, für die ihn die Imagination ein Ventil suchen läßt, gibt er nicht zu: Der Tod einer schönen Frau sei quasi *wissenschaftlich* als *das* prädestinierte Gedichtthema einsehbar, so rationalisiert er, wenig überzeugend. Auch sein eigenes Gefühl der Beengtheit, seine existenzielle Bedrohtheit, wird zu einem angeblich notwendigen Stilmittel überhöht: „mir zeigte sich stets, daß eine enge Begrenzung des Raums unbedingt für die Wirksamkeit eines abgeschlossenen Vorgangs nötig ist — sie bedeutet das gleiche wie ein Rahmen für ein Bild" (Bd.10, 543). Das ist glatte Abwehr dessen, was das Gedicht als nicht bewältigbar, nicht abschließbar ausspricht, und bestätigt es zugleich: der Tod-im-Leben ist *nötig*, unentrinnbar (vgl. *The Oval Portrait*: der Tod der Abgebildeten war *notwendig*, damit ein unsterbliches Bild entstehen konnte). Dieser vermeintlich

---

nes Hauses nicht geheilt? Ach, daß ich Wasser genug hätte in meinem Haupte und meine Augen Tränenquellen wären, daß ich Tag und Nacht beweinen könnte die Erschlagenen meines Volks!" Poes Gelehrter, der darauf besteht, den Raben für einen 'Propheten' zu halten, greift hier auf ein Prophetenwort zurück, wo beklagt wird, daß eine bestimmte Trauer so groß sei, daß sie weder adäquaten Ausdruck noch Linderung finden könne.

selbstanalytische Essay, als exemplarische Vorführung handwerklicher Produktion vom Reißbrett, ist eine Apotheose des Technizismus, von der schöpferischen Imagination ist darin nicht Rede. Zu einem Teil liegt darin eine Verabschiedung der Romantik zugunsten der Moderne: Wie dies etwa Hegel in der *Phänomenologie des Geistes* für die Philosophie (gegen Schelling und dessen Anhänger) durchführte, wird hier für die Literatur bzw. Literaturtheorie mit dem Obskurantismus eines diffusen Geniekultes aufgeräumt. Doch dabei wird schnurstracks (und nicht ganz freiwillig) in einen bloß gegenläufigen Dünkel eingemündet. Sicher, man kann es als eine *idealtypische Konstruktion* lesen: Seht ihr, so ist perfekte Dichtung *machbar*. Poe hat die Maske gewechselt und prätendiert in Dupin-Manier die Arbeit des Dichters aufzuklären: diese sei Transpiration statt Inspiration, routinierte Kenntnis von Gesetzmäßigkeiten statt Selbstüberschreitung. Seine Rhetorik gleicht der eines plädierenden Juristen, der eine verquere Apologie vor dem taxierenden Blick des rechnenden Kaufmannsverstandes vom Zaun bricht. Dabei schneidet er gewaltig auf: Noch nie habe er auch nur die geringsten Schwierigkeiten gehabt, sich die Entwicklungsphasen einer seiner Arbeiten zu vergegenwärtigen. Genau dies tut er hier jedoch *nicht*, jedenfalls nicht für die Öffentlichkeit. Für diese inszeniert er vielmehr ein Blendwerk: 'Unfehlbar', 'notwendigerweise', 'unvermeidlich' sei er auf diese und jene Möglichkeit verfallen. Mechanistische Metaphern werden bemüht, der Dichter verspricht Einblick ins 'Räderwerk', das 'Getriebe', die 'Maschinerie'. Er verschiebt damit den verworfenen Geniekult der Intuition auf den Geniekult eines perfekten lebenden Schachautomaten — Poe als Möchtegern-Automat. Seltsamerweise liegt darin eine Identifikation mit dem Raben des Gedichtes, der ja selbst, und zwar äußerst registerarm, wie ein Automat reagiert. Poe identifiziert sich also auf dem Umweg über den dortigen Gelehrten wie dieser mit dem schwarzen Unheilsbringer. Wenn Poe für eine der Veröffentlichungen des Gedichtes (im Februar 1845 in der AMERICAN REVIEW) das Pseudonym *Quarles* wählte, klingt dies geradezu wie eine ironische lautmalerische Anspielung auf das Krächzen des Raben.[404] Dem Essay hingegen geht jede ironische Selbstreflexion ab.

---

[404] Die Hrsg. der 10-bänd. dt. Übers. vermuten eine Anspielung auf Francis Quarles, Verfasser eines im Jahr 1635 erschienenen Bandes emblematischer Gedichte (Bd.10, 848; die dortigen Anmerkungen und Übersetzungsbeispiele bieten viel wertvolle Hintergrundinformation zu *The Raven*, siehe ebd., 847–67; klar wird daraus auch, daß der Entstehungsprozeß, der sich mit größeren Unterbrechungen über etwa zehn Jahre hingezogen haben soll, langwierig und keineswegs so rational gesteuert war, wie Poe glauben machen möchte). — Eine onomatopoietische Anspielung auf das Krächzen des Raben könnte man auch in der Formulierung „*Quaff*, oh *quaff* this kind nepenthe" (Bd.9, 142) vermuten, die an einer Stelle erscheint, wo die Selbstunterwerfung des Protagonisten unter den Einheitsdiskurs des Raben schon recht weit fortgeschritten ist, und zudem mit „*Quoth* the Raven" harmoniert (H. von mir, T.C.; zu Nepenthe, einer ägyptischen Droge, vielleicht Opium, die Trauer durch Vergessen zu bekämpfen versprach, vgl. R.Holmes, Shelley – The Pursuit, 501: „Nepenthe is also mentioned by Homer as a drug used by Odysseus to banish pain, grief and trouble from the mind; it has an Egyptian origin and Shelley probably associated it with a narcotic such as opium or hashish"; wenn Nathaniel Hawthorne in *The Scarlet Letter* (1850) an einer Stelle die Ausdrücke *quaff* und *Nepenthe* im Zusammenhang verwendet, tut er dies sicher in Erinnerung an Poes *Raven*: „'I know no Lethe nor Nepenthe,' remarked he; (...) 'I have thought of death,' said she, '(...). Yet, if death be in this cup, I bid thee think again, ere thou beholdest me quaff it'", New York 1981, 67f.). Ob es hingegen einem dressierten Raben so leicht fallen würde, das Wort *Nevermore* deutlich auszusprechen, wie Poe glauben machen will, darf bezweifelt werden (vgl. bei der Abfolge der ersten drei Konsonanten das komplexe Wechselspiel von Zungen-, Gaumen-, Zähne- und Lippeneinsatz, das sich gleichsam immer

Was er den staunenden Menschen seiner Zeit bringt, ist der Rationalismus jener Machbarkeitsideologie, die Poe sonst verabscheut. Der ungerührt seine Litanei krächzende Rabe hat Pallas Athene nicht ausquartiert, sondern ihr Gesetz erfüllt, ist aus ihrem Kopf hervorgegangen wie sie aus dem des solaren Tyrannen Zeus: Sein 'satanisches oder sturmgetriebenes' Federkleid ist die Verschleierung jener *wahrhaften* Identifikation mit dem Gelehrten, die es vor dem Publikum zu verbergen gilt, nämlich die eines Menschen, der einen unerträglichen, durch Rationalisierung nicht bewältigbaren Verlust erlitten hat. Insofern vermag der Essay das Gedicht nicht einzuholen: das dort ausgedrückte Scheitern von Rationalisierung holt vielmehr den Essay ein, der es unfreiwillig vorführt. Der Dichter-Herrscher, so suggeriert der Essay mit grandioser Ich-Geste, hat alles im Griff — und nimmt genau damit den Standpunkt des Todes ein, des absoluten Herrn, dessen Reich am Ende von *The Raven* genauso düster in Szene gesetzt würde wie am Ende von *The Masque of the Red Death*, würde in der Schlußstrophe des Gedichtes nicht doch die melancholische Resignation überwiegen und nicht die nihilistische Pracht.

Zu den Haupteffekten von *The Raven* gehört natürlich das „Nevermore" (elfmal) bzw. „evermore" (einmal) oder „nothing more" (sechsmal) am Strophenabschluß. Die Reimwörter dazu lauten, in der Reihenfolge ihres Erscheinens: „lore", „(chamber) door", „floor", „Lenore", „before", „implore", „explore", „yore", „wore", „shore", „bore", „outpour", „store", „core", „o'er", „ashore" und „adore"; weitaus am häufigsten gebraucht werden dabei das die Grenze des psychischen Raumes anzeigende „(chamber) door" (vierzehnmal) und der Name der Geliebten, „Lenore" (achtmal). Da der Refrain, so erläutert Poe, den Abschluß einer jeden Strophe bilde, müsse er, „um Kraft zu haben, klangvoll sein und eine gedehnte Betonung erlauben" (Bd.10, 538). Bemerkenswert ist hier seine Unterwerfung unter das Alphabet, unter den Effekte produzierenden Logos eines phonologischen Atomismus. Im Sprachspiel der Alchimisten, die (psychisches) Gold oder den Stein der Weisen *herstellen* wollten und sich dafür bestimmten kosmologischen Analogien unterwarfen, indiziert der Rabe das Stadium der *nigredo*, der Schwärzung, des symbolischen Todes (vgl. Kap.IV u. V), der ebenfalls einen Tod-im-Leben darstellt (nur daß er um der *coniunctio* von Sol und Luna willen erfolgt, der Auferstehung im Zeichen eines neuen 'goldenen Zeitalters', vgl. die Wiedervereinigung mit der Geliebten in einer anderen, paradiesischen Welt, dem „distant Aidenn" — anders hier die resignierte Aussage von Poes Gedicht). Zur wahren Entstehungsgeschichte von *The Raven* ist z.B. zu sagen, daß Poe lange zuvor und auffallend häufig mit '–or(e)'-Reimen gearbeitet und experimentiert hat, bevor er in *The Philosophy of Composition* behauptete, es handle sich um eine Kombination des klangvollsten Vokals mit dem am besten artikulierbaren Konsonanten (als hinge dies nicht weitgehend vom Kontext ab!). In *Lenore* findet sich sogar bereits der Reim 'never more – Lenore': „And, Guy de Vere, hast thou no tear? — weep now or never more! / See! on you drear and rigid bier low lies thy love, Lenore!" (Bd.9, 96, zudem

---

weiter nach vorn aus dem Fenster lehnt und dann bei '–ore' nach unten abröhrt — interessant ist freilich, wie scheinbar eindringlich Raben und Krähen beim Rufen den Kopf vorstrecken können, und auch ihr schreitender Gang verleiht ihnen etwas Menschenähnliches)...

erscheint hier der Binnenreim „The sweet Lenore has gone before"). Instruktiv auch eine Stelle in *Sonnet – Silence* (das unten noch interpretiert werden wird): „Some human memories and tearful lore, / Render him terrorless: his name's 'No More'" (Bd.9, 124). Die Verse „Mountains toppling evermore / Into seas without a shore" sind in *Dream-Land* enthalten (Bd.9, 130). Außerdem findet man relevante Stellen in nicht weniger als drei Gedichten, die Poe in *Erzählungen* eingebaut hat, wo sie natürlich besonders effektvoll die Totalität des Ganzen widerspiegeln sollen; zunächst in *The Assignation*, dort lautet die dritte Strophe des betreffenden Gedichtes: „For alas! alas! with me / The light of life is o'er. / 'No more — no more — no more, / (Such language holds the solemn sea / To the sands upon the shore), / Shall bloom the thunder-blasted tree, / Or the stricken eagle soar!" (P 300). Zweitens enthält das von *Ligeia* „not many days before" verfaßte Poem *The Conqueror Worm*, das der Ich-Erzähler auf ihre Bitte hin vorträgt, die Zeile „With its Phantom chased for evermore", und es endet, wie sein Titel, mit vergleichbaren Effekten („And its hero, the conqueror worm", P 658f.). Drittens gibt es auch in *The Haunted Palace* (in *The Fall of the House of Usher*) zwei Passagen, in der vierten Strophe: „And all with pearl and ruby glowing / Was the fair palace door, / Through which came flowing, flowing, flowing / And sparkling evermore", sowie am Schluß: „While, like a rapid ghastly river, / Through the pale door, / A hideous throng rush out forever, / And laugh — but smile no more" (P 238f.). *Eine* Quelle, auf die sich Poe bei diesem von ihm somit sehr oft erprobten Effekt zurückbezieht, ist sicherlich das kurze Gedicht *A Lament* (1821) von Shelley. Am Ende der ersten Strophe heißt es dort: „Trembling at that where I had stood before; / When will return the glory of your prime? / No more — Oh, never more!", und in der zweiten: „Fresh spring, and summer, and winter hoar, / Move my faint heart with grief, but with delight / No more — Oh, never more!"[405]

The Raven wurde, wie Poe behauptet, vom Ende her konstruiert: „Und hier, kann man sagen, nahm das Gedicht seinen Anfang — am Ende, wo alle Kunstwerke beginnen sollten" (Bd.10, 541) — dieses 'sollten' ist charakteristisch, die ganze 'Rekonstruktion' ist eher normativ als deskriptiv verfaßt, eben ein idealtypisches Muster. Die Konstruktionsweise, für die er plädiert, ist *teleologisch*: das Gedicht ist *Entelechie* (ἐντελέχεια), es trägt sein Ende, sein Ziel, seinen Zweck in sich selbst. Während der dabei eingesetzte Totalitätsbegriff potentiell organismische Züge aufweist, unterbindet Poe — wie in seiner Kosmologie, wo er ebenfalls den Sinn für die Dynamik eines prinzipiell offenen Systemprozesses, überhaupt für *prozessuelle Wirklichkeit, Energie*, vermissen läßt — die lebendige Bewegung zugunsten eines bloßen *Mechanismus*: das entelechische Prinzip ist bei ihm das des Baumeisters, der handwerklich planmäßig und zielbewußt ein Werk (ἔργον) herstellt, nicht das des in einer Dialektik von Zufall und Notwendigkeit sich entwickelnden Organismus. Was die Form-Inhalt-Verschränkung angeht, kann man dem Gedicht eine auffallende Konsequenz nicht absprechen, denn *The Raven* wird in der Tat *vom Ende her* beherrscht, sein Motiv ist das des *Todes-im-Leben*, dieses Grundthema Poes stellt *sich* her, der Tod ist Konstrukteur. Unzweifelhaft gibt es hier Bezüge zu *Red Death*, wo bereits der Künstler als Platzhalter & Stellvertreter des Todes interpretiert wurde (vgl. Kap.V): Der Gelehrte in

---

[405] Percy Bysshe Shelley, Selected Poems (ed. S.Appelbaum), New York 1993, 79

The Raven nimmt sich quasi selbst die Hoffnung, schneidet sich selbst die Utopie ab; kein Leben-im-Tod (oder nach dem Tod) wird mehr vorgezeichnet, es bleibt nur noch der Tod-im-Leben.[406] Daß diese Thematisierung solch quasi-masochistischer Selbstamputation von Utopie aus heutiger Sicht recht wohl als die resigniert-selbstbewußte Reflexion der Sackgasse einer Moderne interpretiert werden kann, deren Rationalität an sich selbst verzweifelt, liegt auf der Hand — doch der hyperrationale Dünkel von *The Philosophy of Composition* läßt solche Selbstreflexion gerade vermissen.

Erst am Ende, so führt Poe aus, erscheine mit der Formulierung „Take thy beak from out my heart" ('Nimm deinen Schnabel aus meinem Herzen!', H.Wollschläger übersetzt: „Friß nicht länger mir am Leben!", Bd.9, 145) der erste metaphorische Ausdruck des Gedichtes: Der Rabe werde nun kenntlich gemacht als ein Sinnbild (Emblem) trauervoller und niemals endender Erinnerung. Dieses Motiv beherrscht nun vom Ende her das Ganze. Insgesamt läßt sich *The Raven* angesichts der inständigen (selbstquälerischen) Bitten des Gelehrten mit dem Gattungsbegriff *Emblem-Beschwörung*[407] oder *emblematische Beschwörung* charakterisieren. Zwar muß man sagen, daß die vorgreifend-rückbezüglich vom Sinnbild des Raben ausgehende, darin integrativ zusammenfließende, doch auch relativ unabhängig davon konstatierbare unbestimmtmystische 'Unterströmung an Bedeutung' (*under current of meaning*, ein wichtiger Begriff aus Poes Literaturtheorie[408]) auch anderen Elementen eine metaphorische oder

---

[406] Erneut fallen hierzu Parallelen bei dem von Poe beeinflußten Rockdichter James Douglas Morrison auf, vor allem im Song *The End* (zu hören auf dem ersten Doors-Album: *The Doors*, Elektra Records 1967); vgl. dazu neben meiner schon erwähnten Morrison-Studie *Pfeile gegen die Sonne* auch meinen Aufsatz: „It hurts to set you free" — Jim Morrisons Rock-Psychodrama *The End* als rituelles Scheitern, in: E.Dahl / C.Dürkob (ed.), Rock-Lyrik. Exemplarische Analysen englischsprachiger Song-Texte, Essen 1989, 156-87. Vielleicht haben Morrisons Poe-Kenntnisse hinsichtlich des 'or(e)'-Klangeffektes auch eine Rolle gespielt, als er die von ihm und dem Keyboarder Ray Manzarek 1965 gegründete Gruppe *The Doors* nannte? Jedenfalls stellt sich beim Aussprechen dieses als 'magisch' intendierten Namens der gleiche Klangeffekt her wie bei „Lenore", „evermore", „nevermore", und „door" ist ja in *The Raven* tatsächlich das den Strophenschlußwort am häufigsten korrespondierende Reimwort. Nicht nur *The End*, auch *The Raven* (und das dortige Verhalten des Gelehrten) wäre als 'rituelles Scheitern' treffend charakterisiert, ebenso mit dem Morrison-Wort in *An American Prayer* über den Tod-im-Leben: „We're reaching for death on the end of a candle / We're trying for something that's already found us" (The American Night, 7, vgl. dazu 10: „Death makes angels of us all / & gives us wings / where we had shoulders / smooth as raven's claws").

[407] Diesen Ausdruck findet man, freilich nicht auf *The Raven* bezogen, bei Wolfgang Kayser, Das sprachliche Kunstwerk, 349. Für 'Sinnbilder' gebraucht Kayser den Ausdruck *Embleme*, „um das nichtssagende Wort *Symbole* zu meiden" (ebd., 316); auch Link gebraucht *Emblem* in bezug auf Poe. Unmißverständlich ist freilich auch dieser Begriff nicht, der manchmal nur für Wappenbilder in der Heraldik gebraucht wird (aus denen sich später die kommerziellen Markenzeichen entwickelten), vgl. Holger Leibmann / Tobias Rózsa, LogoManiacs — Wege zu den Zeichen der Zeit, Augsburg 1998, 16 u. 79–87. Konstitutiv für 'Symbol', oder 'Emblem' im Kayserschen Sinne, ist jedenfalls das Zusammenfassen (konkrete Umfassen, lat. *concretum* wörtlich das Zusammengewachsene, In-sich-Verdichtete) einer Vielheit von Sinn- & Bedeutungsfacetten zu einer ('negativen') Einheit, m.a.W. es ist wesentlich ein *Totalitätsbegriff* (offene Totalität ohne Vollständigkeit, zu betonen sind das dynamische Moment und die historische Natur des Gewordenseins; die relative Verfestigung ist zeigendes Weiterverweisen und Sichüberschreiten, Sichauflösen und -neuformieren...).

[408] Diese findet man in ihrer Gesamtheit sehr gut dargestellt bei Franz H.Link, Edgar Allan Poe. Ein Dichter zwischen Romantik und Moderne, 19–74. Vgl. den Hinweis auf Poes Rezension von Thomas Moores *Alciphron*, wo Poe den Ausdruck *mystisch* (*mystic*) im Sinne von A.W.Schlegel verstanden

sinnbildliche Bedeutung zukommen läßt, etwa der Pallas-Büste, dem Zimmer, der Tür. Warum soll ein Raum, der dem Erzähler „geheiligt ist durch Erinnerungen" an die verstorbene Geliebte (Bd.10, 543), nicht als ein Sinnbild der Psyche (das Haus des Selbst) einbekannt werden? Poe will darauf hinaus, daß dies alles Elemente sind, die man streng realistisch interpretieren *kann*. Erst am Schluß, wo der sprechende Rabe (wie skurril er anfangs auch immer aufgetreten sein mag) gleichsam zu Ewigkeit geronnen ist, ist dies nicht mehr möglich — er sitzt nun völlig stumm & regungslos, das einzige, was aus ihm noch spricht, sind seine Augen. Es sind die Augen 'eines träumenden Dämonen' — die Besessenheit bzw. Gelähmtheit des Protagonisten von diesem *blinden Blick der Ewigkeit* hat ihre Vorläufer in den Schilderungen des 'bösen Geierauges' in *The Tell-Tale Heart*, der Schädelgravur auf dem Nachtfalter in *The Sphinx* oder der vernichtenden Ungreifbarkeit hinter der 'Maske' des Roten Todes. Edward H. Davidson hat 1957 *The Raven* als paradigmatischen Ausdruck für die Krise der romantischen Imagination („a historic crisis in romantic artistic creation"[409]) interpretiert, die das Ende ihrer bis dato hochgehaltenen Fahnenstange erreicht habe: Sie habe schmerzlich erfahren müssen, daß es auf der 'anderen Seite' nichts gebe („the painful awareness of nothing on the 'other side' of reality"[410]), und damit ihre schöpferische Utopie verloren. Poe habe das Gedicht nicht deswegen beendet, weil es schon 108 Zeilen lang war, sondern weil er über keine Vision mehr verfügt habe, die noch mehr hätte sagen können, und ihm nur resigniertes Verstummen geblieben sei. Franz H. Link stimmte dem 1968 zu und meinte, Davidson habe nur die Tatsache übersehen, „daß Poe aus dem Scheitern einen Triumph macht"[411], denn in seinem Leiden am Scheitern weise er aus der Romantik in die Moderne. Nun ist allerdings heute, am Ende des 20. Jahrhunderts, dieses Projekt Moderne längst selber suspekt geworden, und daß manche seiner Zwiespältigkeiten und Sackgassen bereits bei Poe aufscheinen, wirft neues, erhellendes Licht auf sein Werk — jedenfalls scheint es mir angebracht, auch F.Links Urteil zu differenzieren und dabei einerseits auf die Diskrepanz zwischen *The Raven* und *The Philosophy of Composition* und andererseits darauf hinzuweisen, daß Poe *nach* diesen Texten, in *Eldorado*, eine *Trotzdem-Haltung* ausdrückt, die sowohl in *The Raven* als auch im Essay fehlt. Man müßte sie erst zurückgewinnen, indem man den scheinbar opaken 1-Wort-Bescheid des je neu zum Häresieemblem sich Eignenden in ein *'never!'* und ein *'more!'* aufspaltete und beide Komponenten einen inneren Widerstreit austragen ließe, dann auch ihr potentiell *produktiv*-destruktives Zusammenspiel aufzeigte, indem man die erste zur Verweigerungshaltung umwertete und die zweite zu dem festen Vorsatz, sich mit dem Bestehenden nicht zu bescheiden. Das im Essay hochgehaltene mechanistische Weltbild vermag den schwarzen Vogel und das, woher er kam, um so weniger zu beeindrucken und zu vertreiben, wenn dieser, gegen das, was er *scheinbar* (!) negiert (denn dies hängt von der Fragestellung, d.h. von der Überwindung des hier obwaltenden Sadomasochismus sogenannter Kommunikation ab, die in Wahrheit Pseudo-Kommunikation ist), die Rolle

---

wissen möchte: Er spricht dort von „that class of composition in which there lies beneath the transparent upper current of meaning an under or *suggestive* one" (zit. n. Link, a.a.O., 35).

[409] Davidson, Poe. A Critical Study, Cambridge 1964, 91
[410] Ebd.
[411] Link a.a.O., 159

eines *bloß mechanisch sein „Nevermore" repetierenden Automaten* erhält. Er wird damit tatsächlich zu einer Art Prophet, führt er doch ein bloß reaktives Anpassungsverhalten vor, das dämonisch wird und, den Zugang (die Tür) bewachend, zu einer falschen Ewigkeit erstarrt, dem Ersatz für die negierte 'imaginäre' der Romantik. So gefallen sich Menschen heute in ihrer Pseudo-Kommunikation mit sprechenden, ihr Einprogrammiertes mechanisch reproduzierenden Computern, unterhaltungselektronischen Pseudopartnern, die ihr rigides Ego, das sie projiziert, 'bereichern' sollen, suchen Selbstbestätigung zu ziehen aus dem Sicheinschalten ins Internet und in Talk-Shows, aus dem Sichüberwachenlassen von als chic & modern aufgedrängten Geräten usw., und regredieren dabei auf selbstunterdrückende & -trainierende Verhaltensweisen, die innere Verarmung und pseudograndiose Anpassung als Zufluchtsräume von 'Freiheit' vor sich verteidigen zu müssen meinen. Die angeblich offene, Flexibilität predigende Gesellschaft tendiert mit ihrem den Subjekten nahegelegten „I want to be a machine"[412] zu jener sich alternativlos gebärdenden Geschlossenheit, die den ihr innewohnenden Totalitarismus als Globalisierungssachzwang schönredet. Nicht eine selbst abstrakte, Größenphantasien ausmalende Utopien- und Jenseitsgläubigkeit, wohl aber jene konkret schöpferische Imagination, die in Poes Essay ihre Tätigkeit abstrakt bestreitet und sich auf Kalkül & Kombinatorik, geschicktes Zusammenstellen schon vorhandener Elemente, reduziert wissen will[413], ist um so viel resistent, wie der 'von außen', durchs Fenster, in die abgeschlossene Alchimistenwerkstatt hereingeflatterte Rabe über das vermeintliche Meisterdetektivrezept hinausragt. Im Vergleich werden beide zum Sinnbild nicht nur privater „mournful and never-ending remembrance", sondern der an den Auswegslosigkeiten von Sublimierung und Rationalisierung scheiternden Moderne. Anerkanntermaßen einer ihrer Väter, ist Poe mit Texten wie *The Raven* vor allem auch signifikant für ihr globales Projekt, selbstgenügsam zu werden, d.h. die technische Herstellbarkeit des Lebens-im-Tode und Todes-im-Leben auszuagieren.

Ulalume (1847) enthält gegenüber *The Raven* eine noch stärkere Hinwendung zum reinen Klang, und es ist interessant, daß genau dabei auch eine explizite Rückkehr der schöpferischen Imagination erfolgt. Die äußerlich personifizierte Gesprächspartnerin im inneren Dialog des Ich-Erzählers ist hier „Psyche, my soul" (Bd.9, 152), und obgleich Davidson richtig sieht, daß Psyche „the imagination" verkörpert[414], bleibt er dabei, daß Poe in seiner Dichtung niemals mehr fähig gewesen sei „to effect a

---

[412] Treffender Songtitel einer englischen Popgruppe auf ihrem (insgesamt langweiligen) Debütalbum *Ultravox!* (Island Records 1977).
[413] Damit hängt zusammen, daß Poes Originalitätsbegriff in eine tiefe Krise gerät bzw. eine Dauerkrise erkennen läßt, die Davidson treffend auf den Punkt bringt: „The imagination is original; and it is not original. This paradox Poe could never resolve" (A Critical Study, 62). Das zeigt sich gerade in *The Philosophy of Composition*: „Mein vornehmliches Ziel war (wie üblich) Originalität. (...) — dennoch hat *jahrhundertelang kein Mensch in der Lyrik jemals etwas Originales gemacht oder offenbar auch nur daran gedacht, es zu tun*" (Bd.10, 542; Herv. von Poe). Die schöpferische Imagination könne letztlich nur 'Vorgefundenes' neu zusammenstellen & variieren — gleichwohl und in offenem Widerstreit mit dieser Doktrin hält Poe bis zuletzt (vgl. *Eureka*) daran fest, der Künstler müsse eine gottähnliche Schöpfung anstreben (vgl. wieder die Figur des Vater-seiner-selbst-Werden!).
[414] A Critical Study, 96

mediation between reality and imagination".[415] Während aber mit dem Raben nur ein äußerst reduziertes Pseudo-Gespräch stattfindet, wird in *Ulalume* mit Psyche ein differenzierterer Wechselbezug geschildert. Der Rabe blockt für das Ich sowohl den Zugang zur Realität als auch den Zugang zur 'anderen Seite' hermetisch ab, mit Psyche hingegen überschreitet der Erzähler in doppelter (obzwar diffuser) Hinsicht eine Schranke. In einer einsamen Oktobernacht streifen die beiden durch eine gespenstische Moor- und Nebellandschaft, und dem Erzähler ist entfallen, daß er vor genau einem Jahr in dieser Gegend seine geliebte Ulalume begraben hat. Die Formulierung „Of my most immemorial year" ist, wie Kenneth Silverman hervorhebt, in sich gegensinnig: „As much as any one word can, *immemorial* sums up the poem, embracing, as Poe uses it here, both what most richly deserves remembrance and what cannot be remembered."[416] Statt der rationalen Athene tritt hier eine andere Teilgestalt der Weißen Göttin auf: Die Venus, die durch die morgendlichen Nebelschwaden schimmert, erhält durch ihre sichelförmige Gestalt („Distinct with its duplicate horn", Bd.9, 154) ausdrücklich Mondeigenschaften und wird mit dem Namen Astarte bezeichnet, die ursprünglich eine semitische Muttergottheit, eine orientalische Fruchtbarkeitsgöttin mit bisexuellen Zügen war. Ihr Kult „wies mancherlei Ausschweifungen und auch sakrale Prostitution auf. (...) Die Griechen sahen in Astarte eine Liebes- und Himmelsgöttin und identifizierten sie daher mit Aphrodite, aber auch mit Selene."[417] Der Erzähler möchte den Anblick des Morgensterns als ein Hoffnungszeichen deuten, das ihnen den Weg zum „Lethean peace of the skies", also zu den Wassern des Vergessens, weise. Während in *The Raven* das Nichtvergessenkönnen schon zur Ausgangskonstellation gehört, und dem Vorsatz „forget this lost Lenore" (Bd.9, 142) nicht entsprochen werden kann, scheint hier der Erzähler, des darin obwaltenden Widerspruchs nicht eingedenk, geradezu *zu glauben, vergessen zu haben*, und auf die vermeintlich wohltätige Funktion der Verdrängung zu setzen. Psyche, seine Seele, warnt ihn und mahnt ängstlich, rasch zu entfliehen: sie mißtraue Astartes Fahlheit & Blässe. Nachdem schon am Ende des *Raben*, als der Vogel auf der machtlosen Pallas-Büste unvertreibbar hocken blieb, assonant von der „pallid bust of Pallas" die Rede war, ist die „pallor" der mondartigen Venus hier noch stärker betont (die Sichel eignet sich als Todessymbol, wie auch in der zweiten Strophe die Zypresse). Der Erzähler versucht Psyches schlimme Ahnungen rationalisierend zu beruhigen: „I replied: 'This is nothing but dreaming': / Let us on by this tremulous light!" (Bd.9, 154); diese Aufmunterung scheint vorübergehend Erfolg zu haben („And conquered her scruples and gloom"). Doch Psyche oder die Imagination erweist sich als der vorausschauende Teil, der dem rationalen Ich gegenüber im Recht bleibt — ihre Vorahnungen erweisen sich als realistisch, denn unversehens taucht das Grab Ulalumes vor ihnen auf, und der Versuch, zu verdrängen und zu vergessen, muß als gescheitert einbekannt werden. „Ah, what demon hath tempted me here?", ruft der Erzähler verzweifelt aus, und glaubt nun mit Psyche gemeinsam, daß vielleicht die Leichengeister („ghouls"[418]), die

---

[415] Ebd., 92
[416] Silverman, Remembrance, 336
[417] H.Hunger, Lexikon der griechischen und römischen Mythologie, 71
[418] Eine Anmerkung in Bd.10, 847, erläutert, Ghule seien „in der orientalischen Überlieferung Geister, die Kirchhöfe heimsuchen". Siehe auch eine Anm. zu Lawrence Durrell, Justine (1957,

diese Wälder bevölkern, ihnen das Bild jenes 'sündhaft verwirrenden Planeten' („sinfully scintillant planet", Bd.9, 158) gesandt haben, um sie vom Weitergehen abzuhalten. Daß dabei den leichenfressenden Dämonen — könnten sie nicht die Erinnerung im wörtlichen Sinne *vertilgen*? — so positive Eigenschaften wie Barmherzigkeit („pitiful", „merciful") zugeschrieben werden, zeigt, daß noch immer versucht wird, dem Grauen (und damit wohl auch dem Tod?) eine wohltätige Seite abzugewinnen, insofern endet dieses Gedicht keineswegs so hoffnungslos wie *The Raven*. Die musikalischen Laute der Schlußstrophe („ghouls" — „woulds" — „souls", „limbo of lunary souls") sind nicht *nur* düster. Auch der von Poe erfundene, fast umständlich geheimnisvoll fließende Name *Ulalume*, offenbar aus zahlreichen Sprachpartikeln & Assoziationsmöglichkeiten zusammengesetzt, klingt zwar wie ein dunkles Pendant zu *Eulalie* (in *Eulalie – A Song*, erstveröff. im Juli 1845, hatte Astarte eine hellere Rolle inne: „And all day long / Shines, bright and strong / Astarte within the sky", Bd.9, 146), weckt aber auch wiegenliedähnliche Laute (vgl. *La–le–lu*) und Lobpreis (*Hallelujah*, von hebräisch *hallal*, preisen), es paßt klanglich zum Gedichtuntertitel *A Ballad*, man mag auch an die Namen der von Poe sehr geschätzten *Undine* von Fouqué[419] und des Dichters *Uhland* denken (den Henry Longfellow übersetzt hatte[420]). Verwandt klingt es zu „ultimate dim Thule", das zweimal in *Dream-Land* vorkommt, darunter am Schluß (vgl. Bd.9, 130 u. 132; in der Traumlandschaft, die dort geschildert wird, hausen ebenfalls Ghule). *Ulalume* könnte auch gut die Bezeichnung für ein Saiteninstrument sein, wie *Ukulele* oder *Balalaika*. Neben dem lateinischen *ululare* (wehklagen) und dem englischen *loom* (drohend aufragen), auf deren wahrscheinliche Kombination schon immer hingewiesen wurde[421], auch dem türkischen *Ule* (womit die Toten bezeichnet werden[422]), sollte man vielleicht auch an das französische Wort *lunule* (halbmondförmig, vgl. Astartes 'Doppelhorn'!) und das lateinische *lumen* (Licht) denken. Man könnte z.B. das griechische οὐ (nicht) mit dem französischen *la lune* (der Mond) kombinieren und darin das *n* im Sinne von *lumen* (französisch *lumière*) durch *m* ersetzen. Der Möglichkeiten sind viele, und damit zu spielen, ist legitim, denn solche Namen sind pure *Klangmagie*: „Der See Auber, das Waldland Weir, der Vulkan Yaanek — all diese Namen rufen Bilder hervor, wenn man sich auf die Beschwörungsformel einläßt, sich willig in Hypnose begibt."[423] Es sind Landschaften der Imagination, in die der Leser sich mit seiner eigenen Psyche

---

Übers. Maria Carlsson, Reinbek 1965, 115 u. 200), wo das 'leichenschänderische Begehren' noch deutlicher wird: „In der orientalischen Folklore ein böser Geist, der die Gräber aufbricht und das Fleisch der Toten frißt."

[419] Vgl. Poes enthusiastische Rezension (September 1839, BURTON'S MAGAZINE) in Bd.6, 286–96, wo es u.a. heißt: „Und unterhalb von allem verläuft die Grundwasserströmung einer mystischen zweiten Bedeutung, vom einfachsten und leichtest-verständlichen, dabei aber tiefsinnigsten philosophischen Charakter" (292).

[420] In seiner Rezension zu Longfellows *Ballads and Other Poems* (März 1842, GRAHAM'S MAGAZINE) lobt Poe Ludwig Uhlands *Das Glück von Edenhall* als „eine wirklich schöne Dichtung" (Bd.7, 448). Es gibt auch die These, daß Uhlands *Schloß am Meer* in Longfellows Übersetzung einen gewissen Einfluß auf *Annabel Lee* ausübte (vgl. Link, a.a.O., 115).

[421] Vgl. die Anm. der Hrsg. in Bd.10, 874

[422] Ein Hinweis von D.Hoffman, den F.Zumbach, E.A.Poe, 617, erwähnt

[423] Zumbach, a.a.O., 615

hineinbegeben kann. Wenn er sich darauf einläßt, gibt es für ihn kein 'Bis hierher und nicht weiter', sondern er kann experimentell bis zur Selbstauflösung gehen, mag auch die 'Unbestimmtheit', die solchen ins Leere ragenden Klippen, Zungen, Ausläufern & Echos der Imagination ausdrücklich eigen ist, dem zu durchbrechenden verfestigten Ich keine Aussicht auf neue Geländer und Rettungsanker versprechen können.

Poes Literaturtheorie kreiste um die Betrachtung des Schönen; das Erhabene war für ihn darin enthalten. Ein Gefühl für das Schöne sei offenbar „als unauslöschlicher Instinkt tief im Innern des Menschen" verankert und treibe ihn in seinem „Streben, die höchste Seligkeit zu fassen", über seine irdische Begrenztheit hinaus.[424] Den Sinn für das Wahre, Schöne und Gute ordnete Poe drei unterschiedlichen Vermögen zu, wobei allerdings dem Geschmack (*taste*) eine gewisse Vermittlerrolle zwischen dem *pure intellect* und dem *moral sense* zukomme. Poesie definierte er als „die rhythmische Schöpfung von Schönheit".[425] Die Eigenständigkeit eines Gedichtes, das „allein um seiner selbst willen geschrieben" sei[426], mache es tendenziell unabhängig von Rücksichten auf Wahrheit und ethische Normen. *Musik* war für Poe „die hinreißendste unter den poetischen Erscheinungen"[427], denn Musik vermag sich von der gegenständlichen Gebundenheit abzulösen, sie abzuschütteln. Daraus scheint zu folgen, daß „allein die musikalischen Elemente der Dichtung in der Lage sind, sich vom Gegenständlichen zu lösen".[428] Seine Lehre von der konstitutiven Rolle des *Unbestimmten* in der Dichtung („daß das *Unbestimmte* ein Element der echten ποίεσις ist"[429]), hat Poe offenbar zu einem guten Teil aus der Musik importiert („Daß das Unbestimmte ein Element aller echten Musik ist, weiß ich"[430]).

Auch *Annabel Lee*, sein letztes Gedicht — die früheste Fassung entstand im Juni 1849, die letzte im September — ist außerordentlich musikalisch, doch der Klang verselbständigt sich weniger als in *Ulalume*, und die Bilder sind leicht verständlich; „Wortbedeutung und Wortklang" finden „zu einer Einheit" (F.Link[431]). Die Anfangszeilen „It was many and many a year ago / In a kingdom by the sea" (Bd.9, 188) führen in ein *Zauberreich der Imagination*: Poe überhöht den Tod Virginias zu einem Märchen aus vergangener Zeit. „Kingdom by the sea" ist bereits die bestmögliche Charakterisierung des Gedichtes, das durchrauscht wird vom Klang des Meeres (vgl. am Schluß: „In her tomb by the sounding sea"), und es ist dieses für Poe gar nicht unbedingt typische Raunen der Naturelemente, wodurch in dem ruhig & schwermütig dahinfließenden Balladenrhythmus eine Unterströmung von 'Ewigkeit' präsent zu sein scheint, die den Leser mit sich zieht, in diesem steten auf-&-abtönenden Wechsel der Gezeiten wird dem Aufbewahrungsbild der Gruft ein Leben-im-Tod abgewonnen, dort, wo der Trauernde seiner schönen Annabel Lee wiederbegegnen kann, eben im

---

[424] Das poetische Prinzip, in: Bd.10, 681f.
[425] Ebd., 683
[426] Ebd., 679
[427] Ebd., 682
[428] F.Link, a.a.O., 40
[429] Marginalien, in: Bd.10, 723 (Hervorheb. von Poe; „ächten" habe ich hier in „echten" geändert)
[430] Ebd.; wenn man versucht, solche Musik einer „unzulässigen Bestimmtheit" zu überliefern, sagt Poe, so wird man sie „ihres traumhaften Elementes berauben, indem man die mystische Atmosphäre auflöst, in der sie dahintreibt, ja man wird ihr den feenhaften Atem abwürgen" (ebd., 724).
[431] Ebd., 112

Zauberreich der Imagination.[432] Gleich die dritte Zeile suggeriert, daß dort auch der Leser heimisch werden kann, vielleicht schon dort ist oder auf dem Weg dorthin, ohne es zu wissen, kennt er doch vielleicht schon die, von der hier die Rede ist: „That a maiden there lived whom you may know / By the name of Annabel Lee"... Dann wird wieder Exklusivität hergestellt, die beiden Liebenden gehörten einander allein: „And this maiden she lived with no other thought / Than to love and be loved by me." Dennoch ist der Leser nicht ausgeschlossen, denn jetzt wird das Reich der Imagination zum Reich der *Kindheit* in Bezug gebracht, deren (zumal heute jedermann vertraute) Anstoßfunktion für imaginäre Wunscherfüllungen, auch 'regressiver' Art, klingt an. „*She* was a child and *I* was a child / In this kingdom by the sea" — wer müßte da nicht daran denken, daß Poe, indem er die Kindfrau Virginia heiratete, gleichsam selbst wieder zum Kind wurde, sich in der endlich gefundenen Familie so fühlen durfte und tatsächlich auch so erschien. Diese ungewöhnlich persönlichen, freimütigen, offenherzigen Töne machen *Annabel Lee* zu dem vielleicht anrührendsten Gedicht, das Poe geschrieben hat. Doch es ist auch poetisch außerordentlich geschickt, so die Welt des Märchens, der Kindheit und des Traumes mit den großen romantischen Themen Liebe und Tod zu verschmelzen und dies alles unter der Ägide der Schönheit (the *beautiful* Annabel Lee) im Naturgeräusch des Meeres zusammenfließen zu lassen. Was die Liebe angeht, so wird gleich betont — und hier steht Poes tatsächliche Biographie im Einklang mit seiner Sehnsucht nach *überirdischer* Schönheit und Idealisierung — daß die Liebe der beiden keine 'gewöhnliche' Liebe war (But we loved with a love that was more than love"). Die erhebende Erregung der Seele, die das Gedicht bewirken solle, sei, so Poe, „ganz unabhängig von jener Leidenschaft (...), die das Herz berauscht, oder von der Wahrheit, die dem Verstand Genüge tut"[433] — durch Leidenschaft werde die Seele eher erniedrigt, der wahrhaft göttliche Eros sei darüber erhaben. Diese durchaus undionysische und sogar antidionysische Haltung spiegelt in gewisser Weise Poes Einstellung zu Frauen und zur 'profanen' Erotik wider, neigt freilich auch dazu, durch verkappten Puritanismus unfreiwillig die 'Tugend', und zwar in einer sehr beschränkten Variante, wieder in das angeblich völlig eigenständige und darüber erhabene Gedicht einzuführen. In *Annabel Lee* ist das insofern nebensächlich, als wir es hier nicht mit der 'realexistierenden', sondern einer idealisierten und emblematisch überhöhten Virginia zu tun haben — idealisiert wird aber im Nachhinein auch das durchaus zwiespältig gebliebene konkret-irdische Glück. Das Glück der beiden, heißt es, sei so groß gewesen, daß die Engel im Himmel neidisch geworden seien — eben darum habe die Geliebte sterben müssen. „Yes! that was the reason (as all men know, / In this kingdom by the sea)", in jenem Königreich der Imagination wissen das alle Menschen, damit wird erneut an den Leser appelliert, sich dieser Sichtweise anzuschließen. Ein eisiger Wind ließ Annabel Lee gefrieren, verwandelte sie gleichsam in eine Statue, eine Eisheilige, deren Entrücktheit kalte Schauer über den Rücken des Lesers sendet — und dabei wirkt das „child" noch

---

[432] Walter Lennig schreibt treffend: „Die sechs Strophen dieses Gedichts, durchrauscht von Meer und Trauer, sind das bleibende Denkmal Poe's an seine verstorbene Frau" (Edgar Allan Poe, 150). Überlegungen, ob eine andere Frau als Virginia das lebende Vorbild für Annabel Lee gewesen sein könnte, erscheinen überflüssig (vgl. Silverman, Remembrance, 401f.).
[433] Das poetische Prinzip, in: Bd.10, 701

immer nach & wird im folgenden wieder aufgenommen, denn die Unbeirrbarkeit dieser Liebe wird nun mit Jugend & mangelnder Weisheit gleichsam entschuldigt, doch ihre Stärke so unnachgiebig betont (weder Engel noch unterseeische Dämonen vermögen ihr etwas anzuhaben), daß der Leser kaum umhin kann, schwermütige Sympathie zu empfinden. Wäre diese — in wohltuendem Gegensatz zum Abstreiten von Leidenschaft stehende — Fusion aus persönlichem Gefühl und konstruktivem Schönheitsideal nicht mit so großer Unmittelbarkeit gelungen (alles Vermittelnde ist in diese selbstbestimmte Unmittelbarkeit gleichsam eingeschmolzen und doch darin präsent), so könnte sich auch die Klangschönheit nicht in dem hier erreichten Ausmaß entfalten. Poe hörte gern Virginias Stimme, vor allem ihren Gesang; insofern scheint die Formulierung „To shut her up in a sepulchre" einen Doppelsinn zu enthalten: Annabel Lee wurde zum Schweigen gebracht und in ein Grabgemach eingeschlossen. In der Schlußstrophe ist wohl die Version, die „feel the bright eyes" statt „see the bright eyes" hat, vorzuziehen (und „In her tomb by the sounding sea" ist noch klangvoller als „In the tomb by the side of the sea"): „For the moon never beams, without bringing me dreams / Of the beautiful Annabel Lee / And the stars never rise, but I feel the bright eyes / Of the beautiful Annabel Lee / And so, all the night-tide, I lie down by the side / Of my darling — my darling — my life and my bride, / In the sepulchre there by the sea, / In her tomb by the sounding sea" (P 958). Der Mond, damit auch die Erscheinungsweise der darin emblematisch präsenten 'Weißen Göttin', wirkt hier wohltätiger als in *Ulalume*, denn die bleibende Erinnerung scheint hier *gewollt* zu sein. Der Tod der Geliebten *kann* weder noch *soll* er verdrängt & vergessen werden; ihre Augen sind unmittelbar in die Natur eingegangen, zu Sternen geworden, die Träume, die das Mondlicht schickt, verweisen auf die 'eigentliche', höhere Welt, zu der die Imagination schon zu Lebzeiten Zugang hat, und nicht auf eine Chimäre. Das Lunare ist hier die Macht, mit der die Imagination in engem Kontakt steht, von der sie angeregt wird, der sie sich unterwirft, in der sie aber auch gleichsam nur mit sich selbst zusammengeht, indem sie über das ihr Realmögliche hinausgewiesen wird (vgl. in *Eldorado*: „Over the mountains of the moon..."). Wie weit auf diesem Weg wirklich gegangen werden kann, ist letztlich irrelevant, eine Verstandesfrage. Ob das Sichniederlegen an die Seite der Geliebten nach irdischen Maßstäben 'nekrophile' Züge aufweist oder nicht, ist nicht mehr wichtig — diese (im psychoanalytischen Sprachspiel) 'halluzinative Wunscherfüllung' wird hier ästhetisch gestaltet zu einer exemplarischen Erfüllung dessen, was ein Gedicht, das Poes Maßstäben entspricht, überhaupt leisten kann. Gerade das Meer, das den Schlußklang, das Schlußwort hat, läßt Symbolisches, Imaginäres & Reales zu einer in sich differenten Einheit werden, die über sich selbst hinausweist, ins Unbestimmte. Man kann in *Annabel Lee* das perfekte romantische Gedicht sehen — mehr kann ein Gedicht dieses Typus kaum erreichen. Wie *The Raven*, kann man es gattungsmäßig als *emblematische Beschwörung* charakterisieren, doch anders als *The Raven* ist es zwar schwermütig, aber nicht resignativ, sondern knüpft an Poes frühere Hochwertung der Imagination an. *Ulalume* weist 'avantgardistischere' Züge auf und vermochte dadurch auf künftige Neuerer anregender zu wirken; *Annabel Lee* ist, poetologisch wie historisch gesehen, mehr rückschauende & bewahrende Quintessenz.

Sonnet – Silence (erstveröff. im Januar 1840 in BURTON'S MAGAZINE unter dem Titel *Silence. A Sonnet*) ist ein knappes, aber komplexes & geheimnisvolles Gedicht. Ein Sonett umfaßt üblicherweise 14 Verse, dieses hingegen hat 15 — in der im April 1840 im SATURDAY MUSEUM veröffentlichten Version wurde es von Poe in drei Strophen von 4, 5 und schließlich 6 Verszeilen Länge gegliedert.[434] Man nennt ein solches Gebilde ein *Tailed Sonnet*: „A normal sonnet to which some extra lines have been added, giving the reader a surprise."[435] So etwas war in englischsprachiger Literatur zwar nicht gängig, doch immerhin bereits durch John Milton (1608–1674) bekannt (*On the New Forces of Conscience under the Long Parliament*). Alle metrischen Experimente Poes fallen so traditionsbewußt aus; ein Neuerer war er nur im Bereich des Klangs.

Die erste Strophe hat philosophisch-mystischen Charakter und ist sowohl syntaktisch als auch semantisch dunkel: „There are some qualities — some incorporate things, / That have a double life, which thus is made / A type of that twin entity which springs / From matter and light, evinced in solid and shade" (Bd.9, 124). Der Ausdruck *incorporate* meint offenbar zunächst so viel wie 'vereinigt', 'integriert'[436]: eine Einheit, die eine Vielheit umfaßt; dialektisch gesprochen: eine negative oder konkrete (nicht abstrakte) Einheit, d.h. eine in sich differente, in sich widerspruchsvolle Einheit. Die relative Festigkeit von Materie barg für Poe (im Anschluß an Kant) einen internen Widerstreit von Attraktivkräften und Repulsivkräften. Schelling hat 1800 im *System des transzendentalen Idealismus* in seiner sogenannten 'Deduktion der Materie' geschrieben: „Wo keine Expansivität, da ist auch keine Richtung. Da nun die negative Kraft der Expansivkraft absolut entgegengesetzt ist, so muß sie erscheinen als eine Kraft, die aller Richtung entgegenwirkt, die also, wenn sie uneingeschränkt wäre, eine absolute Negation aller Richtung im Produkt sein würde. Aber die Negation aller Richtung ist die absolute Grenze, der bloße Punkt. Jene Tätigkeit wird also erscheinen als eine solche, welche alle Expansion auf den bloßen Punkt zurückzubringen bestrebt ist"[437] — davon ist Poes spekulatives Prinzip in *Eureka*, wonach alle gewordene Vielheit zurück zur absoluten Einheit strebe, nicht weit entfernt. Für Schelling war Materie der Akt der ewigen Selbstanschauung des Absoluten. Der Erscheinung nach sei sie

---

[434] Vgl. die Anm. in Bd.10, 842
[435] Marjorie Boulton, The Anatomy of Poetry (1953), London 1988, 140
[436] Die Übersetzung in Bd.9, 125, spricht wohl deshalb von „körperlosen Dingen" (was „incorporate things" eigentlich nicht bedeuten kann), weil es später von den geheimnisvollen 'Einen' heißt, er sei das „corporate Silence", das, wie dann übersetzt wird, „verkörperte Schweigen". Damit entsteht eine Ambiguität, denn dies ist hier natürlich metaphorisch gemeint, 'körperlos' aber wäre nicht metaphorisch. Schweigen, so nominalisiert, ist ein körperloses oder unkörperliches Ding, doch es sind körperliche Dinge, die schweigen können oder auch nicht. Übrigens kann auch „corporate Silence" bedeuten 'das vereinigte Schweigen', beide Arten von Schweigen in einem. Das macht, siehe im folgenden die Interpretation, Sinn: Der Tod ist doppelgesichtig und verkörpert ein doppelgesichtiges Schweigen. Körperlose Dinge können ebenso in sich zwiefältig (janusköpfig, dialektisch) sein wie körperliche. So bedacht, kann man die obengenannte Übersetzung gelten lassen. Man müßte dann aber die jeweilige Doppeldeutigkeit klar herausstellen mitsamt ihrer Gleichheit und ihrem Unterschied: *„incorporate"* – 'in sich widerspruchsvoll vereinigt, dabei körperlos / unkörperlich im nichtmetaphorischen Sinne'; *„corporate"* – 'in sich widerspruchsvoll vereinigt, dabei verkörpert im metaphorischen Sinne'.
[437] F.W.J.Schelling, System des transzendentalen Idealismus (ed. H.D.Brandt/P.Müller), Hamburg 1992, 111

der Leib des Universums, der sich in sich selber wieder in Leib und Seele differenziere; diese Seele, so lehrte Schelling nicht ohne Dunkelheit, sei das Licht, die körperlichen Dinge hingegen seien der Leib der Materie; daher sei die Erkenntnis des Lichtes derjenigen der Materie gleich.[438] „Für die körperlichen Dinge, deren Begriff bloß der unmittelbare Begriff von ihnen selbst ist, fällt die unendliche Möglichkeit aller als Licht außer ihnen: im Organismus, dessen Begriff unmittelbar zugleich der Begriff anderer Dinge ist, fällt das Licht in das Ding selbst".[439] Vielleicht findet sich ein Nachhall dieser Lehre hier in Poes *Sonnet – Silence?* Allerdings sind die Zuordnungen, die Poe vornimmt, schon rein grammatisch keineswegs klar. Möglicherweise meint er, daß Materie und Licht zusammen eine Doppelnatur bilden, und daß zugleich auch die vermeintliche Festigkeit & Undurchdringlichkeit der Materie sowie das Licht in sich selbst janusköpfig seien. Erst im 20. Jahrhundert wurde dem Licht selber eine 'Doppelnatur' zugesprochen: Während die Elektrodynamik (Faraday, Maxwell) Licht als ein schnell alternierendes elektromagnetisches Feld beschrieben hatte, das sich in Wellenform durch den Raum ausbreite, erklärte Albert Einstein 1905 in seiner Arbeit zum 'photoelektrischen Effekt', daß Licht aus Teilchen bestehe, Louis de Broglie 1924, daß Licht im Experiment sowohl Wellen- als auch Korpuskeleigenschaften zeige; Quantentheoretiker (Heisenberg, Bohr) erkannten, daß die klassischen Ausdrücke *Teilchen* und *Welle* beide nicht völlig ausreichen, um atomare Erscheinungen zu beschreiben, und daß man es statt mit 'Dingen' „mit Geweben von Wechselbeziehungen zu tun" hat.[440] Natürlich konnte Poe auf diese Entwicklung weder schon reagieren noch sie kompetent vorwegnehmen. Der Gegensatz von Licht und Schatten, und daß man im reinen Licht gerade so wenig sehe wie in der absoluten Finsternis, ist hingegen ein uraltes Beispiel für Polarität, und auch dies scheint irgendwie in Poes unklares Gedankenkonglomerat mit hineinverwoben zu sein. Im Zusammenspiel des 'Festgefügten' bzw. Stichhaltigen, Triftigen einerseits und des 'Schattenhaften' andererseits (vgl. die konstitutive Rolle der 'Unbestimmtheit' in seiner Dichtungstheorie!) scheint sich für ihn eine in der Natur selbst angelegte Polarität zu bekunden, die sich zu produktiver innerer Widersprüchlichkeit zuspitzt — einer Produktivität, die freilich zur ihr selbst immanenten 'anderen Seite' die Destruktivität und Autodestruktivität hat.

Die zweite Strophe lautet: „There is a two-fold *Silence* — sea and shore — / Body and soul. One dwells in lonely places, / Newly with grass o'ergrown; some solemn graces, / Some human memories and tearful lore, / Render him terrorless: his name's 'No More.'" Gegenüber der ersten Strophe ist diese etwas leichter verständlich. Es gibt ein zweifaches (zwiefältiges) Schweigen — entsprechend der Polarität von Körper und Seele, von festgefügtem Küstenstreifen (als vermeintlich starrer, in Wahrheit auch selbst beweglicher Grenze) und offenem, in sich bewegtem Meer (wir haben bereits gesehen, wie sehr in *Annabel Lee*, aber z.B. auch im *Maelström* das Meer mit der menschlichen Seele assoziiert wird, 'sea & shore' dürften daher zu 'body & soul' in Form eines Chiasmus überkreuz angeordnet sein, das Meer entspricht der Psyche).

---

[438] Vgl. Schelling, Vorlesungen über die Methode des akademischen Studiums (1803), ed. W.Ehrhardt, Hamburg 1974, 121–24
[439] Ebd., 132
[440] Fritjof Capra, Wendezeit. Bausteine für ein neues Weltbild, 83

Denken wir nun an das Motiv eines zweifachen Todes in *Al Aaraaf* (vgl. Kap.XII): es gibt den irdischen Tod und es gibt einen höheren, den auf dem wandernden Stern (Emblem vollkommener Schönheit und (vermeintlichen) überirdischen Glücks), und erst dieser zweite Tod führt aus dem Zwischenzustand der abgelösten (verselbständigten, personifizierten) Seele zum göttlichen Ur-Einen zurück. In demselben Gedicht wurde im Grunde auch schon *das Schweigen* differenziert: es gibt leeres Schweigen oder das Schweigen der Leere, und es gibt das wahrhaft 'absolute' Schweigen oder das Schweigen des Absoluten, das göttliche, sinnerfüllte, über Worte erhabene Schweigen. In der Fabel *Silence* hat das Schweigen dämonische Züge und erzeugt Schrecken. Oft hat Poe ein (vorübergehendes) Nichtsprechenkönnen infolge von Schrecken, Überraschung etc. thematisiert. Auch im Bereich *menschlicher* Rede und menschlichen Schweigens muß man zwischen leerem und sinnerfülltem Schweigen unterscheiden (bloßer Abwesenheit versus Anwesenheit des Abwesenden; Schweigen, das nichts zu sagen weiß, versus Schweigen, das durch & über sein Nichtsagen auf unterschiedliche Weise *zeigt, aufzeigt, signalisiert* usw.). Poe scheint nun in dieser Strophe von einem personifizierten Tod zu sprechen — „his name's 'No More'", nennen wir ihn Hades, den Herrscher in einer vermeintlich abgetrennten Unterwelt, und denken wir auch an Poe-Texte, an deren Ende der Tod als der 'absolute Herr' erwiesen wird — und er scheint das zweifache Schweigen mit einem zweifachen Tod zu assoziieren, einem Tod des Leibes und einem Tod der Seele. Zugleich aber spricht er von *Einem*, vielleicht in dem Sinne, wie in der ersten Strophe eine konkrete Einheit Verschiedener angedeutet wurde, gegensätzlicher, durcheinander vermittelter Pole, die selber wiederum jeder für sich die 'gleiche' immanente Widersprüchlichkeit aufweisen. Dieser Eine hält sich an einsamen Orten auf, die mit frischem Gras überwachsen sind (wie die Gräber kürzlich Verstorbener), und ihn umgibt düstere Feierlichkeit (offensichtlich eine Identifikationsfigur für Poe). Er hat zum anderen jeden Schrecken verloren (im doppelten Sinne, Subjekt & Objekt), nachdem menschliches Erinnern und menschliches Leid *durchschritten* sind. Auch das Auslöschen von Erinnerungen ist ambivalent (Schrecken & 'Wahnsinn' versus Befreiung zu wahrhafter Leere). Man muß den Tod nicht fürchten, er hat die Macht, zu etwas Höherem zu befreien. Nur wenn er *zur Unzeit* kommt, wenn irgendein unentrinnbares Schicksal dazu zwingt, ihm zu begegnen, wenn man (noch) nicht bereit ist, dann erweist sich seine Janusköpfigkeit schon im irdischen Leben, er erscheint dann als eine furchtbare, zerstörerische Macht, gegen die es kein Mittel gibt. Ansonsten mag sich diese Doppelgestalt immerhin nach dem irdischen Tod noch als ein Tod der Seele in einer anderen Welt manifestieren, durch die eine noch fundamentalere & vielleicht endgültige 'Rückkehr' möglich wird (vgl. die buddhistische Lehre, wonach das Ziel darin besteht, den Kreislauf der Gestaltungen & Wiedergeburten letztgültig zu durchbrechen; auch dafür gilt es dann in einem spezifischen Sinne bereit zu sein, vgl. wieder *Al Aaraaf*).

So lautet nun die dritte & letzte Strophe: „He is the corporate Silence: dread him not! / No power hath he of evil in himself; / But should some urgent fate (untimely lot!) / Bring thee to meet his shadow (nameless elf, / That haunteth the lone regions where hath trod / No foot of man), commend thyself to God!" An und für sich hat der Tod, als absolute Negativität, Nichtcodiertheit, reine Bewegung des Schweigens, keinen Schrecken und verkörpert nichts Böses (eher im Gegenteil); solches hat nur sein

Schatten, den er ins Leben wirft, in das dieser einbricht und aus dem er herauszureißen vermag, indem er die fest scheinenden Grenzen verschiebt und alles Fixierte auflöst, so wie er den Leib auflöst. Schrecken verbreitet er nur in solchen Erscheinungsweisen, die ihn als die Macht der Zerstörung erweisen. Diese geschieht zu zweierlei Zwecken: a) damit neu geschaffen werden kann; b) damit nicht mehr geschaffen werden muß. Insofern schlägt *Leben-im-Leben* um (bzw. ist seinem Wesen nach schon immer umgeschlagen) in *Tod-im-Leben,* dieses (nach dem Tod des Leibes) in *Leben-im-Tod,* und dieses (nach dem Tod der Seele) in *Tod-im-Tod.* Doch das ist ein Bereich, über den nicht mehr sinnvoll gesprochen werden kann, weder in philosophischer noch in poetischer Sprache.

Sonnet – Silence erfordert eine in jeder Hinsicht *kreative* Lesart, die sich selber mit den Arten & Widersprüchlichkeiten des Schweigens auseinandersetzt, sich daran abarbeitet. Ein Gedicht zwischen Unausgegorenheit und Tiefsinn, eins für Grübler, das keinerlei Aussicht hatte & hat, jemals populär zu werden. Anders *The Bells.* Obzwar auch dieses seine inneren Haken hat...

The Bells, das ab dem Sommer 1848 entstand, ist so sehr Klangmalerei, daß man sich beim Lesen eine musikalische Vertonung praktisch 'hinzudenken' muß. Onomatopoietisch wird hier der Klang von vier verschiedenen Arten von Glocken nachgeahmt, die für vier verschiedene menschliche Befindlichkeiten, Gestimmtheiten stehen. Oft wurden in den vier Strophen vier aufeinanderfolgende Lebensalter gesehen, doch wenn man schon eine Stufenfolge annimmt — und tatsächlich ist jede Strophe an Umfang & Intensität reicher & differenzierter als die vorhergehende — so erscheint es richtiger, sie als vier Entwicklungsstufen des Geistes zu deuten, die nicht notwendig einer linearen zeitlichen Abfolge entsprechen. Zunächst ertönt das unbeschwerte Klingeln silberner Schlittenglöckchen, eine unternehmungslustige Bewegung im Takt trappelnder Hufe („Keeping time, time, time, / (...) / To the tintinnabulation that so musically wells / (...) / From the jingling and the tinkling of the bells"; Bd.9, 164). Dann die unbedarft-fordernde Hoffnung auf Harmonie und eine glückliche Zukunft im vollen, lockenden Klang goldener Hochzeitsglocken („From the molten-golden notes, / And all in tune, / (...) / What a gush of euphony voluminously wells! / How it swells! / (...) / To the swinging and the ringing / (...) / To the rhyming and the chiming of the bells!"). Doch die Stimmung wechselt rapide, zum aufrüttelnd mißtönenden Schrillen bronzener Alarmglocken, Feuerglocken, die sich an keinen bestimmten Takt oder Rhythmus halten, sondern mit ihrem nächtlichen Schrecken verbreitenden Aufruhr die unberechenbare Gefährdung menschlichen Daseins, den stets möglichen Absturz aus vermeintlicher Sicherheit signalisieren: „What a tale of terror, now, their turbulency tells! / (...) How they clang, and clash, and roar! / What a horror they outpour / (...) / In the jangling / And the wrangling, / How the danger sinks and swells, / (...) / In the clamor and the clangor of the bells!" (Bd.9, 166ff.). Hier wird auch einmal mehr das uns schon so sehr vertraute *Nichtsprechenkönnen* betont, es wird den Glocken, sie vermenschlichend, zugeschrieben: „They can only shriek, shriek / Out of tune". In der ersten Strophe lachte der Himmel, in der zweiten glotzte die Turteltaube geistlos den Mond an; jetzt klettert das gellende Getöse wie in 'verzweifelter Sehnsucht' zum „pale-faced moon" empor (vgl. das Warnsignal der Astarte in *Ulalume*). Es bedarf des

Aufgeschrecktwerdens durch die Katastrophe, um den menschlichen Geist auf seinem Weg voranzubringen. Da die konstitutive Gefährdetheit & Ungesichertheit das *gesamte* menschliche Dasein durchzieht, von der Kindheit bis ins Alter, kann man nicht sagen, daß das Katastrophische linear auf eine Zeit der Liebe folgt (obzwar es in gewisser Weise typisch für Poe ist, die Hochzeitsglocken durch Alarmglocken ablösen zu lassen); nur hinsichtlich der Verarbeitungsfähigkeit kann & muß es Fortschritte geben.

In der vierten Strophe schließlich schallen ernst und düster eiserne Totenglocken. Ihr dumpf grollender Klang gleicht dem der großen Standuhr in *The Masque of the Red Death*. Nicht heftigen, situationsgebundenen Lärm, der das bedrohte Leben gleichsam instinktiv reagieren läßt, senden sie aus, sondern sie verbreiten stetigen, unbeirrbaren Schrecken, sprechen eine unterschwellig ständig präsente Mahnung aus, die daran erinnert, wer der 'absolute Herr' ist. Dabei ist ihr stöhnend klagendes Gedröhn zugleich voller Triumph, ein siegreicher Tanz. Hier spricht die Macht einer tief in allem Leben festsitzenden & pulsierenden, es durchdringenden Schicht, deren stetiger Rhythmus durchaus dionysischen Charakter hat, doch essentiell menschenfeindlich ist, über die Sehnsüchte & Ängste des Individuums hinwegschreitet & hinweghallt. Es sind „Ghouls", Leichengeister (vgl. wieder *Ulalume*), die diesen unbarmherzigen Klang verbreiten, gegen den es kein Mittel gibt[441], „And who tolling, tolling. tolling / In that muffled monotone, / Feel a glory in so rolling / On the human heart a stone / (...) / In a happy Runic rhyme, / (...) / To the moaning and the groaning of the bells" (Bd.9, 168ff.). Der Tanz des Ghoulkönigs ist absolute Selbstreferenz, gleichgültige & unzerstörbare Eigenständigkeit, er praktiziert das, was idealiter ein Poe-Gedicht praktiziert. Poe hat hier die Rolle dessen übernommen, der Gott & Satan zugleich ist, und läßt sie als jene negative Bewegung sprechen bzw. aufscheinen, die das Sprechen und das Voranschreiten des Geistes ebenso unterschwellig trägt wie es zerstört & darüber hinwegschreitet. Am Ende gibt es weder Hoffnung noch Hoffnungslosigkeit, das Gedicht zelebriert einfach seine Selbsterfüllung & Selbstauflösung im reinen Klang, führt sie vor & tanzt gleichsam aus der streng rhythmischen Form des Gedichtes heraus; es sprengt seine eigene Möglichkeit, die vier menschlichen Gestimmtheiten hinter sich lassend.

The Bells ist, ähnlich wie *The Raven*, außerordentlich populär geworden und fehlt angeblich in keinem amerikanischen Schulbuch. Während *Ulalume* mehr etwas für Kenner blieb, ein Poem für Poeten, kann sich an *The Bells*, bei aller latenten Düsternis, eine naive Freude am reinen Klang ausleben. Nur still gelesen, sind penetrante Wiederholungen wie „To the rolling of the bells — / Of the bells, bells, bells: — / To the tolling of the bells — / Of the bells, bells, bells, bells, bells, bells, bells — / To the moaning and the groaning of the bells" allerdings wenig effektiv, sondern erzeugen zunächst einmal Befremden. Es ist darum unbedingt nötig, das ganze Gedicht *laut* zu lesen, sehr rasch, kräftig skandierend, mit vibrierendem, hämmerndem Rhythmus — dann erzeugt es Wirkung wie ein guter Rock- oder Rap-Song. Es wäre ein sinn-

---

[441] „Nach dem Volksglauben hat der Klang der Glocke große Macht. (...) Außer den Wetterhexen sollen auch Zwerge, Riesen und (der) Teufel den Klang der Glocke fürchten", und Geister der planetarischen Region damit beschworen werden können (Hans Biedermann, Lexikon der magischen Künste, 182). Ironischerweise sind es hier bei Poe jedoch Dämonen, die selbst die Glocke läuten...

volles Unterfangen, *The Bells* einmal (post)modern zu vertonen, unter Einsatz elektronischer Rhythmen und experimenteller Geräuschcollagen, perkussions- & baßlastig, ebenso abgehackt wie fließend. Sergej Rachmaninoff (1873–1943) hat 1920 eine Symphonie nach *The Bells* geschrieben; neue Versuche, die nicht nur die Selbstkonstitutivität der Moderne beachten, sondern auch, daß diese in ihren Selbstnegations- und -auflösungstendenzen mehr noch besteht als in ihren Verfestigungen (bzw. über erstere ihre Rückkehr-in-sich *ist!*), wären wünschenswert.[442]

Poes Hinwendung zum reinen Klang kann um so mehr als ein Versuch gewertet werden, einen Ausweg aus den Problemen & Dilemmata von Rationalisierung zu finden, als damit eine alte, ebenso 'geistige' wie 'sinnliche' Komponente wieder auflebt, die bei der Herausbildung abendländischer Rationalität unstrittig eine konstitutive Rolle spielte: In der 2.Hälfte des 6. Jahrhunderts v. Chr. hat der orientalisch beeinflußte Ionier Pythagoras in Unteritalien mündlich seine Lehre von der *Symmetrie* und kosmischen *Harmonie* vorgetragen und Elemente der Orphik in Richtung auf ein philosophisch-wissenschaftliches Fundament weiterentwickelt, indem er Verbindungen zwischen Astronomie, Musik und menschlicher Lebensführung zog. Für ihn und seine Schüler äußerte sich die „Harmonie der Gesamtnatur"[443] in Zahlenverhältnissen, bzw. die Zahl und bestimmte polare Gegensatzpaare wurden sogar selbst zum formalen und bewegenden Prinzip dieser Harmonie überhöht. Damit war ein Strukturprinzip benannt, das einige Jahrzehnte später Heraklit in seiner Logoslehre weniger abstrakt faßte, wobei er sich nun vor allem auch auf die *Sprache* bezog. Der Gedanke der *Sphärenharmonie*, dessen Echo sich mehrfach bei Poe findet, geht auf Pythagoras zurück und wirkte über Platon, die Stoiker und den Neuplatonismus, auch mittelalterliche Musiklehren, auf Kepler (sein Hauptwerk von 1619 ist *Harmonices mundi*, *Weltharmonik* betitelt), auf Goethe, auch auf Milton und Shelley. Die gemeinsame Wurzel von ἁρμονία/'harmonia' und ἀριθμός/'arithmos' im Griechischen[444] zeigt, wie

---

[442] Der Rockproduzent Alan Parsons hat 1976 (ohne *The Bells* zu berücksichtigen) ein mäßig überzeugendes Konzeptalbum gestaltet (*Tales of Mystery and Imagination*, Mercury Records), das immerhin nette Momente hat (so einen Song über *The Tell-Tale Heart* mit Arthur Brown als Sänger). Relativ häufiges Ziel von Vertonungsversuchen war *The Fall of the House of Usher*: In dem Büchlein *The House is I* (Chesterfield & London 1998) analysiert Dagmar Klein die Poe-Story und dann im Vergleich die 1991 auf CD (Some Bizarre Records) erschienene Oper von Peter Hammill (Ex-Van der Graaf Generator, Musik) und Judge Smith (Libretto); sie geht dabei auch auf die Versuche von Claude Debussy (unvollendet), Philip Glass und Alan Parsons ein. (Hammill gehört übrigens auch zu denen, die Poes Bild vom Maelström aufgegriffen haben, heißt es doch in *A Plague of Lighthouse Keepers* auf dem VDGG-Album *Pawn Hearts* (Charisma Records 1972): „The maelstrom of my memory / is a vampire and it feeds on me / so scrabbling madly over the brink I fall"...)
[443] Walter Kranz, Die griechische Philosophie, Birsfelden-Basel o.J., 35. Leider sind die gesicherten Berichte über Pythagoras und seine Lehre äußerst dürftig, vgl. Wilhelm Capelle (ed.), Die Vorsokratiker, Stuttgart 1968, 98–112; Emil Bergs (ed.), Die Vorsokratiker (griechisch–deutsch), Münster/Westf. 1971, 24–27 u. 145–148. Siehe vor allem auch Wolfgang Schadewaldt, Die Anfänge der Philosophie bei den Griechen, 267–293, der unterstreicht, Pythagoras' Symmetrielehre habe zugleich das Seelische als einen neuen Seinsbereich eröffnet (eine Richtung, in der ebenfalls Heraklit weiterging).
[444] Aus dialektischer Sicht ist vor allem auch die gemeinsame Wurzel von ῥέω (fließen, strömen) und ῥυθμίζω (zergliedern, ordnen; von ῥυθμός — Zeitmaß, Ebenmaß, Proportion — kommt 'Rhythmus'!) interessant.

weit das verökonomisierte 'rechnende Denken' der Neuzeit sich gegenüber jenen Konnotationen des Hörens, wie sie in '*Vernunft*' (vgl. *vernehmen*) noch präsent sind, verengt hat, und wie auch der alphabetische Phonozentrismus jene sinnliche Dimension nicht vollständig zu reduzieren vermag.[445] Daß bewußt & 'rational' arbeitende Dichter, Komponisten und Musiker sich aufgerufen fühlten, dieses verlorene Potential zurückzugewinnen, muß als ein unvermeidliches Stück Selbstkritik der Moderne gelten.

---

[445] Durch *Hörtraining* können, wie man heute weiß, rationale Leistungen unterschiedlichster Art gesteigert werden. Auch scheint der menschliche Gehörsinn aus sich selbst heraus ein Vernehmen fragilster Laute, der leisesten Naturgeräusche anzustreben, insofern hängen der 'Klang des Kosmos' (κόσμος bedeutet *Welt* und *Ordnung*) und der 'Klang der Stille' nicht nur für Poe immanent miteinander zusammen... Pythagoras wurde nachgesagt, daß er die Weltharmonie *hören* konnte...

Anhang I: Hermes als Vereiniger von Raub, Tausch, listiger Verstellung und kommunikativem Konsens. Die 'Weiße Göttin' (R.Graves), die Entstehung des Alphabets und die 'Dialektik der Aufklärung' (Horkheimer/Adorno). Poes Selbstchiffrierung in *The Narrative of Arthur Gordon Pym*. Zur Kritik narzißtischer Intersubjektivität (I).

Unter den sogenannten Homerischen Götterhymnen — deren Autor in Wahrheit freilich nicht Homer war — spielt der Hymnos an Hermes, der wohl aus dem 6. Jahrhundert v.Chr. stammt[446], eine Sonderrolle wegen seiner Schalkhaftigkeit, seiner beabsichtigten Komik. Auch andere Hymnen erzählen davon, wie die betreffende Göttin oder der Gott zunächst in Tarngestalt erscheinen (etwa Aphrodite bei Anchises in der Gestalt eines irdischen Mädchens), und feiern dann ihre Macht, wenn die wahre, glanzvolle Gestalt wieder angenommen wurde oder erstmals sichtbar wird und (evtl. im Kreis der Götter) Anerkennung findet. Bei Hermes erhält aber die Verstellung eine wesentlich andere Rolle, denn sie gehört 'unmittelbar' zu seinem Wesen — er 'ist' die Ver-Stellung und nichts außerdem. Doch er ist sie auf komplexe, vielfältige Weise.

Wie so viele, entstammt auch der Göttersprößling Hermes einem Seitensprung des Zeus, der sich, während Hera schlummert, im nächtlichen Dunkel einer Höhle eine Stunde lang mit der schönlockigen Nymphe Maia vergnügt. Die Geburt des Hermes bringt es an den Tag, und zumindest in diesem Fall kann man davon sprechen, daß hier der 'Betrug' des Zeus einen geborenen Betrüger hervorbringt: „Da gebar sie (Maia, T.C.) den Sohn, den verschlagenen, listigen Schmeichler, / ihn, den Rinderdieb, den Räuber, den Lenker der Träume, / Hermes, den nächtigen Späher und Pfortenhüter, der bald schon / leuchten sollte im Kreise der Götter mit herrlichen Taten."[447] Den Neugeborenen hält es nicht lange in seiner Wiege, er langweilt sich und verläßt unternehmungslustig die Höhle. Zunächst begegnet ihm eine Schildkröte, die er höhnisch mit den Worten begrüßt: „'Glückliches Zeichen, hocherwünschtes, ich seh dich nicht ungern, / heil, du holde Gestalt, Tanzfrohe, Gefährtin des Mahles, / hochwillkommen erscheinst du mir, du liebliches Spielzeug.'"[448] Der Glaube an Omen wird hier vom Verfasser also bereits ironisiert (nicht von ungefähr wurde der Kontext des Hymnos mit ionischen Philosophen wie Xenophanes in Verbindung

---

[446] Vgl. die Einleitung von Ernst Günther Schmidt in: Die Homerischen Götterhymnen. Deutsch von Thassilo von Scheffer (Leipzig 1974), Birsfelden-Basel & Bremen 1987, 30
[447] Die Homerischen Götterhymnen, 70 (Zeile 13–16)
[448] Ebd., 71 (Zeile 30–32)

gebracht, die den Anthropomorphismus der griechischen Göttervorstellungen kritisierten). Bemerkenswerter noch, daß die Schildkröte von Hermes völlig unter Gesichtspunkten ihres möglichen Gebrauchswertes gesehen wird: man kann sie als Spielzeug 'benutzen' und man kann sie essen. Diese Einstellung wird ganz deutlich mit den Worten: „Nicht verachten werde ich dich, erst sollst du mir nützen".[449] Die Respektlosigkeit wird noch gesteigert mit der (ebenfalls höhnischen) Rationalisierung, die Verwertung als Gebrauchswert sei auch das Beste für die Schildkröte selbst: „besser ist es daheim, denn draußen nimmst du nur Schaden."[450] Daß selbiger Schaden durch die nun erfolgende 'Heimführung' gezielt zugefügt wird, ist klar. Ans Essen denkt Hermes weniger, zumal die Höhle, die er gerade verlassen hat, genug Vorrat an Nektar und Ambrosia enthält.[451] Würde er die Schildkröte als lebendes Haustier behalten, so wäre sie ein Talisman gegen bösen Zauber, auch das interessiert ihn nicht (konsequent, insofern ja schon die Omengläubigkeit ironisiert wurde). Er wird sie vielmehr ihrer potentiellen Funktion als SPIELzeug in dem kulturell hochwertigen Sinne eines Musikinstrumentes zuführen: „Lebend würdest du sein ein Schild gegen schädlichen Zauber, / starbst du aber, so klängest du wohl in schönen Gesängen."[452] Er trägt sie also ins Haus, und die 'Heimführung' manifestiert sich nun so, daß Hermes die Rolle des Todes übernimmt, nicht des Todes überhaupt, sondern des Todes in einem spezifischen Sinne: „Dort schnitt er sie auf mit einem Messer aus grauem / Eisen und bohrte so der Bergschildkröte das Fleisch aus."[453] Es ist nicht die Rede davon, daß er sie etwa vorher getötet hätte, indem er ihr etwa den Hals durchschnitt. Es scheint vielmehr richtig, davon auszugehen, daß Hermes die Schildkröte bei lebendigem Leibe aufschnitt und dann der lebenden Schildkröte nach & nach das Fleisch aus dem Panzer schnitt, „bohrte" & schabte. Vermutlich wird sich die Schildkröte, als Hermes sie aufnahm, in ihren Panzer zurückgezogen haben, so daß er, wie er vermutlich auf Anfragen rationalisiert hätte, ja keine andere Wahl gehabt habe, als sie 'aufzuschneiden'. Mit anderen Worten, sein Tun hat *sadistische* Qualität, doch so, daß es a) jederzeit als 'Sachzwang' rationalisiert & verteidigt werden könnte, zumal es b) im Dienste von Kultur & Zivilisation steht, denn der Kulturbringer Hermes fertigt nun aus dem ausgeschabten Schildkrötenpanzer die erste Lyra, die Leier. Vom griechischen Wort λύρα leiten sich bekanntlich die deutschen Wörter *Lyrik*, *lyrisch* und im Englischen *lyric(s)*, *lyricism* etc. her. Der von Hermes verwendete Rohstoff für diese erste Lyra wird genau beschrieben: außer dem Schildkrötenpanzer verwendet er Stäbe aus Schilfrohr, ein Stierfell sowie sieben Saiten aus Schafdarm. Das Resultat kann sich hören lassen: „mächtig / tönte unter der Hand des Gottes die Leier, und lieblich / sang er aus freier Erfindung".[454] Die Art, *wie* solch lieblicher Singsang der Natur abgerungen wurde (denn ausschließlich 'Naturprodukte', darunter drei getötete Tiere, gaben den Rohstoff ab), ist am fertigen Produkt nicht mehr erkennbar, und manch ein Kulturliebhaber mag vielleicht eh nichts davon wissen wollen und zu der pauschalen

---

[449] Ebd. (Zeile 35)
[450] Ebd. (Zeile 36)
[451] Vgl. ebd., 79 (Zeile 247–49)
[452] Ebd., 71 (Zeile 37–38)
[453] Ebd. (Zeile 41–42)
[454] Ebd., 72 (Zeile 53–55)

(erneut:) Rationalisierung neigen, der Zweck rechtfertige die Mittel. Bemerkenswert auch, *wovon* Hermes, anscheinend der erste Lyriker, nun frei improvisierend singt: „wie wenn beim festlichen Mahle / junge blühende Leute mit neckenden Liedern sich reizen"[455], singt er von seinem Vater Zeus und seiner Mutter Maia, „wie sie einst gekost in trauter Minne Gemeinschaft, / pries auch seine eigne Geburt in preislichem Sange", d.h. er verarbeitet, mit Herrn Freud gesprochen, die imaginierte 'Urszene', durch die er gezeugt wurde, zu einem neckischen Liebeslied und lobt das immerhin unbestreitbare Faktum seiner Geburt. Nach dieser rührenden Aktion legt er die Leier in seine Wiege, wohin er sich später, als könne er kein Wässerchen trüben, auch persönlich zurückgeben wird — Regression zu einer Pseudo-Unschuld, die schon der Neugeborene, wie der Hymnos effektvoll herausarbeitet, mit Verlassen der Höhle nicht mehr aufweist, die von Hermes inszenierte Kommunikation mit Natur ist von Anfang an Pseudokommunikation, die nur dazu dient, nackte Gewalt zu rechtfertigen und zu verschleiern. Die Langsamkeit der Schildkröte, ihr Sichzurückziehen in den Panzer (eine Art embryonales Umschlossenwerden) fordern ihn heraus: der achilleische Wettkampf mit diesem Anderen-seiner-selbst soll ihm ein Mittel zur Selbstlobpreisung verschaffen. Der zynische 'Dialog' mit der Schildkröte ist nichts weiter als ein Monolog, der das gleiche Ziel hat wie die anschließend zur Selbstlobpreisung verwendete Lyra: Begehren nach narzißtischer Bestätigung. Genau dies ist auch der Antrieb dessen, was Hermes nun aushecht — er will seinen älteren Bruder Apollon herausfordern.

Denn noch während er singt, reicht ihm dies nicht mehr aus, langweilt er sich erneut: „Also sang er nun, doch hegte er andere Gedanken."[456] Offenbar hapert es mit der narzißtischen Befriedigung, sie hat sich bereits verschoben, fordert aus sich selbst heraus einen Nachschlag. Daß er die Leier gleichsam anstelle seiner selbst „in die heilige Wiege" legt[457], ist ebenfalls aussagekräftig: Das Kind Hermes hat sozusagen bereits sein eigenes Kind, einen Kulturgegenstand, geschaffen, der die Funktion erhält, ein Substitut seiner selbst zu sein, und durch den er gewissermaßen Vater seiner selbst geworden ist — ein Mittel zu seiner quasi autonomen Selbsthervorbringung. Weit davon entfernt, daß das Besingen des Geschlechtsaktes zwischen seinen Eltern hier im Sinne des 'Ödipuskomplexes' verstanden werden könnte: die Eltern sind, als solche anerkannt, lediglich zu überschreitende Mittler, die ihn hervorbrachten, um seine eigene Selbsthervorbringung in Gang zu setzen — bzw. letztere *ist*, im Sinne eines ständig sich verschiebenden & reproduzierenden Begehrens, der Kern des Ödipuskomplexes, wenn man denn überhaupt an diesem abgedroschenen Etikett festhalten will (das vielleicht insofern noch sinnvoll bleibt, als auch bei Sophokles das Sichmessen mit seinem eigenen Schicksal im Vordergrund steht, dem Schicksal der Wahrheit wie dem des Wahrheitssuchers; wie Hermes es allerdings mit der Wahrheit hält, werden wir gleich sehen). Was ihn interessiert, ist einzig und allein der Kampf um Anerkennung. Liebe ist dazu selbst nur Mittel, sie interessiert weder als solche noch in ihrer lyrisch überhöhten, kulturalisierten und idealisierten Form. Um aller-

---

[455] Ebd. (Zeile 55–56)
[456] Ebd. (Zeile 62)
[457] Ebd. (Zeile 63)

dings sich selbst anerkennen zu können, braucht er den Anderen bzw. die Anderen — die an der Stelle seiner Geburt *als reale* schlicht nicht präsent sind, wohl aber imaginär, in seinen Liedern, Gedanken, Phantasien. Die Geschichte des Hermes, so wie sie hier erzählt wird, ist *die Geschichte eines Realitätsverlustes von Beginn an*.

Angeblich „nach Speise begierig", springt er nun „aus der duftenden Grotte" fort: „Schlimmen Anschlag erwog er im Herzen, wie diebische Männer / räuberisch ihn planen in dunkler, nächtiger Stunde."[458] Das Essenmüssen ist, wie man sehen wird, nur ein Vorwand; schon im Fall der Schildkröte erwies es sich als unnötig. Bei Hermes kommt zuerst die Kultur, dann das Fressen und ganz zuletzt die Moral. Was ihn treibt, ist die Konkurrenz mit seinem Halbbruder Apollon, der mächtige Rinderherden besitzt. (Wozu die von Nektar & Ambrosia lebenden Götter sich Rinder halten, ist nur dann verständlich, wenn man bedenkt, daß große Rinderherden „der Stolz der Könige und Großgrundbesitzer" waren[459], und die Götter offenbar in ihrem Ansehen stiegen, wenn sie nach diesem Zug gemodelt wurden.) Apollon ist *das Subjekt, dem unterstellt wird, bereits anerkannt zu sein und demzufolge zu genießen*. Hermes begibt sich eiligen Laufs zu den „noch nie gemähten, lieblichen Wiesen", zweigt von Apollons Herde „fünfzig brüllende Kühe" ab[460] und läßt sie, um etwaige Verfolger irrezuführen, rückwärts gehen; sich selbst fertigt er spezielle Sandalen mit Blätterbüscheln an, die keine Spuren hinterlassen (jedenfalls nicht solche, von denen man auf den Übeltäter rückschließen könnte). Einen Greis, der ihn beobachtet, versucht er zu bestechen. Dabei macht er ihm weniger ein konkretes Versprechen — er sagt nur, *wenn* alle Weinstöcke, an denen der Alte gerade arbeite, tragen, so werde er Wein in Fülle ernten, was näher besehen nichts weiter als eine *Tautologie* ist — als daß er ihm vielmehr *droht*: Wenn er plaudere, werde er womöglich Schaden nehmen. Der listenreiche Hermes befleißigt sich also im Rahmen einer einzigen wirtschaftlichen Aktion gleich mehrerer Verfahren, die auch heute noch in Gebrauch & Ansehen stehen: Verluste als Einkünfte deklarieren oder umgekehrt; falsche Spuren legen und/oder die eigenen verwischen; mit scheinbaren Versprechen *nichts* sagen und/oder mit Schädigung drohen.

Hinzu kommt noch der *Anschein, daß er für sich selbst ja gar nichts will*. Auch die protestantische Ethik scheint auf Hermes zurückzugehen, denn er verhält sich nun asketisch, opfert lediglich von dem Fleisch, statt es zu essen — man geht aber vielleicht nicht fehl in dem Eindruck, daß *auch das Opfer nur Schein bzw. strategische Berechnung ist*. Zunächst einmal erfindet er das Feuermachen — das zeigt, wie eng Hermes mit dem Titanen Prometheus verbunden ist, der die Menschen den Gebrauch des Feuers gelehrt haben soll[461], auch er ein Kulturbringer und ebenso ein 'Listenreicher', der Zeus beim Opfer betrügt. Hermes erfindet hier die Kunst des Feuermachens nur für sich selbst, aus der Situation heraus. Dann erwürgt er zwei der fünfzig gestohlenen Rinder, bzw. es hat den Anschein, daß er sie nicht erst erwürgt, sondern auch ihnen, wie der Schildkröte, bei lebendigem Leibe das Fleisch herausschneidet und sie erst

---

[458] Ebd. (Zeile 64–66)
[459] Erläuterung des Herausgebers E.G.Schmidt und des Übersetzers Th.Scheffer, ebd., 151
[460] Ebd., 72 (Zeile 72–74)
[461] Herausgeber & Übersetzer verweisen hier darauf, daß es sich um zwei konkurrierende Mythen handle, die sich allerdings nicht gegenseitig ausschließen (vgl. ebd., 152).

dadurch tötet: „Auf den Rücken warf er die beiden Schnaubenden nieder, / beugend wälzte er sie zur Seite und schnitt ihnen Fleisch aus."[462] Er brät dieses Fleisch, und obwohl ihm der Duft in die Nase steigt, gönnt er sich selbst nichts davon: „Dennoch widerstand sein männlicher Sinn der Verführung, / trotz der großen Begier, es mit dem Munde zu kosten, / nein, er legte es nieder im hohen Grottengehöfte, / Fett und Fleisch in Fülle, und staffelte es in die Höhe / als ein Zeichen des kindlichen Raubes, dann holte er trockenes / Holz und verbrannte die Köpfe und Füße im Hauche des Feuers."[463] Zwar ist immerhin die Rede davon, daß es sich um zwölf Teile handle, und daß sie mit Ehrengaben versehen werden, das äußerliche Ritual eines Opfers wird also eingehalten — freilich mit der doppelten Pikanterie, daß Hermes hier a) auch dem bestohlenen Apollon vom Fleisch seiner eigenen Rinder opfert, und vor allem b) *auch sich selbst bedenkt*, denn Hermes gehörte ja später zu dem exklusiven Club der Zwölf, was er hier gleichsam beschwörend vorwegnimmt. Schon damit zeigt sich das angebliche Opfer als das, was dann noch ausdrücklich betont wird, während von irgendeinem Gebet oder Lobpreis an Zeus und die anderen nichts verlautet: Es ist ein Ehrenmal für ihn selbst, ein monumentales „Zeichen des kindlichen Raubes". Sowohl diese grandiose Geste als auch der Raub selbst entspringen dem Begehren nach Anerkennung. Danach wird alles „mit dunklem Staub" zugedeckt, also auch der Mantel des Vergessens wird selbsttätig und selbstherrlich darüber gebreitet. Das Opfer ist ein Opfer seiner selbst an sich selbst, und auch die Annahme wird durch Hermes selbst inszeniert. Das Ausschneiden des Fleisches bei lebendigem Leibe ist symbolische Selbstkasteiung, die freilich dem Anderen-seiner-selbst (vgl. die Abtötung des Fleisches bei der Askese) hier in dem Sinne angetan wird, daß es tatsächlich am Fleisch eines anderen (Wesens) vollzogen wird. Mit der Vereinnahmung, dem Raub, ist es in den eigenen 'Besitz' übergegangen und nun kann frei darüber verfügt werden. Der Gebrauchswert wird verweigert, insofern das Fleisch nicht gegessen wird, doch er verschiebt sich auf das Opfer selbst, auf die Funktion, Material des Ideellen zu sein, wobei die dadurch aufgerissene Distanz wieder überbrückt wird, indem der Adressat dieses Ideellen niemand anders ist als das eigene ideale Selbst, das eigene Ideal-Ich. Die ganze Prozedur ist so das Ausagieren einer Größenphantasie, und ohne diesen vorgeblich sinnstiftenden Kontext ist sie schlicht sinnlos. Dabei ergibt sich das gleiche Dilemma wie vorhin beim Singen des Liedes auf der soeben erfundenen Leier: die Anerkennung bedarf, um vor und für sich selbst wirksam zu werden, eines Anderen, einer intersubjektiven Dimension. Die neuen sadistischen und masochistischen Akte (vgl. die 'Versagung' unmittelbarer Bedürfnisbefriedigung, es erfolgte vielmehr ein Befriedigungsversuch auf dem Umweg der Sublimierung) haben den Realitätsverlust nur verschoben. Was bleibt, ist — mit der Durchführung und Löschung des Brandopfers — eine *Markierung*, die selbst wieder überdeckt wurde, doch nach Art einer Übertextung tradierten Textes, wodurch die Macht, mittels des Symbolischen imaginär sich selbst hervorzubringen und sich wieder 'zurückzunehmen', unterstrichen und ausagiert wurde, mit realem Fleisch, realem Blut, realem Feuer. Fazit der bisherigen Aktionen des Gottes: ein Lied wurde gesungen und verklang; ein Raub

---

[462] Ebd., 74 (Zeile 118–119)
[463] Ebd., 75 (Zeile 130–137)

wurde vollzogen und die Spuren verwischt; ein Scheiterhaufen wurde errichtet und das Brandmonument wieder 'mit dunklem Staub' überdeckt. Das ist der „segenspendende Hermes"[464], und man wird wohl im Sinne des Xenophanes sagen müssen, daß er menschlich und sogar allzumenschlich agiert.

Nach diesen beeindruckenden Taten kehrt er durchs Schlüsselloch zurück ins Gemach, aus dem er entsprungen war, er kehrt zurück „wie ein herbstlicher Hauch oder gleich einem Nebel" und besteigt hastig wieder seine Wiege, spielt wieder den Säugling, staffiert sich mit Windeln und Laken aus. Der phantastische Säugling ist nur die immanente 'Omnipotenz'-Kehrseite des phantastischen 'tricksters' und Herdenwürgers: auch die Harmlosigkeit ist nur eine Rolle. *Regression ist selbst Verschleierung.* Indes, eine seiner kulturschaffenden Aktionen wird ihm nun doch die ersehnte Basis intersubjektiver Anerkennung erbringen, und zwar ist es der Raub, und *die Lyra nur vermittels des Raubes, indem sie jene Kompensation ermöglicht, durch die bewirkt wird, daß er, indem er das Geraubte wieder verliert, es gewinnt und behalten darf.* Denn es ist der Raub, der nun seinen Halbbruder Apollon auf den Plan ruft. Der narzißtische Schein des Opfers mag den Raub vor Hermes selbst gerechtfertigt haben, doch es ist die gerissene Verschleierung und Leugnung des Raubes, die ihm äußere Anerkennung seiner ureigensten Fähigkeiten einbringen wird — nicht weil man ihm glauben wird, sondern weil man sein Spiel mitspielen wird, da man die eigene Sehnsucht darin erkennt. Hermes ist, wie es eingangs hieß, der „Lenker der Träume".[465] Der Gott der Kommunikation ist zugleich und eben dadurch auch der Gott des Größenwahns.

Zunächst einmal ist es die eigene Mutter (sie ist außer in Hermes' Gesang bisher nicht aufgetreten), die der Pseudosäugling nicht täuschen kann: „sie sagte: / Ei du Verschlagener, sprich, woher in nächtiger Stunde / kommst du des Weges, gehüllt in Unverschämtheit? (...) Pack dich hinweg!"[466] Doch Hermes weiß, daß diese Standpauke nicht so dramatisch ist. Seine „listigen Worte( )" verfolgen die Dreifachstrategie, sich einerseits als lupenreines „Kindlein" darzustellen, „das im Herzen sich kaum eines Frevels bewußt ist", zweitens den Vorsatz zu äußern, „mir zum Wohle und dir besonders" sich „der besten Künste zu befleißigen", und drittens ganz offen den Ehrgeiz auszusprechen, wie Phoibos Apollon „teilhaftig" zu werden „der heiligen Ehren", zum Beispiel indem er sich „zum Führer der Diebe" machen und dabei Gold & schöne Gewänder herbeischaffen könne.[467] Diese Strategie ist zwar in sich selbst völlig widersprüchlich, aber gerade darum hat sie Erfolg, weil sie an Brutpflegetrieb & Kindchenschema, an mütterlichen Ehrgeiz und kopfnickendes Verständnis angesichts des Realitätsprinzips einer sich abzeichnenden Konkurrenzgesellschaft zugleich appelliert, mit anderen Worten, an einen von der Mutter wohl selbst kaum durchschauten Wust aller halbmechanischen Gefühle. Während die beiden noch disputieren, hat Phoibos Apollon die Suche nach den abhanden gekommenen Rindern aufgenommen. Er trifft auf den alten Mann, dem Hermes Stillschweigen geboten hat, und dieser gibt zwar mit Vorbehalten, doch ziemlich genau Auskunft. Im Gegensatz zu Hermes glaubt

---

[464] Ebd. (Zeile 145)
[465] Ebd., 70 (Zeile 14)
[466] Ebd., 75f. (Zeile 154–156)
[467] Ebd., 76 (Zeile 162–175)

Apollon noch an Omen, eine weitere Ironie des Erzählers („Einen Vogel gewahrte er schwebend, da wurde ihm deutlich, / daß der Räuber ein Sohn des Zeus Kronion gewesen"[468]). Kurz, Apollon trifft in grimmiger Stimmung in Maias und Hermes' Behausung ein, und als der Übeltäter ihn sieht, nimmt er quasi eine Embryonalhaltung ein: „Eng zog er das Haupt, die Hände und Füße zusammen, / wie man frischgebadet den süßen Schlummer heranlockt, / war aber wirklich wach und hielt unterm Arme die Leier"[469], die er als letzten Trumpf immerhin noch ausspielen kann, sollte sein Bruder anders nicht zu beschwichtigen sein. Die Säuglingshaltung ist das Sich-zum-Ouroboros-Schließen eines 'primären' Narzißmus imaginärer Omnipotenz, die sich Bestätigung durch das Reale zu erpressen hofft. Herrlich ironisch auch die Erwähnung, daß die Heimstatt drei Gemächer aufweist, die nicht nur „angefüllt mit Nektar und voll von süßer Ambrosia" sind, sondern wo auch „vieles Gold (...) drinnen gehäuft" liegt „und Silber in Menge"[470] — ein Hinweis nicht nur auf Hermes' spätere Funktion, Gott der Kaufleute und des gewinnträchtigen Tausches zu sein, sondern auch darauf, daß der Versuch des Kleinen, an einen materiellen Ehrgeiz der Mutter, einen Wunsch nach größerem Wohlstand zu appellieren, im Grunde unsinnig ist. Oder ist nicht auch hier der Text hellsichtiger, als vielleicht sein Autor glaubt, indem hier nämlich erneut das sich stets reproduzierende, sich nur verschiebende Begehren ausgedrückt wird, nun anhand *struktureller Maßlosigkeit von Schatzbildung*? Ist hier nicht der Hinweis enthalten, daß Mütter ebensowenig wie Väter und Söhne den Hals jemals vollbekommen können, und daß genau dies der 'goldene Stab des Hermes' symbolisiert? Jedenfalls tut er dies dann, wenn man ihn im Sinne des Lacanschen 'Phallus' auffaßt, des totalisierenden Signifikanten, der einen unaufhebbaren 'Mangel' anzeigt, eine Lücke, die bloß weiterwandert und genau darum negativ-vereinigend wirkt... Auf die Gefahr hin, ihm damit zu viel zuzumuten, läßt dieser Hymnos eine solche Interpretation sehr wohl zu.

Doch nun weiter: der klarsichtig-solare Apollon hat längst den Braten gerochen und fährt das 'Kind in der Wiege' an, ihm die Rinder zu zeigen, ansonsten werde er ihn in den Tartaros schleudern, dort könne er dann „'irren unter der Erde als Führer von Schelmen und Schurken.'"[471] Hermes spricht nicht gänzlich die Unwahrheit, wenn er sagt, er habe „'andres am Herzen'" als Kühe zu treiben (wenn auch nicht Schlaf, Muttermilch, Windeln und wärmende Bäder!), und zeigt sich mit allen Wassern gewaschen, indem er sagt, er könne Apollon leider nichts melden, obzwar er es gern würde, um sich „'den Lohn für die Meldung (zu) verdienen'"(!).[472] Apollon kann nicht umhin, zu lächeln, prophezeit ihm den Ruhmestitel, „'Führer der Diebe zu heißen bis ans Ende der Tage'"[473], packt ihn und will ihn davontragen, läßt ihn aber wieder fallen, da Hermes seinen Einklang mit den Naturgesetzen dadurch demonstriert, daß er Furzen & Niesen als Gebrauchswerte entäußert. Zur Schlichtung des Streites wird Vater Zeus aufgesucht, und zwar so, daß Apollon den Hermes 'treibt',

---

[468] Ebd., 78 (Zeile 213–214)
[469] Ebd., 79 (Zeile 240–242)
[470] Ebd. (Zeile 248–249)
[471] Ebd., 80 (Zeile 258–259)
[472] Ebd. (Zeile 264–268)
[473] Ebd., 292 (Zeile 292)

dieser aber, vorauseilenden Gehorsam schon wieder in Eigenmächtigkeit ummünzend, dem Bruder vielmehr *vorangeht*. Der Donnerer ist sogleich bereit, den geborenen Experten des Wertvollen selber als ein „'gar wertvolles Ding'" zu begrüßen: das Kind gleiche einem Herold — Hinweis auf Hermes' spätere Funktion eines Götterboten, sowohl zwischen Gott & Gott als auch zwischen Göttern & Menschen, zwischen Kapital & Kapital und zwischen Kapital & Arbeitskraft, oder eines Vermittlers darin, qualitativ verschiedene Gebrauchswerte im Tauschwert abstrakt gleichzusetzen, z.B. Schildkrötenpanzer & Furz, Rinderfett & Verschlagenheit; das Kind Hermes als Künder eines neuen Zeitalters. Apollon berichtet, „mit ehrlichen Worten"[474], wie er in dem Knaben „'einen Betrüger'" erkennen mußte, „'wie nie ich unter den Göttern gefunden / noch unter Menschen, so viel auch Diebe wohnen auf Erden.'"[475] Stahl er doch die Rinder, das Signum des Großgrundbesitzers, und hinterließ dabei Spuren „'doppelt und riesig'", „'ganz erstaunlich, als wär es das Werk eines mächtigen Dämons.'"[476] Solche Spuren hinterlassen politische Umwälzungen, die auf ökonomischen basieren. Apollon berichtet umständlich, gerade heraus & ehrlich aufgebracht. „Hermes aber sprach zu den Göttern ganz anders."[477] Hier äußert sich ein neuer Kommunikationsstil, der dem klaren, wahrheitsorientierten apollonischen überlegen ist. Hermes verspricht, die Wahrheit zu sagen, da er gar nicht lügen *könne*, auch nicht Vieh treiben, sei er doch völlig unbedarft. Er schwört „mit mächtigem Eide'", achtet aber darauf, bestimmte Formeln & Grundregeln einzuhalten, bittet um Beistand für den Schwächeren und „blinzelt( ) schlau".[478] Er appelliert an stillschweigendes Einverständnis hinsichtlich der Kunst des Indirekten. Zeus durchschaut ihn natürlich, lacht aber laut und befiehlt beiden, „in freundlicher Eintracht" die Rinder zu suchen — Hermes solle (und daran erkennt man nun, daß Zeus sein Spiel augenzwinkernder Doppelbödigkeit ebenso augenzwinkernd mitspielt) „in aller Unschuld des Herzens" offenbaren, wo er die Rinder versteckt habe.[479] Hermes gehorcht der väterlichen Macht, nachdem er sie auf seiner Seite weiß. Apollon staunt darüber, daß Hermes die Kraft gehabt habe, zwei Rinder zu erschlagen, und sagt nur halb im Scherz, da müsse er sich ja selber künftig vor Hermes fürchten. Doch Hermes weiß, nun aus einer Position anerkannter Stärke heraus, den älteren Bruder „leicht zu versöhnen"[480], indem er die Leier zur Hand nimmt und mit dem Schläger die Saiten nacheinander anschlägt, scheinbar um sie zu prüfen — in Wahrheit, um zu demonstrieren, daß er auch Gefühl für das rechte Maß habe, für Harmonie & Struktur, für den Logos, wie er im Zusammenklang der Saiten exemplarisch sich äußert. Die Saiten klingen mächtig auf. „Da lächelte Phoibos Apollon / freudig erregt; der liebliche Klang der goldenen Töne / drang in sein Herz, / es befiel ihm süßes Sehnen die Seele, / wie er ihm lauschte."[481] Hermes versteht mit dem Begehren und den Sehnsüchten anderer zu spielen. Bemer-

---

[474] Ebd., 82 (Zeile 315)
[475] Ebd., 83 (Zeile 338–339)
[476] Ebd. (Zeile 342–343)
[477] Ebd., 84 (Zeile 366)
[478] Ebd., 85 (Zeile 383–387)
[479] Ebd. (Zeile 393)
[480] Ebd., 86 (Zeile 417)
[481] Ebd. (Zeile 420–423)

kenswerterweise gilt das Loblied, das er nun anstimmt, zuallererst Mnemosyne, der Tochter des ältesten Götterpaares Gaia (Erde) und Uranos (Himmel), mit der Zeus die Musen zeugte: Der Name *Mnemosyne* bedeutet *Gedächtnis*, und die Gedächtniskunst, das erinnernde Sichaneignen, spielt eine wesentliche & grundlegende Rolle sowohl bei der Entwicklung der alphabetischen Schrift als auch bei mündlich oder schriftlich überlieferter Dichtkunst, beim tätigen Vollzug des Logos überhaupt.

Nun hat Hermes Apollon endgültig für sich gewonnen: „Unbezwingliches Sehnen befiel die Sinne Apollons, / und er erhob die Stimme und rief die beflügelten Worte: / 'Rinderschlächter, du Gaukler, du Tausendkünstler und Tischfreund, / fünfzig Kühe ist wert, was du da eben ersonnen. / Friedlich, so mein ich, werden wir später uns wieder vergleichen.'"[482] Man sieht, daß der *Tauschwert* dabei ist, seinen Siegeszug anzutreten: Qualitativ sehr Unterschiedliches wird hier abstrakt zueinander in Bezug gesetzt, 1 Leier ist 50 Kühe wert, die Leier steht in relativer Wertform, die Rinder in Äquivalentform, und in der Tat dienten ja Rinder als eine primitive Form des Geldes, bevor Metalle diese Funktion übernahmen (von Gold und Silber als privilegierten Repräsentanten des Wertes war bei der Schilderung der Hermes-Behausung am Rande die Rede, nur von Barrenform oder geprägten Münzen nicht; im 6. Jahrhundert, als der Hymnos entstand, war Münzgeld aber bereits etabliert[483]). „Relative Wertform und Äquivalentform sind zueinander gehörige, sich wechselseitig bedingende, unzertrennliche Momente, aber zugleich einander ausschließende oder entgegengesetzte Extreme, d.h. Pole desselben Wertausdrucks" (Marx[484]) — diese Figur (in der klassischen Form des dialektischen Widerspruchs) weist darauf hin, daß „die natürliche Verschiedenheit der Waren mit ihrer ökonomischen Äquivalenz in Widerspruch geraten muß und beide nur nebeneinander bestehen können, indem die Ware eine doppelte Existenz gewinnt, neben ihrer natürlichen eine rein ökonomische, in der sie ein bloßes Zeichen (ist) (...) für ihren eigenen Wert."[485] Die Rinder fungieren bei diesem

---

[482] Ebd., 87 (Zeile 434–438)

[483] Plutarch nennt in seiner Solon-Biographie als Geldeinheiten das Talent, die Mine, die Drachme und den Obolos: Eine Maßnahme der Solonischen Reformen von 594 v. Chr. bestand darin, daß Solon „die Mine, die bis dahin dreiundsiebzig Drachmen gegolten hatte, auf hundert Drachmen" setzte, „so daß zahlenmäßig bei gleicher, wertmäßig geringerer Rückzahlung (von Schulden, T.C.) die Zahlenden einen erheblichen Vorteil hatten, ohne daß die Empfangenden einen Schaden litten" (Große Griechen und Römer Bd.1, ed./Übers. Konrat Ziegler (1954), München 1979, 228). Das attische Talent hatte 60 Minen und wog etwas über 26 kg (Silber). Die Drachme (wörtlich 'Griff') betrug etwa 4,3 g Silber und umfaßte (als 'Handvoll') 6 Obolen ('Spießchen') aus Kupfer; der Obolos war dabei die älteste, noch ungemünzte Währung (vgl. die Anmerkungen des Hrsg. ebd., 470f., zu den Seiten 228, 229 u. 236, auch 464f. zu 135). Gleichwohl scheint es mehrere Jahrhunderte lang eher eine „Vielzahl von Münzsystemen" als ein völlig einheitliches gegeben zu haben (Moses I. Finley, Die antike Wirtschaft (The Ancient Economy, 1973), München 3.Aufl. 1993, 199). Für Griechenland war die geprägte Münze durch hellenisierte Lyder bereits im 7. Jahrhundert v. Chr. inauguriert worden (vgl. Hans Lamer / Paul Kroh (ed.), Wörterbuch der Antike, Stuttgart 1976, 226f., Artikel *Geld*). Die attische Mine (μνᾶ) ist dem Wort wie der Sache nach, babylonischen Ursprungs: „Zuerst wurden Silber in Babylonien im 3. u. 2. Jahrtausend vor u. Z. und Gold in Barrenform um 3000 v. u. Z. im alten Ägypten verwandt. Viel später, erst um 700 v. u. Z., wurden in Lydien, einem Sklavenhalterstaat im westlichen Kleinasien, die ersten geprägten Münzen in Umlauf gesetzt" (Karl Neelsen / Klaus Mueller-Bülow, Ware und Geld, Berlin 1973, 58).

[484] Das Kapital Bd.I, MEW Bd.23, 63

[485] Marx, Grundrisse der Kritik der politischen Ökonomie, MEW Bd.42, 76

Tausch als Wertzeichen für die Leier und für sich selbst; die Äquivalentform ist *potentiell* schon allgemeine Wertform und Geldform. Sie repräsentieren den Tauschwert der Leier, den Apollon vorschlägt und den Hermes akzeptiert. „Der von den Waren selbst losgelöste und selbst als eine Ware neben ihnen existierende Tauschwert" ist „*Geld*"[486] — die Rinder waren von ihrem 'Besitzer', Apollon, ursprünglich nicht als Ware gedacht, doch der Diebstahl des Hermes hat den Abstraktionsprozeß gleichsam bildlich als einen Abtrennungs- und Verselbständigungsprozeß vorgeführt, er wird nun zum Emblem der Waren- und Wertabstraktion in einem. Hermes hat die Rinder 'abgetrennt', abgezweigt und damit das Zeichen gesetzt, das die Vermittlung leistet und ebensowohl Selbstvermittlung ist, dialektisch gesprochen: Herstellung von Identität-mit-sich *durch* bzw. *als* Sich-von-sich-Unterscheiden, ein Prozeß, der über das Wertzeichen, verlängert im Warenfetischismus, ebensosehr die Bedürfnisstruktur des Begehrenden prägt, hier deutlich dadurch, daß Hermes es verstanden hat, in Apollon eine *Sehnsucht* nach der Leier zu wecken, für die die 50 Rinder als Äquivalent fungieren. Er drängt Apollon sozusagen die jeweilige Waren- und Wertform beider auf und wird damit zum klassischen Vermittler, dem Stifter des Tausches. Dieser TAUSCHvorgang behält ein Moment strategischer TÄUSCHung, insofern Hermes die 'Ware', die hier als Geld fungiert, bereits gestohlen hatte; der Konsens legalisiert dieses Verfahren und überführt es in freiwillige Gegenseitigkeit, das Gewaltsame der Herstellung des Wertzeichens erscheint nun als bloße Realabstraktion: „Ein solches Symbol unterstellt die allgemeine Anerkennung; es kann nur ein gesellschaftliches Symbol sein; es drückt in der Tat nur ein gesellschaftliches Verhältnis aus."[487] Der Brüderkonsens wird in mehrfacher Hinsicht zur symbolischen Interaktion: wechselseitige Anerkennung als Aushandeln eines Wertes, einwilligend unterstellt man sich der Geltung abgelöster Zeichen, die den persönlichen Umgang miteinander sachlich regeln, das gesellschaftliche Verhältnis als ein Verhältnis von und zu Sachen verdeckt widerspiegeln. Normalerweise muß die Ware erst in abstrakte Arbeitszeit umgesetzt werden, die lebendige Arbeit, die das Produkt enthält, wird zu allgemein-menschlicher Arbeit abstrahiert, das drückt dieser Mythos nur insofern aus, als Apollon verwundert nachfragt, ob die Leier auch wirklich auf Hermes' eigene Tätigkeit zurückgeht und er sie nicht als Geschenk erhalten hat. Man darf umgekehrt bezweifeln, ob die Rinder des 'Großgrundbesitzers' Apollon irgendwelche eigene Arbeit repräsentieren; dagegen erscheint Hermes nun als eine Art Handwerksmeister, der Anerkennung zunächst durch Raub provoziert und dann doch rechtmäßig erworben hat. Tatsächlich hat er die Leier nicht nur *hergestellt*, sondern *erfunden*, es ist die Kategorie des *Neuen*, was Apollon besonders fasziniert, und es geht jetzt für ihn sozusagen darum, von Hermes das Patent und die Nutzungsrechte an dieser kulturgeschichtlichen Errungenschaft überschrieben zu bekommen. Nun haben ja Rinder für Apollon im Grunde einzig & allein den Gebrauchswert eines *Statussymbols*, soll *in dieser Hinsicht* die Leier 'gleichwertig' sein? Nein, er weist darauf hin, „'doch selber der Führer der olympischen Musen'" zu sein, und erkennt sofort mehrere Funktionen, die solch ein Musikinstrument erfüllen kann: „'Welche Kunst! welch Sang, um alle Sorgen zu

---

[486] Ebd., 80
[487] Ebd., 79

schmelzen, / welche Geläufigkeit! wirklich, die drei sind alle vereinigt, / Heiterkeit und Liebe und süßen Schlummer zu schenken.'"[488] Die Leier vermag *zu unterhalten, zu erregen und zu beruhigen*, wenn sie kunstreich gespielt wird, das sind drei nicht zu verachtende Funktionen, mit denen der zum Seelenführer begabte Hermes dem musischen Apollon gleichsam zuzuarbeiten vermag, wie dieser ihm; so ist der Bruderbund geschlossen.

Hermes hat die ersehnte Anerkennung gefunden und kann es sich nun leisten, auf die Mahnung einzugehen, wohl zu achten, „'was Ältre dir sagen'": Apollon verspricht ihm Ruhm und „'herrliche Gaben'", und daß er ihn niemals täuschen werde.[489] Ist Hermes im Gegenzug zu Gleichem bereit? Nachdem er dem Älteren zu demjenigen Gerät verholfen hat, das künftig neben dem Bogen sein spezielles Emblem sein wird, ist er fast schon in der Position des Überlegenen und benimmt sich auch so. Er verspricht, ihm immer mit Rat & Tat zur Seite zu stehen, schmeichelt ihm, ist noch immer neidisch darauf, daß Apollon privilegierten Zugang zur Stimme des Herrschers Zeus Kronion hat und er allein somit alle Weissagungen & Orakel erfährt. Nicht ohne Süffisanz fügt er hinzu, daß er, Hermes, Apollons Allweisheit ja soeben selber erfahren habe — indem er ihn beim Rinderraub nicht täuschen konnte, oder weil Apollon die Leier zu schätzen weiß? Gemeint ist wohl beides, jedenfalls ist es Hermes, der dem Älteren hier fast gönnerhaft das zuspricht, worum er ihn beneidet. „'Da nun dein Sinn so stürmisch verlangt, die Leier zu spielen, / spiele sie denn und singe und leb in strahlender Freude, / wenn du von mir sie empfangen. Doch Ruhm erblühen laß du mir.'"[490] Apollon muß nun aufpassen, daß er bei diesem Tausch nicht zu schlecht wegkommt! Nach wie vor werden die Wortbeiträge des Hermes vom Erzähler als „schlau" & „listig" charakterisiert. Keine Frage, dieser 'Neugeborene' versucht, *aus dem 'harmonischen Konsens', der jetzt ausgehandelt wird, möglichst viel für sich herauszuholen*. Auch das Saitenspiel stellt er dar als eine Form von schmeichelnder Verführungskunst: Apollon verstehe es ja so schön, der „'klangbelebten Gefährtin (...) nach Sinn und Sitte zu reden,'"[491] Er stellt die Gabe der Leier als Geschenk hin und schlägt vor, daß sie (als Gegenleistung) Apollons Rinder „'wieder'"(!) gemeinsam treiben wollen (mit anderen Worten, der Diebstahl war keiner, sondern gewissermaßen nur die Antizipation dieser Gemeinsamkeit); seine Rede beendet er mit den Worten: „'du aber brauchst nicht so heftig zu zürnen bei aller Gewinnsucht'"[492] (Frage: wessen?). Dieser Tauschbeflissene versteht bereits die rhetorischen Künste moderner lehrgangstrainierter Verkäufer & Aufschwatzer.

Apollon aber zeigt sich großmütig: Er vertraut Hermes seine Rinderherden an und gibt ihm eine glänzende Geißel als Zeichen seiner Vollmacht. „Nun aber trieben sie *beide* zur göttlichen Wiese die Rinder, / schwangen sich dann empor, die herrlichen Söhne Kronions, / aufwärts wieder zurück zum schneeigen Haupt des Olympos, / fröhlich ob *ihrer* Leier"[493] — Gleichstellung und eine Art Gemeinbesitz sind erreicht. Apollon er-

---

[488] Die Homerischen Götterhymnen, 87 (Zeile 447–450)
[489] Ebd., 88 (Zeile 457–462)
[490] Ebd., 88f. (Zeile 475–477)
[491] Ebd., 89 (Zeile 478–479)
[492] Ebd. (Zeile 495)
[493] Ebd., 90 (Zeile 503–506; Hervorhebungen von mir, T.C.)

weist sich als kompetenter Saitenspieler, Hermes erfindet für sich selbst zum Ausgleich die Schalmei (die Flöte, von Apollon erwähnt[494], gibt es offenbar schon), ein weiterer Beweis seiner Unabhängigkeit. Als Apollon das sieht, meint er zu Hermes weniger im Scherz als mit echter Besorgnis: „'ich fürchte, / daß du mir noch die Leier, den krummen Bogen entwendest, / lieh dir als Ehrenamt doch Zeus, die Dinge zu tauschen / unter den Menschen drunten auf vielernährender Erde.'"[495] Mit anderen Worten: *Weil* Hermes der Tausch zugeordnet ist, gilt er *unmittelbar* damit auch als Experte für exzessiven Diebstahl — nämlich als verdächtig, daß er dem Apollon nicht nur das wieder wegnehmen könnte, was er ihm in friedlichem Vertrag & Konsens gegeben hat, sondern ihm auch noch das rauben könnte, was schon vor der Leier Apollons ureigenster Besitz war, sein Bogen! Diese Stelle, obzwar ironisch, scheint völlig klar & realistisch Auskunft darüber zu geben, wie *Tauschkompetenz* ihrem Wesen nach einzuschätzen sei. Der anfängliche Raub hat die Folge provoziert, daß, zum Zwecke gütlicher Einigung (sozusagen als Antithese zum Raub), das Äquivalenzprinzip entwickelt und zugrundegelegt wurde, doch *strategisch 'gerissener'*, nämlich *vorteils- & profitorientierter* Tausch wird eben darin bestehen, das Äquivalenzprinzip zwar zugrundezulegen, doch nur, um es gezielt zu verletzen. Anders gesagt: Was zunächst ursprüngliche Akkumulation war, wird später zur Mehrwertabpressung durch unbezahlte Mehrarbeit, zum Geldverleih gegen Zinsen, zum Spekulationsgewinn usw. sublimiert.

Hermes muß wohl zugeben, daß Apollons Sorge nicht unberechtigt ist, und wie von Apollon gewünscht schwört er, diesmal nach *bindender* Gepflogenheit, „'neigenden Hauptes oder bei Styx' entsetzlichen Fluten'", Apollons Wünschen Folge zu leisten, vor allem seinen Besitz zu achten.[496] Apollon macht ihn zum Mittler „bei allen Göttern und Menschen", schenkt ihm den „dreigezweigten und goldnen" Stab „des Reichtums und Segens"[497] — der Hermesstab wird für seinen Träger ebenso zum Emblem wie für Apollon die Leier, so daß man diesbezüglich quitt ist und die eingeräumte Verwaltung der Rinderherden mehr den Charakter einer zusätzlichen Großzügigkeit Apollons annimmt — begrenzt aber auch die Macht des Jüngeren, indem er klarstellt, daß keiner außer ihm, Apollon, je das Recht erhalten wird, zu weissagen und den „tiefsinnigen Ratschluß" des Zeus zu kennen[498]; denn diesen Schwur habe er selber dem Zeus feierlich leisten müssen. In diese Tradition wird also Hermes mit eingebunden, sich ihr zu unterwerfen ist der Preis für die intersubjektive Anerkennung, die er erhält. Insofern hat dieser Mythos durchaus eine konservative Komponente. Bemerkenswert auch, nachdem Hermes nun einmal als *Meister verschlagener Kommunikation* anerkannt ist — die *unmittelbar damit assoziiert ist, daß er Meister des Tausches ist!* — daß die Verfügungsgewalt über die Weissagung im Sinne eines Wissens um das Wahre einer gewissen Willkür des Apollon unterstehen wird („'Einem der Sterblichen werde ich helfen, dem anderen schaden'"), die von 'eitlem Geschwätz' (wie man es speziell auch Hermes nach den bisherigen Erfahrungen zutrauen muß) strikt

---

[494] Vgl. ebd., 87 (Zeile 452)
[495] Ebd., 90 (Zeile 514–517)
[496] Ebd. (Zeile 518–523)
[497] Ebd., 91 (Zeile 527–530)
[498] Ebd. (Zeile 538)

getrennt wird: „'Wer aber im Vertrauen auf eitelschwatzende Vögel / unsere Weissagung erforschen möchte, entgegen / aller Vernunft, und möchte noch mehr als die Götter erkennen, / dessen Weg ist umsonst'".[499] Generell wird aber das Zeichen der Vögel durchaus Apollons Zeichen bleiben, so wie das gesprochene Wort (der Priesterin) das Medium des Wahren bleiben wird — die Menschen werden also ihre liebe Mühe damit haben, Kriterien zu finden, um das wahrheitserfüllte Wort vom leeren, nur strategischen, schmeichlerischen oder eitlen Geschwätz zu unterscheiden! Mit keiner anderen Äußerung könnte wohl die sich nun in Gestalt der Macht des Tauschwertes ausbreitende und als solche anerkannte Macht des Hermes so radikal beschnitten werden. In diesem Sinne fällt auch das abschließende Urteil des Erzählers über Hermes aus: „Umgang hat mit den Menschen er allen und auch mit den Göttern. / Nützliches schafft er nur wenig, doch ohne Ende berückt er / durch die finstere Nacht der sterblichen Menschen Geschlechter."[500] *Berücken* meint hier so viel wie *beschwatzen, betören*.[501] Mit anderen Worten: strategische Kommunikation á la Hermes ist nicht an Wahrheit orientiert, und „Nützliches schafft er nur wenig" läßt sich ohne Mühe im Sinne jener *Verselbständigung des Tauschwertes* verstehen, die den Gebrauchswert nicht mehr obenanstellt, sondern ihn unterbuttert, indem sie in Selbstzweck umschlägt, die Bedürfnisstruktur modelt und neue 'Gebrauchswerte' *aufschwatzt*. Der relative Luxus von Leier und Lyrik gerät dabei in brüderlich-feindlichen Gegensatz zur kulturmodelnden und -zersetzenden Qualität jenes 'Fortschritts' und 'Wohlstands', der die Menschen zu bloßen Mitteln und Anhängseln (bzw.: 'freiwilligen' Anhängern) der Selbstverwertung des Wertes macht. Hermes gab das Emblem der Dichter aus der Hand und regiert dafür mit einem 'magischen' goldenen Stab die 'Kommunikation'. Damit wurde er in der Tat zum über seine Zeit weit hinausweisenden 'Kind eines neuen Zeitalters', denn Verwertungslogik und Geschwätz sind die Magie der kapitalistischen Industriegesellschaft und besonders der sich globalisierenden.

„Das Bedürfnis des Austauschs und die Verwandlung des Produkts in reinen Tauschwert schreitet voran im selben Maß wie die Teilung der Arbeit, d.h. mit dem gesellschaftlichen Charakter der Produktion"[502], „Austausch und Teilung der Arbeit bedingen sich wechselseitig"[503] — in der Tat kann man in der Aufteilung der Funktionen und Tätigkeitsfelder, die die griechischen Götter, hier Apollon und Hermes, untereinander vornehmen, eine Widerspiegelung des Voranschreitens gesellschaftlicher Arbeitsteilung sehen, die zum *verselbständigten* Tauschwert führen wird. Die Brüder erkennen, daß sie aufeinander angewiesen sind. Im Kapitalismus wird „die wechselseitige und allseitige Abhängigkeit der gegeneinander gleichgültigen (d.h. atomisierten, aber auch einander formell gleichgestellten, T.C.) Individuen (...) ihren gesellschaftlichen Zusammenhang" bilden, der „ausgedrückt" ist „im *Tauschwert*, worin für jedes Individuum seine eigne Tätigkeit oder sein Produkt erst eine Tätigkeit und ein

---

[499] Ebd., 91f. (Zeile 546–549)
[500] Ebd., 93 (Zeile 576–578)
[501] Wie der Herausgeber Ernst Günther Schmidt in seiner Einleitung klarstellt; der Übersetzer habe dies „fast beschönigend" ausgedrückt (ebd., 34).
[502] MEW Bd.42, 81
[503] Ebd., 91

249

Produkt für es wird".[504] Hermes wird zur Verkörperung des Tauschwertes und zugleich zur Verkörperung eines symbolverwendenden Interaktionismus, zum Vermittler par excellence. „Das Geld ist (...) der Gott unter den Waren"[505], Hermes aber ist der Gott des Geldes und des dadurch gestifteten Vermittlungszusammenhangs. Das Wertzeichen, „dies materielle Zeichen des Tauschwerts ist ein Produkt des Tausches selbst" — tatsächlich kann man die Realabstraktion der 50 Rinder zur Äquivalentform, als Erscheinungsform des Wertes, genau in diesem Sinne verstehen, sie ist Teil (als konstitutives Moment) und Produkt des Tauschvorgangs selbst. Das Symbol impliziert notwendig ein konsensuelles Moment. *Wie* ein Konsens jeweils zustandekommt, ob er durch Beteiligung freier, gleicher und kompetenter Subjekte 'zwanglos' hergestellt wird usw., ist freilich eine andere Frage, vor allem die einer Mikrophysik der Macht, d.h. einer je situativen Analyse von Machtkonstellationen & -äußerungen. Das konsensuelle Moment geht ein in die „Bestimmung des von den Waren selbst getrennten und vergegenständlichten Tauschwerts", und eben aus diesem folgen, so Marx, die Eigenschaften des Geldes als Wertmaß („Maß des Warenaustauschs"), Zirkulationsmittel („Austauschmittel"), „Repräsentant der Waren" (was konkretisierungsbedürftig ist, man kann hier an den Zeichencharakter des Wertes selber denken, aber auch an den kompensatorischen Ersatzcharakter des Geldes, der aus seiner Eintauschbarkeit gegen bedürfnisbefriedigende Waren folgt, was bei seiner bloßen Aufhäufung immerhin als Vorwand und ideelle Selbstbefriedigung dienen mag), sowie „als allgemeine Ware neben den besondren Waren", Geld als Geld, allgemeine Ware und zugleich selbst besondere (Geldware), die es „zugleich zur realisierten und stets realisierbaren Form des Kapitals" macht.[506]
Der Symbolcharakter wird Fetischcharakter, Manifestation sachlicher Abhängigkeit. „Der allgemeine Austausch der Tätigkeiten und Produkte, der Lebensbedingung für jedes einzelne Individuum geworden, ihr wechselseitiger Zusammenhang, erscheint ihnen selbst fremd, unabhängig, als eine Sache. Im Tauschwert ist die gesellschaftliche Beziehung der Personen in ein gesellschaftliches Verhalten der Sachen verwandelt; das persönliche Vermögen in ein sachliches." *Wertsymbolik und sprachliche Kommunikation schließen sich kurz, durchdringen einander, unterwerfen das Begehren des menschlichen Subjekts der symbolischen Ordnung als dem (großgeschriebenen) Anderen* (vgl. Lacan). Der Zwangscharakter von Tauschwert und Kommunikation(smedien) prägt das praktische Sich-zu-sich-Verhalten (nicht zufällig wird im Deutschen für die 'Prägung' von Münzen und für die 'Prägung' des Begehrens, der Bedürfnisstruktur, dasselbe Wort verwendet). Die *Art* der Kommunikation, für die der Tauschgott Hermes von den Herrschenden (den olympischen Göttern) eingesetzt wird, kommt auch in mehreren anderen der Homerischen Hymnen klar zum Ausdruck: Tros, dem Vater des von den Göttern entführten Ganymed, gab Zeus zum Ausgleich „Rosse, wie sie die Unsterblichen brauchen", „und Hermes, der leitende Bote, / mußte auf Kronions Befehl ihm alles erklären".[507] Oder als Demeter, dessen Tochter Persephone durch Hades entführt worden war, die natürlichen Wachstumsprozesse zum Stillstand

---

[504] Ebd., 90. Entscheidend: Was hieße es, diesen Vermittlungsstatus des Tauschwerts 'aufzuheben'?
[505] Ebd., 148
[506] Ebd., 80
[507] An Aphrodite, in: Die Homerischen Götterhymnen, 102 (Zeile 211–213)

bringt — „Und der redenden Menschen Geschlecht verdarb sie nun völlig / durch des Hungers Not"[508] — wird Hermes von Zeus zu Hades gesandt, damit er von ihm „mit schmeichelnden Worten erbäte, / wieder aus dämmrigem Dunkel die heilige Persephoneia / heim in das Licht zu den Göttern zu senden, damit sie Demeters / Augen gewahrten und diese sodann ihrem Zürnen entsage."[509] Beide Male wird also Hermes dazu verwendet, ein durch Raub verursachtes Unrecht bzw. Ungleichgewicht *durch Erklärungen bzw. schmeichelnde Worte* in einen 'frei', aber durchaus nicht ohne a) List und b) Zwang ausgehandelten Kompromiß zu überführen — ähnlich wie ihm dies so exemplarisch gegenüber Apollon gelungen war. Sein vermittelndes Verhalten illustriert aufs beste, warum im Lateinischen für *überzeugen* und *überreden* dasselbe Wort gebraucht wird (*persuadere*).

Daß Hermes mit Prometheus, dem die Menschen viele geistige und körperliche Fertigkeiten verdanken sollen, einige Eigenschaften teilt, wurde schon erwähnt. In seiner Hermes-Studie schreibt Norman O.Brown: „As a craftman-god, Hermes is endowed with the essential traits of the mythological type of culture hero, of which there is no finer example than the Greek Prometheus. (...) Like Prometheus (...), Hermes is represented as a friend of mankind, a source of material blessings, 'the giver of good things', 'the giver of joy'."[510] „Prometheus not only shares with Hermes the roles of thief, trickster, and culture hero but is also a ceremonial expert and specifically a herald."[511] Auch dieser listige Wohltäter inszenierte einen folgenreichen Betrug, als er Zeus dazu brachte, beim Opfer anstelle des in einem unansehnlichen Rindermagen verborgenen Fleisches *die mit glänzender Fetthaut überzogenen Knochen* anzunehmen. Indem er hier etwas von dubiosem Gebrauchswert in eine bestechende Hülle verpackte, sorgte „der Vorausdenkende" (dies bedeutet der Name Prometheus) gleichsam für *das Urbild verführerischen Warenscheins*. Indem er die Menschen lehrte, künftig dem Gott nur unbedeutende Teile zu lassen und das beste Fleisch selbst zu essen, vermittelte er den Menschen allerdings etwas potentiell Emanzipatorisches — überlistet wurden ja nicht sie, sondern der Gott. Manchmal heißt es, Zeus habe den Betrug durchschaut und dennoch den Deal akzeptiert[512] — freilich nicht ohne sich zu rächen, er entzog daraufhin den Menschen das Feuer, Prometheus aber stahl es ihm und brachte es zurück auf die Erde. Laut Hesiod hat Zeus dann den bewährten Hermes eingesetzt: dieser hat die von Hephaistos erschaffene Pandora mit allen Übeln inklusive der sie scheinbar kompensierenden Hoffnung ausgestattet. Die Hoffnung sorgt also für die Verschleierung dessen, daß die strukturelle Nichtbefriedigbarkeit nie enden wird — interessanterweise geht diese Konstellation auf denselben Boten zurück, der auch als der Schöpfer des Alphabetes und der symbolischen Ordnung des Tausches gilt! Und indem Epimetheus die Pandora gegen den Rat seines Bruders Prometheus akzeptierte, gelang es dem Hermes, indirekt sogar diesen listigen Titanen selbst zu überlisten. Bei Hesiod (um 700 v. Chr.), der dem Aufstieg des Erwerbsindividualismus das Ideal agrarischer Selbstversorgung entgegenstellt, wird

---

[508] An Demeter, ebd., 117 (Zeile 310–311)
[509] Ebd., 118 (Zeile 536–539)
[510] N.O.Brown, Hermes the Thief (1947), Great Barrington 1990, 21
[511] Ebd., 30 (vgl. auch ebd., 53, 67 u. 75)
[512] Vgl. Herbert Hunger, Lexikon der griechischen und römischen Mythologie, 352

dem Kulturbringer Hermes geradezu die Rolle eines satanischen Profitgottes zuteil.[513] Von hier aus führt ein Strang bis an den Anfang der Moderne zu Luther, der den kapitalistischen Wucher verteufelt, aber den faulen Kompromiß empfiehlt, man solle dem Geld dienen, als ob man ihm nicht diene, denn der Teufel sei nun einmal der Herr dieser Welt.[514] Gegenüber diesem düsteren Extrem im Hermesbild der Antike erfährt Hermes im Homerischen Hymnos eine relativ positive Wertschätzung. Daß Apollon dem Hermes weitere Diebstähle zutraut, ist realistisch, doch daß man sich auf eine Art von Gemeinschaftseigentum einigt, ist kein fauler, sondern ein wahrhafter Kompromiß. Der Hymnos widerspiegle, so Brown, offenbar eine historische Phase zweier rivalisierender Kulte: Apollon ist bereits anerkannt, der neugeborene Hermes muß die Anerkennung noch erringen; er sei „the symbol of the birth of a new world in which as a result of the redistribution of status described by Solon and Theognis, the lower classes come into their own. Hermes is the Pantagruel of the Greek Renaissance."[515] Dabei ist natürlich zu beachten, daß die Aufwertung der „lower classes" in einer Sklavenhaltergesellschaft an strukturelle Grenzen stößt.[516] Es gab unabhängige Hirten und Bauern sowie Händler (zunächst meist Phönizier), auf der anderen Seite aber den besitzlosen Lohnarbeiter (θής), der in der Regel übler dran war als die meisten Sklaven.[517] Als Odysseus im Hades den Schatten Achills befragt, antwortet ihm dieser, er wolle lieber auf Erden Tagelöhner sein als in der Unterwelt herrschen — Tagelöhner, nicht Sklave war also der niedrigste Status, den er sich vorstellen konnte, Leute ohne festen Ort und ohne Sicherheit.[518] Hermes erscheint im Hymnos als eine Mischung aus Händler, handwerklichem Hersteller von Luxusgütern und angeheuertem (unabhängigem) Hirten. Er wird teilweise als Sympathieträger aufgebaut, was schwerlich möglich wäre, wenn er wirklich *arm* wäre (und wie wir bereits sahen, ist er dies ja auch von Haus aus nicht): „Die wirklich Armen fanden wenig Wohlwollen und kein Mitleid während der ganzen Antike" (Finley[519]). Gleichwohl scheint hier ein Nichtetablierter darum zu kämpfen, mit einem Etablierten gleichziehen zu können. Es scheint für die ganze klassische Zeit „ein allgemeines Gesetz" gewesen zu sein, „daß Landbesitz ausschließlich Vorrecht der Bürger war. Das Privileg wurde gelegentlich auch einzelnen Nichtbürgern gewährt, doch selten und nur, wenn gewichtige Gründe dafür sprachen."[520] Insofern kann man sagen, daß es hier um eine Art von bürgerlicher Anerkennung geht. Am Ende des Hymnos hat Hermes als Aufseher von Apollons Rindern offenbar einen Status erlangt, den beide dem Mitbesitz in etwa als gleichwertig erachten. (Wenn er eine Art angeheuerter Verwalter und Hirte bleibt, muß dieser Eindruck allerdings beträchtlich relativiert werden, denn traditionell gaben Männer von höchstem Status sich nicht damit ab, sich selber um ihre Güter und

---

[513] Vgl. Hermes the Thief, Kap.IV
[514] Vgl. Norman O.Brown, Life Against Death, Kap.XIII–XV
[515] Hermes the Thief, 86
[516] Vgl. dazu Moses I.Finley, Die antike Wirtschaft, Kap.III ('Herren und Sklaven')
[517] Vgl. Moses I.Finley, Die Welt des Odysseus (The World of Odysseus, 1977), München 1979, 56ff. u. 71ff.
[518] Vgl. ebd., 57, sowie: Die antike Wirtschaft, 70
[519] Die antike Wirtschaft, 37
[520] Ebd., 47f.

geschäftlichen Angelegenheiten zu kümmern, und „konnten" das auch gar nicht, wenn sie z.B. in der Stadt lebten[521] und nur gelegentlich ihre Ländereien aufsuchten, bzw. wenn ihnen ökonomischer Sachverstand ohnehin abging.[522]) Mit seinem Rinderdiebstahl wagt Hermes zunächst, so Ernst Günther Schmidt, „was in einer Zeit zunehmender Besitzungleichheit sich so mancher Hirt und Kleinbauer nur zu gern selbst erlaubt hätte. Wir gehen kaum fehl in der Annahme, daß dem Dichter wachsender Unmut über den Adel eine vertraute Erscheinung war".[523] Doch indem er im weiteren Fortgang des Hymnos offensichtlich nicht Umsturz, sondern Ausgleich und Klassenharmonie empfehle, stehe er „den Leitgedanken der Solonischen Gesellschaftsreform (594 v. u. Z.) nahe".[524] Bei den Athenern, den Erfindern der Demokratie, sieht Norman O. Brown den Ort, wo der Kult der zwölf olympischen Götter und der Hermes-Kult einander begegnet sein und einander durchdrungen haben müssen: „The only possible basis for a connection between the two is their common relation to the agora: the agora is both a commercial and a political center; only through his relation to the agora can Hermes the god of commerce make contact with the cult of the Twelve Gods, the expression of political unity."[525] In Olympia ist der Kult der Zwölf um 580 v. Chr. eingerichtet worden, angeblich durch Herakles (das Feuer dazu stammte vom Herd der Hestia), darauf verweist auch die vom Verfasser des Hymnos geschilderte Gegend, doch er läßt nicht Herakles, sondern Hermes diesen Kult, der ihn (Hermes) selbst einschließt, begründen und das Feuer dazu selbst produzieren[526]; der einzige andere Ort aber, von dem (durch Thukydides) bekannt sei, daß dieser Kult im 6. Jahrhundert dort existiert habe, sei Athen.[527] Zwischen 520 und 511 v. Chr. wurde auf der Agora ein Altar der zwölf Götter errichtet, und für die gleiche Zeit sind auch die ersten 'Hermen' (viereckige Pfeiler, die ursprünglich ausschließlich Hermesköpfe tru-

---

[521] Vgl. ebd., 83f.
[522] Bei den „oberen Klassen" paarten sich, wie Finley ausführt, eine verquere „Ideologie vom Landbesitz" (ebd., 143) und zunehmende Konzentration & Erweiterung der Besitzstände mit, soweit auswertbare Dokumente existieren, einem eklatanten Mangel an ökonomischem Rationalismus („Es gab keine klare Vorstellung von dem Unterschied zwischen Kapitalkosten und Arbeitskosten, keine planvolle Rücklage von Gewinnen, keine langfristigen Darlehen für Produktionszwecke", ebd., 137). *Insofern* scheint der Tauschwert-Experte Hermes aufgrund seiner 'Händler-Tugenden', die er auch verkörpert, einen 'fortschrittlichen Geist' (mit aller Ambivalenz!) zu repräsentieren — freilich nur für jemanden, der die weitere historische Entwicklung kennt, während der Dichter des Hymnos dies zu einer Zeit, wo Abstraktionen wie 'Arbeitszeit' oder 'Arbeitskosten' noch große Schwierigkeiten bereiteten, gar nicht bewußt ausdrücken konnte.
[523] Einleitung zu: Die Homerischen Hymnen, 33. In der Tat war der 'freie' antike Kleinbauer in der Regel arm und durch Mißernten, Militärdienst, Plünderungen usw. in seiner Existenz bedroht (vgl. Finley, Die antike Wirtschaft, Kap.IV ('Grundherren und Bauern'), insbes. 124). Schlecht war auch die Situation des durchschnittlichen Pächters, der „ein Mann mit geringen Mitteln und ohne eigenes Land" war, „ein gescheiterter Bauer, ein 'überzähliger' Bauernsohn oder ein enteigneter Bauer" (ebd., 132).
[524] Einleitung zu: Die Homerischen Hymnen, 35
[525] Hermes the Thief, 107f.
[526] Ich werde weiter unten erläutern, daß Hermes laut Robert Graves als eine Verkörperung des Herakles verstanden werden kann. Daß das Feuer nicht vom Herd der Hestia stammt, sondern von Hermes selbst produziert wird, könnte als einer von mehreren Schritten der Ablösung von einer lunaren Muttergottheit, in Richtung auf eigenständigere Etablierung eines solaren Rationalitätsgottes gelten.
[527] Vgl. Hermes the Thief, 104f.

gen, später wurde der Begriff auf andere Standbilder ausgeweitet) entlang attischer Straßen, mit dem Gesicht zur Agora deutend, nachweisbar. Als unter Kleisthenes 508 v. Chr. die attische Demokratie im engeren Sinne inauguriert wurde, konnte sie sich auf die Solonische 'Eunomie' zurückbeziehen, die „erstmals den Gedanken bürgerlicher Verantwortung enthält" (Christian Meier[528]). *Eunomia*, die 'gute Ordnung', *Dike*, das Recht, und *Eirene*, der Frieden, sind bei Hesiod Töchter des Zeus und der alten Rechtsgottheit Themis.[529] Bei Solon wird 'Eunomie' implizit bereits als ein Konnex aus Ursachen & Wirkungen verstanden, durch den & in dem sich der gute Zustand einer Polis manifestiert, wobei die gesamte Bürgerschaft zur „maßgebende(n) Instanz" wird.[530] Er denkt noch im Horizont des Mythos, doch dieser bewegt sich allmählich zum Logos.

Es ist aufschlußreich, in diesem Zusammenhang die beiden Hauptquellen heranzuziehen, die wir zu Solon besitzen: Plutarchs Solon-Biographie aus dem zweiten nachchristlichen Jahrhundert sowie die wahrscheinlich von Aristoteles stammende Schrift *Der Staat der Athener*, die zwischen 329/28 und 322 v. Chr. verfaßt worden sein muß.[531] Wie Plutarch berichtet, war Solon zwar vornehmer Herkunft, erhob sich aber vom Reichtum her nicht über das Mittelmaß der athenischen Bürger; daß er sich eher mit den Armen identifizierte, werde aus folgendem Solon-Gedicht deutlich: „Viele schlechte Kerle sind reich, und es darben die Guten. / Wir aber haben nicht Lust, gegen ihr Geld und ihr Gut / Unsre Gesinnung zu tauschen, denn die ist bleibender Reichtum, / Während das irdische Gut wandert von diesem zu dem."[532] Die extreme Ungleichheit zwischen Arm und Reich habe damals die politische Stabilität der Stadt stark gefährdet, denn „das ganze niedere Volk war den Reichen verschuldet".[533] Solon bewirkte einen allgemeinen Schuldenerlaß (nach anderen Quellen nur eine Zinssenkung verbunden mit einer Geldaufwertung) und die Abschaffung der Schuldknechtschaft („daß in Zukunft niemand gegen Verpfändung des Leibes ein Darlehen geben sollte"[534]). Allerdings nahm er, anders als Lykurg in Sparta, nicht die von den Armen erhoffte Neuverteilung des Landes vor und sorgte nicht für Besitzgleichheit. Keine der

---

[528] Ch.Meier, Die Entstehung des Begriffs 'Demokratie', in: drs., Entstehung des Begriffs 'Demokratie'. Vier Prolegomena zu einer historischen Theorie (1970), Frankfurt/M. 3.Aufl. 1977, 21

[529] Vgl. ebd., 18. Themis ist die Tochter von Vater Himmel (Uranos) und Mutter Erde (Gaia), „Mutter der Horen und Moiren, nach einer Version auch Mutter des Prometheus" (H.Hunger, Lexikon der griechischen und römischen Mythologie, 397).

[530] Ebd., 21

[531] Vgl. die Einleitung des Herausgebers und Übersetzers Peter Dams (1970) zu: Aristoteles, Der Staat der Athener, Stuttgart 1978, 3f.; ich ziehe im folgenden zum Hintergrund auch Aristoteles' *Politik* heran, deren Abfassung sich wahrscheinlich über ca. 15 Jahre verteilte und irgendwann nach 336 v. Chr. beendet wurde (dies ist das letzte in der *Politik* erwähnte Datum, vgl. J.M.Moore, Aristotle and Xenophon on Democracy and Oligarchy, Berkeley & Los Angeles 1975, 144; Moore sagt dort auch, daß eine Stilanalyse den *Staat der Athener* — ein Papyrus mit diesem Text wurde erst 1890 entdeckt — nicht zweifelsfrei als von Aristoteles geschrieben auszuweisen vermöge).

[532] Zitiert nach Plutarch, Große Griechen und Römer Bd.1, 213

[533] Ebd., 224

[534] Ebd., 227. Finley weist darauf hin, daß „die Schuldknechtschaft, selbst nachdem sie in Athen und Rom abgeschafft worden war, sehr viel weiter verbreitet" blieb, „als man zugibt" (Die antike Wirtschaft, 74).

beiden Seiten war mit dem erreichten Kompromiß wirklich zufrieden. Solon behauptete auch nie, die schlechthin bestmögliche Gesetzgebung erreicht zu haben, sondern nur das unter den gegebenen Umständen Machbare, „'Gewalt zugleich und Recht zusammenkoppelnd'".[535] Er war „gewillt, zwar alle obrigkeitlichen Ämter wie bisher den Begüterten zu überlassen", doch denen Anteil am politischen Leben zu geben, die ihn noch nicht hatten.[536] Aristoteles bewertet dies im Prinzip positiv, kommt es für ihn doch darauf an, die rein arithmetische Gleichheit und eine Gleichheit „nach Würdigkeit", „nach Gebühr" (in einem durchaus konservativ-aristokratischen Sinne verstanden), auf glückliche Weise miteinander zu kombinieren[537]: „Daß nämlich alle berechtigt sind, staatliche Ämter zu bekleiden, ist demokratisch, und daß faktisch die Vornehmen es sind, welche die Ämter innehaben, ist aristokratisch."[538] Letzteres werde sich von selbst ergeben, wenn die Amtsführung unentgeltlich sei, dann werden nämlich nur Begüterte sie sich leisten können — daß so die bloß abstrakt-rechtliche Möglichkeit und die konkrete Realmöglichkeit auf fragwürdige Weise auseinanderklaffen, sieht er offenbar weniger für problematisch als vielmehr für wünschenswert an. Das von ihm propagierte Staatsmodell, das er auch 'Politie' (πολιτεία, im *engeren* Sinne, im weiteren bedeutet es u.a. *Staatsverfassung, Staat* überhaupt) nennt und das anders als Platons Idealstaat nur ein Korrektiv im Sinne des tatsächlich Machbaren und Möglichen sein soll, stellt sich dar als eine Mischung aus Demokratie und Oligarchie, wobei auch für ihn der Gegensatz zwischen Arm und Reich faktisch die Hauptrolle spielt.[539] Solon gilt ihm als der Begründer einer *gemäßigten* Form von Demokratie (oder eben eines Typus, welcher der 'Politie' nahekommt), die später in eine 'extreme' Form von Demokratie abgeglitten sei.[540] Die historischen Erfahrungen des

---

[535] Solon zitiert nach Plutarch, Große Griechen und Römer Bd.1, 227
[536] Ebd., 230
[537] Aristoteles, Politik, 1301 b (Übers. Walter Siegfried, Köln 1967)
[538] Ebd., 1308 b
[539] Für Aristoteles ist der Staat „seinem Wesen nach eine Vielheit" (Politik, 1261 a). Da er die möglichen Staatsformen zu einer gewissen Vielzahl von Bevölkerungsschichten in Beziehung bringt, meint etwa Walter Theimer: „Aristoteles hält die politische Form eines Staates, Jahrtausende vor Marx, für eine Funktion der Klassenstruktur der Gesellschaft" (Geschichte der politischen Ideen, Bern & München 1973, 33). Moses Finley hingegen lehnt es nicht nur ab, die solonischen Stände als solonische Klassen zu bezeichnen, sondern meint generell, daß weder vom marxistischen noch vom nichtmarxistischen Standpunkt 'Klasse' ein ausreichend bestimmter Begriff für das Verständnis der antiken Gesellschaft sei: Definiert man 'Klasse' in erster Linie nach dem Verhältnis zu den Produktionsmitteln, so wären Sklave und freier Lohnarbeiter „Angehörige derselben Klasse, ebenso der reichste Senator und der nicht mitarbeitende Besitzer einer kleinen Keramikwerkstatt", was kein sehr sinnvolles Gliederungsprinzip ergebe (Die antike Wirtschaft, 49). Nun besagt ja der Klassenbegriff generell nicht, daß man Schicht- und Statusdifferenzen auf die Klassendifferenz einebnen könnte, wobei sie andererseits auch den Klassenbegriff nicht völlig untangiert lassen müssen. Wichtig ist Finleys Hinweis, daß es weder im Griechischen noch im Lateinischen ein Wort gab, „mit dem man die allgemeine Bedeutung von 'Arbeit' oder die Vorstellung von Arbeit 'als einer anerkannten sozialen Funktion' ausdrücken konnte. Die Art und die Bedingungen der Arbeit in der Antike schlossen das Aufkommen solcher verallgemeinernden Vorstellungen aus, wie z.B. die Vorstellung einer Arbeiterklasse" (ebd., 91). Ein Marxist könnte allerdings argumentieren, daß dies eine Frage des Klassen*bewußtseins* ist, des Unterschieds zwischen 'Klasse an sich' und 'Klasse für sich' (soweit es sinnvoll ist, ein Ansichsein ohne Fürsichsein, aber mit der Realmöglichkeit von Bewußtwerdung & Organisation anzusetzen).
[540] Daraus resultiert eine gewisse Begriffsverwirrung bei Interpreten: Johannes Hasebroek meinte, Aristoteles polemisiere grundsätzlich gegen eine Auffassung der solonischen Ordnung als Demokratie

5. und 4. Jahrhunderts sorgen dafür, daß bei Aristoteles der Ausdruck 'Demokratie' (δημοκρατία) deutlich pejorativ gefärbt ist; die Demokratie, wo einseitig zum Nutzen der Mittellosen regiert wird, ist für ihn ebenso eine Dekadenzform wie die Tyrannis, wo der Eigennutz des Monarchen regiert, und die Oligarchie, die einseitig zum Nutzen der Begüterten ausfällt. Zugrundezulegen sei stets das Allgemeinwohl, das allerdings bei Aristoteles aristokratisch geprägt bleibt.

Solon nahm eine Einteilung der Bürger nach dem Vermögen bzw. nach dem Jahresertrag vor: Wer 500, 300 oder 200 Maß Früchte erzielte, zählte entsprechend zur ersten, zweiten oder dritten Klasse. „Alle übrigen wurden Handarbeiter genannt. Sie hatten zu keinem Amt Zutritt und nur insoweit am Staat Anteil, daß sie an der Volksversammlung teilnehmen und Richter sein konnten. Das hatte anfänglich keine, später aber eine sehr große Bedeutung, weil die meisten Streitigkeiten vor die Richter kamen. Denn auch in den Sachen, über die er die Entscheidung den Behörden gegeben hatte, gestattete er dem, der das wollte, die Berufung an das Volksgericht."[541] Entsprechend bezeichnet Aristoteles nach der Schuldentilgung die Einführung der Popularklage und der Volksgerichtsbarkeit als die am meisten demokratischen Elemente bei Solon: „daß jeder beliebige sich für einen, der Unrecht leidet, einsetzen darf; und das dritte, das, wie man sagt, die Macht der Menge am meisten gestärkt hat, ist das Recht, an den Volksgerichtshof zu appellieren. Da ist das Volk Herr in den Abstimmungen, und so wird es auch Herr über den Staat"[542] (so bewertet Aristoteles aus nachsolonischen Erfahrungen heraus). Für den Hymnos *An Hermes* von Bedeutung ist die Aufwertung, die das Handwerk durch Solon erfuhr: Da er sah, „daß der karge Boden mit Not denen, die ihn bebauten, Unterhalt bot, aber nicht imstande war, eine müßige, arbeitslose Menge zu ernähren, so gab er dem Handwerk Ehre und ordnete an, daß der Rat auf dem Areopag die Aufsicht darüber zu führen hatte, woher jeder seinen Unterhalt beziehe, und die Müßiggänger bestrafte."[543] Neben dem Areopagrat, den es offenbar schon vor Solon gab, „schuf er einen zweiten Rat", den sogenannten Rat der Vierhundert, in den er „aus jeder Phyle (...) hundert Mann abordnete und ihnen auftrug, (...) keine Angelegenheit ohne Vorberatung vor die Volksversammlung

---

(vgl. Hasebroek, Griechische Wirtschafts- und Gesellschaftsgeschichte, Tübingen 1931, 185), Georg Busolt hingegen, Aristoteles habe in der solonischen Verfassung die seiner Ansicht nach bestmögliche Form von Demokratie verwirklicht gesehen (vgl. Busolt, Griechische Staatskunde Bd.1, München 1920, 440). Schon gar nicht darf man den Fehler machen, durch projektive Einmischung heutiger Vorstellungen von 'Demokratie' (die ja selbst begrifflich nicht klar genug sind, vgl. die umfangreichen Debatten über parlamentarische Demokratie, Basisdemokratie, sozialistische Demokratie usw. seit dem zweiten Weltkrieg) die Verwirrung noch zu verstärken. Der Begriff 'Demokratie' kam erst um die Mitte des 5. Jahrhunderts auf, also etwa eineinhalb Jahrhunderte nach den Solonischen Reformen (vgl. Christian Meier, Entstehung des Begriffs 'Demokratie', a.a.O., 45). Nichtsdestotrotz kann man z.B. mit Aristoteles' pessimistisch klingender Überlegung, es sei „aus den konkreten Tatsachen ersichtlich, daß es kaum möglich, vielleicht sogar ganz unmöglich ist, einen volkreichen Staat aufzufinden, der sich einer guten gesetzlichen Ordnung erfreut" (Politik, 1326 a), auch heute noch etwas anfangen: Man denke nur an die Schwierigkeit, basisdemokratische Elemente und speziell Formen von Wirtschaftsdemokratie in (post)modernen Massengesellschaften zu verankern...

[541] Plutarch, Große Griechen und Römer Bd.1, 231
[542] Der Staat der Athener, in: Aristoteles, Politik / Der Staat der Athener (Übers. O.Gigon), Zürich 1955, 334
[543] Plutarch, a.a.O., 237

kommen zu lassen."⁵⁴⁴ Dieser zweite Rat bleibt umstritten. Wilamowitz-Moellendorff wundert sich darüber, daß Aristoteles bei der Würdigung Solons über einen solchen „Grundpfeiler der Demokratie" so wenig sagt⁵⁴⁵, äußert aber (anders als bei den Volksgerichten, die er für Rückprojektionen aus späterer Zeit hält) nicht den Verdacht, er könnte (zumal Aristoteles in der *Politik* schreibt: „Von den Ämtern hat am meisten demokratischen Charakter der Rat"⁵⁴⁶) schon vor Solon bestanden haben. Für Peter Dams geht er auf Drakon zurück: „Die freien Bürger erlosten aus ihrer Mitte einen Rat mit 401 Mitgliedern, der neben den Areopag trat"⁵⁴⁷; in der Tat behandelt Aristoteles ihn unter Drakon: „Beratende Funktion hatten die 401 aus der Bürgerschaft Erlosten"⁵⁴⁸, und schreibt dennoch zu Solon: „Einen Rat bildete er aus vierhundert Bürgern, hundert aus jeder Phyle, den der Areopagiten jedoch beorderte er zur Überwachung der Gesetze, wie er ja auch vorher als Aufseher über das Staatswesen fungierte und im übrigen die meisten und bedeutendsten politischen Angelegenheiten überwachte"⁵⁴⁹, was immerhin Verwirrung schafft. Für unseren Zusammenhang hier ist das gleichgültig — entscheidend ist, daß im 6. Jahrhundert, als der Hermes-Hymnos entstand, sowohl demokratische Staatselemente als auch das Handwerk auf dem Vormarsch waren, Begüterte und Adlige gleichwohl ihren Einfluß bewahrten.

Bemerkenswert auch, daß Aristoteles die Existenz einer starken Mittelschicht als entscheidendes stabilisierendes Moment einer jeden Staatsordnung ansieht: „Daß jener Staat, wo die Mittelschicht überwiegt, der beste ist, dürfte klar sein. (...) Wo nämlich die Mittelschicht zahlreich ist, gibt es am wenigsten Aufstände und Zwistigkeiten unter den Bürgern."⁵⁵⁰ Denn der Staat tendiere „seinem Wesen nach darauf hin, daß er aus möglichst Gleichrangigen und Ebenbürtigen besteht. Dies aber ist am ehesten bei der Mittelschicht der Fall."⁵⁵¹ Wenn hingegen „die anscheinend entgegengesetzten Klassen der Bürgerschaft sich das Gleichgewicht halten, etwa die Reichen und das (unbegüterte) Volk, die Mittelklasse hingegen überhaupt nicht oder nur ganz schwach vorhanden ist", komme es häufig zu Umstürzen und Wechsel der Staatsverfassungen.⁵⁵² Das ähnelt schon fast der 'middle class'-Propaganda bürgerlicher Kapitalismus-Theoretiker des 20. Jahrhunderts. Philosophisch ist diese Betonung der Mittelschicht, nicht anders als das Modell einer guten Politie (deren Kennzeichen geradezu ist, daß man sie sowohl als Demokratie wie auch als Oligarchie bezeichnen kann⁵⁵³), durch das μεσότης-Modell begründet, das auch die *Nikomachische Ethik* durchzieht: „Sittliche Tüchtigkeit zielt wesentlich auf jenes Mittlere ab"⁵⁵⁴, Tapferkeit wird z.B. als ein Mittleres zwischen Furchtsamkeit und Tollkühnheit dargestellt. Wenn Peter Spahn darauf hinweist, daß seit dem Ende des 5. Jahrhunderts und den größten Teil

---

[544] Ebd., 232
[545] Ulrich von Wilamowitz-Moellendorff, Aristoteles und Athen Bd.1, Berlin 1893, 53
[546] Politik, 1317 b; vgl. auch 1323 a: „der Rat eine demokratische Einrichtung"
[547] Einleitung zu: Der Staat der Athener (Übers. Peter Dams), 5
[548] Ebd., 11
[549] Ebd., 15
[550] Politik, 1296 a
[551] Ebd., 1295 b
[552] Ebd., 1314 b
[553] Vgl. ebd., 1294 b
[554] Aristoteles, Nikomachische Ethik (Übers. F.Dirlmeier, Stuttgart 1969), 1106 b

des 4. Jahrhunderts hindurch, so auch von Aristoteles, die Probleme der damaligen attischen Demokratie nicht zuletzt auf den Mangel an einer solchen breiten Mittelschicht zurückgeführt wurden[555], so ist allerdings zu beachten, daß Aristoteles nicht wie Spahn zwischen Mittelschicht und politisierter Mittelschicht bzw. Politisierung der Mittelschicht unterscheidet (und überhaupt zwischen politischen und vorpolitischen Kategorien nur unzureichend differenziert[556]). Spahn sieht Weckung von Interesse, kein Drängen nach Partizipation; hier spricht z.B. der Hermes-Hymnos, wo massiv 'gedrängt' wird, eine ganz andere Sprache. Für Aristoteles wiederum gibt die landwirtschaftlich tätige Bevölkerungsschicht, gefolgt von der viehzüchtenden, für die Errichtung einer guten (d.h. gemäßigten) Demokratie die relativ beste Basis ab aufgrund ihrer Lebensweise und letztlich aus normativ-anthropologischen Gründen, das Leben, das die übrigen Schichten führen, sei hingegen „ungünstig, und für keines der Werke, welche die Handwerker und Händler und Lohnarbeiter verrichten, ist die Tugend vonnöten."[557] Es ist ihnen gar nicht *möglich*, sie zu entwickeln, denn dazu bedarf es, so Aristoteles, der Muße, und damit hapert es auch bei den Kleinbauern[558], so daß eigentlich nur die Großbauern, die auf zahlreiche Arbeitskräfte zurückgreifen können, übrigbleiben. Das tätig-glückselige Leben, das er im Auge hat, meint Tätigkeit gemäß dem 'höchsten', d.h. dem spezifisch vernünftigen Seelenteil (eine Konzeption, die noch Hegel deutlich beeinflußte). Diesbezüglich ist interessant, daß im Homerischen Hymnos der neugeborene Hermes ja deutlich auf beides zugleich zielt: auf die Rinderherden des 'müßigen' Großgrundbesitzers Apollon und auf die handwerkliche Herstellung eines Gerätes, das ebensosehr einem tätig-glückseligen Leben im Sinne künstlerischer 'Muße' dient, wie es diese tätige Muße bei jemandem, der die Leier kunstvoll zu spielen versteht oder dies lernen will, auch schon voraussetzt. Insofern scheint die Einigung, die Herstellung einer Eunomie zwischen den beiden Brüdern einen die Gegensätze überbrückenden Charakter aufzuweisen. 'Politisierbarkeit' für *alle* Menschen besteht für Aristoteles in dem Sinne, wie der Mensch für ihn von Natur aus (φύσει) ein ζῷον πολιτικὸν ist, ein zum Zusammenleben in der Gemeinschaft bestimmtes Lebewesen[559], welches das ihm immanente τέλος (Ziel) nur ausgehend von den auf es übertragenen Normen und Werten eines sozialen Kontextes erreichen kann (worin ein struktureller Konservatismus liegt). Zwar ist die griechische Polis für Aristoteles aus dem Zusammenschluß von 'Häusern' und 'Geschlechtern' entstanden, doch die genealogisch-historische Betrachtungsweise stößt für ihn schon insofern an Grenzen, als Lebewesen für ihn grundsätzlich gleichartige voraussetzen, so daß etwa „die ersten Menschen, seien sie nun der Erde entsprungen oder aus einer bestimmten Katastrophe als einzig Überlebende erhalten geblieben", wahrscheinlich „nicht anders" gewesen seien „als heute die ganz gewöhnlichen, das heißt

---

[555] Vgl. P.Spahn, Mittelschicht und Polisbildung, Frankfurt/M. 1977
[556] Vgl. ebd., 15 ff.
[557] Politik, 1319 a
[558] Vgl. ebd., 1328 b
[559] Vgl. Politik, 1253 a, sowie Nikomachische Ethik, 1097 b. Laut Olof Gigon ist diese vielzitierte Bestimmung eine „These höchst eigener Prägung" und „weit davon entfernt, eine allgemein griechische Ansicht wiederzugeben" (Einleitung zur *Politik*, 14).

die unverständigen Leute."[560] So wie der handwerklich Herstellende über die Form des Herzustellenden schon vor dem Produktionsakt verfügen muß, denkt Aristoteles die Gestalt als Zweck und Wirkursache zugleich und macht damit „die platonische Idee überflüssig"; die Kehrseite dieses Ansatzes ist, daß er keine Entstehung der Arten und keine Naturgeschichte kennt: „Die Welt war für ihn im wesentlichen immer so, wie sie heute ist".[561] Wo bei Platon, schon mit künstlerisch-ironischer Distanz, noch der Mythos die entwicklungsgeschichtliche Lücke füllt, hat der Logos-Vorantreiber Aristoteles keinen Ersatz zu bieten.

Im Falle einer Zuteilung gleichen Besitzes würden sich laut Aristoteles die „Vornehmen" empören, „in der Meinung, daß sie mehr als die bloße Gleichberechtigung verdienen."[562] Überhaupt steht er auf dem Standpunkt: „Denn grenzenlos ist die Natur der Begierde, zu deren Befriedigung die große Masse ihr Dasein fristet."[563] Bezieht sich das nur auf die 'große Masse', oder liegt darin ein den Menschen schlechthin charakterisierendes Moment? Nun, die Masse hat jedenfalls nicht die Möglichkeit, solch schlecht-unendlichem Begehren durch habituelle Betätigung des höchsten Seelenteils entgegenzuwirken und evtl. zu lernen, zwischen struktureller Unbefriedigbarkeit einerseits und sowohl sinnvoller als auch möglicher Befriedigung andererseits zu unterscheiden. Daß Aristoteles weder Askese noch Zügellosigkeit befürwortet, ist aufgrund der bei ihm allgegenwärtigen Korrektivfunktion des 'Mittleren' selbstverständlich. 'Extreme' Demokratie lehnt er unter anderem mit Hinweis auf die Macht von Demagogie und Rhetorik[564] und auf die Bestechlichkeit der Armen[565] ab. Hinsichtlich der Verwerflichkeit schmeichlerischen Beschwatzens scheint er völlig im Einklang mit Solon, der ein Gesetz erließ, daß jemand, der keine Kinder hatte, seine Güter vererben könne, wem immer er wolle: So „gab er der Freundschaft mehr Ehre als der Verwandtschaft und dem guten Willen mehr als dem Zwang, und machte so das Vermögen erst zum Eigentum der Besitzenden. Doch ließ er die Vergabungen nicht unbeschränkt und schlechthin frei, sondern nur, wenn jemand sie vornahm, ohne durch Krankheit, Gift, Einkerkerung oder sonst ein Zwangsmittel genötigt oder von einem Weibe beschwatzt zu sein, indem er die sehr richtige Meinung hegte, daß es keinen Unterschied macht, ob man wider die Vernunft beschwatzt oder gezwungen wird, sondern Betörung mit Zwang und Wollust mit Schmerz in eins setzte, da sie nicht minder den Menschen um den Verstand bringen können."[566] Als ihn nach seiner Gesetzgebung ununterbrochen Leute aufsuchten, um ihn zu befragen, zu kritisieren & auszuforschen, und ihn um genaue Erläuterung baten, was er mit dieser oder jener Einzelheit seiner Gesetze gemeint oder bezweckt habe, ging Solon für zehn Jahre außer Landes. Nach seiner Rückkehr versuchte er die Tyrannis des Peisistratos zu verhindern und wirkte, als ihm dies nicht gelungen war, auf dessen Ersuchen als Berater. Plutarch meint, Anacharsis habe nicht Unrecht gehabt, als er seinen Gastgeber Solon skeptisch

---

[560] Politik, 1269 a
[561] Walter Bröcker, Aristoteles, Frankfurt/M. 4.Auflage 1974
[562] Politik, 1267 a
[563] Ebd.
[564] Vgl. ebd., 1305 a
[565] Vgl. ebd., 1270 b
[566] Plutarch, a.a.O., 235f.

fragte, ob er denn wirklich glaube, „mit geschriebenen Verordnungen die Ungerechtigkeit und Habsucht der Bürger in Schranken halten zu können; sie seien ja nichts anderes als Spinneweben, welche zwar die Schwachen und Kleinen, die sich darin fingen, festhalten, von den Mächtigen und Reichen aber zerrissen würden."[567] Die Entwicklung habe gezeigt, daß diese Zweifel berechtigt waren: die Vorherrschaft der Reichen konnte nicht wirklich gebrochen werden. Dieser Standpunkt widerspricht dem fast diametral entgegengesetzten des Aristoteles, Solon habe, obzwar gegen seine Absicht, den Pöbel an die Macht gebracht.[568]

Wenn es richtig ist, daß der Hermes des Hymnos einerseits den Aufstieg bisher nicht teilhabender Schichten zur Partizipation verkörpert (sozusagen als Gott der integrierten Mittelschichten), so muß es um so nachdenklicher stimmen, daß man ihn andererseits als Personifikation des verselbständigten Tauschwertes und dessen trickreicher und geschwätziger Machtausübung verstehen kann. Ein guter Teil des Reizes, den dieser Hymnos heute ausübt, kommt dadurch zustande, daß er geradezu schon den gegen den Feudalismus sich durchsetzenden Aufstieg des Bürgertums zu verkörpern scheint (nicht in einem bewußten oder konkret historisch vorgreifenden, wohl aber in einem idealtypisch-strukturfunktionalistischen Sinne). Abhängigkeit von Personen wird durch Abhängigkeit von Symbolen, dinglichen Repräsentanten, sachlichen Alleskleber ersetzt, die den gesellschaftlichen Zusammenhang verzerrt widerspiegeln. Norman O. Brown vertritt die Ansicht, daß der Hermes-Hymnos durch einen Zusatz ergänzt wurde, der den überlisteten Apollon in einem etwas helleren Licht erscheinen lassen soll: Zur Festigung der Freundschaft verspricht Apollon Hermes einen magischen Stab, doch nach anderen Quellen hat Hermes als Gott der Magie diesen Stab seit jeher besessen. Bemerkenswert zudem, daß der Stab im Hymnos als 'dreigezweigt und golden' beschrieben wird.[569] Nach bestimmten Quellen hat die Hermes-Figur einen Abstieg vom Gott magischer Künste zu einem Kommerzgott bloßer Tauschwert-Rationalität erfahren; jedenfalls verkörpert er zusammen mit Apollon den Heraufzug der abendländischen Rationalität mit ihren ambivalenten Aspekten. Heraklit, der um 490 v. Chr. schrieb, hat als erster abendländischer Philosoph den 'Logos' als ein strukturelles Prinzip betont, das er im gesprochenen Wort der Menschen und ebenso in allem Seienden wirksam fand, dem Seienden, dessen Einheit er im konflikthaltigen Vollzug polarer Gegensätze begriff. Dabei beziehen sich mehrere seiner Aphorismen auf die Doppelaspektivität des Apollon, dem der Bogen ebenso wie die Leier zugeordnet ist, die ihre (recht unterschiedliche) Funktion beide durch die Spannung von Elementen (sinnkonstituierenden Teilen) erfüllen (Sehne bzw. Saiten): Die Unwissenden, sagt Heraklit, „verstehen nicht, wie das Unstimmige mit sich übereinstimmt: des

---

[567] Ebd., 216
[568] Allerdings macht Aristoteles in *Der Staat der Athener* auch deutlich, daß er die Verfassung nach 510 v. Chr. unter Kleisthenes, Aristides, Themistokles und Perikles, die 'viel demokratischer' als die Solonische gewesen sei, gleichwohl nicht in jeder Hinsicht für schlecht hält.
[569] Die Homerischen Hymnen, 91 (Zeile 530); vgl. auch im Demeter-Hymnos: Hermes tritt dort als der „Gott mit dem goldenen Stabe" auf (ebd., 118, Zeile 335)

Wider-Spännstigen Fügung wie bei Bogen und Leier."[570] Dem Bogen (βιός) sei ein Name eigen, der die Assoziation 'Leben' (βίος) führe, sein Werk aber sei der Tod.[571] In der reinen Prozessualität des *Feuers*, das „aufflammt nach Maßen und verlöscht nach Maßen"[572], hat Heraklit im Sinne eines (durchaus materialistischen) leitenden Totalitätsbegriffs das Maß mit dem Maßlosen zusammengedacht und dabei interessanterweise den entsprechend dem Maß erfolgenden Wechselvollzug auch auf den ökonomischen Tausch bezogen: „Für Feuer ist Gegentausch alles und Feuer für alles wie Geld für Gold und Gold für Geld"[573] (χρήματα kann *Geld* ebenso wie *Waren* bedeuten, also auch die Übersetzung „Waren für Gold und Gold für Waren" wäre korrekt; sachlich ist beides schon deshalb sinnvoll, weil ja das Geld selbst allgemeine Ware ist und zugleich eine besondere Ware neben den anderen besonderen Waren[574]). Den Logos fand er im sinnvollen Wort und auch (vom Sprechenden undurchschaut) im unverständig geäußerten Wort geradeso wie im ökonomischen Tausch. Darin steckt implizit die (in den uns erhaltenen Fragmenten von Heraklit nicht explizit erwähnte) Doppelaspektivität des Hermes. Auf Hermes geht bekanntlich auch der Ausdruck *Hermeneutik* zurück, womit zunächst nur die Kunst der Auslegung von *Texten*[575], später (vgl. Heidegger, Gadamer) die Kunst der Interpretation des Seienden und des Seins des Seienden und des menschlichen Daseins (als einem sich anhand von Sinnhorizonten verweisenden In-der-Welt-Seienden, dem es in seinem Sein um dieses selbst geht) 'überhaupt' verstanden wurde, im Sinne eines prinzipiell 'offenen' Prozesses (beim Ins-Weite-Gehen wandert der Horizont mit!). Zum anderen gehen auf seinen Namen aber auch die Ausdrücke *Hermetik, hermetisch abgeschlossen* usw. zurück, was auf die Traditionen *esoterischen* Wissens (oder Pseudo-Wissens, der 'trickster' bleibt stets im Spiel!) verweist — schon die Ambivalenz des *hermeneutischen Zirkels* einerseits und des *magischen Zirkels* andererseits spricht Bände & schreibt Bibliotheken. Die abendländische Rationalität wies (vielfältig widerspruchsvoll gestaffelt &

---

[570] Aphorismus (bzw. Fragment) B 51 (Zählung von Diels/Kranz), in der Übersetzung von Bruno Snell (Heraklit, Fragmente, griech./dt., ed. B.Snell 1965, München 7.Aufl. 1979, 18f.)
[571] B 48
[572] B 30/31
[573] B 90
[574] Vgl. Marx, Grundrisse, MEW Bd.42, 84f.; die implizite Dialektik von Maß und Maßlosigkeit bei Heraklit wurde dreiundzwanzigeinhalb Jahrhunderte später von Marx explizit auf die Struktur des Kapitals, des sich selbst verwertenden Wertes, der zum 'Wesen' (Strukturgesetz) einer Gesellschaftsform wird, bezogen — vermittelt durch Hegels *Wissenschaft der Logik*, wo sich das Maß, das im Maßlosen (welches selbst ein Maß ist) nur mit sich selbst zusammengeht und sich als diese in sich angereicherte und weiter anreichernde selbstreferenzielle Struktur zum 'Wesen' sedimentiert (auch die Figur eines 'Logos, der aus sich selbst heraus immer reicher wird' wurde erstmals von Heraklit aufgestellt, vgl. B 115, insofern verständlich, daß Hegel in ihm den Vater der Dialektik sah!), ein In-sich-Gehen (Rückgang in sich), das im Sinne sich sukzessiv 'offenbarender' (zeigender) interner Strukturkomplexität der Erscheinung zugrundeliegt, als sich selbst bewegende (verändernde) Substanz, deren wirksames Potential an Wechselwirkungen (damit endet die Wesenslogik) implizit 'der Begriff' ist (in der entfalteten negativen Einheit von Sein, Wesen und Begriff denkt Hegel so, sein Anspruch, unter Vorzeichen moderner Aufklärungsphilosophie das zu Ende, was in Heraklits 'Logos' rudimentär angelegt war, aber sich erst geschichtlich entwickeln, manifestieren und dabei verändern — 'Negativität' als Sich-von-sich-Unterscheiden! — mußte).
[575] ὁ ἑρμηνεύς bedeutet im Griechischen *Herold, Erklärer, Dolmetscher*; ἡ ἑρμηνεία: a) Sprache, Rede, und b) Vermittlung, Auslegung, Erläuterung, Erklärung.

einander durchdringen) stets ihre internen Gegenbewegungen auf, und weder über den ihr immanenten sozialen Konfliktstoff noch über solch rationalitätstheoretischen Konfliktreichtum vermag die konsensuell hergestellte Gemeinschaft der beiden Götter am Ende des Hymnos hinwegzu*täuschen* oder hinwegzu*tauschen*.

Auch das unterdrückte Weibliche markiert eine 'interne Gegenbewegung', die es anhand der Hermes-Figur, die oft androgyne Züge trägt — im engeren Sinne wurde Hermes' mit der Liebesgöttin Aphrodite gezeugter Sohn Hermaphroditos zum sprichwörtlichen sexuellen Zwitter, nachdem die von ihm zurückgewiesene Quellnymphe Salmakis von den Göttern den Wunsch erfüllt bekam, ihre beiden Körper für immer miteinander zu verschmelzen — zu betrachten gilt. Sieht man mit Robert Graves das entscheidende Ereignis der frühen abendländischen Kulturgeschichte in der sukzessiven Ersetzung des nahezu universellen Kultes einer lunaren, dreifältigen 'Weißen Göttin' der Magie und Dichtung durch den geschäftig-rationalen Kult eines männlichen Sonnengottes[576], so drückt die Einigung zwischen Apollon und Hermes nur mehr eine Episode im Rahmen der Etablierung dieses solaren Gottes aus, der sich in den griechischen Mythen, nicht anders als die Mondgöttin, auf mehrere Gestalten verteilt (Helios z.B. ist gegenüber Zeus und Apollon relativ unbedeutend, und „seit dem 6. Jh. v. Chr. ist die Verehrung Apollons als Helios (Sonne) nachweisbar"[577]). Daß Hermes der „protector of poets" gewesen sei, „before Apollo usurped his power"[578], bezeichnet dann selbst nur ein abkünftiges Stadium der Verschiebung. Die Schicksalsgöttinnen, „the Three Fates" (griechisch die Moiren bzw. römisch die Parzen), verkörpern „the Triple-goddess in her most unbending mood"; die Musen, „originally a triad (...), are the Triple-goddess in her orgiastic aspect. Zeus's claim to be their father is a late one; Hesiod calls them daughters of Mother Earth and Air" (Gaia und Uranos).[579]

Die drei Schicksalsgöttinnen Klotho, Lachesis und Atropos, die zugleich mit den drei Mondphasen (zunehmend, Vollmond und abnehmend) die drei Wachstumsphasen des Frühlings, Sommers und Herbstes verkörpern[580], sollen mit der 'Erfindung' des Alphabets begonnen haben, die Hermes dann fortführte: „The Three Fates, or, some say, Io the sister of Phoroneus, invented the five vowels (die fünf Selbstlaute, T.C.) of the first alphabet, and the consonants B and T; Palamedes, son of Nauplius, invented

---

[576] In seinem Robert Graves gewidmeten Buch *The Occult* (1971) zitiert Colin Wilson Graves wie folgt: „Das wichtigste Einzelfaktum in der Frühgeschichte der westlichen Religion und Soziologie war zweifellos die allmähliche Unterdrückung des inspirierten Kults einer lunaren Mondgöttin und seine Ablösung (...) durch den geschäftigen, rationalen Kult des Sonnengottes Apollo, der das orphische Baumalphabet zugunsten des phönizischen Kommerz-Alphabetes — unseres ABC — verwarf und die europäische Literatur und Wissenschaft begründete" (Das Okkulte, Übers. H.Schleif / N.T.Lindquist, Berlin & Schlechtenwegen 1982, 85f.). Siehe R.Graves, The White Goddess. A Historical Grammar of Poetic Myth (1946, erweiterte Neuausgabe 1961), London & Boston 1986; drs., The Greek Myths, 2 Bde. (1955, erweit. Neuausg. 1957/60), Harmondsworth 1979

[577] H.Hunger, Lexikon der griechischen und römischen Mythologie, 50

[578] Graves, The Greek Myths Bd.1, 184

[579] Ebd., 55

[580] Vgl. ebd., 49. Die drei Moiren sind Töchter des Zeus und der Themis (vgl. Lexikon der griechischen und römischen Mythologie, 260), damit dem Prometheus verwandt, dessen Mutter nach einer Version (vgl. Aischylos) ebenfalls die alte Rechtsgöttin Themis ist (vgl. ebd., 352), die von ihrer Mutter Gaia das delphische Orakel übernommen hat (vgl. ebd., 397); Prometheus' Vater ist der Titan Iapetos.

the remaining eleven consonants; and Hermes reduced these sounds to characters (...) and carried the system from Greece to Egypt"[581]; dabei wurde umgekehrt, wie Graves in *The Greek Myths* ebenfalls erwähnt, Hermes wesentlich nach dem Vorbild des ägyptischen Thoth, „God of Intelligence", sowie des schakalköpfigen Anubis, „conductor of souls to the underworld"[582] und Gehilfe der Isis beim Wiederzusammensetzen des von Seth zerstückelten Osiris, gestaltet.

Wie sich Mythos und historische Wahrheit zueinander verhalten, kann hier natürlich nur knapp skizziert werden. Daß die alphabetische Schrift nicht 'erfunden' wurde, sondern sich allmählich entwickelte, ist klar. Sie entstand höchstwahrscheinlich nicht als eine Darstellung der gesprochenen Sprache, sondern „aus einem Interesse an Bildern und bildlichen Darstellungen heraus".[583] Diese Piktogramme und Ideogramme wurden aufgrund zunehmender Abstraktionsanforderungen allmählich phonetisiert, das Modell 'Sprache als Folge von Bildvorstellungen' abgelöst durch das Modell 'Sprache als Folge gesprochener Silben'. Die Höhlenmalereien der Cro-Magnon-Menschen, die ab ca. 35.000 v. Chr. lebten, zeigen neben naturalistisch dargestellten Tieren abstrakte Zeichen, die sogenannten 'Fallen', Zaubersymbole, durch welche die 'Seelen' oder 'Geister' von Tieren gefangen werden sollten (die Zeichen in der Lascaux-Höhle in Frankreich stammen aus der Zeit von 15.000 bis 10.000 v. Chr.), und die Umrißzeichnungen von Tieren wiederum scheinen sich aus spielerischen Linien und Einritzungen entwickelt zu haben[584] (siehe mehr dazu in Anhang II). Neben den unterteilten Rechtecken der 'Fallen', Handabdrücken, röntgenbildartig stilisierten Eingeweiden und pflanzlichen Formen, bei denen Dreizackformen auffallen[585], gibt es Dreiecksformen als Abstraktionen des weiblichen Schoßdreiecks, das zu den drei Phasen des Mondes, die Mondsichel wiederum zum Gehörn bestimmter Jagdtiere in Beziehung gesetzt worden sein dürfte.[586] Alexander Marshack hat eine auf einer Platte aus Rentiergeweih über längere Zeit hinweg mit verschiedenen Werkzeugen eingeritzte, aus einzelnen Kerben bestehende Schlangenlinie als *Mondkalender* (Registrierung der Mondphasen) gedeutet — trifft dies zu, so hätten Menschen bereits vor über 30.000 Jahren 'systematische' schriftliche Aufzeichnungen vorgenommen.[587]

---

[581] The Greek Myths Bd.1., 182; vgl. The White Goddess, 232, dort erwähnt Graves eine Quelle aus dem 6. nachchristlichen Jahrhundert, wonach vielmehr die ägyptische Göttin Isis selbst den Ägyptern ihr Alphabet aus Griechenland gebracht habe.

[582] The Greek Myths Bd.1, 66

[583] George A.Miller, Wörter. Streifzüge durch die Psycholinguistik, 62

[584] Vgl. Andreas Lommel, Vorgeschichte und Naturvölker (Prehistoric and Primitive Man, 1966), Gütersloh 1967, 21–35; zur 'Geisterfalle' siehe auch Dietrich Evers, Felsbilder. Botschaften der Vorzeit, Leipzig 1991, 176ff.; zur Datierung erster Malereien vgl. Holger Leibmann / Tobias Rózsa, LogoManiacs – Wege zu den Zeichen der Zeit, Augsburg 1998, 31: „Bisher ging man davon aus, daß die Menschen vor 20.000 bis 25.000 Jahren begannen, ihre Behausungen und Höhlen zu bemalen. In der Grotte Chauvet im Ardèchetal wurden kürzlich sogar erste mit kohliger Farbe gefertigte Nashornzeichnungen (...) auf ein Alter von 32.000 Jahren datiert...".

[585] Vgl. Tom Prideaux, Der Cro-Magnon-Mensch (orig. 1973), Niederlande 1975, 132

[586] Vgl. Helmut Uhlig, Die Große Göttin lebt. Eine Weltreligion des Weiblichen, Bergisch Gladbach 1992, 33ff., 40f., 98

[587] Vgl. Prideaux, Der Cro-Magnon-Mensch, 140–144. Vgl. auch Evers, Felsbilder, 121, zu in einer allerdings viel späteren Entwicklungsphase (1500–250 v. Chr.) entstandenen Spiralendarstellungen: „Es ist möglich, daß die Jäger und Sammler des Paläolithikums, die wohl besonders den Mond ver-

Wie dem auch sei, im 4. Jahrtausend v. Chr. entstand jedenfalls die Keilschrift, sie „überliefert die älteste Sprache, von der wir schriftliche Belege haben (das Sumerische)"[588], und zwar kann man die Entwicklung einer reinen Bilderschrift zur abstrakt-geometrisierenden Keilschrift bei den Sumerern im einzelnen nachvollziehen.[589] Die Phonetisierung der Schrift begann bereits „um 3000 vor Christus".[590] Daß die Griechen ihr Alphabet aus einer Version des semitischen Alphabets abgeleitet haben, das sie von den Phöniziern lernten, gilt mittlerweile als „fast sicher".[591] Inschriften mit der frühesten vollausgebildeten Lautzeichenschrift wurden in der Nähe des Berges Sinai gefunden, sie verweisen auf die Zeit der mosaischen Gesetzgebung (1280 v. Chr.). Der Legende nach waren die beiden steinernen Gesetzestafeln „beschrieben von dem Finger Gottes"[592], manche wollten darin eine epochale Schrifterfindung von Mose selbst sehen, doch wurde das semitische Lautzeichenalphabet schon Jahrhunderte früher entwickelt; bei den Phöniziern soll es in einer sparsamen Version bereits um 2000–1800 v. Chr. entstanden sein. Von diesem kleinasiatischen semitischen Handelsvolk übernahmen die Griechen „wahrscheinlich um 1100 vor Christus das unvokalische Alphabet, das sie selber *Phoinikeia grammata*, phönikische Zeichen, nannten".[593] „Wo die Phönizier ihr Alphabet herhaben, war Gegenstand wissenschaftlicher Diskussionen; es gibt jedoch Hinweise darauf, daß sein Ursprung in der frühen Bilderschrift der alten Ägypter lag. (...) Die Ägypter kamen nahe an ein alphabetisches System heran"[594], sie hätten die Möglichkeit gehabt, eine rein konsonantische Alphabetschrift zu entwickeln, vollzogen diesen Schritt aber nicht, sondern benutzten Bilder und abstrakte Zeichenelemente neben- und durcheinander.[595] Die semitische Schrift hingegen hat diesen Schritt vollzogen.[596] Auch sie kannte keine

---

ehrten, in den gegenläufigen Spiralen den Wechsel der Mondphasen symbolisierten." Gruppen von Schalengruben wurden als Wellenmuster, wie sie durch ins Wasser geworfene Steine entstehen, gedeutet, doch auch als „Kalendersysteme" (ebd., 169), die sich auf die jeweils neun Nächte einer Mondwoche beziehen (vgl. 171).

[588] Miller, Wörter, 6

[589] Vgl. Giovanni Garbini, Alte Kulturen des Vorderen Orients (The Ancient World, 1966), Gütersloh 1968, 14ff.; Dora Jane Hamblin, Die ersten Städte (orig. 1973), Niederlands 1975, 98–107 („Schon 3500 v. Chr. enthielt das Schriftvokabular von Uruk 2000 verschiedene Zeichen", 99). Sehr schön verständlich gemacht wird die allmähliche Entwicklung des Sumerischen von einer Bilderschrift zur Keilschrift bei H.Leibmann / T.Rózsa, LogoManiacs, 66–72 („Sumer hieß (...) Kulturland, und Sumerer bedeutet so viel wie Kulturbringer", 67); siehe dort auch 59–66 zur Entwicklung des Ägyptischen: vom Abbild über das Sinnbild und Sinnzeichen zum Lautzeichen...

[590] Miller, Wörter, 63

[591] Ebd., 66

[592] 2.Mose 31.18; vgl. 32.16: „Und Gott hatte sie selbst gemacht und selber die Schrift eingegraben."

[593] Jan Tschichold, Erfreuliche Drucksachen durch gute Typographie. Eine Fibel für jedermann (1960, unveränd. Nachdruck 1988), Augsburg 3.Aufl. 1996, 28; siehe dort eine Rekonstruktion der „altnordsemitischen oder phönikischen Buchstaben" im Vergleich zum griechischen Alphabet, wie es zwischen dem 6. und 4. Jahrhundert v. Chr., also zur Zeit Heraklits und Platons, aussah (26f.).

[594] Miller, Wörter, 64

[595] Vgl. Fritz Taeger, Das Altertum. Gestalt und Geschichte der Mittelmeerwelt (1939), Stuttgart 6.Aufl. o.J., 29; dort heißt es, die ägyptische Sprache sei „schon auf der ältesten uns faßbaren Stufe" (d.h. nach damaliger Kenntnis) „lexikalisch und grammatisch mit starken semitischen Elementen durchsetzt, die sich nicht aus der Urverwandtschaft der beiden Sprachgruppen erklären lassen" (25).

[596] Garbini: „Die Schriftzeichen, die überall im Mittleren Osten ungefähr zur gleichen Zeit entstehen — die Hieroglyphen in Ägypten, die Keilschrift in Mesopotamien und die früh-elamische (proto-

Buchstabensymbole für Vokale; die Griechen übernahmen z.B. den phönizischen Namen *Aleph*, was *Ochse* (!) bedeutet und phonetisch ein schwacher Konsonant war, und machten daraus in phonologischer Umwertung den Anfangsvokal Alpha[597] (in unserem A läßt sich noch heute ein umgekehrter Tierkopf mit zwei Hörnern erblicken, Poes Oinos wäre sicher auch mit einem Ziegenbock zufrieden, der vielleicht noch eine Spur dionysischer wäre[598]). Nun ist aber auch der kretische Einfluß auf das griechische Festland — die minoische Kultur in Knossos (ca. 2100 bis 1400 v. Chr.) war die älteste europäische Hochkultur — in Rechnung zu stellen (um 1400 v. Chr. geriet Kreta unter die Herrschaft der von Mykene aus eindringenden Achäer), welcher der 'Übernahme' des phönizischen Alphabets zeitlich vorausliegt und dabei wohl selbst asiatische Ursprünge hat (möglicherweise war bei der kretischen Silbenschrift selbst schon ein phönizisch-semitischer Einfluß im Spiel). Der Engländer Arthur Evans entdeckte 1900 bei Knossos auf Kreta Tontafeln, auf denen er drei verschiedene Schriften unterschied. „Deren älteste besteht aus bildhaften Zeichen, die ihn an die ägyptische Schrift erinnerten; er nannte sie deshalb Hieroglyphen, obwohl es keine Belege dafür gab, daß sie aus Ägypten übernommen waren."[599] Die zweite und dritte Schrift, die einen zunehmend höheren Abstraktionsgrad aufwiesen, nannte er Linear A und Linear B; letztere scheint im 15. Jahrhundert v. Chr. Linear A abgelöst zu haben. Als 1939 hunderte weitere Tafeln mit Linear B entdeckt wurden, stellte man fest, daß die Texte 89 verschiedene Zeichen enthielten: „zu viele für alphabetische Schriften

---

elamische) Schrift im Iran — sind eindeutig miteinander verwandt", der kulturelle Einfluß wechselseitig (Alte Kulturen des Vorderen Orients, 8). Nach neuesten Schriftfunden sowohl am Nil als auch in Mesopotamien scheint es Ansätze zu einer phonetischen Schrift ungefähr parallel bei Ägyptern und Sumerern — vielleicht in kulturellem Austausch über die Idee, mit Zeichen Laute wiederzugeben — schon vor etwa 5500 Jahren gegeben zu haben (so legt jedenfalls ein Radiobericht von Reinhard Baumgarten aus Kairo nahe, DLF *Kultur heute* vom 13.Januar 1999).

[597] Vgl. Miller, Wörter, 66f.

[598] Vgl. Daniel 8.21: „Der Ziegenbock aber ist der König von Griechenland", das scheint auf Alexander den Großen zu gehen, der sich in Ägypten zum Pharao und Sohn des Ammon Re küren ließ und als Inaugurator des Hellenismus die Vermittlung zwischen Okzident und Orient verkörpert (das Buch Daniel, mit dem berühmten Menetekel, entstand um 100 v. Chr., nachdem das Perserreich, das Alexanderreich, die Ptolemäer- und Seleukidenherrschaft aufeinander gefolgt waren und immer wieder das Ende der Fremdherrschaft erwartet wurde — dort findet sich auch die Verkündigung der Ankunft von einem, der „mit den Wolken des Himmels wie eines Menschen Sohn" kommen, ewige Macht haben und dessen „Reich (...) kein Ende" haben werde (Daniel 7.13–14). Es ist unklar, ob der historische Jesus von Nazareth sich auf diese Stelle vom 'Menschensohn' berufen hat oder nicht. Wenn Poe, wie ich in Kap.IV vermute, *Shadow* 41 n. Chr. im Todesjahr Caligulas spielen läßt, der nur einer von etlichen Kandidaten ist, die zum Symbol für 'blutige & ausbeuterische Römerherrschaft' wurden, so ist möglicherweise mit den umwälzenden Ereignissen, die Oinos ankündigt („For indeed strange things shall happen, and secret things be known", P 457), die Ablösung der römischen Ära durch die christliche, d.h. das Ende der Antike, gemeint: Denn Oinos *stirbt*, in Ägypten, woraus einst Mose die Israeliten führte, die wiederum Jesus hervorbrachten, der die Juden freilich viel später und anders als sie erhofft hatten vom Römerjoch 'befreite', wobei die Ausbreitung des Christentums wiederum auf die Vorarbeit des Hellenismus zurückgriff (im 4. nachchristlichen Jahrhundert gewährte Kaiser Konstantin den Christen Religionsfreiheit, erhob Theodosius das Christentum zur Staatsreligion, 529 ließ Justinian die Schule von Athen schließen). Eine *mögliche* Interpretation, die auf einem Netz ineinandergreifender Facetten & Partikel beruhen würde — aber hat Poe bei der alles in allem ziemlich unklaren, allgemeinen Symbolik von *Shadow* wirklich an etwas so Bestimmtes gedacht?

[599] Wörter, 68

und zu wenige für Logogramme."⁶⁰⁰ 1952 erkannte Michael Ventris, daß es sich um archaisches Griechisch handelte (für 73 Zeichen ist heute der Lautwert bekannt). Wenn man sagen kann, daß die *Schrift* der Griechen *kretische* Ursprünge hat, bereits mit *Tendenz zum Alphabet*, die Fortbildung dieser Silbenlautschrift zu einem vollendet 'sparsamen' Einzellaut-Alphabet hingegen wesentlich durch spätere Kontakte mit dem Handelsvolk der Phönizier zustande kam, so läßt sich Graves' Mythendeutung nachvollziehen, daß eine *matrizentrische* Kultur die Entwicklung des Alphabets *anstieß*, die dann im solaren 'Kommerzgeist' fortgeführt wurde. Jacques Derrida sieht die Entwicklung zum 'Kaufmannsalphabet' wesentlich durch die Phonologisierung bestimmt, womit ein Prozeß der Universalisierung, aber auch eine stärkere Selbst-Unterwerfung unter 'die Sprache als solche' einhergehe: „Der Händler erfindet ein System von graphischen Zeichen, das grundsätzlich an keine einzelne Sprache mehr gebunden ist. Seine Schrift ist grundsätzlich in der Lage, jede Sprache in eine andere zu transkribieren. Sie gewinnt an Allgemeingültigkeit und begünstigt so den Handel (...). Doch ist sie in dem Augenblick der Sprache im allgemeinen total unterworfen, wo sie sich von jeder besonderen Sprache emanzipiert. Sie ist in ihrem Prinzip eine universale phonetische Schrift."⁶⁰¹ Mit der Ausbreitung des Handels wächst die Macht der Sprache über die Menschen, es wachsen Kommunikation und Kommunikationsmittel (qualitativ und quantitativ), doch es wächst auch die Macht des Geldes, der Geldform, als verselbständigten Tauschwerts, über die Menschen — so muß man mit Marx ergänzen.⁶⁰² „Die stummste Schrift, die es gibt, ist die alphabetische, da sie unmittelbar keine Sprache zum Ausdruck bringt. Der Stimme fremd, ist sie ihr doch um so treuer ergeben und repräsentiert diese besser."⁶⁰³ Das Alphabet „muß in das monetäre Moment der ökonomischen Rationalität miteinbezogen werden"⁶⁰⁴ — dieses *Ineinanderwirken von sprachlicher Kommunikation und internalisierter Geldform* gilt es heute weitergehend zu analysieren, als Marx dies vermochte (ich komme darauf zurück).

---

[600] Ebd., 69 (vgl. 71, dort sind die 73 phonetisch rekonstruierten Zeichen von Linear B dokumentiert)
[601] Derrida, Grammatologie, 514
[602] Die Verselbständigung des Weltmarkts wächst, so Marx, „mit der Entwicklung der Geldverhältnisse (Tauschwerts) und vice versa, der allgemeine Zusammenhang und die allseitige Abhängigkeit in Konsumtion und Produktion (wächst, T.C.) zugleich mit der Unabhängigkeit und Gleichgültigkeit der Konsumierenden und Produzierenden zueinander; da dieser Widerspruch zu Krisen führt etc., so wird gleichzeitig mit der Entwicklung dieser Entfremdung, auf ihrem eignen Boden, versucht, sie aufzuheben" (Grundrisse, MEW Bd.42, 94). Das Anwachsen der Kommunikation und „Kommunikationsmittel" hat klar kommerzielle Gründe: die „Handelstreibenden" gehen untereinander Beziehungen ein, „worin jeder einzelne von Auskunft über die Tätigkeit aller anderen verschafft und seine eigne danach auszugleichen versucht" (ebd.). Konnotationen des Aushorchens und realer, symbolischer wie imaginärer 'Bemächtigung', die dem Begehren folgt, sich Vorteile im Konkurrenzkampf zu verschaffen, klingen hier durch und lassen an die nur naiv als emanzipatorisch zu unterstellenden Funktionen moderner telemedialer 'Echtzeittechniken' denken (die nicht zufällig von der Rüstungsindustrie entwickelt wurden); der Optimismus, mit dem Marx noch auf die gesellschaftliche Sprengkraft solcher Produktivkräfte setzte, ist blaß geworden. Mit Derrida u.a. läßt sich vielmehr die Selbstausforschung durch die internalisierte, als bürgerliches Gewissen sich verfestigende 'Stimme' bis zu jenem Zugrundegehen abendländischer Subjektivität im technologisch durchsichtig gewordenen oder exteriorisierten Menschen weiterverfolgen, jener *Verselbständigung* von Kommunikationen, Geldflüssen und Marktbewegungen gegen die Individuen, welche Luhmanns Systemtheorie nachgezeichnet hat.
[603] Grammatologie, 514
[604] Ebd., 515

In *The Greek Myths* schreibt Graves 1955: „The Greek alphabet was a simplification of the Cretan hieroglyphs. Scholars are now generally agreed that the first written alphabet developed in Egypt during the eighteenth century B.C. under Cretan influence."[605] In Ägypten wurde „Thoth who invented hieroglyphs" symbolisiert durch den Ibis[606], der dem Mond und dem Götterpaar Isis und Osiris heilig war, und die Griechen, die Thoth mit Hermes identifizierten, ordneten Hermes den Kranich zu, der laut Graves wohl derjenige Vogel war, an dessen Flug Apollon die Identität und den Aufenthaltsort des Rinderdiebes erkannte.[607] Graves kann nun darauf verweisen, daß in der minoischen Kultur eine oberste Göttin regierte, der gegenüber Zeus die Rolle eines achäischen Usurpators spielte.[608] Daß jedoch die *Alphabetschrift*, wie Graves noch meint, in Ägypten entstanden sei, ist nach gegenwärtigem Forschungsstand nicht mehr akzeptabel (vgl. oben), nur ein (obzwar vielleicht entscheidender) Entwicklungs*beitrag* kann hier vermerkt werden, und auch der von Graves so nachhaltig behauptete kretische Einfluß auf Ägypten *vor* der ägyptischen Wirkung über die phönizischen Semiten auf Europa ist mit Vorsicht zu genießen: Zwar überfielen Achäer und von ihnen besiegte Kreter um 1200 v. Chr. gemeinsam das 'Neue Reich' von Ägypten, ohne es zu zerstören, und wurden dann zurückgetrieben[609]; ein kultureller Einfluß scheint dabei aber mehr von Ägypten auf Griechenland ausgegangen zu sein als in umgekehrter Richtung. Schon lange vorher, als die minoische Kultur noch in Blüte stand, gab es intensive Verkehrsbeziehungen zwischen Kreta und Ägypten, das den gesamten Mittelmeerraum als seinen Einflußbereich betrachtete; dabei beeinflußten Ägypten und Vorderasien wohl auch die Entstehung der kretischen Schrift.[610] Der Kult der 'Großen Göttin' oder 'Großen Mutter' auf Kreta stammt wahrscheinlich vom asiatischen Festland. A.Toynbee sieht seinen Ursprung in der *sumerischen* Welt (Ischtar, Astarte) — das ist um so interessanter, als bei den Sumerern ja die Keilschrift entstand.[611] Daß die griechische Orphik wiederum minoischen Ursprungs ist, hält er für möglich, aber nicht für sicher.[612] Laut F.Taeger hat die griechische Athene kretische Quellen, Aphrodite semitische[613]; die kretische Göttin gehe auf die kleinasiatische Bergmutter Kybele zurück, und eben diese kann für Toynbee wie die ägyptische Isis auf die sumerische Ischtar (Astarte) zurückgeführt werden. Auch H.Hunger betont die wahrscheinlich asiatischen Ursprünge der Aphrodite — es werde angenommen, „daß der Kult der orientalischen Fruchtbarkeitsgöttin (vgl. die Astarte der Phoiniker)" vielleicht schon in mykenischer Zeit „über das Meer nach Hellas wan-

---

[605] The Greek Myths Bd.1, 183
[606] The White Goddess, 233; vgl. auch The Greek Myths Bd.1, 184
[607] The Greek Myths Bd.1, 67
[608] Vgl. Arnold J.Toynbee, Der Gang der Weltgeschichte. Aufstieg und Verfall der Kulturen (orig. A Study of History, Übers. J. v. Kempski), Zürich 1949, 24f.
[609] Vgl. ebd., 23 u. 26
[610] Vgl. Taeger, Das Altertum, 22 u. 107f.
[611] Vgl. Der Gang der Weltgeschichte, 380
[612] Vgl. ebd.; sollte die Orphik minoischen Ursprungs sein, so wäre dies um so bedeutsamer, als die Herausarbeitung von Harmonie, Symmetrie, Logos-Strukturen durch Pythagoras (wodurch wiederum die Heraklitische Logoslehre mitangestoßen wurde) ja eine Weiterentwicklung der Orphik darstellt.
[613] Das Altertum, 111f.

derte".[614] Mykenische Achäer sollen ja nach der Eroberung Kretas (um 1400 v. Chr.) auch Troja (um 1200 v. Chr.) erobert haben; das Urteil des trojanischen Paris, der entscheiden sollte, ob Hera, Athene oder Aphrodite die schönste Göttin sei, scheint in griechisch verzerrter Form die Verehrung der 'dreifältigen Göttin' widerzuspiegeln. In der Gestalt der Rheia-Kybele wurde die hellenische Göttermutter Rheia (Rhea), Tochter des Uranos und der Gaia und Gemahlin des Kronos (Chronos), mit der phrygischen Berggöttin Kybele, „einer Erscheinungsform der asiatischen Großen Mutter"[615], verbunden, deren orgiastischer Kult sowohl in Griechenland als auch später in Rom abgemildert wurde; in der Legende von Attis, der vor ihr flieht, sich kastriert und Selbstmord begeht, kommt ihre auch destruktive Macht zum Ausdruck, der auszuweichen allerdings zur Selbstzerstörung führe (ähnlich wie bei Narkissos gegenüber Aphrodite).

Noch weiter zurückgehend, wird vermutet, daß vorgeschichtliche Stammesgesellschaften in West- und Nordafrika, die *matriarchalisch* bzw. *matrizentrisch* organisiert waren, Einfluß sowohl auf Sumer als auch auf Ägypten ausübten.[616] In Afrika wurden auch die frühesten von Menschen hergestellten Werkzeuge gefunden, die rund zwei Millionen Jahre alt sind, und *Homo habilis* lebte dort bis etwa 800.000 v. Chr. (etwa um diese Zeit bereits erlernte der Mensch den Gebrauch des Feuers, den der Hermes-Hymnos ebenfalls mythisch verdichtend als kulturellen Meilenstein einbezieht).[617]

Wirft man nun noch einmal einen Blick auf den Cro-Magnon-Menschen oder Höhlenmaler, den ersten 'modernen', halbwegs differenziert sprechenden und Vorformen der Schrift erprobenden Menschen, der sich, wo auch immer er sich zuerst entwickelt haben mag, weltweit ausbreitete, so fallen unter den frühesten erhaltenen Kunstwerken die Felsreliefs und Statuetten einer schwangeren Fruchtbarkeitsgöttin in durchaus 'abstrakter' Darstellung auf. Sie sind vor 27.000 bis 20.000 Jahren entstanden.[618] In der Bronzezeit, im 2. Jahrtausend v. Chr., waren es kleine weibliche Tonfiguren, die nun auch „individuelle menschliche Züge" erhielten, „vielleicht unter dem Einfluß des minoischen Kreta".[619] Auf eine machtvolle Religion der 'Großen Mutter', die sich zwischen 3000 und 2000 v. Chr. „vom östlichen Mittelmeer nach Nordwesteuropa" ausbreitete, gehen auch die auffälligen Großsteingräber zurück[620], das berühmteste ist Stonehenge bei Salisbury in England (1900–1600 v. Chr., bzw. H.Uhlig gibt „drei Bauphasen zwischen 2500 und 1250 v. Chr." an[621]). Die Menschen, die diese Groß-

---

[614] Hunger, Lexikon der griechischen und römischen Mythologie, 44
[615] Ebd., 365 (vgl. auch 226)
[616] Vgl. Garbini, Alte Kulturen des Vorderen Orients, 112
[617] Vgl. Lommel, Vorgeschichte und Naturvölker, 14; Prideaux, Der Cro-Magnon-Mensch, 152f.
[618] Vgl. Der Cro-Magnon-Mensch, 92 u. 98f.; Vorgeschichte und Naturvölker, 34f.; Die Große Göttin lebt, 98f.
[619] Lommel, Vorgeschichte und Naturvölker,, 68
[620] Ebd., 67
[621] Die Große Göttin lebt, 137. Uhlig assoziiert die Höhle, als Kultort und Begräbnisplatz, mit dem Mutterschoß und einem entsprechendem Fruchtbarkeitskult; bei den Neandertalern gab es den Brauch, Tote in Schlaf- bzw. Embryonalhaltung zu begraben, was auf einen archaischen Wiedergeburtsglauben hindeuten mag. Die Großsteingräber, die wohl häufig mit einem Erdmantel versehen waren, könnten als eine Art künstliche Höhle fungiert haben in Gegenden, wo es keine Höhlen gab (vgl. ebd., 27, 31f., 51, 136). (Zu solchen Aspekten kann Uhligs Buch als seriöse Quelle herangezogen werden, auch wenn er insgesamt dazu neigt, das Weibliche auf schon recht fragwürdige Weise zu

steinkultur geschaffen haben, waren „ohne Zweifel Bauern"[622]; so wie die Jäger und Sammler, die nicht selbst einen aktiven Anteil am Wachstums- & Regenerationsprozeß der Natur nahmen (insofern sie weder Ackerbau noch Viehzucht betrieben), eine Göttin der Jagd verehrten, die Leben hervorbringt und wieder in sich zurücknimmt, verehrten auch sie eine Göttin der natürlichen Vegetationszyklen, wobei die Beobachtung der Gestirne, von Sonne und Mond, eine wesentliche Rolle spielte (Stonehenge war Kultstätte und zugleich Observatorium, die astronomischen Kenntnisse wurden möglicherweise durch ägyptische Kontakte gefördert[623]). Auf Kreta, wo seit dem Neolithikum (etwa 7000 v. Chr.) Menschen, die „wohl aus Anatolien"[624] eingewandert sind, gelebt haben, scheint der Kult der Großen Mutter bereits zu dieser Zeit „mit den ersten Siedlern vom asiatischen Festland auf die Insel gelangt"[625] und im Sinne eines Stierkultes entwickelt worden zu sein: Der Zuchtstier hatte Mondnatur; wenn der Sonnenlöwe den Mondstier erwürgte[626], läßt sich dies so verstehen, daß der neue Vegetationsgott den des alten Jahres, der neue Hercules den alten erwürgt, doch auch so, daß die neue Religion eines solaren Gottes (Zeus, Ammon Re) die alte matriarchalische ablöst (Theseus erwürgt den alten Opferkult, repräsentiert durch den Minotauros). Ob der Stier den Jünglingen vorausging[627] oder nicht vielmehr die Jünglinge dem Stier, darüber scheint keine Einigkeit zu herrschen. Gut möglich, daß Graves recht hat, wenn er meint, daß zunächst Jünglinge der Göttin rituell geopfert wurden und dann unter dem Aufkommen des Patriarchats durch Stiere ersetzt wurden: Daß Jünglinge sich im sportlichen Ritual unter Lebensgefahr dem Stier gegenüber bewähren mußten (der, auch wegen seiner halbmondförmigen Hörner, mit der Göttin assoziiert war[628]), ist dann ebenso Ausdruck von *Rationalisierung* wie, daß Jünglinge und Mädchen einem Minotaurus-Monstrum geopfert worden seien, wovon der solare Theseus (sprich der achäische Eroberer Zeus) Kreta 'befreien' mußte. Die Erscheinungsform des Dionysos als Stier ist eine Art Kompromißbildung; das Lunar-Weibliche verschiebt sich zum Dionysischen, der solar-lunare Ausgleich zum 'Bruderbund' (Nietzsche) zwischen Dionysos und Apollon in der Struktur der griechischen

---

idealisieren, mit 'Reinheits'-Unterstellungen zu belasten und mit Erlösungssehnsüchten zu verknüpfen, so daß nur eine Rückkehr zur Religion der Großen Göttin 'uns retten' könne — eine Tendenz, von der freilich auch Graves nicht ganz frei ist.)

[622] Lommel, Vorgeschichte und Naturvölker, 68. Uhlig setzt den Akzent etwas anders, indem er meint, daß die Baudenkmäler der Megalith-Kultur von „seefahrende(n) Völkern" angelegt wurden, da viele in Meeresnähe zu finden sind (Die Große Göttin lebt, 161).

[623] Vorgeschichte und Naturvölker, 69

[624] Jannis A.Sakellarakis, Elysium der Alten Welt, in: MERIAN: Kreta, April 1978, 25

[625] Die Große Göttin lebt, 163

[626] Vorgeschichte und Naturvölker, 43

[627] Wie H.Uhlig meint (vgl. Die Große Göttin lebt, 264)

[628] Was eine gleichzeitige männliche Bedeutung nicht ausschließt; z.B. lassen sich auch manche frühe Göttinnen-Statuetten *zugleich* als Phallusformen verstehen (vgl. ebd., 168). In manchen Kultbildern, Idolen & Götterfiguren — vgl. gerade auch die Hermes-Gestalt — ist das Bemühen ausgedrückt, das lunare und das solare Prinzip zu einem widerspruchsvollen Ausgleich (in sich differente Einheit, Einheit unter Einschluß der Gegensätze) zu bringen (vgl. Hermes als 'Wandlungssubstanz'). — Daß der Stier der Venus zugeordnet ist (in der Astrologie regiert der Planet Venus das Zeichen Stier), hat diese historischen Bezüge (vgl. Tarot-Karte III).

Tragödie, analog dem Bruderbund zwischen Hermes und Apollon bei der Aufteilung der Interessensphären im sozialen Leben der Menschen.

In bezug auf die Thesen von Graves sind die komplizierten Wechselbeziehungen im Mittelmeerraum, zwischen Vorderasien, dem vorderen Orient (bzw. Nordafrika) und Europa insofern zweitrangig, als der entscheidende Schritt bei ihm in der Annahme besteht, daß in Griechenland vor dem Import des modifizierten phönizischen Alphabets ein geheimes, sakrales Baum- oder Zweig-Alphabet existiert haben soll, das von lunaren Priesterinnen verwaltet wurde: „There is evidence, however, that before the introduction of the modified Phoenician alphabet into Greece an alphabet had existed there as a religious secret held by the priestesses of the Moon — Io, or the Three Fates: that it was closely linked with the calendar, and that its letters were represented not by written characters, but by twigs cut from different trees typical of the year's sequent months."[629] Graves bringt hier das sogenannte Ogham-Alphabet, dessen Wurzeln unklar sind[630], mit jenem Entstehungskontext der Schrift überhaupt, an dem, wie nun ersichtlich geworden ist, der Kult einer Naturgöttin und Beobachtungen (vielleicht auch Aufzeichnungen) mit ihr assoziierter Naturzyklen mehr oder weniger beteiligt waren, in Verbindung. Hermes, welche Umwege und Einflüsse auch immer in seiner Gestalt sedimentiert sein mögen, wurde mithin von der Mondgöttin, der 'White Goddess' persönlich, nicht nur zu Musik und Gesang, sondern auch zum Alphabet 'inspiriert', und die Deviationen und Dekadenzsymptome, die er künftig personifiziert, sind die einer einseitig verselbständigten solaren Rationalität (des Analysierens und Rechnens), die der intuitiven und integrierenden lunaren gegenübergetreten ist und sie in die Schranken des Unterdrückten bzw. ins esoterische Dunkel verwiesen & abgedrängt hat. Im Homerischen Hymnos ist, wie wir sahen, Apollon bereits der Führer der Musen, Hermes ist von Geburt an relativ eigenständig, und am Ende unterstellt Apollon ihm gleichsam als kleinen Ausgleich dafür, daß die Weissagekunst bei ihm, Apollon, verbleibt, die Aufsicht oder Herrschaft über die „Thrien" (bzw. er verweist Hermes an sie), drei geflügelte Nymphen, die Orakel mittels Wahrsagesteinchen erteilten: „Diese will ich dir geben. Du aber befrage sie deutlich, / deinem Herzen zur Lust, und lehrst du der Sterblichen einen, / und es geht glücklich aus, so lauscht er noch oft deiner Stimme."[631] „The Thriae", so Graves, „are the Triple-Muse"[632], inso-

---

[629] The Greek Myths Bd.1, 183
[630] Die Ursprünge des Ogham-Alphabets „liegen im Dunkeln, wenngleich Verbindungen mit dem Runen- und dem etruskischen Alphabet hergestellt werden. Seit dem 4. Jahrhundert diente es zur Schreibung des Irischen und Piktischen. Man kennt etwa 500 Inschriften, die meisten davon auf Steinmonumenten in Südirland. Das Alphabet umfaßt 20 Buchstaben und gliedert sich in vier Gruppen zu je fünf Buchstaben. Als Zeichen verwendete man einfache Striche oder Kerben, die meist in die Seitenkanten von Steinpfeilern gemeißelt wurden. In der Regel liest man sie von unten nach oben oder von rechts nach links" (David Crystal, Die Cambridge Enzyklopädie der Sprache, 203). — Graves' 'mythopoetologische' Theorie über den soziokulturellen Entstehungs- und Unterdrückungszusammenhang des Ogham-Alphabets ist insgesamt zweifellos als 'spekulativ' zu werten, was aber nicht besagt, daß sie unproduktiv wäre oder in (wesentlichen?) Zügen nicht durchaus zutreffen könnte.
[631] Die Homerischen Hymnen, 92 (Zeile 564–566). Nicht uninteressant, daß in der pythagoreischen Lehre von den 'figurierten Zahlen' mit Steinchen ausgelegte Figuren eine wichtige Rolle spielten, „wobei jedes Steinchen (ψῆφος) eine Einheit bedeutet, weshalb die Pythagoreer den Punkt als Einheit, der eine Position hat (μόνας θέσιν ἔχουσα), definierten" (Oskar Becker, Das mathematische Denken

fern ist für ihn hier die Inspiration durch die Musen, d.h. durch die 'White Goddess', in abgeschwächter Form wiedergegeben. Ob & wie nun vermittels der Weißen Göttin oder 'autark', jedenfalls ist Hermes ursprünglich „the master of the magic formulae which bind" (Brown[633]): „The etymological meaning of the Greek word for 'herald', κῆρυξ, is 'expert sound-maker'."[634] Vom Spezialisten des magischen Wortes wird Hermes allmählich zum Experten der Verführung & Überredung, des strategisch-cleveren Tausches und der strategisch-cleveren Kommunikation.

Der Homerische Hymnos ist für Graves in *The Greek Myths* nur eine Quelle unter anderen, und er erzählt ihn etwas abweichend (gegenüber dem oben interpretierten Wortlaut), durchsetzt mit Varianten & Bearbeitungen.[635] Bemerkenswert z.B., daß Hermes danach mit der von ihm frisch erfundenen Leier seine Mutter Maia in tiefen Schlaf lullt, anstatt sich umgekehrt von ihr in Schlaf wiegen & singen zu lassen[636] — eine Szene, die Graves' Auffassung entgegenkommt, obzwar sie von ihm nicht explizit ausgewertet wird. Dem Apollon, der ihn verblüfft fragt, wieso er denn *zwölf* Rinderportionen geopfert habe, erklärt er, daß er *seinen eigenen* Anteil *gegessen* habe („Now, this was the first flesh-sacrifice ever made"[637]). Der Handel 'Rinder gegen Leier' wird hier mit der Flöte, die Hermes gleich darauf erfindet, wiederholt, Apollon sagt zu ihm: „'A bargain! If you give me that pipe, I will give you this golden staff with which I herd my cattle; in future you shall be the god of all herdsmen and shepherds.'"[638] Hermes aber meint, die Flöte sei mehr wert als der Stab, und möchte im Tausch die Kunst des Weissagens von ihm lernen. Apollon lehnt das ab, doch um so mehr Gewicht erhält nun der Hinweis auf die drei Bergnymphen, die ihn wenigstens einen Teil der Kunst lehren können. Daß Hermes also den magischen Stab zusammen mit dem Kontakt zu den drei Bergnymphen erhält, läßt sich dann als ein apollinisch verbrämter & abgeschwächter Hinweis darauf interpretieren, daß die magischen Künste von der *Triple Goddess* inspiriert wurden. Apollon und Hermes kehren nun noch einmal zurück zum Olymp, wo Zeus Hermes ermahnt, künftig das Eigentum anderer zu respektieren und keine direkten Lügen mehr zu erzählen; er zeigt sich aber von der Eloquenz & Überzeugungskraft des Sprößlings amüsiert & beeindruckt. „'Then make me your herald, Father,' Hermes answered, 'and I will be responsible for the safety of all divine property, and never tell lies, though I cannot promise always to tell the whole truth.' — 'That would not be expected of you,' said Zeus, with a smile. 'But your duties would include the making of treaties, the promotion of

---

der Antike, Göttingen 1957, 13, zit. nach Emil Bergs (ed.), Die Vorsokratiker (griech.–dt.), 147; vgl. auch W.Schadewaldt, Die Anfänge der Philosophie bei den Griechen, 281–287.
[632] The Greek Myths Bd.1, 66
[633] Hermes the Thief, 13
[634] Ebd., 29
[635] Er führt z.B. das an den Hymnos anknüpfende Satyrspiel des frühen Sophokles *Die Spürhunde* („Fragments of *The Trackers*") an (das ungefähr 470–450 v. Chr. entstanden sein mag und von dem 1912 umfangreiche zusammenhängende Fragmente auf Papyrus gefunden wurden) sowie Apollodors mythographische Auszüge (etwa 2. Jahrhundert n. Chr.), ohne dies auf einzelne Elemente der von ihm präsentierten Version hin zu differenzieren (vgl. The Greek Myths Bd.1, 66).
[636] Ebd., 63
[637] Ebd., 64
[638] Ebd.

commerce, and the maintenance of free rights of way for travellers on any road in the world.'"[639] So ist Hermes denn in der Tat der Gott des 'freien' Welthandels geworden, den zu 'sichern' freilich regelmäßig mehr als nur ein bißchen Lügen 'erfordert' — Hermes als Gott der 'Sachzwänge' und ihrer strategisch-apologetischen Darlegung. Erwirtschafteter Überschuß & Reichtum pflegte früher tatsächlich im & als Heiligtum gehortet und z.T. geopfert zu werden (auch insofern sind die hier gebrauchten Formulierungen hoch aussagekräftig), bis dann der Schatzbildner, jener 'verrückte Kapitalist' (Marx), glücklich zum Kapitalisten wurde, dem 'rationalen Schatzbildner'.

Auch daß der verselbständigte Tauschwert zum totalisierenden *Phallus* (im Sinne Lacans) wird, kommt in dieser Version aufs schönste zum Ausdruck (von Graves, insofern er Lacan nicht kannte, natürlich ebenfalls nicht ausgeführt), denn Hermes verkörpert ersichtlich *beides*: „He was at once welcomed into the Olympic family, whom he taught the art of making fire by the rapid twirling of the fire-stick."[640] Also hat er doch schon (s)einen Stab oder Stecken gehabt, als er die Opferung der beiden Rinder vollzog? Eben diese Unklarheit verbildlicht den strukturell konservativen Umstand, daß der Phallus 'sich selbst voraussetzen muß', so sehr auch die Macht usurpiert worden sein mag. Symbolische Ordnung reagiert auf symbolische Ordnung. Der Göttersprößling wird vom Schüler zum Oberlehrer der Familie, und anders als beim Aufrührer Prometheus vollzieht sich hier die ganze Prozedur in schönstem Konsens. Der Phallus ist der Phallus, die Eintracht ist die Eintracht, A = A. „He then assisted the Three Fates in the composition of the Alphabet"[641], das wurde oben mit Graves schon kommentiert. Dieser weist darauf hin, daß Hermes als Götterstandbild nicht zuletzt aus den „stone phalli" entwickelt wurde, „which were local centres of a pre-Hellenic fertility cult"[642] — „The invention of fire-making was ascribed to Hermes, because the twirling of the male drill in the female stock suggested phallic magic."[643] Die phallische Ordnung, auf Kosten der lunaren — und in der zynischen Formulierung 'auf Kosten', dieser ökonomistischen Metaphorik, steckt sie ebenfalls drin, eben noch dort, wo sie sich selbst als gewaltsam denunziert. So ist das mit dem Kapitalismus und seinem pseudo-magischen Kommerz-Kult.

Karl Kerényi steht den Graves-Thesen zur Großen Göttin grundsätzlich nahe. Wer Hermes' Mutter Maia ursprünglich war, sei unklar; sie sei „mit dem nächtlichen Himmel verbunden" gewesen „als eine der Pleiaden, des Siebengestirns, das aus lauter göttlich entrückten Mädchen bestand", die als Töchter des Atlas galten (so auch Maia); Sophokles erwähnt in seinem an den Hymnos anknüpfenden Satyrspiel die Bergnymphe Kyllene gesondert als Hermes' Amme.[644] Als einziger Nymphensohn er-

---

[639] Ebd., 65
[640] Ebd.
[641] Ebd.
[642] Ebd., 66
[643] Ebd., 67
[644] K.Kerényi, Die Mythologie der Griechen, Bd.1: Die Götter- und Menschheitsgeschichten (1966), München 16.Aufl. 1994, 129. „Das Wort *nymphe* bedeutet ein weibliches Wesen, durch das ein Mann zum *nymphios*, das heißt zum glücklichen, am Ziel seiner Männlichkeit angelangten Bräuti-

hielt Hermes unter den großen Göttern einen ständigen Platz im Olymp. Die Nymphen werden dargestellt als „von Hermes angeführt", ihre Grundzahl scheint Drei gewesen zu sein, „die Zahl der Chariten und der übrigen bekannten weiblichen Dreiheiten, welche alle die aufgelöste Form einer großen dreifältigen Göttin bilden"; „Hermes, ihr ständiger Geleiter, stellt neben der Frauendreiheit den männlichen Vierten dar."[645]
Im ursprünglichen Fruchtbarkeitskult wurde, wie Graves rekonstruiert hat, der 'Spirit of the Year', der die im Jahresverlauf scheinbar zunehmende & abnehmende Kraft der Sonne verkörperte[646], der Großen Göttin rituell vermählt & geopfert — darin scheint sich eine allmähliche Objektivierung der *Struktur* als des Wiederkehrenden auszudrücken, ein allmähliches Distanzgewinnen der Sprache, des Bewußtseins, des 'Geistes' gegenüber Natur: der Sohn, der Logos, ist von Natur selbst hervorgebracht (später: vom solaren Gott auf die Erde gesandt) und wird in der Synthesis bzw. 'kopulativer' Prädikation auf Natur (sinnlich 'Gegebenes') zurückbezogen. Von der 'Großen Göttin' inSPIRIert und sie besingend (vgl. Orpheus), ist dieser 'Spirit' als Produziertes, Ausgeatmetes, Verklingendes auch getrennt, fixiert, verselbständigt, 'für sich' vergegenständlicht, auf 'schlecht-unendliche' Reihenstruktur gebracht, wird rituell zerstückelt (wie Dionysos) und in den stets von neuem beginnenden Kreislauf zurückgeworfen. Der 'Spirit of the Year' ist das Hervorgebracht-Hervorbringende, das Negierend-Negierte. Die christliche Trinität ist wie die des dialektischen 'Aufhebens' der Dreiaspektivität der 'Großen Göttin' bzw. der Baum-Phänomenologie von Wurzel, Stamm und Verzweigung (vgl. engl. *three* und *tree*), von Keim, prozessueller Entfaltung und 'Produkt' (Frucht etc.) abgeschaut.[647] Mit dem relativen Ablösungs- und Verselbständigungsprozeß des Bildes, des Wortes und des Klanges werden die Selbsthervorbringungs- & Regenerationskräfte der Natur[648] und die immanente Einheit von

---

gam wird. Die Bezeichnung gebührte einer großen Göttin ebenso wie einem sterblichen Mädchen" (ebd., 141). Diese Formulierung verweist indirekt darauf, daß hier ein narzißtischer Männlichkeitskult den Kult der Großen Göttin im Prinzip schon abgelöst hat — genau dies zeigt auch der Bruderbund zwischen Hermes und Apollon im Hymnos. Im Prinzip, so Kerényi, geht es „immer um dieselbe große Göttin, deren Gatte und Sohn Hermes war, in der mit den Daktylen verwandten phallischen Form seiner alten Kultmale" (ebd., 137).
[645] Ebd., 142
[646] Vgl. The Greek Myths Bd.1, 14
[647] Die oft gehörte Frage, ob die dialektische Triplizität, die als abstraktes Schema für Dialektik freilich so wesentlich nicht ist, aus der christlichen Gottesvorstellung 'oder' aus der politischen Ökonomie abgeleitet sei, ist damit von vornherein unzureichend gestellt, denn beide haben selbst wieder, und durcheinander vermittelt, gemeinsame 'Wurzeln'... Man sollte diesbezüglich vor allem auch einmal die *schamanistischen* Vorstellungen vom 'Weltenbaum' heranziehen & untersuchen (zu diesem Motiv siehe u.a. Mircea Eliade, Shamanism. Archaic Techniques of Ecstasy (orig. französ. 1951, engl. 1964), Princeton 2.Aufl. 1974, 269–274, 284f., auch 126 (rituelles Erklettern von Bäumen); Dietrich Evers, Felsbilder, 184ff.).
[648] Natur schließt sich im Anderen-ihrer-selbst nur mit sich selbst zusammen, so wie in der solarrationalistischen Konzeption Hegels der Begriff. Im gegen solche Vernunftphilosophie wieder 'intern' geführten 'Gegendiskurs der Moderne' ist es beim Schopenhauerianer Nietzsche das Leben, der Wille, der sich im Anderen seiner selbst, dem Geist, nur auf sich selbst bezieht: „Geist ist das Leben, das selber ins Leben schneidet", läßt er seinen Zarathustra sagen (Werke Bd.II, 635); dabei suchen Schopenhauers 'Wille zum Leben' und Nietzsches 'Wille zur Macht' sich wie Hegels 'absoluter Geist' völlig strukturanalog als 'Vater seiner (oder ihrer) selbst' zu erweisen, worin (wenn man N.O.Browns Thesen weiterführt & ausweitet) *überhaupt der Kern der sogenannten ödipalen Problematik zu bestehen scheint*: als ein vermutlich sehr tief im Menschen verankertes Begehren, *sich mit den*

Werden & Vergehen, Entwicklung & zyklischer Wiederkehr ausgedrückt. Entsprechend haben die komplexen 'Für sich'-Vergegenständlichungen (über Identifikation) des individuellen und des kollektiven Narzißmus mit ihrem destruktiven Wiederholungszwang in der Tat *das Wiedererkennen & Wiederbeleben von Struktur* (hier: strukturbildender psychischer Momente, die einmal 'sinnlich Gegebenes' waren) zu ihrem Grund.

Viele griechische Mythen haben Elemente aus dem Kult der Großen Göttin herausgelöst und ausdifferenziert, stehen dabei untereinander in Wechselbezügen. So ist z.B. Dionysos der Sohn des Zeus und einer sterblichen Frau, Semele (laut Graves[649] bedeutet ihr Name ebenfalls *Mond*, obwohl sie nicht mit der Mondgöttin Selene verwechselt werden darf); er läßt Orpheus von den Mänaden zerreißen, weil dieser den Apollon preist[650]; er selbst wird nach seiner Geburt von den Titanen zerrissen, doch seine Großmutter Rhea setzt ihn wieder zusammen und wiederbelebt ihn (so wie im ägyptischen Mythos Isis ihren von Seth getöteten Bruder & Gatten Osiris), Hermes verwandelt ihn „into a kid or a ram" und läßt ihn von Nymphen aufziehen.[651] Wie Dionysos, „who in the early legends is an alias of Hermes"[652], erscheint auch Hermes manchmal in der Form eines Widders oder Ziegenbocks, so gegenüber Penelope.[653] Er ist der Vater des bocksbeinigen & gehörnten Pan, der in seinen orgiastisch-lunaren Aspekten dem Dionysos nahesteht; der dunkle Flötenspieler Pan paart sich mit der Mondgöttin Selene, indem er sich mit einem weißen Schafsfell tarnt (der Mond wird von der Dunkelheit umfangen[654]), er stellt mit den Satyrn den Nymphen nach und führt (vgl. Hermes!) nachts den Reigen der Nymphen. Dem Dionysos verwandt ist auch der Zeussohn Zagreus, der ebenfalls von den Titanen zerrissen wird — dieser Mythos erinnert, so Graves, an die jährliche Opferung eines Knaben im alten Kreta, „a surrogate for Minos the Bull-king."[655] Die minoische Kultur soll aber ja eine entscheidende Rolle bei der Entwicklung des Alphabets gespielt haben[656] — die Spra-

---

Selbsthervorbringungskräften der Natur zu messen — jener Natur, aus der der Mensch, je moderner & 'rationaler' & postmodern-verzweifelter (oder -zynischer) er wird, ebensosehr 'herausfällt' wie er ihr völlig angehört... Dies scheint allerdings weniger ein spezifisch männlicher 'Gebärneid' (G.Groddeck) zu sein, als vielmehr ein *beide* Geschlechter charakterisierendes Begehren, ist doch für die Frau in einem nicht zu unterschätzenden Maße das Kind ein narzißtisch besetzter Ersatz für das utopische Projekt, *sich selbst zu gebären...*

[649] The Greek Myths Bd.1, 56
[650] Vgl. ebd., 112
[651] Vgl. ebd., 103f.
[652] The White Goddess, 133
[653] Vgl. The Greek Myths Bd.1, 103
[654] Vgl. Kerényi, a.a.O., 139f.
[655] The Greek Myths Bd.1, 119
[656] Vor sein Vorwort zu *The Greek Myths* plaziert Graves die Abbildung eines Siegels der mittleren minoischen Kultur, das er auf ungefähr 1900 v. Chr. datiert: Es zeigt einen dreigliedrigen Palmbaum, zu seiner Linken die Figur einer Priesterin, die sich mit dem Palmbaum identifizierte, und zu seiner Rechten den jährlich rituell geschlachteten „Old Bull of the Year" (vgl. ebd., 8), der dann durch ein neugeborenes Kalb ersetzt wurde. Man beachte das Prinzip der *Substitution* (in mehrfacher Hinsicht: Was hier das Bild leistet, leistet später das Wort, und es ist das einzelne konkrete Substitut selbst (der *jeweilige* 'Bull-King'), das jährlich im Sinne des Allgemeinen substituiert wurde!), ebenso das Ineinandergreifen von Symbolischem, Imaginärem und Realem, was für die betreffenden Menschen der Sache nach noch ungeschieden war!

che, die symbolische Ordnung, wird zum Labyrinth, worin der dionysische Zwitter (Minotauros ist halb Jüngling, halb Stier) gesetzmäßig be- & überwältigt, abgetrennt, segmentiert, exteriorisiert, verschoben, *sublimiert* wird (bezeichnenderweise vom apollonähnlichen Theseus). Wenn (mit Graves) der Übergang vom Matriarchat zum Patriarchat durch jene Sublimierung & Rationalisierung begünstigt wurde, die darin lag, daß man fortan statt Jünglingen Tiere opferte, vor allem Rinder (Stiere, Ochsen), so paßt dazu das 'erste Rinderopfer' des 'klugen, listigen' Hermes, *der sich nicht mehr von seiner Mutter kommandieren läßt, sondern die Höhle der Mutter verläßt* und nur noch zum Schein dorthin zurückkehrt[657], nämlich um *sein Ideal-Ich*, den erfolgreichen Halbbruder, dorthin zu locken und ihm dann zum Olymp 'vorauszugehen'. Der Selbstopferungskult verschiebt sich in Richtung auf den Kult von Familie / Gens / Clan (im Deutschen schimmert noch die Baummetaphorik im Doppelsinn von 'Stamm', vgl. 'Abstammung', durch), auf dadurch vermittelte/geregelte Heirat und den Kult anerkennungstiftender 'ideeller Gemeinschaft' einerseits, und auf den sowohl asketischen als auch häufenden Erwerbskult (der Unterwerfung unter Personen durch Unterwerfung unter Sachen bzw. Verdinglichungen ersetzt) andererseits. Ebenfalls paßt zu dieser Etablierung des Rinderopfers, daß Ochsen eine Schlüsselrolle sowohl bei der Entwicklung des griechischen Alphabets (da das Alpha, wie bereits erwähnt, aus dem semitischen Aleph entwickelt wurde, was *Ochse* bedeutet[658]) als auch bei der Entwicklung des Geldes spielten (indem sie als eine frühe Erscheinungsform des Tauschwerts fungierten)! Hermes repräsentiert diesen mehrfachen Ablösungsprozeß, sozusagen als *wandelnde Abstraktion* (im Doppelsinn, denn in der Alchimie späterer Jahrhunderte versinnbildlicht er tatsächlich *die Wandlungssubstanz*, und der verselbständigte Tauschwert verändert Gesellschaft und Bewußtsein aufs Nachhaltigste); es darf durchaus die These riskiert werden, daß der Hymnos diesen ganzen Zusammenhang verdeckt ausdrückt. So könnten die Entstehung des 'Kaufmanns-Alphabets' und die des verselbständigten Tauschwerts *gemeinsam*, über verschlungene Wege, auf den orgiastischen, Hervorbringen & (Selbst-)zerstörung gleichermaßen verherrlichenden Kult der Großen Göttin zurückweisen und seinen allmählichen Ersatz durch den (die Dialektik von Produktivität & Destruktivität freilich nur verschiebenden) Kult eines Sonnengottes (der strukturelle Klarheit, Verstand & Vernunft, das 'natürliche Licht' der 'Evidenz', den 'zwanglosen Zwang des besseren Argumentes' usw. ebenso verkörpert wie grelles Licht, Blendung, 'Kastration', verbrannte Erde, Verraten & Verkaufen). Hermes wird somit erst recht als eine Gestalt ersichtlich, die im historisch-mythologischen Sprachspiel zwischen der lunaren und der solaren Seite *vermittelt*. Zum Zeitpunkt des Hymnos ist die solare Seite (die dem dreifältigen Lunaren gegenübertrat / zur Seite trat[659]) bereits recht fest etabliert, die lunare ist zurückgetreten; so wie die griechische Tragödie dargestellt werden konnte als 'Bruderbund'

---

[657] Psychoanalytisch ließe sich dies auf den 'Regressionszug' (Ferenczi) beziehen, vor allem auf die tendenzielle Entwertung der Frau, die darin liegt, daß die Liebe fortan eine imaginäre & symbolische Rückkehr in den Mutterleib sein soll...
[658] Übrigens zählt das Bild eines Ochsenkopfes auch zu den frühesten hethitischen Ideogrammen aus dem 2. Jahrtausend v. Chr. (und eine Art *Auge* fungiert dort als Ideogramm für *Gott*, vgl. Poes *The Tell-Tale Heart*!), vgl. Die Cambridge Enzyklopädie der Sprache, 198
[659] Entsprechend zeigt Tarot-Karte IV den solaren Herrscher im Zeichen des Widders.

zwischen dem Dionysischen und dem Apollinischen (Nietzsche)[660], erscheint hier das Herausabstrahieren des Tauschwertes als ein fast schon innernarzißtisch anmutender (und durchaus konflikthaltig bleibender) Konsensfindungsprozeß zwischen Hermes und seinem *alter ego* Apollon. Folgt man Graves, so könnte „Hercules (who) first appears in legend as a pastoral sacred king" diejenige Figur sein, *die sowohl Hermes als auch Dionysos als auch Apollon gemeinsam zugrundeliegt,* die dann alle nur Differenzierungen und gegeneinander verselbständigte Aspekte der einen Grundgestalt darstellen.[661] „His name, in Greek Heracles, means 'Glory of Hera', and Hera was an early Greek name for the Death-goddess who had charge of the souls of sacred kings and made oracular heroes of them."[662] Hermes wurde von Zeus gezeugt, *als Hera schlief,* jedoch mit einer Ersatzgestalt, das ist ebenso aussagekräftig wie, daß Hermes im Hymnos seine begrenzten Orakel-Qualitäten durch eine Gestalt der Goddess *bereits vermittelt durch Apollon* erhält. Die Rivalität zwischen dem soeben geborenen Hermes und dem anerkannten Apollon muß dann offensichtlich als ein später Reflex jenes alten Rituals gedeutet werden, daß der 'neugeborene' Hercules, nämlich der des neuen Jahres, den Hercules des alten Jahres tötete.[663] Das liefe, herrschte die alte blutige Konsequenz, auf die Beseitigung (quasi Kastration) des Apollon durch Hermes hinaus. Der Hymnos drückt stattdessen die schon sublimierte, durch zunehmend 'rationale' Kultur gebändigte Rivalität aus, die im Konsens endet, der durch rituellen Tausch besiegelt wird: darin zeigt sich die Befestigung der Einheit der patriarchalen Herrschaft gegenüber der verdrängten matriarchalen. *Listige, ironischblinzelnde Kommunikation und Tausch sind die beiden selbst durcheinander vermittelten Medien zur Anerkennung und weiteren Befestigung dieser bereits bestehenden solar-patriarchalen Herrschaft.* Anerkennung des Anderen als des Anderen-seinerselbst ist & bleibt seine Negation, und zwar eine solche, die ebenso den Negierenden negiert. Bei Dionysos kommt die dialektische Aufhebung der alten Konstellation darin zum Ausdruck, daß er 'sein eigener Feind' ist[664]: die Unterdrückung von Natur als des Anderen-seiner-selbst ist explizit selbstdestruktiv geworden, das im Namen von Kultur verordnete rituelle Opfer zum 'freien' Selbstopfer geworden (so wie es speziell auch der christliche Gottessohn vorführt, und zwar obschon er an seiner Mission, die darin besteht, 'das Gesetz zu erfüllen', zweifelt!). Das Dionysische, so weit wir es in der solar-destruktiven Verstandeskultur noch zulassen, wird destruktiv und autodestruktiv. Dionysos wurde von den Titanen attackiert, *während er sich selbst im Spiegel betrachtete,* den er als Spielzeug bekommen hatte, wurde in sieben Stücke zerris-

---

[660] Über Nietzsches Schrift *Die Geburt der Tragödie (aus dem Geiste der Musik)* habe ich ausführlich geschrieben im Kapitel VI meiner Morrison-Studie *Pfeile gegen die Sonne* und habe dabei auch die Bezüge und Differenzen zwischen dem Dionysischen und dem Lunaren dargestellt; das werde ich hier nicht wiederholen, sondern verweise darauf.
[661] The White Goddess, 125; vgl. dort das ganze achte Kapitel 'Hercules on the Lotus'
[662] Ebd., 124. „To this type of Hercules belong such diverse characters as (...) Orion the Hunter of Crete (...) and Hermes" (ebd., 126). Dieser Hercules weist auch *schamanistische* Züge auf, indem er z.B. als Regenmacher fungierte: „He is the rain-maker of his tribe and a sort of human thunderstorm" (ebd., 125).
[663] Vgl. ebd., 126
[664] Vgl. James G.Frazer, The Golden Bough. A Study in Magic and Religion (1922), London & Basingstoke 1987, 391f.

sen und verzehrt, doch Zeus, dem Athene das gerettete Herz übergab, verschluckte dieses und gebar seinen Sohn neu, so daß Dionysos wiederauferstand[665] — kann es eine ausdruckskräftigere Metapher für die strukturelle Fragilität, Verletzlichkeit und doch Unbeirrbarkeit, gleichsam autokatalytische Wiederaufrichtbarkeit des menschlichen Narzißmus geben?

Als um 1500 mit den Entdeckungen eines Kolumbus oder Magellan die Herstellung des Weltmarktes möglich geworden war, endete das europäische Mittelalter, und der Tauschwert setzte seinen Rinderklau fort, indem in Übersee zur 'ursprünglichen Akkumulation' geschritten wurde, d.h. zu Land- & Goldraub, Dezimierung und/oder Versklavung dortiger Bevölkerung usw. — da der predigenden Verbreitung des Christentums hierbei die Rolle eines ideologischen Alibi zufiel, blieb in diesem 'Vermittlungsprozeß' das rhetorische Beschwatzen die unerläßliche andere Seite der Erfolgsmedaille. Bevor & während um 1600 in den Naturwissenschaften die induktiven und mathematischen Methoden und das mechanistische Weltbild ihren Siegeszug begannen (Bacon, Galilei, Descartes), praktizierten die Alchimisten ihre archaische Chemie auf der Basis eines Denkens in universellen Analogien. Sie wollten 'Gold' herstellen bzw. den *lapis philosophorum* ('Stein der Weisen') — das 'Machen' als Paradigma von Tätigkeit hatte auch sie gepackt, ebenso die Ahnung eines neuen Zeitalters, und es ist nicht uninteressant, daß Hermes (bzw., in römischer Form, Mercurius) hierbei den Archetypus eines symbolischen Vermittlers und Indikators des Übergangs spielte. Carl Gustav Jung, der den alchimistischen Prozeß als Verklausulierung des psychischen Individuationsprozesses gedeutet hat, erläutert: „Der Mercurius steht am Anfang und am Ende des Werkes."[666] Das 'große Werk' ist die *coniunctio* von *sol* und *luna*, des solaren und des lunaren Pols, woraus das psychische (?) 'Gold' erwachsen soll bzw. die Herstellung der (imaginären) 'Ganzheit des Selbst' unter einer *solchen* Führungsrolle des Solaren, die getreu nach dem Freudschen 'Wo Es war, soll Ich werden' das Lunare adäquat 'integriert' hat, statt es zu verdrängen. Eine Darstellung aus dem Jahr 1678 zeigt den gekrönten & geflügelten Jüngling Hermes „als 'vereinigendes Symbol'" zwischen Sonne und Mond stehend, in den Händen zwei Hermesstäbe haltend[667] (von der verknüpften Doppelschlange ist im Homerischen Hymnos noch nicht die Rede, doch dieser Hermesstab, der ebenfalls aus Ägypten importiert wurde, ist ja in seiner einfachen Schlangenversion als Äskulapstab auch als das Zeichen der Ärzte & Apotheker bekanntgeworden, die sich auf den Chemismus von allerlei Zauber- & Heilmitteln verstehen bzw. darauf, sie 'herzustellen'). Oder er wird (1622) dargestellt mit Sonne-Mond-Doppelkopf: „Mercurius als Sonne-Mond-Hermaphroditus (Rebis) auf dem (runden) Chaos stehend".[668] Im (al)chemistischen Sprachspiel ist Mercurius mit dem oszillierenden, beweglichen & 'sich bewegenden' Quecksilber assoziiert, er ist die *materia prima*, die Wandlungssubstanz. Strukturell gesprochen ist

---

[665] Vgl. ebd., 388; Joseph Campbell, Die Masken Gottes, Bd.1 – Mythologie der Urvölker (The Masks of God – Primitive Mythology, 1959; Übers. Hans-Ulrich Möhring), Basel 1991, 122f.
[666] C.G.Jung, Erlösungsvorstellungen in der Alchemie (= Psychologie und Alchemie (1944) Bd.2; ed. H.Barz u.a.), Olten & Freiburg i. B. 1985, 70; vgl. dort auch 26, 69ff., 134, 142f., 160–64, 200, 216
[667] Ebd., 69
[668] Ebd., 26

er Substanz-als-Subjekt, Sichselbstgleichheit als Sich-von-sich-Unterscheiden: Er wird von Vater & Mutter (in *materia* steckt *mater*!) verschlungen & entwickelt & verschlingt/entwickelt dabei sich selbst (im Stadium der *rubedo* 'wütet er als Roter Drache gegen sich selbst', vgl. bei Poe die Konstellation von Prospero & dem Roten Tod[669]), er durchläuft Gärungsprozesse und wird wie der Schamane bei seinem symbolischen Tod bis aufs Skelett 'reduziert'. Solche Reinigungsprozesse (vgl. *sublimatio*) sollen bewirken, daß er am Ende wiederaufersteht als 'neuer Mensch', 'neuer Adam', Kind eines neuen Zeitalters. Dabei ergeben sich komplexe Bezüge zu ägyptischen Mythen (Osiris' Sohn Horus wird zum Kind eines neuen Zyklus und herrscht unter den Lebenden, sein Vater im Totenreich) und zu griechischen (Hermes, Dionysos, Orpheus, Adonis u.a.), zum (daran anknüpfenden) christlichen Auferstehungsmythos ebenso wie zu schamanistischen Riten[670], und es wird deutlich, daß eine bloß individualpsychologische Deutung zu kurz greift; sedimentiert sind hier vielmehr mannigfaltige Schichten kultur- & gattungshistorischer Stadien, Identifikationsversuche, Utopien. Man kann das heute aktualisieren und das 'Große Werk' z.B. kommunikationstheoretisch interpretieren: das am Ende hervortretende Kind Horus/Hermes als Manifestation der 'vollen Sprache' und/oder einer zwanglosen universellen Kommunikationsgemeinschaft — das Durchgangsstadium der sich fixierenden 'schwarzen Sonne', der *nigredo*, wäre dann wahlweise als gestörte/verzerrte Kommunikation im Sinne gesellschaftlicher Entfremdung zu deuten oder gerade als (freiwillige oder unfreiwillige) Offenheit für die Macht des Lunaren, das sich vor die Sonne geschoben und ihr Blendwerk vorübergehend ausgeklinkt hat. Daß im Sinne der alten Mythen der Zyklus immer wieder von neuem beginnt, und die 'wahrhafte Unendlichkeit' unabdingbar ein Moment der 'schlechten' behält, zeigt an, daß der Mythos ebensosehr

---

[669] Auch das apokalyptische Zeichen, daß *der Mond* sich in *Blut* verwandelt, kann man damit in Verbindung bringen, um so mehr, wenn das 'Morschmachen', die 'faulige Gärung' (*putrefactio*), eine Konfrontation mit dem Lunaren, mit der 'Großen Göttin' des Unbewußten, die zugleich die MATERie, das Chthonische repräsentiert, ausdrückt. Ausdrucksmächtig ist eine Verdunklung *der Sonne* (des Bewußtseins, der Vernunft), die dadurch bewirkt wird, daß sich *der Mond* (unbewußtes Material) 'davorschiebt', ebensosehr wie der Schrecken, der entsteht, wenn der Erdschatten den Mond rötlich verdunkelt, so als würde das Lunare sich auf seine in ihm entfremdeten Körpern aufgespeicherten Kräfte besinnen und sie wieder zu sich heranziehen, ein glimmendes Erlöschen vor dem großen Aufflackern, dem bei den vom apokalyptischen Schrecken Getroffenen ein Aufflackern vor dem Verlöschen entspricht...

[670] Vgl. Mircea Eliade, Shamanism, 392 („We will merely mention Hermes Psychopompos; the god's figure is far too complex to be reduced to a 'shamanic' guide to the underworld"; dabei ein Hinweis auf eine Studie von P.Raingeard, Hermès psychagogue. Essai sur les origines du culte d'Hermès, Paris 1935); Ward Rutherford, Shamanism. The Foundations of Magic, Wellingborough 1986, 48, 61, 63 (auch der Ehrentitel des Schamanen 'Master of the Fire' stellt einen interessanten Bezug zu Hermes dar!) u. 94f.; Holger Kalweit, Traumzeit und innerer Raum. Die Welt der Schamanen, Bern/München/Wien 1984, 66 u. 71 (die Parallelen zum Orpheusmythos). Ob man der Figur des Hermes schamanistische Wurzeln zuschreibt oder nicht, hängt nicht zuletzt davon ab, wie weit man den Begriff 'Schamanismus' faßt (in der betreffenden Fachliteratur herrscht darüber keine Einigkeit). Auch der Schamane (bzw. die Schamanin) ist Vermittler zwischen den Menschen und der 'übersinnlichen' Welt bzw. Unterwelt, benutzt dabei Musikinstrumente (vor allem die Trommel) ebenso wie die Sprache, übertrifft an Wortschatz & Verbalisierungsfähigkeit in der Regel bei weitem die seiner / ihrer Stammesbrüder und -schwestern) und weist auch Züge des 'tricksters' auf. Norman O.Brown hat ihn wohl zu Recht als den 'ursprünglichen Sublimierer' bezeichnet (vgl. Life Against Death, 157f.).

schon Aufklärung enthält, wie Aufklärung jederzeit in Gefahr steht, zum Mythos zurückzufallen — wenn sie heute etwa unterstellt, jene globale zwanglose Kommunikation sei tatsächlich realisierbar oder gar schon Realität, wird sie antiaufklärerisch und naiv. Den Globalisierungspredigern sich anähnelnde Vertreter des Kommunikationsparadigmas gleichen bisweilen Esoterikzirklern, deren scheinbare Abwendung vom Bestehenden bloß auf der Ablehnung oder Unfähigkeit beruht, das Ausmaß ihrer Eingemeindetheit zu hinterfragen. Im Zuge der unter den Stichwörtern 'New Age' und 'Esoterik' firmierenden Konjunktur von Magie, Mystik, Astrologie und Tarot in den letzten Jahrzehnten, die von Kommerzialismus und unkritischen Heilserwartungen geprägt ist, werden Redeweisen vom 'Neuen Menschen' und 'Neuem Zeitalter' aus konkreten historischen Bezügen oft abgelöst und dabei auch keineswegs im Sinne konkreter Utopie in einem postkapitalistischen Sinne verstanden; die Inhalte werden oft oberflächlich verrührt zu einem modisch-kompensatorischen Pseudokult diffus unzufriedener Kleinbürger.

Die Entstehung des Tarot liegt im Dunkeln. Die Symbole der Stäbe (Bauern), Schwerter (Adel), Münzen (Kaufleute) und Kelche (Klerus) scheinen auf (die) vier Stände des Mittelalters zu verweisen, auch Figuren wie der Gaukler, der Kaiser, der Papst. Manchmal wird die Entwicklung der bildkräftigen, zu Weissagungszwecken oder zum Diagnostizieren situativ vorherrschender individualpsychischer Tendenzen verwendeten Karten auf europäische Zigeuner zurückgeführt, doch soll es in Deutschland „schon 1329, ein Jahrhundert vor der Ankunft der Zigeuner in Europa, Berichte über das Tarot gegeben" haben.[671] Wie Colin Wilson erläutert, hat ein Philologe des 18. Jahrhunderts, von Gebelin, erklärt, „daß es sich im Grunde um ein altägyptisches Werk, das *Buch Thoth* handle. Dies aber war vor der Zeit, als der Stein von Rosette die Gelehrten befähigte, die ägyptischen Hieroglyphen zu entziffern. Wir müssen erkennen, daß die Forschung seither keinen Beweis für das Vorhandensein der Tarot-Karten im alten Ägypten erbrachte."[672] Dennoch hat ein selbsternannter Magier des 20. Jahrhunderts, Aleister Crowley, die von ihm frei 'rekonstruierte' und erläuterte Version des Tarot, die heute zu den bekanntesten zählt, *Das Buch Thoth* genannt.[673] Thoth, der ägyptische Gott der Gelehrsamkeit, der in den *Sargtexten* als Mondgott über die Nachtseite der Welt herrscht[674], Vorbild des griechischen Hermes, wird somit spekulativ als der legendäre Ahnherr der magischen Künste, Hermes Trismegistos ('der *dreimal* Größte', vgl., daß nach Graves die '*Triple* Goddess' Hermes zu seinen Künsten verhalf), bestätigt. Der Legende nach war dieser Hermes Trismegistos zugleich ein irdischer Herrscher, der die Pyramiden von Gizeh erbauen ließ und dort begraben ist, zusammen mit der sogenannten Smaragdtafel, deren Kernsatz das Prinzip der universellen Analogie ausspricht: 'Wie oben, so unten'. Dessen *religiöse* Bedeu-

---

[671] Colin Wilson, Das Okkulte 148f.
[672] Ebd., 148. (Zum 'Stein von Rosette' vgl. in der vorliegenden Untersuchung Kap.IV, zu Poes *Shadow*)
[673] Vgl. A.Crowley, Das Buch Thoth. Eine kurze Abhandlung über den Tarot der Ägypter (The Book of Thoth, 1944, Übers. K.Lemur-Esser, 1981), Sauerlach 5.Aufl. 1988; A.Crowley / Frieda Harris, Thoth Tarot Deck (Thoth Tarot Karten), Neuhausen & Sauerlach 1986
[674] Vgl. Erik Hornung, Einleitung zu: Die Unterweltsbücher der Ägypter (ed./Übers. E.Hornung, 1971), Zürich & München 1992, 51

tung besagt, hinduismusähnlich, „that God is identical with the soul"; die *magische* Bedeutung ist, „that man is a small model of the universe", ein *Mikrokosmos*, dessen innere Gesetzmäßigkeiten analog sind denen des *Makrokosmos*.[675] Von den Großen Arkana (Schlüsselkarten) des Tarot ist I, 'Der Magier', generell nach dem Vorbild des Vermittlers & Integrators Hermes mit seinen Utensilien, wie dem Stab, gestaltet; Karte II ('Die Hohepriesterin') ist ein Bild der 'Great Goddess' mit ihren ins 'Okkulte' abgedrängten, bedrohlich-geheimnisvoll lunaren Kräften, III eine Wärme ausstrahlende, venusische 'Mutter Natur', IV das abstrakt-kantige solar-männliche Prinzip allein ('Der Kaiser/Herrscher'), V der das lunare Prinzip zu sich aufhebende 'Hohepriester', während bei VI die beiden Pole als Dualität nebeneinander gestellt sind ('Die Liebenden', oft ist hier ein Mann dargestellt, der sich wie 'Herakles am Kreuzweg' zwischen zwei Frauen, einer hellen und einer dunklen, entscheiden muß); die beiden Pole werden dann noch in unterschiedlichen Trennungs- oder Mischungsverhältnissen dargestellt, bzw. das Trennende, Vermittelnde, Getrennte und/oder Integrierte erscheint in je unterschiedlichen Konstellationen für sich, als Waage der Gerechtigkeit (abgeleitet vom 'Wägen des Herzens' im ägyptischen Totenreich bzw. der alten griechischen Rechtsgottheit Themis), als alchimistische Kunst usw. Eine Schlüsselrolle fällt unter anderem der siebenten Karte zu, dem 'Wagen des Hermes' (überhaupt lassen sich die 21 Großen Arkana zu drei Serien á sieben gruppieren, VII beendet dann den ersten Zyklus; 'Der Narr', die Null, spielt als nichtfestgelegt & doch die anderen 'serialisierend' eine Sonderrolle). Eliphas Lévi (1810–1875), für den der Tarot die „ursprüngliche Bibel" und „das einzige Buch der alten Magier" darstellte[676], hat diese VII. Karte rekonstruiert[677]: Hermes steht als gekrönter jugendlicher Held (mit seinem Stab) auf einem Wagen, der von zwei Sphinxen gezogen wird, einer hellen und einer dunklen (von ihm aus gesehen ist die helle rechts, die dunkle links[678], zusammen ergibt sich die, hier phallisierte, Dreizahl). Dieser Schlüssel versinnbildlicht, obzwar in einseitig solar-männlicher Darstellung, die androgynen (konstitutiv bisexuellen), zu vereinigender & ausrichtender Tätigkeit (der sich seiner selbst bewußt werdende 'Lenker') bzw. zu sich unterordnender Tätigkeit genötigten Kräfte

---

[675] Colin Wilson, The Supernatural, London 1975, 81. Vgl. Richard Cavendish, Die schwarze Magie (The Black Arts, 1967, Übers. H.J.v.Koskull, 1969), Berlin 1980, 22: „Um 1200 hat es eine lateinische Version der 'Smaragdtafel' gegeben, und man hat inzwischen ältere arabische Versionen entdeckt. Es gibt keine zwei gleichlautenden Übersetzungen, und der Sinn einer jeden ist dunkel. Doch für die Zwecke der Magie ist der wichtigste Teil der erste Satz des lateinischen Textes: 'Quod superius est sicut quod inferius, et quod inferius est sicut quod superius ad perpetranda miracula rei unius.' Zu deutsch: 'Was oben ist, ist wie das, was unten ist, fähig, die Wunder des Einen auszuführen.' Das ist die große magische Lehre des 'wie oben so auch unten'." Man beachte, daß der 'Skandalsatz' von Poes *Eureka*, das göttliche Herz sei unser eigenes (vgl. Kap.XII) exakt diesem Satz entspricht: „You might say that man is an organ of the universe, just as the heart is an organ of the body" (Wilson, The Supernatural, 82).
[676] E.Lévi, Transzendentale Magie. Zweiter Teil: Ritual (Dogme et rituel de la haute magie, dt. 1927), Basel 3.Aufl. 1981, 245
[677] Vgl. ebd., 253
[678] Die unbewußten, intuitiven, 'irrationalen' oder in diesem Sinne ('schwarz'-)magischen Kräfte bilden (überkreuz in der rechten Hirnhälfte angesiedelt) *The Side of the Left*, vgl. Richard Cavendish, The Powers of Evil (in Western Religion, Magic and Folk Belief), New York 1975, darunter auch das so benannte Kapitel IX

(die Sphinxen, die gleichwohl den Wagen *ziehen*) des menschlichen 'Subjekts' (*subiectum* wörtlich: das Daruntergeworfene). Hermes verkörpert hier spezifisch die Ich-Kräfte — er ist der symbolischen Ordnung ebensosehr ausgesetzt, wie er sich ihrer, im Sinne einer konstitutiven Spaltung, zu 'bedienen' versucht, er ist Lenker und doch nicht Lenker und überschätzt oft seine 'rationalen' Kräfte erheblich bzw. schätzt sie falsch ein (so wie Phaeton, der den Sonnenwagen seines Vaters Helios übernahm und große Verwüstungen anrichtete, da er die Rosse nicht lenken konnte). Die den Tarot mit C.G.Jung interpretierende Sallie Nichols kommt zu dem Schluß, der „Prunkwagen" zeige eine „Ego-Überschätzung"[679], eben jene, die die alten Griechen *Hybris* nannten — das entspricht genau der Konzeption Lacans vom Ich als 'Prunkgebärde', Geste der Grandiosität & Verkennungsinstanz, und wird auch der Ambivalenz der Hermes-Gestalt gerecht, wie wir sie aus dem Homerischen Hymnos nun kennen. Hermes verkörpert dann nicht nur die „ambiguities of the unconscious" (Joseph Campbell[680]), sondern gerade auch die Widersprüche, Schmeichlerattitüden, Suspektheiten & Selbstbelügungen des Ich. Crowley betont in seiner Version der Karte interessanterweise die *Rüstung* des Wagenlenkers — der ist so sehr in seine Panzerung eingeschlossen, daß kein Gesicht, überhaupt kein einziger Körperteil mehr frei zu erkennen ist, und hält passiv in seinen Händen ein rasch rotierendes Rad, das eher ein nervös-undurchsichtiges Rad des Schicksals zu sein scheint denn ein erfüllter Kreis des Selbst — andererseits hebt er merkwürdigerweise die beiden ägyptischen Sphinxe des von ihm verehrten Lévi in eine christliche Quadruplizität der Embleme der vier Evangelisten auf (Stier, Löwe, Adler und Mensch). Die überdimensionalen Seitenräder des Wagens wirken wie dysfunktional umschlagende technische Krücken, der nachthimmelblaue Baldachin ruht auf ebenfalls vier Stützen (die Zahl des 'Herrschers'!), und auf dem geschlossenen Helmvisier des Fahrers hockt ein Krebs, wässriges Symbol des Unbewußten, es ist das geknechtete Gefühl, das ihn, den in das aus sich selbst rollende Rad in seinen Händen narzißtisch Vertieften, im Grunde beherrscht.

In bezug auf die Rationalitätssymbolik bei Poe ist bemerkenswert, daß *Hermes und Athene* (zu ihr vgl. Kap.XIII, *The Raven*) die beiden Schutzgötter des Odysseus sind. Joseph Campbell (1904–1987), längst ein Klassiker in Sachen vergleichende Mythologie, nennt Hermes den griechischen Gott „des mystischen Wissens und der Wiedergeburt"[681], nicht ohne seine Vielschichtigkeit zu unterstreichen (die er allerdings untergewichtet): „Der Schutzgott der *Ilias* ist Apollon, der Gott der Lichtwelt und der Trefflichkeit heldischer Männer. (...) In der *Odyssee* dagegen ist der Schutzgott der Irrfahrt des Odysseus der Schelm und Seelenführer Hermes, Schirmherr der Wieder-

---

[679] Sallie Nichols, Die Psychologie des Tarot. Tarot als Weg zur Selbsterkenntnis nach der Archetypenlehre C.G.Jungs (Jung and Tarot. An Archetypical Journey, 1980, Übers. W.v.Rohr / A.Klein, 1984), Interlaken 2.Aufl. 1986, 188. Nichols bemüht sich dabei um eine differenzierte und immanentkritische Interpretation, sie verweist darauf, daß in den meisten Karten-Sets „der Prunkwagen als eine gänzlich positive Karte dargestellt" werde, „mit keinerlei Hinweis darauf, daß ihre zentrale Figur unter Ich-Überschätzung leiden könnte" (ebd.).
[680] J.Campbell, The Hero with a Thousand Faces (1949), Princeton (New Jersey) 3.Aufl. 1973, 73
[681] J.Campbell, Die Masken Gottes, Bd.3 – Mythologie des Westens (The Masks of God – Occidental Mythology, 1964; Übers. Hans-Ulrich Möhring), Basel 1992, 19

geburt auch und Gebieter über die Erkenntnisse jenseits des Todes, die seinen Eingeweihten noch im Leben zuteil werden können. Er ist der Gott, dem das Symbol des Caduceus, der zwei ineinander geringelten Schlangen, zugeordnet ist, und er ist das männliche Element, das die Überlieferung mit der Trias jener Schicksalsgöttinnen — Aphrodite, Hera und Athene — verbindet, die in der großen Sage den Trojanischen Krieg auslösten."[682] Campbell weist mit Jane Harrison auf eine ältere Vasendarstellung hin, wo links die drei Göttinnen stehen, voll bekleidet und kein bißchen verführerisch wirkend, während rechts Paris zu entkommen und sich um seine Aufgabe zu drücken versucht — Hermes aber, in der Mitte stehend, packt ihn am Handgelenk und zwingt ihn, die folgenschwere Wahl zu treffen.[683] Nach Gilbert Murray verkörpert Odysseus den jährlichen Weg der Sonne, Penelope den Mond — Campbell empfiehlt, durch Jung beeinflußt, die entsprechend einer Korrespondenz von Mikrokosmos (Individuum) und All sich vollziehende ausgleichende Vereinigung der Gegensätze nicht außer acht zu lassen.[684] Hermes käme dann als Vermittler die Aufgabe zu, einerseits die Gegensätze aufbrechen zu lassen und sie andererseits zu 'versöhnen'. Zu der Hermes/Paris-Darstellung schlägt Campbell vor: „wir denken uns weiter rechts das kurze Leben voller Taten und Ruhm, Areté, Zeus und Apollon und auf der linken Seite außer den alten Göttinnen der hohen Zeit des Mutterrechts die mystischen Inseln der Kirke, der Kalypso und der Nausikaa, mit Hermes in der Rolle des Führers der Seelen in die Unterwelt und zu Erkenntnissen jenseits des Todes."[685] Als 'Jüngling mit dem goldenen Stab' überreicht Hermes dem Odysseus ein Kraut, das ihn gegen Kirkes Zauber schützen soll, und rät ihm, wie er sich ihr gegenüber zu verhalten habe; später sorgt er auf Zeus' Geheiß auch dafür, daß der Wanderer zwischen den Welten gegenüber Kalypso ein ähnliches Sicheinlassen-und-doch-nicht-Verfallen praktiziert: Odysseus „blieb acht Jahre bei ihr (eine Oktave, ein Äon) und vertiefte die Lehren, die er von seiner ersten Nymphe empfangen hatte, der schöngelockten Kirke. Als zuletzt die Zeit seiner Abreise nahte, sandte Zeus den wegweisenden Gott Hermes mit dem Auftrag zu ihr, sie möge ihren Eingeweihten schnellstmöglich entlassen. Widerwillig gehorchte sie."[686] Campbell weist darauf hin, daß Athene nun Hermes gleichsam ablöst: „Jetzt dagegen, wo er nach langer Fahrt aus dem Nachtmeer mythischer Formen aufgetaucht war und sich wieder auf der Ebene des Wachlebens mit ihrer Welt gesellschaftlicher (nunmehr häuslicher) Realitäten befand, sollte seine Führerin *Athene* sein"[687], die ihm bezeichnenderweise zunächst in Gestalt eines jungen Mannes erscheint (es handelt sich, wie schon gesagt, um eine stark solarisierte Facette der *Great Goddess*). Athene ist es auch, die Odysseus äußerlich in einen Bettler verwandelt, damit er auf diesem Umweg seine alte häusliche Machtstellung zurückerobern

---

[682] Ebd., 188
[683] Vgl. ebd., 186f.
[684] Vgl. ebd., 189f.; indes nimmt Campbell, der den „Abriß einer Naturgeschichte der Götter und Helden" liefern möchte (Mythologie der Urvölker, 17), die „durchweg biologisch und historisch zugleich sein" müsse (65) zu Jungs Theorie des kollektiven Unbewußten (sinnvollerweise) durchaus auch Distanz ein (vgl. ebd.).
[685] Mythologie des Westens, 187f.
[686] Ebd., 201
[687] Ebd., 203

kann. Campbell neigt in seiner Haltung grundsätzlich zum *Ausgleich*, zur Harmonisierung; Konfrontation ist seine Sache nicht. Das neben der genannten Vasendarstellung in bezug auf Poe vielleicht interessanteste Bilddokument in *The Masks of God* ist eine Darstellung *Die Musik der Sphären* aus der neuplatonischen *Practica musice* von Franchinus Gafurius (Franchino Gaffori), erschienen 1496 in Mailand: Apollon sitzt auf dem Thron, vor oder neben ihm tanzen nackt die drei Grazien (Parzen), darunter werden neun Sphärenschalen mit den neun Musen (links) und den sieben Planeten plus Sonne und Mond (rechts) korreliert; Thalia, die 'die Fülle' verkörpert, taucht zweimal auf, einmal als eine der Schicksalsgöttinnen, einmal als eine der Musen (der Erde zugeordnet, die noch im Mittelpunkt steht); unten bricht eine niederfahrende Schlange mit den drei Köpfen des Höllenhundes Kerberos auf die Erde und teilt die Zeit in Vergangenheit, Gegenwart und Zukunft (ohne die Ewigkeit Gottes zu gefährden).[688] Würde man beide Bilder zueinander in Bezug setzen, so daß die Fluchtbewegung des Paris sich auf die Harmonie der Sphären zubewegte (im Sinne eines Ideals, wo 'es anzukommen' gilt), hätte man sicher nicht das schlechteste Dichter-Psychogramm von E.A.Poe. Kalliope, die Muse der epischen Dichtung, ist auf Merkur (Hermes) bezogen...

Legt man im Anschluß an Graves die Duplizität von lunarem und solarem Prinzip zugrunde, so läßt sich vieles, was Max Horkheimer & Theodor W. Adorno 1947 in *Dialektik der Aufklärung* unter der doppelten These „Schon der Mythos ist Aufklärung, und: Aufklärung schlägt in Mythos zurück"[689] formuliert haben, als *Selbstkritik des solaren Prinzips* deuten: Der vom archaischen Menschen in der Anstrengung, sich gegenüber Natur zu behaupten, erfahrene Schrecken wurde durch mimetische Angleichung internalisiert und in 'Besiegung', Unterdrückung und wissenschaftlich-technologische Zurichtung von Natur umgemünzt, dabei wurde Unterdrückung zu Selbstunterdrückung und Zurichtung zu Selbstzurichtung. „Mit der Ausbreitung der bürgerlichen Warenwirtschaft wird der dunkle Horizont des Mythos von der Sonne der kalkulierenden Vernunft aufgehellt, unter deren eisigen Strahlen die Saat der neuen Barbarei heranreift. Unter dem Zwang der Herrschaft hat die menschliche Arbeit seit je vom Mythos hinweggeführt, in dessen Bannkreis sie unter der Herrschaft stets wieder geriet."[690] Das Modell von Dialektik, das Horkheimer/Adorno entfalten, ist materialistisch, Natur wirkt über ihr Anderes, das sich gegen sie behaupten muß, auf sich

---

[688] Siehe J.Campbell, Die Masken Gottes, Bd.4 – Schöpferische Mythologie (The Masks of God – Creative Mythology, 1968; Übers. Hans-Ulrich Möhring), Basel 1992, 132. „Diese Leiter der Planetenschalen, aufgestellt von einem italienischen Musiktheoretiker des fünfzehnten Jahrhunderts, um, wie er sagt, zu demonstrieren, 'daß die Musen, die Planeten, die Tonarten und die Saiten miteinander übereinstimmen', ist in Wirklichkeit eine Idee von sehr hohem Alter. Sie war bereits den Stoikern geläufig und wird in Ciceros *Scipios Traum* näher ausgeführt (...), wo die Sphären in derselben Reihenfolge genannt werden und von ihnen behauptet wird, daß sie durch die Bewegung ihrer Umläufe ein mächtiges und süßes Tönen hervorbringen" (ebd., 135). Der Gedanke geht freilich noch vor die Stoiker zurück auf Pythagoras (vgl. oben Kap.XIII), und Campbell selbst deutet an, daß seine Ursprünge vielleicht schon bei den Sumerern zu finden sind (vgl. Mythologie der Urvölker, 170)...
[689] Horkheimer/Adorno, Dialektik der Aufklärung. Philosophische Fragmente, Neuausgabe 1969, Frankfurt/M. 1997, 6
[690] Ebd., 38

selbst zurück; im Menschen äußert sich diese konstitutive Spaltung als Herrschaftspraxis, Zerfallsdisposition, wogegen die Anstrengung imaginär gestützten Zusammenhalts aufgeboten wird, Beschwörung & Selbstbeschwörung: „Aufklärung ist mehr als Aufklärung, Natur, die in ihrer Entfremdung vernehmbar wird. In der Selbsterkenntnis des Geistes als mit sich entzweiter Natur ruft wie in der Vorzeit Natur sich selber an, aber nicht mehr unmittelbar mit ihrem vermeintlichen Namen, der die Allmacht bedeutet, als Mana, sondern als Blindes, Vestümmeltes. Naturverfallenheit besteht in der Naturbeherrschung, ohne die Geist nicht existiert."[691] Was heute rückblickend als anthropomorphe Projektion der frühmenschlichen Psyche in Natur gedeutet wird — Mana, Naturgeister, das Bewegende in Natur als Unheimliches, zu dem versucht wurde, sich mimetisch in Bezug zu setzen, d.h. das im sinnlichen 'Außen' wie im 'Innern' (vor ihrer abstrakten Trennung) Erfahrene sich zuzueignen, anzueignen, zu 'klarer' Manifestation zu bringen (rudimentäre Dialektik von Setzen & Voraussetzen!) — ist „keine Projektion, sondern das Echo der realen Übermacht der Natur in den schwachen Seelen der Wilden"[692], die sich & Andere(s) nicht im Sinne neuzeitlicher 'Subjektivität' vergegenständlichen, wohl aber ihre Selbstverortung, ihr Sich-zu-sich-Verhalten über Namensgebungen, Symbole, Totem, bildnerische Praxis, Regeln des Miteinander zu stabilisieren versuchen und dabei entwickeln. Die 'Klarheit' wird als herrschaftliche Verstandesklarheit zugleich „patriarchal: der Verstand, der den Aberglauben besiegt, soll über die entzauberte Natur gebieten" und verfällt dabei neuem Aberglauben und neuer Verzauberung (durch Markt, Ware, Technik, Kulturindustrie, Kult der Disziplin, des Erwerbs, der Selbstbestätigung durch Anerkennung im Sinne von Massenlebenswerten usw.). Die Umgestaltung der Erde ist Ablösung des Chthonischen durch das Solare: „Die chthonischen Götter der Ureinwohner werden in die Hölle verbannt, zu der unter der Sonnen- und Lichtreligion von Indra und Zeus die Erde sich wandelt."[693] Die Anstrengung, das Ich zusammenzuhalten, nimmt den Charakter selbstdisziplinierender Praxis zeitlichen Strukturierens (abstrakte Arbeitszeit, zeitliche 'Nutzung', Lebenslauf usw.) eines im Sinne der „patriarchale(n) Ordnung" definierten Realitätsprinzips an. Bei ihren Interpretationen von Homers *Odyssee* arbeiten Horkheimer/Adorno heraus, wie das von der Lichtreligion verbannte Matriarchale in vielfachen Gestaltungen erscheint: das Bild der Mutter im Hades ist „ohnmächtig, blind und sprachlos, ein Wahngebild gleichwie die die epische Erzählung in den Momenten, in denen sie die Sprache ans Bild preisgibt"[694], jenes Bildhafte, von dessen beschwörender Gestaltung Sprache einst ihren Ausgang nahm, bevor sie sich phonologisierte. (Dies wird von den Autoren nicht differenziert genug nachgezeichnet, wenn sie nur sagen, das Wort habe ursprünglich „auch" die Funktion des Bildes erfüllt[695], man müßte den Entstehungskontext von Sprache heute dezidierter einbringen, doch ist es allemal bemerkenswert, daß z.B. der Ausdruck „logozentrische( ) Gesetzesreligion" schon hier erscheint und nicht erst bei Derrida.[696]) Den Stimmen der Sirenen vermag

---

[691] Ebd., 46
[692] Ebd., 21
[693] Ebd., 20
[694] Ebd., 83
[695] Ebd., 23
[696] Ebd., 73

Odysseus nur noch zuzuhören als jemand, der sich in voller 'listiger' Überlegung an den phallischen Mast seines Schiffes hat fesseln (!) lassen, sonst brächte ihr archaischer Klang den die Rückkehr zur 'Heimat' Anstrebenden um seine gegen vielerlei Widerstände & Verführungen verstandesmäßig strukturierte Suche — das lunare Meer zwingt den darauf Treibenden zur Irrfahrt, der er dank seiner geistigen Qualitäten schließlich entgeht (vgl., in deutlicher Parallele, Poes *Maelström*). Dem überlisteten Polyphem offenbart der Davonfahrende, noch in Reichweite seiner Steinwürfe sich befindend, gegen alle Vernunft, zwanghaft, seinen wahren Namen, so als fürchte er, der sich aus VerStellung (Verschiebung von ein paar Lauten innerhalb seines Namens *Odysseus* zu *Oudeis*) Niemand genannt hat, „Niemand wieder zu werden".[697] Längst hat ja der von dem jungen Phäaken, der ihn beleidigen will, nicht ganz zu Unrecht für einen gewinnsüchtigen Händler Gehaltene[698], hat der den Aufbruch in eine neue Zeit Verkörpernde selber sein magisches 'Stirnauge' nicht mehr und ist selbst, nämlich vom Verstand, 'geblendet'. Polyphem wiederum hat bzw. ist noch kein entwickeltes 'Selbst', er läßt sich durch den vermeintlichen Kulturbringer betrunken machen und ausmanövrieren wie später die Indianer von den Weißen (interessant übrigens, daß er wie Hermes der Sohn einer Nymphe ist, das Meer untersteht freilich zu dieser Zeit schon einer männlichen Gottheit, seinem Vater Poseidon). Wenn Skylla und Charybdis die Meerdurchfahrt sperren, so sehen Horkheimer/Adorno „Figuren des Zwanges", die schuldhaft an archaische Gesetzmäßigkeiten erinnern, jene verdrängten 'chthonischen' Gesetze, die der Natur mimetisch das Prinzip der Wiederholung entnahmen (jährliche Opferung des Vegetationsgottes) und später beim Zivilisierten in Form von 'Wiederholungszwang' gleichwohl den narzißtischen Zirkel und seine Verstandeskünste prägen, indem sie von ihm ihren Tribut fordern. Darüber hinausgehend, kann man mit Graves in der Charybdis, die täglich dreimal (!) das Meerwasser aufsaugt und es brüllend wieder von sich stößt (vgl. erneut den *Maelström*, wo Poe solche mythischen Schreckensvisionen aufgriff und mit neuzeitlichem wissenschaftlichen Aufputz versah!) eine in den Untergrund verdrängte, horrifizierte Verkörperung der 'Triple Goddess' erblicken, nicht anders als in der Medusa, von der die Skylla, als sechsköpfiges Ungeheuer, eine Variation ist (auch in der Zauberin Kirke und anderen Figuren der *Odyssee* erscheinen einseitige Aspekte der Großen Göttin, mit denen der solare Seefahrer sich teilweise einläßt, ohne darüber den bürgerlichen Hafen der Ehe zu vernachlässigen).

Obzwar der Hermes-Hymnos in *Dialektik der Aufklärung* nicht behandelt wird, lassen sich leicht entsprechende Parallelen benennen: Odysseus ist nicht zuletzt ein Meister strategischer Kommunikation, sie ist eins der Hauptfelder oder sogar das Hauptfeld, auf dem sich seine vielgerühmte List entfaltet. Daß Hermes ihm das Zaubermittel gegen Kirke bringt, erscheint in diesem Zusammenhang als aussagekräftig. „Das Organ des Selbst, Abenteuer zu bestehen, sich wegzuwerfen, um sich zu behalten, ist die List. Der Seefahrer Odysseus übervorteilt die Naturgottheiten wie einmal der zivilisierte Reisende die Wilden, denen er bunte Perlen für Elfenbein bietet."[699] Wie

---

[697] Ebd., 75
[698] Vgl. Finley, Die Welt des Odysseus, 67–70
[699] Dialektik der Aufklärung, 55

die *Odyssee* ist auch der Hermes-Hymnos nur scheinbar ein anachronistisches Objekt, um daran die Genese des Bürgerlichen zu demonstrieren: „In der Tat erstrecken die Linien von Vernunft, Liberalität, Bürgerlichkeit sich unvergleichlich viel weiter, als die historische Vorstellung annimmt, die den Begriff des Bürgers erst vom Ende der mittelalterlichen Feudalität her datiert."[700] In der Welt des Odysseus galt ein gleichermaßen großzügiger Austausch von Geschenken als ehrenvoller Brauch, Handel um des Profites willen hingegen war verpönt. Die *Odyssee* entstand in der ersten Hälfte des 7. Jahrhunderts v. Chr., damals lag die Erfindung der Geldwirtschaft für Griechenland allenfalls wenige Jahrzehnte zurück (in der *Odyssee* werden noch keine Münzen verwendet). „Das homerische Gastgeschenk hält die Mitte zwischen Tausch und Opfer"[701] — beides thematisiert der Hymnos quasi durcheinander vermittelt, wobei Hermes' Bedachtsein auf den eigenen Vorteil offensichtlich gerade dabei ist, sozial akzeptiert zu werden, denn seine diesbezüglichen Listen werden zwar mit Ironie, aber doch mit auffallendem Wohlwollen aufgenommen. Apollon muß seine Großmut am Ende mit Restriktivität vermischen und sich dadurch Respekt verschaffen, ansonsten würde Hermes, nicht zufrieden mit dem kleinen Finger, die Hand des Konsenses, die er erhält, dazu benutzen, ihn über den Tisch zu ziehen. Bei aller Sympathie enthält am Ende die wie auch immer ironische Feststellung, Nützliches schaffe Hermes nur wenig, doch ein vernichtendes Urteil. Horkheimer/Adorno haben an Odysseus' zwanghafter Eitelkeit gegenüber Polyphem — er benötigt *für sich selbst* unbedingt die Bestätigung, daß dieser, den er doch als inkompetenten Gesprächspartner behandelt und bloßgestellt hat, weiß, wer ihn überwunden hat — die „Dialektik der Beredsamkeit" aufgezeigt: „Die List, die darin besteht, daß der Kluge die Gestalt der Dummheit annimmt, schlägt in Dummheit um, sobald er diese Gestalt aufgibt."[702] Das Sichdummstellen, Nichtwissen und Nichtwissenwollen, die rituellen Einsätze der als Ich aufgeschichteten Schutzmauern werden ebenso zur zweiten Natur wie das kleinkrämerische Berechnen, wie man dem Zukurzkommen entgehen möchte; das mühsam hochgepäppelte Ego fordert seine schlechtunendliche Mästung ein im Sinne struktureller Unbefriedigbarkeit jenes Begehrens, das es an sich gerissen & geformt hat, und das nun blinzelnd & augenbrauenhochziehend in zwar lächerlichen bzw. durch ihre Anheischigkeit putzigen, doch sozial nicht nur wünschbaren, sondern gar als Pflicht verordneten Symptomen sich ausspricht. Symptome, in denen das Unheimliche, Lunare, Chthonische sich meldet, werden durch solche antrainierte 'Geisteskrankheit des Menschen' (wie Lacan das menschliche Ich charakterisiert) nach Möglichkeit überdeckt. Das „aufgeklärte Wort" zieht das Unheil, das es abzuwenden meinte, in neuer Weise „gegen sich selber" herauf[703]: „Die Ratio, welche die Mimesis verdrängt, ist nicht bloß deren Gegenteil. Sie ist selber Mimesis: die ans Tote."[704] Die Verdrängung des Gefühls, Bekämpfung des Naturhaften im eigenen darauf auffußenden psychischen System, von Poe im Bild des zusammen mit der toten Frau eingemauerten Katers gefaßt, wird Kult des Todes und der Verdinglichung, Selbstpanzerung, Selbst-

---

[700] Ebd., 51
[701] Ebd., 55
[702] Ebd., 76
[703] Ebd.
[704] Ebd., 64

einmauerung, Selbstverdinglichung, und verfällt so am leichtesten dem, was es ausgrenzt. Mit rationeller Kälte mordet es sich am perfektesten (die deutschen Faschisten haben es vorexerziert). So wird rein formeller (d.h. vom abstrakten Verstand beherrschter) 'Vernunft' ihr Spiegel vorgehalten, das Ideal der Maschine, dem Leiden enthobener stumpf-kalkülhafter Selbsttätigkeit. 'Wertfreie' Wissenschaft hat sich erst recht dem sich selbst verwertenden Wert unterworfen, den sie, vermeintlich ideologie-, mythologie- und stimmungsfrei, leugnet. „Während aber alle früheren Veränderungen, vom Präanimismus zur Magie, von der matriarchalen zur patriarchalen Kultur, vom Polytheismus der Sklavenhalter zur katholischen Hierarchie, neue, wenn auch aufgeklärte Mythologien an die Stelle der älteren setzten, den Gott der Heerscharen an Stelle der großen Mutter, die Verehrung des Lammes an Stelle des Totems, zerging vor dem Licht der aufgeklärten Vernunft jede Hingabe als mythologisch, die sich für objektiv, in der Sache begründet hielt."[705] Im souveränen Geseier der Macher, die das Realitätsprinzip mit Löffeln gegessen zu haben scheinen, äußert sich erst recht der Affekt der Destruktivität. „Der verzweifelte Vernichtungswille (...) gegen alles, was die Lockung der Natur, des physiologisch, biologisch, national, sozial Unterlegenen verkörpert, zeigt an, daß der Versuch des Christentums verunglückt ist"[706] — Horkheimer/Adorno fassen hierin Erfahrungen der Hexenverfolgung wie des Faschismus, des bei braven Familienvätern unter Umständen jederzeit entbindbaren Sadismus ebenso zusammen wie die Erfahrung der entfesselten, sich als frei & friedvoll rühmenden Konkurrenzgesellschaft. „Die verhaßte übermächtige Lockung, in die Natur zurückzufallen, ganz auszurotten, das ist die Grausamkeit, die der mißlungenen Zivilisation entspringt, Barbarei, die andere Seite der Kultur"[707] — auch bei der im 'schonenden Umgang mit Natur' als gönnerhafte Arroganz sich feiernden Kultivierung. Mimesis ans Tote ist die von den verwalteten Desindividuen verzweifelt vorangetriebene Selbstangleichung an den verselbständigten Tauschwert und an jene Destruktivität, die es in seinem Namen (dem wahren *Nom du Père*!) als 'Sachzwang' fatalistisch hinzunehmen gilt. Dies ist der 'Niemand', aus dessen Bann sich diejenigen, die sich ihm erfolgreich geähnelt haben, nicht einmal mehr befreien *wollen*, da sie gelernt haben, ihre eigene Nivellierung, zu deren Verbrämung die 'verwaltete Welt' ihnen die mediengestützte Pseudopersonalisierung als notwendige Seite mitliefert, vor sich selbst als Befreiung zu empfinden. So ergehen sie sich, vom bewegt-bewegenden Bilder-, Daten- & Gags-Flimmerwerk emotionell abhängig geworden & gedrillt, in jeder Form von Geschwätz, das „jenem Schweigen" zu widerstehen verspricht, „dessen Erstarrung der wahre Rest aller Rede ist"[708], und das doch, als Macht des Todes, so erst recht herbeigeführt und in dem paradoxen Versuch, diejenigen Gesetzlichkeiten, die, kann man sie schon nicht selber '*machen*', wenigstens selbstherrlich (und zwar unter entsprechend kaschierenden Betroffenheitsphrasen) *ausgelöscht* werden sollen, genauso paradox bestätigt wird.

---

[705] Ebd., 99f.
[706] Ebd., 119
[707] Ebd.
[708] Ebd., 86

Poe gehört zu denjenigen, die diese die Moderne prägende Konstellation mit am erhellendsten überhaupt in Worte & Bilder gekleidet haben, etwa in der Verfolgung des Roten Todes durch Prospero oder im Schweigen des Raben; daß in einer irischen Legende die Große Göttin als „Death-goddess" die „form of a raven" annimmt[709], paßt zum herrischen Sitz des Raben auf der bleichen Büste jener Handwerks- und Kriegsgöttin, die aus dem Kopf des solaren Gottes geboren wurde und nun den listigen Odysseus anleitet. Aufschlußreich in bezug auf den Hermes-Hymnos, daß die Schildkröte, die von Hermes bei lebendigem Leib ausgeschabt und zum Kulturgegenstand verarbeitet wird, als „alchimistisches Instrument" nach Jungscher Lesart „das Instinkthafte des Unbewußten" symbolisiert[710], also eben das, was der solar-patriarchale Verstand unterzupflügen und auf die *verwertbaren* Anteile zu reduzieren befiehlt. Hermes, von Zeus zur Verkörperung des Tauschwertes bestimmt, agiert mithin in seiner Rolle als Kulturbringer unmittelbar schon als Platzhalter des Todes, wenn er, das Lebendige 'transformierend' und es abstrakt verdinglichend, die warentauschfähige Leier gestaltet. Gelingt die per Globalisierung vermarktete Gentechnologie als zeitgemäßer 'Dialog mit der Natur', hat sich das *well-developed super-ego* noch einmal einen Aufschub 'verdient', vielleicht kann es dann z.B. schnellwachsende Bäume *machen*, die kunstdüngerunterstützt an die Stelle der abgeholzten zu treten versprechen. Solche Entwicklung der Produktivkräfte liefert, wie im Fall der 'elektronischen Revolution' und besonders symbolhaltig in der einstweilen lediglich 'zu teuren', den Sonnenprozeß nachbildenden Kernfusionstechnik, die eigene Mythologisierung im strengen Sinne gleich mit (die Ägypter haben, so eine plausible neuere Deutung, mit der Anlage der drei Gizeh-Pyramiden versucht, den Gürtel des Jägers Orion, d.h. das Bild des Fruchtbarkeitsgottes Osiris, auf der Erde 'nachzubauen'[711]). Wenn das Stadium der 'schwarzen Sonne' (*nigredo*) bei den Alchimisten durch ein auf der verdunkelten Sonne stehendes Skelett — dies ist der durch 'faulige Gärung' (*putrefactio*) skelettierte, auf sein 'Wesen' zurückgeführte, in der Tat aufs Wesentliche reduzierte Hermes — dargestellt wird, das in der erhobenen Rechten (der solaren Seite, 'Vernunftseite'!) einen *Raben* hält[712], so vermag nichts adäquater die Dialektik des Zivilisationsprozesses der vergangenen Jahrhunderte inklusive des zwanzigsten zu verbildlichen. Daß *Mercurius senex*, aus dessen Mund sowohl *spiritus* als auch *anima* entwichen sind[713], das (realmögliche) neue Zeitalter frißt statt daß der neue Hercules den alten tötet (so daß der Prozeß mit der 'niemals endenden' Präsenz des Raben, des Totenkultes der Erinnerung, im Sinne einer *fixierten* Dialektik von Vernunft & Aufklärung *endet*), läßt sich heute problemlos 'aktualisieren', wenn man für den *alten Hermes* den global integrierten *Spätkapitalismus* setzt.

---

[709] The White Goddess, 143
[710] C.G.Jung, Symbole des Individuationsprozesses (Psychologie und Alchemie Bd.1, ed. H.Barz u.a.), Olten 1984, 166f.
[711] Vgl. Robert Bauval / Adrian Gilbert, Das Geheimnis des Orion (1994)
[712] Eine Darstellung aus dem Jahr 1622, in: Jung, Symbole des Individuationsprozesses, 95. Siehe auch drs., Erlösungsvorstellungen in der Alchemie (Psychologie und Alchemie Bd.2), 13 (eine Darstellung von 1625): „Die 'nigredo', Verdunklung des *Mercurius senex*, aus welchem 'spiritus' und 'anima' entwichen sind. Der Rabe bedeutet die 'nigredo'."
[713] Vgl. ebd.

Es liegt auf der Hand, daß unter den Prämissen einer weltweiten Konkurrenzgesellschaft — die bereits im 'Kalten Krieg' und 'friedlichen Wettbewerb der Systeme' herrschte, da eine der beiden Seiten den Weltmarkt beherrschte und insofern für die andere das Maß 'effizienten Wirtschaftens' vorgab, diese Konstellation ist nach dem Zusammenbruch des östlichen Staatssozialismus lediglich dabei, sich nun internrückbezüglich zu verschärfen! — der „universale, ungleiche und ungerechte Tausch"[714] für Horkheimer/Adorno derjenige wesens-, d.h. strukturgesetzliche Faktor ist (im Sinne leitender Totalität), durch den Kommunikation sowohl konstituiert als auch verzerrt wird. Mit anderen Worten, Kommunikation ist unter solchen Bedingungen nur als entfremdete möglich; wo das Ganze falsch ist, gibt es keine Insel, sondern allenfalls die (das Pathos von Aufklärung als Selbstkritik der Vernunft aufbewahrende) Insistenz, daß das Bewußtsein an seinen eigenen Trug heranreicht[715], und daß auf kritisch-analysierende, dabei *um einer neuen, experimentellen Konstruktivität willen destruktive* Weise mit der Vernunft gegen die Vernunft, mit dem Begriff gegen den Begriff gearbeitet werden kann. Indem Adorno vom Tauschverhältnis als „der objektiven Abstraktion" spricht, „welcher der gesamte Lebensprozeß gehorcht"[716], ist darin mit dem ganzen Bereich menschlichen Zusammenlebens nicht zuletzt das kommunikative Handeln inbegriffen. Wenn also der Kommunikationstheoretiker A.Honneth Adorno vorwirft, seine Philosophie habe die Dimension des Gesellschaftlichen systematisch verfehlt[717], und dabei zwar nunmehr selbstkritisch zugibt, die Implikationen von Adornos Mimesis-Modell unterschätzt zu haben[718], ohne jedoch eine Auseinandersetzung mit dem, was Adorno, zugegeben meist plakativ, 'Tauschprinzip' nennt[719],

---

[714] Dialektik der Aufklärung, 52
[715] Vgl. Adorno, Negative Dialektik (1966), Frankfurt/M. 2.Aufl. 1980, 152. Das Projekt, „mit der Kraft des Subjekts den Trug konstitutiver Subjektivität zu durchbrechen" (ebd., 10), wäre ohne entsprechende Präsuppositionen nich möglich.
[716] Th.W.Adorno, Spätkapitalismus oder Industriegesellschaft? (1968), in: drs., Soziologische Schriften I, Frankfurt/M. 1979, 365
[717] Vgl. Axel Honneth, Kritik der Macht. Reflexionsstufen einer kritischen Gesellschaftstheorie (mit einem Nachwort zur Taschenbuchausgabe), Frankfurt/M. 1989, Kap.3
[718] Vgl. ebd., 388f.
[719] Was die kapitalistische Gesellschaftsform angeht, so bleibt für Adornos Rede vom 'Tauschprinzip' Marx die entscheidende Quelle: Für Marx liegt es „in der Natur des Geldes", „daß es die Widersprüche sowohl des unmittelbaren Tauschhandels als des Tauschwerts nur löst, indem es sie allgemein setzt" (Grundrisse, MEW Bd.42, 130); im Kapitalismus ist „der Austausch von Tauschwerten (...) die produktive reale Basis aller Gleichheit und Freiheit" (ebd., 170), jedoch so, daß dabei „die persönliche Würde in den Tauschwert aufgelöst wird" (Marx/Engels, Manifest der Kommunistischen Partei, MEW Bd.4, 465). Es ist oft moniert worden, Adornos müßte das 'Tauschprinzip' im Sinne des Wertgesetzes präzisieren: „Das *Wertgesetz*, nicht das Tauschprinzip ist klassisches Beispiel eines 'historischen Konstituens'. Seine Grundstruktur ist die eines (sich erweiternden) Kreislaufes. Damit ist es auch ein Beispiel für *systemische Selbstreferenz!*" (Claus Daniel, Hegel verstehen. Eine Einführung in sein Denken, Frankfurt/M. & New York, 1983, 191, H. v. Daniel). Doch Adorno ging es wohl darum, vorkapitalistische Gesellschaftsformen mitzuumfassen, insoweit schon dort ein Prinzip der 'Äquivalenz'/'Gleichheit' des Ungleichen zugrundegelegt wird — sei es auch nur, um es gezielt zu verletzen! — das schließlich zur Herrschaft dessen führt, was Adorno das 'Identitätsprinzip' nennt. Frauentausch, Heiratsregeln, Austausch von Geschenken, Tilgung einer 'Schuld' durch Zufügung / Realisierung eines 'Äquivalentes', die Blutrache eines 'Auge um Auge', aber auch die Festlegung dessen überhaupt, was 'recht und billig', 'angemessen' ist — dies alles gehört in den Kontext der strukturellen Semantik des 'Tauschprinzips'. Wenn in einer modernen kapitalistischen Gesellschaft

zu leisten, so sieht er nicht, daß beides untrennbar ist, wenn doch gerade das *mimetische Sichangleichen ans Tauschprinzip* im Zentrum von Adornos Kritik kapitalistischer Vergesellschaftung steht. Wo der Tauschwert „über das menschliche Bedürfnis und an seiner Stelle" herrscht[720], werden im „Bereich des nicht zur nackten Lebenserhaltung Notwendigen (...) tendenziell die Tauschwerte als solche, abgelöst, genossen."[721] Insofern schlägt unter Bedingungen einer Verschmelzung von Kulturindustrie und Reklame die „Entmythologisierung von Sprache (...), als Element des gesamten Aufklärungsprozesses, in Magie zurück."[722] Die (sei es auch bemüht *ironisch-souveränen*) Selbstdarstellungspraktiken der Kommunizierenden, ihr strategisches Glätten von Brüchen (statt diese zu vertiefen und auf etwaige Sprengkraft hin auszuloten), bleiben „zwanghafte Mimesis der Konsumenten an die zugleich durchschauten Kulturwaren" und bezeugen „den Versuch, sich selbst zum erfolgsadäquaten Apparat zu machen."[723] Diese Diagnose läßt sich, was die Heraushebung des clever angezielten Effektes angeht, auch auf Poes Selbstmaskierung in *The Philosophy of Composition* beziehen: Was als von Poe skizzierte *L'art pour l'art* noch einen Aufklärungsfortschritt darstellte, wird mit der großflächig die kollektive Psyche bestreichenden Kulturindustrie zur konformitätserzeugenden Dekadenzform, die sich entwickelt hat „mit der Vorherrschaft des Effekts, der handgreiflichen Leistung, der technischen Details", wo jede Pointe, jede Überraschung und jeder Zufall kalkuliert ist wie das Gerüst.[724] „Die Matadore aber, produzierende und reproduzierende, sind die, welche den Jargon so leicht und frei und freudig sprechen, als ob er die Sprache wäre, die er doch längst verstummen ließ. Das ist das Ideal in der Branche"[725], im Kulturbetrieb nicht anders als im Wissenschaftsbetrieb oder bei den politischen Charaktermasken, und es ist kein Zufall, daß der listenreiche Schwätzer Hermes als Ahnherr aller drei Systeme erkennbar wird — denn sie sind durch das ökonomische wesentlich vermit-

---

die Vermittlung von Einzelnem und Totalität inhaltlich und formal „vermöge der abstrakten Gesetzmäßigkeit der Totalität selbst, der des Tausches", erfolgt (Negative Dialektik, 57), so ist dies in einem nietzscheschen Sinne *genealogisch* zurückzuverfolgen bis zu jenen Protostrukturen von 'Vernunft', welchen es möglich wurde, „durch den Tausch Identität" zu stiften (ebd., 22). „Das Tauschprinzip, die Reduktion menschlicher Arbeit auf den abstrakten Allgemeinbegriff der durchschnittlichen Arbeitszeit (das läßt sich hier konnektiv verstehen, nicht so, daß 'Tauschprinzip' in dieser spezifisch kapitalistischen Konfiguration aufginge, T.C.), ist urverwandt mit dem Identifikationsprinzip. Am Tausch hat es sein gesellschaftliches Modell, und er wäre nicht ohne es" (149). Nicht zufällig trägt 'Austausch' noch stets Konnotationen von Stoffwechsel, Spuren geschichtlicher Auseinandersetzung mit Natur, Wechselwirkung eines allererst entstehenden 'Inneren' & 'Äußeren', Gegenüber von Subjekt & Objekt, Polen des Nehmens & Gebens (so schon beim Atmen, vgl. jenen 'Hauch', der in *Geist* noch mitschwingt); Identität setzt Nichtidentisches voraus, durch Selbstabstraktion erfolgt Selbstkonstitutivität... Diese ErInnerung könnte jener Verfestigung von Identität entgegentreten, die der verselbständigte Tauschwert generiert, obzwar eine so ausweitende Lesart auch wieder die Gefahr seiner versteckten Ontologisierung mit sich bringt. Es muß jeweils bereichsspezifisch & historisch-situativ ausdifferenziert werden (ich komme in Anhang II noch einmal auf das Thema 'Austausch' zurück).
[720] Adorno, Soziologie und empirische Forschung (1957), in: Adorno u.a., Der Positivismusstreit in der deutschen Soziologie, Darmstadt & Neuwied 1972, 94
[721] Spätkapitalismus oder Industriegesellschaft?, a.a.O., 369
[722] Dialektik der Aufklärung, 173
[723] Ebd., 176
[724] Ebd., 133
[725] Ebd., 136

telt und produzieren in ihren Kommunikationen die entsprechende, soziale Honorierung heischende 'Magie'. „Die Zwecklosigkeit des großen neueren Kunstwerks lebt von der Anonymität des Marktes"[726], jenem Markt, an dem z.B. ein Poe zu Lebzeiten scheitert und dem er später als fetischisiertes Kulturgut genehm ist. Dabei darf man nicht übersehen, daß es gerade eine Hochschätzung der Wahrheit war, die ihn sagen ließ, Kunstwerke, die nun einmal ihrem Wesen nach jenen Schmuck nicht entbehren könnten, welcher der Wahrheit feind sei, brauchten sich um sie nicht zu kümmern.[727] Auch darin zeigt sich Poe wieder in der Tradition von Aufklärung und Gegenaufklärung zugleich.

Bevor das Thema Kommunikation, ein zentrales dieser Untersuchung, weitergeführt wird, scheint es am Platz, da die schon in den Einzelinterpretationen präsente 'Große Göttin' weiter an Gestalt gewonnen hat, darauf hinzuweisen, daß die Vorliebe Poes für mystisch-ätherische, entrückte, dabei todgeweihte Frauengestalten gewiß neben den so oft ausgeschlachteten biographischen Bezügen — „my own mother, who died early"[728] — auch diese *mythische, mythologisierende* Komponente hat. Man kann sogar sagen, daß er versucht hat, seiner persönlichen Problematik dadurch gleichsam eine kosmische Dimension zu verleihen, im Sinne des magischen Analogieprinzips 'Wie oben, so unten' (vgl. *Eureka*). Sein Werk stellt insofern einen Problemlösungsversuch dar, als er für sich selbst versuchte, nach Art eines alchimistischen Hermes (die Wandlungssubstanz als *sich* verändernd und zugleich der Wandlung, wie bei der Alkoholwirkung, *unterworfen, subiectum*) das lunare und das solare Prinzip zueinander in Beziehung zu setzen, mal mehr oder weniger harmonisch, dann wieder konfliktvoll, seiner eigenen Doppelbegabung (produktive Imagination und analytischer Verstand) entsprechend. Tatsächlich hat Poe ja die in diesem Anhang historisch-materialistisch rekonstruierte gattungsgeschichtliche Entwicklung zum Alphabet gleichsam ontogenetisch nachvollzogen: Wo die Griechen die Schrift inspiriert zunächst durch den Matrizentrismus, dann durch den solaren Kaufmannsgeist entwickelten, schloß Poe Bekanntschaft mit Sprache zunächst durch seine Mutter Elizabeth (und, bis zu dessen Verschwinden, seinen Vater David) und erhielt dann seine Schulbildung unter der Herrschaft John Allans. In *Ligeia*, aber auch in der *Narrative of Arthur Gordon Pym of Nantucket* nimmt die 'Weiße Göttin' Züge einer wiederkeh-

---

[726] Ebd., 166

[727] Vgl. in *The Poetic Principle*: „Bei aller Ehrfurcht vor der Wahrheit, wie sie nur immer die Brust eines Menschen erfüllt, möchte ich dennoch in gewissem Grad die Art ihres Einschärfens beschränken. Ich möchte beschränken, um sie zu stärken. Ich möchte sie nicht durch Abnützung schwächen. Die Forderungen der Wahrheit sind streng. Sie hat nichts für Immergrün übrig. All das, was dem Gesang unentbehrlich ist, bildet eben das, womit sie überhaupt nichts zu schaffen hat. Man machte sie nur zu einem prunkvollen Paradoxon, wollte man sie mit Perlen und Blumen schmücken. Um eine Wahrheit zu bekräftigen, benötigen wir eher eine strenge als eine blumenreiche Sprache" (Bd.10, 679f.). Vgl. auch in der Besprechung zu Longfellows *Ballads and Other Poems*: „Denn die Wahrheit ist ein strenger Gebieter: Nichts hat sie übrig für den Myrtenkranz, den ihr der Dichter flicht — Nichts hat sie zu schaffen mit dem, was für den Sänger unerläßlich ist. Und sie in schöne Kleider hüllen, heißt nichts denn sie zur Hure machen. (...) und wie anderseits der Intellekt gerichtet ist auf die Erkenntnis der Wahrheit, so obliegt's einzig und allein dem Geschmacke, uns zu belehren über die Schönheit" (Bd.7, 434ff.).

[728] Im Maria Clemm gewidmeten Gedicht *To my Mother* (Bd.9, 186)

renden Rachegöttin an, die den Tod besiegt, d.h. die Verdrängung überwindet, die der solare Kaufmannsgeist, für Poe biographisch verkörpert in John Allan, ihr angetan hat. In *The Black Cat* wird die Erschlagene stellvertretend durch den Kater 'gerächt', der den Namen des Unterweltsgottes trägt, ohne indes selbst wieder zum Leben zu erwachen, und sogar der Rabe läßt sich, wie wir oben gesehen haben, als Rückverwandlung der solarisierten Athene in die kraftvolle 'Death-goddess' interpretieren, die freilich keine harmonische Reintegration mehr, sondern nur noch das Schweigen des Todes verspricht (so wie Astarte in *Ulalume* eine bleibende Bedrohung darstellt, gegenüber der die — gescheiterte — Verdrängung wohltätig zu sein schien). Für *Arthur Gordon Pym* hat Leslie A. Fiedler 1960 angedeutet, daß die riesige weiße Gestalt, die sich am Ende vor den in den Katarakt Fahrenden erhebt — der berühmte letzte Satz lautet: „And the hue of the skin of the figure was of the perfect whiteness of the snow" (P 882) — freudianisch *und zugleich* im Sinne der *White Goddess* sich deuten läßt[729], und in der Tat kann das individualpsychologische Material geradezu als notwendige, aber für sich allein nicht hinreichende Voraussetzung zu einer solchen mythisierenden Vision, die das nur Persönliche im Sinne menschheitsgeSCHICHTlicher Erinnerungen 'aufzuheben' versucht, verstanden werden. Bis zu einem gewissen Grade findet man diese Sichtweise schon bei Marie Bonaparte: „Die schneeige Weiße, in der die neue Diana von Ephesus erstrahlt, diese neue Diana, bei welcher die vielen Brüste durch die Milchfarbe, den Überfluß an Milch ersetzt werden", erinnere „an die gesegnete Zeit, da das Kind an der Mutterbrust gestillt wurde", was für das Kind Edgar in eine um so größere Mangelerfahrung umschlug, als Elizabeth Poe zu wenig Milch für ihn hatte, und „andererseits wird dieses Weiß mit dem Schnee, der Kälte und dem Tod verglichen, es erinnert daher im Unbewußten an die bleiche Hautfarbe der toten Mutter."[730] Die 'Rache', von der anläßlich der Entzifferung der Hieroglyphen in der *Note* die Rede ist, interpretiert Bonaparte im ödipalen Schema freudianischer Orthodoxie als Wunsch Poes nach Rache am Vater, der die weiße Mutter mit jenem Tabu belegt habe, das Poe lebenslang vor sexuellem Kontakt zu Frauen habe zurückschrecken lassen.[731] Doch man könnte diese Stelle in einem Kontext, der offenbar *Anfänge der Schrift* Revue passieren läßt (aufgezeigt werden äthiopische, arabische, ägyptische Wurzeln[732]), vielmehr als Wüten der solaren Gravur

---

[729] Vgl. L.Fiedler, Liebe, Sexualität und Tod. Amerika und die Frau (Love and Death in the American Novel), Berlin o.J., 314–21

[730] M.Bonaparte, Edgar Poe. Eine psychoanalytische Studie, Bd.2, 211

[731] Vgl. ebd., 213

[732] Vgl. P 883. Zwar konnte Poe über den Entstehungskontext der Schrift wesentlich weniger wissen als wir heute, und man darf sicherlich an dieser 'Note', wie an dem Roman insgesamt, ein *spielerisch-improvisierendes Moment* nicht unterschätzen. Um so bemerkenswerter erscheint es mir aber, daß Poe hier auf afrikanische und vorderorientalische Wurzeln sowie Höhlengravuren verweist, die bei der Entstehung der Schrift, wie oben gezeigt wurde, tatsächlich eine (wie im einzelnen auch immer beschaffene) Rolle gespielt haben. Erst seit wenigen Jahren scheint auch ein lange unterschätzter Einfluß der nubischen Kultur (im Gebiet des heutigen Sudan) und nubischer Bodenschätze (der Name Nubien soll auf *Nub*, d.h. *Gold*, zurückgehen) schon auf das Alte Reich Ägyptens von der Forschung aufgearbeitet zu werden. Und da es zu Poes Zeit noch völlig unüblich war, die Geschichte des Menschen als Teil der Naturgeschichte zu begreifen, sind selbst bescheidene Ansätze in dieser Richtung festhaltenswert. Mit der *Ermöglichung schriftlicher Überlieferung* endet die *Vorgeschichte* des Menschen und beginnt die selbstbewußte *Geschichte* — wobei die Herausforderung, die eigene Gattungsgeschichte

gegen sich selbst verstehen, welche die Rückkehr einer abgeschriebenen matriarchal-afrikanisch-lunaren Macht in sich selbst vorzeichnet, die zugleich mit Schrecken assoziiert und für unmöglich gehalten wird — die Schwarzen, die alles Weiße fürchten, demonstrieren dann im Grunde die Furcht der entfremdeten Weißen vor den von ihnen Unterdrückten (den aus Afrika in die Sklaverei verschleppten Schwarzen und den Frauen), und zwar als Furcht vor den puritanisch domestizierten lunaren Kräften in ihnen selbst, jenem Anderen-ihrer-selbst, das als nicht Anerkanntes den Herrn selbst als Knecht erweist, indem 'Es' aus ihm spricht bzw. schreibt. Obzwar am Ende die Große Mutter „mit einem Tod ohne Auferstehung" gleichgesetzt zu werden scheint, „ein steriler weißer Schoß, der einen nicht wieder freigibt" (Fiedler[733]), überlebt der Kaufmannssohn Pym[734] in der *Schrift* des sich davon Abgrenzenden, der Pym rät, seinen offenbar doch noch irgendwie abgelieferten Bericht durchaus im Rohzustand zu belassen, und dabei als Autor Poe eine mehrfach verschachtelte Camouflage inszeniert. Die Schrift verewigt Maskierung als Offenbarung und umgekehrt. Die Schreibschwierigkeiten des Mr.Pym sind in Wahrheit die Mr.Poes. Der Name *Pym* läßt sich übrigens rückwärts lesen als *My P* wie *Pencil* (vgl., daß Poes nie zustande gekommene eigene Zeitschrift *Penn Magazine* heißen sollte nach der eisernen Schreibfeder der Antike), und Peter Krumme, der die Nähe von *Arthur* zu *Author* hervorhebt, resümiert mit Recht: „Pym ist das im/vom Schreiben erschütterte Subjekt".[735] Ein Aspekt dieser Erschütterung mag dabei gesehen werden in einem Einbruch der Materialität der Schrift als Einbruch des Körpers, der Leidenschaft, in die vermeintlich reine Stimme — eine Figur, wie sie Derrida kritisch an Saussures Verdrängung der (Ur-)Schrift herausgearbeitet hat.[736] Das autopoietische Sichselbstschaffenwollen, Kern des sogenannten Ödipus-Komplexes, geschieht im Sichabstoßenmüssen von dem, dem man entstammt — im Fall des Schreibens führt das (Ein-)'Selbst'-sich-Erschreibenwollen nicht nur auf das Anrennenmüssen gegen den 'urprünglichen' Eingriff der symbolischen Ordnung, sondern auf das Sichdurchstreichenmüssen des 'Autors'.

Der Erscheinung der weißen Gestalt[737] präludieren Weindelirien, 'magical-looking water' (vergleichbar dem Merkurialwasser der Alchimisten), Kannibalismus, eine als NotRation festgebundene Schildkröte und diverse Totemtiere; ein Eisbär mit blutroten Augen wird getötet, ein totes weißes Säugetier mit roten Krallen, roten Zähnen und

---

wahrhaft mit Bewußtsein zu gestalten, jederzeit die Gefahr des Rückfalls enthält, entsprechend der *immanenten* 'anderen Seite' von Logos & Aufklärung...

[733] Liebe, Sexualität und Tod, 313f.

[734] „My father was a respectable trader in sea-stores at Nantucket, where I was born" (P 750)

[735] P.Krumme, Augenblicke – Erzählungen Edgar Allan Poes, 101

[736] Vgl. Derrida, Grammatologie, 61–69

[737] Herman Melville (1819–1891) hat, wohl auch unter dem Eindruck dieses Schlusses von Poes *Narrative of Arthur Gordon Pym*, in *Moby Dick* (1851) einen bemerkenswerten Exkurs zur Farbe Weiß als Farbe sakral-mystischer Verehrung und Farbe des Schreckens eingebaut (Chapter 42: The Whiteness of the Whale) und dabei zahlreiche ethnologische, mythologische, religionsgeschichtliche Beispiele angeführt, Hinweise auf geographische Namen etc. (vgl. Moby Dick, ed. G.F.Maine (1953), London & Glasgow 1966, 169–176); dieses offene, genreübergreifende Analogisieren gibt im besten Sinne zu denken und ist jeder Auftischung 'orthodox'-psychoanalytischer Schmalspurkost weit überlegen...

einem katzenähnlichen Kopf wird aufgefischt. In der Schlußphase der Expedition wird auffallend viel Raum den Kaufmannstugenden der Weißen gewidmet, die die Eingeborenen ins Kreuzverhör nehmen, um herauszufinden, ob sie Gegenstände haben oder produzieren, die sich *gewinnbringend verwerten* lassen: „We endeavored to ascertain if they had among them any articles which might be turned to account in the way of traffic, but found great difficulty in being comprehended" (P 850); „When the monarch had made an end of his meal, we commenced a series of cross-questioning in every ingenious manner we could devise, with a view of discovering what were the chief productions of the country, and whether any of them might be turned to profit" (P 855). Die Weißen erhalten vorzügliche Nahrungsmittel und geben dafür glitzernden Tand. Das Entzücken der Wilden darüber und ihr Vertrauen werden nicht ohne Spott vermerkt, unter dem Schutz imperialistischer Geschütze wird ein regelrechter Markt eingerichtet: „In return for these good things we presented the natives with blue beads, brass trinkets, nails, knives, and pieces of red cloth, they being fully delighted in the exchange. We established a regular market on shore, just under the guns of the schooner, where our barterings were carried on with every appearance of good faith, and a degree of order which their conduct at the village of *Klock-klock* had not let us to expect from the savages" (P 856f.; Namen & Ortschaften der Eingeborenen repräsentieren eine Art Babysprache). Lang & breit werden Beschreibungen bestimmter Mollusken zitiert, wie man diese 'Artikel' behandelt und welche Preise man wo dafür erzielen kann. Die 'Wilden' werden für redlich gehalten, da sie sich untadelig benehmen, die Weißen bei ihrer Arbeit unterstützen und ihnen ihre 'Waren' oftmals gratis offerieren. Doch dann, so heißt es weiter, sei klar geworden, daß die Insulaner in Wahrheit nur einen teuflischen Plan ausgeheckt hätten, um die Weißen zu vernichten. Die Furcht vor den Ausgenutzten wird hier deutlich. Poe hält nichts davon, Eingeborene & Schwarze zu idealisieren oder zu verteidigen, er überträgt einfach die Situation der weißen Sklavenhalter im Süden der USA. Es kommt zum Kampf, dabei kommen durch die von den Weißen bewußt herbeigeführte Sprengung des Schiffes ungefähr tausend Eingeborene ums Leben. Nur mit Mühe entgeht Pym dem Lebendigbegrabenwerden, wobei eine lange, vor Nässe schlüpfrige Spalte oder Kluft zur Freude von Frau Bonaparte die rettende Hauptrolle spielt. Mit Schrecken, Wut & gespannter Neugier starren die durcheinanderstürmenden Wilden auf etwas Weißes, das auf der Erde liegt — es ist der Leichnam jenes schon erwähnten Säugetiers mit roten Zähnen & Krallen. Für Marie Bonaparte, die hier wie bei der schwarzen Katze selbstverständlich die *vagina dentata* assoziiert, rekapitulieren solche Schilderungen die kindlich-spekulative Entdeckung der weiblichen Anatomie, die Lagepläne der Höhlen, die Poe hier experimentell-collagehaft eingearbeitet hat, seien eine Mutterleibsphantasie nach dem analen Schema, denn das Kind kenne den Uterus nicht und glaube an den After als Geburtsstätte; das Geheimnis des weiblichen Körpers lösen zu wollen, sei der Antrieb gewesen für Poes Interesse an Krytographie.[738]
Diese Interpretation greift zu kurz. Die vom 'Herausgeber' Poe angebotenen Deutungen für die hieroglyphenähnlichen Schriftzeichen, nämlich 1.) „'To be shady,' — whence all the inflections of shadow or darkness", 2.) „'To be white,' whence all the

---

[738] Vgl. Eine psychoanalytische Studie, Bd.2, 193–98

inflections of brilliancy and whiteness", und 3.) „'The region of the south'" (P 883), benennen zum einen die beiden Pole der Sklavenhaltergesellschaft und ihren Bezugsrahmen, die Gesellschaft des Südens (der USA). Zum anderen wird das, was die Jungsche Tiefenpsychologie den 'Schatten' genannt hat, in den Träumen weißer Amerikaner oft durch die Gestalt eines Schwarzen oder Indianers symbolisiert[739] (Pyms seltsames *alter ego* Peters ist Halbindianer und wird quasi ehrenhalber als Weißer geführt); sowohl der 'schwarze Mann' als auch die Weiße Göttin verkörpern die Seite des Lunaren, die der solar-patriarchalen Kaufmannsrationalität der herrschenden Klasse der Südstaatler gegenübersteht. Spätestens im Schlußbild wird 'weiß' als in sich ambivalent deutlich, und dem rätselhaften letzten Satz des erzählenden Pym korrespondiert das ebenso rätselhafte Schlußwort des kommentierenden Poe, mit seinen zitathaften Anführungsstrichen erst recht geeignet, den Leser 'anzuführen': „'I have graven it within the hills, and my vengeance upon the dust within the rock'" (vgl. bereits Kap.IV, zu *Shadow*). *Rache* am VerLeger war schon, als *Auftragsarbeit* ein so 'unmögliches' Romanwerk abzuliefern, das vor Klischees ebenso strotzt, wie sein gnadenlos experimenteller Rahmen verwirren mußte.[740] Nun war Poes Interesse an Schrift aber in der Tat von dem *ressentiment*gespeisten Begehren geleitet, sich einen Namen zu machen, nämlich den seines verschwundenen Vaters und seiner verstorbenen Mutter (*Poe*) zu verewigen *gegen* den seines Pflegevaters (*Allan*), den er nicht anders zu führen pflegte denn als eingeschobenes Kürzel (*Edgar A. Poe*).[741] Die Urhöhle ist der Ort der Urschrift. Das Markiertwerden oder -wordensein (-geWESENsein) wird durch Markieren, Aussprechen, Zeichnen, Schreiben, Spurenhinterlassen, -verwischen & -verändern dialektisch 'aufgehoben', erinnert & im negierenden Sich-selbst-Überschreiten (auf ein 'sich' hin, das dadurch erst wird) *aufbewahrt*. Die Regression 'zu den Müttern', der Abstieg in die Unterwelt, ist die geo-GRAPHISCHE Reise durch den Raum zu jenem Dreh- & Angelpunkt, wo Eros & Thanatos im Katarakt zusammenfallen. Bemerkenswerterweise findet man in den Unterweltsbüchern der alten Ägypter das Totenreich durch vier Bilder dargestellt, die man im abbruchsähnlichen Schluß der Pym-Expedition (von Poe wahrscheinlich intuitiv, nicht sehr bewußt gewählt) allesamt wiederfinden kann: „Zu den Aspekten des Jenseits als *Urozean*, als *Leib der Himmelsgöttin* und als *Tiefe der Erde* tritt die *Wüste* als vierter Aspekt, als weitere Ebene der Sonnenfahrt."[742] Ohne die Schwärzung durch die *nigredo*, das Todesbewußtsein (Pym repräsentiert wie der Protagonist von *Loss of Breath* einen Tod, der sich immer wieder verschiebt), Affektion durch die MATERie, der er entstammt, wäre der Geist eine *tabula rasa*, leerer Hauch, ein „nothing on the other side"; so aber ist sie, was dasselbe zu sein scheint und doch der Unterschied

---

[739] Vgl. Cavendish, The Powers of Evil, 94
[740] Poe macht aus dem ungeliebten Romantorso sozusagen für sich das beste, indem er ihn dazu nutzt, „neue Schreibweisen zu erproben" (Krumme, Augenblicke, 115), in denen der Autor am Ende ist. Die lose Folge der Ereignisse zeigt einen improvisierenden Stil, der an E.T.A.Hoffmann erinnert, während Poe doch seine Kurzgeschichten und Gedichte sehr bewußt durchzukonstruieren pflegt.
[741] Wie P.Krumme erwähnt, hat Maurice Mourier (Le tombeau de Poe, in: ESPRIT, Dezember 1974, 911–25) gezeigt, daß es „keine Schwierigkeit" gibt, „die Sgraffiti von Tsalal als Signatur der Namen E.A.POE und A.G.PYM zu lesen" (Augenblicke, 119).
[742] Erik Hornung in: Die Unterweltsbücher der Ägypter (Einleitung), 29 (Hervorheb. von mir, T.C.)

ums Ganze ist, ein solares „blinding white light", in dem die Imagination an ihrer sie konstituierenden Grenze abstürzt und rächend wiederkehrt.[743] Edward H. Davidson sieht hier, vor der offenen Krise in *The Raven*, das romantische Bewußtsein an seine äußerste Grenze gekommen: „the romantic drive toward self-assertion ends in total self-destruction: the hero finds himself only at the moment he loses himself; (...) it is destined to become like and subject to the mindless chaos which is the world around it. The search for the self is the loss of self; the quest is annihilation."[744] Das Sichabarbeiten an Sprache wird in der Endphase des Romans nicht nur als Dechiffrierung und (Selbst-)Chiffrierung thematisiert, sondern z.B. auch durch das uns schon wohlbekannte Nichtmehrsprechenkönnen vor Erschöpfung & Schrecken: Die Weißen sind, in der Hauptschlucht umherirrend, „quite exhausted with exertion, and, indeed, so weak that we were scarcely able to stand or articulate" (P 863), und später ist es dann Nu-Nu, der Eingeborene, der, durch ständige erzwungene Berührung mit dem Weißen gelähmt (ein feiner weißer Ascheregen legt sich z.B. auf das Kanu), nicht mehr in der Lage ist, verständige Erklärungen zu geben, sondern nur noch wirr gestikuliert und z.B. mit dem Finger seine schwarzen Zähne entblößt („he appeared to be too utterly overcome by terror to afford us any rational reply", P 881). Diese Stellen haben im Gesamttext mehrere Vorläufer: „It was more than an hour after being taken on board the Penguin before he could give any account of himself" (P 755, Augustus war mit einem Seil auf dem Verdeck festgebunden worden, zu seiner Rettung); „and, stretching out my arms in the direction of the vessel, stood in this manner, motionless, and unable to articulate a syllable" (P 808, die Rettung verheißende Brigg ist jedoch nur mit verwesenden menschlichen Leibern bestückt, die Toten werden vergebens um Hilfe angeschrien). Besonders eindringlich & aufschlußreich ist eine Stelle, wo Pym, versteckt in einer Kiste wie lebendig begraben, unerwartet *mit seinem Namen angesprochen wird*: „Scarcely had the echo of the crash died away, when I heard my name pronounced in an eager but subdued voice (...). So unexpected was any thing of the kind, and so intense was the emotion excited within me by the sound, that I endeavored in vain to reply. My powers of speech totally failed, and in an agony of terror lest my friend should conclude me dead, and return without attempting to reach me, I stood up between the crates near the door of the box, trembling convulsively, and gasping and struggling for utterance. Had a thousand words depended upon a syllable, I could not have spoken it. (...) Shall I ever forget my feelings at this moment? He was going — (...) — he would abandon me — he was gone! He would leave me to perish miserably, to expire in the most horrible and loathsome of dungeons — and one word, one little syllable, would save me — yet that single syllable I could not utter! I felt, I am sure, more than a thousand times the agonies of death itself. My brain reeled, and I fell, deadly sick, against the end of the box" (P 772f.).

Hier wird nicht nur die Angst resümiert, die Edgar Poe empfunden haben muß, als ihm klar geworden war, daß sein Vater ihn für immer verlassen hatte, daß er quasi *verWorfen* worden war, weil er nicht das hatte äußern können, was den Vater vielleicht zum Bleiben bewogen hätte (Wie sollte er auch? Er war ja der Sprache noch

---

[743] Ich differiere hier etwas von der Interpretation bei Davidson, vgl. Poe – A Critical Study, 163–80
[744] Ebd., 177

nicht mächtig gewesen, während er seine Eltern bei ihren Schauspielproben ausführlich Texte hatte deklamieren hören!). Es ist der Horror der Sprache selbst, der hier, am Horror des Namens, des Angerufenwerdens emporgezogen, beschrieben wird als ewige Schuld & Inadäquanz (Sichphallisieren & Kastriertsein) gegenüber dem unendlich Verzweigbaren, unendlich Perfektiblen, und doch nie völlig Heranreichenden, dem nie völlig Durchdringbaren, dem Wechselspiel von Hell & Dunkel, sich materialisierender schwarzer Schrift auf heller Fläche.[745] Das die Lebensangst zugleich beruhigende und sie immer wieder neu schürende Angerufenwerden durch die im tradierten, seine Dekonstruktion fordernden Text sich manifestierende fiktive Stimme, diesen Geist über den Wassern, der einerseits Ersatz ist für die Stimme des Vaters & der Mutter, die nachklingen und doch 'lebendig' nie mehr erklingen werden, andererseits das ist, wohinein diese Stimmen schon immer gestellt waren, Horizont der kulturellen Identität-als-Negativität der Menschheit, von der frühesten Bilderschrift bis zur sich konstituierenden, sich de- & rekonstituierenden literarischen Moderne, an der mitzuarbeiten, die mitzugebären der von Sprache besessene (*subiectum*, ihr unterworfen sie 'sich' unterwerfende), dabei in den Katarakt stürzende Edgar Poe sich aufgerufen fühlte. Genau darum scheint es hier am Ende des Romans (den Poe als mißlungen empfand) zu gehen, und insofern die 'Weiße Göttin' diejenige ist, die Hermes zum Alphabet und Orpheus zur POEsie verhalf, ist sie in der Tat jener steinerne Schoß, der ebenso mit Sterilität droht wie Fruchtbarkeit (der Engravur, in den Fels, „within the rock") verheißt.

Wir sollten nun noch einmal zum Thema Kommunikation zurückkehren. Die fundamentale Reflexivität der Umgangssprache, der selbstexplikative Charakter ihres differenziellen Prozessierens, vollzieht sich im Medium eines immer schon durch sprachliche & gesellschaftliche Interaktion vermittelten 'Selbstbewußtseins' eines Sprechers dergestalt, daß dieser den von ihm in einer Kommunikationssituation selektiv verwendeten sprachlichen Ausdruck oder Satz an einer (selbst beweglichen, sich dynamisch verändernden) semantischen Intention bemißt und gegebenenfalls korrigiert. Sichselbst-Hören[746], „taking the role of the other" (G.H.Mead), variable Vor- und Rückgriffe auf Sinnhorizonte und variables Codieren (R.Jakobson) bilden einen komplexen Zusammenhang, der sich im Sprechakt nicht nur gleichsam als eingebaute Korrekturfunktion manifestiert, sondern ein hohes Maß an kreativen/produktiven Anschluß- & Verzweigungsmöglichkeiten bereitstellt. Bei der 'hörenden' Lektüre und beim Schreiben eines Textes findet Analoges statt, jedoch bei höherem Fixierungs-/Stabilisierungsgrad des Ausgangsmaterials bzw. des Intendierten und zeitlicher Modifikation (das Wechselspiel zwischen Simultanität und Linearität/Sukzessivität ist anders, man kann sich z.B. für die Rezeption oder Produktion Zeit nehmen, hat dafür nicht die Dialogsituation mit einem unmittelbar reagierenden Anderen, die nach je situativen Anforderungen verständnissichernd gestaltet werden könnte, etc.). In einem aus sich selbst heraus komplexer werdenden, intern-selbstreferenziellen 'hermeneutischen Zir-

---

[745] Vgl. hierzu Peter Krummes an Jean Ricardou anschließende Interpretation des „magical-looking water", in: Augenblicke, 129–53: es geht um das Geheimnis des geschriebenen Textes, der transparent ist und doch hermetisch, das Farbspiel der oszillierenden Flüssigkeit ist ihr Schutz (145ff.).
[746] Schon von Herder betont, dann u.a. von Hegel, Mead, Gehlen, Derrida

kel' zwischen Teilen und Ganzem, Momenten und Totalität verändern sich sukzessiv Vorverständnis, Erwartungshaltung, Forderungen an sich selbst; Wiederholungen, Revisionen, Anreicherungen beziehen sich darauf zurück. Vor allem unter den Selektionsanforderungen einer situativen Dialogsituation, die nie mehr als Stückwerk leisten kann, läßt jedes Wort sogleich Gegensinnorientierungen aufscheinen, Gesagtes läßt Nichtgesagtes vermissen, setzt es voraus oder provoziert seine Mitsetzung. Die Reflexionsleistungen und Anschlußmöglichkeiten von Sprecher und Hörer vollziehen sich über komplexe Geflechte bestimmter Negationen, es wird auf Mit- & Gegenpräsentiertes rekurriert, die 'Korrektur- & Anschlußfunktion' kann dabei in den Dienst eines narzißtischen 'Kampfes um Anerkennung' treten: Anerkennung durch den/die Gesprächspartner bzw. den ideell internalisierten 'Großen Anderen', wodurch 'Selbstbestätigung', Selbstwertgefühl, Anerkennung durch sich selbst ermöglicht wird. Dabei wird die Struktur des Sprechens und der Sprache, ihre Diskontinuität und unendliche Verzweigbarkeit, gleichsam als Vorwand genutzt: Gegenpositionen werden oft weniger um der Sache willen als aus Gründen austarierenden Sicheinbringens und der Selbstbehauptung bezogen. Kompetenz (gerade auch die kognitive!) und Performanz (das von ihm resultativ Gesagte oder zu Papier Gebrachte) jedes Sprechers oder Schreibers sind immer begrenzt und wären häufig in viel höherem Maße erfordert (diese narzßtischen Kränkungen werden gern überspielt); die Begrenztheit von Ressourcen wie Zeit & Energie, auch im Sinne rein physischen Vermögens, kommt oft schmerzhaft zu Bewußtsein. Rituelle Bemächtigungsversuche, Rituale des Antestens, Ausforschens, Forderns, Auflaufenlassens, des Führens von Scheingefechten, Verwendens jedes Fixierten oder auch nur Zwischenresultats gegen den Produzenten, das Erproben von Einfällen, rhetorische Suggestionen & Bluffs (usw.) umschillern die Grenze(n) zwischen Unterschwelligem & Obertönigem, nisten in Grauzonen; oft drücken sie sich für den Gesprächspartner durchaus spürbar aus, wohingegen der Sprecher paradox versucht, sie vor der eigenen potentiellen Selbstkritik möglichst bedeckt zu halten, während er sich an ihnen entlanghangelt. Zum sprachlichen Handeln gehören Sprechen *und* Schreiben, und auch die passive Aktivität stummen Lesens, sofern mit einem gewissen Maß an Intensität versucht wird, den betreffenden Sinn *prozessuell-selbstreferenziell-tätig* aufzunehmen[747] — in der dialektischen Sprache Hegels wird prozessuelle selbstreferenzielle Tätigkeit als 'Negativität' bezeichnet, und daß sie, als dynamische Struktur beschrieben, *Selbstkonstitutivität als Selbstüberschreitung* (Sich-Aufheben-zu-sich) ist, wäre hier auf dem Komplexitätsniveau selbstreferenzieller psychischer Systeme mit kommunikativ-interaktional vermitteltem 'Selbstbewußtsein' zu spezifizieren. Tiere haben Bewußtsein und zeigen bestimmte Abstraktionsleistungen, aber sie unterliegen nicht der Notwendigkeit, sich im Sinne eines komplizierten (beweglichen und je nach kultureller Situation mehr oder weniger fragilen) Idealsystems 'selbst' zu 'entwerfen'. Beim nicht festgestellten und darum symbolverwen-

---

[747] Es wäre daher wichtig, wenn eine Diskurstheorie wie die Schnädelbachsche sich weniger an der mündlichen Rede orientierte, sondern die Diskursivität von kritischer Lektüre und Textproduktion, auch den Niederschlag von Schrift in der gesprochenen Sprache und im Umgang mit Erfahrungsgegenständen stärker thematisieren würde (vgl. H.Schnädelbach, Reflexion und Diskurs. Fragen einer Logik der Philosophie, Frankfurt/M. 1977); erst dann könnte sprachliches Handeln im vollen Sinne umfaßt werden.

denden Tier, dem Menschen — das Symbolische füllt aber die konstitutive Lücke seines Von-Nichts-zu-Nichts je nur, um sie im Sinne des Imaginären wieder aufzureißen und zu verschieben — werden Selbsterhaltung, Selbstkonstitutivität und Selbstsubstitutivität untrennbar, sind das Begehren, sich im Hindurch der Vermittlung augenBLICKlich festzustellen, und das Begehren, sich im Kreisen negativer Ströme zu verlieren, schlechthin durcheinander vermittelt (identisch-indem-verschieden & verschieden-indem-identisch). In dieser dialektischen Struktur schwingt (oszilliert) das je situative Begehren des sprachlich Handelnden nach Sicheinlassen und/oder Sichabgrenzen, Fortsetzen bzw. Abbruch, mehr oder weniger konformem oder nichtkonformem Verhalten (der Ausdruck 'VerHALTen' drückt bezeichnenderweise ein ZuSTANDEkommen (Zumstehenkommen) aus, doch jeder ZU-STAND beSTEHT eben & 'hält sich' nur im Hindurch der Vermittlung, und Vermittlung ist das negiertwerdende Negieren & negierende Negiertwerden, eben jenes subsistierende Subsistiertsein & subjizierende Subjiziertsein, das der sehr komprimierte Grundbegriff 'Negativität' operational-tätig — und das heißt je differenzierungsbedürftig! — ausdrückt). IN-HALT: das Daringehaltene/-umfaßte in Bewegung; Form: das FormierendFormierte. Stets wird die 'interne Korrekturfunktion' des Sprechers sich mehr oder weniger im Sinne eines Fixierens, Zum-Halt-kommen-Lassens (des 'Sich'-wieder-Auflösenden), Einschneidens & Glättens, Betünchens, Übertünchens, Überspringens, Substituierens (Einspringen-lassens) & selektiven Meidens (dabei zumal in bestimmten, oft weniger konformen Sprachspielens auch: Zulassens, Vertiefens & nachspürenden Weitertreibens) von *Brüchen* niederschlagen; Brüchen, Lücken, Klüften, in denen relevanter (Gegen-)Sinn sich meldet bzw. WEITERgehend sich melden würde, ließe man das sich selbst Prozessierende aktiv-passiv vonstattengehen. Mit anderen Worten: Kommunikation basiert wesentlich & unabdingbar auf Mikropraktiken des Kaschierens, Forcierens, Aufbrechens, Eindämmens usw., kurz, der reflexiven KorRektur (im Sinne von Mit(be)richtigung, Mitausrichtung, MitbeWAHRung & Übergehung). Jede Negation ist immer schon Negation der Negation. Was Kommunikation einerseits als Medium des Vernünftigen geeignet erscheinen läßt, entrichtet andererseits seinen Tribut an Vernunftdialektik. Der Satz 'Wenn jemand spricht, wird es hell' ist zugleich allgemeiner und differenzierter zu fassen: 'Wenn etwas die leere Fläche füllt, wird es hell–dunkel, geschieht Fort–Da–Sein, und alles ist in lebendiger Bewegung.' Die 'leere' Fläche, auf der die Schrift, das Bild, der Film, das Eidolon, der Angelhaken des Imaginären erscheinen werden, verkörpert die konstitutive Lücke/Spaltung, die das vergegenständlichte Selbst *ist*. Die Fläche, der Raum, die zu bemalende oder zu belichtende Leinwand ist freilich *niemals* leer, sondern der Dynamis-Schnittpunkt zwischen dem Symbolischen, dem Imaginären und dem Realen, im Sinne einer schon prozessierenden Dialektik von Form und Inhalt; indes, die konstitutive Lücke/Spaltung ist & bleibt *immer* 'Leere' im Sinne *abstrakter* Negativität, die Nichts ist als Selbstabstraktion der *konkreten* (gerade auch was die Entstehung des Selbstbewußtseins betrifft). Diskurstheorie bedarf eines kritischen Rekurses auf die Geschichte der Schrift ebenso wie eines kritischen Rekurses auf die *durch Bilder, Symbole, Sprache geformten Antriebe menschlichen Verhaltens.*

Der *darstellende Ritus* ist, wie A.Gehlen (mit Adornos *Mimesis*-Modell vereinbar) wohl richtig zusammengefaßt hat, historisch früher anzusetzen als bildnerische Tätigkeit und Schrift in einem engeren Sinne, insofern ist begreiflich, daß Deleuze/Guattari (vgl. dazu Anhang II) unter ihrem weiten Begriff von 'Einschreibung' auch bereits den 'Tanz auf dem Boden' fassen. „Die elementarste Form des darstellenden Verhaltens besteht in der bloßen Rhythmisierung irgendeiner Bewegungsform. Dann tritt die Handlung zu sich selbst ein Verhältnis und drückt dieses Verhältnis in sich selbst aus"[748] — das heißt, über Wiederholung, Sequenzialisierung findet eine gewisse Verfestigung statt, und die durch solchen Rückgang-in-sich (tätige Selbstreferenz, Sich-zu-sich-Verhalten!) *symbolfähig* gewordene Handlung entwickelt nun eine Appellqualität für den Anderen, fordert ihn seinerseits zu darstellender Nachahmung auf. Solch mimetische Darstellung wird *Selbstdarstellung* als Sich-identifizieren-mit-sich über jenes sinnkonstitutive Andere, das am Ort des Anderen-seiner-selbst (ein 'Selbst', das dadurch erst wird!) vorausgesetzt und als intentionales Woraufhin internalisiert wird. Man denke an die rituelle Verfestigung eines Tanzes, der von Gruppenmitgliedern nachgeahmt wird durch Orientierung an der *Form* (sein Inhalt ist z.B. ein Jagdzauber, Nachahmung eines Tieres; wenn das, was spielerisch-experimentell entstanden sein mag, zur habituell bestimmter Analogien sich bedienenden *Magie* wird, hat es bereits Momente von *Rationalisierung* entfaltet und stabilisiert diese weiter). „Das Individuum gewinnt, wie Mead richtig sah, Erfahrung von sich (...) nur im Kontrast zu einem (...) Teil des eigenen Selbst, der sich ihm eben in der Hineinnahme von Verhaltensweisen Anderer entfremdet"[749] — diese Formulierung impliziert, *daß Generieren von Selbstbewußtsein unmittelbar Generieren von Entfremdung ist*, oder, mit Hegel gesprochen, *daß Für-sich-Sein Außer-sich-Sein ist*. Nicht schiebt sich das Symbol als 'Zwischenwelt' ein, sondern das Reale ist überhaupt nur im Medium des sich aufdrängenden Symbolischen 'greifbar' (*Begriff* drückt noch die werkzeughafte Auseinandersetzung mit einer 'Außenwelt' aus, durch deren relative Distanzierung ein tätiger 'Innen'-Bezug als Sich-zu-sich-Verhalten erst korrelativ möglich wird). Was das moderne Individuum von den Eltern, den Lehrern, den Medien, der Warenwelt, der Kulturindustrie vorartikuliert bekommt und was sich so in sein Begehren einschreibt — sein Begehren formt, *indem* es dieses *spaltet* (vgl. Lacan, vgl. Kap.II) — resümiert Gattungsgeschichte unter den Vorbehalten einer historisch etablierten Ordnung. Der Große Andere, die symbolische Ordnung, ist das, was im Stolpern des Individuums von-Lücke-zu-Lücke als 'sein' Anderes zu ihm sprechen wird, sein in Vorhalte befindliches & ihm Vorhaltungen machendes 'Selbst', das seine eigene Selbstentfremdung *ist* und nur dadurch zu persönlichkeitskonstituierenden Abweichungen-in-der-Nachahmung befähigt. Ein Gehlen hat viel zu einseitig die *Ent*lastungsfunktion der Sprache betont, wo (exakt wie im Fall der bestehenden Institutionen, zu denen auch die jeweilige Ausprägung von Sprache und Kommunikation gehört[750]) unmittelbar korrelativ die *Be*lastungsfunktion zu betonen wäre, die,

---

[748] Arnold Gehlen, Urmensch und Spätkultur. Philosophische Ergebnisse und Aussagen (1956), Frankfurt/M. 3. verbess. Aufl. 1975, 145
[749] Ebd., 147
[750] Daß soziale Systeme aus Kommunikationen 'bestehen', konzediert auch Luhmanns Systemtheorie, deren stereotypes Verweisen auf strukturfunktionalistisch geleistete *Reduktion von Komplexität* noch den Einfluß von Gehlens Kategorie der *Entlastung* (vermittelt durch Schelsky) durchschimmern läßt. Den notwendigen Rekurs auf *psychische* Systeme leistet Luhmann mit dem Konzept der *Inter-*

grundlegend gesprochen, darin besteht, daß das Begehren des Individuums *auf die schlecht-unendlichen Ketten des Symbolischen gelenkt wird*. Was dabei *als Verständigung gilt*, und *wie* Konsens jeweils *hergestellt* wird, dient insofern der Bestandssicherung, d.h. der Selbsterhaltung des Individuums, die im Sinne der des gesellschaftlichen Ganzen sich vollziehen soll. Was das System nicht aufnehmen und sich angleichen kann, wird vergleichgültigt oder exteriorisiert — daß dabei auch das System selbst, je nach Maßgabe seiner leitenden Mechanismen, sich mehr oder weniger in Veränderung befinden kann, ist unbestritten; der Konsens zwischen dem neue Appellformen entwickelnden Hermes und dem zu gewissen Neuausrichtungen bereiten Apollon ist dafür ein hervorragendes mythisches Beispiel. Mythen als solche drücken eine Reflexion historischer Ereignisse aus und weichen doch ebensosehr vor einer vollen Entfaltung historischen Bewußtseins noch oder wieder aus; das gilt für archaische Mythen wie für moderne.[751] Die *Schrift* ermöglicht historische Überlieferung und historisches Bewußtsein als notwendige, aber noch nicht hinreichende Bedingung. Interessanterweise wurde bei den Sumerern um 3500 v. Chr. die Keilschrift zunächst zu *ökonomischen Rechnungszwecken* gebraucht[752] (und die Entstehung einer Kaste von Schreibern drückte, wie Hermes im Hymnos, sofort Karrierismus und eine Differenzierung innerhalb bestehender Herrschaftsverhältnisse aus), doch spätestens um 2600 v. Chr. wurde sie auch zu künstlerischen Zwecken gebraucht — es entstanden z.B. Aufzeichnungen des *Gilgamesch-Epos*, worin das Leben eines Königs von Uruk um 2700 v. Chr. legendenhaft geschildert und bestimmte Motive des *Alten Testamentes* (die Sintflut) und der *Odyssee* vorweggenommen werden.[753] Andererseits ist aber sicher, daß die 'bildnerische' Markierung von Tieropfern und Gräbern, die Bemalung der Körper von Tänzern und Wände von Höhlen der Entwicklung der Keilschrift um mehrere zehntausend Jahre vorausging. Vor 60.000 Jahren besprengten die Neandertaler zerlegte Hirsche mit Ockerpulver, überzogen poliertes Elfenbein mit Ocker oder rieben Manganoxidstücke gegen Tierfelle und menschliche Haut.[754] Historische Über-

---

penetration, wobei er darauf besteht, psychische Systeme noch phänomenologisch auf *Bewußtseinsbasis* zu konstruieren (vgl. Luhmann, Soziale Systeme. Grundriß einer allgemeinen Theorie (1984), Frankfurt/M. 1987, 286–376). Nun können aber ja die Auswirkungen der Sprache auf das Unbewußte sehr wohl *beobachtet* werden, am sprachlichen Handeln (Tätigsein) von Individuen sowie an dem von Institutionen *über* Individuen & durch sie hindurch — an anderen Personen ebenso wie an der eigenen — so daß eine realistische Konzeption psychischer Systeme insofern die Erfahrungen der Psychoanalyse aufnehmen könnte und müßte (nicht nur um die Möglichkeit von Kritik zu sichern).
[751] Vollentwickeltes historisches Bewußtsein entwickelt freilich wieder seine eigenen Zwiespältigkeiten, vgl. dazu Friedrich Nietzsche, Vom Nutzen und Nachteil der Historie für das Leben, in: drs., Werke Bd.II, 209–285; Herbert Schnädelbach, Geschichtsphilosophie nach Hegel. Die Probleme des Historismus, Freiburg & München 1974
[752] „Was jene ersten Schreiber schrieben, waren einfache, unkomplizierte Notizen aus dem geschäftlichen Bereich: 'Zuteilungen', 'Weberinnen', 'fünf'. Das Schreiben entstand aus dem Bedürfnis bereits der frühen städtischen Zivilisation nach einer gut funktionierenden Bürokratie" (Dora Jane Hamblin, Die ersten Städte, 99).
[753] Vgl. ebd., 104–110
[754] Dies ist durch Funde belegt, vgl. George Constable, Die Neandertaler (orig. 1973), Niederlande 1975, 111–114. Mit Farbstoffen hergestellte 'Bilder' oder Muster lassen sich bei Neandertalern allerdings bisher nicht nachweisen. „Ebenso kryptisch sind die wenigen Hinweise auf symbolische Zeichen, aus denen sich eines Tages die Schrift entwickeln sollte. Ein paar Kieselsteine aus der Neandertaler-Höhle bei Tata weisen Rillen auf, die symbolischen Charakter haben könnten. Auf einer Ochsen-

lieferung im engeren Sinne sieht man erst mit der ägyptischen Schrift verknüpft, obzwar vor dem Horizont des Mythos, und ist dabei mit Diagnosen eines 'historischen Bewußtseins' natürlich vorsichtig (die Idee der Weltgeschichte konnte sich erst in der Neuzeit entwickeln, und Menschheitsgeschichte im wissenschaftlichen Sinne als Teil der Naturgeschichte zu thematisieren, ist eine Sache der zweiten Hälfte des 19. nachchristlichen Jahrhunderts). Stellt man für die Zuschreibung historischen Bewußtseins die Bedingung, es müsse bei der aufzeichnenden Schilderung von Ereignissen *die Rezeption durch künftige Generationen antizipieren*[755] (genau dies läßt Poe in dichterischer Form, aber darum nicht weniger exemplarisch den Griechen Oinos in *Shadow* vollziehen!), so muß man dafür im Altertum ebenfalls einen längeren Übergangszeitraum ansetzen. Garbini und Gehlen nennen beide die Palette des ägyptischen Königs Narmer (um 3100 v. Chr.) als frühestes bekanntes Beispiel, wo ein historisches Ereignis (hier die Besiegung eines Feindes, der Name des Königs ist dem Bild in Hieroglyphen beigefügt) festgehalten & übermittelt werden sollte.[756] Die Kernmotive der ägyptischen Totenbücher wurden über Generationen hinweg tradiert — im Mittleren Reich, zwischen 2000 u. 1700 v. Chr., waren sie der Herrscher-Exklusivität des Alten Reiches enthoben und für jeden, der etwa die Hälfte eines Arbeiterjahreseinkommens erübrigen konnte, käuflich erwerbbar.[757] Wenn nun ein Stein mit eingeritzten Aufzeichnungen über Mondphasen vor etwa 30.000 Jahren von seinem Hersteller der betreffenden Stammesgruppe zur Verfügung gestellt wurde, ist dann nicht die Bedingung ebenfalls bereits (rudimentär) erfüllt?

Vollziehen wir nun neuerlich den Brückenschlag zur Moderne, so kann weiter vertieft werden, was es bedeutet, wenn J.Lacan, dessen linguistisch expliziertes Modell von Psychoanalyse für die in diesem Buch versammelten Poe-Interpretationen schon mehrfach einen Leitfaden abgab, sagt, das Unbewußte sei „aus Sprache gemacht".[758] Das Subjekt wird in eine Sprachgemeinschaft, ein symbolisch vermitteltes soziales Gefüge hineingeboren, in dem bestimmte Normen und Regeln des menschlichen Zusammenlebens gelten, und wo der Vermittlungskomplex, durch den Erfahrung als immer schon vorinterpretierte zu eigen wird, durch den aufgezeichneten Informationsbestand und Erfahrungsschatz tendenziell *aller* Kulturen der Menschheit gekennzeichnet ist, da die ökonomische Bezugsgröße der Weltmarkt und die historische die Weltgeschichte ist. (Man sollte sich dabei hüten, den möglichen Zugriff auf *Kenntnisse* und *Informationen* mit der Erwerbung von wirklichem *Wissen* zu verwechseln, denn letzte-

---

rippe aus Pech de l'Azé findet sich auf der einen Seite eine Reihe von Kratzern; die Kratzer sind in Zweiergruppen angeordnet und sehen ganz und gar nicht aus wie Spuren, die jemand hinterläßt, der nur das Fleisch vom Knochen schneidet. Vielleicht sind diese Kratzer bloße Kritzeleien ohne jede Bedeutung, aber an irgendeinem Punkt muß die symbolische Aufzeichnung begonnen haben — vor 30.000 Jahren, als die Cro-Magnon-Menschen die ersten Kalender anfertigten, gab es sie bereits definitiv" (ebd., 114).

[755] Vgl. Gehlen, Urmensch und Spätkultur, 230
[756] Vgl. Alte Kulturen des vorderen Orients, 129f.; Urmensch und Spätkultur, 230f.
[757] Vgl. E.Hornung, Das Totenbuch der Ägypter (Einleitung), 24: der Preis betrug einen Deben (91 g) Silber.
[758] Das Seminar von Jacques Lacan Bd.XI (ed. N.Haas): Die vier Grundbegriffe der Psychoanalyse (1964), Olten & Freiburg i. B. 1978, 206

res impliziert, will man auf einen auch nur halbwegs anspruchsvollen Wissensbegriff nicht verzichten, selbstreferenziell ein Wissen um *die jeweils relevanten Zusammenhänge, Gründe und Prinzipien*, auch im Sinne des Gewordenseins, und dies kann schon aus Komplexitätsgründen von einer Person oder Forschergemeinschaft in der Regel nur für wenige Themen und Bereiche geleistet werden.) Wenn es nun zutrifft, daß in einer kapitalistischen Gesellschaftsformation das die Produktion, Zirkulation und Reproduktion sowohl materieller Güter als auch kommunikativer Beziehungen und Prozesse (d.h. aller sprachlicher Handlungen mündlicher, schriftlicher oder sonstwelcher Art) zentralreferenziell vermittelnde *Strukturgesetz* der 'sich selbst verwertende Wert' (im Sinne von Marx) ist, so ist der 'hermetisch-hermeneutische' (worunter verstanden sein soll, daß hier fundamentale Offenheit *durch* relative Geschlossenheit produziert wird und die scheinbare Verborgenheit und Selbstverschleierung im Wesen der Sache selbst begründet liegt) *konstitutive Zusammenhang von Tausch und Kommunikation*, den der Hermes-Hymnos in mythischer und doch historisch-bewußt(machend)er Form ausspricht, gleichzusetzen mit dem, was Lacan den 'Großen Signifikanten', den hohlen 'Phallus' und den 'Namen-des-Vaters' nennt. Erinnern wir uns: Mit der physischen Natur der Arbeitsprodukte und daraus resultierenden dinglichen Beziehungen hat die Warenform „absolut nichts zu schaffen"; es ist vielmehr „nur das bestimmte gesellschaftliche Verhältnis der Menschen selbst", welches für sie die „phantasmagorische Form eines Verhältnisses von Dingen annimmt", wenn der mystische Charakter der Ware ihnen nicht den Gebrauchswert, sondern den Tauschwert der Produkte zurückspiegelt.[759] Die Erscheinung dieses „Fetischismus", wodurch Arbeits- oder allgemeiner Tätigkeitsprodukte nach Art von zu Idolen & Götzen überhöhten Naturmächten den Menschen verselbständigt gegenübertreten, ist für Marx von der Warenproduktion (nicht nur der kapitalistischen) überhaupt untrennbar. Diese imaginäre, das Begehren symbolisch prägende Beziehung läßt sich persönlichkeitsgeschichtlich unmittelbar als Fortschreibung des Lacanschen 'Spiegelstadiums' verstehen. Dem bedürftigen, sich fragmentiert & unganz fühlenden Kind erscheint die Mutter als imaginäre Ganzheit, der das Kind buchstäblich entstammt und die sein Bedürfnis vorläufig '*stillen*' wird. Die BeGEISTerung, die ein Menschenkind beim Entdecken seines Spiegelbildes erlebt, läßt es sich selbst auf diese imaginäre Ganzheit projizieren, von der es allmählich merkt, daß freilich auch Mutter & Vater sie nicht wirklich verkörpern; ihr Begehren ist in die das Begehren stets bloß verschiebende symbolische Ordnung verkettet, und so auch sein eigenes. Kulturelle (und kulturindustrielle) Idole und andere Waren treten an die Stelle der Eltern und versprechen, den strukturellen 'Mangel an Sein' zu befriedigen[760], schieben das Subjekt über die Signifikantenketten der Märkte, deren schlechte Unendlichkeit und totalisierende Struktur von der sowohl linearen als fundamental-selbstrückbezüglichen Struktur der Diskursivität selber vorgezeichnet wird, die sich dann wiederum ihnen annähnelt. Der fundamental brüchige (von-sich-zu-sich, von Nichts zu Nichts) Narzißmus des Werdenden begehrt seine sukzessive Wiederhochpäppelung und lernt dabei, die imaginäre Omnipotenz eines irrealen Lust-Ego jenem Realitätsprinzip anzupassen, das den sich

---

[759] Das Kapital Bd.I, MEW 23, 86
[760] Vgl. Uwe Rosenfeld, Der Mangel an Sein. Identität als ideologischer Effekt, Gießen 1984

selbst verwertenden, in kommunikativer Selbstdarstellung sich aufdrängenden und dafür mit Selbstwertgefühlen belohnten Lebensläufer verlangt (vgl. dazu auch Anhang II). In einer patrizentrischen Gesellschaft ist der 'Name des Vaters', den das Kind erhält (sich nicht selbst gibt) ein Symbol für jene Einschreibung, die das Eins-und-alles-Begehren in jenem 'realistischen' Sinne begrenzt & fragmentiert, der den Namen, den das lebenslaufende Subjekt 'sich machen' können soll, auf die schlecht-unendliche Reihe der Ersatzbildungen-durch-Identifikation verweist, die sein 'ich'-Sagen in Rivalität zu 'sich' selbst bringen werden — wer als wandelnder Wert-Träger (vgl. die Ware Arbeitskraft als Quelle des Mehrwerts) in die Konkurrenz mit anderen wandelnden Wert-Trägern gestoßen wird, konkurriert mit dem ungreifbaren Phallus, *indem er mit sich selbst konkurriert*, und genau darin besteht die prinzipielle Unbefriedigbarkeit des der Sprache unterworfenen Begehrens. Das Sichzurechttrimmen, Überkrücken, Prätendieren (vgl. Poes *Man that Was Used Up!*), um der Anerkennung im Sinne einer vom Tauschwert gehöhlten Realität willen, orientiert sich an den glatten Konturen, leuchtenden Farben und sprechenden Etikettierungen der Ware als des säkularen Götzen, verschiebend-verschobenes 'Objekt a' und identitätsheischender Name zugleich — damit wird deutlicher, inwiefern das Ego (*moi*) nach der Theorie Lacans im wesentlichen „Prunkgebärde, Herrschaftsfunktion, festverankerte Rivalität" ist.[761] *Was als identitätssuggerierender Eigenname durch negatives Sichab- und -eingrenzen die Psychose verhindert*[762], *induziert zugleich die kollektive Neurose des Abscheidens, Opferns, Verschlingens, Hortens und Stückelns* (was man mit Freud auch den oral-analen Komplex nennen kann). Daß sich im Spätkapitalismus die Väter und Mütter gleichermaßen verabschieden, der 'Große Vater' ebenso auf dem Rückzug ist wie die 'Große Mutter', und nur der androgyne 'Große Signifikant des Warentausches', selber ungreifbar wie Gott, übrigbleibt — oder, was dasselbe ist, die große transzendentale Kommunikationsgemeinschaft (der mythische Hermes drückt bereits aus, daß es dasselbe ist!) — erweist sich als ebenso folgerichtig, wie es unvermeidlich ist, *daß die Beziehung zu allen Ersatzbildungen unentrinnbar ambivalent bleiben wird*. Der 'Alb der Verkehrtheit' ist durch kommunikativen Konsens um so weniger zum Schweigen zu bringen, je zwanghafter solcher Konsens sich die Reflexion auf das Strukturgesetz, die in dessen Namen untersagt wird, in vorauseilendem Gehorsam verbietet.[763] Das Klingen der Wertform/Geldform in der internalisierten Stimme zu entlarven, ist Aufgabe wie auch immer in sich zwiespältig gewordener Selbstkritik von Vernunft. Unüberhörbar verwandt zu den oben referierten Positionen Adornos

---

[761] Lacan, Subversion des Subjekts und Dialektik des Begehrens im Freudschen Unbewußten (1960), in: drs., Schriften Bd.II, Olten & Freiburg i. B. 1975, 184

[762] Vgl. John P. Muller, Negation in The Purloined Letter: Hegel, Poe, and Lacan, in: Muller / Richardson (ed.), The Purloined Poe, 365ff.

[763] Man muß aber den Kapitalismus und seine wechselvolle Geschichte, samt seiner zahlreichen Selbstmaskierungen (z.B. im deutschen Faschismus), beim Namen nennen, statt durch Pochen auf 'Unübersichtlichkeit' seinem Bedürfnis nach Verschleierung entgegenzukommen — was diesen 'Großen Signifikanten' angeht, sollte man sich nicht am jüdischen Namens- bzw. Bilderverbot orientieren oder daran, daß in Rom der Schutzgott der Stadt und bei den Zulus oder in Siam der Name des Königs nicht genannt werden durfte, sondern z.B. an der Insistenz des ägyptischen Mythos, daß ohne die Kenntnis und das Aussprechen des Namens keine Schöpfung (und insofern auch keine dialektische Aufhebung) möglich ist!

res impliziert, will man auf einen auch nur halbwegs anspruchsvollen Wissensbegriff nicht verzichten, selbstreferenziell ein Wissen um *die jeweils relevanten Zusammenhänge, Gründe und Prinzipien*, auch im Sinne des Gewordenseins, und dies kann schon aus Komplexitätsgründen von einer Person oder Forschergemeinschaft in der Regel nur für wenige Themen und Bereiche geleistet werden.) Wenn es nun zutrifft, daß in einer kapitalistischen Gesellschaftsformation das die Produktion, Zirkulation und Reproduktion sowohl materieller Güter als auch kommunikativer Beziehungen und Prozesse (d.h. aller sprachlicher Handlungen mündlicher, schriftlicher oder sonstwelcher Art) zentralreferenziell vermittelnde *Strukturgesetz* der 'sich selbst verwertende Wert' (im Sinne von Marx) ist, so ist der 'hermetisch-hermeneutische' (worunter verstanden sein soll, daß hier fundamentale Offenheit *durch* relative Geschlossenheit produziert wird und die scheinbare Verborgenheit und Selbstverschleierung im Wesen der Sache selbst begründet liegt) *konstitutive Zusammenhang von Tausch und Kommunikation*, den der Hermes-Hymnos in mythischer und doch historischbewußt(machend)er Form ausspricht, gleichzusetzen mit dem, was Lacan den 'Großen Signifikanten', den hohlen 'Phallus' und den 'Namen-des-Vaters' nennt. Erinnern wir uns: Mit der physischen Natur der Arbeitsprodukte und daraus resultierenden dinglichen Beziehungen hat die Warenform „absolut nichts zu schaffen"; es ist vielmehr „nur das bestimmte gesellschaftliche Verhältnis der Menschen selbst", welches für sie die „phantasmagorische Form eines Verhältnisses von Dingen annimmt", wenn der mystische Charakter der Ware ihnen nicht den Gebrauchswert, sondern den Tauschwert der Produkte zurückspiegelt.[759] Die Erscheinung dieses „Fetischismus", wodurch Arbeits- oder allgemeiner Tätigkeitsprodukte nach Art von zu Idolen & Götzen überhöhten Naturmächten den Menschen verselbständigt gegenübertreten, ist für Marx von der Warenproduktion (nicht nur der kapitalistischen) überhaupt untrennbar. Diese imaginäre, das Begehren symbolisch prägende Beziehung läßt sich persönlichkeitsgeschichtlich unmittelbar als Fortschreibung des Lacanschen 'Spiegelstadiums' verstehen. Dem bedürftigen, sich fragmentiert & unganz fühlenden Kind erscheint die Mutter als imaginäre Ganzheit, der das Kind buchstäblich entstammt und die sein Bedürfnis vorläufig '*stillen*' wird. Die BeGEISTerung, die ein Menschenkind beim Entdecken seines Spiegelbildes erlebt, läßt es sich selbst auf diese imaginäre Ganzheit projizieren, von der es allmählich merkt, daß freilich auch Mutter & Vater sie nicht wirklich verkörpern; ihr Begehren ist in die das Begehren stets bloß verschiebende symbolische Ordnung verkettet, und so auch sein eigenes. Kulturelle (und kulturindustrielle) Idole und andere Waren treten an die Stelle der Eltern und versprechen, den strukturellen 'Mangel an Sein' zu befriedigen[760], schieben das Subjekt über die Signifikantenketten der Märkte, deren schlechte Unendlichkeit und totalisierende Struktur von der sowohl linearen als fundamental-selbstrückbezüglichen Struktur der Diskursivität selber vorgezeichnet wird, die sich dann wiederum ihnen anähnelt. Der fundamental brüchige (von-sich-zu-sich, von Nichts zu Nichts) Narzißmus des Werdenden begehrt seine sukzessive Wiederhochpäppelung und lernt dabei, die imaginäre Omnipotenz eines irrealen Lust-Ego jenem Realitätsprinzip anzupassen, das den sich

---

[759] Das Kapital Bd.I, MEW 23, 86
[760] Vgl. Uwe Rosenfeld, Der Mangel an Sein. Identität als ideologischer Effekt, Gießen 1984

selbst verwertenden, in kommunikativer Selbstdarstellung sich aufdrängenden und dafür mit Selbstwertgefühlen belohnten Lebensläufer verlangt (vgl. dazu auch Anhang II). In einer patrizentrischen Gesellschaft ist der 'Name des Vaters', den das Kind erhält (sich nicht selbst gibt) ein Symbol für jene Einschreibung, die das Eins-und-alles-Begehren in jenem 'realistischen' Sinne begrenzt & fragmentiert, der den Namen, den das lebenslaufende Subjekt 'sich machen' können soll, auf die schlecht-unendliche Reihe der Ersatzbildungen-durch-Identifikation verweist, die sein 'ich'-Sagen in Rivalität zu 'sich' selbst bringen werden — wer als wandelnder Wert-Träger (vgl. die Ware Arbeitskraft als Quelle des Mehrwerts) in die Konkurrenz mit anderen wandelnden Wert-Trägern gestoßen wird, konkurriert mit dem ungreifbaren Phallus, *indem er mit sich selbst konkurriert*, und genau darin besteht die prinzipielle Unbefriedigbarkeit des der Sprache unterworfenen Begehrens. Das Sichzurechttrimmen, Überkrücken, Prätendieren (vgl. Poes *Man that Was Used Up!*), um der Anerkennung im Sinne einer vom Tauschwert gehöhlten Realität willen, orientiert sich an den glatten Konturen, leuchtenden Farben und sprechenden Etikettierungen der Ware als des säkularen Götzen, verschiebend-verschobenes 'Objekt a' und identitätsheischender Name zugleich — damit wird deutlicher, inwiefern das Ego (*moi*) nach der Theorie Lacans im wesentlichen „Prunkgebärde, Herrschaftsfunktion, festverankerte Rivalität" ist.[761] *Was als identitätssuggerierender Eigenname durch negatives Sichab- und -eingrenzen die Psychose verhindert*[762], *induziert zugleich die kollektive Neurose des Abscheidens, Opferns, Verschlingens, Hortens und Stückelns* (was man mit Freud auch den oral-analen Komplex nennen kann). Daß sich im Spätkapitalismus die Väter und Mütter gleichermaßen verabschieden, der 'Große Vater' ebenso auf dem Rückzug ist wie die 'Große Mutter', und nur der androgyne 'Große Signifikant des Warentausches', selber ungreifbar wie Gott, übrigbleibt — oder, was dasselbe ist, die große transzendentale Kommunikationsgemeinschaft (der mythische Hermes drückt bereits aus, daß es dasselbe ist!) — erweist sich als ebenso folgerichtig, wie es unvermeidlich ist, *daß die Beziehung zu allen Ersatzbildungen unentrinnbar ambivalent bleiben wird*. Der 'Alb der Verkehrtheit' ist durch kommunikativen Konsens um so weniger zum Schweigen zu bringen, je zwanghafter solcher Konsens sich die Reflexion auf das Strukturgesetz, die in dessen Namen untersagt wird, in vorauseilendem Gehorsam verbietet.[763] Das Klingen der Wertform/Geldform in der internalisierten Stimme zu entlarven, ist Aufgabe wie auch immer in sich zwiespältig gewordener Selbstkritik von Vernunft. Unüberhörbar verwandt zu den oben referierten Positionen Adornos

---

[761] Lacan, Subversion des Subjekts und Dialektik des Begehrens im Freudschen Unbewußten (1960), in: drs., Schriften Bd.II, Olten & Freiburg i. B. 1975, 184
[762] Vgl. John P. Muller, Negation in The Purloined Letter: Hegel, Poe, and Lacan, in: Muller / Richardson (ed.), The Purloined Poe, 365ff.
[763] Man muß aber den Kapitalismus und seine wechselvolle Geschichte, samt seiner zahlreichen Selbstmaskierungen (z.B. im deutschen Faschismus), beim Namen nennen, statt durch Pochen auf 'Unübersichtlichkeit' seinem Bedürfnis nach Verschleierung entgegenzukommen — was diesen 'Großen Signifikanten' angeht, sollte man sich nicht am jüdischen Namens- bzw. Bilderverbot orientieren oder daran, daß in Rom der Schutzgott der Stadt und bei den Zulus oder in Siam der Name des Königs nicht genannt werden durfte, sondern z.B. an der Insistenz des ägyptischen Mythos, daß ohne die Kenntnis und das Aussprechen des Namens keine Schöpfung (und insofern auch keine dialektische Aufhebung) möglich ist!

klingt es, wenn Lacan von der „abschüssigen Bahn" spricht, „auf die das Subjekt gestoßen wird in einer Welt, in der seine Bedürfnisse auf Tauschwerte reduziert sind, wobei diese abschüssige Bahn ihre radikale Möglichkeit nur an jener Mortifikation hat, die der Signifikant über das Leben des Subjekts verhängt, indem er es num(m)eriert."[764] Wertform und 'Identitätsprinzip' verhängen über das Subjekt jene der verwalteten Welt genehme alchimistische *mortificatio*, aus der sich das Subjekt, strebt es statt der verordneten Phrasen (*parole vide*, leeres Sprechen) ein authentisches 'volles (*pleine*)' Sprechen oder Schreiben an, nur noch um jenes symbolischen Protestes willen befreien kann, der sich notgedrungen der entleerten Formen bedienen muß, um sie vielleicht doch noch einmal mit neuem Sprengstoff füllen zu können. Das geduldige Erweitern von Rissen am bzw. im Fels bedient sich insofern der Utopie des 'steten Tropfens', die weder bloß abstrakt ist noch ohne „vengeance". Hermes, diesem emblematischen Integrator in dem hier nachgezeichneten Sinne, wird *der Prozeß* gemacht, mit dem er 'sich' & uns hinter die Ohren schreibt, daß er sein eigener Feind ist — der vorgreifende Bruderbund zielt auf die implodierende Moderne.

---

[764] Lacan, Die Ausrichtung der Kur und die Prinzipien ihrer Macht (1958), in: drs., Schriften Bd.I, Olten & Freiburg i. B. 1973, 204

Anhang II: Sprache und Körper

a) Erothanatos und Gesellschaft. Zur Kritik narzißtischer Intersubjektivität (II). Selbstkritik der Bedürfnisstruktur, negative Tätigkeit der Imagination und 'sinnliche Vernunft' bei Herbert Marcuse

Die ausführliche Analyse der Hermes-Figur hat unsere Untersuchung zur Wirkung der symbolischen Ordnung auf das sprachlich handelnde Subjekt unter Rekurs auf Graves, Horkheimer/Adorno und Lacan weiter vorangebracht. Zwei Aspekte scheinen jetzt noch wichtig: es gilt, die Einsicht in das Zusammenspiel von Eros & Thanatos weiter zu vertiefen (dem hatte sich bereits der Freud-Exkurs am Ende von Kap.VIII zugewandt), und die Dimension des *Somatischen* (Leiblichen) noch ausdrücklicher als bisher einzubeziehen. Dazu wird sich eine Auseinandersetzung mit zwei Büchern als ertragreich erweisen, die im Schnittbereich von Philosophie der Psychoanalyse und kritischer Gesellschaftstheorie zu den einflußreichsten und zugleich umstrittensten in der zweiten Hälfte des 20. Jahrhunderts zählten: Herbert Marcuses *Triebstruktur und Gesellschaft* (Eros and Civilization, 1955) sowie der *Anti-Ödipus* von Gilles Deleuze & Felix Guattari (Anti-Œdipe, 1972). Klassiker, mit denen man gerade heute noch etwas anfangen kann...

Marcuses Ausgangsproblem ist im Zeitalter der 'Globalisierung' auf neue Weise aktuell: „Auf der höchsten Stufe des Kapitalismus erscheint die dringlichste aller Revolutionen als die allerunwahrscheinlichste — die dringlichste, weil das etablierte System sich nur noch durch die globale Zerstörung der Ressourcen, der Natur, des menschlichen Lebens erhalten kann, und weil die objektiven Bedingungen für seine Beendigung vorliegen."[765] Die fortgeschrittene Industriegesellschaft hat Produktivkräfte entwickelt, die geeignet wären, das Ausmaß an entfremdeter Arbeit und menschlichem Leid weltweit bedeutend zu reduzieren, setzt sie jedoch dazu ein, die Kontrolle über die verwalteten Individuen zu verfeinern und eine qualitative Veränderung des Umgangs der Menschen mit Natur (auch der in ihnen selbst!) und untereinander zu unterbinden. Technologie steht im Dienste der Selbststabilisierung der Produktionsverhältnisse, statt deren Sprengung zu bewirken. Daß die „materiellen und intellektuellen Kräfte für die Umwandlung technisch vorhanden sind", berechtige dazu, so Marcuse am 13.Mai 1967 als Gast auf einem SDS-Kongreß in Berlin, von einem „Ende der Utopie" zu sprechen (völlig anders pflegt heute davon gesprochen zu

---

[765] Marcuse, Konterrevolution und Revolte (Counterrevolution and Revolt, 1972), Frankfurt/M. 1973, 14

werden!)[766] — doch insofern mit Utopie „Projekte gesellschaftlicher Umgestaltung" bezeichnet werden, „die für unmöglich gehalten werden"[767], so erreicht das bestehende System diesen Anschein von Unmöglichkeit dadurch, daß es die Bedürfnisse der Menschen nach seinen eigenen Bedürfnissen formt: „Die repressive Vergesellschaftung des Bedürfnisses und der Triebstruktur ist heute ein Teil des materiellen Reproduktionsprozesses".[768] Damit ist schon angedeutet, in welcher Richtung Marcuse das Aufklärungsprojekt eines 'Ausgangs des Menschen aus selbstverschuldeter Unmündigkeit' fortsetzte: Selbstkritik der Vernunft wird bei ihm, unter Berücksichtigung der ihr immanenten Dialektik (vgl. Horkheimer/Adorno), zur *praktischexperimentellen Selbstkritik der Bedürfnisstruktur*. Jeder Einzelne ist aufgefordert, das Kontinuum der Manipulation, das gerade die vom System gewährten 'Freiräume' durchmachtet, in bestimmter Wahl einer experimentellen Lebenspraxis *autopoietisch* (selbsttätig, sich selbst hervorbringend, selbstschöpferisch) zu sprengen; die pluralen Kräfte dieser Bewegung der Desintegration entstehen in ihrem Vollzug selbst, es gibt kein prädestinierendes Ansichsein einer einheitlichen Klasse mehr wie noch bei Marx in Gestalt des Industrieproletariats. Den Ausdruck 'die Große Weigerung' (*the Great Refusal*), mit dem die Aufbruchsbewegungen der sechziger Jahre sich identifizieren konnten, hat Marcuse 1955 von A.N. Whitehead aufgegriffen, um damit im Sinne einer kritischen Ästhetik auf Kunstrichtungen zu verweisen, die experimentellvorwegnehmend, im Protest gegen unnötige Unterdrückung, für ein radikal anderes Realitätsprinzip plädiert hatten (etwa die Surrealisten, doch auch schon manche Autoren der Romantik). Philosophisch begründet wird die Möglichkeit dieser Verweigerung in *Triebstruktur und Gesellschaft*. Heute läßt sich dieser Ansatz Marcuses konfrontieren und z.T. fusionieren mit der poststrukturalistischen Verabschiedung eines einheitlichen Subjekts (auf individueller & auf kollektiver Ebene, auf letzterer hat Marcuse schon seinerseits für ein 'Patchwork der Minderheiten' plädiert[769]).

---

[766] Marcuse, Das Ende der Utopie, in: drs., Psychoanalyse und Politik (1968), Frankfurt/M. 6.Aufl. 1980, 69

[767] Ebd., 68

[768] Marcuse, Zeit-Messungen, Frankfurt/M. 1975, 26

[769] Vgl. Marcuse, Versuch über die Befreiung (An Essay on Liberation, 1969), Frankfurt/M. 1969; Jean-François Lyotard bezieht sich u.a. auf Marcuses *Konterrevolution und Revolte* in seinem Aufsatz: Kleine Perspektivierung der Dekadenz und einiger minoritärer Gefechte, die hier zu führen sind, in: drs., Das Patchwork der Minderheiten, Berlin 1977, 7–51. — Schon 1947 hat Marcuse eine Verschiebung in der Gestalt der Ausbeutung diagnostiziert, die auch die Klassenstruktur selbst betreffe, so daß große Teile der westlichen Arbeiterschaft tendenziell integriert und verbürgerlicht werden, während plurale '*outsider*'-Randgruppen diesem Geschäft der Verkittung *nicht* unterliegen: „Im Lauf derselben Entwicklung fällt die volle Last der Ausbeutung auf Schichten und Gruppen, die ihrer gesellschaftlichen Lage nach Rand- oder Fremdgruppen sind. 'Outsiders' des eingegliederten Teils der Arbeiterklasse und ihrer Solidarität und, im extremen Fall, 'Feinde'. Sie sind die 'Unorganisierten', 'unskilled workers', Landarbeiter, Wanderarbeiter, Minoritäten, Koloniale und Halbkoloniale; Gefangene usw." (33 Thesen, in: Marcuse, Feindanalysen — Über die Deutschen (ed. Peter-Erwin Jansen), Lüneburg 1998, 134). Entsprechend erblickte er 1964 in *Der eindimensionale Mensch* (*The One-Dimensional Man*) das potentielle Subjekt der Umgestaltung in einem notgedrungen brüchigen Netzwerk von Randgruppen, die aus z.T. recht unterschiedlichen Gründen Distanz zum herrschenden System einnahmen (oder sie aufgenötigt bekamen) und die begonnen hatten, sich zu weigern, das verordnete Spiel mitzuspielen: Bürgerrechtler, radikale Pazifisten, Naturschützer, Feministinnen, ethnisch/rassistisch Unterdrückte, zur Erwerbslosigkeit Verurteilte ebenso wie bewußte Aussteiger aus

Entsprechend gilt es, den bisherigen Lacan-Ansatz hier sogleich wieder einzubringen und selber noch, soweit nötig, zu überschreiten & zu kritisieren.
Freud zufolge ist Kultur grundsätzlich durch Unterdrückung erkauft. Lacan hat die Bezüge zwischen dem Ich und dem Anderen mittels der drei Register des *Symbolischen*, des *Imaginären* und des *Realen* präzisiert: Das Reale wird stets nur symbolisch vermittelt greifbar, als vorinterpretiert, im Modus gesellschaftlicher Ordnung. Das symbolisch vermittelte Reale ist das, was das zunächst noch ungetrennte Ich (d.h. Noch-nicht-Ich) dazu zwingt, sich selbst einzugrenzen & zu beschränken. Damit tritt korrelativ das Imaginäre in seine Rechte: das Subjekt überschreitet sich selbst (bzw. bestimmt dieses 'Selbst', das dadurch erst wird) auf das Imaginäre hin (Ichideal, Utopie totaler Befriedigung etc.). Doch das somatisch verankerte *Begehren*, und so auch das Imaginäre, ist durch die symbolische Ordnung zerstückelt & geprägt, versucht diese freilich auch für sich zu nutzen, sich damit kurzzuschließen oder sie gemäß eines selbstkritisch oder nicht selbstkritisch gehandhabten Imaginären teilweise umzufunktionieren. Das Reale begrenzt beides, Symbolisches & Imaginäres, als materieller Widerstand und eine Art 'schwarzes Loch', worum das Ich kreist und woran es sich reibt. 'Bezüge zwischen Ich und dem Anderen' heißt: zu dem rational nicht Assimilierbaren im menschlichen Subjekt selbst (vgl. Rimbauds „Ich ist ein Anderer"), *dabei* aber auch zum anderen Menschen (da 'Selbstbewußtsein' intersubjektiv vermittelt ist) und zur anwesend-abwesenden sozialen Ordnung 'selbst', alle drei Aspekte sind *wesentlich* (und das heißt historisch) durcheinander vermittelt (die Ontogenese des Individuums erfolgt im Horizont der Phylogenese der menschlichen Gattung, und diese bleibt bei aller relativ abgehobenen Subjektwerdung Teil der Naturgeschichte, ist Geschichte in Auseinandersetzung mit Natur & 'sich selbst'). Hegel verweist bei '*Wesen*' auf '*GeWesensein*', denn sein Werden & Gewordensein ist der entScheidende (differenzierende) Zug an dem Gewordenen selbst, und 'Zug' (wodurch die Psyche in lebendiger BeWegung gehalten bzw. dazu angehalten wird) läßt sich hier durchaus zu *drive, force, Trieb, Drang* in Beziehung bringen. Dabei ist die GeSchichte (und entsprechend auch ein materialistisch interpretierter Begriff des Wesens) Inbegriff gerade auch der verschütteten Möglichkeiten, inklusive des noch Realmöglichen, das nicht Faktizität geworden ist. Die Bedingungen, unter denen es Faktizität werden könnte, gilt es zu untersuchen. Das 'Wesen' obliegt insofern als negative Selbstkonsti-

---

der herrschenden Arbeitsmoral, Saboteure, Psychiatrisierte, dem etablierten Kulturbetrieb kritisch gegenüberstehende Künstler, nichtkonformistische Intellektuelle, aufrührerische Studenten. Es war ein mosaikhaftes Durcheinander von Interessengruppen und atomisierten Personen mit vagem Grundkonsens, der allenfalls durch ein Geflecht von Familienähnlichkeiten (wie man mit einem Ausdruck des von Marcuse verachteten Wittgenstein sagen könnte) zusammengehalten wurde. Drei Jahre später war daraus tatsächlich eine „Gegenkultur" (Th.Roszak) entstanden, der Vietnamkrieg der USA zum Katalysator geworden. Indes waren Antimilitarismus, Konsumkritik, Protest gegen korrupte, sich bereichernde Machtcliquen, Versuche zur Schaffung einer alternativen Öffentlichkeit und 'neue Sensibilität' noch kein dezidiert antikapitalistisches inneres Band, und daß eine informierte und handlungswillige 'Neue Linke' (unter Einschluß der nonkonformistischen Minorität innerhalb der Arbeiterschaft) vielfältigen Erosionsprozessen und Neuformierungsproblemen ausgesetzt sein würde, war klar: Pluralität war hier Stärke und Schwäche zugleich, insofern erschien die Überbetonung der Rigidität des Systems, gegen das der zerbrechliche Aufbruch sich richtete, dann doch wieder berechtigt... Und das ist ein Aspekt, der heute noch aktuell ist: die kleinen, aber unbeirrbaren Bewegungen der Desintegration im global integrierten Kapitalismus...

tutivität dem symbolisch gebrochenen Imaginären, als Sichlosreißen von Vergangenheit & Gegenwart, im Sinne eines Bewußtseins der Realmöglichkeiten, die in der konkreten historischen Situation stecken. Um hierbei zur *konkreten* Utopie zu gelangen und nicht nur zur abstrakten, nicht zur 'bloßen' (gleichgültigen) Möglichkeit, sondern zur *Real*möglichkeit, muß die Imagination *selbstkritisch* gehandhabt werden. 'Negative Tätigkeit' bedeutet insofern immer auch: auf die eigenen konflikttrchtigen, vielleicht im strikten Sinne dilemmatischen Möglichkeitsbedingungen gerichtet.
Das Drängen im Unbewußten ist Drängen der symbolischen Strukturierung. Biologisch ist es dem Antrieb eigen, sich im Sinne einer Wiederkehr des Gleichen selbst neu aufzuladen, darauf verweist die berühmte Triebdefinition: „psychische Repräsentanz einer kontinuierlich fließenden, innersomatischen Reizquelle".[770] Doch dieser Antrieb formiert sich, dazu prädisponiert, auf Zeichen hin, ist auf diesen Außenhalt angewiesen, befestigt sich daran — das Begehren begehrt sich selbst über dieses Andere seiner selbst, es & dadurch sich selbst entGrenzend. In den Gesetzmäßigkeiten der symbolischen Ordnung ist Herrschaft sedimentiert, Natur'beherrschung' ebenso wie die Beherrschung von Menschen durch Menschen bzw. die von ihnen geschaffene Ordnung. Zum Ordnungsteilhaber beordert, wird das sprechende (symbolverwendende) Wesen zur Herrschaftsfunktion geformt, das heißt auch: Funktion der Herrschaft des Systems, das Ich als eingesetzter Statthalter, autopoietischer Fokus, auf 'sich' verwiesener Rücklauf der geschichteten Identifikationen. Dabei wird Unterdrückung als Selbstunterdrückung & Selbstbeherrschung verinnerlicht, die Möchtegerngrandiosität des Ich muß sich mit der gesellschaftlichen Realität mehr oder weniger arrangieren, sein Konfligieren mit 'sich' & anderen wird zum Kampf um Anerkennung. Das Ich sedimentiert sich in dieser Herr-Knecht-Melange gewissermaßen zur sadomasochistischen Unterwerfungs- & Unterwürfigkeitsgeste, einem Knäuel von Abwehrmechanismen und Strategien, sich dennoch narzißtische *kicks* zu verschaffen — und dabei erZieht (Zug!) das kapitalistische System es dazu, sich Selbstwertgefühle *verwertungslogisch* zu erwerben. Anders gesagt: das Begehren, zu einem primären Narzißmus zurückzukehren, wo Ich & Nicht-Ich, Eins & Alles, letztlich: Sein & Nichts noch ungetrennt sein sollen, ist nun reflexionslogisch im Sinne des symbolisch geprägten Imaginären durch jene leitenden Schematismen bestimmt oder mitbestimmt, welche die formellen Figuren von Identität, Unterschied & Widerspruch unter der Ägide einer bestimmten Gesellschaftsformation annehmen (vgl. Marcuses Kritik an der 'Eindimensionalität' — konsequenter ließe sich aber, unter sozialpsychologischem Gesichtspunkt, die gesamte Hegelsche Logik als dialektische Selbstkritik eines gesellschaftlich geprägten Narzißmus der Rationalität interpretieren!). Der Regressionszug/-sog wird dabei zum Zug & Sog der Verwertungslogik, des verselbständigten Tauschwertes: die narzißtische Konfiguration des Individuums wird dazu angehalten, eine imaginäre Omnipotenz über waren- & wertförmige Ersatzbildungen zu 'restaurieren'. Indem es sich darauf einläßt und 'sich selbst' verwertbar trimmt, dient es der Bestandserhaltung des Systems. Rivalisierend mit 'sich' & anderen, dabei um Spuren 'alter' Grandiosität bemüht, nimmt das Ich *diese* sekundär-narzißtische Formation an und vollzieht, von gesellschaftlichen Agenten (Eltern, Schule, Arbeitsmarkt)

---

[770] Freud, Drei Abhandlungen zur Sexualtheorie, 43

dazu angehalten, nun auch 'Kommunikation' in der bereits (in Anhang I) analysierten Weise gemäß dieser Struktur. Insofern nun der Regressionszug (als Begehren nach Rückkehr in den vorgeburtlichen, d.h. angeblich schmerzfreien, ambivalenzfreien, konfliktfreien Zustand) von der Psychoanalyse mit Thanatos assoziiert wird, hat hier Thanatos unter der Ägide eines bestimmten 'Realitätsprinzips' selbst verwertungsgesetzliche Züge angenommen. Der *thalassale* (ozeanische) Regressionszug[771] wird *thanatal*, dabei ist die Projektion eines 'Endes' wesentlich Rückwärtsprojektion auf einen Zustand, den es für das Lebewesen *als Lebewesen* real noch nie gegeben hat. Doch insofern die lebende Materie sich aus nichtlebender Materie entwickelt hat, kann man mit dem späten Freud annehmen, daß hier ein Zug des Organischen vorliegt, zum Anorganischen, Nichtlebenden, ins Urmeer ('Thalassa') zurückzukehren.[772] Freud hat betont, die menschliche Antriebskonfiguration sei insofern radikal 'konservativ' — dann wäre es in der Tat nicht verwunderlich, wenn der menschliche 'Fortschrittsdrang' zugleich den Zug einer Selbstzerstörung des Lebendigen annähme! Der Verdacht, daß die kapitalistische Formation analog strukturell konservativ wirkt, *indem* sie das Imaginäre okkupiert, liegt nahe.

Noch einmal anders gesagt: Jene zerstörerischen & selbstzerstörerischen Züge, die Narzißmus als unrealistisches Projekt einer Art von omnipotentem Lust-Ego, als Begehren nach 'totaler Befriedigung' (Lust als Annihilierung & Selbstannihilierung) aus sich selbst heraus entwickelt, können regressiv wiederbelebt werden, gerade indem sie durch befriedigungsuggerierende Identifikationsangebote auf eine potentiell unendliche Kette von Verschiebungen hin abgelenkt & sozial aufgefangen werden, nämlich so, daß ein gewisser morbider Reiz des Todes-im-Leben (z.B. als Verknöcherung, Stillstand, Wiederholungszwang, Anhäufung, aggressives Konkurrieren bzw. 'Mitlaufen', oder winkende Apokalypse) sozusagen als Salz in der sozialen Realitätssuppe diese 'schlechte Unendlichkeit' auszuhalten hilft bzw., da 'schlechte Unendlichkeit' schon selbst so etwas wie Tod-im-Leben darstellt, diese strukturiert, codiert, spezifischer gestaltet. Die Selbstunterwerfung unter den ebenso großen wie hohlen Signifikanten der phallisch-kapitalistischen Ordnung, den sich selbst verwertenden Wert als Vorbild regressiver individueller & kollektiver Narzißmen, ist *eine* (besonders effektive) Form der Selbstunterwerfung unter eine symbolische Ordnung, die sadistisches & zugleich masochistisches Verhalten & seine Rationalisierung im Namen dieser Ordnung ermöglicht. Es ist nicht schwer, strukturelle Analogien zwischen archaischen & modernen Formen eines kollektiven Wiederholungszwangs aufzuzeigen, wo blockierte Problemlösungsversuche ritualisierte Formen annehmen, deren Unproduktivität nur durch Umschlagen-in-Selbstzweck eine sekundäre Produktivität ab-

---

[771] Vgl. Ferenczi, Versuch einer Genitaltheorie (1924), in: Schriften zur Psychoanalyse Bd.II (ed. M.Balint), Frankfurt/M. 1972, 317–400 (in englischer Übersetzung erschien dieser zentrale Aufsatz 1938 in THE PSYCHOANALYTIC QUARTERLY unter dem Titel *Thalassa: A Theory of Genitality*, so z.B. in *Life Against Death* von Norman O.Brown zitiert; griechisch θάλασσα bedeutet *Meer, See, Salzquelle, Meerwasser*); vgl. dazu auch Freud, Hemmung, Symptom und Angst (1926), München 1978, 51f.
[772] Vgl. z.B. Freuds kurzgefaßte Erläuterungen zur Trieblehre in seinem *Abriß der Psychoanalyse* (1938) in: Abriß der Psychoanalyse / Das Unbehagen in der Kultur, Frankfurt/M. 1992, 11ff.

wirft und dabei auf spezifische Weise zerstörerisch & selbstzerstörerisch werden kann: Beschwörungstänze bis zur völligen Erschöpfung, rituelle Opfer & Selbstopfer, die verschwenderische Großzügigkeit des Potlatch, mimetische Angleichung an das Ängstigende (früher: Naturkräfte, wilde Tiere etc.), rituelle Erfüllung einer Bemächtigungs- & Herrschaftsfunktion ebenso wie rituelle Herausforderung & In-Frage-Stellung einer Ordnung (bei manchen minoritären Gruppen nimmt heute, aus verständlicher Ohnmacht heraus, der Kampf gegen das kapitalistische System unverkennbar 'rituelle' Züge an). Der sich selbst & seine Freiheit wollende Wille (und der sogenannte freie Wille *besteht* im Grunde in gar nichts anderem als darin, 'sich selbst', den freien Willen, zu wollen, sei es auch oder gerade in der absoluten Unfreiheit, das ist *negative Tätigkeit!*) wirkt, *indem* er auf Eigenorganisation & Selbstbestimmung zielt, in einem *konstitutiven* (ihn bestimmenden) Aspekt zugleich als 'Wille zum Nichts', *Durchstreichenwollen jeglicher Gesetzlichkeit, Beschränkung & Fremdbestimmtheit,* insofern wirkt er als Revolte gegen Natur- & Menschengesetze 'schlechthin', *gegen Natur & Kultur gleichermaßen* — so richtig es andererseits auch ist, daß oft erst zerstört & eingerissen werden muß, bevor schöpferisch neu aufgebaut werden kann. 'Negativität' ist insofern ein äußerst komplexes Phänomen, und indem Freud (vgl. Kap.VIII) jene Dualität von Lebenstrieben (Eros) und Todestrieben, deren dynamisch-konfliktvolles Zusammenspiel den psychischen Apparat antreibt (als Begehren von Etwas, das stets & dialektisch zugleich Begehren von Nichts impliziert), 'biologistisch' formulierte[773], hat er ihr zugleich eine im Kern *historisch-materialistische* Gestalt gegeben.

Genau dort setzt Marcuse an, der sich zwar nicht mit Lacan, aber intensiv mit dem späten Freud auseinandergesetzt hat (ich halte es für unumgänglich, seinen Ansatz nicht nur zu referieren, sondern zu versuchen, ihn weiterzuentwickeln!). Marcuse hat das Kontinuum der Unterdrückung in Frage gestellt. Die primären Antriebe des Menschen sind *historisch geprägt und also modifizierbar* — wenn mithin das Lustprinzip im Sinne der schmerzhaften Einsicht, daß volle Bedürfnisbefriedigung 'strukturell' unmöglich ist, zum Realitätsprinzip umgeformt wird, so ist stets zu fragen, *welche vorherrschende Form das Realitätsprinzip in einer konkreten historischen Situation hat.*[774] Es ist jeweils gekennzeichnet durch die vorherrschende Art der Auseinandersetzung des Menschen mit der einst übermächtigen (jetzt technologisch beherrschten) Natur und entsprechende Formen der Selbstbeherrschung. In einer fortgeschrittenen kapitalistischen Gesellschaft, wo sich Selbstunterdrückung als Abzielen auf effiziente Selbstverwertung unter Konkurrenzgesichtspunkten gestaltet, scheint es den Infiltrierern & Verstümmelern der Sinne zu gelingen, über Waren & Massenmedien eine indirekte Kontrolle über die verwalteten Individuen auszuüben, die so effizient ist, daß sie ihre Knechtschaft entweder als Freiheit empfinden oder zumindest so weit resignieren und/oder sich anpassen, daß sie nicht revoltieren. Freud hat (vgl. Kap.VIII) den

---

[773] Frank J. Sulloway nennt Freud einen Biologen der Seele (vgl. Freud – Biologe der Seele. Jenseits der psychoanalytischen Legende (orig. Freud, Biologist of the Mind, New York 1979), Köln-Lövenich 1982)

[774] Vgl. Triebstruktur und Gesellschaft. Ein philosophischer Beitrag zu Sigmund Freud (Eros and Civilization, 1955, Übers. Marianne von Eckardt-Jaffe, 1957, zuerst unter dem Titel *Eros und Kultur*), Frankfurt/M. 16.Aufl. 1990, 39ff.

intern selbstzerstörerischen Zug des Über-Ichs, des Idealsystems, des 'Gewissens' enkulturierter Individuen nachgewiesen, dessen was sie sich 'schuldig' glauben. Daß nunmehr die hohe Produktivität des Systems, in dem sie leben, eindeutig destruktive Züge aufweist, scheint sich des engen Zusammenspiels der beiden menschlichen Grundantriebe erfolgreich zur Selbststablisierung und -verlängerung des Systems zu bedienen: aggressive Impulse, strukturelle Unzufriedenheit, Sicherheitsbedürfnis, Identifikationswünsche etc. werden eingesetzt, um die potentiell schöpferischen und 'negativen' Kräfte des mit thanatoischer Kraft erfüllten Eros auf die Sparflamme bourgeoiser Kompromisse herunterzubringen. Im Gegensatz zu konformistischen, Freud verwässernden Richtungen der Psychoanalyse (Karen Horney, Heinz Kohut, auch Ex-Institutskollege Erich Fromm) besteht Marcuse genau wie Lacan und Adorno darauf, daß man jenes enge, *dynamisch-konfliktvolle Zusammenspiel von Eros & 'Todestrieb'* (*Thanatos* ist ein nachfreudscher Ausdruck), das den eigentlichen Skandal von Freuds Entdeckungen ausmacht[775], erst einmal radikal ernstnehmen muß, bevor man die Einsicht in seine je historische Ausprägung und also Modifizierbarkeit zum Anlaß nehmen kann, es in den Dienst individueller & gesellschaftlicher Befreiung zu stellen. Was Freud mit dem 'Nirwanaprinzip' meint, reduziert sich keineswegs, wie oft unterstellt wird, auf eine 'angeborene Aggressivität', die Menschen bis zum St.Nimmerleinstag dazu verurteilt, sich destruktiv & selbstzerstörerisch zu verhalten, sondern es geht um etwas Grundlegenderes: Während Eros das Lebendige zu immer höheren Einheiten organisiert (Antrieb zu Verschmelzung, Synthese, schöpferischer Tätigkeit[776]), strebt Thanatos nach Selbstauflösung, projektiver 'Rückkehr' in einen absolut schmerzfreien Zustand, den es, sobald überhaupt von Leben im Sinne von rudimentärer Empfindung & Irritabilität die Rede sein kann, nie gegeben hat; es ist also eine rekursiv-antizipierende Projektion der Imagination (Kurzschließen von Noch-nicht & Nicht-mehr), die gerade dadurch als *bestimmte* möglich wird, daß das Symbolische, welches das Imaginäre ebensosehr zerstückelt wie prägt, unabdingbar mit 'schlechter Unendlichkeit' arbeitet (Reihenstrukturen, Serialität, Permutation usw.) und daher genötigt ist, sich um jener 'wahrhaften Unendlichkeit' willen, die es als fixierte nicht ausdrücken kann, selbst zu kritisieren — und genau mit dieser

---

[775] Man darf dabei den Trieb nicht mit dem Wunsch verwechseln (Freud hält beides sorgfältig auseinander): der Trieb 'strebt' zwar & 'zielt', doch auf eine abstrakt anmutende Weise (die jede bestimmte Negation auf absolute Negativität hin zurücknimmt & zugleich überschreitet), er hat gewissermaßen weder ein 'natürliches' Ziel noch ein 'natürliches' oder festes Objekt. Lacan trägt dem Rechnung, indem er sagt, das Ziel des Triebes bestehe in einer kreisförmigen Rückkehr (vgl. Die vier Grundbegriffe der Psychoanalyse, 188). Andererseits entbiologisiert er den Trieb auf eine Weise, gegenüber der Marcuse oder auch Deleuze/Guattari mit Recht eine materialistischere Konzeption einklagen. Den quasi-mythologischen Charakter seiner Trieblehre hat Freud offen einbekannt: „Die Trieblehre ist sozusagen unsere Mythologie. Die Triebe sind mythische Wesen, großartig in ihrer Unbestimmtheit. Wir können in unserer Arbeit keinen Moment von ihnen absehen und sind dabei nie sicher, sie scharf zu sehen" (Neue Folge der Vorlesungen zur Einführung in die Psychoanalyse (1932), Frankfurt/M. 1981, 79). Dabei darf man wiederum nicht vergessen, daß es psychoanalytische *Erfahrung* (des Verhaltens von Individuen & Kollektiven) war, nicht Spekulation (die ging nur, unvermeidlich, in die Theoriebildung ein), wodurch Freud sich zur Revision der Trieblehre genötigt sah, nachdem er sich lange dagegen gesträubt hatte...
[776] Die alte Dualität von Sexual- und Selbsterhaltungstrieben ist in der neuen Konzeption im Eros enthalten.

Selbstkritik, so scheint es, ermöglicht das Symbolische andererseits eine selbstkritische Handhabung des Imaginären. Thanatos besteht darauf, daß 'alle Lust Ewigkeit will', wie Nietzsche formulierte (vgl. seine Erläuterung des 'Dionysischen', die das Zusammenspiel von Eros & Thanatos in der Tat beispielhaft an der antiken Tragödie thematisiert). Da 'das Negative' als Ungenüge in/an Befriedigung / befriedetem Zustand / beschränktem Zustand selbst zu weiterer Schöpfung & Gegenschöpfung treibt & dabei jedes Fixierte in immanent-selbsttätiger Bewegung wieder aufzulösen & zu überschreiten strebt[777], kann man sagen, daß Eros & Thanatos einander nicht nur nicht fremd sind, sondern einander wechselseitig mit immanenter Notwendigkeit hervorbringen *und dabei gemeinsam darauf zielen, Spannung auf Spannungsfreiheit hin zu überschreiten und wieder neu aufzubauen*. Ohne Thanatos hätte Eros keine 'konkret-utopische' Durchsetzungskraft, ohne Eros wäre Thanatos nicht konstruktiv & schöpferisch.[778] Das Wissen um den Tod & die abstrakte Nichtigkeit generiert z.B. die Flüchtigkeit des festzuhaltenden Momentes (vgl. Goethes *Faust*), der wiederum nichts anderes ist als das Sichüberschreitende, Sichaufhebende, das Hindurch der Vermittlung. Auch Sexualität wäre ohne einen gewissen Machtdrang ('Wille zur Macht' hier aber zunächst sehr grundlegend im Sinne von Wille zur Fähigkeit, Verwirklichung von Möglichkeit verstanden), der zugleich 'Wille zum Nichts', zum Übersteigern & Überschreiten auch dieser konkreten Situation ist[779], gar nicht aktionsfähig (reale Macht zielt stets auf ein Mehr an imaginärer Macht, realer Sex auf ein Mehr an imaginärem Sex — muß man noch erwähnen, daß Kapitalismus es versteht, sich diese Konfigurationen zunutze zu machen?).

Dieses Zusammenspiel erinnert gewaltig an jenes zwischen dem 'negativ-vernünftigen' & dem 'positiv-vernünftigen' Moment in Hegels Dialektik, und man kann es auch im Sinne eines dialektischen Widerspruchs von wechselseitiger Inklusion bei wechselseitiger Exklusion explizieren. (Daß es Hegel freilich mehr um die *Logifizierung* solcher 'Negativität' zu tun war, während der Schopenhaueraner Nietzsche das *Irrationale* solch ab- & urgründiger Bewegung betonte, ist dagegen kein Einwand, denn die erläuterte Grundstruktur ist verblüffend ähnlich; auf solche strukturellen Vergleiche kann heute die Arbeit mit 'Autopoiesis' rekurrieren, und da nicht schwer einzusehen ist, daß Selbstorganisation ohne *relative* Fixierungen nicht auskommen kann, ist hier ebenso jenes Moment konstitutiv im Spiel, das Hegel das 'abstraktverständige' genannt hat — als je zu überschreitende Selbstabstraktion von 'Negativität', versteht sich. Jede Fixierung ist Verknöcherung, jede Wiederholung Fixierung, insofern 'Tod-im-Leben'; so hat es Hegel auch verstanden, wenn er von 'Negativität' als *lebendiger* Bewegung & Selbsttätigkeit sprach, von den Bestimmungen der forma-

---

[777] Marcuses Redeweisen vom 'befriedetem Dasein' erscheinen insofern recht undialektisch und suspekt (vgl. z.B. Der eindimensionale Mensch, dt. 1967, Darmstadt & Neuwied 20.Aufl.1985, 246–49 u. 261)

[778] Alexander Mitscherlich hat darauf hingewiesen, „daß Aggression als objektzerstörende Kraft (A.M. nennt ihre Energie mit Eduardo Weiss 'Destrudo', T.C.) ohne die Legierung mit Libido keine Sublimierungsfähigkeit besitzt" (Aggression und Anpassung, in: Herbert Marcuse und andere, Aggression und Anpassung in der Industriegesellschaft (1968), Frankfurt/M. 2.Aufl. 1969, 120f.

[779] So wird laut Lacan jedes sinnlich-konkrete Liebesobjekt auf etwas Imaginär-Allgemeines hin überschritten, worin durchaus etwas Destruktives, die konkrete Situation, den konkreten Partner Abwertendes liegt.

len Logik hingegen als einem 'verknöcherten Material', vom reinen Sein als dem 'Totenhaupt der reinen Abstraktion' usw.)

Für Marcuse kommt alles darauf an, daß sorgfältig zwischen grundlegender (notwendiger, unabdingbarer) und *zusätzlicher Unterdrückung* unterschieden wird — beide haben sich in der Geschichte der Kultur nahezu unauflöslich miteinander vermischt. Zu befreiender Praxis kann angesetzt werden an der je spezifischen Ausprägung 'zusätzlicher Unterdrückung', wenn es zutrifft, daß nicht nur das Schicksal der Energie des Eros von der seines Gegenspielers abhängt, sondern auch das Umgekehrte der Fall ist. *Dann müßte eine qualitative Veränderung in der Entwicklung des Eros in der Lage sein, die Manifestation des Todestriebs zu verändern.* Vorbildlich sind dabei Imagination und Kunst, denn sie können jenes Spiel der Sinne rehabilitieren, das früher einmal in 'Vernunft', jenem klassischen Vermögen der Selbstgesetzgebung, mitpräsent war, bevor Vernunft dann verökonomisiert & verfestigt wurde, zu schwundstufigem *Verstand* herunterkam, und der Begriff 'Vernunft' entsprechend einen spießigen, bourgeoisen, quietistischen, langweilig-staubigen Beigeschmack erhielt, der nur noch Brechreiz verursacht. So sehr in *Vernunft* noch *Vernehmen, Hören* durchklingt, wurde in ihren griechischen Anfängen, bei Heraklit, das 'Hören auf den Logos' betont, das Hören einer unsichtbaren Harmonie (hier liegt eine Wurzel der Betonung des 'reinen Klanges' bei Poe!), das später zum GeHorchen und zu internalisierter Selbstunterdrückung verkam. Interessant auch, daß *'ästhetisch'* ursprünglich bedeutete 'die Sinne betreffend', während sich dann (schon zur Zeit Kants) die Bedeutung 'die Kunst betreffend' oder, reduzierter, 'das Schöne betreffend' durchsetzte. Das *ozeanische Gefühl* (das Freud 1930 in *Das Unbehagen in der Kultur* versuchsweise auf den primären Narzißmus zurückführte) bzw. das, was Breton die *konvulsivische Schönheit* nannte[780], verdankt sich wechselseitiger Inklusion von Eros & Thanatos; die Schriftsteller der Romantik, auch Poe, haben das schon immer gewußt. Marcuses „Vertrauen in die Rationalität der Phantasie"[781] (vgl. den Slogan im Pariser Mai 1968: 'Die Phantasie an die Macht!') setzt auf erotische Selbstaufladung und thanatoische Selbstauflösung zugleich — der Zerfall eines realitätskranken Ich wird bestärkt, um dem, was da als 'Es' aufschien, das in sein Freiheitsbedürfnis nicht sich hineinreden läßt, Raum zu geben und dabei in selbstkorrigierender & -fortbestimmender Tätigkeit zugleich neue Formen des 'ich'- & 'wir'-Sagenkönnens zu entwickeln. Im Sinne *erothanoischen* bzw. *thanaterotischen* Zusammenspiels (ich schlage diese Termini durchaus nicht nur spielerisch-scherzhaft vor, um die dialektische Durchdringung der beiden Grundantriebe auszudrücken) kann schöpferische Selbstverausgabung schon jetzt zum Substitut einer unter kapitalistischen Bedingungen nicht realisierbaren Menschenwürde werden (wie dies z.B. auch bei Poe, obzwar nicht dezidiert antikapitalistisch eingestellt, der Fall war). Über im engeren Sinne künstlerische Praxis hinausgehend, hat Marcuse eine Versöhnung von Naturästhetik & menschlicher Ästhetik auf der Basis befreiter Sinnlichkeit im Blick.

---

[780] Siehe dazu meinen Aufsatz: Bretons Surrealismus, in: MARXISTISCHE BLÄTTER Nr.6/1997, 30–36
[781] Versuch über die Befreiung, Frankfurt/M. 5.Aufl. 1980, 46

„Durch die Organisation des Lust-Ich in ein Realitäts-Ich wird die Phantasie als abgetrennter seelischer Vorgang geboren" und zugleich in den Hintergrund gedrängt, als bloße Spielerei und Tagträumerei abgewertet.[782] Marcuse weist dagegen auf die emanzipierende Kraft einer selbstkritisch gehandhabten, von gesellschaftlichen Prägungen (Warenform!) sich befreienden *produktiven Einbildungskraft* hin und versucht, einen anspruchsvollen Begriff des Spiels zurückzugewinnen. Bereits Schelling und Hegel haben kritisiert, daß Kant zu Unrecht sinnliche und diskursive Vermögen bzw. Tätigkeiten völlig abstrakt auseinanderhalte und sahen u.a. in seiner Konzeption der 'produktiven Einbildungskraft' einen Ort, wo der von Kant zurückgewiesene 'sinnliche Verstand' der Sache nach präsent ist. Anders gesagt: Sensibilität, rezeptive (aufnehmende) und produktive Einbildungskraft (negativ-tätige Imagination), begrifflicher Verstand (der notgedrungen abstrakt operiert und daher leerläuft, wenn er nicht bestimmten sinnvollen Prinzipien unterstellt wird) und Vernunft (die, als Vermögen der Selbstgesetzgebung, eben diese Prinzipien bereitstellt), sind nicht starr-schematisch gegeneinander getrennte Vermögen, sondern gehen ineinander über, bilden eine konkret-dialektische Einheit (obzwar diese nie ganz konfliktfrei sein kann & wird). Es gilt, spezifisch die negative Kraft der Imagination zu stärken[783] und die Sinnlichkeit gegenüber einer zur eindimensionalen Rationalität (im Sinne systemkonformer Operationalität) verkommenen Vernunft zu rehabilitieren. Vorbild sind & bleiben dabei nicht zuletzt bestimmte Formen künstlerischer Tätigkeit — nämlich solche, die sich aus den Zwängen der Warenform, aus kulturkrämernder Betriebsamkeit und aus der Selbstknechtung durch Verwertungs-, Konkurrenz- & Effizienzdiktate befreien.

Norman O.Brown, mit dem Marcuse sich zeitweise auseinandergesetzt hat, vertritt den überzogenen Standpunkt: „Fantasy is essentially regressive; it is not just a memory, but the hallucinatory reanimation of memory, a mode of self-delusion substituting the past for the present — or rather, by negation identifying past and present."[784] Hier werden die produktiven / produzierenden und dabei kontrafaktischen Aspekte — nicht: wie es war & auch jetzt sein könnte, sondern: wie es damals *hätte gewesen sein können* & auch jetzt sein könnte, vielleicht unter bestimmten Umständen noch werden könnte! — der Imagination untergewichtet. Die Fähigkeit der Imagination, einmal Rezipiertes, Elemente, die mittels gestaltender dispositioneller Verarbeitungsmuster aufgenommen wurden, zu zerlegen, zu variieren, in andere Kontexte zu überführen, kurz: daraus etwas 'Neues' zu synthetisieren, das unter Umständen (!) nicht nur denkmöglich, sondern *realmöglich* ist. So kann auch der mystifizierenden 'Konsequenz' entgegengewirkt werden, 'alles' sei nur symbolisch.[785] Der Zirkel, daß es die

---

[782] Triebstruktur und Gesellschaft, 141f.

[783] Man sieht: Hinsichtlich der Rolle der produktiven Einbildungskraft führt ein Strang von der kritischen Kant-Rezeption eines Schelling oder Coleridge über Poe zu Baudelaire und dann weiter über Rimbaud und Breton zu Marcuse.

[784] Life Against Death, 164

[785] Vgl. Marcuses Kritik an Browns nächstem Buch *Love's Body* (1966): Love Mystified. A Critique of Norman O. Brown, in: COMMENTARY, Februar 1967, wiederabgedruckt in: Theodore Roszak (ed.), Sources. An Anthology of Contemporary Materials Useful for Preserving Personal Sanity while Having the Great Technological Wilderness, New York 1972, 436–455. Marcuse kritisiert dort Browns utopische Bilder bloß pseudokonkreter Vereinigungen von männlich & weiblich, Leib & Seele etc.: „But the imagery is not enough; it must become saturated with its reality: symbolism must

Umstände selber auf ihre Gehalte an Realmöglichkeit abzuklopfen gilt, um die der Imagination daran zu erproben, ist nicht notwendigerweise ein ausweglos er, wohl aber einer, der zum Ertragen langer Wege potentiell (erneut Selbstimplikation!) produktiver Wechselwirkung auffordert.

Die von Marcuse aufgezeigte Perspektive möglicher Befreiung, so läßt sich zusammenfassen, sieht vor, *daß nichtrepressive Selbstsublimierung der Sinnlichkeit und nichtrepressive Entsublimierung der Vernunft einander wechselseitig hervorbringen müssen.*[786] 'Nichtrepressive Selbstsublimierung' baut darauf, daß überflüssige Selbstunterdrückung beim Aufschieben oder 'kultur'schaffenden Verschieben unmittelbarer Befriedigungsziele vermieden werden kann, daß z.B. selbstbestimmte Arbeit nicht mehr bloß als Zwang empfunden wird und Verkomplizierungen unmittelbarer sinnlicher Befriedigung die Lust auch erhöhen können. Obzwar dabei nie ausgeschlossen werden kann, daß dies alles in Masochismus, dubiosen Narzißmus, rituellen Wiederholungszwang, egoistisch-asoziales Verhalten usw. mündet — denn daß beide Grundtriebe stets zusammenarbeiten, ist nicht nur ständige Chance, sondern auch ständige Gefahr. 'Selbstorganisation' ist ja keineswegs ein Garant dafür, daß etwas 'Friedliches & Vernünftiges' dabei herauskommt — man denke nur an jene urwüchsige Szenerie von Selbstbestimmung & Eigenorganisation, die William Golding in *Herr der Fliegen* (*Lord of the Flies*, 1954) beschreibt: dort entstehen sogleich wieder die alten Machtkämpfe... Überhaupt kann ein selber erklärungsbedürftiges Konzept wie 'Selbstorganisation' nicht als Platzhalter im Sinne einer Zauberformel einspringen (so wie früher im Vitalismus die 'Entelechie'), sondern muß je bereichsspezifisch (Biologie, Soziologie, Psychologie, Ästhetik) ausgewiesen & expliziert werden. Beim Stichwort 'nichtrepressive Entsublimierung' mag man z.B. an künstlerische Verfahrensweisen denken, die eine Rückkehr zum 'Unmittelbaren', Spontanen, Ungekünstelt-Authentischen anstreben. Die 'Beat Poets' in den 50er & 60er Jahren wären dafür ein gutes Beispiel — daß wiederum auch Spontaneität ihre innere Dialektik hat und jede vermeintlich 'einfache Unmittelbarkeit' im Kern sehr wohl *vermittelte* Unmittelbarkeit und damit nur bedingt authentisch etc. ist, dürfte ebenfalls klar sein.[787]

Insgesamt ergibt dies eine Fortführung der Aufklärungstradition im Sinne *inklusiver*, d.h. Sinnlichkeit nicht aus-, sondern einschließender Vernunft, wie sie in einer selbstreferenziell-kritisch gehandhabten schöpferischen Imagination tätig ist. Eben insofern kann *Selbstkritik der Bedürfnisstruktur* als möglich eingesehen & begründet werden.[788] *Entscheidend* ist freilich, sie in *'bestimmter Wahl'* einer Lebenspraxis als

---

recapture that which it symbolizes" (445). „Outside and beyond the historical continuum, the solution is nothing" (447). Mit Lacan gesprochen, läuft Marcuses Kritik an Brown darauf hinaus, daß dieser die drei Register des Symbolischen, des Imaginären und des Realen nicht sinnvoll aufeinander bezieht.
[786] Vgl. Triebstruktur und Gesellschaft, 191f.
[787] Siehe dazu das Kerouac-Kapitel (II) in meiner schon erwähnten Jim-Morrison-Studie *Pfeile gegen die Sonne*
[788] Insofern sind auch früh einsetzende Einwände nicht ohne weiteres zutreffend, die besagen, Marcuses Theorie sei so konstruiert, daß sie „auf eine Erklärung für ihre eigene Denkmöglichkeit (...) verzichten" müsse (Claus Offe, Technik und Eindimensionalität, in: Antworten auf Herbert Marcuse, ed. J.Habermas, Frankfurt/M. 1968, 87; vgl. auch Lolle W. Nauta, Theorie und Praxis bei Marcuse, Heerhugowaard 1980, 19: „Als Theorie der Geschlossenheit unserer Industriegesellschaft versäumt sie zu erklären, wie sie selbst entstehen konnte").

negative Tätigkeit beharrlich zu erproben und dabei Aufbrüche mit offenem Ausgang zu riskieren. Ein Bedürfnis nach Freiheit muß sich dabei in gewisser Weise selbst voraussetzen, ein selbstbezügliches Begehren, das im Anderen seiner selbst auf freie Selbstbestimmung gerichtet ist. Hegel expliziert solche 'negativen' Strukturen tatsächlich als interne Bewegungen innerhalb der 'Negation der Negation' (dem abstrakten Auslegungsschema von 'Negativität'), nämlich als Bewegungen zwischen dem Negierenden (Bestimmenden) und dem Negierten (Bestimmten).[789] Doch hier bei Marcuse ist diese 'negative Tätigkeit' eben nicht mehr, wie bei Hegel, versöhnungsdialektisch zu begreifen (es kann, anders als für Hegel, keine Versöhnung mit Zuständen geben, die den Menschen von seinen eigenen Realmöglichkeiten entfremden), sondern etwa nach dem Motto „Seien wir realistisch, versuchen wir das Unmögliche" (Che Guevara). Die Voraussetzung ist, daß Vernunft, die als verstandesmäßig-begriffliches Denken laut Marcuse grundsätzlich Gewalt & Herrschaft ist, diese strukturelle Verfestigung noch selbst auflösen kann, ohne abzudanken — was letztlich nur die Praxis zeigen kann. Für Marcuse gibt es zwei Arten von Herrschaft, eine repressive und eine befreiende. Die Vorstellung, die gewaltsamen Aspekte von Naturbeherrschung & Selbstbeherrschung könnten völlig abgeschafft werden, teilt er keineswegs, das wäre bloß schlechte (abstrakte) Utopie und entspräche auch nicht der Voraussetzung jenes konfliktvollen Zusammenspiels zweier Grundtriebe. Um so wichtiger ist es stets, notwendige und überflüssige Herrschaft immer neu gegeneinander abzuwägen und dabei praktische Experimente nicht zu scheuen. Mit den drei Lacanschen Registern gesprochen, *wird das selbstkritisch gehandhabte Symbolische zum Medium der Selbstkritik des Imaginären, und umgekehrt; beide gemeinsam wiederum werden zum Medium der Selbstkritik des Realen.* Dabei bezieht sich das naturhaft Reale im Menschen auf sich selbst über das gesellschaftlich Reale, welches sich wiederum schon immer über das naturhaft Reale auf sich selbst bezieht.

Unter der Ägide kapitalistischer Verwertungslogik leistet Warenästhetik[790] eine Pseudo-Versöhnung und suggeriert, die Sinnlichkeit käme zu ihrem Recht — in Wahrheit wird sie ebenso verstümmelt wie die eindimensional-'positiv' zurechtgestutzte Rationalität. In *Der eindimensionale Mensch* zeigt Marcuse, wie gerade Sexualität, entgegen ihrer massenwirksamen Propagierung, unter solchen Bedingungen

---

[789] Da ich dies hier nicht näher ausführen kann, vgl.: Thomas Collmer, Hegel zur Dialektik von Selbstbestimmung und Fremdbestimmtheit, in: Z. ZEITSCHRIFT MARXISTISCHE ERNEUERUNG Nr.27 (September 1996), 45–57 / Nr.28 (Dezember 1996), 141–153; Einübung in eine Dialektik der Negativität (I), in: ROLLERCOASTER Nr.1 (März 1998), 28–34; Natur und Dialektik, in: MARXISTISCHE BLÄTTER Nr.1/1994, 49–63

[790] Ein Ausdruck von Wolfgang Fritz Haug, vgl. Kritik der Warenästhetik, Frankfurt/M. 1971. Ausdrücke wie 'Technokratie der Sinnlichkeit' oder 'Modellierung der Sinnlichkeit' sind eindeutig durch Marcuse beeinflußt, den Haug einer streckenweise unfairen Kritik unterzogen hat, vgl. Das Ganze und das ganz Andere, in: Antworten auf Herbert Marcuse, 50–72. Keineswegs tritt z.B. die Kritische Theorie dem Bestehenden „von außen" gegenüber als das ganz Andere (53), sondern nimmt eine *Teilnehmerperspektive* ein. Daß „Hoffnung und Verzweiflung" sich in Marcuses Verfahren „den Rang streitig" machen (57), erscheint nur *realistisch*. Daß freilich Haug den Begriff der 'Negativität' bei Marcuse nicht versteht (vgl. 58f.), hat dieser durch schillernde Gebrauchsweisen selbst mitverschuldet...

keine befreiende Kraft entfaltet, sondern bloß am Verschleierungs- & Ablenkungszusammenhang mitstrickt. Das meint sein Kampfbegriff der *'repressiven Entsublimierung'* [791], der letztlich besagt, daß die potentiell progressiven Errungenschaften von Kultur (z.B. Literatur, Philosophie, Musik, Malerei) nicht anders als eine bloß zum Schein befreite Sinnlichkeit vom Unterdrückungsapparat verwurstet und z.B. in karrieristische Selbstverwertung umgebogen werden. So wie der erotische Selbstbezug des Organismus und der Bezug zum anderen Menschen auf sowohl unsublimierten als auch sublimierten Bindungen beruhen *können*, kann auch 'sinnliche Vernunft' beides umfassen und kann gesellschaftliche Arbeit spielerische Momente in einem das Identitäts- und Leistungsprinzip sprengenden Sinne integrieren.[792] „Die Emanzipation der Sinne würde Freiheit zu dem machen, was sie noch nicht ist: zu einem sinnlichen Bedürfnis, einem Ziel der Lebenstriebe (*Eros*)."[793] Dazu müßte nun ein unbeirrbares Bedürfnis nach Freiheit in hinreichend kurzer Zeit in die psychophysische Antriebstruktur Einzug nehmen können, denn eine bloß kopfmäßige Selbstkritik reicht selbstverständlich nicht aus; die Sprachwirkungen, Repressionen, Symbolprägungen etc., denen das Individuum ausgesetzt war, stecken ja *im Körper* und wirken sich über diese leibliche Kreuzigung dann wieder auf das Sprachverhalten, Sozialverhalten etc. aus (Autoren wie Artaud oder Deleuze/Guattari haben eindringlichst darauf hingewiesen). Spätestens hier, so ist oft kritisiert worden, werde Marcuses Ansatz ausweglos: „Die Dialektik der Befreiung als Umschlag von Quantität in Qualität impliziert also einen Bruch im Kontinuum der Repression, der bis in die Tiefe des Organismus hineinreicht. Wir könnten auch sagen, qualitative Veränderung, Befreiung impliziert heute organische, triebstrukturelle, biologische Veränderungen gleichzeitig mit den politischen und gesellschaftlichen Veränderungen."[794] Zwar kann er darauf verweisen, daß gerade *biologische* Bedürfnisse sich im Unwohlsein vieler Menschen an ihrer Lebenssituation Bahn zu brechen versuchen: Vom „Anstoß zur besseren Planung von Wohnbezirken und dem Wunsch nach Schutz vor Lärm und Unrat bis zu dem Drängen auf Absperrung ganzer Stadtteile für Automobile, auf Entkommerzialisierung der Natur", Geburtenkontrolle, nachbarlicher Solidarität oder auch nur dem Wunsch, in Ruhe gelassen zu werden[795] — das alles verweist nicht zuletzt darauf, daß Menschen im Grunde biologisch nicht die Ausstattung haben, sich der hektischen modernen Massengesellschaft 'anzupassen', und daß ihr Versuch, es dennoch zu tun, zusätzliche (überflüssige) Verarmung & Verstümmelung erzeugt. Wenn Marcuse meinte, die in den sechziger Jahren zu beobachtende 'neue Sensibilität' (ein von ihm geprägter, populär gewordener Begriff) drücke bereits „den Sieg der Lebenstriebe über Aggressi-

---

[791] Vgl. Der eindimensionale Mensch, 76ff. u. 91ff.
[792] Daß man die Liebe neu erfinden müsse, dieser unter anderem von Rimbaud geäußerte Satz ist gar nicht verständlich ohne den anderen, der ihn trägt, nämlich daß man die Sprache & das Sprechen (& auch das Nichtsprechen!) neu (er)finden müsse. Wo Liebe nicht einen Freiraum für den Diskurs schafft, sich durchzustreichen & aus radikaler Negation heraus sich neu zu erschaffen, ist Liebe nicht vorhanden...
[793] Konterrevolution und Revolte, 86
[794] Marcuse, Befreiung von der Überflußgesellschaft, in: Dialektik der Befreiung (The Dialectics of Liberation, ed. David Cooper, 1968), Reinbek 1969, 96f.
[795] Versuch über die Befreiung, 49

vität und Schuld" aus[796] (so schnell geht das?), wird zwar deutlich, daß Fragen, ob nicht sein 'Biologismus' auf eine Vererbung erworbener Eigenschaften bauen müßte (was wissenschaftlich nicht haltbar wäre), in die falsche Richtung gehen. Doch Veränderungen, zumal so weitreichende, wie sie hier im Visier sind, benötigen Zeit (und noch andere Ressourcen[797]), während das System aufgrund seiner verselbständigten Marktmechanismen flexibel genug ist, Nonkonformitätspotentiale rasch (für es selbst, d.h. die Kapitalseite, gewinnbringend!) aufzusaugen und nur das für es wirklich 'Unverwertbare' entschlossen auszuscheiden, sprich: es zu *ignorieren*, zu *destruieren* oder in irgendwelchen Verwaltungsapparaten oder Hochsicherheitstrakten verschwinden zu lassen. Mit anderen Worten: Möglicherweise unterschätzt Marcuse doch Freuds Hinweis, daß Eros & Thanatos in ihrem Zusammenspiel *strukturell konservativ* sind — dies vermag das kapitalistische System zu nutzen wie keins vor oder neben ihm, *gerade wenn* es den ihm Unterworfenen Crash-Kurse in Flexibilität & rasanter Veränderung verordnet. Die der 'Globalisierung' innewohnende Logik der Totalisierung ist *immanent* Logik des Zerfalls. Damit veränderungswillige 'Daruntergeworfene' ('Subjekte', die Engländer sagen für 'Untertanen' tatsächlich *subjects*!) etwas ausrichten können, scheinen sie sich nolens volens dieser Doppelstruktur anähneln zu müssen... Also nicht nur 'Vereinigt euch!', sondern ebensosehr 'Splittet euch auf!' (innerlich & äußerlich)? Das ist in der Tat längst geschehen & geschieht vorerst weiter. Aber es gibt da *mitten im integrierten Zerfall* eben auch etwas anderes: wirkliche (wirksame?) *Selbsttätigkeit & Selbstorganisation*, produktive Desintegration... Eine Unmenge von Kreativität, die das System nicht gebrauchen kann... Nomadische Ströme, die sich autopoietisch verschieben, desorganisieren & an überraschenden Stellen reorganisieren... Infiltrierungen, das Säen von Turbulenzen, erothanoische Perturbation... Und an dieser Stelle wird es nun sinnvoll, den *Anti-Ödipus* von Gilles Deleuze & Felix Guattari hinzuzuziehen, zumal damit schließlich unmittelbar auf E.A.Poe zurückgelenkt werden kann... Zunächst ist allerdings eine längere Auseinandersetzung mit dem theoretischen Ansatz dieser beiden 'Wilden' nötig...

---

[796] Ebd., 43
[797] Jim Osterberg alias Iggy Pop hat diesbezüglich nicht Unrecht mit seinem Song *Power & Freedom* (auf dem Album *Instinct*, A & M Records 1988, überhaupt ein *sehr* Marcuse-relevanter Song! „...& the system wants to slave you..."); auch Foucault nicht, der dies in erster Linie als eine Frage der Macht thematisieren würde...

b) Die Wunschmaschine als Herausforderung der Dialektik. Eine neue Lektüre von Deleuze / Guattari, *Anti-Ödipus – Kapitalismus und Schizophrenie I*

„Die These der Schizo-Analyse lautet schlicht: der Wunsch ist Maschine, Maschinensynthese, maschinelle Anordnung — Wunschmaschinen" (381).[798] Was den psychischen Apparat antreibt, so Freud, ist stets ein Wunsch.[799] Die Energie dieses Wunsches ist die Prozessualität seiner Realmöglichkeit und Notwendigkeit, sich zu fixieren — ein Wunsch ist Wunsch von etwas, und sei dieses Etwas auch das Nichts. (Ein Mensch kann eher das Nichts und das Nichtwünschen wünschen, als nicht wünschen; Wunsch und Wunschenergie sind nicht sinnvoll zu trennen, beides bezeichnet, hegelisch gesprochen, das Negative, wodurch etwas, in diesem Fall ein psychisches System, Bewegung in sich selbst, Trieb und Tätigkeit hat bzw. 'ist'.) Die Energie ist selbstproduktive Tätigkeit — es hat keinen Sinn, sie bloß abstrakt vorauszusetzen, sie 'ist' wesentlich in ihrer Äußerung, ihrem Tätigsein, ihrer Manifestation. ((Stoffliche) Materie ist, wie wir aus der Physik wissen, 'gefrorene' Energie, d.h. manifestierte, sich realisierende, derealisierende und rerealisierende Energie[800]; es gibt massehabende und nichtmassehabende Materie; die Gesamtenergie im Universum ist unveränderlich, sich selbst gleich, man kann einzelne Formen nur ineinander umwandeln bzw. diese sich selbst.) Diese Energie wird innerhalb der kapitalistischen Maschine synthesiert, zusammengebunden. Die Wunschmaschinen „sind nirgendwo anders als in den gesellschaftlichen Maschinen" (390). Der Wunsch gehört nicht der Ebene der Ideologie an, sondern der Basis, „der Ordnung der *Produktion*", „jede Produktion ist zugleich gesellschaftliche und Wunschproduktion" (381 a). Der Wunsch konstituiert sich stets im Rahmen eines *bestimmten* gesellschaftlichen Feldes, hier des kapitalistischen. An die Analyse des konstitutiven Zusammenhangs von Bedürfnissen der Produktion & Produktion der Bedürfnisse nicht nur bei Marcuse[801] mag man zunächst

---

[798] Alle Seitenzahlen im nun folgenden Text beziehen sich auf: Gilles Deleuze/Félix Guattari, Anti-Ödipus. Kapitalismus und Schizophrenie I (orig. L'Anti-Œdipe. Nouvelle édition augmentée, 1972; Übers. Bernd Schwibs, 1974), Frankfurt/M. 3.Aufl. 1981. Ein hinzugefügtes *a* bedeutet auch hier Hervorhebung durch die Autoren; *b*: Hervorhebung von mir. Dieser Abschnitt ist eine erweiterte Version meines gleichnamigen Aufsatzes in: Z. ZEITSCHRIFT MARXISTISCHE ERNEUERUNG Nr.35 (September 1998), 199–212 / Nr.36 (Dezember 1998), 145–161.
[799] Das erste Ψ-System, dessen Tätigkeit „auf freies Abströmen der Energiequanten gerichtet ist" (Die Traumdeutung (1900), Frankfurt/M. 1981, 487), „kann nichts anderes als wünschen" (ebd.,488), und „nichts anderes als ein Wunsch" vermag „unseren seelischen Apparat zur Arbeit anzutreiben" (461).
[800] Und Energie ist zugleich 'je schon' ein Aspekt der Materie, wenn man diese als leitenden Totalitätsbegriff so ansetzt, daß sie den energetischen, den stofflichen und den informationellen Aspekt umfaßt.
[801] Siehe z.B. auch: Jean-Pierre Terrail / Jean-Louis Moynot, Produktion der Bedürfnisse und Bedürfnisse der Produktion, Frankfurt/M. 1976; bei Marx in der Einleitung zu den Grundrissen der politischen Ökonomie, MEW Bd.42, 24-34: „Ohne Bedürfnis keine Produktion. Aber die Konsumtion reproduziert das Bedürfnis. (...) Die Produktion liefert dem Bedürfnis nicht nur ein Material, sondern sie liefert dem Material auch ein Bedürfnis" (ebd., 27).

denken, wenn die Autoren sagen: „und niemals ist die gesellschaftliche Produktion etwas anderes als Wunschproduktion, und umgekehrt, aber sie unterstehen beide nicht demselben Gesetz oder derselben Ordnung" (490f.). Sie unterscheiden zwischen *Wunsch* und *Interesse*; im Handeln, Verhalten einer Person, ihrem selektiven Wahrnehmen, Zuschreiben usw. verschränken sich beide. Das ist z.B. wichtig für die Klassentheorie: „Das Klasseninteresse findet sich vor in der Ordnung großer molarer Einheiten; es definiert nur ein kollektives Vorbewußtes, das sich notwendig in einem klaren Bewußtsein niederschlägt"; das Problem gestaltet sich „zwischen den unbewußten Gruppenwünschen und den vorbewußten Klasseninteressen" (331). „Der Wunsch wird niemals getäuscht. Getäuscht, verkannt oder verraten werden kann das Interesse, nicht jener. Deshalb der Ruf von Reich: Nein, die Massen sind nicht getäuscht worden, sie haben den Faschismus gewünscht — und das heißt es zu erklären..." (ebd.). In hegelschen Ausdrücken könnte man sagen: Der Wunsch produziert sich im Schnittfeld von Bestimmung, Beschaffenheit und Grenze, wobei 'Bestimmung' eine dialektisch widersprüchliche Einheit von Determination und Destination ausdrückt. „Warum kämpfen die Menschen für ihre Knechtschaft, als ginge es um ihr Heil?" (39) — das ist die Frage, die Deleuze und Guattari nach der vertanen Chance vom Pariser Mai 1968 sich stellten und die ebenso Marcuse beschäftigte. Gesellschaftliche Produktion und Wunschproduktion enthalten einander wechselseitig — man kann darin eine Reformulierung der Dialektik von Individuum und Gesellschaft sehen. „In Wahrheit ist die gesellschaftliche Produktion allein die Wunschproduktion selbst unter bestimmten Bedingungen. Wir erklären, daß das gesellschaftliche Feld unmittelbar vom Wunsch durchlaufen wird, daß es dessen historisch bestimmtes Produkt ist und daß die Libido zur Besetzung der Produktivkräfte und Produktionsverhältnisse keiner Vermittlung noch Sublimation, keiner psychischen Operation noch Transformation bedarf. Es gibt nur den Wunsch und das Gesellschaftliche, nichts sonst" (ebd.). Die Wunschproduktion ist „Grenze der gesellschaftlichen Produktion", „fortwährend entgegenwirkende Tendenz innerhalb der kapitalistischen Formation" (131): der Wunsch formiert sich innerhalb der totalisierenden Organisation und gegen diese Bestimmtheit, arbeitet damit auch gegen sich selbst, und seine Spaltung, wie sie am radikalsten und *paradigmatisch* auch für den 'normalen' (d.h. normierten) Wunsch in der Schizophrenie auftritt, markiert zugleich den Auslotungsbereich dessen, was das gesellschaftliche System nicht mehr einbeziehen kann, sondern ausgrenzen muß. Der 'Schizo' durchbricht eine Mauer, doch das System weiß seine Reise zu unterbrechen, indem es ihm die mythische Triangularität des Ödipus-Stigmas aufzwingt: Vater, Mutter, Kind; daher die ebenfalls paradigmatische Kritik der Autoren an einer Psychiatrie, die auf dem Aufkleben dieses Stigmas beharrt. Die traditionelle Psychoanalyse wird damit zum Agenten der Familie, die Familie aber ist Agent der kapitalistischen Ordnung. Der Schizo verweigert den identifizierenden Code, entzieht sich, er wird „Strom, der die Sperren und Codes durchbricht, Name, der kein Ich mehr bezeichnet. Er hat einfach aufgehört, Angst vor dem Verrücktwerden zu haben" (169; hier zeigt sich eine gewisse Idealisierung, denn das Überschreiten ist keineswegs nur freiwillig und durchaus auch angstbesetzt). Diese Fluchtlinien und das Abschneiden der eingefüllten Ströme durch die Maschine lassen für Deleuze/Guattari die Möglichkeit & zugleich Beschneidung (als Verunmöglichung & Selbstverunmöglichung) einer

Freiheit aufscheinen, die *revolutionär* ist, insofern sie das narzißtische Ich ebenso zerstört wie das Über-Ich, als Repräsentanz der Eltern, der Fetische, der Partei, kurz eines unabtragbaren und ewigen Schuldkomplexes (sich und der Gesellschaft etwas schuldig sein, abzuzahlen um den 'Preis' der eigenen Entwurzelung): Werde selbst zum Agenten dieser Ordnung oder ersticke an deiner eigenen Scheiße bzw. an dem Hunger in deinen Organen, an deinem Wunsch nach dem organlosen vollen Körper (vgl. Artaud) — der einzige organlose volle Körper, der längst existiert, ist der gesellschaftliche, und wir alle sind darauf eingeschrieben, „Mensch und Werkzeug *sind schon* Maschinenteile auf dem vollen Körper der jeweiligen Gesellschaft" (516). Die Bezeichnung 'voller Körper' ist offensichtlich gegen Lacans 'volles Sprechen' geprägt: Nicht um ein Hören auf Worte, Wortreste, Sätze und selbstbemühtes Umsetzen dieser Hörigkeit in narzißtischen Genuß an einem eingedrillten Automatismus, dem man zuschaut[802], dieses 'idiotische Genießen'[803], geht es, sondern die Fragmentierung ist *real* und unaufhebbar, weder symbolisch noch imaginär zu kitten. Was generiert wird und generierend ist, sind *Maschineneffekte*, die weder repräsentieren noch ausdrücken (nämlich jeweils ein Anderes), sondern *produzieren*, sich selbst gegen/über/ durch ein Worin/Worauf/Wogegen und umgekehrt. Mit einem Begriffspaar, das sie den Naturwissenschaften entnehmen (bzw. einer Kybernetik, die es ihrerseits den Naturwissenschaften entnahm), sprechen die Autoren von der *molekularen* und der *molaren* Ebene, erstere ist die Mikroebene und letztere die übergeordnete: entscheidend ist die *bewegliche Grenze zwischen molarer Organisation und molekularer Vielheit des Wunsches*.

Weit davon entfernt, bloße 'Begriffsdichtung' zu sein, wie manch akademischer „Agent der Integration" (303) ihr in einem durchsichtigen Abwehrmechanismus vorwarf[804], nötigt diese Konzeption zu einem radikalen Sicheinlassen. Michel Foucault hat vorgeschlagen, den Anti-Ödipus als eine neue *ars erotica, ars theoretica & ars politica* zu lesen: das Buch zeige, welche Strecke zurückgelegt worden sei im „Zweifrontenkrieg gegen gesellschaftliche Ausbeutung und psychische Repression", wichtiger noch sei aber, daß es auch angesichts der Sackgassen, die sich dabei ergaben, dazu motiviere, „weiter zu gehen".[805] Er sah in diesem Buch auch die Aufforderung, „den alten Kategorien des Negativen (Gesetz, Grenze, Kastration, Mangel, Lücke), die das westliche Denken so lange als eine Form der Macht und einen Zugang der Realität ge-

---

[802] Wie bei Politikern, akademischen Wissenschaftlern, Medienvertretern, Wirtschaftsfritzen, Marketing-Charakteren weithin zu beobachten

[803] Ein von Lacan geprägter Topos, vgl. Das Seminar von Jacques Lacan XX (1973): Encore (ed. Jacques-Alain Miller, 1975, dt. 1986), Weinheim & Berlin, 2.Auflage 1991. „Der Signifikant, das ist die Ursache des Genießens" (ebd., 28), und der Signifikant ist „blöd wie Kohl" (65). Allerdings kann man den Satz „Das Denken ist Genießen" (78) wohl schwerlich verallgemeinern, nicht alles Denken ist narzißtisch, das Ich reagiert mehr wie ein Epiphänomen (*unter anderem* im Lust/Schmerz-Modus), und der halb und halb bewältigte Terror-Automatismus des Denkens ist, wenn er von Deleuze/Guattari an die 'Wunschmaschine' gekoppelt wird, nicht am schlechtesten charakterisiert...

[804] Einige der sehr divergierenden Reaktionen, vor allem von französischen Psychoanalytiker(inne)n, sind dokumentiert in: Janine Chasseguet-Smirgel (ed.), Wege des Anti-Ödipus (orig. Les Chemins de l'Anti-Œdipe, 1974), Frankfurt a.M./Berlin/Wien 1978 (mit einem Nachwort von Caroline Neubaur)

[805] Foucault, Der Anti-Ödipus – Eine Einführung in eine neue Lebenskunst (orig. 1977), in: drs., Dispositive der Macht. Über Sexualität, Wissen und Wahrheit, Berlin 1978, 225ff.

heiligt hat, jede Gefolgschaft" zu verweigern, zumal wenn sie noch einer „vereinheitlichenden und totalisierenden Paranoia" anhängen.[806] Dennoch soll im folgenden der Versuch unternommen werden, von einer negativ-dialektischen Position aus diesen Befreiungsschlag kritisch aufzugreifen, ohne ihn oder sich selbst seiner/ihrer Kraft zu berauben (wobei ersteres schwieriger ist). Das mag wie ein verspätetes Rückzugsgefecht wirken. Doch es hat auf den *Anti-Ödipus* bisher (meines Wissens) von einer dialektischen Position aus keine adäquate Reaktion gegeben. Die Auseinandersetzung erfolgt in der doppelten Überzeugung, daß die Theorie der Dialektik a) sich nach wie vor erst noch jenseits von Hegel und Adorno neu formieren muß, und dabei b) von einer poststrukturalistischen Position, wie sie von den beiden Autoren dezidiert antidialektisch vorgetragen wurde, manches lernen kann und sich jedenfalls nicht abstrakt sperren sollte (so wie weite Teile des bürgerlichen Wissenschaftsbetriebs, aber auch 'orthodoxe' Altmarxisten). Die folgenden Abschnitte werden freilich a) aus Komplexitätsgründen und b) weil es gilt, den Kontext einer Poe-Untersuchung nicht aus den Augen zu verlieren (auch wenn diese von vornherein selber in einen größeren funktionellen Kontext gestellt wurde!), nur *einige* ineinandergeschachtelte Konstellationen einer solchen Auseinandersetzung aufbieten können.

Der lateinische Ausdruck *machina* bedeutet nicht nur Maschine, Werkzeug, Winde, Walze, Rolle, Hebel, Bau, Werk, sondern auch Kunstgriff, List, Anschlag; *machina belli* ist z.B. das Kriegsgerät. Aus der Theatersprache kennt man den *deus ex machina,* und in der Tat ist die Ähnlichkeit des menschlichen Ich mit einem solchen grandiosen Pappkameraden, der den Handlungsfortgang sichert, nicht von der Hand zu weisen. Das Ich ist nicht zuletzt strategische Inszenierung, Überlebensstrategie (vgl. zu *Kunstgriff, List* den Ahnherrn der abendländischen Rationalität, Odysseus), Mittel der Tarnung & Realitätsverkennung. Lacan sagt, es sei gebaut wie eine Zwiebel, aufgeschichtet aus den Sedimenten versuchter Identifikationen und der daraus sich ergebenden Unfälle.[807] Delikaterweise wurden im klassischen Rom als *machina* auch Schaugerüste zur Ausstellung verkäuflicher Sklaven bezeichnet. Schon Freud betonte, das Ich sei „vor allem ein körperliches, es ist nicht nur ein Oberflächenwesen, sondern selbst die Projektion einer Oberfläche."[808] Freuds Kanon von Hilfsvorstellungen zur Beschreibung der Psyche bedient sich zahlreicher, teils bestechend eingängiger, teils bedrohlich ausufernder Metaphern; wie Irving Thalberg zusammengestellt hat, umfaßt er mechanische, hydraulische, botanische, physiopathologische, toxikologische, soziologische, politologische, ökonomische, erotische und andere Modelle sowie eine große Anzahl gelegentlicher Anthropomorphismen.[809] Doch Deleuzes und Guattaris scheinbar menschenfeindliche Steigerung des 'Apparats' zur 'Maschine' ist, wie die Autoren beteuern, keineswegs metaphorisch gemeint. Sie beschränkt sich auch nicht auf

---

[806] Ebd., 229
[807] Vgl. Das Seminar von Jacques Lacan I (1953/54): Freuds technische Schriften (ed. N.Haas), Olten & Freiburg i. B. 1978, 220
[808] S.Freud, Das Ich und das Es (1923), in : drs., Das Ich und das Es und andere metapsychologische Schriften, Frankfurt/M. 1978, 182
[809] Vgl. I.Thalberg, Freud's Anatomies of the Self, in: Richard Wollheim (ed.), Freud – A Collection of Critical Essays, New York 1974, 149f.

den *Wiederholungszwang* (vgl. dazu Kap.VIII) — obzwar die oben beschriebene symbolisch kanalisierte & zerstückelte Selbstaufladung des Organismus schon einen guten Näherungswert ergibt. Ödipus, der den Willen zur Wahrheit um jeden Preis und dabei zugleich die Ausweglosigkeit eines tragischen Schicksals verkörpert (es spricht für eine resignative und pessimistische Grundhaltung Freuds, daß er gerade diesen Mythos zu einem der Dreh- und Angelpunkte der Psychoanalyse machte), läßt sich durchaus im Sinne eines *induzierten* Wiederholungszwangs deuten, und daß die Anpassungs- wie auch die Boykott- und Selbstboykottstrategien von Individuen oft etwas fatal Repetitorisches haben, ist allgemeine Alltagserfahrung. Deleuze/Guattari gehen darüber freilich noch hinaus: 'Antrieb' scheint bei ihnen unversehens den mechanischen Materialismus von Julien Offray de Lamettrie (*L'Homme machine*, 1747) und Joseph Needham (*Man a Machine*, 1928) wiederaufleben zu lassen, die mit ihren Konzepten den cartesischen Dualismus von *res extensa* und *res cogitans* zugunsten einer Maschinenkonzeption des Körpers zu beseitigen versuchten. Die Psyche wird als Erzeugnis der Geschichte des Körpers begriffen, der Körper aber als Produkt gesellschaftlicher Einschreibung in lebende Materie. Wenn Deleuze/Guattari von Maschineneffekten sprechen, dann *meinen* sie Maschineneffekte[810], das ist keine bloße Provokation. (Nun, z.B. die soziologische Systemtheorie hat Grundbegriffe sowohl aus der Biologie als auch aus der Maschinentheorie aufgegriffen und ihrerseits auf die Humanwissenschaften zurückgewirkt — warum nicht ein kräftiger Schuß Physikalismus, wenn es der Überwindung 'alteuropäischer', längst verbürgerlichter Denkgewohnheiten dient? Ja, *wenn...*)

Das Grundmuster ist: *Strom versus Segregation. Laufenlassen, Fließenlassen versus Strom-Einschnitt.* „Jedes 'Objekt' setzt die Beständigkeit eines Stroms voraus, jeder Strom die Fragmentierung des Objekts" (12). Das heißt, schon indem überhaupt etwas fixiert ist, ist es beschränkt und zugleich implizit über diese Beschränkung hinaus; jede Grenze ist *interne* Grenze und insofern 'Fragmentierung'; Fragmentierung des Stroms & des Objekts setzen einander wechselseitig voraus. In Formen menschlicher Tätigkeit gefaßt (wobei *Tätigkeit, Tätigsein* allgemeiner ist als *Arbeit*[811]), weisen Laufenlassen, Fließenlassen den Modus aktiver Passivität oder passiver Aktivität auf, Einschnitte können gezielt ausgeführt werden oder man unterliegt ihnen. Die

---

[810] Freud hingegen blieb Dualist, für ihn war „die psychische Realität eine besondere Existenzform (...), welche mit der materiellen Realität nicht verwechselt werden soll" (Die Traumdeutung, 503). In der Angabe zweier Erfahrungsfelder, die psychologischer Forschung offenstehen, zeigt sich sein Cartesianismus: „Von dem, was wir unsere Psyche (Seelenleben) nennen, ist uns zweierlei bekannt, erstens das körperliche Organ und Schauplatz desselben, das Gehirn (Nervensystem), andererseits unsere Bewußtseinsakte, die unmittelbar gegeben sind und uns durch keinerlei Beschreibung näher gebracht werden können" (Abriß der Psychoanalyse (1938), in: Abriß der Psychoanalyse / Das Unbehagen in der Kultur, 9).

[811] Arbeit (englisch: *work*) wiederum wäre zu unterteilen in Erwerbsarbeit (*job*) und Nichterwerbsarbeit, denn für das profane Überleben bleibt natürlich ein entscheidendes Kriterium, ob und welche Arbeit bezahlt wird (sogenannte freiberuflich Arbeitende — eine idiotische und darum abzulehnende Kategorie, insofern darunter Ärzte und Rechtsanwälte ebenso fallen wie Künstler und Schriftsteller — kennen dieses Problem seit jeher). Abzulehnen ist die gerade in Deutschland gängige Titulierung von Erwerbslosigkeit als 'Arbeitslosigkeit'. Insoweit sich allerdings die nun zu beobachtende Tendenz zu sorgfältigerem Sprachgebrauch den steigenden Erwerbslosenzahlen und einem daraus resultierenden Bedürfnis nach Schönreden verdankt, ist dies natürlich ebenfalls ein Armutszeugnis...

wirklichen Aktivitäten des Unbewußten sind „fließen zu lassen und abzutrennen" (419). „Die Gesellschaftsmaschine ist buchstäblich, bar aller Metaphorik, eine Maschine, insofern sie einen unbeweglichen Motor darstellt und unterschiedliche Arten von Einschnitten vollzieht: Entnahme von Strömen, Abtrennung von Ketten, Verteilung von Teilen. Alle diese Operationen sind im Akt der Codierung der Ströme impliziert" (180). Die Maschine ist „Verhältnis (...), das einem als konkretes physisches System sich geltend machenden Kräftefeld untergeordnet ist" (284). Die Maschine ist keineswegs eine wohlumgrenzte Einheit oder ein geschlossenes System. Die Hummel z.B. gehört zum Fortpflanzungssystem des Klees (vgl. 367). Weder Mann noch Frau sind wohldefinierte Persönlichkeiten — „wohl aber Vibrationen, Ströme, Spaltungen und 'Knoten'" (470). Das Generieren von Zündungen, Fehlzündungen, Sprüngen und Prozessen *ist* die Selbsthervorbringung der Wunschmaschine. In ihrer Bewegung ist sie chronogen, generiert Systemzeit, so wie das sich ausbreitende Licht den Raum und die Zeit erst definiert und bestimmt. Doch anders als der einem Materiepaket mit Volumen Null und unendlicher Gravitation entschießende Blitz von Gammastrahlen die Selbsthervorbringung des Universums *ist*, ist die Wunschmaschine je schon als einem Feld eingeschrieben die Einschreibung dieses Feldes, samt Weltzeit, Weltgeld, Weltkartographie. „Was Wunschmaschinen gerade definiert, ist ihr Vermögen zu unendlichen, allseits in alle Richtungen sich erstreckenden Konnexionen. Dadurch, mehrere Strukturen gleichzeitig durchdringend und beherrschend, sind sie Maschinen. Zwei Eigenschaften oder Vermögen besitzt die Maschine: zum einen die Eigenschaft des Stetigen, das Maschinenphylum, worin sich jeweilige Teile miteinander verbinden (...); zum anderen der Richtungswechsel, Mutation, worin jede Maschine absolut mit derjenigen bricht, die sie ersetzt, so der Benzinmotor im Vergleich zur Dampfmaschine. Zwei Eigenschaften in einem, da die Maschine Strom-Einschnitt selbst ist, der Einschnitt immer neben einem stetig fließenden Strom, diesen von anderen Strömen scheidend, indem er ihn codiert und beliebige Elemente tragen läßt" (503). Es gibt keinen Grund, dies nicht dialektisch zu reformulieren. Strom ist Negativität. Diese ist zunächst nicht codiert. Einschnitt ist erste Negation, dabei ist jede abstrakte oder konkrete Negativität (also auch abstrakte Identität, oder Identität der Identität und Nichtidentität, oder Nichtidentität der Identität und Nichtidentität) Selbstabstraktion der absoluten Negativität; jede Selbstmanifestation absoluter Negativität ist, worauf schon der Ausdruck hinweist, in sich antinomisch. Die erste Negation ist an und für sich selbst schon Negation der Negation. Darauf rekursiv-antizipierend eine aufsteigende Ordnung aufzubauen, ist kein Problem: „Die Ordnung verläuft nicht: Massenhaftigkeit > Selektion, vielmehr so: molekulare Vielheit > die Selektion ausführende Formen der Massenhaftigkeit > daraus hervorgehende molare oder Masseneinheiten" (443). Also die Mikroebene steht am Anfang. Dialektisch müßte man sagen, daß die absolute Negativität am Anfang steht: Sowohl-als-auch-und-Wedernoch, gefaßt als strukturelle und antistrukturelle Simultanität von Simultanität und Sukzessivität, oder Rückstoß dieser wechselseitigen Inklusion zum Sich-Aufheben-zu-sich. Die Autoren zeigen einen völlig unzureichenden Begriff von Dialektik, der sie vorwerfen. „die Disjunktionen durch vage Synthesen der Identifikation von Widersprüchen" zu ersetzen (98). Sie lehnen die Totalisierung ab und sprechen doch selbst davon: „Durch statistische, den Gesetzen der großen Zahl folgende Anhäufung" bewirken molare Formationen „die Totalisierung der molekularen Kräfte" (442). Es handelt sich aber um *negative* Totalisierung. Die Aversion der Autoren gegen Dialektik[812] ist

---

[812] Vgl. Gilles Deleuze, Brief an Michel Cressole, in: drs., Kleine Schriften, Berlin 1980, 12: „Am meisten haßte ich den Hegelianismus und die Dialektik." Deutlicher wird diese Haltung in seinem einflußreichen Nietzsche-Buch von 1962 (Nietzsche et la philosophie, dt. Nietzsche und die Philosophie, Übers. B.Schwibs, München 1976): „Wohl stellt die Hegelsche Dialektik eine Reflexion der Differenz dar, aber sie verkehrt zugleich deren Bild. Die Bejahung der Differenz als Differenz ersetzt sie durch die Negation des Differierenden; die Selbstbejahung durch die Negation des Anderen; die Bejahung der Bejahung durch die berühmt-berüchtigte Negation der Negation" (211). Die damit erreichte Bejahung sei nur Phantom, eine Fälschung, denn sie sei sklavische Unterwerfung unter die 'Arbeit des Negativen' und ein Aufsichnehmen von dessen Erzeugnissen. Nietzsche wird hoch angerechnet, daß zwischen ihm und Hegel „jeder Kompromiß ausgeschlossen" sei: „Nietzsches Philosophie (...) ist ihrer Form nach absolut anti-dialektisch und von der Absicht getragen, alle Mystifikationen, die in der Dialektik ihre letzte Fluchtstätte gefunden haben, aufzudecken" (210). Gerichtet ist diese Spitze zumal gegen jenen Hegel-Einfluß, der sich in Frankreich durch die Seminare von Alexandre Kojève (Alexander Kotjenikov) in so unterschiedlichen Konzeptionen wie denen von Lacan und Sartre niederschlug (schon die gesamte Hegelsche Dialektik sei, so Deleuze, dem 'unglücklichen Bewußtsein' zuzurechnen). Nun hat Deleuze völlig recht damit, daß in diesen Fragen „alles von der Rolle des Negativen" abhängt (13) — er untersucht nämlich gar nicht, was 'Negativität' bei Hegel besagt, und ob nicht mit diesem Hegelschen Prinzip über Hegel selber hinauszugelangen wäre. Er rezipiert nicht den grundlegenden Aspekt der 'Andersheit' in der 'Negation' (die Verschiedenheit wird zum bestimmten Unterschied und Gegensatz weiterentwickelt) und das 'Sich-von-sich-Unterscheiden' als 'Negativität', wenn betont, „die Differenz" sei „immer noch das einzige Entstehungs- und Erzeugungsprinzip, das gerade auch den Gegensatz als bloßen Schein produziert. Die Dialektik ernährt sich von Gegensätzen, weil sie die andersartig subtilen und tiefliegenden differentiellen Mechanismen nicht kennt: etwa die topologischen Verschiebungen und typologischen Variationen" (171). Auch wenn diesbezüglich Dialektik von der 'differentiellen Methode' lernen kann: Wenn Deleuze schon den *basalen* Selbstbezug der Reaktivwerden aktiver Kräfte deutet, die „sich gegen sich selbst (...) kehren" (184), so wird sein Konzept ausweglos, *weil* er die unhaltbare Kantische Verteufelung der Antinomie und des Widerspruchs übernimmt. Er folgt Nietzsche darin, in allem 'Negativen' nur etwas Abkünftiges, Blasses, Reaktives, Ressentimentgeladenes, Lebensfeindliches, nicht sich selbst Bestimmendes zu sehen, während sich 'Negativität' vielmehr mit & gegen Hegel so auffassen läßt, daß sie als selbstreferenzielle Tätigkeit (auf ein 'sich' zielend, das dadurch erst wird) vor jeder bestimmten Affirmation und auch vor jeder abstrakten Negation (Grenze, Schranke, Mangel) den Primat führt (die 'Negation der Negation' ist dann selber nur ein abstraktes, Auslegungsschema von 'Negativität'). Leider tendiert auch der verfestigte umgangssprachliche Gebrauch dazu, alles 'Negative' von vornherein abzuwerten und bildet so (vgl. das zweckoptimistische Geschwätz vom 'positive thinking') gegen Versuche, einen subtilen Begriff von 'Negativität' zurückzugewinnen, eine für Deleuze gar nicht erwünschte Koalition mit seiner zu eiligen Bereitschaft, auch diese dem von Nietzsche bekämpften 'Nihilismus' zu subsumieren. Solange wir in einer kapitalistischen Gesellschaft leben, brauchen wir dringend die 'Arbeit des Negativen' im Sinne von Hegel und von Marx, und zwar ebenso als kritisch-vernünftige wie als vernunftkritische. Sonst besteht die Gefahr, daß wir zu falschen Bejahungen (des Bestehenden) schreiten — wie sie reaktive Kräfte in Vereinnahmung etwa von Hegel, Marx oder Nietzsche allzu oft vorexerziert haben. Allerdings kann es in einer reformulierten Dialektik keinen *Automatismus* des 'Aufbewahrens' mehr geben (das wäre struktureller Konservatismus). Gegen Deleuzes Gewißheit, sie sei „ohnmächtig, neue Arten des Denkens und neue Arten des Fühlens zu schaffen" (173) hätte sich das Gegenteil zu erweisen. Merkwürdigerweise erscheint es doch als eine sehr 'dialektische' Lösung, wenn Deleuze betont, der Nihilismus werde bei Nietzsche, vollständig geworden, „*durch sich selbst*" überwunden (187). Damit drückt sich Hoffnung auf einen gleichsam magischen Umschlag aus, bei dem sie reaktiven Kräfte sich auf die Seite der unterdrückten aktiven schlagen und *aktiv* ihre Selbstzerstörung betreiben, ohne einen Rückstand an Verneinung. Daß dem Menschen die Fähigkeit der Verneinung „konstitutiv" ist, weiß freilich auch Deleuze (191) — der vollkommene Jasager wäre kein Mensch mehr, sondern Nietzsches 'Übermensch'. Auf der anderen Seite des Spektrums steht das Ja des Esels, dem unter der Ägide des Nihilismus das wahrhafte Nein-

insofern völlig berechtigt, als es gegen das viel zu eingleisige Hegelsche Modell neben der Linearität die Nichtlinearität, neben der strukturellen Hierarchisierung die Beiordnung, Konnotation und Lateralität, die Unkalkulierbarkeit von Effekten zu berücksichtigen gilt. Sie selbst fallen in einen Utopismus des Nichtmangels, der Suisuffizienz zurück, wenn sie sich (gegen Lacan) auf den Standpunkt stellen, der Mangel sei nicht strukturell und invariant, sondern grundsätzlich gesellschaftlich induziert — kann nicht *beides* der Fall sein? 'Mangel' ist neben 'Andersheit' und 'Grenze' ein Simultanaspekt der Hegelschen 'ersten Negation', und auch die absolute Negativität ist mangelhaft, insofern sie zunächst keinen leitenden Totalitätsbegriff hat, eben darum 'ist' sie das Sichaufheben in ihre eigene Selbstabstraktivität, negierendes Negiertsein und negiertes Negierendsein, doch damit ist kein Automatismus linearkalkulierbaren Aufbewahrens verbunden, wohl aber jene Destruktion alles Festen, die auch die Autoren propagieren, nämlich eine solche, die zugleich schöpferisch und insofern 'positiv' ist (lat. *ponere*: setzen, nämlich realisieren, manifestieren, entwickeln, aufzeigen). Aufzugreifen ist hingegen, daß Dialektik sogenannte molekularelektronische Modelle einbeziehen können muß, bei denen nicht Strukturen, die bestimmte Teilfunktionen realisieren, zu übergreifenden Strukturen zusammengeschaltet werden, die eine bestimmte schon vorausgesetzte (gewünschte, Bestimmung im Doppelsinn von Determination und Destination) Gesamtfunktion erfüllen, sondern ein 'freies' Spiel sich ergibt, bei dem der Begriff des Bauelementes weitgehend seinen Sinn verliert.[813] Klar ist auch, daß, anders als bei Hegel, Natur, Logik und Soziales drei wechselweise ineinandergreifende offene Kreise bilden müssen, sein systemisches Modell linearer Entwicklung ist nur insoweit sinnvoll haltbar, als der begriffliche Prozeß jene Natur (wieder Doppelbewegung von *naturans* und *naturata*, Negierendsein und Negiertsein!), die Hirn, Psyche und Begriffswerkzeug selbst hervorgebracht hat, und die Sphäre des Sozialen als seine eigenen Voraussetzungen setzen und so rekonstruieren muß. Ferner muß der dialektische Standpunkt nicht nur lernen, die Antinomie als den Kern dialektischer Widersprüche zu begreifen, sondern auch, daß 'Antinomie' (und erst recht 'Widerspruch') selbst ein unscharfer Sammelbegriff für sehr unterschiedliche Strukturverhältnisse ist, bei denen a) stets kontextuell analysiert und spezifiziert werden muß und b) die in der Simultanität von wechselseitiger In- und Exklusion sich zeigende Bewegung keinen *Automatismus* der (Auf-)Lösung impliziert (dazu müssen vielmehr bestimmte Bedingungen eingeholt und realisiert werden). Dennoch können eine inklusive Disjunktion (vgl. 440: „Weil es überall das Molare und das Molekulare gibt: ihre Disjunktion ist eine inklusive") und ein „Spiel innerer Grenzen" (484) stets dialektisch gefaßt werden, um so mehr als Deleuze/Guattari fordern, „in Begriffen des Prozesses" statt in solchen von Struktur und Ereignis zu denken (413). So auch die Fluchtlinien des Unbewußten: „was ist nicht Flucht und

---

sagen abhanden gekommen ist und der an jeglicher schlechter Positivität sein 'positives Denken' übt. Was dem Menschen bleibt, sind „Verneinungen als *Mächte zum Jasagen*" (193, Herv. auch hier von Deleuze). „Unter der Herrschaft der Bejahung allein wird das Negative auf seine höhere Stufe emporgehoben" (195) — also doch eine Art 'Aufhebung', eben keine automatische, sondern eine, die sich *schöpferischer Selbstveraufgabung* verdankt (ein Punkt, in dem z.B. Poe und Nietzsche d'accord gehen), ein Selbst-Schaffen, zu dem für Nietzsche die Kunst das Paradigma abgab...
[813] Vgl. Georg Klaus (ed.), Wörterbuch der Kybernetik, Berlin 1968, 430ff.

zugleich Besetzung des Gesellschaftlichen?" (441). Was allerdings die Zerschlagung der imaginären Identität und der strukturalen Einheit angeht, wird man nicht umhin kommen, stets *beides* im Blick zu behalten: Einheit als Vielheit und Vielheit als Einheit. Im modernen Kapitalismus wächst beides: die Ordnung und die Unordnung, die Flexibilität wie die stupide Gleichförmigkeit, die repetitiven, sich ritualisierenden Handlungsmuster und das Chaos (dieses generiert aber über Selbstähnlichkeit und Selbstselektivität *per se* wieder Struktur!). Der Begriff der *negativen* Einheit ist nicht parteiisch für die Einheit, sondern korrelativ; doch in der Tat wäre er nicht nur mißverständlich, sondern unbrauchbar, wenn er nicht vermöchte, sich „um die im Element ihrer molekularen Dispersion erfaßten Maschinenanordnungen (zu) kümmern" (417). Von einer in sich widersprüchlichen, zwischen ihren Polen (nicht notwendig nur binär oder ternär) oszillierenden „Einheit" sprechen die Autoren selbst, wenn jemand oder etwas schwankt zwischen „dem Signifikant-Zeichen des Despoten, das sie als Codeeinheit neu beleben wollen; dem Figur-Zeichen des Schizo als Einheit decodierter Ströme, Spaltung, Zeichen-Punkt oder Strom-Einschnitt. Auf dem einen erdrosseln sie, vom anderen aber lassen sie sich fortschwemmen. In einem sind sie fortwährend hinter sich und über sich hinaus" (335). Eben dies ist das Schillern der Grenze in sich, ihr Sichkonstituieren *als* das Andere-ihrer-selbst, und eben damit hat diese Konzeption doch zum Fundament, was auch Hegel, würde er immanent konsequent verfahren (und nicht z.B. die Natur und den bürgerlichen Staat von der Negativität des Entwicklungsgedankens ausnehmen), einbekennen müßte: das Ungleichgewicht ist primär und letztlich unaufhebbar. Genau dadurch wird eine in sich vermittelte Einheit von *offener* Linearität (ins Weite gehen...) und zyklischer Wiederkehr (des Gleichen, nicht Desselben!) möglich. Wenn Deleuze/Guattari das abstrakt-simplifizierende Modell von Objekt- und Metaebene bemühen („Maschinen von Maschinen", 7; „Produktion von Produktion", 13; „Der Signifikant — das ist das zum Zeichen des Zeichens gewordene Zeichen", 265), so sind sie implizit darüber hinaus. Dennoch bleiben sie diskursanalytisch bei Kant stehen (vgl. 96, 166) — aus *praktischen* Gründen, nämlich um die Psychoanalyse transzendentaler Fehlschlüsse, leerer Ideale und repressiver Symbole zeihen zu können. Sie vertreten einen *historischen* und einen *mechanischen* Materialismus, aber keinen *dialektischen* Materialismus. Man kann den Organizismus *über*treiben (vgl. Hegel, der prekärerweise sein ontogenetisches Modell vom Keim und dessen Entwicklung derselben belebten Natur entnimmt, der er die Phylogenese verweigert), man kann ihn auch *unter*treiben. Die „Partialobjekte", so Deleuze/Guattari, „sind die molekularen Funktionen des Unbewußten"[814], doch von Melanie Klein, der „Erfinderin" dieser Vielheitskonzeption, grenzen sie sich schon deshalb ab, weil „Organe oder Organteile sich keineswegs auf einen Organismus beziehen, der über die Phantasie als verlorene Einheit oder zukünftige Totalität funktionierte" (419). Insoweit damit gemeint ist, daß Imagination selbstkritisch eine irreversible Zerstückelung des Organischen & ihrer selbst zu akzeptieren hat, ist das nur realistisch und verhindert in keiner Weise, daß negative Tätigkeit der Phantasie im Sinne Marcuses zu-

---

[814] Kritisch zu dieser Inanspruchnahme der Kleinschen 'Partialobjekte' vgl. Jean Bégoin, Der Anti-Ödipus oder die neidvolle Zerstörung der Brust, in: Janine Chasseguet-Smirgel (ed.), Wege des Anti-Ödipus, 110-126

gunsten des Sinnlichen einspringen kann & soll. Und es geht den Autoren auch nicht um eine Negierung der Eigenkomplexität des Organischen, sondern um eine *Kritik des gesellschaftlich zurechtgestutzten Organischen* (vgl. 184). Diese ist bei Deleuze/ Guattari von so großer Schärfe, wie man sie sonst fast nur noch bei dem von ihnen radikal ernstgenommenen Antonin Artaud, dem eigentlichen Paten des *Anti-Ödipus*, findet. Zerstückelte & zerstückelnde Funktionen, Organteile, Teilorgane & maschinelle Komplexe werden zu molekularen Funktionen des Unbewußten — eines Unbewußten, das aufgrund seiner Infiltration & Fernsteuerung durchaus nicht mehr zum (H)ort romantischer Wahrheit oder der Wiedereroberung einer imaginären Ganzheit durch 'volles Sprechen' (so man auf Es hört) taugt. Das Ich, das dies glaubte, verfiele nur der verordneten Remaschinisierung. Es schlösse seinen Frieden mit dem Bock, auf den es gespannt ist & von dem es, zum Gartenbauamt gemacht, geprellt wird. Unter dem Druck der gesellschaftlichen Organisation wird der menschliche Organismus der molaren Maschinerie als ein in sich vielfältiges Aggregat von Mikromaschinen einverleibt. Grundlegendes Mittel dazu ist die Eingravierung der Schrift in den Körper: „Und wenn 'Schrift' jene Einschreibung mitten ins Fleisch genannt werden soll, so heißt dies in der Tat, daß die Rede (*parole*) die Schrift (*écriture*) voraussetzt" (184).[815] Es ist jene Stigmatisierung, durch die das Gedächtnis als ein Gedächtnis der Grapheme[816], Figurationen und (wenn es sich erst einmal, auf einem historisch schon

---

[815] Viele Linguisten würden hier nicht zustimmen. George A.Miller: „Die meisten Linguisten legen Wert darauf, daß die geschriebene Sprache gegenüber der gesprochenen Sprache sekundär und aus ihr abgeleitet ist. Sie führen an, daß auf der ganzen Welt viele Menschen über gesprochene Sprache verfügen und dennoch weder lesen noch schreiben können. Der umgekehrte Fall, Schrift ohne Sprache, ist gänzlich unbekannt. Gesprochene Sprache hat sich entwickelt, wohingegen die Schrift eine Erfindung des Menschen ist" (Wörter – Streifzüge durch die Psycholinguistik (orig, The Science of Words, 1991, dt. Ausg. 1993), Frankfurt/M. 1996, 56). Indes wird mit dieser Formulierung ein unsinniger Gegensatz aufgestellt, denn auch die Schrift hat sich entwickelt: „Die archäologische Vorgeschichte deutet darauf hin, daß die ersten Versuche einer Schrift — zuweilen auch Proto-Schrift genannt — mit größeren bedeutungshaltigen linguistischen Elementen anfingen und sich erst nach und nach zu den nicht mehr bedeutungstragenden Symbolen des Alphabets weiterentwickelten. Die vorliegenden Belege weisen stark darauf hin, *daß die Schrift nicht als eine Darstellung der gesprochenen Sprache entstand*, sondern sich aus einem Interesse an Bildern und bildhaften Darstellungen heraus entwickelte" (ebd., 62, Hervorh. v. mir, T.C.; siehe dazu bereits näher in Anhang I). Deleuze/Guattari gehen hier noch weiter zurück: über die bildhafte Darstellung hinaus zur *Markierung*. Man darf also ihren Gebrauch von 'Einschreibung' nicht in dem Sinne mißverstehen, daß er sich erst auf entwickelte Schriftsysteme bezöge; sie greifen vielmehr den weiten Begriff aus Derridas *Grammatologie* (vgl. Kap. IV) auf, jedoch in einem nichttranszendentalistischen, sondern historisch-materialistischen und ins Empirische gewendeten Sinne. Im übrigen ist auch völlig unbefriedigend, wie Miller das Denken, den Gedanken, abstrakt sowohl vor die gesprochene Sprache als auch vor die Schrift setzt: „Die Entstehung der gesprochenen Sprache ermöglichte es, Gedanken nach außen zu kehren, aber es war die Erfindung der Schrift, die es ermöglichte, externalisierte Gedanken zu erhalten (für die Tradierung aufzubewahren, T.C.) — mit bedeutenderen Konsequenzen für die menschliche Rasse als alle je geschlagenen Schlachten. Das geschriebene Wort hat seine eigene Berechtigung; wenn Linguisten jedoch das Primat des gesprochenen Wortes fordern, dann haben sie dafür gute Gründe" (ebd., 80).

[816] In Derridas *Grammatologie* (vgl. dort 21f.) fungiert *Graphem* oder *Gramma* als kleinstes Element. Es ist klar, daß dies ein in sich dialektischer Begriff ist, da er eine der Atomismus-Problematik analoges Problem der 'schlechten Unendlichkeit' aufwirft, doch will Derrida — und er meint, auch die Maschinentheorie der Kybernetik müsse dies tun — im Sinne von 'Dekonstruktion' „am Begriff der Schrift, der Spur, des Gramma oder des Graphems so lange festhalten" bis vielleicht schließlich auch das, was daran noch metaphysisch und 'logozentristisch' sei, entlarvt werde (ebd., 21).

abkünftigen Niveau, um eine phonologisierte Schrift handelt,) der Lautgestalten, Worte, Worthülsen, Propositionen und Urteile allererst konstituiert wird — dieses Gedächtnis der Phone, Phoneme[817], Morpheme, figurativen Elemente, Laut-Bilder, Strukturen bestimmt dann die Tätigkeit des Unbewußten, seine Erinnerungsarbeit und Versuche einer Bewältigung von Erinnerungen (z.B. durch Verdrängung, was u.a. den Automatismus des 'Wiederholungszwangs' generiert). Eben dadurch konstituiert sich das Denken (der etymologische Zusammenhang von *Denken* und *Gedächtnis* kann hier als ein kleiner Hinweis gelten: es denkt in mir, es gibt mir zu denken, auch unabhängig vom Bewußtsein). „Das Wort ist doch eigentlich der Erinnerungsrest des gehörten Wortes"; durch „Vermittlung" der „Wortvorstellungen" werden „die inneren Denkvorgänge zu Wahrnehmungen gemacht", insoweit hat Freud vorgearbeitet.[818] Denken hat, wie er ebenfalls hervorhob, wesentlich die Funktionen eines *Probemechanismus* (d.h. ist dem Handeln zugehörig), des *Ersatzes des halluzinativen Wunsches* (vgl. 'Wunschmaschine'!) und auch eines *Abwehrmechanismus* im Sinne von Rationalisierung. Aber Freud verfügte nicht über eine adäquate Sprachtheorie und bekam daher den Konnex der 'Worterinnerungen' und 'Sacherinnerungen' nicht auf die Reihe. Erst Lacan vermochte unter Bezug auf De Saussure und Jakobson dieses Defizit zu beheben, vermied aber, wie Deleuze/Guattari ihm vorwerfen, eine materialistische Mikrologik der Gravureffekte zugunsten eines totalisierenden 'phallogozentrischen Transzendentalismus' (Derrida) des Signifikanten. Derrida zeigte einen materialistischen Zug, insofern er die graphische Substanz, die Materialität des Schreibens betonte[819]: die Tätigkeit des graphischen Prozesses, als Bewegung des Sich-von-sich-Unterscheidens, bedarf der Substanzialisierung, der Sedimentierung und Fixierung zur Identität-mit-sich (so wie sich bei Marx die Arbeitszeit, abstrakt-gesellschaftliche Arbeit, in etwas Materiell-Dinglichem vergegenständlichen muß, das als Wertzeichen etc. fungiert). Der Ausdruck 'Spur' (der Einschreibung, des Eingriffs der symbolischen Ordnung) hat eine in der Naturerfahrung wurzelnde Komponente: Tierspuren mit ihren repetitiven Mustern waren *ein* Faktor, der steinzeitliche Jäger & Sammler zum Hinterlassen eigener künstlicher, z.T. strukturanaloger 'Abdrücke' veranlaßte.[820] (Daß übrigens, wie Chomsky und — inspiriert durch Hegel — Piaget herausgearbeitet haben, ein Mensch, bevor er die Stimmen und Eingriffe seiner Umgebung vernimmt, keine vulgärempiristische *tabula rasa* ist, sondern, vermittelt durch die gesamte Gattungs-

---

[817] „Wenn es darum geht, die exakte akustische oder physiologische Natur eines Sprachlautes — ungeachtet seiner Bedeutung oder der Sprache, in der er vorkommt — zu beschreiben, wird dieser als ein Phon bezeichnet; die Lehre von den Phonen ist die Phonetik. Andererseits, wenn die Beschreibung auf eine einzige Sprache beschränkt ist, nennt man diejenigen sprachlichen Laute, die von Personen, die diese Sprache beherrschen, unterschieden werden, Phoneme; die Lehre von den Phonemen ist die Phonematik" (Miller, Wörter, 98).

[818] Das Ich und das Es, a.a.O., 178f.

[819] Vgl. Grammatologie, 101ff.

[820] 'Aufspüren', 'Fährtensuche', 'Spurensicherung' sind Ausdrücke, die man bei Bloch oder den Vertretern des an Adornos anschließenden Indizienparadigmas ebenso findet wie bei Vertretern des Poststrukturalismus — oder bei Poe, wo die 'detektivische Kleinarbeit', gerade wenn sie scheinbar unmetaphorisch im Rahmen 'wirklicher' Detektivgeschichten vollzogen wird, jederzeit *im ganzen* ihren metaphorischen, nämlich auf Auslotung der Möglichkeiten von Rationalität zielenden Sinn hat — womit, paradox, nicht nur die Fiktionalität der erzählten Geschichte überhöht und gleichsam zurückgenommen, sondern auch die Eigenständigkeit des Textes als Textur und Spur manifestiert wird.

geschichte, über komplexe Dispositionen zur Erlernung von Sprachen verfügt, besagt nichts gegen diese Theorie der Eingravur und der Engramme, sondern vermag sie lediglich zu ergänzen, und wenn man will, zu ihrer Dialektisierung beizutragen[821]). Hinsichtlich der gewaltsamen Einschreibung eines lingualen Gedächtnisses beziehen sich Deleuze/Guattari auf Nietzsches *Genealogie der Moral* (1887), wo auf „die lange Geschichte von der Herkunft der Verantwortung"[822], der Vernunft, moralischen Schuld, der Pflichtschuldigkeit, der Errichtung von Gesetzen und Aufforderung zur Selbstgesetzgebung usw. verwiesen wird, und zwar im Sinne einer Geschichte der „Verinnerlichung"[823], die durch eine Kultur des Gedächtnisses, der Mnemotechnik geprägt und gefördert wurde: „vielleicht ist sogar nichts furchtbarer und unheimlicher an der ganzen Vorgeschichte des Menschen, als seine *Mnemotechnik*. 'Man brennt etwas ein, damit es im Gedächtnis bleibt: nur was nicht aufhört, *wehzutun*, bleibt im Gedächtnis' — das ist ein Hauptsatz aus der allerältesten (leider auch allerlängsten) Psychologie auf Erden."[824] Die eminente Vorarbeit, die hiermit von Nietzsche für die Entstehung und Entwicklung der Psychoanalyse (inklusive deren, auch immanenter, Kritik, bis heute) geleistet wurde, ist offensichtlich. Deleuze/Guattari schlagen nun eine Brücke von Nietzsche („und alle Religionen sind auf dem untersten Grunde Systeme der Grausamkeit"[825]) zu Artaud: Wie das sogenannte absurde Theater Becketts zutiefst *realistisch* ist (und gerade darum anfangs nicht verstanden wurde), so auch Artauds 'Theater der Grausamkeit'. „Die Grausamkeit (...) ist die Bewegung der Kultur selbst, die an den Körpern sich vollzieht, sich in sie einschreibt und sie bearbeitet" (184). Artaud versuchte hier eine verzweifelte Gegenbewegung: Kultur als Antikultur, die zwar wieder Kultur ist, aber eine solche, die der Befreiung und 'Neuschaffung' (quasi autopoietischer Selbsterzeugung) des Körpers dienen soll, über die Zerschlagung des Ich und des sogenannten (mystifizierten) Selbst, diesem Jungschen Residuum der Religionen dieser Welt. Sozusagen eine Reinigung und Ausschabung bis aufs Skelett, unter Einsatz aller experimentellen Techniken (Disharmonie, Maschinenlärm, Erfindung alter und neuer Rituale, Sabotage, Tanz, Drogen) — es gibt nichts zu verlieren, sondern allenfalls etwas zu gewinnen (eine ähnliche Haltung wie bei Marx: „Die Proletarier haben nichts (...) zu verlieren als ihre Ketten. Sie haben eine Welt zu gewinnen"[826]). Die *Verwirklichung* der Poesie und der Philosophie kann nur über eine Zerschlagung tradierter Rezeptionsformen von etabliertem Kulturgut erfolgen, darum: „Schluß mit den Meisterwerken"[827], „Revolte gegen die Poesie".[828]

---

[821] So verweist z.B. Derrida bei Einführung seines Begriffs des 'Graphems' oder 'Gramma' neben der Linguistik nicht nur auf die Code- und Programmbegriffe der Kybernetik bzw. Informatik, sondern auch auf die der Biologie: „Im Hinblick auf die elementarsten Informationsprozesse in der lebenden Zelle spricht auch der Biologe heute von Schrift und *Pro-gramm*" (Grammatologie, 21, Hervorh. von Derrida)
[822] In: Nietzsche, Werke Bd.III, 246
[823] Ebd., 271
[824] Ebd., 248 (Hervorhebungen von Nietzsche)
[825] Ebd.
[826] K.Marx/F.Engels, Manifest der Kommunistischen Partei, in: MEW Bd.4, 493
[827] Vgl. Antonin Artaud, Das Theater und sein Double ('Le théâtre et son double' suivi de 'Le théâtre de Séraphin', 1964, Übers. Gerd Henniger, 1969), Frankfurt/M. 1979, 79-88

Analog: Wer *Das Kapital* als heilige Schrift verehrt und bloß interpretiert und reinterpretiert, statt unter Einsatz experimenteller Formen hier und jetzt zu revoltieren, ist ein Reaktionär und ist den Einschreibern der Schrift, d.h. der Organisation des Bestehenden, aufgesessen!
Das Alphabet, „direkt in den Körper eingraviert", ist ein „System der Grausamkeit" (184). Vergessen wir nicht, daß die Vorform 'unseres' Alphabets, die sich historisch u.a. gegen das keltische Baumalphabet durchsetzte, das *phönizische Kaufmannsalphabet* war (vgl. Anhang I)![829] Die moderne (oder auch postmoderne) Seele ist die zur *Krämerseele* zurechtgeschliffene Seele des durch Ökonomie, Kultur und Religion (oder Religionsersatz) gekreuzigten Körpers ('gekreuzigt' hier wörtlich verstanden: durchkreuzt, angekreuzt, zum Kreuzchen der politischen Legitimation von Repräsentanten animiert, mit der Schuld 'zu verdienender' Taler und Kreuzer beladen, zur Selbstvergewaltigung aufgefordert, einen archetypischen Schmerzensmann vor Augen, der zunächst Wechslertische umwarf und dann einwilligte, für 30 Silberlinge verraten zu werden, für jedes grundlegende Zeichen bzw. Sprechmerkmal einen[830]). Das

---

[828] Vgl. den so betitelten Text in: Artaud, Briefe aus Rodez / Postsurrealistische Schriften (frz. Ausg. 1971, Übers. Franz Loechler, mit einer stark am Anti-Œdipus orientierten, sehr erhellenden Marginalie von Bernd Mattheus), München 1979, 71–74

[829] Zum laut Robert Graves zugunsten dieses 'solaren' Alphabets verworfenen 'lunaren' Baumalphabet und zur geheimen Fingersprache der Druiden, „the Ogham alphabet", vgl. Graves, The White Goddess, inbes. 113-22 sowie 165-204. „I was loquacious before I was given speech; I am Alpha Tetragrammaton" (Acab. zit. n. ebd., 120); „I in Celtic mythology is the letter of death" (ebd., 119), das paßt gut, insofern die Bewegung zwischen dem 'ich'-Sagen und der Hypostase eines Ich die Bewegung des 'Todestriebs' markiert: „I am a wonder whose origin is not known. I shall remain until the Day of Doom upon the face of the earth" (Jachin. zit. n. ebd., 120). Die neun Materialien, aus denen Nimrods Turm zu Babel erbaut wurde, sind: Nomen, Pronomen (der Ausdruck *selbst* ist ein Pronomen, T.C.), Adjektiv, Verb, Adverb, Partizip, Präposition, Junktor und Interjektion (vgl. ebd., 121; laut G.A.Miller, Wörter, 111, führen traditionelle Grammatiken üblicherweise acht Wortarten an, nämlich die hier von Graves genannten minus das Partizip. Diese „acht traditionellen Klassen entstanden aus überkommenen, mittelalterlichen Versuchen, Grammatik, Logik und Metaphysik zu integrieren", ebd.; heute gilt diese Formel selbst für indoeuropäische Sprachen als irreführend, für nichtindoeuropäische als unbrauchbar). In der Finger-Baum-Korrelation steht I für Idho: Yew, Eibe, „the death-tree in all European countries, sacred to Hecate in Greece and Italy. At Rome, when black bulls were sacrified to Hecate, so that the ghosts should lap their gushing blood, they were wreathed with yew" (ebd., 193). Der Stier war eine der Gestalten des Fruchtbarkeitsgottes Dionysos, mit dessen ritueller Zerstückelung das verfestigte Ich bzw. die negative „Bewegung von Nichts zu Nichts und dadurch zu sich selbst zurück" (Hegel, Wissenschaft der Logik II, in: Werke Bd.6, 24), die Bewegung der Identität (A = A, dieses Sichabstoßen von sich, Sichverdoppeln, und erst dadurch Werden zu einem verfestigten, 'in sich reflektierten' Sich), in die Erde zurückkehrt (vgl. Sophokles' *Ödipus auf Kolonos*!). Wie bereits in Anhang I ausgeführt, hat dem griechischen Mythos zufolge (in der Rekonstruktion von Graves) Hermes, der archetypische Vermittler, Gott der Kaufleute und Diebe, der oft als der Erfinder des Alphabets gilt, das keltische Finger- bzw. Baumalphabet von den „Three Fates" gelernt, den drei Schicksalsgöttinnen, in denen Graves eine Verkörperung der „Triple Goddess", der dreifältigen Mondgöttin, sieht (vgl. Graves, The Greek Myths, Bd.I, 245). Was, einfältig genug, für die abendländische ratio übrigblieb, war das Zuhilfenehmen der Finger beim kindlichen Einüben 'rechnenden Denkens', jener Finger, mit denen *ostensiv* (zeigend) dem Kind auch beigebracht wird, daß mit dem Indikator (deiktischen Ausdruck) *ich* der jeweilige Sprecher sich selbst bezeichnet...

[830] Vgl.: „Die Anzahl der Merkmale beim Sprechen, die man zur Unterscheidung von Wörtern verwenden kann, wurde auf weniger als 30 geschätzt. In jeder Sprache werden zwischen zehn und 15 eingesetzt, in keiner Sprache alle. Die Merkmale, die eine bestimmte Einzelsprache verwendet, nennt man die distinktiven Merkmale dieser Sprache" (Miller, Wörter, 98). Und das heutige lateinische Al-

Alphabet: Gott ist Alpha und Omega, Anfang und Ende. „Die 'Vernunft' in der Sprache: o was für eine alte betrügerische Weibsperson! Ich fürchte, wir werden Gott nicht los, weil wir noch an die Grammatik glauben" (Nietzsche[831]). Die Stimme Gottes, das Gewissen, Stimmen überhaupt... „Listen to the sound of my voice..." (Rock-Idol Iggy Pop in der Rolle des Orwellschen 'Großen Bruders': „I love my fucking T.V.!"[832])... „He could still hear his father's voice."[833] In einem Freudschen Fallbeispiel sagt ein Kind, das sich vor der Dunkelheit fürchtet und sich, obwohl es noch immer dunkel ist, durch die elterliche Stimme beruhigen läßt: „Wenn jemand spricht, wird es hell" — ist dies nicht vielleicht eine der grundlegendsten Selbst-Täuschungen? „Für das sprechende Sein ist das Wissen das, was *sich* artikuliert" (Lacan[834]). Bei Hegel entSpricht die Sphäre der subjektiven Moralität der Sphäre des Wesens, das Wesen aber ist das 'Insichgehen', ErInnerung des 'Gewesenseins', der Rückstände (im Doppelsinn!) der eigenen Geschichte, damit auch die Stimme des noch Unverwirklichten, Unabgegoltenen, dessen, was man 'sich' noch schuldig ist — völlig kompatibel, auch wenn die Hegelsche Logik eine ohne Körper ist. Sie formuliert, wie Hegel zur Beruhigung & Beunruhigung religiöser Gemüter es ausdrückte, „die Darstellung Gottes (...), wie er in seinem ewigen Wesen vor der Erschaffung der Natur und eines endlichen Geistes ist"[835] (vgl. Kap. XII), das trifft den einzuschlagenden Nagel auf den Kopf. „Der Mund ist die Wunde des Alphabets".[836] Ein Schizophrener hört Stimmen, die ihn verfolgen — William Burroughs hat völlig zu Recht darauf hingewiesen, daß dies jedem 'kommunikativ kompetenten' Menschen bekannt ist, es ist nur eine Frage des Grades, der Intensität, und mit geringfügigen technischen Manipulationen lassen sich bei *jedem* 'Normal'-Bürger die Leiden eines Schizophrenen erzeugen. Die Sicherungs- und Rückversicherungsprogramme, die 'in der Regel' davor bewahren, auf nicht mehr 'resozialisierbare' Weise 'verrückt' zu werden, liefert die soziale Maschine 'in der Regel' mit, doch manchmal passiert ein kleiner Fehler...

Neben der Schule ist es die Familie, die in 'unserer' abendländischen Gesellschaft mit der Einpflanzung der Sprache, der „symbolischen Ordnung" (Lacan) betraut wird.[837] „Ein Verwandtschaftssystem ist keine Struktur, sondern eine Praktik, Praxis, ein Ver-

---

phabet hat 26 Buchstaben (ohne Umlaute und ß), das griechische 24, das arabische 28, das hebräische 23, das kyrillische 32 — daher (falls rechtfertigungsbedürftig) meine oben angedeutete Interpretation.

[831] Götzen-Dämmerung, in: Werke Bd.III, 406

[832] Im Song *T.V. Eye* auf dem zweiten Stooges-Album *Fun House* (Elektra Records 1970); Live-Version auf dem Bootleg-Doppelalbum *Cry For Love* (live at Vredenburg/Utrecht am 24.11.86)

[833] James Joyce, A Portrait of the Artist as a Young Man (1916), London 1987, 84

[834] Encore, 150 (Hervorhebung von mir. T.C.)

[835] G.W.F.Hegel, Wissenschaft der Logik I, in: drs., Werke Bd.5, 44

[836] Dieses treffende Bild des Rockmusikers und -dichters Blixa Bargeld (zu einer Zeit, als er noch antikapitalistisch eingestellt war), wurde in Anlehnung an Artaud und Deleuze/Guattari formuliert (Stimme frißt Feuer, Berlin 1988, 62).

[837] Einen instruktiven Überblick (seit Luther und Calvin) über die bürgerliche Ideologie von der Familie als dem 'sittlichen Fundament', das den Gehorsam gegenüber weltlichen Autoritäten sichert und umgekehrt die bürgerlich-rechtliche Sicherung des Privateigentums begründet, und worin, wie Marx & Engels in der *Deutschen Ideologie* formulieren, die Langeweile und das Geld als Bindungskräfte fungieren, findet man bei H.Marcuse, Studie über Autorität und Familie (1936), in: drs., Ideen zu einer kritischen Theorie der Gesellschaft (1969), Frankfurt/M. 4.Aufl. 1970, 55–156

fahren, sogar eine Strategie" (187). Der „für die Wunschproduktion unabdingbare große Andere" ist „der gesellschaftliche Andere" (460). Klein-a bezeichnet bei Lacan das privilegierte Objekt des Imaginären, Groß-A den symbolischen großen Anderen als Statthalter der Ordnung — mit Recht weisen Deleuze/Guattari darauf hin, daß Lacan, wenn er nicht klar sagt, daß Mutter und Vater (ungeachtet ihrer persönlichen Bedeutung für das Kind, die gar nicht bestritten wird) *Agenten, Marionetten und Hanswürste (bzw. Gretewürste) des Sozialen* sind, unkritisch im Bann der Freudschen Triangulation, dem Wiederkäuen der Heiligen Familie, verbleibt und sein im Ansatz progressives Modell verwässert, indem er es diesen klassischen Machenschaften angleicht. In puncto Familienkritik gehen sie noch über Laing & Cooper hinaus und auch über Marx & Engels, für die die 'Aufhebung der Familie' durchaus ihre Aufbewahrung einschloß: Im *Manifest der Kommunistischen Partei* stellen sie klar, daß es gelte, die Erziehung „dem Einfluß der herrschenden Klasse" zu entreißen; sie sehen dort eine auf dem Privaterwerb basierende 'vollständige Entwicklung' der Familie nur bei der Bourgeoisie, bei den Proletariern hingegen „erzwungene Familienlosigkeit" (das ist hier recht plakativ formuliert, gemeint ist offenbar, Proletarier könnten sich aufgrund ihrer materiellen Situation entweder gar keine Familie leisten oder jedenfalls nichts, was diese Bezeichnung verdiene, also keine 'wahrhafte' Familie, die nicht auf Formen der Ausbeutung fuße); mit dem Verschwinden des Kapitals werde beides entfallen.[838] Später läßt Engels in *Der Ursprung der Familie* erkennen, daß für ihn die monogame Ehe bzw. die bürgerliche Kernfamilie im Sozialismus lediglich auf eine 'höhere Stufe' transportiert wird: „Mit dem Übergang der Produktionsmittel in Gemeineigentum hört die Einzelfamilie auf, wirtschaftliche Einheit der Gesellschaft zu sein"[839], dies ermögliche die „volle Freiheit der Eheschließung" bei ökonomischer Gleichstellung der Partner, es bleibe dann „kein andres Motiv mehr als die gegenseitige Zuneigung".[840] Den genauen Zusammenhang, wie die Familie als vermittelnde Instanz 'die entfremdete Sprache der materiellen Werte' (Marx) im bzw. als komplexen Konnex von Sprachvermittlung, Kulturvermittlung und Stiftung personaler 'Identität' in das Individuum einschreibt, vermochten Marx & Engels damals noch nicht zu-

---

[838] MEW Bd.4, 478. „Die bürgerlichen Redensarten über Familie und Erziehung, über das traute Verhältnis von Eltern und Kindern werden um so ekelhafter, je mehr infolge der großen Industrie alle Familienbande für die Proletarier zerrissen werden und die Kinder in einfache Handelsartikel und Arbeitsinstrumente verwandelt werden" (ebd.). Auch wenn in westlichen Gesellschaften des 20. Jahrhunderts im Rahmen von Sozialstaatlichkeit die aufgrund der materiellen Lage erzwungene materielle „Ausbeutung der Kinder durch ihre Eltern" (ebd.) in vielen Fällen nicht mehr besteht, bleiben doch Formen z.B. *emotioneller* Ausbeutung anzuprangern...

[839] F.Engels, Der Ursprung der Familie, des Privateigentums und des Staats. Im Anschluß an Lewis H.Morgans Forschungen, in: MEW Bd.21, 77

[840] Ebd., 82. Auch bei Herta Kuhrig, Artikel 'FAMILIE' in: G.Assmann u.a. (ed.), Wörterbuch der Marxistisch-Leninistischen Soziologie, 2.erw. Aufl. Opladen 1978, 177-80, ist von einer Zerschlagung der bürgerlichen Familie im Sozialismus keine Rede: „Ziel der Familienpolitik des sozialistischen Staates ist die auf einer glücklichen Ehe beruhende Mehrkinderfamilie" usw. (ebd., 179). Zu der genannten Schrift von Engels vgl. Margarete Tjaden-Steinhauer, Urgeschichtliche Reproduktionsfunktionen, die Entstehung der Gentilgesellschaft und die Anfänge des Staats und der Familie, in: Z. ZEITSCHRIFT MARXISTISCHE ERNEUERUNG Nr.22 (Juni 1995), 35–52

reichend zu analysieren.[841] Und die Strategien der Familie als Einschreibungsinstanz werden von einer Psychiatrie verlängert, die ein Asyl „nach Familienvorbild" schafft und „die Diskurse der Unvernunft unlösbar mit der halb realen, halb imaginären Dialektik der Familie" verbindet[842]: Foucaults Rekonstruktionen, wie der Arzt „Vater und Richter, Familie und Gesetz" wird[843], wie das Asyl „einen Mikrokosmos bildet, in dem die großen massiven Strukturen der bürgerlichen Gesellschaft und ihrer Werte symbolisch dargestellt werden: die Beziehungen zwischen Familie und Kindern, rund um das Thema der väterlichen Autorität"[844] haben den *Anti-Ödipus* wesentlich mitangestoßen. Gesellschaftlich ist die Familie freilich nur *ein* Mittel, das dazu benutzt wird, Menschen dirigierbar und abhängig zu halten, funktionell äquivalente Verfahren sind etwa Idolkult, Finanzierbarkeitsdiktate, Konsum, Selbstverwirklichungsfetischismus, Pflichtfetischismus. Die Gesellschaft als Codierer, Einschreiber ins Fleisch — es muß kaum betont werden, wie fragwürdig es dann sein muß, á la Habermas von 'Kommunikation' Rettung zu erwarten, auch wenn 'vernünftige' Kommunikation sich der De- und Recodierung der verordneten Ströme verschreibt. Auch Adornos Überschätzung des Tauschprinzips kann so nicht stehenbleiben: „Die Gesellschaft ist keine des Tausches, der Sozius ist vielmehr Beschrifter: nicht tauschen, sondern die Körper, die solche der Erde sind, kennzeichnen" (237). Sowohl das Äquivalenzprinzip als auch dessen gezielte Verletzung (sei es durch Geschenk, Abpressung eines Mehrwerts, Profit) gehen dann auf das gleiche zurück wie der Schuldkomplex und wie die Tätowierung und 'Kultivierung' der Erde oder der Psyche, von den ersten Steinritzungen und Höhlenmalereien[845] bis zur Planung und Verwaltung der Megametropolen oder (falls finanzierbar) interstellarer Verkehrswege und der 'Nutzung' des geneti-

---

[841] Hartwig Zander hat auf einen Briefwechsel zwischen Louis Althusser und dem Autismusforscher Fernand Deligny im Sommer 1976 hingewiesen, vgl. Zander, Die Freistelle der Sprache, in: Z. ZEITSCHRIFT MARXISTISCHE ERNEUERUNG Nr.5 (März 1991), 126–139. Deligny sah, daß Lacan die 'symbolische Ordnung' nicht hinreichend zugleich als *kulturelle* Ordnung thematisierte, und versuchte zu ermitteln, welche Register genau bei autistischen Kindern ausgefallen sind, so daß sie keine 'soziale Identität' entwickelt haben. *Inwiefern* macht Sprache den Menschen zum Menschen, welche 'Freistellen' führen entsprechend zu Ausbrüchen aus Subjektzentrierungen? „Die Erziehung ordnet lediglich die Mittel kartographisch an, die es dem Kind erleichtern, seinem Umgang mit den Dingen eine rituelle Dichte zu verleihen" (ebd., 130). Was beim Autisten oder beim Schizophrenen durchbricht, ist 'Natur', aber gesellschaftlich *geprägte* Natur, auf eine Weise geprägt, daß hier eine Leerstelle gleichsam auf der Stelle tritt...

[842] Michel Foucault, Wahnsinn und Gesellschaft. Eine Geschichte des Wahns im Zeitalter der Vernunft (Historie de la folie, 1961, Übers. U.Köppen, 1969), Frankfurt/M. 12.Aufl. 1996, 512

[843] Ebd., 530

[844] Ebd., 532

[845] Der Vollzug männlicher Pubertätsriten in den paläolithischen Höhlen läßt sich mit Joseph Campbell sehr gut im Sinne psychischer Einschreibung verstehen: Der Klaustrophobie und Isolation in den „absolut finsteren Schlünden" kontrastierten, wenn ein Licht angezündet wurde, schlagartig die eindrucksvollen Darstellungen von Jagdtieren und tanzenden Schamanen und brannten sich „als unauslöschliche Prägungen in die Seele ein" (Campbell, Mythologie der Urvölker, 85). „Der psychologische Wert einer solchen 'Schockbehandlung' für die Zerschlagung einer nicht mehr erwünschten Persönlichkeitsstruktur wurde anscheinend mit dem altbewährten pädagogischen Mittel der Gehirnwäsche und gleichzeitigen Rekonditionierung der AAMs zur Umwandlung von Grünschnäbeln in Männer, zuverlässige Jäger und tapfere Verteidiger des Stammes methodisch ausgenutzt" (ebd; vgl. auch 110ff., 139f. u. 336–348).

schen Codes.[846] Das „Wesentliche" liegt „nicht im Tauschen, sondern im Beschriften, Kennzeichnen", Markieren (239), vom Setzen eines Haufens, dem Hinterlassen einer Duftmarke oder den Überresten einer Feuerstelle bis zum Hochziehen der Nationalflagge auf dem Mond. Lacan hatte gesagt, das sprechende Wesen sei strukturell unbefriedigbar. Deleuze/Guattari verschärfen: das markierende Wesen ist antistrukturell machtbesessen. Beides muß einander freilich nicht ausschließen, aus ersterem könnte sogar das letztere folgen. Im 'Willen zur Macht', der ja auch bei Nietzsche Wille zum Werden, zum Zerstören alter Tafeln und Beschriften neuer ist, fallen gewissermaßen Sein und Nichts zusammen: „Denn wenn das Unbewußte in der Tat kein Material oder keinen Inhalt besitzt, so nicht, weil es leere Form, sondern weil es stets funktionierende Maschine ist, Wunschmaschine und nicht appetitlose Struktur" (239). Der Kapitalismus scheint dies in höherem Maße begriffen zu haben als der noch stets auf 'vernünftige' Planung setzende Sozialismus (der dabei nicht selten ins Gegenteil von 'Vernunft' umschlug, nämlich einen korrupten Machtterror verfestigter Strukturen, bloße Gegenmaschine[847]). Die einzige Rationalität, die der Kapitalismus wirklich anerkennt, ist die des sich selbst verwertenden Wertes, alles andere ihn stützende Strategie, „Zynismus", wie die Autoren erkennen. Gleichwohl wird noch ihre Tendenz zu kritisieren sein, den Mehrwert im 'Mehrwert an Code' aufgehen zu lassen & zu unterschätzen, daß die Wertform die *privilegierte* Einschreibungsform des Kapitalismus ist: Mit der Behauptung, es gebe kein Strukturgesetz mehr, dem der Kapitalismus folgt, wird diese poststrukturalistische Position, entgegen ihrem im Grunde aufklärerischen Vorsatz, affirmativ — weshalb der Kapitalismus versuchen konnte, sie als 'Modeströmung' aufzusaugen und lahmzulegen, soweit es nicht gelang, sie schlicht zu ignorieren. Da braucht es nun doch wieder kritische Reflexion im Stil der sich wie auch immer zu Recht denunzierenden 'Vernunft', jenes altbackenen 'Vermögens zur Selbstgesetzgebung', an dem ja auch ein Artaud in seinem vehementen Widerstand gegen alles, „was uns am Leben sterben läßt" (André Breton[848]) sichtbar partizipiert,

---

[846] Vgl. dazu den Artikel von Axel Fischer: Was den Menschen ausmacht – Rund um den Globus suchen Forscher via 'HUGO' das Erbgut, in: DIE WELT vom 23.02.98: Das menschliche Genom enthält 60.000 bis 80.000 Gene, das sind drei Milliarden Basen (Bausteine, wobei zur Erstellung dieser 'Gesamt-Enzyklopädie' nur vier verschiedene 'Buchstaben' verwendet werden). Mit modernsten Hilfsmitteln der Informatik kann ein Forscher heute „die Abfolge von etwa 5000 Basen pro Tag lesen". „Pilotprojekte wie die Genkarte der Hefe, die Anfang 1996 fertiggestellt wurde, oder die des Fadenwurms C. elegans zeigten, daß Genome in der Größenordnung von zehn bis 100 Millionen Basen tatsächlich aufzuklären sind. Das hat die Forscher ermutigt, in einer Reihe von Genomzentren sich jeweils einige 100 Millionen Basen große Teile des menschlichen Erbgutes vorzunehmen. Vor drei Jahren teilten Forscher aller Länder auf, wer sich um welches Chromosom kümmert. Dazu entstand 'HUGO', die internationale Organisation, die die Aufgaben innerhalb des Humangenomprojekts koordiniert." Daß solche internationale Zusammenarbeit möglich ist, ist ein 'Verdienst' der globalen kapitalistischen Industrialisierung. Es entsteht eine Kartographie der Gene. „Anfang 1998 waren in der amerikanischen Genome Database (GDB) die Karten von mehr als 6000 Genen verzeichnet, dazu eine Vielzahl von Genen, die noch keinem exakten Punkt auf einem Chromosom zugeordnet werden können. Zweieinhalb Prozent des menschlichen Genoms sind derzeit sequenziert."
[847] Um so bornierter & peinlicher, wenn manche dogmatischen Marxisten, deren Phrasierungen nicht selten so klingen, als glaubten sie, 'die Vernunft' gepachtet haben, meinen, einer sorgfältigen Berücksichtigung der immanenten Dialektik und Zweischneidigkeit der Vernunft enthoben zu sein!
[848] Hommage à Antonin Artaud (1946), in: Breton, Das Weite suchen. Reden und Essays (orig. La clé des champs, 1967), Frankfurt/M. 1981, 71

wenn er dem Theater alchimistisch aufträgt, einen 'neuen menschlichen Körper zu erschaffen'. Artaud bleibt auf dem Boden 'unserer' Sprache und durchbricht doch ihre Kontrollen, bringt Drifts, Turbulenzen & Spaltungen ein bzw. läßt sie geschehen im 'Wüten des Geistes gegen sich selbst', erweitert damit Horizonte, bricht sie/sich auf... Was tritt bei Deleuze/Guattari als Reformulierung (um den von ihnen zurückgewiesenen Ausdruck 'Interpretation' zu vermeiden) von 'Vernunft' auf? Indem „der Graphismus sich an der Stimme ausrichtet, verdrängt er sie und führt eine fiktive Stimme ein." André Leroi-Gourhan (*Le Geste et la parole, technique et langage*, 1964) habe „die zwei heterogenen Pole der primitiven Einschreibung oder die territoriale Repräsentation beschrieben: das Paar *Stimme—Hören* sowie das Paar *Hand—Schrift*" (242 b). Deleuze und Guattari fügen als drittes Element des Zeichens das Paar *Auge—Schmerz* hinzu. Die prozessuelle Effektivität des Zeichens, seine Produktivität beruht also auf dem Zusammenspiel „der artikulierten Stimme, der Schreibhand und des abschätzenden Auges" bei gleichzeitiger Unabhängigkeit voneinander (GleichGültigkeit, um mit Hegel zu sprechen): „Alles in diesem System ist aktiv, der Aktion unterworfen und reaktiv" (243). Die Stimme ist internalisierte Stimme, deren im Gedanken nachwirkender Abhub, als sich fortschreibende Bewegung, gern zu einer eigenständigen Entität hypostasiert wird[849] (wir erinnern uns, daß der deutsche Ausdruck *Geist*, umstrittenerweise, auf das indogermanische *gheizd* zurückgeführt wurde, „was soviel besagt wie: lebhaft bewegt, aufgebracht, bestürzt, erschreckt sein"[850], und daß das lateinische *spiritus* zuallererst *Lufthauch, Atem, Klang, Stimme* bedeutet!). Der Lesende hat gelernt, mit dem Schrift-Bild eine fiktive Stimme zu verbinden, die noch mehr oder weniger mitschwingt, aber gegenüber den mit dem Auge abgerasterten materiellen Figuren auch in den Hintergrund tritt. *Hand—Schrift* wird präzisiert auf *Körper—Graphismus*, denn es ist der Körper als ganzer, der schreibt und in den eingeschrieben wird. Wir wissen bereits, daß hier unter 'Schrift' nicht nur vollentwickelte Systeme zu verstehen sind oder Zeichen, die etwas Bestimmtes 'bedeuten', sondern ebenso primitive Einritzungen, Piktogramme & Ideogramme, erfundene 'Ur'-Zeichen (vgl. Poe am Ende der *Narrative of Arthur Gordon Pym*[851]), Graffiti, *das Figurale* — mit diesem Ausdruck hat (vgl. 312f.) Lyotard eine Schicht bezeichnet, die grundlegender ist als der Lacansche Signifikant und dessen Wirksamkeit auch im Traum, diesem Paradefeld der Psychoanalyse, nachgewiesen wurde.
Dazu muß hier eine kritische Zwischenerläuterung zur Semiologie (Zeichentheorie) von Ferdinand de Saussure eingeschoben werden, an der sich sowohl Roland Barthes als auch Jacques Lacan orientieren. Barthes betont sehr klar, daß der Begriff des Zeichens *relational*, *korrelativ* und dabei *weit* gefaßt werden muß: „Man muß darauf

---

[849] Vgl. zu dieser Thematik bereits Kap. IV!
[850] Hartmut Buchner, Artikel 'Geist', in: H.Krings / H.M.Baumgartner / Ch.Wild (ed.), Handbuch philosophischer Grundbegriffe, München 1973, 537
[851] Oder vgl. das von dem Schweizer Sprachforscher und Sozialkritiker p.m. erfundene kleine System von Zeichen und Lauten in: bolo'bolo. endgültige Ausgabe, Zürich 1990. Die kleine steinzeitliche Figur, die die Einstürzenden Neubauten als Logo verwenden (vgl. Stimme frißt Feuer, 19), hat demnach große Ähnlichkeit mit *ibu buni*, das bedeutet: *Menschengeschenk* (vgl. bolo'bolo, 60 u. 150); nur der phallische Fortsatz ist, sinnvollerweise, entfallen. Und wollte sich nicht Prometheus sein Feuergeschenk 'zurückholen' (im Song Zerstörte Zelle)?

achten, daß man es im Gegensatz zur gängigen Ausdrucksweise, die nur einfach sagt, daß das 'Bedeutende' das 'Bedeutete' *ausdrückt*, bei jedem semiologischen System nicht mit zwei, sondern mit drei verschiedenen Termini zu tun hat; denn ich erfasse keineswegs einen Terminus nach dem andern, sondern die Korrelation, die sie miteinander verbindet. Es gibt also das Bedeutende, das Bedeutete und das Zeichen, das die assoziative Gesamtheit der ersten beiden Termini ist."[852] Es scheint mir nun von Wichtigkeit, in der Konstellation (oder Korrelation)

Signum (Zeichen)
/ \
Signans   **Signatum**
(Signifikant, Bedeutendes)   (Signifikat, Bedeutetes)

das Signatum ebensosehr als *Signandum* (zu Bedeutendes) aufzufassen, nämlich im dreifachen Sinne des Potentiellen (was an *Real*möglichkeit drinsteckt), des Prozessuellen oder Aktuellen (im Sinne von Tätigkeit) und der resultativen Fixierung (die im Sinne der beiden anderen Momente 'offen' & 'beweglich' bleibt). 'Bedeuten' ist zunächst nur im Sinne von Verweisen, Aufzeigen, Aufscheinenlassen zu nehmen und nicht gleich im Sinne einer bestimmten Bedeutungstheorie. Es handelt sich um das Hervorbringen eines Effektes. Hervorbringen hier in der Grundbedeutung von griech. *poiesis* verstanden, man kann auch an das lateinische *ponere* denken, das noch im Hegelschen 'setzen' präsent ist (was bei ihm so viel wie *manifestieren, realisieren*, diskurstheoretisch dann *explizieren* im Sinne von *entwickeln, erläutern, zeigen, klären* bedeutet). Barthes meldet auch selbst Vorbehalte gegenüber dem *ausdrücken* an und spricht von *produzieren*[853], was auf Deleuze/Guattari offenbar von Einfluß war. Dialektisch kann das Werden-zu-sich des Effektes im Sinne von *Autopoiesis* verstanden werden (*Autopoiesis* wiederum als *Negativität*). Immerhin umfaßt nun, worauf R.Jakobson hinwies, das Saussuresche Zeichen bereits einen sinnlichen und einen intelligiblen Aspekt, was sich weiter ausdifferenzieren läßt. Es erscheint wichtig, mit dem Signans, dem Signifikanten, nicht nur das *akustische Bild* zu fassen (wie Saussure, das wäre, mit Derrida gesprochen, Phonozentrismus), sondern auch das *visuelle Bild* — und dabei ist nicht nur an Ideogramme, Hieroglyphen, Bilderschrift zu denken, sondern auch Buchstabenfolgen werden ja *als komplexe visuelle Einheiten* wahrgenommen (wie auch als komplexe akustische Lautfolgen gehört), Auge (bzw. Auge & Gehör) und diskursiver Verstand changieren auf komplexe Weise zwischen dem Konkreten & dem Abstrakten. Hier liegt zweifelsfrei eine Urquelle des 'sinnlichen Verstandes' und der 'sinnlichen Vernunft'. *Synästhesien*, wie etwa Poe sie in manchen Gedichten als Effekte produziert, finden bereits auf der Ebene der Sinnlichkeit statt und nicht, wie Kant wollte, erst auf der des Verstandes (Merleau-Ponty etwa hat darauf hingewiesen, daß das zweiäugige Sehen bereits per se eine Synthesisleistung

---

[852] Barthes, Mythen des Alltags (Mythologies, 1957), Frankfurt/M. 1964, 90
[853] Vgl. ebd., 51; vgl. dazu auch Derrida, Grammatologie, 79, 273, 282

im Sinne eines eröffneten Gesichtsfeldes darstellt[854]). Orientiert man sich noch an Saussure, so schlage ich vor, um diese Komplexität formell auszudrücken, im Sinne eines 'und/oder' unter *Signans* 'Laut-/Bild' zu schreiben:

Signum (Zeichen)

/ \

Signans: **Signatum-/Signandum**
Laut-/Bild

Für Saussure ist das Bedeutete (das Signifikat) *der Begriff*. Signifikant & Signifikat machen zusammen die Totalität des Zeichens aus.[855] Dialektisch wäre nun der Begriff im Sinne von Selbstkonstitutivität-durch-Selbstentäußerung zu fassen: Mit einem modernisierten Hegel könnte man sagen, daß der seine Kongruenz-mit-sich herstellende Begriff sich über Laut und Bild, zusammen Laut-/Bild, selbstabstraktiv materialisiert und manifestiert, um über das jeweils Gesagte, Verlautbarte, Geschriftbildete, Produzierte auf seine eigene Totalität, also sich selbst, zu verweisen — Sichabstoßen-von-sich als Sich-aufheben-zu-sich. Und zwar so, daß wahrheitstheoretisch noch nichts über bestimmte Bezüge von/zwischen gegenständlicher Korrespondenz und innerbegrifflicher Kohärenz präjudiziert wäre (solches zu klären, wäre Aufgabe einer dialektischen Wahrheitstheorie). 'Begriff' müßte hier wieder im Sinne *menschlicher Tätigkeit* (nicht mystifiziert im Rahmen einer onto-theo-teleologischen Konzeption des 'absoluten Geistes') verstanden werden, und dies genauer in der genannten Dreiaspektivität von Begriffs*potential*, begrifflichem *Prozeß* & sich *resultativ* Fixierendem. Der 'Werkzeugcharakter' wäre im Sinne tätiger Auseinandersetzung mit einer (naturhaften & gesellschaftlichen) Umwelt aufzufassen (was dabei an funktionalen, operationalen oder teleologischen Aspekten aufzubewahren ist, kann an die interne Komplexität des Aspekts 'Signandum' verwiesen werden).[856]

---

[854] Vgl. Maurice Merleau-Ponty, Phänomenologie der Wahrnehmung (Phénoménologie de la Perception, 1945), Berlin 1965; drs., Das Auge und der Geist. Philosophische Essays (orig. 1953–1964, ed./Übers. Hans Werner Arndt), Hamburg 1984

[855] Auch Derrida stellt klar, daß es nicht darum gehe, diese Begriffe schlicht zurückzuweisen, vgl. Grammatologie, 28. „Die Dekonstruktion hat notwendigerweise von innen her zu operieren, sich aller subversiven, strategischen und ökonomischen Mittel der alten Struktur zu bedienen", um sie hinter sich lassen zu können (ebd., 45).

[856] Ferdinand de Saussure trägt nicht nur für Derrida eine wesentliche Mitschuld daran, daß die Schrift lange Zeit aus dem Objektbereich der Linguistik verbannt war. „Erst neuerdings wird Schrift wieder als linguistischer Gegenstand akzeptiert" (Florian Coulmas, Über Schrift, Frankfurt/M. 1981, 12). „Saussure war die Schrift einerseits nur ein äußerliches Gewand des abstrakten, eine psychische Einheit darstellenden differentiellen Sprachzeichens und andererseits sah er durch die Schrift als Gegenstand der Sprachanalyse die Aufrechterhaltung der strikten Trennung von Synchronie und Diachronie bedroht; denn die Schrift konserviert resp. reflektiert stets einen Sprachzustand, der nicht den aktuellen Gegebenheiten entspricht" (ebd., 22). Das geschriebene Wort war für diesen Standpunkt nur Zeichen eines Zeichens; schon für Humboldt hatte sie nur der getreuen Abbildung der Rede zu dienen. Coulmas betont demgegenüber, Schrift müsse „als Medium einer Kommunikationsform eigenen Rechts begriffen und untersucht werden und nicht nur als unzulängliches Instrument der Aufzeich-

Nun zurück zu Deleuze/Guattari. Mit ihrem Versuch (im Anschluß an Lyotard), die Saussure/Lacansche Zeichentheorie genealogisch eine Schicht tiefer zu legen, müssen „die neue Ströme produzierenden Einschnitte und nicht-figurativen Spaltungen" mitgerechnet werden (476); man könnte hier moderne Malerei von Klee, Miró, Tàpies, Schumacher, Johns, Penck, Torres-Garcia und anderen als Beispiele hinzuziehen. Ungeachtet solcher Ausdifferenzierungen (oder auch gerade durch sie) ist wieder klar ersichtlich, daß Negativität grundlegender ist als Identität, denn es geht um „Einschnitte (...), die die Identitätsbedingungen des Zeichens übersteigen oder zerstören" (313), so wie der 'Strom' den Segmentierungen sowohl vorausliegt als auch sie wieder in sich zurücknimmt! Auch wenn die Autoren es nicht wollen, ihre Konzeption ist eindeutig negativ-totalisierend: „Alles ist aktiv, bewirkt und reagiert im System, alles wird gebraucht und funktioniert" (262). Es reicht aus, sich einmal beim Lesen eines komplexen Textes genau zu beobachten, um die folgende Beschreibung der „Komplexität der Netze" (wozu eben auch die interne 'Mnemotechnik' gehört, sei sie nun computergestützt oder nicht) als zutreffend zu erkennen: „unaufhörlich springt die Kette der Zeichen von einem Element zum anderen, erstreckt sich in alle Richtungen, trennt überall dort ab, wo Ströme zu entnehmen sind, schließt Disjunktionen ein, konsumiert Reste, (...) koppelt Worte, Körper und Schmerzen, Formulierungen, Dinge und Affekte — konnotiert Stimmen, Schriften (...), Augen in einem immer polyvoken Gebrauch" (ebd.) — wandernd, vibrierend, oszillierend, springend, kleine Erhellungen und/oder Enttäuschungen registrierend, der Rezipierende nimmt ständig eine Unmenge feinster Abschätzungen, Erinnerungen, Assoziationen, Aufwands- und Schmerzabwägungen vor.[857] Genau hier setzte einst die Cut-up-Methode von Brion

---

nung der Rede" (42). Er vertritt den Standpunkt, Schrift sei Sprachanalyse, obzwar nicht als Analyseinstrument entstanden; ihre Entstehung verdanke sie „nicht metasprachlichen Bedürfnissen, sondern kommunikativen und mnemotechnischen" (31f.), ihre Hauptfunktionen seien die Speicherung sprachlicher Information und die „Überführung der Sprache aus der auditiven in die visuelle Domäne" (30). Deleuze/Guattari weisen m.E. aber zu Recht darauf hin, daß die Beziehung zwischen der auditiven und der visuellen Domäne so einfach nicht sei, sondern daß da mindestens ebensosehr die umgekehrte Entwicklungs- & Abstraktionslinie in Rechnung gestellt werden muß. Andererseits muß wohl z.T. auch gegen Deleuze/Guattari gesagt werden, daß es komplexe (gerade auch visuell vermittelte) Abstraktions- & Konkretionsleistungen gibt, die den Horror der 'internalisierten Stimme' wieder abmildern & überschreiten: „Ergebnisse der Wahrnehmungs- und Aphasieforschung deuten darauf hin, daß das Zusammenwirken analytischer und holistischer Wahrnehmungsstrategien den Bedeutungsbezug optimiert, und es kann als erwiesen betrachtet werden, daß auch in Alphabetschriften viele Wörter als ganze wahrgenommen und in ihrer Bedeutung erkannt werden, ohne daß ihre Bedeutungsidentifizierung lautlich vermittelt wäre" (48). Hier dürfte dann auch Dialektik im Sinne eines Strukturparadigmas erneut an Berechtigung gewinnen: „Das Kommunikationsmittel Schrift verkörpert Sprachbewußtsein nicht nur über die Phonetik der jeweiligen Sprache, sondern über Strukturrelationen verschiedener Ebenen" (alles ebd., 51). Jan Tschichold: „Wörter aus Großbuchstaben müssen wir eigentlich buchstabieren; Wörter aus Kleinbuchstaben aber erfassen wir im Zusammenhang, als Wortbilder" (Erfreuliche Drucksachen durch gute Typographie, 37f.) Mit anderen Worten: *Synästhesien* finden auf der *optischen* Ebene ebenso statt wie auf der *akustischen*; eine Rekonstruktion von 'sinnlicher Vernunft' im vollen Sinne hätte *beides* zu berücksichtigen (und dabei neben dem Phonozentrismus eben auch den *solaren Voyeurismus*, die Überrepräsentation des Auges, zu kritisieren).
[857] So haben z.B. die Griechen die Bustrophedon-Schrift, bei der die Zeilen abwechselnd von links nach rechts und von rechts nach links geschrieben wurden (wie mit dem Ochsen das Feld gepflügt wird), wieder aufgegeben, weil sie zwar für das *Auge* bequemer zu lesen, mit der *Hand* aber

Gysin und William S. Burroughs an (siehe dazu näher II, d!), und Rolf Dieter Brinkmann notierte, daß die Blicke „ja ständig cut ups" machen, diese literarische Technik insofern in jedermanns Alltagspraxis fuße.[858]
Wichtig vor allem auch folgende Feststellung: „Die Heterogenität, Beseitigung der Kontinuität, das Ungleichgewicht der beiden Elemente, des vokalen und des graphischen, *wird durch* ein drittes Element, *das visuelle, nachreguliert* — das Auge, von dem man sagen könnte, daß es das Wort sieht (es sieht, es nicht liest), insofern es den Schmerz des Graphismus abschätzt" (261 b). Man denke als Beispiel für ein 'Lies mit Schmerzen' an Hegels *Wissenschaft der Logik*, die als erklärte Auslotung dessen, was an Diskursivität überhaupt möglich ist, dem Leser Extremes abverlangt, und wird finden, daß der 'Geist', dessen Selbstmanifestation hier stattfindet, gar nicht übel charakterisiert ist mit den Worten: „das Auftragen der Schrift auf die Stimme hat aus der Kette ein transzendentes Objekt entspringen lassen, die lautlose Stimme, von der nun die ganze Kette abzuhängen scheint und in bezug auf die sie sich linearisiert" (264). Hegel: „Aber in ihrer Wahrheit ist die Vernunft Geist, der höher als beides, verständige Vernunft und vernünftiger Verstand ist. Er ist das Negative, dasjenige, welches die Qualität sowohl der dialektischen Vernunft als des Verstandes ausmacht"; diese „geistige Bewegung", welche „die immanente Seele des Inhalts" sei, nach- oder vielmehr mitzuvollziehen, heißt, sie in diesem Vollzug sich selbst vollziehen zu lassen, und nur auf „diesem sich selbst konstruierenden Wege" sei die Philosophie „fähig, objektive, demonstrierte Wissenschaft zu sein."[859] Die 'lautlose Stimme' mit dem so explizierten Selbstvollzug des Geistes zu assoziieren, ist um so plausibler angesichts der schon erwähnten akustischen Herkunftsdimension von '*Vernunft*' (*vernehmen, hören*) — so manifestiert sich hier Vernunftdialektik sogleich auch auf der Ebene der von Marcuse zu Befreiungszwecken geforderten 'sinnlichen Vernunft' bzw. hat sich *gerade dort* je schon manifestiert: Jener Terror, an dem Vernunft immanent krankt & den sie (re)produziert, ist nicht zuletzt der Terror gehörter & internalisierter Stimmen, des Sehens ('solare' Rationalität!), des Schmerzes rezeptiver EinBildung, und ebenso auch des Schmerzes darüber, daß lineare Strukturen nicht ausreichen, um das auszudrücken, zu begreifen & zu produzieren, was es auszudrücken, zu begreifen & zu produzieren *gälte* (vgl. Signandum)! Freilich darf man nun nicht in den Fehler verfallen, 'Geist' bei Hegel darauf zu *reduzieren* und zu übersehen, daß 'Geist' in der Hegelschen Philosophie so etwas wie 'konkrete Totalität in lebendiger Bewegung' bedeutet: nicht nur 'verständige Vernunft und vernünftiger Verstand', sondern auch 'Substanz-als-Subjekt' im Sinne von 'Identität-mit-sich *als* Sichunterscheiden-von-sich (Negativität)', und das heißt in einem spezifischen Sinne „ebensowohl Ich wie Gegenstand. Hiermit ist schon der Begriff *des Geistes* für uns vorhanden (...); *Ich*, das *Wir*, und *Wir*, das *Ich* ist"[860], also negative Einheit von Erkennendem (insofern Negierendem) und Zu-Erkennendem (insofern Negiertem) ebenso wie negative Ein-

---

schwieriger zu schreiben ist — ein labiler, nicht optimaler „Kompromiß zwischen dem Auge und der Hand" (Derrida, Grammatologie, 496).
[858] R.D.Brinkmann, Rom, Blicke (ed. J.Manthey, 1979), Reinbek 1982, 93
[859] Hegel, Werke Bd.5, 17
[860] Hegel, Phänomenologie des Geistes (Werke Bd.3), 145 (Hervorheb. v. Hegel)

heit von Individuum und sozialem Vermittlungszusammenhang.[861] Sichentäußernmüssen an die Objektivität (vgl. Realitätsprinzip!) und Sich-das-Objektive-zu-eigenmachen (Es-in-sich-hineinbilden) korrespondieren & durchdringen einander in jenem Auseinandersetzungs- & Auslegungsprozeß, der in der Tat 'lebendige Bewegung', obzwar freilich nicht 'rein geistig' in einem dem Materiell-Leiblichen abstrakt entgegengesetzten Sinne ist. (Natürlich bleibt es problematisch, daß neben dem, was etwas als konkret vereinigendes Band quasi durchzieht — vgl. die Rede vom 'Geist der Gesetze' (Montesquieu), vom *volonté générale* (Rousseau) oder vom Geist einer Zeit — was als bewegliche Struktur & Anti-Struktur auch Ich & Gegenstand, Ich & Wir verbindet — auch der altehrwürdige Nous des Anaxagoras & Aristoteles und christliche Spiritualität — Gott als Geist — in den Hegelschen Geistbegriff eingegangen sind.) Man kann die Negation des Materiell-Leiblichen durch Geist dabei zu einem Teil als Selbstverletzung, Selbstunterdrückung, Selbstzerstückelung des Materiell-Leiblichen auffassen (vgl. Nietzsches Ausspruch, Geist sei Leben, das selbst ins Leben schneide): Natur brachte etwas hervor, das sich gegen sie wandte, d.h. gegen sich selbst; diese phylogenetische Konstellation kehrt bei jeder Ontogenese eines sozialisierten & 'sich' sozialisierenden Menschen wieder. Die internalisierte Stimme der Sprache, der symbolischen Ordnung, der Vernunft, des Über-Ichs etc. *ist* insofern das internalisierte Soziale, und insoweit, noch dahinter zurückgehend, 'Substanz-als-Subjekt' im Sinne einer Art negativer Ontologie verstanden werden muß, ist auch die 'lautlose Stimme' bereits Selbstabstraktion, insofern derivativ (abgeleitet), Selbstmanifestation konkreter Totalität in dynamischer Bewegung: Das erscheinende Wesen ist Selbstoffenbarung struktureller Komplexität bzw. dessen, was jeder Struktur bzw. Segmentierung noch vorausliegt und sie zu sich aufhebt, der absoluten Negativität.
Diesen *Aspekt* festzuhalten, schmälert also weder die Valenz der Dialektik, noch restringiert es symptomatologisch die *Wissenschaft der Logik* auf das, was Hegel sich körperlich antat, als er sein System niederschrieb (bzw. sich denkender- und lesenderweise in die Lage versetzte, es schreiben zu können), oder auf ein bloßes metaphysisches Selbstmißverständnis. Das Zeichen ist nicht bloß Symptom, sondern selbst in Bühlers unzureichender Trinität zumindest *Symbol, Symptom und Signal*, und wenn man wie Deleuze/Guattari die Fundamente bis zum Figuralen legt, wird die Situation noch komplexer (so daß jene akademischen ProfessOhrenköpfe oder auch jene 'orthodoxen' Marxisten, die meinen, der Poststrukturalismus betreibe nichts weiter als symptomatologische Lektüre, sich besser informieren sollten). Allerdings erscheint es sinnvoll, in einem nicht unwichtigen Aspekt der Trias von *Stimme—Hören, Hand—Schrift (bzw. Körper—Graphismus) und Auge—Schmerz* die Kantische Trias von *Vernunft, Verstand und Urteilskraft* wiederzufinden. Deleuze/Guattari waren so zahm,

---

[861] Daß man ebensosehr die Bewegung der *Begierde* (vgl. bei Lacan und Deleuze *désir*, Begehren) als Bewegung zwischen dem Negierenden und dem Negierten, *also als interne Bewegung innerhalb der Negation der Negation oder Selbstkonstitutivität,* interpretieren kann, führt Hegel bekanntlich in der *Phänomenologie des Geistes* selbst vor, und eben dies war ja ein zentraler Anknüpfungspunkt für die Marxsche Selbstkonstitutivität des menschlichen Gattungswesens durch Arbeit (womit eine Dialektik zwischen Individuum und Gesellschaft impliziert ist, ebenso eine Dialektik zwischen naturhafter Umwelt — die durch das Individuum selbst hindurchgeht — und soziokultureller Konstitution, die ebenfalls das Selbstbewußtsein des Individuums 'spaltet', ihm immanent ist).

daß sie dies nicht explizit machten, sondern es dem Leser (wie jetzt z.B. mir) überließen, diese Verbindung selber zu finden. Daß diese Konnektion keine *eliminative* ist, wird schon dadurch selbstverständlich, daß die Autoren sich ja der Kantischen Konzeption als Organon der Kritik in ihrem Buch selbst bedienen. Dieser Vorwurf wäre also nicht weniger schwachköpfig als die Mutmaßung, indem die Autoren in einem 'Schizo' wie Artaud einen paradigmatischen Revolutionär sahen, der die Grenzen der Vereinnahmungsfähigkeit des Kapitalismus klar & deutlich aufgewiesen habe (theoretisch *und* praktisch!), hätten sie behauptet, jeder Schizophrene sei ein Revolutionär oder jeder Revolutionär ein Schizophrener. Darauf ist nicht mehr zu entgegnen, als sie selbst bereits im Buch entgegnet haben: Besser gar keine Lektüre als eine so schlechte Lektüre...
Das Element *Auge—Schmerz* ermöglicht übrigens, jenen *passiven Voyeurismus* ein Stück besser zu verstehen, der dazu führt, daß Menschen nicht schöpferisch aktiv werden, sondern sich lieber von den Medien berieseln & ruhigstellen lassen — wenn die Konzeption von Deleuze/Guattari korrekt ist, kann man diesen Voyeurismus aus der Funktionalität des Zeichens ableiten. *Stimme—Hören* ermöglicht, wieder ein Stück besser zu verstehen, wie die 'Informations- & Kommunikationsgesellschaft' das Ego von Menschen päppelt, indem sie sie dazu animiert, sich selbst darauf zu trainieren, den Maschinismus ihres Stroms sogenannter freier, gleicher & demokratischer Rede als erfolgreich ent- & verbundenen narzißtisch zu genießen. Ein solcher Beitrag zur Zementierung des Bestehenden, zugleich Selbstbewährung im Konkurrenzkampf der vernetzten Subjekte, war leider schon immer die Kehrseite von 'vollem Sprechen' und 'kommunikativer Kompetenz'. Und die vereinte Trias ermöglicht, ein Stück besser zu verstehen, warum jener alltägliche Sadismus & Masochismus, den man bei braven Durchschnittsbürgern ebenso findet wie bei Un- oder Überangepaßten, in einer autokatalytischen Reaktion aufschwellen & gefährlich werden kann ('nach außen' und/oder 'nach innen'), wenn die entsprechenden Machtkonstellationen und -übertragungen gegeben sind (bzw. Ohnmacht unerträglich geworden zu sein scheint). Warum nicht das strategische Theater auftrumpfender Redner, z.B. Polit-Bonzen oder Kongreß-Touristen, als ein Syndrom von Maschineneffekten rezipieren? Es liegt etwas Befreiendes in einer solchen Sichtweise. „Das einzige Subjekt ist der Wunsch selbst auf dem organlosen Körper, insofern er Partialobjekte und Ströme zur Maschine macht" (92). Ein erklecklich großer Teil des Verhaltens eines erklecklich großen Teils sogenannter Mitbürgerinnen & Mitbürger reduziert sich, bei aller nervösen Vibration, auf bescheißende, zähnchenzeigende, bestätigungsbesessene und vorauseilendgehorsame Aktivität, gespeist aus Angst vor dem Zukurzkommen, sowohl gegenüber der Neonbrust Staat als auch untereinander. Idiotisch-narzißtisch genossen werden Pseudoautomatismen, die das betreffende 'Subjekt' als decodiert-decodierendes, recodiert-recodierendes Strömenlassen passieren sieht & dabei die eine oder andere Segregation von Segregationen setzt, eignend-geeignet, um- und aneignend, aufgebsam ressentimierend, räsonierend, resümierend. „Man wünscht nicht den Tod, aber was man wünscht, ist tot, schon tot: Bilder" (436). Lebende Tote. „Der einzige moderne Mythos ist der der Zombies — tödliche Schizos, die, wieder zur Vernunft gebracht, gut für die Arbeit sind" (433). Der Wahn des modernen Menschen „gleicht einer

Fernsprechanlage mit dreizehn Telefonen" (ebd.). Dennoch gibt es eine Fähigkeit zur Selbstkritik, zur Weigerung und/oder zum Hervorbringen von Gegenintensitäten!

Das *überzogene Produktionsmodell* der Autoren führt zu Schwierigkeiten. „Demnach ist alles Produktion: Produktionen von Produktionen, von Aktionen und Erregungen, Produktionen von Aufzeichnungen, von Distributionen und Zuweisungen, Produktionen von Konsumtionen, von Wollust, Ängsten und Schmerzen. So sehr ist alles Produktion, daß die Aufzeichnung unmittelbar Konsumtion, Verzehr, die Konsumtion unmittelbar Reproduktion wird" (10). Die „Kategorie des Ausdrucks" wird als „idealistisch" verworfen (12). Nicht Expression, soll besagen: nicht Ausdruck von etwas anderem, das es auszudrücken gälte, sondern Hervorbringen, Erschaffen, Entstehenlassen... Einem Werden-zu-sich gleichsam nur die Bahn brechen, damit es entstehen kann... Doch auch Expression wäre als Umsetzung eines 'Anderen-ihrer-selbst' nicht nur als bzw. in *Abhängigkeit* davon, sondern zugleich als *Selbsthervorbringung* deutbar, *Selbstkonstitutivität*; Autopoiesis, von der Poiesis nur die eine, zu überschreitende Seite wäre. Die Autoren lehnen das Modell der Repräsentation ab, wo etwas für etwas Anderes steht (z.B. die Erde oder die Materie für die Frau oder die Mutter), und dabei auch gleich das der Expression, wohl weil es auf Repräsentation zurückverweist. Als Folge droht ihr Begriff der Produktion maßlos & unscharf zu werden. Er umfaßt Fließenlassen, Geschehenlassen, Entstehenlassen ebenso wie Generieren, Erzeugen, Herstellen, auch Bestimmen, Fixieren, Festschreiben, Einschreiben. Das Generieren einer Zuordnung ist z.B. die Produktion einer Produktion.[862] Sie tun damit das, was sie der Dialektik vorwerfen: undifferenziert totalisieren und abstrakt identifizieren.[863] Dialektisch ist es z.B. sinnlos bzw. inadäquat, den leitenden Totalitäts-

---

[862] Allerdings spricht auch Marx in den *Grundrissen* auf recht vielfältige Weise von 'produzieren'. Zwar wird im ökonomischen Sinne der Primat der Produktion dialektisch unanfechtbar ausgearbeitet, indem in einem übergreifenden und einem engeren Sinne von Produktion gesprochen wird: „Produktion, Distribution, Austausch, Konsumtion" bilden „Glieder einer Totalität (...), Unterschiede innerhalb einer Einheit. Die Produktion greift über, sowohl über sich in der gegensätzlichen Bestimmung der Produktion, als über die anderen Momente. Von ihr beginnt der Prozeß immer wieder von neuem" (MEW Bd.42, 34). Ökonomisch klar ist auch die Rede vom Kapital als dem „Wert, der den Wert produziert" (ebd., 358). Doch Marx gebraucht 'produzieren' auch in einem unspezifischen, allgemeinen Sinne, der zwischen generieren, erzeugen, herstellen und bestimmen, formieren changiert. Der Mensch „produziert" in der Nahrung seinen eigenen Leib (ebd., 26) — er stellt ihn aber natürlich nicht her, erzeugt ihn nicht, sondern hält ihn lediglich in lebendiger Bewegung, Reproduktion, Veränderung, Stoffwechsel; dies gehört mit zur 'Selbstkonstitution durch Arbeit'. Oder: „Die Produktion produziert die Konsumtion" (ebd., 27) impliziert zweierlei Bedeutung, vgl. auch „Die Produktion von Kapitalisten und Lohnarbeitern ist also ein Hauptprodukt des Verwertungsprozesses des Kapitals" (ebd., 419f.). Auf Produktion von Wert bzw. sich selbst verwertendem Wert rekurriert die Rede von produktiver versus unproduktiver Arbeit bzw. produktiven vs. unproduktiven Klassen: „Produktive Arbeit ist bloß die, die Kapital produziert. (...) Produktiv ist die Arbeit nur, indem sie ihr eigenes Gegenteil produziert" (ebd., 226) — indem sie nämlich Wert produziert und dieser sich selbst, 'produziert' sie das, wodurch sie außer sich kommt und zur entfremdeten Arbeit wird. Dieser Begriff der 'produktiven Arbeit' ist vom Antipoden der Lohnarbeit, dem Kapital, aus gesehen und daher restriktiver als der Begriff vom 'Primat der Produktion', betrifft die spezifische Produktionsweise bei kapitalistischer Gesellschaftsformation. Mit anderen Worten, die jeweils relevanten Bedeutungsschichten müssen jeweils durch *Konnexanalyse der spezifischen Verwendungsweise* freigelegt werden.
[863] Dabei meinte Deleuze selbst, die Philosophie müsse u.a. durch Differenzierung den „zu summarischen und stereotypen" Begriffen (oder Begriffshülsen) entgehen, mit denen die sogenannten 'Neuen

begriff *Natur* folgendermaßen abstrakt in Ansatz zu bringen: „Zum zweiten besteht keine Unterscheidung mehr zwischen Mensch und Natur: das menschliche Wesen der Natur und das natürliche Wesen des Menschen werden in der Natur als Produktion oder Industrie, das heißt gleichermaßen im Gattungsleben der Menschen, identisch" (10); was der Schizophrene spezifisch erlebe, sei „die Natur" selber „als Produktionsprozeß" (9). Ein anderes Mal wird die unmittelbare Kopplung an die kapitalistische Supermaschine betont, die Differenzen entfallen dann trotz des Vorsatzes, mikrologisch zu operieren...

Wenn die Autoren sagen: „Denn die Literatur ist ganz wie die Schizophrenie: Prozeß und kein Ziel, Produktion und nicht Expression" (172), so ist nicht zu sehen, warum Expression nicht Selbstkonstitutivität, Werden-zu-sich sein sollte, negative Einheit von In-sich-Reflektiertsein und Gesetztsein, d.h. von Sichrückkoppeln an Intentionen, die nicht unbedingt vorgegeben sind, sondern im & als Prozeß entstehen & sich wieder auflösen, und ebenso prozessueller Manifestation, Realisation. Expression ist nicht per se teleologisch, eher könnte man fragen, ob nicht *Herstellen* sein Ziel in sich trägt, sofern nämlich die Beschaffenheit des entstehenden Produktes destinativ an einer Art (selbst beweglichem) Sollzustand rückgekoppelt wird. Warum sollte ein expressiver Prozeß nicht Aufbruch ins Offene, Unbekannte sein können? 'Ziel' wird zu sehr als *fixiert* unterstellt. *Relative* Fixierungen sind allerdings unumgänglich, sonst gäbe es auch keinen Prozeß. (Wie die Autoren selbst sagen: „Jedes 'Objekt' setzt die Beständigkeit eines Stroms voraus, jeder Strom die Fragmentierung des Objekts", 12; daß ein Objekt implizit über sich, seine Determination, hinaus ist, bedeutet nicht, es destiniere etwas vorab Determiniertes). Daß Artikulation in gewissem Sinne Manifestation ist, sollte nicht dazu führen, Artikulation abstrakt zu verwerfen, zumal gerade eine solche festgehaltene Abstraktheit Fixierung *ist*.[864] „Ein Symbol, ein Fetisch sind Manifestationen der Wunschmaschine" (235). Ein Symbol ist aber nicht nur abstrakte Identität, sondern *konkret*, es ist *Verweisung*, und das, wofür es steht, ist selbst geworden & offen für neue Verweisungszusammenhänge. Insofern ist das Symbol qua Symbol auch Signal.[865] Ein Aspekt des Signalseins ist wiederum, Symp-

---

Philosophen', die von Deleuze mit Recht hart kritisiert wurden, ihr ebenso mediengeiles wie substanzloses Schnelldenkertum zu inszenieren pfleg(t)en (vgl. Über die neuen Philosophen und ein allgemeineres Problem, in: Kleine Schriften, 85-96). Im Gegensatz zu ihnen gehörte er zu denjenigen Denkern, die überlegt, mit Skrupeln, politisch reflektierend zu sprechen und zu schreiben pflegten, darüber darf die manche Leser befremdende Heftigkeit des Duktus des *Anti-Ödipus* nicht hinwegtäuschen!

[864] Man kann sagen, daß *Artikulation* in Lacans Sprachkonzeption mit Recht eine wesentliche Rolle spielt, obzwar auch er schon recht dezidiert von 'produzieren' spricht (*eine* Quelle für Deleuze/Guattari, bei aller Gegnerschaft!): „Was sich in dieser Kluft", durch die bzw. in der das Unbewußte sich äußert, „produziert, im vollen Sinne von *sich produzieren*, stellt sich dar als *Trouvaille*" (Die vier Grundbegriffe der Psychoanalyse, 31; H. v. Lacan). *Trouvaille* bedeutet *glücklicher Fund, Einfall, Volltreffer*; sicherlich denkt Lacan hier unter anderem an Bretons Konzept vom *objet trouvé*, Fundstück, intendiert aber wohl auch ein Wortspiel mit *travail*, Arbeit, d.h. mit dem Zusammenhang von *produzieren* und dem marxistischen Arbeitsbegriff, was Deleuze/Guattari dann affirmativ zu radikalisieren versucht haben...

[865] Man darf sich hier nicht dadurch beirren lassen, daß *Symbol* unterschiedlich gebraucht wird: Freilich wird auch ein Buchstabe als Symbol (das Alphabet als Symbolsystem) bezeichnet, und ein Buchstabe ist nicht per se Bedeutungsträger. Aber auch ein geschriebener Buchstabe signalisiert etwas: einen Schreibprozeß.

tom eines Zustands zu sein, ihn anzuzeigen, der Zustand aber ist geworden, vermittelt Prozesse, *ist* deren Selbstvermittlung — usw. Wenn Symbolsein *ein Aspekt* des Zeichens ist, schließt das nicht aus, daß das Zeichen ebensosehr Laut-/Bild ist, also auf Stimme—Auge—Körper verweist, deren Selbstverweisung 'ist', ihre ebenso abstrakte wie konkrete Präsenz impliziert, im Sinne anwesend-abwesender & abwesend-anwesender Totalität (diese verstanden als Vielheit-als-Einheit & Einheit-als-Vielheit). In der sich herstellenden Kongruenz des Begriffs mit sich (Hegel) darf allerdings die Korrespondenz mit dem Realen nicht schlechthin aufgesogen & nivelliert werden. Also ist auch ein abstrakter Globalverzicht auf Repräsentanz nicht sinnvoll leistbar. Sicher, es gibt noch keine zureichende dialektische Theorie der Wahrheit, doch ein solcher Streit um losgelöste Fragmente führt nicht weiter. Und man wird weder Gott noch Lacans Großen Signifikanten des Mangels dadurch los, daß man Produktion zu einer Karikatur der Schöpfung von Allem aus Nichts abstrakt-totalisiert. Obzwar es wohl zutreffend ist, daß der Schizophrene sich als den 'universellen Produzenten' imaginiert, weil er seine Abhängigkeit von Anderem & anderen Menschen nicht ertragen kann, und daß hier eine gewisse Analogie zum ideellen Gesamtkapitalisten besteht, der den ideellen Gesamtarbeiter aufsaugt & ausspeit, Natur markiert & verwertbar macht usw. Der Kapitalismus simuliert einen autopoietischen Gott ohne Vernunft. In den Begriffen der Autoren: indem er ihn simuliert, 'produziert' er ihn. Das mag man entlarven — aber nicht so.

Das Paradigma der Mikroanalysen, dem Deleuze/Guattari, zumindest stellenweise, zuzurechnen sind, weist Affinität auf zu dem in Deutschland im Anschluß an Adorno entwickelten 'Indizienparadigma' (J.Ritsert, W.Bonß u.a.[866]), da sind allemal fruchtbare Bezugsmöglichkeiten gegeben. Das 'Molekulare' ist die nicht auf einen bestimmten Ort beschränkte, sondern 'nomadische' Wirkungsweise des Wunsches, die dem Begrifflichen vorausliegt (es 'anstößt') und das Begreifenwollen zwingt, sich selber zum Nichtbegrifflichen hin zu überschreiten[867] (ohne dieses, wie Hegel wollte, zum 'Immer-schon'-Moment des begrifflichen Prozesses nivellieren und linearisieren zu können, vgl. die analoge Kritik von Adorno). Ihr buchstäbliches Verständnis von „Mikrophysik" (361) weckt aber den Verdacht, daß die beiden Autoren den Gedanken, die molekulare Ebene sei die entscheidende, aus einer damals, 1972, noch rückständigen Biologie importieren. Um sich das klarzumachen, ist ein Blick auf Fritjof Capras Überblick zu Entwicklungen innerhalb der Naturwissenschaften (1982) nützlich: Nachdem Einstein sich noch gegen die Quantenmechanik, eine Theorie der Dis-

---

[866] Vgl. Th.Collmer, Aktuelle Perspektiven einer immanenten Hegel-Kritik. Negative Totalisierung als Prinzip offener Dialektik, Gießen 1992, Kap.XI.4. Siehe dort auch II u. III zur Negationslehre, VII.1 zum dialektischen Widerspruch; IX.4 zu Lacan, VIII u. IX.3 zu Luhmann. Lacans dialektisches Psychoanalyse-Modell versuchte ich in Richtung auf eine Kritik am Kommunikationsparadigma zu nutzen in dem Aufsatz: Zur Kritik narzißtischer Intersubjektivität als einer Kritik des Warenscheins. Marx und Adorno mit Lacan gelesen, in: Z. ZEITSCHRIFT MARXISTISCHE ERNEUERUNG Nr.15 (September 1993), 115-26 (einige der dortigen Ansätze habe ich nun hier in Anhang I & II weiterentwickelt).
[867] Vgl. Friedrich Balke, Gilles Deleuze, Frankfurt/M. 1998, 123f.; Balke stellt Deleuzes Diktum, wichtiger als der Gedanke sei das, 'was zu denken gibt', in den Mittelpunkt seiner Einführung in das Denken von Deleuze (vgl. ebd., 17) — Begriffe wie die des Ereignisses, des Affektes, des Entstehungsherdes erhalten so ihren Zusammenhang, unter dem Primat des Differenziellen.

kontinuität, gesperrt hatte und mit seiner Feldtheorie, die auf Kontinuität setzte, in wesentlichen Zügen Cartesianer und Newtonianer geblieben war, hatte die Quantenmechanik „die Hauptvorstellungen der cartesianisch-Newtonschen Wissenschaft überwunden. Dagegen hat die Erforschung des Gens nicht zu einer vergleichbaren Revision der Grundvorstellungen der Biologie geführt, noch hat sich daraus eine universale dynamische Theorie entwickelt. Die Biologen verfügen über keinen einheitlichen theoretischen Rahmen, der es ihnen ermöglichen würde, die relative Bedeutung der Forschungsprobleme bewerten und ihren inneren Zusammenhang erkennen zu können und auf diese Weise die Zersplitterung ihrer Wissenschaft zu überwinden. Sie denken weiterhin cartesianisch und halten lebende Organismen für physikalische und biochemische Maschinen, die man aus ihren molekularen Mechanismen erklären kann. (...) Man muß sich dabei wohl als Ziel setzen, das Problem einer Theorie komplizierter Systeme zu lösen... Dabei dürften die verschiedenen Ebenen ein ernstes Problem darstellen: Möglicherweise ist die Annahme falsch, die molekulare Ebene sei die entscheidende. Vielleicht müssen wir über den Uhrwerkmechanismus hinausdenken."[868] Genau das ist die Situation, in der sich das mechanistische Denken des *Anti-Ödipus* zu befinden scheint. Für die Biologie führten erst Modelle autopoietischer Systeme (etwa von Maturana) einen Schritt weiter, die dann auch auf andere Wissenschaften wirkten (vgl. Luhmann, dessen Theorie sozialer Systeme weitere Vermittlungsarbeit leistete und auch in unbeabsichtigte Nähe zur Dialektik geriet). Interessanterweise hat auch Guattari mittlerweile den Begriff *Autopoiesis* aufgegriffen.[869] Falls man den *Anti-Ödipus* unter diesem historischen Gesichtspunkt relativieren muß, so ist freilich auch für seine Zeit zu bedenken, daß der Ruf nach mehr Ganzheitlichkeit in Verbindung mit mehr prozessuellem Denken nicht neu war — nicht von ungefähr hat z.B. Hegels *Logik* die 'Idee des Lebens' höher als den 'Mechanismus' gewichtet, auch wenn er selber Entwicklung & Werden noch nicht hinreichend konsequent konzeptualisierte.

Unhaltbar ist im *Anti-Ödipus* die *Ablehnung von Interpretation*. Schon wenn man überhaupt mit anderen Menschen zu tun hat, deutet man notgedrungen ihr Verhalten, und daß die Entzifferung von Schrift generell ein Interpretationsprozeß ist, muß kaum groß betont werden. Wenn man nicht *explizit* interpretiert, tut man es *implizit*. Die Grundbedeutung von lat. *interpretari* ist übrigens *vermitteln*, und seit Hegel ist hinreichend oft nachgewiesen worden, daß jede vermeintlich einfache Unmittelbarkeit wesentlich *vermittelte* Unmittelbarkeit ist. Angeblich hat die Schizo-Analyse „nichts zu interpretieren", „weil es kein unbewußtes Material gibt": „es gibt nur Widerstände und darüber hinaus Maschinen, Wunschmaschinen" (405), der Schizo-Analytiker ist entsprechend lediglich „Mechaniker, Mikromechaniker" (437). Ich weigere mich, dies zu interpretieren...

---

[868] F.Capra, Wendezeit. Bausteine für ein neues Weltbild (orig. The Turning Point, 1982, Übers. E.Schuhmacher, 1985), München 1988, 130

[869] Vgl. Félix Guattari, Die Produktion der Subjektivität im Integrierten Globalen Kapitalismus, in: SOZIALISTISCHES FORUM Nr.35, Mai/Juni 1994, 15, wo er analysiert, wie sich inmitten des Bestehenden & gegen es „kleine soziale Rhythmen" von Individuen & Gruppen herausbilden, „Kristallisationspunkte von Identitäten", und dabei den Ausdruck „autopoietischer Fokus" verwendet.

Es ist die gleiche Überreaktion wie gegen das Symbolische: „Sexueller Symbolismus existiert nicht" (519). Man muß hier nicht die uralten Diskussionen um einen *überzogenen* etymologisierenden Symbolismus á la Friedrich Creuzer wiederaufnehmen[870], doch warum die Lacansche Dialektik des Borromäischen Knotens zwischen dem Symbolischen, dem Imaginären und dem Realen (alle drei Dimensionen sind irreduzibel auf eine der beiden anderen oder beide zusammen, und alle drei sind wechselweise durcheinander vermittelt) in Bausch und Bogen zu verdammen sein sollte, vermag ich nicht zu erkennen.[871] Auch eine überzogene Abwertung des Traums, dieses klassischen Forschungsfeldes für die Gesetzmäßigkeiten des Unbewußten, findet man bei Deleuze/Guattari (vgl. 408). Und 'Kastration' wird zu wörtlich genommen. Lacan hatte patrizentrische Züge Freuds zu einem Gutteil überwunden, indem er erklärte, *beide* Geschlechter seien einem strukturellen & unaufhebbaren Mangel unterworfen; das lehnen die Autoren ab. Zwar könnten sie ihm mit Recht vorwerfen, er habe den Phallus bloß transzendentalisiert, statt ihn im Sinne der Wertform zu interpretieren und damit strikt zu historisieren; das ist aber nicht ihr Anliegen. Wenn sie betonen: „nicht die in der Kastration repräsentierte große Verletzung, sondern die tausend kleinen Konnexionen, Disjunktionen, Konjunktionen, mit deren Hilfe jede Maschine einen Strom produziert gegenüber einer anderen, die ihn abtrennt, und selbst einen Strom abtrennt gegenüber einer weiteren, die ihn produziert" (406f.) — warum sollte das einander ausschließen?[872] Auch die 'Kreuzigung', von der Artaud (nicht *nur* metaphorisch, sondern symbolisch–imaginär–real!) spricht, oder das Oszillieren der Grenze (oder das des Dionysos) ist kein einmaliges Ereignis. Sehr eindrucksvoll sprechen die Autoren von *Intensitäten*, „die ein nomadisches Subjekt durchläuft" (109). Solche Betonung der Intensitäten gehört in jede explizit auf Negativität basierende Dialektik. Dabei ist im *Zusammenspiel von Vernichten und Neuschaffen* (also des *spezifisch* negativ-dialektischen Momentes mit dem, was Hegel das Positiv-Vernünftige genannt hat, man kann es auch als Moment der Selbstkonstitutivität oder meinetwegen Selbstproduktivität — ('Sich'-)Selbsthervorbringung, Autopoiesis — bezeichnen, dann halt im Sinne einer Dialektik von Selbstbestimmung und Fremdbestimmtheit, sich herstel-

---

[870] Vgl. dazu Rolf Zuberbühler, Etymologie bei Goethe und Hölderlin, in: Ingrid Riedel (ed.), Hölderlin ohne Mythos, Göttingen 1973, 34-47
[871] Daß Deleuze/Guattari die konstitutive Rolle des Symbolischen und des Imaginären unterschätzen, wird an vielen Stellen deutlich, vgl. 43, 94, 107, 118, 128, 398
[872] Dennoch wäre es bis zu einem gewissen Grade berechtigt, zu fragen (und man kann auch ein antidialektisches Argument darin sehen), ob nicht ein Ausdruck wie 'negative Einheit', wenn darunter Einheit-als-Vielheit-&-Vielheit-als-Einheit in einem radikal selbstreferenziell-*offenen* Sinne verstanden werden soll, entweder bei einem bloß formellen Gesamthorizont landen oder sich bis zu einem 'negativen' Niveau in dem Sinne zuspitzen muß, daß eine die Vielheit(en) umfassende & dabei sich selbst überschreitende, auflösende & weiter hinausschiebende Einheit eben *keine* Einheit mehr ist. So wie in einem relativ geschlossenen Modell wie dem Hegelschen jene antinomische Explikation von 'Geist', die dazu auffordert, das 'reine Bei-sich-Sein im absoluten Anderssein' zu denken, auf den Einwand, es könne im *absoluten* Anderssein doch per definitionem *kein* Bei-sich-Sein mehr geben, eben *nur selbstwidersprüchlich* (und dies nicht in einem eo ipso 'positiven' Sinne, sondern auf fragwürdige Weise!) darauf hinweisen kann, daß *reines* Bei-sich-Sein in der Tat *genau dies besage*. Damit würde nämlich konzediert, daß ein Rückfall zur *abstrakten* Negativität ('Nichts') erfolgt ist, es sollte aber die *absolute* Negativität gedacht werden, und dort, an seinem absoluten Anfang, ist das Denken in der Tat am Ende...

lendes Bei-sich-Sein im Anderen-seiner-selbst[873]) das abstrakt-verständige Moment als Durchgangsmoment präsent (und als solches unabdingbar), wie ja auch die Rede von einem 'nomadischen', also sich von sich unterscheidenden 'Subjekt' *zeigt* (Identität ist Negativität!), oder die folgende Stelle: „Doch wenn alles sich auf diese Weise vermengt, so auf einer Grundlage der Intensität. Nicht Räume und Formen geraten durcheinander, da diese gerade zugunsten einer neuen, der heftigen, intensiven Ordnung vernichtet sind" (ebd.). Hegels gesamte Wesenslogik ist eine Logik der Intensität als des Insichgehens, der internen Strukturmomente, nämlich als relationale Bewegung zwischen dem Negierenden und dem Negierten, die aus dem Maßlosen-selbst-als-Maß herkommt und dieses Aufheben ihrer Geschichte *ist*.[874] Nur muß bzw. *kann* man den Prozeß freilich nicht mehr wie Hegel linear-hierarchisch konstruieren, so daß das Extensivste und 'Höchste' am Ende auch das Intensivste ist... Dialektik wird konstellativ & labyrinthisch, ohne jedoch, dies ist das Entscheidende, auf bestimmte Strukturgesetze zu verzichten, auch wenn diese stets die Gefahr mit sich bringen, daß 'alles zu formell wird'...

Es ist sinnlos, pauschal zu sagen: „wenn ein Problem sich in der Schizophrenie nicht stellt, so das der Identifikationen" (117), denn die Frage ist, *wie, womit, wogegen, worüber & inwiefern*. Wenn jemand oder etwas sich für eine allesproduzierende oder -verwertende Maschine hält, so 'identifiziert' sich er, sie oder es mit diesem Bild oder dieser Struktur oder Anti-Struktur, und es muß & kann nun untersucht werden, *wie & inwiefern* diese Identifikation *negativ* ist, denn *bloß abstrakt* von Negativität zu reden, wäre selbstverständlich ebenfalls sinnlos (worauf übrigens der Begriff der *absoluten* Negativität bereits an sich selbst verweist). Wenn kritisiert wird, daß Lacan „die Negation als Privation, Mangel" interpretiere (219), so wäre es ratsam, die Hegelsche Negationslehre in ihrer *Gesamtheit* zu rezipieren. Wie der konstitutive Mangel scheinbar 'positiv' gewendet werden kann, exerziert zudem die kapitalistische Angebots- und/oder Nachfrageideologie tagtäglich vor, und künstlerisch-produktive Intensität (oder auch *voluntary simplicity*, ein Aspekt der „zölibatären" Verweigerungsmaschine!) stellt demgegenüber eine *potentiell* emanzipatorische Alternative dar. Wenn sich gegen das Kapital der Tod als der absolute Herr erweist, mag man ihn als 'Herren-Signifikant' titulieren oder auch nicht (vgl. 268): „Der organlose volle Körper ist das Unproduktive, das Sterile, das Ungezeugte, ist das Unverzehrbare. Antonin Artaud hat ihn überall dort, wo er, ohne Form und Gestalt, vorhanden war, aufgedeckt. Todestrieb ist sein Name, und der Tod ist nicht ohne Vorbild" (14). Hätte Freud das wechselseitige Inklusions- und Exklusionsverhältnis von Eros & Thanatos *dialektisch* gefaßt, und einen stärker historisch-kritischen Blick gehabt, statt Familie, bürgerliche Gesellschaft und ein auf dieses faule Bestehende zugeschnittenes Realitätsprinzip zu

---

[873] Dies muß freilich wieder den in der vorigen Fußnote konstruierten Einwand hervorrufen. Das Moment *schlechter* Unendlichkeit im 'sich herstellenden Beisichsein' ist in der Tat niemals eskamotierbar, wenn das *Wesen* abstrakter Selbigkeit als *Sich-von-sich-Unterscheiden* gefaßt wird, darin lag (wie ich in meinem obengenannten Buch zu zeigen versuchte) eine immanente Inkonsequenz Hegels. Entsprechend muß darauf verzichtet werden, das 'Andere' hinterrücks assimilieren zu wollen.

[874] Dies ist näher ausgeführt in meinem Aufsatz: Hegel zur Dialektik von Selbstbestimmung und Fremdbestimmtheit, in: Z. ZEITSCHRIFT MARXISTISCHE ERNEUERUNG Nr.27 (September 1996), 45-57 / Nr.28 (Dezember 1996), 141-153

verteidigen, so hätte manch schimpfende 'Ungerechtigkeit' des *Anti-Ödipus* moderater ausfallen können. Deleuze/Guattari fassen jene erothanoische Durchdringung freilich ebenfalls nicht ins Auge. Manche Überzeichnung scheint vielmehr dem Versuch gezollt, der Komplikation aus dem Weg zu gehen, daß das Über-ich oder Ichideal eben kein bloßer Hanswurst, sondern nach übereinstimmender erfahrungsgestützter Meinung wohl aller Psychoanalytiker für die psychische Entwicklung eines Menschen unabdingbar ist.[875] Und folgt nicht auch 'zölibatäre Verweigerung' einer Art Ichideal? Oder jene Konstruktion wechselnder Verwandtschaftsverhältnisse, durch die ein Antonin Artaud den identifizierenden Code seiner Peiniger ins Leere laufen ließ?

Statt einer Dialektik von Eros & Thanatos haben Deleuze/Guattari eine Trinität der wunschmaschinellen Energie von Libido, Numen & Voluptas konstruiert (vgl. 20, 53, 437). Durch Maschinenkopplung wird Energie bereitgestellt: *Libido* ist konnektive Synthese der Partialobjekte und Ströme. Energie wird eingespeist & fließt. *Numen* ist disjunktive Einschreibungsenergie, „Energie der Aufzeichnung" (53): disjunktive Synthese der Singularitäten und Ketten. Der lateinische Ausdruck *numen* bedeutet *Wink, (göttlicher) Wille, Orakelspruch, Geheiß*; ursprünglich ist damit gemeint der durch ein Nicken mit dem Kopf angedeutete Wille. Hier wäre also die durch die Einschreibung des Namens und der symbolischen Ordnung gebundene & zugleich kanalisierende Energie zu verorten, durch die ein Individuum individuiert wird. Voluptas schließlich ist konjunktive Synthese „der Intensitäten und Ausprägungen des Werdens" (437), residuale Energie: dem Subjekt wird ein ihm zukommender Rest zugeschlagen, dieser kann dann narzißtisch genossen werden. Thanatos ist in dieser Konzeption nicht vorgesehen: Paul Federn, von dem der Ausdruck stammt, hat der *Libido* die *Mortido* zur Seite gestellt (dieser Ausdruck erscheint sinnvoller als die zu spezifische Bezeichnung *Destrudo* von Eduardo Weiss[876], denn der Todestrieb ist in seiner sehr grundlegenden Arbeit eben nicht bloß Destruktionstrieb), Deleuze/Guattari machen davon keinen Gebrauch. Dies alles sind jedenfalls Formen einer physikalischen Grundenergie, die lediglich umgewandelt werden kann, insofern ist die Konzeption materialistisch und mit Freuds 'Biologismus' kompatibel.

So sehr sie die 'Einschreibung' betonen und damit in der Tat eine Dimension freilegen, die gemeinhin unterschätzt wird (außer von Burroughs, Derrida und wenigen anderen, auf die Deleuze/Guattari sich auch beziehen) und an der nunmehr keine dialektische Position vorbeikommt, so sehr scheinen sie doch andererseits (überraschend, da sie stark marxistisch beeinflußt sind) die Einschreibung der *Wertform* zu unterschätzen. Indes kann man ihnen nicht vorwerfen, daß sie überfliegend die Produktion und das Begehren eines Überschusses an Code mit dem in der Produktions-

---

[875] Zu diesem letzteren Punkt vgl. Jean Bégoin, Der Anti-Ödipus oder die neidvolle Zerstörung der Brust, a.a.O., 114; Heide Berndt / Reimut Reiche, Die geschichtliche Dimension des Realitätsprinzips, in: J.Habermas (ed.), Antworten auf Herbert Marcuse, Frankfurt/M. 1968, 121: „Das Über-Ich ist als strukturbildendes Moment unerläßlich für die individuelle und gesellschaftliche Entwicklung eines Ich, das fähig ist, die Gesellschaft zu verändern." Siehe auch Alexander Mitscherlich, Aggression und Anpassung, in: Marcuse u.a., Aggression und Anpassung in der Industriegesellschaft, 80–127

[876] Alexander Mitscherlich schrieb 1968, dieser Ausdruck habe sich, „besonders im englischen Schrifttum", stärker durchgesetzt als *Mortido* (Aggression und Anpassung, a.a.O., 117).

sphäre (im engeren Sinne) erzeugten Mehrwert durcheinanderwerfen (was natürlich inakzeptabel wäre, egal ob man die Marxsche Arbeitswertlehre in jeder Hinsicht für zureichend hält oder nicht). Denn immerhin sagen sie: „Der Mehrwert an Code bildet die *primitive* Form des Mehrwerts" (191 b); er sei „der Geist des gegebenen Dings, die Kraft der Dinge, die bewirkt, daß die Gaben reicher zurückfließen müssen, territoriales Zeichen des Wunsches und der Macht, die Prinzipien des Überflusses und des Früchtetragens der Güter." Der in der Geldform ausgedrückte Mehrwert ist insofern eine moderne Variante eines ebenso sakralen wie primären Ungleichgewichts: „Weit entfernt, pathologische Konsequenz zu sein, ist das Ungleichgewicht vielmehr funktional und von größter Bedeutung" (ebd.) — es kann lediglich *verschoben* werden, es abstrakt abschaffen zu wollen, so die Autoren, liefe darauf hinaus, eine *fundamentale* Differenz / Offenheit / Nichtidentität beseitigen zu wollen. Das bedeutet z.B. nicht, daß es sinnlos wäre, soziale Gerechtigkeit anzustreben.

Wenn sie „im Differentialquotienten (...) die grundlegende kapitalistische Erscheinung zum Ausdruck gebracht" sehen: „*die Transformation des Mehrwerts an Code in Mehrwert an Strömen*" (292 a), so bringen sie die Entmaterialisierung des Geldes im codierten Strom mit Marx' Hinweis in Verbindung, der (auf der Aneignung der Surplusarbeit basierende) Mehrwert, jenes Inkrement, mit dem in der Formel G–W–G' das Kapital als Geld heckendes Geld erscheint, könne nur *qualitativ*, nicht quantitativ richtig verstanden werden (Marx bezog sich dabei u.a. darauf zurück, daß Hegel betont hatte, das Inkrement des Differentials müsse *qualitativ*, nicht quantitativ aufgefaßt werden). Aber die Unterscheidung zwischen Finanzierung und Zahlung, „der beiden Momente der Bankpraxis" (294), reicht nicht aus[877], um die von Marx unterschiedenen Funktionen des Geldes zu rekonstruieren: Wertmaß, Zirkulationsmittel und „Geld als Geld", d.h. sich auf sich beziehender und so verselbständigter Wert. Genauer noch, sind es *vier*: „Die Eigenschaften des Geldes als 1. Maß des Warenaustausches; 2. als Austauschmittel; 3. als Repräsentant der Waren (deswegen als der Gegenstand der Kontrakte); 4. als allgemeine Ware neben den besonderen Waren — folgen alle einfach aus seiner Bestimmung des von den Waren selbst getrennten und vergegenständlichten Tauschwerts."[878] 'Maß der Werte' impliziert schon die Dialektik des Maßes, die Maßlosigkeit der Verwertung als das Wesen des selbstbezüglich zum Strukturgesetz sich sedimentierenden Kapitals. Um, zweitens, als Zirkulationsmittel unbegrenzt zirkulieren zu können, sind totalisierende Bezüge auf *alle* Waren, *alle* Austauschenden als Rechtssubjekte sowie auf den Weltmarkt (vgl. Weltgeld, Globalisierung) impliziert. 'Repräsentant der Waren' verweist auf das 'Zeichen-für'-Sein, aber auch auf den *kompensatorischen* Charakter des Geldes, sein Stellvertreterprinzip nicht nur im Sinne der entfalteten Wertform, sondern auch im Sinne des der Zirkulation entzogenen Geldschatzes, und die Rolle, bloß abstrakter Gegenstand von Kontrakten und Bewegungen zu sein, ohne als 'hartes Geld' in den Mengen, die ständig umgesetzt werden, überhaupt realisiert (flüssig gemacht) werden zu können, verselbständigt sich wechselwirkend mit der Verselbständigung des Geldes zum 'Geld

---

[877] Später ist noch einmal die Rede vom „Doppelcharakter des Geldes" als „externe Finanzierungsstruktur und internes Zahlungsmittel" (462).
[878] Marx, Grundrisse der Kritik der politischen Ökonomie (1857/58), in: MEW Bd.42, 80

heckenden Geld', Kapital.[879] „Die Eigenschaft des Geldes als allgemeine Ware gegen alle andren, als Verkörperung ihres Tauschwerts, macht es zugleich zur realisierten und stets realisierbaren Form des Kapitals"[880] — hier sind mehrere konstitutive Widersprüche im Spiel: das Geld prätendiert absolute Allgemeinheit und universelle Austauschbarkeit und bleibt doch besondere Ware, an die je situativen äußeren Bedingungen der Produktion und des Austauschs gebunden, danach richtet sich die jeweilige Form, in der sich seine Widersprüche bewegen. Wenn bloße Verrechnung, ohne Realisierung als „hartes Geld", stattfindet, fungiert das Geld als Zirkulationsmittel und implizites Wertmaß, aber auch als sein eigener Stellvertreter, insofern 'ideell': von den vier von Marx genannten Eigenschaften sind dann (2) und (3) realisiert und (1) vorausgesetzt, und zwar dies alles als immanenter Widerspruch in (4).
Dieser kurze Abriß reicht schon aus, zu verdeutlichen, daß Deleuzes und Guattaris Geldtheorie völlig unzureichend ist. „Zwischen dem Wert der Unternehmen und dem der Arbeitskraft der Lohnabhängigen besteht unzweideutig kein gemeinsames Maß" (296) — das mag im absoluten Sinne zutreffen, denn jede abstrakte Verrechnung *intensiver* Produktivkraft mit gesellschaftlicher 'Nützlichkeit', durchschnittlich erheischter Arbeitszeit usw. stößt ohnehin an Grenzen; die Arbeitswertlehre kann sich eben nicht mit einem abstrakten Verausgabungsmodell begnügen, und wenn, wie bürgerliche Ökonomen betonen, die Wertschöpfung künftig vermehrt über neue Technologien der Informationsverarbeitung stattfindet und weniger direkt über im *engeren* (was bei ihnen oft bloß heißt: stofflichen, der energetische und der informationelle Aspekt werden nicht konkret einbezogen) Sinne 'materielle' Produktion und Dienstleistungen, so ist dies selbstverständlich eine Herausforderung für die marxistische Werttheorie. Doch vom Geld als Maß der Werte und von der Entwicklung der Wertform zum sich über negativ-totalisierenden Selbstbezug *absolut setzenden* Wert ist hier bei Deleuze/Guattari um so weniger die Rede, als die Autoren Marx' dialektische Methode nicht aufgreifen, sondern sie für eine bloße Darstellungsmethode (von Scheinbewegungen) halten. Ist aber folgende Formulierung nicht implizit dialektisch? „Die Tendenz besitzt einzig eine interne Grenze, die sie überschreitet, allerdings indem sie sie verschiebt, das heißt sie rekonstruiert, sie als interne Grenze, die erneut mittels Verschiebung überschritten werden muß, wiederfindet: so erzeugt sich die Kontinuität des kapitalistischen Prozesses in diesem stets verschobenen Einschnitt des Einschnitts" (296). „Diese Bewegung der Verschiebung gehört essentiell zur Deterritorialisierung des Kapitalismus" und verweist auf die innere Notwendigkeit von Impe-

---

[879] Nicht zuletzt als ideeller Repräsentant von Gebrauchswerten fungiert das Geld als verselbständigter Tauschwert übrigens auch dann, wenn es gut internalisiert und bezüglich seiner Herkunft fast unkenntlich in der Psyche auftritt und sich mit anderen fundamentalen Einschreibungen (persönlicher Name, Sprachsystem, bestimmte soziale Normen) fast unentwirrbar zum Sediment einer 'fiktiven Stimme' verbunden hat — auch darum erscheint es sinnvoll, diese Funktion des Geldes als eine gesonderte zu führen, die ihrerseits durchaus vielfältige Aspekte aufweist und in ihrer verständigen Abstraktheit jeweils auf konkrete Totalität zurückbezogen werden muß.
[880] Ebd.; siehe dort zu den Funktionen des Geldes auch: 123f., 132, 140ff., 356-71, 758-65. In manchen Aspekten erhellend und nützlich: Rudolf Wolfgang Müller, Geld und Geist. Zur Entstehungsgeschichte von Identitätsbewußtsein und Rationalität seit der Antike, Frankfurt/M. & New York 1977; die Rolle der Einschreibung/Markierung wird dort aber nicht entfaltet, insofern setzen Deleuze/ Guattari fundamentaler an.

rialismus und zugleich Schaffung von „organisierten Enklaven der Unterentwicklung" (297). Sehr aktuell, ebenso der Hinweis, daß ursprüngliche Akkumulation ein permanenter Prozeß sei und „sich unaufhörlich reproduziert" (298; so werden z.B. jetzt in Nicaragua den Kleinbauern ihre Besitztümer, die ihnen bei der sandinistischen Landreform zuerkannt wurden, wieder weggenommen). „Geld und Markt sind die wirklichen Polizisten des Kapitalismus" (307) — in der Tat.
Doch um so mehr verblüfft nun die Äußerung: „Noch nie war die Schrift Sache des Kapitalismus. Dieser ist von Grund auf Analphabet" (308). *Warum wird die Einschreibung der Wertform in die Körper und Seelen der an die Supermaschine angeschlossenen Menschen nicht adäquat ausgeschöpft und kritisch nachgezeichnet?* Wenn die Wertform bzw. als deren realabstraktive Konkretisierung die Geldform zur konstitutiven „Axiomatik" des Kapitalismus gehört, soll doch wohl nicht im Ernst behauptet werden, „daß jene weder tief ins Fleisch zu schreiben, die Körper und Organe zu markieren noch dem Menschen ein Gedächtnis zu erstellen braucht" (322). Damit würde das Alphabet als der einzige Übeltäter hingestellt und das Zahlenwerk des 'rechnenden Denkens' (vgl., daß lat. *reri*, wovon 'Rationalität' sich herleitet, ursprünglich 'rechnen' bedeutet) als bloßes Epiphänomen, statt daß der genaue Zusammenhang rekonstruiert würde. Unklar bleibt (mir) auch, wie hier 'Axiomatik' (und 'Axiom' wird ziemlich verschwenderisch gebraucht) in Gegensatz zu 'Code' gebracht wird (vgl. 323). Später ergibt sich erneut Irritation, wenn Entfremdung[881] überhaupt nicht mit der Waren- und Wertform in Zusammenhang gebracht wird (vgl. 414), oder wenn es heißt, der Profit, so umfangreich er auch sein möge, bestimme nicht den Kapitalismus, vom sich verwertenden Wert aber nicht die Rede ist (486). „Der volle Körper des Kapitals als 'wertheckender' Körper, geldproduzierendes Geld ist niemals für sich gegeben", entgegnet der *Appendix* (518) auf einen wohl ähnlich gelagerten Einwand, das weckt den Verdacht, daß die Autoren aufgrund ihres Antistrukturalismus meinen, dieses Werthecken dürfe eben nicht strukturgesetzlich 'für sich' aufgestellt werden — genau damit würden sie sich aber jenen bürgerlichen Apologeten anschließen, denen die 'Unübersichtlichkeit' der modernen oder postmodernen Welt zu der Behauptung Anlaß gibt, der Kapitalismus sei unbegreiflich und müsse demzufolge fatalistisch hingenommen werden, und ein solcher Schulterschluß wäre ja keineswegs im Sinne von Deleuze & Guattari. Dialektik könnte jenes 'Für-sich-Aufstellen' noch immanent-selbstkritisch zurechtrücken (so bleibt z.B. die heute oft kritisierte Rede von 'dem Kapitalismus' im Sinne eines Weberschen Idealtypus allemal gerechtfertigt: in der Realität gibt es unterschiedliche Spielarten, aber sie haben etwas Gemeinsames; 'kapitalistisch' ist eine Gesellschaftsformation, die auf dem sich selbst verwertenden Wert als Prinzip der Produktion, Zirkulation & Reproduktion basiert).
Substanziell bleiben gleichwohl die Ausführungen zum Thema Schuldkomplex. Nietzsches *Genealogie der Moral* entnehmen die Autoren das engrammatische Im-

---

[881] 'Entfremdung' ist freilich ebenso wie 'Entwurzelung' ein irreführender Begriff, insofern beides einen ursprünglich heilen Zustand zu suggerieren scheint. Vgl. dazu Marx: „Auf frühren Stufen der Entwicklung erscheint das einzelne Individuum voller, weil es eben die Fülle seiner Beziehungen noch nicht herausgearbeitet und als ihm unabhängige gesellschaftliche Mächte und Verhältnisse sich gegenübergestellt hat. So lächerlich es ist, sich nach jener ursprünglichen Fülle zurückzusehnen, so lächerlich ist der Glaube, bei jener vollen Entleerung stehenbleiben zu müssen" (MEW Bd.42, 95f.).

plantieren einer Mnemotechnik, „um auf der Grundlage der Verdrängung des alten bio-kosmischen Gedächtnisses (in diesem Naturalismus winkt wieder die Annahme einer Ur-Einheit, die die Autoren sonst ablehnen, T.C.) ein Gedächtnis der Worte aufzurichten. Daher ist es so bedeutsam, in der Schuld eine direkte Folge der primitiven Einschreibung zu sehen, statt sie (und die Einschreibungen selbst) zu einem indirekten Mittel des universellen Tausches zu deklarieren" (237). Bei Nietzsche heißt es (ganz marxismuskompatibel!): „Haben sich diese bisherigen Genealogen der Moral auch nur von ferne etwas davon träumen lassen, daß zum Beispiel jener moralische Hauptbegriff 'Schuld' seine Herkunft aus dem sehr materiellen Begriff 'Schulden' genommen hat? (...) Es ist die längste Zeit der menschlichen Geschichte hindurch durchaus nicht gestraft worden, weil man den Übelanstifter für seine Tat verantwortlich machte, also nicht unter der Voraussetzung, daß nur der Schuldige zu strafen sei — vielmehr, so wie jetzt noch Eltern ihre Kinder strafen, aus Zorn über einen erlittenen Schaden, der sich am Schädiger ausläßt — dieser Zorn aber in Schranken gehalten und modifiziert durch die Idee, daß jeder Schaden irgendworin sein Äquivalent habe und wirklich abgezahlt werden könne, sei es selbst durch einen Schmerz des Schädigers. Woher diese uralte, tiefgewurzelte, vielleicht jetzt nicht mehr ausrottbare Idee ihre Macht genommen hat, die Idee einer Äquivalenz von Schaden und Schmerz? Ich habe es bereits verraten: in dem Vertragsverhältnis zwischen Gläubiger und Schuldner, das so alt ist, als es überhaupt 'Rechtssubjekte' gibt, und seinerseits wieder auf die Grundformen von Kauf, Verkauf, Tausch, Handel und Wandel zurückweist."[882]
Für Claude Lévi-Strauss, so Deleuze/Guattari, sei die Schuld nur eine Art Superstruktur, in der die unbewußte Realität des Tausches sich einpräge — sie selber hingegen betonen den *Primat der Markierung/Beschriftung*; später bedingt dann das im Rechtskodex abgesicherte, organisierte Privateigentum „die Konjunktion der decodierten Ströme (...), das heißt ihre Axiomatisierung innerhalb eines Systems, in dem der Strom an Produktionsmitteln, als Eigentum der Kapitalisten, auf den Strom der sogenannten freien Arbeit, als 'Eigentum' der Arbeiter, sich bezieht" (391). Jene primitiven Einschreibungen, auf die Tausch und Zirkulation rekurrieren als Bedingungen ihrer Möglichkeit, sind *'Graphismus' gerade auch als Geo-graphismus*: ein Durch-

---

[882] Zur Genealogie der Moral, in: Werke Bd.III, 250f. In der Tat kann man sagen, daß manche Vorformen der Schrift, wie Einkerbungen, als bloße „Gedächtnisstützen" erscheinen (Tschichold, Drucksachen, 25); Nietzsches Stichwort *Mnemotechnik* ist von fundamentaler Bedeutung. — Eine bemerkenswerte Stelle, die zwar nicht auf den Zusammenhang von Schuld und Schulden, wohl aber auf den Glauben hinweist, durch Schmerzen könne eine Schuld abgetragen werden im Sinne einer Art von Äquivalent, findet man übrigens in Poes *Marginalien*: „Das System der Arznei-Verschreibung, wie's unsere Mediciner practiciren, dünkt mich Nichts denn eine Modification der nämlichen Buß-Idee zu sein, von der die Welt seit ihren Kindheits-Tagen geplagt wird — der Idee, daß das freiwillige Erdulden von Schmerzen einer Wiedergutmachung der Sünden gleichkomme" (Bd.10, 737). Keineswegs nur ironisch ließe sich hier bei „Verschreibung" durchaus die Verbindung zu 'Einschreibung'/ 'Beschriftung' ziehen. An dieser Stelle findet sich ausnahmsweise auch eine explizit kritische Bemerkung Poes zum Puritanismus seiner Zeit: „der Puritanismus unserer Tage und all das Geschwätz über die 'Abtödtung des Fleisches'" (ebd.), da liegt der Bezug zur 'Einschreibung ins Fleisch' nicht fern. Poe: „Bei diesem Punkte angelangt, verfällt solches Glaubens-Denken einem weiteren Irrtum: nämlich, in den Leuten hat sich die Meinung festgesetzt, *im freiwilligen Ertragen eines Uebels liege an und für sich schon die Tendenz zum Guten*" (737f., H. v. Poe). Insgesamt eine Passage mit deutlicher Nietzsche-Vorläuferschaft!

ziehen, Besetzen, Markieren und Erinnern von Räumen, von Erde — „ein Tanz auf dem Boden, ein Zeichen auf dem Körper, eine Zeichnung an der Wand bilden ein graphisches System, einen Geo-graphismus" (241).

In Anhang I wurde bereits ausgeführt, daß Einritzungen/Markierungen, bildnerische Darstellungen und dann das bedeutungshaltige abstrakte Schriftzeichen sich historisch-genealogisch tatsächlich aus dem *darstellenden Ritus* entwickelt zu haben scheinen, insofern dürfte es völlig richtig sein, hier zunächst auf den „Tanz auf dem Boden" zu verweisen. Was heute in individuellen & kollektiven Neurosen als „Angstabwehr im perfektionistischen Zwangsritual (Verwaltungszwang, Kontrollzwang)"[883] sich äußert, hat seine Wurzel in Bewältigungsversuchen gegenüber der übermächtigen Natur und auf Rhythmus, Wiederholung basierenden Appellen, die soziale Realität (der Gruppe, Horde) konstituierten: Jagdzauber, Bemächtigungsgesten, Initiationsriten, Aneignung & Wiedererkennbarmachung einer Gegend, eines Ortes. „Menschen machen Muster und erlegen sie der Natur auf" (William Golding[884]). Es werden z.B. Steine auf dem Boden zurechtgelegt, Schmuck angelegt, Erkennungszeichen eingeübt & anerkannt, „Feuerlinien" eingeprägt. „Die primitiven Formationen sind oral und vokal eben nicht, weil ihnen ein graphisches System fehlte" (241) — wenn vielmehr die Zivilisation 'aufhört', oral zu sein und zur schriftlichen Überlieferung übergeht, so weil der Graphismus eine fiktive Stimme einführt, die er allmählich stabilisiert. Wie Arnold Gehlen erwähnt, ist „die Gewohnheit, leise zu lesen, (...) erst vor kurzer Zeit entstanden, und noch Augustinus (Conf. VI,33) hielt es für einen Beweis großer Heiligkeit und Entrückung des Ambrosius, daß dieser leise zu lesen imstande war: vox autem et lingua quiescebant."[885] Mit einem umstrittenen Ausdruck Sohn-Rethels gesprochen, liegen hier offensichtlich 'Realabstraktionen' vor, die zur Geldform erst einmal in Bezug zu bringen wären, mit der zusammen sie die leitenden Abstraktionen des abendländischen Denken befördert und 'geprägt' haben. Es muß gegen Marcel Mauss selbst hinter den Austausch von Gaben & Geschenken zurückgegangen werden, zur Begründung solcher sozialen Möglichkeiten, mit abstrakter 'Äquivalenz' konkret umzugehen (im Sinne von Reziprozität, 'mehr–als', 'weniger–als' etc., und dabei wäre erneut darauf hinzuweisen, daß die Antinomie, die Kernstruktur des dialektischen Widerspruchs, formell ebenfalls eine Äquivalenz ist, nämlich zwischen einer Aussage & ihrer Negation).

In diesem Sinne gehen Deleuze/Guattari so weit, Nietzsches *Genealogie der Moral* als das unterschätzte „große Buch der modernen Ethnologie" zu bezeichnen: „Nietzsche besitzt nur kärgliches Material über altes germanisches Recht, ein wenig über das Recht der Hindu. Aber er zögert nicht wie Mauss zwischen Tausch und Schuld (ebensowenig wird Bataille unter Nietzsches Inspiration zögern). Niemals wurde eindringlicher das grundlegende Problem des primitiven Sozius, das ein solches der Einschreibung, des Code, der Kennzeichnung ist, behandelt" (244).[886] Der Hinweis auf die

---

[883] A.Mitscherlich, Aggression und Anpassung, a.a.O., 87
[884] Der Felsen des zweiten Todes (Pincher Martin, 1956), Frankfurt/M. & Hamburg 1960, 91. „Irgendein Muster. (...) Ein Schachbrettmuster. Streifen. Worte. S.O.S." (ebd.).
[885] Urmensch und Spätkultur, 229
[886] In *Nietzsche und die Philosophie* hat Deleuze erläutert, daß Nietzsche schon freudähnlich zwischen „zwei Systemen des reaktiven Apparates, Bewußtsein und Unbewußtes" unterschieden habe

Gleichung der Schuld (das BeGleichen, etwa durch ein 'Auge um Auge', oder sei es ein bewußtes Überbieten oder Verwerfen der Äquivalenz), als aktiv-reaktives Verschieben und Hinausschieben eines fundamentalen Ungleichgewichts (Offenheit-zu) führt auf den primitiven Graphismus. Ich meine, daß dieses Konzept überzeugt (vorbehaltlich weiterer Präzisierungen, die man vornehmen müßte, jedenfalls überzeugt es mich weit mehr, als Sohn-Rethels Transzendentalismus oder Adornos unspezifisches Ansetzen des 'Tauschprinzips', wenn es unerläßliche Klärungen schuldig bleibt, mich je überzeugt haben[887]), und zwar unabhängig davon, ob man das Machtparadigma

---

(123): „Nicht ein und dasselbe System wird erregt und erhält die Spur dieser Erregung auf Dauer. Es könnte gar nicht die Veränderungen, denen es ausgesetzt ist, getreu bewahren und zugleich eine stets frische Aufnahmebereitschaft vorweisen (...). Das reaktive Unbewußte wird durch Gedächtnisspuren, durch dauerhafte Eindrücke gekennzeichnet. Es ist ein vegetatives, wiederkäuendes Verdauungssystem, das 'ein passivisches Nicht-wieder-los-werden-Können des einmal eingeritzten Eindrucks' zum Ausdruck bringt. (...) Anpassung wäre auf immer unmöglich, verfügte der reaktive Apparat nicht über ein weiteres System von Kräften. Es braucht ein System, in dem die Reaktion aufhört, Reaktion auf Spuren zu sein, um statt dessen Reaktion auf die präsente Erregung oder auf das unmittelbare Bild des Objekts zu werden" (123). Hier findet man auch eine Rekonstruktion der kulturellen Bildung / Auf-Zucht eines Gedächtnisses durch 'Züchtigung', was laut Nietzsche so erfolgt, daß das kredithaft Gewährte und folglich Abzuleistende als 'Schuld' eingeschrieben wird: Das der Zukunft im Sinne eines Versprechens verpflichtete Gedächtnis „ist kein Gedächtnis der Sensibilität", das dem Vergangenen verhaftet wäre, sondern eins „des Willens. Kein Gedächtnis von Spuren mehr, sondern von Worten" (146). „Dabei hat die Kultur stets das folgende Mittel angewandt: die Umwandlung des Leidens in ein Tauschmittel, eine Geldform, ein Äquivalent; nämlich gerade als Äquivalent für das Vergessen, einen verursachten Schaden, ein nicht eingehaltenes Versprechens" (147). Das Konzept 'Gerechtigkeit' hat sich folglich des Mittels der Strafe bedient, nach dem „Verhältnis von Gläubiger und Schuldner"; indem Kultur im Sinne von Selbstunterdrückung in die Individuen einschreibt, lehrt sie sie *Selbstverantwortlichkeit*. „Nietzsche sieht demnach im Kredit (im Entleihen) und nicht im Tausch den Archetypus gesellschaftlicher Organisation" (147).

[887] Vgl. dazu Th.Collmer, Das 'falsche Ganze' und die Totalisierung der Wertform. Zur Aktualität Adornos und Sohn-Rethels, in: Z. ZEITSCHRIFT MARXISTISCHE ERNEUERUNG Nr.10 (Juni 1992), 138-154. Adornos Rede vom 'Tauschprinzip' *muß* allerdings durchaus keine unzulässige Verselbständigung der Zirkulation gegen die Produktion implizieren, sondern läßt sich bis zu einem gewissen Grade mit Marx verteidigen: Unter den Bedingungen des *verselbständigten Tauschwerts* bildet „die wechselseitige und allseitige Abhängigkeit der gegeneinander vergleichgültigten Individuen (...) ihren gesellschaftlichen Zusammenhang. Dieser (...) ist ausgedrückt im Tauschwert, worin für jedes Individuum seine eigne Tätigkeit oder sein Produkt erst eine Tätigkeit und ein Produkt für es wird" (Grundrisse, MEW Bd.42, 90). „Auf der Grundlage der Tauschwerte wird die Arbeit erst durch den *Austausch* als allgemein *gesetzt* (d.h. realisiert, manifestiert, T.C.)" (104, H. v. Marx); die Individuen werden von Produktionsweise und Austausch kontrolliert, statt daß sie beides kontrollierten. Findet hingegen die Produktion erst einmal von vornherein unter selbstbestimmter Kontrolle der Produzenten statt, so wird die Arbeit nicht erst durch den Austausch als allgemein gesetzt. Damit bleibt aber kompatibel, daß auch in einer nicht mehr kapitalistischen Gesellschaft der „Austausch von Tätigkeiten und Fähigkeiten, der in der Produktion selbst geschieht, direkt zu ihr gehört und sie wesentlich ausmacht" (33, das umfaßt auch den Austausch der *Produkte* dieser Tätigkeiten, doch es sind dann nicht mehr *waren*förmige Produkte!), als Moment innerhalb der übergreifenden Produktion auf jenes spezifische Moment *zurückwirkt*, als welches die Produktion *innerhalb ihres Übergreifens* nicht einmal spezifisch 'von sich selbst' unterschieden wird (eine Figur negativer Totalisierung): „Das Resultat, zu dem wir gelangen, ist nicht, daß Produktion, Distribution, Austausch, Konsumtion identisch sind, sondern daß sie alle Glieder einer Totalität bilden, Unterschiede innerhalb einer Einheit. Die Produktion greift über, sowohl über sich in der gegensätzlichen Bestimmung der Produktion, als über die andren Momente. Von ihr beginnt der Prozeß immer wieder von neuem" (34). Da es Marx um eine wesentlich andere Produktionsweise zu tun ist — diese Veränderung würde dann konstitutiv auch die

(Nietzsche, Foucault) übernimmt oder nicht — es ist sinnvoll, die Vertreter des Kommunikationsparadigmas (Habermas, Honneth, Schnädelbach) nicht nur auf den Tausch und das Wertgesetz zurückzuverweisen, sondern auf den Graphismus in dem hier skizzierten Sinne.

Leiden ist ein Thema, das glatt verfehlt wird, wenn man es vorwiegend unter dem Blickwinkel verzerrter Kommunikation betrachtet, insofern diese selbst nur ein Epiphänomen ist: Symbol, Symptom, Signal, und zwar nicht in erster Linie von & für Be-

---

anderen Sphären, darunter den Austausch, ergreifen — gilt der Primat der Produktion sicher nicht nur für den Kapitalismus. Es ist wichtig, zu sehen, *daß man bei Marx zwischen nicht tauschwertförmigem Austausch und tauschwertförmigem Austausch unterscheiden muß* — diese wichtige Differenzierung geht verloren, wenn man allzu plakativ vom 'Tauschprinzip' spricht. „Der ursprünglich in der Produktion stattfindende Austausch — der kein Austausch von Tauschwerten wäre, sondern von Tätigkeiten, die durch gemeinschaftliche Bedürfnisse bestimmt wären, durch gemeinschaftliche Zwecke — würde von vornherein die Teilnahme des einzelnen an der gemeinschaftlichen Produktenwelt einschließen" (104). Marx spricht hier somit explizit von einem Austausch, der kein Austausch von Tauschwerten ist. Wenn er sagt: „In dem barter (d.h. Tausch*handel*, T.C.) ist (...) das Produkt nur an sich; es ist die erste Erscheinungsform desselben; aber das Produkt ist noch nicht als Tauschwert gesetzt. (...) diese Bestimmung (greift) nicht über die ganze Produktion über, sondern betrifft nur ihren Überfluß und ist daher mehr oder weniger selbst *überflüssig* (wie der Austausch selbst)" (134, H. v. Marx), so meint er den Handel einer als potentiell autark vorausgesetzten Produktionsgemeinschaft mit *anderen* Gemeinschaften; das ist kein Widerspruch zu jenem „Austausch von Tätigkeiten und Fähigkeiten", der aufgrund der in einer Produktionsgemeinschaft selbst herrschenden Arbeitsteilung (die schon mit dem Geschlechterverhältnis einsetzt) in dieser selbst geschieht, d.h. „in der Produktion selbst geschieht, direkt zu ihr gehört und sie wesentlich ausmacht" (33), seien dies nun Produkte für den direkten Konsum oder Produkte zur Herstellung weiterer Produkte. Dieser interne Austausch ist noch nicht tauschwertförmig, und er muß auch in einer nachkapitalistischen Gesellschaft nicht notwendig tauschwertförmig sein. Mit demjenigen „Austausch" hingegen, der „ursprünglich nicht innerhalb des Kreises eines gesellschaftlichen Gemeinwesens, sondern da, wo es aufhört, an seiner Grenze" stattfindet (153) und den „Überfluß" betrifft, den eine Gemeinschaft nicht selbst verbraucht, sondern mit dem sie Handel treibt, beginnt der Tauschwert als solcher sich zu verselbständigen, was natürlich auf den 'internen' Rahmen wieder zurückwirkt. (Die Herausbildung eines Kaufmannsstandes, der Waren gegen Geld kauft, um sie mit Profit weiterzuverkaufen, ist Symptom dieser Rückwirkung von Verselbständigung des Tauschwerts auf ein Gemeinwesen und könnte unter Umständen unterbleiben, ebenso wie die Abpressung eines Mehrwerts durch unbezahlte Mehrarbeit in der Produktion.) Was es nun allerdings *im einzelnen* bedeutet, in einer nachkapitalistischen Gesellschaft den verselbständigten Tauschwert 'aufzuheben' — ob es überhaupt noch Sinn macht, hier in jenem berühmten dreifachen Hegelschen Sinne von 'aufheben' zu sprechen, der ein längst unhaltbar gewordenes teleologisches Fortschrittsmodell impliziert, und wo der Umstand, daß es nicht nur zu beseitigen, sondern auch aufzubewahren gelte, oft zum Vorwand für einen strukturellen Konservatismus genommen wurde — ist mit Marx-Textstellen kaum zureichend präzise zu beantworten. Wenn Marx z.B. sagt, daß „nach Aufhebung der kapitalistischen Produktionsweise, aber mit Beibehaltung gesellschaftlicher Produktion, die Wertbestimmung vorherrschend" bleibe „in dem Sinn, daß die Regelung der Arbeitszeit und die Verteilung der gesellschaftlichen Arbeit unter die verschiednen Produktionsgruppen, endlich die Buchführung hierüber, wesentlicher denn je wird" (Das Kapital III, MEW Bd.25, 859), so kann man sich durchaus vorstellen, daß es gar kein schlechter Widerspruch wäre, wenn in manchen Sektoren & Bereichen das Wertgesetz ausgehebelt und in anderen intensiver & planmäßiger zur Anwendung gebracht würde als in einer kapitalistischen Gesellschaft. Eine entscheidende Frage wäre hier sicher auch, ob man erst die 'Zwischenphase' eines 'zweiten sozialistischen Experiments' benötigt oder (da dieses nur global funktionieren kann, global aber in nächster Zeit nicht zustande kommen wird) nicht vielmehr versuchen *muß*, in kleineren abgekoppelten (selbstorganisierten) Bereichen / Gemeinschaften (die dann evtl. zu vernetzen wären) auf experimentell-vielfältige & vorerst nicht zentral planbare Weise 'Sprünge' in den Kommunismus (*und auch* in diverse Zwischenformen) zu riskieren...

wegungen des Ideologischen, sondern der *Basis*. Der Schmerz ist „Teil eines tätigen Lebens und eines gefälligen Blicks" (245). Noch einmal der Hinweis auf den schon angesprochenen alltäglichen Sadismus & Masochismus: „Das Auge zieht schlicht aus dem Schmerz, den es beobachtet, einen Mehrwert an Code" (ebd.) — mag diese Formulierung nun metaphorisch sein oder nicht, sie charakterisiert perfekt die Medien-, Informations- & Kommunikationsgesellschaft, den verordneten, in seiner Geschwätzigkeit längst sprachlos gewordenen Voyeurismus, der im Über-Ich (Ich-Ideal) ebenso tätig ist wie in den Überwachungsstrategien eines Staates, der die *entscheidende* Überwachung weitgehend der vorgeblich freien, demokratischen & zwanglosen 'Kommunikation' der Subjekte untereinander & ihrer Selbstunterdrückung, unter dem Anpassungsdruck universeller Konkurrenz in der Massengesellschaft, überlassen kann. Dem im Zuge kapitalistischer Industrialisierung, Elektronisierung & Rationalisierung wildwuchernden Sichfortschreiben 'primitiver Einschreibung' in Erde / Körper / Natur ist durch moralische Appelle und 'Vernunft' um so weniger beizukommen, wenn diese genau jener Einschreibung sich ursprünglich verdanken — bemerkenswerteise ist es aber das maschinelle Supersystem selbst, das der 'Vernunft' wie auch der aufklärerischen Vernunftkritik gegenüber eine *Doppelstrategie von Vereinnahmung & Exklusion* fährt und damit zeigt, daß Auflösung & Neuschaffung möglich bleiben. Denn solche Widersprüche changieren zwischen Blockierungsfunktion und dem Aufzeigen von (eben nicht notwendig konformistischer!) 'Anschlußfähigkeit' durch Einholen von Bedingungen & Aufnahme von Zusatzkomplexität. (Insofern sollte auch die gezielte Austrocknung der Geisteswissenschaften über die Finanzierungsschiene eher als Kompliment betrachtet werden, statt mit Hinweisen auf den wissensgestützten Wirtschaftsstandort Deutschland die Argumentation des Systems zu übernehmen!) In einer modernen (oder 'postmodernen') Gesellschaft stellt das Geld „*das Mittel dar, die Schuld zu einer unendlichen zu verlängern*" (254 a). „Man is bankrupt", wie Norman O. Brown formulierte[888], und zögert den Offenbarungseid durch hektisches Strömenlassen von Kapital & fiktivem Kapital weiter hinaus. Wenn das Buch von Deleuze/Guattari zur experimentellen Zerstörung dieser Ordnung aufruft, mag man ihm kaum widersprechen: „Zerstören, zerstören: die Aufgabe der Schizo-Analyse führt über die Destruktion, die umfassende Säuberung, Ausschabung des Unbewußten. Ödipus zerstören, die Illusion des Ich, den Hampelmann Überich, das Schuldgefühl, das Gesetz, die Kastration... Nicht um fromme Zerstörungen geht es dabei" (401). Oder, wie Roland Barthes es ausdrückte: „Man muß erst ordentlich Platz schaffen, bevor man wieder aufbaut."[889] Was dabei 'aufzuheben' im Sinne von 'aufzubewahren' sein wird, ist im Voraus im einzelnen nicht kalkulierbar — schon

---

[888] Life Against Death. The Psychoanalytical Meaning of History (1959, 2nd edition 1985), Middletown (Connecticut) 1988, 271. Auch bei Brown findet man ausführliche Überlegungen zum Zusammenhang von Schuldkomplex und Ökonomie („The economy unconsciously obeys the logic of guilt", 272). Statt aber die 'unendliche Schuld', wie Brown, von „infantile fantasy" abzuleiten und wie Freud auf psychoanalytische Aufklärungsarbeit zu setzen (ebd., 292), verfolgen Deleuze/Guattari einen historisch-materialistischen Ansatz und halten letztlich mit Marx an der Notwendigkeit einer Revolution von innen fest, mag auch das Band, das zwischen den potentiell Interessierten noch möglich ist, noch so fragil & unbeständig sein.
[889] Mythen des Alltags, 150 (Barthes setzt diesen Satz vorsichtig in Anführungszeichen)

daß man die Kalkulation, dieses 'Was gewinne ich dabei? Was habe ich davon?' benötigt, ist der entscheidende Fehler. Es fehlt an Mut zum Risiko, zum Experiment, denn die allermeisten Menschen hängen, im doppelten Sinne, an ihren Ketten. Der Wunsch zu wirklicher Veränderung ist nicht stark genug. Und ob das ein Zeichen von Vernunft ist, darf bezweifelt werden.

c) Poe mit Deleuze / Guattari (& weitergehend). Antonin Artauds Poe-Rezeption

Die familiäre Triangulation (Papa, Mama, Kind) erfüllt gewisse Differenzierungsfunktionen: sie differenziert hinsichtlich „der Generation, des Geschlechts und des Status" (97).[890] Und dabei scheinen Deleuze/Guattari in ihrer kritischen Einstellung gegenüber Lacan zu unterschätzen, daß zumal in einer patrizentrischen Gesellschaft der 'Name-des-Vaters' (Lacan) eine gegen andere ab- & eingrenzende Identifikation liefert, die das 'ich'-Sagenkönnen stabilisiert. Gerade darum scheint der Vater 'negativ', d.h. zum Zwecke der Selbstkonstitutivität, attackiert werden zu müssen: um die Fixierung & Fremdbestimmtheit, die in dieser 'Stabilisierung' liegt, wieder zu verflüssigen & eine Eigenständigkeit auf den Weg zu bringen. Der partielle oder gänzliche Ausfall solcher Differenzierungsfunktionen ebenso wie ihre Uneindeutigkeit oder Überkomplikation generiert psychische Verletzungen, welche die Spielräume einer werdenden Persönlichkeit bestimmen, indem sie sie begrenzen, dabei freilich intern auch öffnen. Poe ist dafür ein gutes Beispiel: Hinsichtlich seines 'Status' durchlief er erhebliche Verwirrung. Seine Geschlechtlichkeit wurde an den Tod gekoppelt; der Zwangsneurotiker weiß nicht mehr, „ob er tot oder lebendig" ist (97). Hinsichtlich seines Namens ist die Verortung der symbolischen Ordnung im Namen 'John *A.B.C.* Smith' am aufschlußreichsten, wo die *spaltende* Einfügung des Alphabets ('A.B.C.') strukturell genau dem Ort von 'Allan' in 'Edgar *A.* Poe' entspricht (vgl. Kap. II). Es ist „der Despot", so Deleuze/Guattari, der die Stimme und die Schrift erschafft (259) — bei Poe hatte John Allan diese Rolle inne. Der Kampf gegen den Vater ist hier der Kampf mit der Sprache gegen die Sprache, der Kampf um die *eigene* (den Vater negierende) Sprache. Eine 'orthodoxe' Freudianerin wie Marie Bonaparte, die das ödipale Begehren 'wörtlich' nimmt (und damit, scheinradikal, in Wahrheit bloß die verkappte Ideologie der bürgerlichen Familie verbreitet), unterschätzt die Rolle der Sprache und entsprechend sowohl das *Begehren der Selbstkonstitutivität* wie auch (damit zusammenhängend) das nach *Selbstauflösung*. Der Inzest, so Deleuze/Guattari, ist nie der Wunsch, sondern „immer das verschobene Repräsentierte gewesen" (259). Norman O.Brown hat 1959 in *Life Against Death* mit seiner Explikation des 'causa sui'-Projektes eine eigenständige Neuinterpretation des 'Ödipus-Komplexes' angedeutet[891] (nur leider nicht konsequent entwickelt), die in einigen Punkten mit Deleuze/Guattari kompatibel ist: Der Kern des Ödipus-Komplexes bestünde demnach in dem Begehren, 'Vater seiner selbst zu werden', das läuft auf nichts anderes hinaus als auf das Begehren nach *Sich-selbst-hervorbringen, Autopoiesis*. Sich selbst zu 'zeugen' und sich selbst zu 'gebären' könnte, jenseits bloß symbolisch-emblematischer Imagination, für *beide* Geschlechter ein radikales Begehren nach Selbstbestimmung & Selbst-Produktion ausdrücken, das die Fremdbestimmtheit durch die familiäre Triangularität (Papa, Mama, Kind) und die damit verbundenen Differenzierungs-

---

[890] Die Seitenzahlen, die in diesem Abschnitt im Text erscheinen, beziehen sich erneut auf den *Anti-Ödipus*.
[891] Siehe in *Life Against Death* insbes.: 117–134, 164–171, 283–292

funktionen negiert & 'aufhebt'. Dieses Begehren ist durchaus thanatoisch (oder, genauer, thanaterotisch): es läuft buchstäblich darauf hinaus, daß hier begehrt wird, nicht geboren zu sein, in einen vorgeburtlichen Nullzustand zurückzukehren, um gewissermaßen unter Bedingungen der Selbstbestimmtheit noch einmal 'von vorn anfangen' zu können. Es handelt sich hier um ein Begehren 'mit dem Tod gegen den Tod'.[892] Aufhebung der Geschichtlichkeit hieße auch Aufhebung der „Schuldblöcke", ihrer „Zusammensetzung aus sprechender Stimme, markiertem Körper und genießendem Auge" (244). Anders als Brown will, liegt die 'Lösung' freilich nicht in der Mystifizierung einer frühkindlichen Erotik des totalen oder vollen Körpers.[893] Und ebensowenig in einem abstrakten Ausstieg aus dem 'Machen' von Geschichte.[894] In seiner *unrealistischen* Form zielt das Begehren, Vater seiner selbst zu werden, lediglich auf imaginäre Restauration eines primären Narzißmus. In seiner realistischen & zugleich *konkret*-utopischen, durch eine Selbstkritik des Symbolischen, Imaginären & Realen hindurchgegangenen Form würde es auf jene Form von Selbstbestimmung zielen, die dem Projekt der Menschengattung entspricht, die eigene Geschichte mit Selbstbewußtsein & vernünftiger 'Selbstgesetzgebung' zu gestalten. Jenes aufgeblähte, vermeintlich ungespaltene & omnipotente Lust-Ego, das narzißtisch 'restauriert' werden 'will', wäre jene abstrakte Identität, die unmittelbar zum abstrakten Nichts zurückfällt und entsprechend thanatoisch in der Tat dahin sich 'zurück'zukatapultieren bestrebt ist. Es ist aber die Macht des Negativen, welche um der Konstitution eines 'Selbstes' willen die Notwendigkeit von Selbstbegrenzung dem Werdenden vor Augen geführt hat, jenem Werdenden, der/die/das dieser Selbstbegrenzung noch in ihrem konstitutiven Siesprengenwollen & -müssen inne sein kann. Es obliegt daher der Macht des Negativen auch, falsche & überflüssige Repression & Fremdbestimmtheit zusammen mit eben jenem narzißtischen Ich zu verabschieden, das solche Repression repräsentiert...

Die Abstumpfung des sadistischen John Allan gegenüber Edgar Poe wäre nicht übel mit den Worten bezeichnet: „Das Auge zieht keinen Mehrwert mehr aus dem Schauspiel des Schmerzes; statt länger abzuschätzen, beginnt es jetzt eher 'vorauszusehen' und zu überwachen, zu verhindern, daß irgendein Mehrwert sich der Übercodierung der despotischen Maschine entzieht" (272). Kann der Andere nicht assimiliert bzw. zur Selbstangleichung animiert werden, so wird er hinaus auf die Straße geworfen.

---

[892] M.E. trifft diese dialektische Formulierung den Kern der Sache besser als Browns zu einseitige Formulierung, das „causa sui project" sei „in essence" zu begreifen als „a revolt against death generally". Erst recht sind Vorbehalte anzumelden gegenüber dem Nachsatz „and specifically against the biological principle separating mother and child" (Life Against Death, 127): erstens steht die vorgeburtliche 'Einheit' bloß projektiv paradigmatisch für vermeintliche Schmerzfreiheit, und zweitens spiegelt die biologisch gesehen völlig unnatürliche Idealisierung der Nichttrennung den allzumenschlichen (u.a. bürgerlichen!) Kult der Familie als einer Art von lebenslanger Zwangsgemeinschaft.
[893] Ich habe zu Brown ausführlich geschrieben in meiner Jim-Morrison-Studie: Pfeile gegen die Sonne. Der Dichter Jim Morrison und seine Vorbilder (1994), erw. Neuausg. Augsburg 1997, Kap.4
[894] Allerdings scheint der Wunsch, aus der Geschichte 'aussteigen' zu können, eben jenem Einschnitt zugrundezuliegen, den Lyotard als 'Postmoderne' nicht im Sinne eines zeitlichen Danach, sondern zur Markierung eines Bruchs & einer Bewegung innerhalb (!) der Moderne bezeichnet hat (vgl. Jean-François Lyotard, Postmoderne für Kinder. Briefe aus den Jahren 1982–1985 (Le Postmoderne expliqué aux enfants, 1986), Wien 1987).

Der Protagonist von *The Tell-Tale Heart* kann den verinnerlichten Kontrollzwang nur noch umkehren & gegen das Geierauge wenden, indem er in sich selbst das Unterste zu oberst kehrt, die Leiche unter den Dielenbrettern hervorholt, sie vorzeigt & damit sich bloßstellt. „Übercodieren", das tut Poe exemplarisch am Ende von *Arthur Gordon Pym* — „*die Strafe wird Rache*, Rache der jetzt im Despoten vereinigten Stimme, der Hand und des Auges, Rache des Neuen Bundes, dessen öffentlicher Charakter nichts am *Geheimnis* ändern wird" (273 a). „Was der Vater schwieg, das kommt im Sohne zum Reden", sagt Nietzsche.[895] Poes „vengeance" entsprang dem Ressentiment, reaktiven Kräften, wie sie von Deleuze im Nietzsche-Buch genannt werden: „Dies haben wir zu begreifen: Der Instinkt der Rache bildet die Kraft, die die Essenz dessen ausmacht, was wir Psychologie, Geschichte, Metaphysik und Moral heißen. Der Geist der Rache ist das genealogische Moment *unseres* Denkens, das transzendentale Prinzip *unserer* Weise zu denken."[896] Auch die herrschende Rationalität der Gleichheit, Gerechtigkeit, Äquivalenz entspringt für Nietzsche dem Geist der Rache, doch: „*daß der Mensch erlöst werde von der Rache*: das ist mir die Brücke zur höchsten Hoffnung und ein Regenbogen nach langen Unwettern."[897] Für Poe lag der Schlüssel, *sein* Ressentiment abzuarbeiten und (wenn möglich) zu überwinden, in seiner SchreibKunst. Bejahung im Überschreiben der Einschreibung als verneinende 'Aufhebung' der nihilistischen Verneinung: Pym überlebt paradox seinen Untergang, der Statt fand, als er auf die weiße Gestalt traf. Verstärkt man die oben durchgeführte 'textuelle' Interpretation von *Shadow* durch Deleuzes Nietzsche-Deutung, so ließe sich die vielfältige Stimme des Schattens auf jene Momente hin abklopfen, in denen noch ohne positives Resultat nach dem 'Neuen', über die jetzige Zeit Hinausweisenden gesucht wird, so wie Zarathustra den ebenfalls in sich vielfältigen Schrei der 'höheren Menschen' vernimmt (vergessen wir nicht, daß Poe, auch in Rekurs auf schriftstellerische Vorbilder, nach einem 'neuen Aristokratismus' suchte): „von neuem hörte er den großen *Notschrei*. Und, erstaunlich! diesmal kam derselbige aus seiner eigenen Höhle. Es war aber ein langer vielfältiger seltsamer Schrei, und Zarathustra unterschied deutlich, daß er sich aus vielen Stimmen zusammensetzte: mochte er schon, aus der Ferne gehört, gleich dem Schrei aus einem einzigen Munde klingen."[898] Darin klingt, was sterben muß(te), damit der eigene 'Untergang' von einem aktiv Schaffenden 'gewollt' werden kann...

Die Schrift springt als Supplement ein, um zu *re*–präsentieren, die verlorene Präsenz zurückzuverschaffen — dieses Derrida-Motiv läßt sich gut auf Poes „mournful and never-ending remembrance" beziehen. Und ermöglicht das stabilisierende Einsprin-

---

[895] Also sprach Zarathustra (II.Teil) – Von den Taranteln, in: Nietzsche, Werke Bd.II, 631
[896] Deleuze, Nietzsche und die Philosophie, 41 (Hervorhebungen von Deleuze)
[897] Also sprach Zarathustra, a.a.O., 631 (Hervorheb. v. Nietzsche)
[898] Also sprach Zarathustra (IV.Teil) – Die Begrüßung, a.a.O., 789 (Herv. v. Nietzsche). Dabei ist zu beachten, daß Dichter wie Poe für Nietzsche selber zu diesen 'höheren Menschen' gehörten: „Diese großen Dichter zum Beispiel, diese Byron, Musset, Poe, Leopardi, Kleist, Gogol (ich wage es nicht, größere Namen zu nennen, aber ich meine sie) (...); mit Seelen, an denen gewöhnlich irgendein Bruch verhehlt werden soll; oft mit ihren Werken Rache nehmend für eine innere Besudelung (...) — welche *Marter* sind diese großen Künstler und überhaupt die höheren Menschen für den, der sie einmal erraten hat!" (Jenseits von Gut und Böse, § 269 (Was ist vornehm?), in: Nietzsche, Werke Bd.III, 189; H. v. Nietzsche).

gen der Schrift nicht speziell für den Schriftsteller (als einen FestSteller, Fixator der Schrift, der von der Schrift fixiert und durch sie feststellbar wird) so etwas wie eine ebenso nachholende wie vorlaufende Selbstpräsenz (Selbstpräsenz-als-Selbstsubstitutivität, A = A)? Eine Selbstpräsenz aus zweiter Hand, die gleichwohl die eigene ist, nämlich die, welche die Feder ergriffen hat? Und wird damit für Poe nicht so etwas wie sadomasochistisches Genießen ermöglicht, insofern damit an Verdrängtes, die Urverletzung, Urverdrängung, den Eingriff der Urschrift gerührt wird? Hat nicht auch *insofern* der Zeichenaspekt 'Auge—Schmerz' für ihn eine durch 'Stimme—Hören' und 'Körper—Graphismus' vermittelte rabenhaarschwarze Bedeutung? Etwas 'schwarz auf weiß vor Augen haben', dieses Dreieck auf diesem Körper, diese Materie, diese Buchstabenschrift, heißt den Eingriff der symbolischen Ordnung gewissermaßen wiederholen, um nun selbst einzugreifen, sich selbst zu erschaffen, sich diese Möglichkeit um jener zu willen zu verSagen — folgt diese Einschreibung aufgrund einer Einschreibung nicht dem magischen Motto 'Wer/was die Wunde schlug, wird sie auch heilen'? Autopoiesis seiner/seines selbst mit & gegen die Autopoiesis der Schrift, deren Wesen Selbstsubstitutivität ist...

In *The Man of the Crowd* hat Poe einen der ersten „Stadtperversen" (248) gezeichnet, den die Einschreibung der Schuld vorwärtstreibt, nirgendwohin. Strikt gegen Lacan gerichtet, dem zufolge das Unbewußte strukturiert ist wie eine Sprache bzw. aus Sprache gemacht ist, schießen Deleuze/Guattari übers Ziel hinaus mit dem Diktum: „Das Unbewußte sagt nichts, sondern läuft" (231) — demgegenüber bietet der Protagonist von *The Imp of the Perverse* so etwas wie eine hellsichtige Synthese aus Lacan & Deleuze/Guattari, indem er vor dem verselbständigten Gesprochenen davonzulaufen versucht & sich dadurch den Hütern der symbolischen Ordnung erst recht ausliefert. Die im Körper festsitzende Sprache töten zu wollen, heißt, den Körper töten zu müssen.

Eine von vielen intensiven Passagen bei Deleuze/Guattari eignet sich besonders gut zur Interpretation von *The Man that Was Used Up*: „Der organlose Körper ist das Modell des Todes. Wie schon die Autoren des Schreckens richtig begriffen haben, dient nicht der Tod als Modell für die Katatonie, sondern gibt die katatonische Schizophrenie ein Modell für den Tod ab. Null-Intensität. Das Modell des Todes tritt hervor, wenn der organlose Körper die Organe zurückstößt und ablegt — keinen Mund, keine Zunge, keine Zähne ... bis zur Selbstverstümmelung, zum Selbstmord" (425). Das ist der umgekehrte Weg wie bei John A.B.C. Smith, wenn dieser seine Prothesen anlegt. Plausibel, denn die strömende Bewegung der Schizophrenie läuft dem narzißtischen Ich, seinen Krücken & Stützen, strikt entgegen! Und als Wegbereiter einer Erforschung des Erothanoischen hat Poe sich auffallend häufig mit dem Katatoniker identifiziert (*Loss of Breath, The Premature Burial, Arthur Gordon Pym*). „In der Wunschmaschine läßt beides sich beim Katatoniker beobachten: wie er, vom unbeweglichen Motor beseelt, von diesem gezwungen wird, seine Organe abzulegen, sie zu lähmen und zum Schweigen zu bringen, aber auch, wie er von den Arbeitsteilen, die auf autonome oder stereotype Weise funktionieren, dazu gebracht wird, sie wieder handlungsfähig zu machen, ihnen lokale Regungen einzuflößen" (425). Eben so ließe sich die Wiederausstaffierung des hilflosen 'Bündels' mit Organprothesen interpretieren —

der 'Neger' ist das die Teile reintegrierende (den psychischen Apparat antreibende) Begehren, das zugleich die unversöhnbare Spaltung verkörpert. Die tätige Durchdringung von Eros & Thanatos in der menschlichen Leibpsyche besteht darin, daß höchste Intensität und Null-Intensität *zugleich* begehrt werden, indem die beiden Extrempole dieses Begehrens einander wechselseitig *ineinander & auseinander* hervorbringen. Anders gesagt, „die Crux" (im Sinne eines Sichdurchkreuzens und Sichzerstörens in der Selbsthervorbringung) liegt, wie Bernd Mattheus im November 1986 schreibt, „in den konkurrierenden Wünschen nach Dauer und nach dem größten Ungleichgewicht"[899] — das 'Konkurrieren' ist hier aber ein Rivalisieren mit sich selbst, das sich schon auf Selbstzerstörung-in-der-Selbsthervorbringung hin überschritten hat. Wiederholung, Ritualisierung, Dauer, Fixierung generieren aus sich heraus eine Sterilität der *abstrakten* Negativität ('Nichts'), welche die des Todes und nur in der *absoluten* Negativität aufgehoben ist. Sie fordern aus sich selbst heraus die Perturbation des Verfestigten, Toten, d.h. einen *tätigen* Tod von maximaler Lebendigkeit. Umgekehrt fallen maximale Intensität und maximale Instabilität aus sich selbst zum Nichts zurück und fordern dasselbe, das heißt in Konsequenz wiederum sich selbst. Aufgrund solch 'paradoxer' Logik des Zerfalls, die 'unmittelbar' Logik von Autopoiesis ist und dabei ins Alogische, Nichtbegriffliche changiert, das sie auszudrücken versucht, so sehr sie es nicht ausdrücken kann und dabei gleichwohl es 'produziert' & aufscheinen läßt (aufzeigt), ist erothanoische Durchdringung eins mit *Ek–stase*. In diesem Sinne hat Georges Bataille 1961 in seinem Bildband *Les Larmes d'Éros* ('Die Tränen des Eros') versucht, das Bewußtsein dessen, was der Mensch ist, zu erweitern. Vor allem das verstörendste aller dort versammelten Bilder (bzw. es sind mindestens zwei) kann hier zur Bewußtwerdung des 'zerstückelten Körpers' herangezogen werden.[900] Man sieht dort, wie ein Mann, welcher der grausigen 'chinesischen Folter der hundert Teile' unterworfen wird (die unter der Herrschaft der Mandschu-Dynastie von 1644 bis 1911 praktiziert wurde, das Photo soll aus dem Jahr 1905 stammen), einen ekstatisch-entrückten, geradezu verzückt strahlenden Gesichtsausdruck zeigt, während er bei lebendigem Leib zersägt wird. Bataille stimmt Georges Dumas darin bei, daß dieser Gesichtsausdruck sich nicht auf das verabreichte Opium reduzieren läßt. Der Mann überschreitet offenbar das Zerstückeltwerden, das man oberflächlich als fremdbestimmte Regression, Regrediertwerden auffassen könnte, auf tätige Selbsthervorbringung-in-der-Selbstzerstückelung hin. Sein zersägter Körper wird aus äußerlich-technischen Gründen von den Schergen mittels eines Gerüstes aufrecht gehalten (sozusagen noch nach dem VorBild des narzißtischen Ego), damit sie ihn weiter zerstückeln können, er aber ist ihnen bereits entkommen (man ist versucht, Parallelen zu ziehen zu dem, was Sartre verquer als die unter allen denkbaren Umständen noch zu ergreifende 'Freiheit' eines Menschen auszudrücken versuchte). Der Abwurf aller Glieder & Organe bis hin zum 'organlosen Körper' — anders als in der schamanistischen Metapher bleibt auch kein Skelett zurück, denn die Knochen

---

[899] Aus dem Manuskript von *Die Wüste wächst, Fragmente,* hier zitiert nach dem Matthes & Seitz-Verlagsprospekt vom Frühjahr 1987, 10
[900] Vgl. G.Bataille, Die Tränen des Eros. Mit einer Einführung von Lo Duca und unveröffentlichten Briefen Batailles (Übers. G.Bergfleth), München 1981, 245ff.

werden mit den Gliedmaßen zersägt, zurück bleibt nach dem Tod des Gefolterten vielmehr ein nicht mehr zentrischer Stumpf bzw. eine Vielheit, ein 'Bündel' — bezeichnet den umgekehrten Weg wie bei dem mit Hilfe eines Handlangers seine Prothesen anlegenden *Man that Was Used Up*. Daß die Bezeichnung 'organloser Körper' ein von subkulturellen Jargons inflationär aufgegriffener Terminus wurde, der das Begehren ausdrückt, ein ultimativ freies Fließen von Energie durch einen mittels Drogen- &/oder Musikwirkung (nicht anders als bei bestimmten Meditationsformen, beim Yoga, bestimmten Kampfsportarten, religiösen Kulten usw.) von seinen Panzerungen, seinen inneren Hierarchien, sozialen Geformtheiten, doch eben auch seiner Fremdbestimmtheit durch biologische Gesetzmäßigkeiten befreiten Körper (oder genauer dann: Nicht-mehr-Körper) fließen zu lassen[901], darf hier unmittelbar assoziiert werden — das Sichverlierenwollen im ewigen Strömen ist hier ebensosehr Sichstreichen von Ewigkeit, Sichkomprimieren auf Bejahung jener Vergänglichkeit hin, die den Augenblick zur Erfahrung höchster Intensität werden läßt, um sich der darin tätigen Nullintensität zu überlassen, & umgekehrt. Dialektisch gesprochen, wird hier ein Zusammenfall von absoluter Negativität und absoluter 'Positivität' (Affirmation) angestrebt, und daß diese Formulierung nicht völlig sinnlos ist, liegt zumal daran, daß *Zusammen-fall* eben nicht nur Simultanität & Durchdringung (vgl. 'negative Einheit'), sondern auch Kollaps & Zerfall ausdrückt.

Statt „von einem Todeswunsch zu sprechen, der in qualitativer Weise sich von den Lebenswünschen abheben sollte" (Deleuze/Guattari, 425), wäre es in der Tat nötig, ihre *Dialektik* zu entfalten, um zu klären, „wie das gemeinsam funktionieren" kann (426). Bezeichnenderweise drücken die Antidialektiker Deleuze & Guattari genau diese Dialektik implizit aus: „Die Erfahrung des Todes ist die gewöhnlichste Sache des Unbewußten, gerade weil sie sich im Leben und für das Leben in jedem Übergang oder Werden, in jeder Intensität als Übergang oder Werden vollzieht" (ebd.). „Jede Intensität führt in ihrem eigenen Leben die Erfahrung des Todes und schließt sie ein" (427), eben insofern ist für das 'Subjekt' wechselseitige Exklusion nur *als* wechselseitige Inklusion möglich. Das Sterben des Ich kann vom Schizophrenen als Dauerphänomen des Todes-im-Leben nicht verdrängt werden; zerreißende Hyper-Intensität & Null-Intensität sind siamesische Zwillinge, und ein Poe(t), der sich zur analytischen Maschine, zum Schachautomaten machte, um solcher Konsequenz zu entgehen, vermochte dies aus involvierter Distanz heraus literarisch zu gestalten: „Stets vom Modell zur Erfahrung gehen und von der Erfahrung zum Modell wieder zurückgehen heißt, den *Tod schizophrenisieren*, ist die Übung der Wunschmaschinen (das von den Autoren des Schreckens wohlverstandene Geheimnis)" (428 a). Das Begehren explizit mit dem Tod kurzzuschließen, führte den Menschen Edgar Poe freilich ausgerechnet zu dem, was asketische Kulturideale schon immer ausgedrückt & gefordert haben: „sublime Resignation" (429).

Es ist unsinnig, zu sagen: „es gibt keinen Todestrieb, *weil* im Unbewußten das Modell und die Erfahrung des Todes gegeben sind" (429 b) — eben! „Der Tod ist demnach

---

[901] Vgl. z.B.: No U Turn Allowed. Katja Diefenbach im Gespräch mit Simon Reynolds über sein neues Buch *Energy Flash. A Journey through Rave Music and Dance Culture*, in: JUNGLE WORLD Nr.42 vom 14. Oktober 1998, 28f.

ein Teil der Wunschmaschine, der als solcher selbst im Funktionieren der Maschine und im System seiner energetischen Umwandlungen (...) beurteilt und bewertet werden muß" — ganz recht! — „nicht aber als abstraktes Prinzip" (429f.). Da & nur da liegt es wieder, genau wie im Fall des 'sich selbst verwertenden Wertes' als Strukturgesetz! Daß das Für-sich-Sein in der Fixierung, Identität-mit-sich, ebensosehr & unmittelbar das *Außersichsein*, nämlich *Selbstabstraktivität* von Negativität ist, nicht mehr, aber auch nicht weniger, gehört zu jener *immanenten* Selbstkritik von Dialektik, worin diese die *konkrete* Negativität und das *Konkret*-Allgemeine aufstellt und damit die Verdinglichungen über sich hinaustreibt. Will man abstrakte theoretische Grundbegriffe völlig vermeiden, so müßte man auch die Rede von 'Energie' oder 'Intensitäten' ablehnen — zieht man sich aber in Verachtung der ihnen unvermeidlich innewohnenden restmythologischen Momente auf vermeintlich 'reine Fakten' zurück, so ist man, gut dialektisch, erst recht *deren* Mythologie aufgesessen, nämlich ohne das interne Korrektiv *bewußt angewandter* Dialektik.

Das Einzelne im Medium des Allgemeinen ausgedrückt, ist schon *besonderes* Allgemeines: die Grenzen des Differenziellen liegen gewissermaßen in ihm selbst. Das ist, wie von Hegel als Dialektik der sinnlichen Gewißheit durchgeführt, demonstrierbar am Gebrauch von Indikatoren (indexikalischen Ausdrücken), *ich, hier, jetzt*. Den Indikator *ich* korrekt gebrauchen zu können, heißt zu wissen, daß damit der jeweilige Sprecher sich selbst bezeichnet, *insofern* ist 'jedes ich (Ich)' implizit 'alle ich (Ich)'.[902] Mit anderen Worten, die Verschiebung zur parasitären Nominalisierung (*das Ich*) verweist auf die Einführung der symbolischen Ordnung. Insofern wäre das *implizierte* Allgemeine gleichbedeutend mit impliziter Sprachkompetenz und der 'Unmöglichkeit einer Privatsprache' (Wittgenstein). Das schlechthin Einzelne im Sinne des Absoluten (Los-gelösten) benennen zu wollen, führt nicht auf den Namen, sondern auf das Namens*verbot*. Die „Ehre des Namens", die „Differenzen" retten zu wollen (Lyotard[903]), zur Markierung des konkreten Einzelnen, unterliegt der Dialektik der Diffe-

---

[902] Die Sprache nötigt uns, das, was wir als schlechthin Unmittelbares *meinen*, im Medium des Allgemeinen auszudrücken; damit ist das flüchtige Unmittelbare bereits *aufgehoben*. Entsprechend ist vertretbar, daß Hegel hier demonstrativ vom Indikator zur Nominalisierung übergeht: „Indem ich sage: dieses Hier, Jetzt oder ein Einzelnes, sage ich: alle Diese, alle Hier, Jetzt, Einzelne; ebenso, indem ich sage: Ich, dieser einzelne Ich, sage ich überhaupt: alle Ich; jeder ist das, was ich sage: Ich, dieser einzelne Ich" (Phänomenologie des Geistes, in: Werke Bd.3, 87). Richtig ist auch Hegels Hinweis, daß zu sagen 'das Einzelne', 'das Differenzielle', 'das Ereignis' bedeutet, es *als Allgemeines* zu sagen. Man kann das Viele nicht *unmittelbar selber* aussagen, sondern sobald man es überhaupt aussagt, tut man es *vermittels des Begriffs* (oder eines Vorbegriffs) *des Vielen*, d.h. *der Vielheit*. 'Die Vielheit' so als Einheit auszusagen, wird allerdings *dem Vielen selbst* nicht gerecht! Und es ist auch nicht haltbar, die Ebene des Allgemeinen auf das Begrifflich-Allgemeine, gar im Sinne substanzialisierter Vernunft, zu reduzieren. Ebenfalls (damit zusammenhängend) unhaltbar ist, daß Hegel das Zufällige in Bausch & Bogen der 'absoluten Notwendigkeit' unterstellt. Lyotard hat recht, wenn er sagt, daß die Äußerung eines einzelnen Satzes „niemals von seinem Gehalt her notwendig" ist (vgl. Postmoderne für Kinder, 61). Sondern es sind äußere Gründe, äußere Bedingungen, die zu seiner Äußerung nötigen — eben insofern ist diese Äußerung 'Ereignis' im Sinne von Deleuze. Es ist niemals außer im Sinne eines selbst abstrakt werdenden Dogmatismus möglich, alle äußeren Bedingungen (die Kontingenz & Komplexität der Welt) schlichtweg in einen Immanenzzusammenhang hineinzuziehen (ich habe versucht, zu zeigen, daß Hegel dabei, immanent inkonsequent, gegen 'Negativität' *verstoßen* muß).
[903] Postmoderne für Kinder, 31

renzierung. Der eigene Name ist gleichsam eine Höhlung im Ich, das 'sich' daran allererst emporzieht wie eine Kletterpflanze, die allmählich Zellwände ausbildet, Haare, Stacheln, & verholzt. Deleuze/Guattari wären daher auf einen konstitutiven Zusammenhang von *nomen* und *numen* zu verweisen. Ein Wink, ein zuwendendes Nicken, rammt Grenzpfähle ein, individuierendes Sicheingrenzen ermöglichend: Sohn–von, Tochter–von, GeWESENsein, woraus geworden. Ein Herkommen. Ein Holzeinschlag, Wink mit dem Zaunpfahl (oder, lacanesk gesprochen, mit dem ZaunPhall). Die Abnabelung generiert ein Loch im Bauch. Von nun an gelten symbolische & imaginäre Verbindungen, die an das Aufgerufenwerden durch das Reale erinnern: Geschluckte Schläuche, Kanülsysteme, wodurch Ströme fließen. Libido wird nominal & numinal chiffriert, damit die Möglichkeit von Voluptas abgesteckt. Was *darin* darüber hinaus will, ist Mortido. Die Durchdringung von/mit (das Durchdringen zu) Libido & Mortido wird nominal & numinal geregelt. Genau darum reicht die genannte Trinität bei Deleuze/Guattari (Libido / Numen / Voluptas) nicht aus.

Im Spiegel des Imaginären erleidet das Subjekt die *mortificatio*, die es dem Realen verdankt, welches das Symbolische in 'es' einführte. Ebenso gut wie auf das Bündelwesen in *The Man that Was Used Up* könnte man auf Giorgio de Chiricos schattenwerfende Gliederpuppen, Salvador Dalis prothesengestützte weich-voluminöse GliedMassen oder, wie Jacques Lacan, auf Hieronymus Boschs geborstenen Baum-Menschen und seine Qualgeister der Hölle verweisen: „Dieser zerstückelte Körper (...) zeigt sich regelmäßig in den Träumen, wenn die fortschreitende Analyse auf eine bestimmte Ebene aggressiver Desintegration des Individuums stößt. Er erscheint dann in der Form losgelöster Glieder und exoskopisch dargestellter, geflügelter und bewaffneter Organe, die jene inneren Verfolgungen aufnehmen, die der Visionär Hieronymus Bosch in seiner Malerei für immer festgehalten hat, als sie im fünfzehnten Jahrhundert zum imaginären Zenith des modernen Menschen heraufstiegen. Aber diese Form erweist sich als greifbar im Organischen selbst, an den Bruchlinien nämlich, welche die fantasmatische Anatomie umreißen und die offenbar werden in Spaltungs- und Krampfsymptomen, in hysterischen Symptomen."[904] Ronald D. Laing hat Angstformen bei 'schizoiden' Personen beschrieben, die unter Seinsunsicherheit leiden: „Angst vor dem Verschlungenwerden, vor Implosion, vor Petrifikation"[905] — von der 'eindringenden Realität' überwältigt werden, sich wie in Stein verwandelt fühlen oder quasi vorbeugend sich selbst in Stein verwandeln.[906] Manche Personen empfinden sich als „irgendwie losgelöst von ihren Körpern", so als seien sie „niemals ganz inkarniert" worden.[907] „Einige Psychotiker sagen in akuten Phasen, daß sie in Flammen stehen, daß ihre Körper verbrennen."[908]

---

[904] Das Spiegelstadium als Bildner der Ichfunktion, wie sie uns in der psychoanalytischen Erfahrung erscheint, in: Lacan, Schriften Bd.I, 67; vgl. meine Lacan-gestützte Interpretation von Boschs Triptychon *Der Garten der (irdischen) Lüste* in Kap.8 meines J.Morrison-Buches *Pfeile gegen die Sonne*
[905] Laing, Das geteilte Selbst. Eine existentielle Studie über geistige Gesundheit und Wahnsinn (The Divided Self, 1960), Reinbek 1976, 37
[906] Because „a rock feels no pain", wie Paul Simon in dem Song *I am a rock* singt (auf dem Album *Sounds of Silence* von Simon & Garfunkel, Columbia Records 1966).
[907] Das geteilte Selbst, 56
[908] Ebd., 39

Der menschliche Körper ist in wörtlichem Sinne *Resonanzkörper*, Echokammer. Er ist interiorisierte Außenwelt. Sprachschicksale finden ihren leiblichen Niederschlag: Wenn etwa die Sprache zu rasch, zu eindringlich, zu ungeduldig oder diffus eingeführt wurde; wenn eine enge Bezugsperson abwechselnd 'mit unterschiedlichen Stimmen spricht', ein stark inkongruentes Verhalten zeigt & dadurch Verwirrung erzeugt; wenn sie etwa selber ausgeprägte kommunikative Belastungen, Überforderung, Störungen zeigt; wenn Bereiche, die für das Ausbilden persönlicher Identität und das Lernen im Umgang mit sozialer Realität wesentlich sind, ausgespart & mit Tabu belegt werden ('darüber spricht man nicht'). Der Leib ist gleichsam textuelles Syndrom, durch Sprache verhext. Gehörte & einverleibte Stimmen können im Resonanzraum mehr oder weniger abgespalten, verselbständigt sein; die Kanülen & Umläufe der Ströme & Stoffe können gewissermaßen mit Sprachmehl, Sprachspäne/-partikeln, mit eingedicktem Sprachsirup & sich zersetzenden Mischgetränken verstopft sein. Vernarbte Risse platzen bei Gelegenheit wieder auf, Reizablagerungen unternehmen Flucht- & Verfolgungsbewegungen, Arsenale des Rückbezugs & der Antizipation speien ihre Blindgänger nebst Entzündlichem in die Waagschalen der Realität. Perspektiven, AusFluchten & Korridore schneiden & kreuzen einander, ins Fleisch. Das Unbewußte insistiert auf einer Art falscher Ewigkeit, denn die Zeit heilt die Wunden der Sprache nicht.

Das Ganzheitsphantasma des Körpers ist zwanghaft-kontrafaktische Vereinheitlichung, insofern anfällig für das Spiegelbild der Wertform und schon beim strukturierenden Einbrechen der symbolischen Ordnung ins Begehren durch jene vermittelt; mit anderen Worten: das Spaltende selber generiert jenes Identitätsprinzip, durch das der Spalt, das 'Loch im Sein', zum Dauerkonflikt wird, zum in 'sich' widerSprechenden 'Rivalisieren mit sich'. „Der Körper als zerstückeltes Begehren, das sich sucht, und der Körper als Ideal des Selbst reprojizieren sich auf die Seite des Subjekts als des zerstückelten Körpers, während er den andern als vollständigen Körper sieht"[909], der auf der Rutschbahn der Ware sugGESTiv dahinschreitet und das Genießen von 'Kommunikation' im Sinne einer unendlichen VerSchiebung zu versprechen scheint. Das sprechende Wesen ist sozusagen lebenslang dazu verurteilt, in fälschlich kom‐MENSurabel gemachter Unendlichkeit zu tappen, daher seine Anfälligkeit für die Geldform, die strukturelle Maßlosigkeit des sich verwertenden Wertes. Mit dem Mühlstein um den Hals die Mühle zu mahlen, fällt beschwerlich. Die Sprache bewegt sich eo ipso zwischen reduktivem Vereinfachen und dynamischem Ausweiten & Differenzieren, das sprechende Wesen kommt in dieser integrierten Doppelbewegung ins Schlingern & versucht, auch andere zu Fall zu bringen. Bei Bedarf können Kontingenzspielräume, Alternativen, Abzweigungsmöglichkeiten ins Spiel gebracht werden, der Agon & die Agonie gehen weiter, die Selbstverortung über Ab- & Eingrenzung, über Stock & Stein ist nie am Ende, da sie strukturell schon immer im absolut Anderen, also nie bei sich selbst ist (dieses 'reine Sein' wäre unmittelbar die Implosion zur *abstrakten* Negativität, Nichts). Vernehmen wird zur Selbstaushorchung: Da war doch was? Es war, also bin ich. Dort, wo es aufschien, ist Zukunft, das Zukommende. Leben für das, was gewesen sein wird: aus dem Vermachteten etwas machen.

---

[909] Lacan, Freuds technische Schriften, 192

GegenWart: da wartet etwas, das, was dem Begegnenden entgegensteht. Wartet darauf, im Modus des GeWESENen auf Dauer gestellt zu werden. Hohe Warte auf dünnem Stengel. Tu etwas!
So wie in einem grob charakterisierenden Profil zwischen 'introvertiert' und 'extrovertiert' strukturierten Persönlichkeiten unterschieden wird, ist es sinnvoll, Menschen danach zu charakterisieren, ob sie mehr oder weniger 'sicher' oder 'unsicher' in der Sprache situiert sind (was über die Qualität ihrer Verlautbarungen natürlich noch nichts aussagt). Und dies hat unmittelbar mit der Fragilität des menschlichen Leibes als eines KlangKörpers zu tun. Die von Überlagerungsklängen & Interferenzen besonders nachhaltig Gequälten sind oft diejenigen, die der Herausforderung der Sprache nicht ausweichen *können*, die selbstSchöpferisch reagieren *müssen*; aber das 'in der Sprache situiert sein' betrifft natürlich *alle* Menschen. Die 'Futteralsituation' (H.Plessner) des Im-Körper-Steckens, als scheinbar sich abspaltendes SelbstBewußtsein, entsteht erst durch die Wirkungen des Angesprochenwerdens & der Einschreibung.
Sprechen wird zum selbstberuhigenden Erzeugen von Resonanz gegen den Nachhall (daher das 'Wenn jemand spricht, wird es hell', ein Pfeifen in der Dunkelheit). 'Sich selbst sprechen zu hören', suggeriert Regulierbarkeit: noch etwas im Griff haben. Und im Griff des Begriffs ist der Körper an seinem Ende, das ihn scheinBar realisiert. Die Struktur des Kapitals mästet sich von der Struktur der Sprache, die sich ins Begehren eingeschrieben hat. Seine basale Selbstreferenz parodiert das Sichselbsthervorbringenwollen; darin liegt der Bezug zwischen Kapital und Ödipus-Komplex. Das Kapital ist der Parasit der Sprache, darum erfolgreich, denn die Sprache ist der konstitutive Parasit des Menschen, d.h. das ihn Aushöhlende, das ihn zu dem macht, was er ist. Die verselbständigte Wertform ist die internalisierte Stimme der kapitalistischen Gesellschaftsformation.
Nun betont Deleuze: „Das wahre Problem besteht in der Aufdeckung aktiver Kräfte, ohne die die Reaktionen selbst keine Kräfte wären."[910] Und er verweist darauf, daß für Nietzsche diese aktiven Kräfte wesentlich an den Leib gebunden sind: „Seele ist nur ein Wort für ein Etwas am Leibe. Der Leib ist eine große Vernunft, eine Vielheit mit *einem* Sinne, ein Krieg und ein Frieden, eine Herde und ein Hirt. (...) 'Ich' sagst du und bist stolz auf dies Wort. Aber das Größere ist (...) dein Leib und seine große Vernunft: die sagt nicht Ich, aber tut Ich. (...) Hinter deinen Gedanken und Gefühlen (...) steht ein mächtiger Gebieter, ein unbekannter Weiser — der heißt Selbst. In deinem Leibe wohnt er, dein Leib ist er. (...) Dein Selbst lacht über dein Ich und seine stolzen Sprünge. (...) Das Selbst sagt zum Ich: 'hier fühle Schmerz!' Und da leidet es und denkt nach, wie es nicht mehr leide — und eben dazu *soll* es denken. Das Selbst sagt zum Ich: 'hier fühle Lust!' Da freut es sich und denkt nach, wie es noch oft sich freue — und eben dazu *soll* es denken. (...) Der schaffende Leib schuf sich den Geist als eine Hand seines Willens."[911] Wenn das Selbst selber sterben wolle und sich vom Leben abkehre, so darum, weil es, durch nihilistisch-reaktive Machenschaften daran

---

[910] Nietzsche und die Philosophie, 47
[911] Also sprach Zarathustra (I.Teil) – Von den Verächtern des Leibes, in: Nietzsche, Werke Bd.II, 574f.

gehindert, nicht mehr das vermöge, „was es am liebsten will — über sich selbst hinaus zu schaffen."[912] Diese Stelle ist ambivalent. So groß auch Nietzsches Verdienst ist, gegen die Geistseligkeit, insofern materialistisch, nachhaltigst den Leib hervorgehoben zu haben, so deutlich ist auch, daß eine Zeit, welche die konkreten Erfahrungen der Psychoanalyse, der Sprachforschung (z.B. Psycholinguistik) und (post)moderner kapitalistischer Rationalisierung (mitsamt ihrer Manipulationstechniken) kritisch & selbstkritisch zu berücksichtigen genötigt ist, nicht mehr die *eine* vernünftige Stimme des Leibes, die laut Nietzsche seine Vielheit umgreift, in dieser selbst mystifizierenden Weise beteuern kann. Anderseits deutet Nietzsche hier durchaus eine auf Autoren wie Marcuse vorwegweisende Erklärung an, wie die Indienststellung des 'Todestriebs' (bzw. des Zusammenspiels von Eros & Thanatos) durch die restriktiven Verhältnisse einen allgemeinen Resignativismus fördert. Daß es gelingen möge, die 'reaktiven' Kräfte dazu zu bringen, durch ihr Überschwappen auf die Seite der 'aktiven' (im Doppelsinn:) 'überlaufen' zu lassen, diese hoffnungslose Hoffnung (im Sinne einer TrotzDEM-Verausgabung von Kräften) drücken Marcuse und selbst Deleuze/ Guattari auf ihre Weise durchaus ähnlich aus. Mit anderen Worten: es geht längst nicht mehr um 'Pessimismus' oder 'Optimismus'; für den — wieder im mehrfachen Sinne: — (sich) 'schaffenden' (d.h. auch 'sich' verausgabenden!) Menschen im Sinne Nietzsches, der noch nicht selber der Setzer neuer Werte und Wertformen ist (wobei es heute zumal den verselbständigten Tauschwert auszuhebeln oder wenigstens zurückzudrängen, intern zu beschneiden gälte), sind dies sinnlose & geistlose Kategorien.

Ein '*volles Sprechen*' kann es nicht geben, denn es würde den Körper zerreißen. Idealistisch überhöht, wird '*parole pleine*' zum Versöhnungsmythos wie Hegels 'reines Beisichsein im absoluten Anderssein'. Indes läßt sich die Intention von '*parole pleine*' (Lacan) als Korrektiv (regulative Idee, sozusagen) gegen '*parole vide*' ('leeres Sprechen') rechtfertigen; so verstanden ist sie von großer Wichtigkeit, genau wie 'Authentizität' (die ebenfalls immer nur bis zu einem gewissen Grade realisierbar ist, da die Aneignung geschichtlicher Formen ja konstitutiv dazu gehört, will man 'auf der Höhe der Zeit' sein). Es ist unmöglich, Sprache & Sprechen zu *ent*zerren, ohne beides erneut zu *ver*zerren. In letzter Konsequenz muß die Intention 'vollen Sprechens' zu radikaler Negation des gesamten Körpers, seines beschränkten & beschränkenden Grundlagen- & Werkzeugcharakters, seiner stets zu einem großen Teil gebundenen & blockierten Energien führen. Insofern weisen Artaud und Deleuze/Guattari völlig zu Recht darauf hin, daß die Konsequenz der '*volle Körper*' sein muß; dieser aber wäre der *organlose* Körper, genauer gesagt, *kein* (menschlicher, lebender, d.h. der Dialektik von Eros & Thanatos unterworfener) Körper. Den Körper zu 'vollem Leben' erwecken zu wollen, schlägt um in Thanatos pur und droht gerade darum in den bourgeoisen 'Kompromiß' zurückzufallen, der ein Feiern des *leeren Körpers* ist: der Mensch als Vorbild der Maschine, die Maschine als Vorbild des Menschen. Nicht zuletzt als ihre Leere-als-Fülle reproduzierende Sprechmaschine.

---

[912] Ebd., 575

Exemplarische VerORDnung eines 'idiotischen Genießens' (Lacan) ist die (post)moderne Kommunikations- & Infortainment-Gesellschaft.[913] Das 'Subjekt, dem unterstellt wird, zu genießen', ist das zu verschlingende Idol. Wo allerdings Aufopferungspathos bloß zur 'Umkehr' eines idiotischen Genießens wird, trägt es selbst dessen Züge, d.h. die undurchschaut sadomasochistischen Züge eines undurchschauten Narzißmus. Es gibt keinen Himmel des Schweigens. Es gibt nur die Hölle der Sprache. Und es gilt, sie gegen den GLOKOMKAP-Totalitarismus zu richten, gegen den Terror des sich globalisierenden, integrierend-integrierten Kommunikations-Kapitalismus.[914]

Zum Abschluß dieses Abschnitts kann nichts Sinnvolleres getan werden, als auf die Poe-Rezeption von Antonin Artaud zu verweisen, der in b) bereits mehr indirekt präsent war. Kaum jemand hat radikaler die *Verwirklichung* der Poesie gefordert, eine Verwirklichung, die, um mit dem Kontinuum der Fremdbestimmtheit brechen zu können, „die Sprache durchbrechen" muß, „um das Leben zu ergreifen".[915] Artaud ging es um die Aufrichtung, im wörtlichen Sinne die Konstruktion *eines neuen Körper-Ich*. Weniger um die Restauration eines 'archaischen' alten, es scheint vielmehr, als solle hier das narzißtische Ego ein für alle Mal durchbrochen werden, zusammen mit dem zum Automaten verselbständigten Unbewußten und dem 'Selbst', diesem Jungschen Residuum der Religionen dieser Welt. Das 'Theater der Grausamkeit' soll als eine Art infernalischer Schmiedewerkstatt dienen, wo der Körper des Menschen in schamanistisch-alchimistischer Aktion bis aufs Skelett reduziert wird. Nicht erst die Modalitäten der gesellschaftlichen Infektion, das Einströmen der BeeinFLUSSung durch die Gesellschaftsmaschine sind für Artaud das Problem, sondern schon jene körperliche Basis, welcher sich der systemische Zugriff mit Erfolg zu bedienen vermag: der organische Erotismus und der parasitäre 'Geist', der die Verbindungsschläuche zur Außenwelt zu Pseudo-Einheiten bindet. Der Mensch soll daher eine Art Selbstkastration vollziehen, um das ihm auferlegte Leiden gewissermaßen autonom zu überholen und um sich zur 'siegreichen Gebärde' des Lebens auf eine neue, unkalkulierbare Weise in Bezug bringen zu können. „Der Mensch ist krank, weil er schlecht konstruiert ist. Man muß sich dazu entschließen, ihn bloßzulegen, um diese Mikrobe abzukratzen, die ihn zu Tode reizt: Gott / und mit Gott / seine Organe. / Denn binden Sie mich, wenn Sie wollen, / aber es gibt nichts Sinnloseres als ein Organ. Wenn Sie ihm einen Körper ohne Organe hergestellt haben, dann werden Sie ihn von all seinen Automatismen befreit und ihm seine wirkliche und unvergängliche Freiheit zurückerstattet haben."[916] Der Aufstand gegen 'Ferngesteuertheit' ist hier ultimativ: „Wir

---

[913] *Infortainment* oder *Enfortainment*: eine mittlerweile recht gebräuchliche Wortbildung, welche zeitdiagnostisch die Fusion von *Information* & *Entertainment* anzeigt. Was die Verwalter des (post-)modernen 'Brot & Spiele' bzw. 'Brotlosigkeit & Virologie' auf ihre Rotzfahnen geschrieben haben.
[914] Das hiermit eingebrachte Akronym 'GLOKOMKAP' ist, wie unschwer zu erkennen, an 'STAMOKAP' angelehnt.
[915] Artaud, Das Theater und die Kultur, in: Das Theater und sein Double, 15. — Siehe auch meine ausführliche Auseinandersetzung mit Artaud in Kap.20 der Morrison-Studie *Pfeile gegen die Sonne* sowie den 17-seitigen Artaud-Teil in ROLLERCOASTER #1, März 1998
[916] Artaud, Schluß mit dem Gottesgericht, in: drs., Schluß mit dem Gottesgericht / Das Theater der Grausamkeit / Letzte Schriften zum Theater (frz. Ausg. 1974, Übers. Elena Kapralik), München 1993, 28f.

haben niemals geschrieben denn mit dem In-Fleischwerdung-Versetzen der Seele, aber sie war bereits hergestellt, und nicht durch uns, als wir in die Poesie eingetreten sind."[917] Es geht jedoch nicht um ein egomanisches Feiern des kontrafaktisch seine totale Autonomie einfordernden Ich[918], auch nicht um das Errichten eines neuen herrischen Ich, sondern ganz im Gegenteil: „Ich will keine Idee des Ich in meinem Gedicht und ich will mich nicht darin wiedersehen."[919] Für das durchzustreichende Ich vermag weder ein Es noch ein Wir einzuspringen. Mit den gegenwärtig greifbaren Mitteln klingt dieser Diskurs bloß verzweifelt-egomanisch, genau das zeigt aber für Artaud, daß diese Mittel selbst radikal umstrukturiert werden müssen, im Modus einer Zersetzung von innen, Zerfleischung der verOrdneten Zerfleischung, Gegeneinschreibung gegen das sich zum Geist & unbewußten Automatismus Aufspreizende. Man kann die Verhältnisse nur zum Tanzen bringen, indem man die menschliche Anatomie neu zum Tanzen bringt: „Der menschliche Körper ist ein Elektrizitätswerk, / bei dem man die Entladungen kastriert und verdrängt hat", während er doch dazu geschaffen ist, „durch seine galvanischen Stöße / alle umherschweifenden Verfügbarkeiten / des Unendlichen der Leere, / immer unermeßlichere Leerlöcher / einer organischen, nie ausgefüllten Möglichkeit aufzunehmen. / (...) / Laßt endlich die menschliche Anatomie tanzen"[920], inauguriert einen „Krampfzustand des offenen Herzens"[921]!

Diese Skelettmusik klingt nach thanatoischer 'Rückkehr' zum Anorganischen, doch sie begehrt einen Durchbruch 'nach vorn', in den leeren Raum. Die Revolten oder Revolutionen, um die es heute geht, sind unkalkulierbar, folgen nicht vorgegebenen Gesetzen von Vernunft / Gott / FortSchritt / Natur / Geschichte. Die dionysische Krampf-Oszillation trägt unvermeidlich zunächst 'ausweglose' Züge, es ist ein Aufbruch ins Unbekannte. „Der Schizo weiß aufzubrechen: er macht aus dem Aufbruch etwas ebenso Einfaches wie Geborenwerden und Sterben. Aber zugleich tritt seine Reise eigentümlich auf der Stelle. Er spricht von keiner anderen Welt, er kommt von keiner anderen: im Raum sich selbst verlagernd, ist es eine Reise der Intensität, um die Wunschmaschine herum, die sich aufrichtet und hier verharrt" (Deleuze/Guattari[922]). Insofern scheint der 'Schizo' dazu verurteilt, den 'rasenden Stillstand' (Virilio) des GLOKOMKAP-Systems im Zeitalter telemedialer Gleichzeitigkeitstechniken lediglich abzubilden, ihn vorwegzunehmen bzw. ihm hinterherzuhecheln, ihn bloß zu variieren. Sein 'Durchbruch' bleibt stockend & zwiespältig, verzerrte Entzerrung einer falschen Integration, verurteilt dazu, verzerrt zu bleiben. Aber er stellt sich, und sei es unfreiwillig, der Notwendigkeit, Gesten, Codes & Lebensformen neu zu erfinden. Er setzt Aufbruchszeichen, schlitzt infizierte Sprache auf wie ein Ge-

---

[917] Artaud, Revolte gegen die Poesie, in: drs., Briefe aus Rodez / Postsurrealistische Schriften, 71
[918] Insofern stimme ich nicht mit Bernd Mattheus überein, für den Artauds Aufstand letztlich doch einen (asexuellen) Narzißmus im Visier hat, vgl. sein Nachwort zu: Antonin Artaud, Briefe an Génica Athanasiou (frz. Ausg. 1969, ed./Übers. B.Mattheus), München 1990, 260
[919] Ebd., 73f.
[920] Das Theater der Grausamkeit, in: Schluß mit dem Gottesgericht / Das Theater der Grausamkeit / Letzte Schriften zum Theater, 34
[921] Letzte Schriften zum Theater, in: ebd., 80
[922] Anti-Ödipus, 169

schwür. Seine 'Dekonstruktion' des Körpers, des Sprechens & Schweigens verweist auf etwas dem sich verwertenden Wert Inkommensurables, das sowohl die Vereinnahmungsfähigkeiten als auch die Ignorierungs- & Ausquartierungsstrategien von GLOKOMKAP auf eine harte Probe stellt. Eine Probe, die den Mechanismus dieses Systems bloßstellt.

Physische Störungen — Empfindungsstörungen, Neuralgien, Dissoziationserscheinungen, dann die viele Jahre währende Opiumabhängigkeit mit vielen fruchtlosen Versuchen, vom Opium wegzukommen — haben diese schamanistische Revolte im Namen des Körpers wesentlich mitangestoßen. Daß Bewegungsstörungen & Sprach- bzw. 'Kommunikations'störungen (Apraxie & Aphasie) häufig Hand in Hand gehen, ist bekannt. Artaud hat sich diesen 'Symptomen' als Schauspieler, Regisseur, Theatertheoretiker, Bühnenbildner, Drehbuchautor, Dichter & Essayist gestellt, oft am Rande des Existenzminimums lebend, von einer konformistischen Medizin als Psychopath gebrandmarkt, neun Jahre lang in psychiatrischen Anstalten inhaftiert, dort als Versuchskaninchen für Elektroschocks, Insulinschocks und andere 'Therapieformen' mißbraucht. Insofern besteht eine gewisse Seelenverwandtschaft zu Edgar Poe und anderen exemplarischen Häretikern, die Artaud auch als solche empfand: „So, wie man einen kollektiven Zauber über Baudelaire, Edgar Poe, Gérard de Nerval, Nietzsche, Kierkegaard, Hölderlin, Coleridge verhängt hat, verhängte man ihn über van Gogh."[923] Dabei verfiel Artaud, als in die Enge Getriebener, verständlicherweise in eine gewisse Romantisierung: „Denn ein Geisteskranker ist ein Mensch, den die Gesellschaft nicht hören wollte und den sie daran hindern wollte, unerträgliche Wahrheiten zu äußern."[924] „Denn wenn man", so Artaud, „eines Morgens Edgar Poe am Rand eines Bürgersteigs in Baltimore tot aufgefunden hat, so nicht in einer Krise des Delirium tremens, an der der Alkohol schuld ist, sondern weil ein paar Schweinehunde, die sein Genie haßten und von seiner Poesie nichts wissen wollten, ihn vergiftet haben, um ihn am Leben zu hindern und (daran,) den ungewöhnlichen, ungeheuren Balsam kund zu tun, der sich in seinen Versen manifestiert."[925] Entscheidend ist für Artaud, daß für solche Dichter, die, wie Artaud selbst, schrieben, „um der Hölle zu entkommen"[926], die Sprachlosigkeit, dieser „Schorf der Aphasie"[927] nicht Endpunkt, sondern *Ausgangspunkt* war: „Ich liebe die Gedichte der Hungrigen, der Kranken, der Parias, der Vergifteten: François Villon, Charles Baudelaire, Edgar Poe, Gérard de Nerval, und die Gedichte der von der Sprache Gequälten, die in ihren Schriften am Ende sind, und nicht von denen, die so tun, als ob sie verloren seien, um ihr Bewußtsein und ihre Wissenschaft vom Ende und vom Geschriebenen besser zur Schau stellen zu können."[928] Poes Leiden ist für ihn *authentisch*, darum auch seine Werke. Eine solche Einstellung ist exemplarisch *romantisch* und doch mehr als das: (Ge)Brauchte Artaud doch imaginäre Verwandte, um dem identifizierenden Code seiner Peiniger zu

---

[923] Artaud, Van Gogh, der Selbstmörder durch die Gesellschaft (und andere Texte und Briefe, frz. Ausg. 1974, Übers. F.Loechler), München 2.Aufl. 1979, 11
[924] Ebd.
[925] Briefe aus Rodez, 12f. (Einfügung in Klammern von mir, T.C.)
[926] Van Gogh, der Selbstmörder durch die Gesellschaft, 31
[927] Briefe aus Rodez, 12
[928] Ebd., 14

entkommen. Das Ich vergessen, heißt, sich einer Sache zu unterstellen, der zur Wirkung & Selbstschöpfung verholfen wird, darin liegt eine bloß auf den ersten Blick paradoxe Verwandtschaft zu Poes 'L'art pour l'art'. In der Anstalt von Rodez zählte Poe jedenfalls zu denjenigen Autoren, deren Texte Artaud laut zu deklamieren pflegte, dabei lautmalerische Mantren & Atemübungen einflechtend, schniefend, mit den Armen rudernd & um seine Körperachse wirbelnd — ein Verhalten, für das er dann von dem ihm verhaßten Dr.Ferdière weitere Elektroschocks 'verschrieben' bekam. Doktor Teer (das ist Tinte) & Professor Feder ließen sich durch solch 'widerliche magische Machenschaften' (Artaud) aber nicht zum Schweigen bringen, auch nicht dadurch, daß der Anstaltsleiter mehrfach Schriften seines Patienten unterschlug und ihre Veröffentlichung zu behindern versuchte.

Etwa 1922 verfaßte der damals 26jährige Artaud eine Nachdichtung von Poes *The Haunted Palace* (das in Poes Erzählung *The Fall of the House of Usher* enthalten ist[929]). Er widmete das Gedicht der Schauspielerin Génica Athanasiou in der ersten Zeit ihrer Bekanntschaft. Es handelt sich eher um eine freie Adaption als um eine freie Übersetzung, und es ist sehr interessant, zu sehen, was Artaud gegenüber dem Original verändert hat.[930] Die erste Strophe beschreibt den 'schönen, strahlenden' Palast, wo „Fürst Geist" (Poe: „monarch Thought", Bd.9, 120) einst seine „seltsamen Sitzungen" abhielt (damit wird von Artaud sogleich ein Moment der Fremdheit in die sonstige Idylle eingebracht: „Nie bot die Erde ihren guten Engeln / einen herrlicheren Palast / um ihre Schwingen auszubreiten"). Die entscheidende Veränderung befindet sich m.E. dann in der zweiten Strophe. Dort heißt es bei Poe: „Banners yellow, glorious, golden, / On its roof did float and flow / (This — all this — was in the olden / Time long ago)", in der Übersetzung von Arno Schmidt: „Stolze Banner wogten golden, / fluteten vom Dache frei; / (dies — all dies — war in der holden / Zeit, lang vorbei)" (Bd.9, 121). Artaud dagegen läßt dies nicht 'in alter Zeit' spielen, überhaupt nicht 'in' der Zeit, sondern schreibt: „Aber dies geschah im Jenseits der Zeit." Sollte man daraus nicht narzißmuskritisch folgern dürfen, daß es eben keine 'archaische', 'ursprüngliche' Totalität wiederanzustreben gibt? Daß es vielmehr um ein Aufbrechen des Kontinuums ins Nirgendwann, ins Nirgendwo (Ou–topia) hinein zu tun ist? Und selbst als der Geist der Zeit (noch?) enthoben war, war seine Herrschaft 'seltsam'. Diese Charakterisierung wird in der dritten Strophe (wieder gegen das Original) noch verstärkt: Wanderer konnten durch die Fenster hindurch „Spirits moving musically" rund um den Thron sehen & auf diesem reich geschmückt den „ruler of the realm"; bei Artaud hingegen „toben" Geister „zum Klang einer Laute in vollkommener Ordnung" (hier liegt offenbar schon eine implizite konfliktvolle Einheit des Apollinischen & des Dionysischen vor) um den Thron, auf dem „in seiner gespenstischen Pose" majestätisch der König saß. Die dritte Strophe läßt Artaud aus; es gibt keine Idylle, die weiter auszumalen wäre. Stattdessen erfolgt nun, implizit schon vorbereitet,

---

[929] Die Herausgeber der 10-bänd. dt. Poe-Übers. weisen darauf hin, daß *The Haunted Palace* bereits fünf Monate vor der Erzählung, im April 1839, eigenständig veröffentlicht worden war, vgl. Bd.2, 1028

[930] Enthalten in: Briefe an Génica Athanasiou, 13f.

ausdrücklich der Einbruch der Finsternis: „Doch eines Tages breiteten die / dunklen Geister ihre Schwingen aus, / zogen gleich einer Welle der Finsternis / über den Palast." Nicht nur ist 'die alte Zeit' lang schon tot & nur noch trüb erinnert (Poe: „Is but a dim-remembered story / Of the old time entombed", Bd.9, 122), sondern sie war nur ein Traum, und daran gemahnt jetzt „der Traum eines Traums". Narzißmustheoretisch gesehen, ist dies realistisch. Der Schluß wird fast unverändert belassen: Wer jetzt als Reisender an dem Schloß vorbeizöge, würde durch „erloschene" (bei Poe: rot glühende) Fenster „riesige Schatten ziellos toben sehen" (leicht gesteigert gegenüber Poes „vast forms that move fantastically"), „zum gräßlichen Konzert schriller Musik; / während ein Narrenvolk zu den Türen stürzt, / für immer hinausströmt, tobt / und lacht — doch nicht mehr lächeln kann." Offenbar konnte Artaud sich mit dem übersensiblen, körperlich leidenden Roderick Usher gut identifizieren und empfand die später für ihn sehr real werdende Gefahr des 'Wahnsinns' ähnlich wie dieser Protagonist in dem ihm von Poe in den Mund gelegten Gedicht. Etwa vier Jahre später, in einem Brief an Génica vom 19.Februar 1926, erwog er, „ein den Erzählungen Hoffmanns oder Edgar Poes entlehntes Drehbuch" zu schreiben.[931] Auch das Gedicht *Wenn der Abend dämmert*, etwa zur selben Zeit entstanden wie *Das Geisterschloß*, läßt Poes Einfluß erkennen, tritt hier doch das abendliche Kreisen der „alten verborgenen Raben" als Emblem dafür auf, daß „alter Kummer nicht verstummt."[932]

---

[931] Ebd., 138
[932] Ebd., 15

d) Poes Rolle in der Geschichte der Cut-up-Technik

Ausgerechnet bei Poe findet man die, soweit ich sehe, literaturhistorisch erste Beschreibung der im 20. Jahrhundert durch Brion Gysin (1916–1986) und vor allem durch William Seward Burroughs (1914–1997) berühmt gewordenen Cut-up-Technik — ausgerechnet, weil der so überlegt & rational konstruierende Poe diese auf Einbeziehung strikter Zufallsmomente setzende Methode nicht praktiziert hat und sie ernsthaft wohl auch kaum in Erwägung gezogen hätte. Die genannte Skizze findet sich bei ihm im Rahmen einer *Satire* auf den Literaturbetrieb seiner Zeit: *The Literary Life of Thingum Bob, Esq.*, erschienen im Dezember 1844 in THE SOUTHERN LITERARY MESSENGER, ist heute vor allem deswegen interessant.

Thingum ('Dingsda') Bob, Sohn eines Bademittelfabrikanten, schreibt in Dagobert-Duck-Manier seine Lebensgeschichte, wie er sich durch unermüdlichen Fleiß ('Muße kannte ich nicht') zum erfolgreichen Herausgeber emporarbeitete. Schon der Vater ist Spezialist fürs 'Einseifen', stellt er doch Seifenschaum (*lather*) her. Der Sohn beschließt, durch Reklame fürs väterliche Produkt, das legendäre 'Oil-of-Bob', zum Dichter zu werden, und bekommt dafür vom Vater eine Dachstube, Schreibutensilien und ein Reimlexikon gestellt. Doch er macht bedrückende Erfahrungen. Zunächst einmal werden Gedichte, die er unter dem Pseudonym *Oppodeldoc* bei vergessenen Klassikern wie Homer, Dante oder Shakespeare schlichtweg abgeschrieben hat, von den Redakteuren irgendwelcher Literaturzeitschriften zwar nicht erkannt, wohl aber gehässig verrissen. Besonders verhöhnt wird seine Erwartung, für Gedichte Honorar zu erhalten. Interessant, daß hier für *verreißen* (englisch: *to cut up*) auch der Ausdruck *to use up* gewählt wird, den wir aus *The Man who Was Used Up* kennen: „The fact is, that each and every one of the magazines in question gave 'Mr.Oppodeldoc' a complete using-up" (P 324). In der Tat ist der mit geborgten Versatzstücken Ausstaffierte gewissermaßen sein eigenes künstliches Produkt. Doch die Verrisse *schneiden* (*cut*) ins Herz des Möchtegernpoeten: „the unkindest cut was putting the word *Poesy* in small caps" (ebd.), und dabei fallen massenhaft Seitenhiebe auf die jeweils konkurrierenden Magazine (solche Bissigkeit muß ebenfalls „have cut them to the heart", P 325). Der mit dem Literaturbetrieb, diesem Jahrmarkt der Eitelkeiten, unerfahrene Thingum Bob fühlt sich völlig eingeschüchtert. Er gibt das bereits diskreditierte Pseudonym 'Oppodeldoc' auf[933] und beschließt, fortan nur noch Originale zu schreiben, das erste verfaßt er gemeinsam mit seinem Vater: „To pen an Ode upon the 'Oil-of-Bob' / Is all sorts of a job", so lautet der imposante, mit 'Snob' unterzeichnete Zweizeiler (327). Dank der Intrigen der Blättermacher untereinander wird dieses Elaborat ein großer Erfolg, denn einer von ihnen hatte bereits ein Gedicht gleichen Titels verfaßt — für Thingum Bob lange Zeit ein für unerreichbar gehaltenes Vorbild

---

[933] Mir scheint, daß man OPPODELDOC als selbstironisches Anagramm auffassen kann. Ersichtlich steckt POE darin. Dazu, wenn man will, POD und CLOD — was sich zusammen etwa mit 'Poe Schutzhüllendummkopf' oder 'Poe Hülsentölpel' wiedergeben ließe. Dabei muß man sich allerdings fragen, ob Poes Selbstironie wirklich so weit ging...

— und kann nun unter Beschuß genommen werden. Das tönende Lob führt allerdings nicht zu klingender Münze, denn wie Mr.Crab klarstellt, in dessen Zeitschrift LOLLIPOP das Meisterwerk erschien, ist es bei Debütanten üblich, daß sie selber für die Veröffentlichung bezahlen, statt bezahlt zu werden: Poes Erfahrungen mit dem Literaturbetrieb sind heute noch aktuell, bzw. gerade heute sind sie es wieder, man denke nur an die dubiosen Praktiken der reinen Zuschußverlage — Dienstleistungsunternehmen, die dank der Eitelkeit und Ahnungslosigkeit der Auftraggebenden Hochkonjunktur haben. Bob merkt nicht, daß er zur Marionette in einem abgekarteten Spiel wird: Mr.Crab lanciert zahlreiche Beiträge, die oberflächlich gesehen dem Lob seines Meisterdichters, in Wahrheit der Propagierung des LOLLIPOP dienen. Statt die Machenschaften zu durchschauen, schnappt der Autor in seinem vermeintlichen Höhenflug über und meint, die Lobsprüche seien noch längst nicht ausreichend — er merkt nicht, daß es Mr.Crab selbst ist, den er bekrittelt. Dieser ist verblüfft über soviel Impertinenz, schlägt ihm aber vor, im LOLLIPOP als Thomas Hawk mit vernichtenden Hieben gegen die Konkurrenz den Tomahawk zu schwingen. Hier folgt nun Poes Wortspiel mit *to cut up*, das von der Bedeutung *verreißen* auf *ausschneiden, zerschneiden* übertragen oder vielmehr auf seine vermeintlich 'eigentliche' Bedeutung 'rückübertragen' wird (wir hatten bereits in *Loss of Breath* Beispiele für dieses Verfahren gefunden): „My practice was this. I bought auction copies (cheap) of *Lord Brougham's Speeches*, *Cobbett's Complete Works*, the *New Slang-Syllabus*, the *Whole Art of Snubbing*, *Prentice's Billingsgate* (folio edition), and *Lewis G. Clarke on Tongue*. These works I cut up thoroughly with a curry-comb, and then, throwing the shreds into a sieve, sifted out carefully all that might be thought decent (a mere trifle); reserving the hard phrases, which I threw into a large tin pepper-castor with longitudinal holes, so that an entire sentence could get through without material injury. The mixture was then ready for use" (P 334).
Er zerkleinert also die Werke mit einem Striegel, wirft die Papierschnitzel in ein Sieb und achtet darauf, daß nur 'harte Phrasen' zur Verwendung gelangen, nimmt also sehr wohl eine Selektion vor; die verbliebenen Sätze schüttet er in einen großen Pfefferstreuer. Mit dem zu rezensierenden Werk verfährt er noch rabiater, *reißt* nämlich nicht nur Sätze, sondern einzelne Wörter aus dem Zusammenhang — dieses beliebte Kritikerverfahren wird hier von Poe 'wörtlich', d.h. aufs Korn genommen — vermengt sie mit der aggressiven Munition und wirft die Mixtur, wie der Zufall es fügt, auf ein mit Klebstoff bestrichenes Blatt. Der Effekt sei absolut schlagend gewesen: „Indeed, the reviews I brought to pass by this simple expedient have never been approached, and were the wonder of the world" (ebd.).
Der Rest der Geschichte ist rasch erzählt: Der als Kritiker ebenso angesehene wie gefürchtete Thingum Bob besitzt nun die hohe Wertschätzung des Mr.Crab, wird aber noch immer nicht bezahlt. Der Herausgeber kündigt allerdings an, daß er ihm seine Zeitschrift vermachen werde. Dazu müsse Bobs Vater, der nicht zu ihm passe, abserviert, dieser Mühlstein von seinem Hals abgeschnitten werden (erneut: *to cut*, „We must cut him at once", P 335). Die sadistische Behandlung, welcher der Vater, 'das Schwein' (*the old bore — the boar — the pig*) ausgesetzt wird, hat eigentlich in dieser Geschichte keine Funktion, sondern illustriert nur einmal mehr Poes Ressentiment gegenüber John Allan, der Poe nicht einmal das eingangs Erwähnte (Dachkam-

mer, Feder & Tinte) zugestanden, sondern ihm sein Dandytum vorgeworfen hatte. Mit seinen durch Faustschläge zugeschwollenen Augen wird er den Sohn künftig nicht mehr „in fashionable promenades" sehen können, dieser beginnt sich nun „a little independent and gentleman-like" zu fühlen. Eine unterschwellige Identifikation mit dem Vater und dessen verspritztem Öl bleibt freilich deutlich, Thingum Bob wird nämlich selbst zum Geschäftsmann (wozu Poe im realen Leben, man möchte fast sagen glücklicherweise, nicht fähig gewesen wäre): Er stürzt sich kopfüber in die Welt des Klüngels, der Literaturcliquen, und beherrscht bald die strategischen Machenschaften des 'Eine Hand wäscht die andere' / 'Eine Krähe hackt der anderen kein Auge aus'. Seine erfolgreiche Anpassung endet damit, daß er mehrere Zeitschriften in seinen Besitz bringt und miteinander fusioniert, den Konzentrationsprozeß des Kapitals abbildend. Letztlich sei eben alles eine Frage des Fleißes — so Thingum Bob im Sinne jener protestantischen Ethik, zu deren erfolgreicher Beherzigung vor allem auch Selbstverschleierung bei der Bilanzierung eines Profite schwitzenden Lebens gehört. Er habe geschrieben & geschrieben — *was*, das sei letztlich belanglos. Der *Stil*, darauf komme es an, und davon habe er nun soeben ein Beispiel gegeben.

Eine weniger detaillierte Cut-up-Satire findet man bereits in *How to Write a BLACKWOOD Article* (erstveröffentlicht 1838). Von den *politischen* Artikeln in BLACKWOOD heißt es dort: „Everybody knows how *they* are managed, since Dr.Moneypenny explained it. Mr.Blackwood has a pair of tailor's-shears, and three apprentices who stand by him for orders. One hands him the TIMES, another the EXAMINER and a third a *Gulley's New Compendium of Slang-Whang*. Mr.B. merely cuts out and intersperses. It is soon done — nothing but EXAMINER, *Slang-Whang*, and TIMES — then TIMES, *Slang-Whang*, and EXAMINER — and then TIMES, EXAMINER, and *Slang-Whang*" (P 339). In *Thingum Bob*, wo dann auch der Ausdruck *cut up* fällt, hat Poe dieses Motiv wieder aufgegriffen und weiter ausgebaut. Die BLACKWOOD-Satire ist insgesamt fader als *Thingum Bob*, enthält aber z.B. eine noch heute witzige Karikatur des 'lakonischen Tons', der damals, wie es heißt, sehr in Mode gekommen sei, und der heute jedenfalls massenhaft in der Produktwerbung eingesetzt wird und von dort aus längst auf Journalismus und Literatur zurückwirkte: „It consists in short sentences. Somehow thus: Can't be too brief. Can't be too snappish. Always a full stop" (P 341). Und sie enthält einige der bei Poe relativ raren Stellen echter (unverkrampfter) Selbstironie, wenn etwa das Verfahren empfohlen wird, Texte mit gelehrten Anspielungen und fremdsprachlichen Zitaten aufzupeppen bzw. aufzufüllen, was Poe ja selbst gern tat und wofür er wiederholt kritisiert wurde.

Man darf annehmen, daß Lewis Carroll (Charles Lutwidge Dodgson, 1832–1898) Poes *The Literary Life of Thingum Bob* recht gut in Erinnerung hatte, als er seinerseits in einem ironischen Lehrgedicht *Poeta fit, not nascitur* die Cut-up-Methode klar vorwegnahm: „For first you write a sentence, / And then you chop it small; / Then mix the bits, and sort them out / Just as they chance to fall: / The order of the phrases makes / No difference at all."[934] Ein anderes Gedicht, *Phantasmagoria*, enthält auch

---

[934] L.Carroll, Phantasmagoria and Other Poems, in: drs., Alice in Wonderland (1865, incl. Through the Looking-Glass / Phantasmagoria and Other Poems), Ware (Herfordshire) 1992, 225

schon die später einschlägige Bezeichnung: „That simply means 'be cut up small': / Ghosts soon unite anew: / The process scarcely hurts at all— / Not more than when *you*'re what you call / 'Cut up' by a Review."[935] Auch Carroll skizziert hier diese Methode bloß satirisch, ohne sie ernsthaft in Betracht zu ziehen. Daß er genau wie Poe den technischen Schneideprozeß des *cutting up* wortspielerisch vom *Verrissenwerden* durch eine Rezension herleitet, macht einen unmittelbaren Rückbezug recht wahrscheinlich.

Ich habe keinen Hinweis darauf, daß Gysin und Burroughs diese Poe- bzw. Carroll-Stellen irgendwo erwähnt hätten. Vielleicht kannten sie sie nicht. Poe gehörte allerdings, schon wegen seines Outsider-Schicksals zu Lebzeiten, zu den Autoren, die das Interesse der Beat Poets fanden (deren Umkreis Burroughs zugerechnet wurde, obschon er arbeitstechnisch wesentlich andere Wege ging als etwa Kerouac und niemals der ersten Version eines seiner Texte vertraute). William Burroughs hat stets Brion Gysin als denjenigen bezeichnet, der Montagetechniken aus der bildenden Kunst und dem Film auf die Literatur übertragen und ihm dabei die Cut-up-Methode beigebracht habe: „In the summer of 1959 Brion Gysin painter and writer cut newspaper articles into sections and rearranged the sections at random. *Minutes to Go* resulted from this initial cut-up experiment. (...) The cut-up method brings to writers the collage, which has been used by painters for fifty years. And used by the moving and still camera."[936] Allerdings weist Burroughs ausdrücklich auf die Vorläuferrolle des Dadaisten Tristan Tzara hin: „At a surrealist rally in the 1920s Tristan Tzara the man from nowhere proposed to create a poem on the spot by pulling words out of a hat. A riot ensued wrecked the theater."[937] Dies war am 9.Dezember 1920 in Paris. „Der Erfinder des Dadaismus gab dann das später berühmt gewordene Rezept zur Verfertigung eines dadaistischen Gedichts: 'Nehmen Sie eine Zeitung. Nehmen Sie eine Schere in die Hand. Wählen Sie einen Artikel in der Länge des Gedichts, das Sie machen wollen. Schneiden Sie den Artikel aus. Schneiden Sie dann sorgfältig jedes einzelne Wort aus und stecken Sie die Schnipsel in ein Säckchen. Schütteln Sie es. Ziehen Sie dann einen Schnipsel nach dem anderen heraus. Schreiben Sie die Wörter genau in der Reihenfolge auf, in der sie aus dem Säckchen kommen. Das Gedicht wird Ihnen ähneln. Und mit einem Schlag sind Sie ein höchst origineller Dichter, dem künstlerische Sen-

---

[935] Ebd., 207 (Hervorhebung von Carroll)
[936] Burroughs, The Cut-up Method of Brion Gysin, in: V.Vale/A.Juno (ed.), RE/SEARCH Nr.4/5: A Special Book Issue: William S. Burroughs, Brion Gysin, and Throbbing Gristle, San Francisco 1982, 35. Auch Burroughs-Biograph Barry Miles bezeichnet Gysin als den 'Erfinder' von Cut-up, vgl. William Burroughs – El Hombre Invisible (1992), London 1993, 19 u. 117. Die Tradition, in der die Methode steht, wird dort nur äußerst vage & lückenhaft angerissen.
[937] The Cut-up Method of Brion Gysin, a.a.O., 35. Burroughs hat außerdem T.S.Eliots einflußreiches Gedicht *The Waste Land* (1922) nur halb scherzhaft als 'the first great cut-up collage' bezeichnet und auch auf *The Camera Eye* von John Dos Passos hingewiesen, vgl. Miles, William Burroughs, 117. Daß Dos Passos Collage-Methoden im engeren Sinne verwendet hat, ist sicher: „Mit seiner überraschenden stilistischen Technik, mit der er Kinoeffekte, Zeitungsschlagzeilen, im Telegrammstil abgefaßte Kurzbiographien führender amerikanischer Persönlichkeiten und das zusammenhanglose Nacheinander von Bewußtseinsmomenten in der Manier des großen Iren James Joyce raffiniert ineinandermischt, versuchte Dos Passos auch sprachlich eine Spiegelung der chaotischen Welt der kapitalistischen Gesellschaft in ihrer Krise zu geben. Aber wo war nur der Ausweg aus dieser Krise?" (Heinrich Stammler, Amerika im Spiegel seiner Literatur, 136). Tja, wo *ist* er?

sibilität bescheinigt wird und den das Volk nicht versteht.'"[938] Daß dabei Poe-Kenntnisse in Tzaras Hinterkopf eine Rolle spielten, ist nicht auszuschließen, entspricht doch die Empfehlung, zunächst zu überlegen, wie lang das Gedicht werden solle, Poes Handwerker-Essay *The Philosophy of Composition*. Hatte Poe dort bereits die romantische Genie-Vorstellung vom Gedichtemachen zu einem Gutteil entzaubert, so wollte ihr die dadaistische Verspottung des Kunstbetriebs und ritueller Verehrungshaltungen des Publikums den Rest geben. André Breton hat sich 1924 im *Ersten Manifest des Surrealismus* zustimmend auf Tzaras Schnipselverfahren zurückbezogen, indem er betonte: „Im übrigen sollten die surrealistischen Mittel erweitert werden. Alles ist geeignet, um von bestimmten Assoziationen den gewünschten Überraschungseffekt zu erlangen. Die Papier-Collagen von Picasso und Braque besitzen den gleichen Wert wie die Einführung eines Gemeinplatzes in eine stilistisch zurechtgefeilte literarische Abhandlung. Man darf sogar *Gedicht* nennen, was man durch eine so zufällig wie möglich gemachte Assemblage erhält (berücksichtigen wir, wenn Sie wollen, die Syntax), und zwar von Titeln und Titelfragmenten, die man aus Zeitungen ausgeschnitten hat."[939] Im Text folgt nun ein *Gedicht*, das Breton auf eben diese Weise hergestellt hat (wobei indes eine bewußte Auswahl der betreffenden Elemente eine wohl nicht zu unterschätzende Rolle spielte). Brion Gysin hatte Mitte der dreißiger Jahre Kontakt zur surrealistischen Gruppe, und obzwar sich Breton mit ihm (wie schon mit Tzara) rasch überwarf, hat Gysin hierher seine Ideen für Cut-up bezogen. Im Unterschied zu Tzara, dem er unproduktiven, sich modisch ritualisierenden Nihilismus vorwarf, nahm Breton das (von Tzara satirisch-provokant gemeinte) Diktum, das Ergebnis werde dem Hersteller ähneln, ernst: Breton hatte sich Freuds Entdeckung der Gesetzmäßigkeiten des Unbewußten für sein Konzept des 'objektiven Zufalls', ein Kernstück der surrealistischen Ästhetik, angeeignet. Die surrealistischen Techniken sollten weder Gimmick noch Selbstzweck noch Marketing-Trick sein, sondern dadurch, daß sie überraschende, erhellende Einblicke ermöglichten, dazu beitragen, die Erkenntnis der Bedingungen individueller & gesellschaftlicher Befreiung zu erweitern. Für die Anhänger Tzaras war Bretons Festhalten an solchen Freiheitsidealen bloß romantisch-idealistisch.

William Burroughs hatte zwar für André Breton, der Gysin aus persönlicher Empfindlichkeit die Aussicht, gemeinsam mit den Surrealisten ausstellen zu können, zunichte gemacht hatte, nur wenig Sympathien[940], und ebenso dafür, daß Breton „grounded the cut-ups on the Freudian couch".[941] Doch auch für Burroughs steht Cut-up auf mehrfache Weise im Dienst der Befreiung: Befreiung der Sprache zur Eigenständigkeit und korrespondierend damit Befreiung des Menschen *von der Sprache*, soweit dies über-

---

[938] Michel Sanouillet, Die Verbreitung des Dadaismus: Dada in Deutschland und in Paris, in: Robert Lebel / Michel Sanouillet / Patrick Waldberg, Der Surrealismus. Dadaismus und metaphysische Malerei (orig. 1967–75), Köln 1987, 114f.
[939] Breton, Die Manifeste des Surrealismus (1924/35, Manifestes du Surréalisme, Übers. Ruth Henry, 1968), Reinbek 1984, 38
[940] Vgl. Er verneigte sich dreimal und verschwand in seinem Bild. Interview von Klaus Maeck mit William Burroughs (in Lawrence am 10./11.Juli 1990), in: KOZMIK BLUES: William S.Burroughs Special, 1991, 10ff.
[941] The Cut-up Method of Brion Gysin, a.a.O., 35

haupt möglich ist. Die Zufallsmontagen von Cut-up brechen lineare Schreib- & Erzählweisen auf, sprengen damit eingefahrene *Produktions*weisen und durchbrechen ebensosehr fixierte *Rezeptions*weisen, indem sie unterschwellige Assoziationsketten & -sprünge zutage fördern, blitzartige Perspektivenwechsel anregen, Sequenzen durch labyrinthische Strukturen auf eine unmögliche *Simultanität* hin komprimieren. Burroughs ist sich dessen bewußt, daß Literatur am Ideal strikter Simultanität der Ereignisse & Differenzen nur scheitern kann[942], aber das ist für ihn Ausgangspunkt & Herausforderung, nicht Ende. Im 'automatischen Schreiben' der Surrealisten wie auch in Kerouacs 'spontaner Prosa' sieht er ein in sich widersprüchliches Ideal von 'Unmittelbarkeit' am Werke, dem er stattdessen sozusagen durch handwerklich-technische Tricks beizukommen versucht: „You cannot *will* spontaneity. But you can introduce the unpredictable spontaneous factor with a pair of scissors."[943] Ziel ist die Empfindung (der Effekt) von etwas *'Neuem'*, Unerwartetem — wenn man sich erinnert, welch große Rolle die Kategorie des 'Neuen' in Poes Ästhetik spielt, so darf man hier Affinitäten sehen und vermuten, daß Poe, hätten Breton, Gysin oder Burroughs ihm ihre Ziele erklären können, sich für diese Methode durchaus erwärmt hätte. Burroughs beließ es nicht bei einem äußerlich-technischen Verfahren, sondern unterzog die Materialien, die er mit der Cut-up-Methode bearbeitete[944], zuvor & anschließend mehrfachen Selektionsprozessen, so daß der Zufall, wie er selbst betonte, zugunsten bewußter Kontrolle zurücktrat. Wie Poe hatte Burroughs die Gewohnheit, Texte für Neupublikationen komplett neu zu bearbeiten, „a tendency to keep changing his texts"[945], und Abgrenzungen zwischen einzelnen Genres existierten für ihn nur, um überwunden zu werden.[946] Den Widerspruch, daß produktive Imagination ihrem Wesen nach auf keine anderen Elemente zurückgreifen kann, als Sinne & rezeptive

---

[942] „Es gibt keinerlei Möglichkeit, die Simultanität von Ereignissen darzustellen. Dies läßt sich natürlich in der Malerei oder etwa beim Film weitaus besser erreichen als auf einer gedruckten Textseite" (Burroughs im Interview von Jürgen Ploog in Berlin am 9.Mai 1986, in: KOZMIK BLUES: Burroughs Special, 21). Interessanterweise legt Burroughs auch einen *Simultanitätsbegriff* von 'Panik' (vgl. griech. πᾶν = alles) zugrunde: „Captain Mission did not fear Panic, the sudden intolerable knowing that everything is alive" (Ghost of Chance (1991), New York & London 1995, 3).
[943] The Cut-up Method of Brion Gysin, a.a.O., 35
[944] Traumaufzeichnungen, homosexuelle Phantasien, Protokolle von Drogenwirkungen, Adaptionen überkommener Genres wie Western, Horror, Science Fiction, evolutionsgeschichtliche Phantasien und der Aufstand gegen Kontrolleure in den unterschiedlichsten Formen kehrten in seinen Büchern ständig wieder. Eine 'Cut-up-Trilogie' bilden die drei zusammenhängenden Romane *The Soft Machine* (1961), *The Ticket that Exploded* (1962) und *Nova Express* (1964), während *The Naked Lunch* (1959), jener Roman, mit dem Burroughs berühmt-berüchtigt wurde, *vor* der gründlichen Beschäftigung mit Cut-up geschrieben wurde, aber auch schon abrupte Sprünge & Zufallsstrukturen aufwies (vgl. Miles, William Burroughs, 118). Später kehrte Burroughs zu linearen Erzählformen zurück, Cut-up spielte dann nur noch eine untergeordnete Rolle.
[945] Barry Miles, William Burroughs, 127
[946] B.Miles nennt ihn insofern „a true post-modernist. He has no respect whatever for the normal restraints and limits of a particular genre and has always been quite happy to develop ideas in whichever direction they took him" (ebd., 205). Man sollte diesbezüglich nicht vergessen, daß Poes Neigung, mit Zitaten, ironischen oder ernstgemeinten Mottos, Anspielungen, grotesken Verfremdungen, ornamentalen Verzweigungen und freien Übergängen zwischen den Genres zu arbeiten (z.B. Gedichten in Prosaform oder abgesetzt innerhalb von Prosa, gelehrten oder pseudogelehrten Abhandlungen als 'Einleitungen' zu Stories etc.) selbst gewisse Vorformen 'postmoderner' Züge erkennen läßt...

Einbildungskraft ihr zur Verfügung stellen, und doch durch das unbegrenzte Vermögen der Abstraktion, Differenzierung, Permutation, Neuzusammenfügung, Dekonstruktion, der Extrapolation und Horizonte einholenden Selbstreferenzialität zur „Königin der Fähigkeiten" zu werden vermag (wie Baudelaire im Anschluß an ihn formulierte[947]), hat Poe bereits mit großer Prägnanz zum Ausdruck gebracht. Cut-up ist im Grunde nichts weiter als eine Möglichkeit, der produktiven Imagination im wörtlichen Sinne auf die *Sprünge* zu helfen.

In diesem Zusammenhang ist Burroughs' zwar nicht als zusammenhängende Theorie durchgeführte, doch an vielen Stellen seines Werkes explizit formulierte Sprachauffassung von Interesse. Der 'Horror der Sprache' ist von wenigen Autoren so nachhaltig hervorgehoben worden wie von Burroughs — darin liegt eine starke Verwandtschaft zu Poe. Sprache, so Burroughs, sei (wie) ein Virus (*wie* gehört in Klammern, denn Burroughs meint dies nicht nur als Metapher), das eine *stabile Symbiose* mit seinem Wirt, dem Menschen, eingegangen sei — als symbiotischer Mechanismus, buchstäblich-wörtliche Infektion, verkörpert Sprache jene internalisierte Repression, die von politisch-ökonomischen Machtcliquen herrschaftstechnologisch genutzt wird. Deleuze/Guattari finden mit ihrer These vom Primat der Schrift bzw. Einschreibung vor dem gesprochenen Wort in William S. Burroughs einen ihrer entschiedensten Vorläufer & Verbündeten: „Es wird allgemein angenommen, daß das gesprochene Wort vor dem geschriebenen Wort kam. Ich glaube, daß das gesprochene Wort, wie *wir* es kennen, *nach* dem geschriebenen Wort kam. (...) Tiere kommunizieren und übermitteln Informationen. Aber sie schreiben nicht. Sie können zukünftigen Generationen oder Tieren außerhalb der Reichweite ihres Kommunikationssystems keinerlei Information zugänglich machen. Dies ist der entscheidende Unterschied zwischen dem Menschen und anderen Tieren. Korzybski hat auf diese Unterscheidung hingewiesen und den Menschen als das zeitbindende Tier bezeichnet. Der Mensch kann mit Hilfe des geschriebenen Wortes anderen Menschen über jede beliebige Zeitspanne hinweg Informationen zugänglich machen."[948] Einer Katze nützt ein Plan nichts, der ihr den

---

[947] „Geheimnisvolle Fähigkeit — diese Königin der Fähigkeiten! Sie rührt an alle anderen; sie erregt sie, sie ruft sie zum Kampfe. (...) Sie ist die Analyse, sie ist die Synthese. (...) Sie nimmt die ganze Schöpfung auseinander — dann aber befolgt sie jene Regeln, deren Ursprung man einzig in der Tiefe der Seele zu finden vermag; nach ihnen häuft und ordnet sie die Stoffe und schafft so eine neue Welt, erzeugt die Empfindung des Neuen. (...) Die Imagination ist die Königin des Wahren, und das Mögliche ist eine der Provinzen des Wahren. Sie ist direkt verwandt mit dem Unendlichen" (Charles Baudelaire, Die Königin der Fähigkeiten, in: drs., Der Salon von 1859 (bzw. in dieser dt. Übers. betitelt: Der dritte Teil (1859)), Gesammelte Schriften (ed. Max Bruns) Bd.4, Kempten o.J., 185ff.). Baudelaire hat diese Konzeption ausdrücklich auf Poe zurückgeführt: „Für ihn ist die Imagination die Königin der Fähigkeiten; aber unter diesem Worte versteht er etwas Größeres, als von dem gewöhnlichen Leser darunter verstanden wird. Die Imagination ist nicht identisch mit der Phantasie (...). Die Imagination ist eine gleichsam göttliche Fähigkeit, die, unabhängig von den philosophischen Methoden, die intimen und geheimen Beziehungen der Dinge, die Korrespondenzen und Analogien durchdringt" (Weiteres über Edgar Poe (1857), in: Gesammelte Schriften, Bd.3, 160f.).

[948] W.S.Burroughs (Text/Konzeption) & Robert F.Gale (Illustrationen): Das Buch vom Aaatmen (The Book of Breeething, 1975, Übers. U.Breger), Rheinberg 1982, 10 (Hervorheb. v. Burroughs). Natürlich liegt hier in der Formulierung 'das gesprochene Wort, wie *wir* es kennen' in historischer Hinsicht eine *mögliche* Einschränkung. In einer sonst recht ähnlichen Formulierung gelten Burroughs anscheinend Schreiben und orale Tradition (mündliche Überlieferung, z.B. von Epen, Mythen) gleich hinsichtlich ihrer zeitlichen Überbrückungsfunktion: „What else distinguishes Homo Sap from other

Weg zu ihrem Futter zeigt. Menschen hingegen leben in einer kartographierten Realität. Dabei weist das gesprochene Wort *'Katze'* keine bildhafte Ähnlichkeit mit einer wirklichen Katze mehr auf, sondern verweist auf das geschriebene Wort. In Anlehnung an Saussures Zeichentheorie formuliert: Laut-/Bild ist eine interne, selbstrückbezügliche & selbstsubstitutive Relation innerhalb des Zeichens. Genealogisch gesprochen: der stimmliche Laut und das produzierte Bild werden über das geschriebene Wort in den Körper eingeführt. „Word begets image and image *is* virus"[949], sagt Burroughs: „My basic theory is that the written word was literary a virus that made the spoken word possible. The word has not been recognized as a virus because it has achieved a state of stabile symbiosis with the host."[950] Bewußt vermengt Burroughs dabei Sprachreflexion & Zeitkritik mit experimenteller *science fiction*. „Und was ist ein Virus? Vielleicht nichts anderes als eine Bilderfolge wie ägyptische Glyphen, die *sich selbst zum Leben erweckten*."[951] 'Am Anfang war das Wort', der sogenannte göttliche Logos: sich quasi selbst voraussetzend, vielleicht von Außerirdischen implantiert. Heute ist der parasitäre Charakter dieses Organismus, der den menschlichen Körper beherrscht, offensichtlich geworden, Menschen sind ruhelos, getrieben von Bildern & inneren Stimmen: „It is now a parasite organism that invades and damages the central nervous system. Modern man has lost the option of silence. (...) Try to achieve even ten seconds of inner silence. You will encounter a resisting organism that forces you to talk. That organism is the word."[952] „That a word is, in point of fact, an image", soll offenbar nicht nur darauf verweisen, daß die Schrift aus bildlichen Darstellungen entstand, sondern entwirft auch eine konkrete Utopie: Auf Piktogramme, eine hieroglyphische Sprache könnten sich einzelne gesprochene Sprachen wie auf eine Art Weltsprache (zurück)beziehen, und zugleich könnte damit die internalisierte Lautsprache, das ständige 'innere Sprechen' in seiner Aufdringlichkeit und damit auch seiner Mißbräuchlichkeit zu Kontrollzwecken relativiert und in die Schranken verwiesen werden. „A syllabic language forces you to verbalise in auditory patterns. A hieroglyphic language does not. I think that anyone who is interested to find out the precise relationship between word and image should study a simplified hieroglyphic script. Such a study would tend to break down the automatic verbal reaction to a word. It is precisely these automatic reactions to words themselves that enable those who manipulate words to control thought on a mass scale."[953] Daß

---

animals? He can make information available through writing or oral tradition to other Sap humans outside his area of contact and to future generations. This distinction led Count Korzybski to call man 'a time-binding animal', and it can be reduced to one word: *language*... the representation of an object or process by symbols, signs, sounds — that is, *by something it is not*" (Ghost of Chance, 48, H. v. Burroughs; zum Einfluß von Alfred Korzybski, dessen Seminar über allgemeine Semantik er 1939 in Chicago besucht hatte, auf Burroughs vgl. Miles, William Burroughs, 35).

[949] Burroughs, Nova Express (1964), New York 1992, 48 (Hervorheb. v. Burroughs)
[950] Burroughs, Electronic Revolution / Die elektronische Revolution (1970), Bonn 3.Aufl. 1982, 6
[951] Das Buch vom Aaatmen, 51 (Hervorheb. v. Burroughs)
[952] Burroughs, The Ticket that Exploded (1962), London 1987, 43
[953] Diese beiden Zitate stammen aus einem der zahlreichen Interviews, die Burroughs gab, um seine Sprachkonzeption zu erläutern, und werden von Barry Miles leider nicht durch einzelne Quellenangaben nachgewiesen (zitiert nach: Miles, William Burroughs, 180f.). Zu lernen, *ohne Worte* zu erinnern bzw. zu imaginieren, ist für Burroughs ein *Einüben des Schweigens*: „When you start thinking in images, without words, you're well on the way." Die 'zwanghaften Verbalisierer', die nicht schweigen

visuelle Schlüsselreize freilich ebenso wie auditive Muster als Kontrollinstrumente eingesetzt wurden & werden (vgl. die sexuelle Kommunikation der Produktwerbung), bleibt an dieser Stelle unberücksichtigt, aber deutlich wird auch, daß ein Wörtlichnehmen der Virustheorie nicht unabdingbar ist für diesen kritischen Ansatz. Daß es der menschliche *Körper* ist, den Burroughs 'parasitär' befallen sieht, meint der Titel *The Soft Machine*, der Deleuzes & Guattaris Ausdruck *Wunschmaschine* mitangeregt hat: „The soft machine is the human body under constant siege from a vast hungry host of parasites with many names but one nature being hungry and one intention to eat."[954] The „language problem" sei das Grundproblem des Menschen, „from which all human 'problems' stem"[955], so die Herrschaft des Geldes und die Unmöglichkeit einer wahrhaft humanen Ordnung in einer von Überbevölkerung & Ressourcenknappheit geprägten Massengesellschaft; so auch die Probleme mit dem Faktor Zeit, sei es als scheiternder Versuch, Simultanität zu institutionalisieren (vgl. die telemedialen 'Echtzeittechniken'), sei es als Unfähigkeit, schonend mit dem als Ausbeutungsmasse betrachteten Heimatplaneten umzugehen.[956] Daß nun in unserer heutigen Zeit die stabile Symbiose von Mensch & Virus am Zusammenbrechen sei, müsse experimentell verstärkt & beschleunigt werden: „Communication must be made total. Only way to stop it."[957] So wie das Virus 'sich selbst zum Leben erweckte', erstickt es gleichsam an sich selbst: „The virus is burning itself out".[958] Cut-up könne dabei, so hofft

---

können und die es verlernt haben, Schweigen zu ertragen oder es auch nur ertragen können zu *wollen*, sind für ihn gleichsam vom Terror getriebene Terroristen: „In fact it can't get too quiet for me. I would say that silence is only a device of terror for compulsive verbalisers" (zit. nach ebd., 181f., dies ist eindeutig dem Interview zugeordnet, das Burroughs 1972 der amerikanischen Zeitschrift ROLLING STONE gab). Es zeichnen sich damit zwei Lebensformen ab, die einander eigentlich nichts zu sagen haben: Menschen, die Kommunikationszwang als Terror bzw. Horror empfinden (zu ihnen gehört, wie man wohl schon vermutet haben wird, auch der Autor der vorliegenden Untersuchung), und Menschen, die Schweigen als Terror bzw. Horror empfinden (vgl. Poes Text *Silence*). Ein Machtparadigma wird es stets leichter haben, den Konflikt und die Unvereinbarkeit dieser beiden Lebensformen zu fassen, als ein Kommunikationsparadigma, das eine zu erreichende 'Verständigung' idealisiert.
[954] Burroughs, Appendix to *The Soft Machine*, in: The Soft Machine, Neuausgabe (1968, die Erstausgabe von 1961 wurde komplett umgeschrieben), London 1974, 172
[955] Ghost of Chance, 50
[956] Denn Zeit- & Geschichtsbewußtsein sind wesentlich sprachlich (durch schriftliche & mündliche Überlieferung) bestimmt & vermittelt. Vgl.: „Time is a human affliction; not a human invention but a prison. (...) Man was born in time. He lives and dies in time. Wherever he goes, he takes time with him and imposes time" (Ghost of Chance, 16f.). Für Burroughs zielt das Durchbrechen sprachlicher Fixierungen wesentlich auf das Durchbrechen zeitlicher & räumlicher Fixierungen. Über ein Jenseits der Zeit & des Raumes können wir indes natürlich nichts *sagen*. Ebensowenig über eine Welt, die nicht mehr unter der Herrschaft des Wort-Virus steht: „What would a wordless world be like? As Korzybski said: 'I don't know. Let's see'" (ebd., 50). Gewissermaßen eine Utopie *sinnlicher* Vernunft als *schweigender* Vernunft... Auch die potentiell befreiende Bedeutung von Sex hat unmittelbar mit der Intention zu tun, zeitliche — und zwar: zusammen mit sprachlichen — Fixierungen zu durchbrechen: „There is perhaps as intimate a relation between time and sex as between death and sex. Both death and sex *take the subject out of time*" (Burroughs, My Education: a Book of Dreams (1995), London 1996, 10, H. v. Burroughs). Daß Sex unter den bestehenden Umständen ebenso als Instrument individueller & kollektiver Kontrolle eingesetzt wird wie Sprache — und zwar beide durcheinander vermittelt — hat Burroughs sehr deutlich gesehen und in seinen Büchern betont.
[957] The Ticket that Exploded, 124
[958] Ghost of Chance, 54. Eine Formulierung, die sich gut auf die Wahrscheinlichkeit beziehen läßt, daß der Weltkapitalismus, nun ohne äußeren Gegner, gleichsam an sich selbst ersticken wird. Ein

Burroughs, einen Beitrag leisten: Stimmen, Botschaften, geistige Umweltverschmutzung kann dekonstruiert, zerhackt, verzerrt und gegen die Absender zurückgespielt werden, sozusagen als Rückkopplungseffekt; Echos im Informationskrieg, eine Verzerrung der Verzerrung oder Entfremdung der Entfremdung bewirkend, wie dies auf seine Weise auch Artaud vorschwebte. Das Weltbild, das Burroughs dabei zugrundelegt, bezeichnet er ausdrücklich als *magisch*: „Mein Konzept vom magischen Universum gestattet keine Zufälle."[959] Indem man die belästigenden Informationsbits gleichsam in dünne Luft zerschneide, könne man 'in den grauen Raum aufbrechen', womit er ebenso den psychischen Binnenraum meint wie den freien Weltraum — auf jener 'anderen Seite' gebe es nichts, das dort quasi präexistent auf uns warte, die betreffende Realität müssen wir vielmehr selbst „erschaffen, während wir dort hingehen".[960] Hier ergeben sich deutliche Analogien zu jenen Autopoiesis-Modellen, die bereits angesprochen wurden.

Das Cut-up-Tonband kann gewissermaßen als Wunschmaschine fungieren, als sich verselbständigendes Substitut eines deformierten Nervensystems. So haben es auch Deleuze & Guattari verstanden: „ein Schizophrenieeinbruch, wir tragen eines Tages unser Tonband ins Zimmer des Analytikers, Halt, unberechtigtes Eindringen einer Wunschmaschine, und plötzlich ist alles auf den Kopf gestellt".[961] Eine abgekoppelte

---

Virus, das sich negativ-totalisiert, indem es die gesamte Wirtsmasse infiltriert, umpolt & aussaugt, wird am Ende implodieren und damit 'sich selbst abschaffen'. Dialektisch gesprochen hieße das, es würde das Gesetz bestätigen, daß Logik der Totalisierung mit immanenter Konsequenz Logik des Zerfalls ist...

[959] Im J.Ploog-Interview, a.a.O., 26. In gewisser Weise nähert sich Burroughs damit doch wieder einer Freud-Bretonschen Auffassung des Unbewußten, wo es ebenfalls nichts Zufälliges gibt bzw. eine Dialektik von Zufall (vgl. die vom Traum verarbeiteten Tagesreste) & Notwendigkeit (im Sinne von Gesetzmäßigkeit) herrscht. Bretons Propagierung des 'automatischen Schreibens' verband sich von Beginn an mit einem Interesse für okkulte Phänomene, das sich beim späten Breton noch verstärkte.

[960] Im Klaus-Maeck-Interview, a.a.O., 14

[961] Anti-Ödipus, 70f.; vgl. Burroughs: „A tape recorder is an externalized section of the human nervous system you can find out more about the nervous system and gain more control over your reactions by using the tape recorder than you could find out sitting twenty years in the lotus posture or wasting time on the analytic couch" (The Ticket that Exploded, 156). Diesbezüglich darf allerdings Burroughs' äußerst zwiespältiger Flirt mit der Scientology Church nicht unterschlagen werden, der wesentlich dazu beitrug, daß Burroughs den Tape-Recorder als Mittel zum 'Dekonditionieren' (d.h. Befreien eines Individuums von automatischen Reaktionen, die auf in der Vergangenheit erlittenen psychischen Verletzungen / Prägungen basieren) gewaltig überschätzte: „Deconditioning means the removal of all automatic reactions deriving from past conditioning... (...) When automatic reactions are not longer operative you are in a condition to make up your mind. (...) Very promising techniques now exist suitable for mass deconditioning and we'll all be less of a bore" (Burroughs zit. nach Barry Miles, William Burroughs, 185, siehe dort auch 120f., 135, 148f., 155f., 183–86, 191, 202ff.). Die Scientologen setz(t)en Tape-Recorder und Lügendetektoren auf eine Weise ein, die in aggressiven Formen der Militärausbildung, der Psychiatrie und der Behandlung politischer Gefangener auch als 'Gehirnwäsche' bekannt ist. Die wirtschaftliche Taktik dieses transnationalen Konzerns bestand & besteht darin, Menschen aus ihren alten Abhängigkeiten einzig zu dem Zweck zu 'befreien', um sie in eine neue psychische Abhängigkeit, nämlich von der Scientology Church, zu bringen und sie für die überteuerten 'Dienstleistungen', die eben dies bewirken, finanziell auszubeuten. Der 'Kult' dieser 'Kirche' ist auf genau das gerichtet, was die kapitalistische Gesellschaft ohnehin beherrscht: auf den in Geldform sich selbst verwertenden Wert. Auch wenn Burroughs das Gelernte schließlich *gegen* Scientology zu wenden versuchte und diese Organisation zunehmend kritisch sah („It's just another one of those control-addict trips and we can all do without those", so Burroughs zit. bei Miles, a.a.O.,

Gegenmaschine, die Gegenrhythmen sendet, im Namen jenes Schweigens, von dem Burroughs oft betont hat, es sei der erstrebenswerteste Zustand. „Am anderen Pol (...), dem schizo-revolutionären, bemißt sich der Wert der Kunst nur an den decodierten und deterritorialisierten Strömen, die sie unter einem auf das Schweigen reduzierten Signifikanten, und unterhalb der Identitätsbedingungen von Parametern, über eine zur Ohnmächtigkeit verdammte Struktur fließen läßt; auf pneumatischen, elektronischen oder gasförmigen indifferenten Trägern aufruhende Schrift, die Intellektuellen um so schwieriger und intellektueller vorkommt, als sie den Schwachsinnigen, Analphabeten, den Schizos verständlich ist, alles vereinigend, was fließt und wieder abtrennt, innere Regungen der Barmherzigkeit, ohne Sinn noch Zweck (das Experiment Artaud, Burroughs). Hier findet die Kunst zu ihrer authentischen Modernität, die allein darin besteht, das zu befreien, was zu allen Zeiten in ihr vorhanden war" (Deleuze/Guattari[962]). Die Autoren stimmen Trost zu, der vorgeschlagen hat, im Sinne eines „cut-up á la Burroughs" ein Traumfragment „mit einem *beliebigen* Abschnitt aus einem Handbuch für Sexualpathologie in Beziehung zu setzen", statt zu interpretieren.[963] So hat denn Cut-up, als äußerliches Induzieren eines Effektes, unversehens die Bedeutung eines beliebigen und doch gezielten 'Verrisses' oder vielmehr Gegenverrisses wiedererlangt, die es in seiner von Poe skizzierten Protoform einmal gehabt hat, nämlich im Rahmen einer ebenso ohnmächtigen wie entschiedenen Gegenbewegung des Schriftstellers Poe gegen den etablierten *Betrieb*, dieser Brutstätte des *Konformismus*...

Spätestens seit Burroughs' Tod im August 1997 ist Cut-up-Literatur Geschichte. Die Aufsaugfähigkeiten des Kapitalismus haben auch Cut-up gut überstanden (wie heute an Werbeclips aller Art zu sehen ist). Unabgegolten ist die Aufforderung, weitere experimentelle Techniken & Lebensformen zu erproben. Wie mit dem sprachlich gebeutelten Leben, so weitere Experimente auch zu riskieren mit der Selbstreferenz des geschriebenen Textes, seinem Sicheingrenzen, Sichiffrieren & -offenlegen, dem Sichfixieren & Sichverselbständigen gegenüber dem Ver–FASSER, dem Übersichhinausweisen des Gewebes durch zerstäubenden Rücklauf-in-sich, seinem Anstoßen & Bekräftigen nichtangepaßter Lebensformen. Sammeln & Ausstreuen von Zersätzendem, Versetzendem, VersÄtzendem... Phonisches Mehl & Splitter ins Getriebe schütten...

Magie ist eine archaische Form der Rationalisierung, und das Verhältnis des Menschen zur Sprache ist im Grunde immer magisch geblieben. Vage, undurchschaute, bereitwillig überschätzte Analogien, die verhaltensstabilisierend wirken, sind bis heute ein Hauptinstrument gesellschaftlicher Repression. Insofern sind Versuche, das Differenzielle, jede begriffliche Einheit Sprengende zu betonen (wie etwa Deleuze

---

184), bleibt es doch ein schweres Defizit, daß er jenes strukturgesetzlich privilegierte Virus, von dem Scientology die Menschen keineswegs 'dekonditionieren' will, den sich selbst verwertenden Wert, nicht deutlich auf den Punkt brachte und den Psychofaschismus dieses Konzerns insofern nicht mit dem in Verbindung brachte, was auch den Nazifaschismus erst ermöglichte: der kapitalistischen Gesellschaftsformation. (Daß auch der antikapitalistische Ansatz von Deleuze/Guattari mitsamt seinem Burroughs-Bezug dieses Defizit leider nicht behoben hat, habe ich in Abschnitt b zu zeigen versucht.)
[962] Anti-Ödipus, 481
[963] Ebd., 508 (Hervorheb. v. Deleuze/Guattari)

sie ausdauernd unternahm), konsequent. Poes Hinwendung zum reinen Klang in seinen späten Gedichten läßt sich als Abzielen auf eine Verselbständigung des Differenziellen gegenüber dem Begrifflichen, gegenüber linearer Struktur und jeder Form von Bedeutung auffassen. Die Verselbständigung des Klangs enthält Züge eines *klangmagischen* Ästhetizismus, der zwar an die Stelle eines *wortmagischen* Ästhetizismus zu treten, doch eben auch noch das Stellenhafte, die Stellenhaftung selbst zu untergraben verspricht. Insoweit dabei nur eine rearchaisierende Spielart von Rationalisierung vorliegt, verfällt auch dieser Ästhetizismus unweigerlich dem Scheitern von Rationalisierung. Ohnehin arbeitet Poes Hyperrationalismus der Tendenz zum reinen Klang entgegen und beschwert sie zugleich mit seiner eigenen Dialektik.[964] Doch das Sichauflösen des Klangs, sein sich aufhebender Nachhall, wirkt zugleich dem Bann der strukturellen Verfestigung entgegen, stärker als es wohl jeder Versuch, noch mit dem Begriff gegen den Begriff zu denken, vermöchte.

Das 'schwebende' Gleiten & Schwinden des Klangs entspricht gleichsam dem 'Zerschneiden in dünne Luft', setzt es dorthin fort, wo es keine Schnitte mehr gibt. Poe ist nicht nur einer der Väter der Moderne, sondern auch einer ihrer *internen* Auflösung. Wo Denken als Probe-, Ersatz- & Abwehrmechanismus nicht über Autopoiesis, als basale Selbstreferenz, hinauskommt, kann tätige Selbstüberschreitung des Ästhetischen zwar keine handhabbare revolutionäre Organizistik vorweisen, wohl aber das Ungenüge des Bestehenden über die Ohnmacht des Begriffs hinaus weiterklingen lassen (das gilt für den Lärm der Wunschmaschinen als Destruktionsgerät wie als Sphärengebrisel). Es gibt ein Schweigen, das dem Horror der Sprache seine eigene Melodie vorzuspielen vermag, ohne die Pupille des 'Luchses', den Poe am Ende von *Silence* unverwandt auftreten & aufschauen läßt, in bloß magisch-vernünftiger Übernahme des Instrumentellen zu zerschneiden & aufzulösen. Doch jedes Schweigen wird nur noch Abbruch sein. Es gibt keine Vollendung. Und obzwar das unabgeschlossene Projekt 'Moderne' ebenso fortgesetzt werden wird, wie die ihm immanente 'negative' Dialektik nicht zur Ruhe zu kommen verspricht, kann & wird es keine 'Vollendung der Moderne' geben, selbst wenn (was notwendig und auch realmöglich ist!) experimentelle Bereitschaft die Verhältnisse noch einmal zum Tanzen brächte. Die Kommunikanten derweil schwatzen weiter.

---

[964] Jedem Schritt in Richtung auf 'Autonomie der Kunst' wohnte, wie Adorno sagt, schon ein Moment von Blindheit inne (vgl. Ästhetische Theorie, ed. G.Adorno / R.Tiedemann (1970), Frankfurt/M. 1973, 9). Dafür ist Poe ein gutes Beispiel. Und entsprechend der von Hegel erläuterten Dialektik der Schranke spiegelt auch sein Werk das intern wider, wogegen sein Prinzip eines 'l'art pour l'art' errichtet wurde (vgl. ebd., 16)...

Personenverzeichnis[965]

Abramowitz, Elga 32
Adams, John Quincy 9
Adorno, Theodor W. 42, 283–287, 289ff., 299f., 304–307, 312, 323, 330, 335, 346, 356f., 387
Aeppli, Ernst 208
Aischylos 262
Alexander 'der Große' 265
Allan, Frances (Pflegemutter von Edgar A. Poe) 11f., 95, 111, 146, 164
Allan, John (Pflegevater von Edgar A. Poe) 11ff., 17, 22, 28, 35, 40, 79, 99ff., 103–106, 108, 144, 146, 154f., 161, 164, 167, 211, 217, 291f., 295, 360f., 377f.
Althusser, Louis 335
Ambrosius 355
Anakreon 72f.
Anarchasis 259
Anaxagoras 342
Apollodoros von Athen 271
Aragon, Louis 89
Archimedes 57, 58
Aristides 260
Aristoteles 254–260, 342
Artaud, Antonin 14, 83, 165, 318, 322, 329, 331ff., 336f., 343, 348, 350, 370–375, 386
Athanasiou, Gènica 374f.
Augustinus 355

Baadke, Friedrich 32, 96, 120
Bacon, Francis 277
Balke, Friedrich 346
Balzac, Honoré de 140, 154
Bargeld, Blixa 67, 333, 337
Barthes, Roland 337f., 358
Bataille, Georges 355, 364f.
Baudelaire, Charles 11, 14, 30, 61, 89, 101, 126, 140, 165, 211, 315, 373, 382
Bauer, Edmond 197f.
Bauval, Robert 77, 288
Beaver, Harold 69f., 91
Becker, Oskar 270f.
Beckett, Samuel 331
Bégoin, Jean 328, 350
Belsazar 69, 72, 87, 129f.
Bensch, Kurt 88
Bergs, Emil 235, 271
Berndt, Heide 350
Biedermann, Hans 71, 234
Bienville, J.-D.-T. 130
Blake, William 185
Bloch, Ernst 63, 330
Bodenheimer, Aron Ronald 116
Böke, Henning 174

---

[965] Gestalten der Mythologie oder literarische Gestalten werden nicht mitaufgenommen. Da es m.E. wenig Sinn machen würde, unter 'Edgar A. Poe' die wenigen Seiten aufzuführen, auf denen er *nicht* vorkommt, werden dort die interpretierten oder erwähnten Poe-Texte aufgeführt.

Bohr, Niels   196, 231, 346f.
Bonaparte, Marie   16f., 19, 22, 25, 73, 88, 116f., 146, 151, 160, 169, 171, 174, 197, 201, 292, 294, 360
Bonß, Wolfgang   330, 346
Bosch, Hieronymus (Jheronimus Anthonis-zoon van Aken)   27, 84, 91, 100, 217, 367
Boulton, Marjorie   230
Brahe, Tycho   183
Braque, Georges   380
Breton, André   15, 314f., 336, 345, 380f., 385
Brinkmann, Rolf Dieter   341
Bröcker, Walter   259
Broglie, Louis de   231
Brown, Arthur   235
Brown, Charles Brockden   10
Brown, Norman Oliver   50, 57, 70, 155, 160, 199, 201, 205, 251–254, 260, 271, 273f., 278, 293, 310, 315f., 358, 360f.
Browne, William Hand   111
Brüggemann, Heinz   138, 140, 144
Brutus, Marcus Iunius   28
Bruyère, Jean de la   138
Bryant, William Cullen   10
Buchner, Hartmut   54, 337
Buddha, Gotama   66
Bühler, Karl   162, 342
Bulwer-Lytton, Edward   214
Burroughs, William Seward   11, 132, 333, 340f., 350, 376, 379–386
Busolt, Georg   256
Byron, Lord George Gordon   11, 36, 91, 362

Cage, John   51
Calder, Nigel   190, 195f.
Caligula, Gaius Caesar   265
Calvin, Johann   333
Campbell, Joseph   276f., 281ff., 335
Canning, Launcelot   69
Capelle, Wilhelm   235
Capra, Fritjof   189, 231, 346f.
Carnot, Nicolaus Léonard Sadi   198
Carroll, Lewis (Charles Ludwidge Dodgson)   378f.
Catull (Gaius Valerius Catullus)   73
Cavendish, Richard   39, 280, 295
Champollion, Jean-François   77, 279
Chasseguet-Smirgel, Janine   322, 328
Chirico, Giorgio de   367
Chomsky, Noam   330f.
Cicero, Marcus Tullius   28, 283
Clemm, Maria 'Muddy' (Tante von Edgar A. Poe)   12f., 53, 101, 141, 206, 291
Cochem, P. Martin   71
Coleridge, Samuel Taylor   11, 86, 164, 203, 315, 373
Comte, Auguste   153
Constable, George   301
Cooke, Philip Pendleton   30
Cooper, David   98, 101, 334
Cooper, James Fenimore   10
Coulmas, Florian   339f.
Creuzer, Friedrich   348

Crowley, Aleister 279ff.
Crystal, David 77, 270, 275
Cunliffe, Marcus 101
Cuvier, George 172

Dali, Salvador 367
Dams, Peter 254, 257
Daniel, Claus 289
Dante Alighieri 43, 376
Darwin, Charles 177
Davidson, Edward H. 183f., 203, 217, 223ff., 296
Debussy, Claude 235
Dedmond, Francis B. 167
Defoe, Daniel 82f., 85, 87
Deleuze, Gilles 26, 41, 77f., 295, 299f., 306, 312, 318–338, 340–363, 365ff., 369f., 372, 382, 384–387
Deligny, Fernand 335
Demosthenes 22, 28
Derrida, Jacques 77–81, 191, 203, 236, 266, 284, 293, 297, 329ff., 338–342, 350, 362f., 373
Descartes, René 37, 142, 162f., 277, 324, 347
Detienne, Marcel 70, 204f.
Dickens, Charles 140f., 167
Diefenbach, Katja 365
Dihle, Albrecht 73
Dos Passos, John 379
Dostojewskij, Fjodor 102
Doyle, Arthur Conan 14
Drakon 257
Dumas, Georges 364
Durrell, Lawrence 225f.

Edward III. 82
Edwards, Jonathan 10
Einstein, Albert 189ff., 195ff., 231, 320, 346f.
Eliade, Mircea 273, 278, 364f., 371
Eliot, Thomas Stearns 11, 205f., 379
Engels, Friedrich 73, 149f., 153, 289, 331, 333ff.
English, Thomas Dunn 167
Emerson, Ralph Waldo 10, 42
Empedokles 54, 134
Etzel, Gisela 43, 120
Etzel, Theodor 101
Eulenberg, Hedda 43, 120
Euripides 70
Evans, Arthur 265
Eveleth, George W. 191
Evers, Dietrich 49, 263f., 273

Faraday, Michael 189, 231
Faulkner, William 67
Federn, Paul 312, 350
Ferdière, Gaston 374
Ferenczi, Sándor 133, 199, 275, 310
Ferlinghetti, Lawrence 65
Feuerbach, Ludwig 204f.
Fichte, Johann Gottlieb 10, 131, 186ff.

Fiedler, Leslie A. 292f.
Finley, Moses I. 245, 252–255
Fischer, Axel 336
Flaubert, Gustave 30
Fosca, François 140
Foucault, Michel 84, 130, 319, 321f., 335, 357f.
Fouqué, Friedrich de la Motte 226
Fowlie, Wallace 65
Franklin, Benjamin 9, 10
Frazer, James G. 49, 99, 158, 276
Frege, Gottlob 129
Freud, Sigmund 16, 18, 27, 32, 48, 56, 90, 116ff., 120, 123, 127f., 133–138, 171, 173, 198f., 201, 217, 239, 292, 299, 304, 306, 308–314, 318ff., 323f., 330, 333f., 348f., 355f., 358, 360, 369, 380, 385, 387
Freytag, Hartmut 84
Fromm, Erich 116, 199, 312

Gadamer, Hans-Georg 261
Gafurius (Franchino Gaffori) 283
Gale, Robert F. 382
Galilei, Galileo 277
Gall, Franz Joseph 121ff.
Garbini, Giovanni 264f., 268, 302
Gebelin, Graf von 279
Gehlen, Arnold 297, 299f., 302, 355
Genet, Jean 30
Gigon, Olof 258
Gilbert, Adrian 77, 288
Ginsberg, Allen 65, 316
Glass, Philip 235
Gleick, James 188
Göller, Karl Heinz 179
Goethe, Johann Wolfgang von 43, 73, 202, 235, 313
Gogh, Vincent van 373
Gogol, Nikolaj 362
Golding, William 316, 355
Graber, Gustav Heinz 50
Graham, Rex G. 97
Graves, Robert 59, 87, 190, 202, 216, 225, 229, 253, 262f., 266–276, 278f., 282f., 285, 288, 292, 297, 306, 332
Griswold, Rufus Wilmot 13, 160
Groddeck, Georg 116, 138, 153, 274
Grüninger 138
Guattari, Félix 26, 41, 77f., 295, 299f., 306, 312, 318–338, 340–363, 365ff., 370, 372, 382, 384ff.
Guevara, Ernesto 'Che' 213, 317
Gysin, Brion 340f., 376, 379ff.

Habermas, Jürgen 42, 58, 80, 214, 278, 298, 316, 335, 343, 357
Hamblin, Dora Jane 264, 301
Hammill, Peter 135, 235
Harris, Frieda 279f.
Harrison, Jane 282
Hasebroek, Johannes 255f.
Haug, Wolfgang Fritz 317
Hawthorne, Nathaniel 15, 17, 214, 219

Hegel, Georg Wilhelm Friedrich   33, 47, 52, 68, 76, 80, 94f., 115, 120ff., 129, 131, 136, 142f., 145, 157f., 160f., 182f., 185–188, 190–206, 219, 258, 261, 273, 297f., 300, 308–315, 317, 323, 325–328, 330, 332f., 337, 339, 341f., 346–349, 351, 357, 366, 368ff., 387
Heidegger, Martin   49, 261
Heine, Heinrich   140, 142, 144, 148f.
Heinrich, Helmut T.   120
Heisenberg, Werner   231
Heraklit (Herakleitos von Ephesos)   45, 69, 129, 134, 186, 195f., 235, 260f., 264, 267, 314
Herder, Johann Gottfried   297
Herodes   92
Hesiod   251f., 254, 262
Hesse, Hermann   63
Heywood, A.B.   16
Hobbes, Thomas   56, 150f., 192
Hölderlin, Friedrich   54, 60, 129, 184, 186f., 200, 202, 373
Hoffman, Daniel   40, 226
Hoffmann, E.T.A. (Ernst Theodor Wilhelm 'Amadeus' Hoffmann)   11, 32, 44, 50, 89, 156, 295, 375
Hoffmann, Gerhard   179
Holmes, Richard   10, 86, 88, 156, 204, 219
Homer   73, 189, 216, 219, 237, 252, 274, 281f., 284ff., 301, 323, 376
Honneth, Axel   42, 289f., 357
Horkheimer, Max   283–287, 289ff., 306f.
Horney, Karen   312
Hornung, Erik   77, 279, 295, 302
Hubble, Edwin   195
Humboldt, Alexander von   190
Humboldt, Wilhelm von   339
Hunger, Herbert   75, 158, 217, 225, 251, 254, 262, 267f.
Husserl, Edmund   80

Irving, Washington   10, 23, 39
Isokrates   73

Jackson, Andrew   9
Jakobson, Roman   297, 330, 338
Jarry, Alfred   66, 67
Jefferson, Thomas   9
Jesus von Nazareth 'Christus'   186f., 191, 204, 265, 332
Johannes (der Autor der *Offenbarung*)   55, 87, 180
Johns, Jasper   340
Joyce, James   76, 333, 379
Jung, Carl Gustav   39, 71, 115, 208, 277f., 281f., 288, 295, 331
Juno, Andrea   379
Justinian   265

Kalweit, Holger   278
Kant, Immanuel   46, 80, 118, 130f., 186, 188ff., 196, 198, 203, 230, 314f., 328, 338, 342f.
Kayser, Wolfgang   211, 222
Keats, John   182
Kelly, John   50
Kepler, Johannes   197, 235
Kerényi, Karl   272ff.
Kermode, Frank   86
Kerouac, Jack   65f., 316, 379, 381
Kierkegaard, Sören   373

Kircher, Athanasius 49
Klaus, Georg 327
Klee, Paul 340
Klein, Dagmar 179, 235
Klein, Melanie 328
Kleist, Heinrich von 362
Kleisthenes 254, 260
Kohut, Heinz 136, 312
Kojève, Alexandre (Alexander Kotjenikov) 326
Kolumbus, Christoph 277
Konstantin 'der Große' 265
Korzybski, Count Alfred 382ff.
Kramnick, Isaac 9
Kranz, Walter 73, 235
Kroh, Paul 245
Krumme, Peter 27, 83f., 87, 171, 293, 295, 297
Krutch, Joseph Wood 16
Kuhrig, Herta 334
Kunert, Günter 96

Lacan, Jacques 20, 25ff., 30, 33ff., 37, 42, 48, 50, 52, 55, 76, 79, 98f., 115, 117, 129, 135f., 160, 172, 178, 184, 200, 209, 250, 272, 287, 298ff., 302–306, 308f., 311ff, 316f., 322f., 327, 329f., 333–337, 340, 342f., 345f., 348f., 360, 363, 367f., 370f.
Lachmann, Hedwig 101
Laing, Ronald David 334, 367
Lamarck, Jean-Baptiste de 177
Lamer, Hans 245
Lamettrie, Julien Offray de 324
Laplace, Pierre Simon Marquis de 198
Lebel, Robert 380
Leibmann, Holger 222, 263f.
Leibniz, Gottfried Wilhelm 118, 186, 198
Lennig, Walter 11, 100, 141, 207, 228
Leopardi, Giacomo 362
Leroi-Gourhan, André 337
Lessing, Gotthold Ephraim 187
Lévi, Eliphas (Alphonse-Louis Constant) 280f.
Levi, Fritz 11, 43, 82, 120
Lévi-Strauss, Claude 79, 354
Lincoln, Abraham 9
Link, Franz Heinrich 147, 151, 182ff., 198–201, 203, 212f., 222f., 226f.
Locke, John 118
Lommel, Andreas 263, 268f.
London, Jack 85, 149
Longfellow, Henry 167, 226, 291
Lorenz, Edward 188
Low, Barbara 134
Lowell, James Russell 25
Luhmann, Niklas 266, 298, 300f., 347
Lukian 102
Luther, Martin 333
Lykurg 254
Lyotard, Jean-François 307, 337, 340, 361, 366f.

Madison, James 9
Maeck, Klaus 380, 385

Magellan 277
Mallarmé, Stephane 14, 101
Manzarek, Ray 222
Marcuse, Herbert 39, 42, 306–319, 321, 328f., 333, 338, 341, 350, 370
Marshack, Alexander 263
Marx, Karl 38, 52–55, 142f., 148, 153, 243–246, 249f., 255, 261, 266, 272, 289f., 303f., 307, 309, 315, 320f., 326, 330–335, 342, 344, 350–358, 368f.
Mattheus, Bernd 332, 364, 372
Matthias, L.L. 10
Maturana, Humberto 347
Mauss, Marcel 355
Maxwell, James Clerk 189, 231
May, Karl 62ff.
McCoy, Carl 67
McLuhan, Marshall 11
Mead, George Herbert 47, 168, 297, 300
Meier, Christian 254, 256
Melville, Herman 10, 49, 66, 77, 91, 293
Mendelssohn, L. 75
Merleau-Ponty, Maurice 338f.
Mesmer, Franz Anton 156
Miles, Barry 379, 381, 383, 385f.
Miles, L. 121
Miller, George A. 77, 263ff., 329f., 332f.
Milton, John 182, 230, 235
Miró, Joan 340
Mitscherlich, Alexander 313, 350, 355
Mocnik, Rastko 174
Möser, Kurt 45, 64f., 156
Monroe, James 9
Montesquieu, Charles de Secondat 342
Moore, J.M. 254
Moore, Thomas 182, 222
Morris, George P. 199
Morrison, James Douglas 'Jim' 64ff., 116, 153, 208, 211f., 222
Mose (Moses) 264f.
Motherwell, William 211
Mourier, Maurice 295
Moynot, Jean-Louis 320
Mueller-Bülow, Klaus 245
Müller, Hans Dieter 8, 17, 21, 28, 32, 36, 43, 45, 47, 57, 60, 70, 73, 121, 138, 140, 167, 219, 226, 230, 374
Müller, Jens Christian 174
Müller, Rudolf Wolfgang 352
Muller, John P. 25, 28, 33, 304
Murray, Gilbert 282
Musset, Alfred de 362

Narmer 302
Nauta, Lolle W. 316
Nebukadnezar 72
Needham, Joseph 324
Neelsen, Karl 245
Nero 41
Nerval, Gérard de 373
Newton, Isaac 183, 198, 347

Nichols, Sallie   281
Nietzsche, Friedrich   37, 65, 76, 83, 100, 130, 133, 155, 186, 190, 202, 204, 209, 211, 269f., 273, 275f., 290, 301, 313, 326f., 331, 333, 336, 342, 353–357, 362, 369f., 373f.
Notke, Bernt   84
Novalis (Friedrich von Hardenberg)   89

Offe, Claus   316
Oglesby, Carl   9
Olbers, Wilhelm   198
Orwell, George   333

Pagel, Gerda   30
Paine, Thomas 'Tom'   9
Parsons, Alan   235
Pascal, Blaise   75, 204
Peisistratos   259
Penck, A.R. (Ralf Winkler)   340
Penrose, Robert   196
Peraldi, François   25
Perikles   260
Piaget, Jean   330f.
Picasso, Pablo   380
Platon   52, 69, 73ff., 88, 100, 129, 133, 182, 184f., 235, 255, 259, 264
Plessner, Helmuth   369
Ploog, Jürgen   381, 385
Plutarch   245, 254ff., 259f.
p.m.   337
Poe, Edgar A., Texte:
— Al Aaraaf   182ff., 186, 189f., 200, 232
— Alone   184
— The American Drama   203
— The Angel of the Odd   51
— Annabel Lee   96, 213, 226–229, 231
— The Assignation (The Visionary)   91, 221
— The Bells   199, 233ff., 387
— Berenice   12, 44
— The Black Cat   20, 99, 109–120, 127ff., 135ff., 154, 168, 209, 216, 286f., 292
— The Cask of Amontillado   85, 167ff.
— The City in the Sea   53, 66, 207–211, 213
— The Colloquy of Monos and Una   51, 184
— The Conqueror Worm   126, 221
— The Conversation of Eiros and Charmion   181, 183ff.
— A Descent into the Maelström   25, 40, 43–67, 75, 87, 89, 91, 104, 115, 173f., 231, 235, 285
— The Devil in the Belfry   51, 103
— Diddeln   41
— The Domain of Arnheim   85, 89
— Dream-Land   212, 221, 226
— Eldorado   61, 211–214, 223, 229
— Eulalie – A Song   226
— Eureka   14, 70, 75, 126, 184f., 190–206, 224, 230, 280, 291
— The Facts in the Case of M.Valdemar   156–166, 178
— The Fall of the House of Usher   44, 51, 55, 175f., 178f., 210, 221, 235, 374f.
— Four Beasts in One   41f.
— The Gold-Bug   146, 157f., 167, 205
— The Haunted Palace   179, 221, 374f.
— Hop-Frog   96, 176ff.

- How to Write a Blackwood Article 17, 378f., 386
- The Imp of the Perverse 14, 20, 58, 95, 108f., 114f., 118–139, 154, 169, 175, 206, 215, 304, 363
- King Pest 19, 82f., 94, 108
- Landor's Cottage 89
- Lenore 220f.
- Ligeia 13, 32, 60, 126, 175, 181, 210, 221, 291f.
- The Literary Life of Thingum Bob, Esq. 376–379, 386
- Loss of Breath (A Decided Loss) 16–29, 38, 43, 54, 57, 80, 116, 157, 166, 232f., 295, 363, 377
- The Man of the Crowd 45, 58, 130, 138–156, 163f., 171, 363
- The Man that Was Used Up 21, 28, 30–42, 72, 79, 106, 145, 151, 178, 304, 360, 363ff., 367, 376
- Marginalien 88, 102, 181, 193, 227, 354
- The Masque of the Red Death 32, 55, 66, 71, 82–96, 103f., 117, 124, 131, 138f., 145, 148, 152, 163, 167, 177, 208, 220f., 223, 234, 278, 288
- Mesmeric Revelation 65f., 191ff.
- Metzengerstein 19, 43, 116
- Morella 126, 128, 174ff., 187
- MS. Found in a Bottle 12, 43, 50, 55, 75, 147
- The Murders in the Rue Morgue 30, 38, 60, 82, 140, 146, 164, 168–174
- The Mystery of Marie Roget 171
- The Narrative of Arthur Gordon Pym of Nantucket 13, 32, 35, 61, 69f., 88, 291–297, 305, 337, 362f.
- The Oblong Box 19, 51
- The Oval Portrait 218
- The Philosophy of Composition 8, 167, 214f., 218–224, 290, 380
- The Philosophy of Furniture 101f.
- The Pit and the Pendulum 105, 160
- The Poetic Principle 167, 211f., 227, 291
- Politian 108
- The Power of Words 184–190, 192f., 198, 202, 204
- A Predicament (The Scythe of Time) 17, 68, 105
- The Premature Burial 26, 40, 82, 101, 142, 156, 166f., 363
- The Purloined Letter 27, 33, 44, 94, 171
- The Rationale of Verse 199
- The Raven 13, 53, 65f., 71, 207, 214–226, 229, 234, 281, 288, 292, 296, 375
- Romance 174
- Shadow 35, 68–82, 87, 90f., 117, 124, 153, 158, 163, 185, 204f., 212f., 265, 279, 295, 302, 362
- Silence (Siope) 55, 62, 180ff., 232, 384, 387
- Some Words with a Mummy 42
- Sonnet – Silence 221, 230–233
- The Sphinx 44, 51, 82ff., 88, 117, 157f.,
- The System of Doctor Tarr and Professor Fether 41, 374
- A Tale of the Ragged Mountains 160
- Tamerlane 184
- The Tell-Tale Heart 44, 57, 66, 97–110, 114–117, 128f., 135ff., 154, 173, 179, 204ff., 210, 215, 223, 235, 275, 362
- „Thou Art the Man" 41, 43f., 85
- To Helen 66, 183
- To My Mother 291
- To Science 101
- Ulalume 224–227, 229, 233f., 292
- The Unparalleled Adventure of One Hans Pfaall 160f.
- William Wilson 23, 95, 109, 141, 152f.

Poe, David (Vater von Edgar A. Poe)   11, 22, 82, 146, 161, 164, 169, 291, 296f.
Poe, Elizabeth 'Eliza' (geb. Arnold, Mutter von Edgar A. Poe)   11, 13, 16, 22, 53, 69, 86, 96, 146, 157, 169, 175, 217f., 291f., 295ff.
Poe, William Henry (Bruder)   28, 96, 157
Poe, Rosalie (Schwester)   169
Poe, Virginia (geb. Clemm, Cousine & Ehefrau)   13, 16, 53, 95ff., 141, 157, 175f., 218, 227ff.
Pop, Iggy (James Osterberg)   319, 333
Popper, Karl Raimund   58
Prideaux, Tom   263, 268
Ptolemäus, Claudius   71
Ptolemaios V. Epiphanes   77
Pythagoras   235f., 267, 283

Quarles, Francis   219

Rachmaninoff, Sergej   235
Raingeard, P.   278
Ramus, Jonas   48, 89
Reich, Wilhelm   321
Reiche, Reimut   350
Reinfeldt, Sebastian   174
Reynolds, Simon   365
Ricardou, Jean   297
Richardson, William J.   25, 28, 33, 304
Richmond, Annie   16
Riedel, Ingrid   54, 348
Riesman, David   153ff.
Rimbaud, Arthur   14, 61f., 65f., 69, 89, 211, 308, 315, 318
Ritschl, F.   75
Ritsert, Jürgen   330, 346
Roberts, James L.   84, 99, 167
Rosenfeld, Uwe   303
Roszak, Theodore   308, 315
Rousseau, Jean-Jacques   79, 203, 342
Royster, Elmira   16
Rózsa, Tobias   222, 263f.
Rutherford, Ward   278

Sakellarakis, Jannis A.   269
Sanouillet, Michel   379
Sartre, Jean-Paul   30, 143, 364, 368
Saussure, Ferdinand de   30, 293, 330, 337–340
Scarpi, N.O.   140
Schadewaldt, Wolfgang   189, 235, 271
Scheffer, Thassilo von   240
Schelling, Friedrich Wilhelm Joseph   182f., 187f., 190, 203, 219, 230f., 315
Schelsky, Helmut   300
Schiller, Friedrich   73
Schlegel, August Wilhelm   70, 167, 203, 222f.
Schlegel, Friedrich   203
Schmidt, Arno   8, 32, 60, 63, 180, 203, 374
Schmidt, Ernst Günther   237, 240, 249, 253
Schnädelbach, Herbert   298, 301, 357
Schopenhauer, Arthur   132f., 273, 313
Schumacher, Emil   340

Schumann, Kuno   8, 17, 21, 28, 32, 36, 43, 45, 47, 57, 60, 70, 73, 121, 138, 140, 167, 219, 226, 230, 374
Scott, Winfield   40
Shakespeare, William   16, 20, 28, 35, 85f., 124, 132, 376
Shaull, Richard   9
Shelley, Mary   164
Shelley, Percy Bysshe   10f., 71, 86, 88, 94, 156, 164, 182, 187, 204, 219, 221, 235
Silverman, Kenneth   16, 23, 26, 28, 53, 69, 95, 101f., 156, 175, 181, 217, 225, 228
Simon, Paul   367
Simon, Walther   50
Smith, John   40
Smith, Judge   235
Snell, Bruno   45, 260f.
Snodgrass, J.E.   60
Sohn-Rethel, Alfred   355f.
Sokrates   74, 88
Solon   245, 252, 254–260
Sophokles   28, 70, 83, 239, 271f., 324, 332
Sorrentino, Gilbert   67
Spahn, Peter   257f.
Spencer, Herbert   153
Spiller, Robert E.   11, 13, 40
Spurzheim, Johan Caspar   121ff.
Stammler, Heinrich   10, 379
Stanard, Jane Craig   22, 95
Starkie, Enid   61
Steigerwald, Robert   196
Stevenson, Robert Louis   148
Stoker, Bram   164
Sue, Eugène   140
Sulloway, Frank J.   311
Symons, Julian   16f., 22, 39, 191

Taeger, Fritz   264f., 267
Tàpies, Antonio   340
Terrail, Jean-Pierre   320
Thalberg, Irving   323
Theimer, Walter   255
Themistokles   260
Theodosius   265
Theognis von Megara   252
Thomas, Dylan   147
Tjaden-Steinhauer, Margarete   334
Torres-Garcia, Joaquin   340
Town, C.H.   140
Toynbee, Arnold J.   267
Tschichold, Jan   264, 340, 354
Turner, Nat   91
Tzara, Tristan   379f.

Uhland, Ludwig   226
Uhlig, Helmut   263, 268f.

Vale, V.   379
Valéry, Paul   14, 198
Ventris, Michael   265

Verny, Thomas   50
Villon, François   373
Virilio, Paul   54f., 125, 372, 384
Vogeler, Hildegard   84
Voltaire (François-Marie Arouet)   9

Weber, Max   153f., 353
Weber, Samuel M.   30
Weiss, Eduardo   313, 350
Whitehead, Alfred North   307
Widmer, Peter   30
Wilamowitz-Moellendorff, Ulrich von   257
Williams, Tennessee (Thomas Lanier Williams)   11
Wilson, Colin   262, 279f.
Winch, Peter   211
Wittgenstein, Ludwig   31, 129, 211, 366
White, Thomas Willis   12f.
Whitman, Sarah Helen   175
Whitman, Walt   10
Wittkop-Ménardeau, Gabrielle   156
Wollheim, Richard   323
Wollschläger, Hans   8, 18, 31, 40, 43, 47, 60, 92, 104, 120f., 163, 176, 182, 185, 222, 230
Wortmann, Anton   84

Xenophanes   237f., 242

Zander, Hartwig   335
Zizek, Slavoj   174
Zoilus (Zoilos)   73
Zuberbühler, Rolf   54, 348
Zumbach, Frank T.   11ff., 16f., 22, 40, 43, 69, 88f., 95, 111, 141, 167, 182, 226

Über den Autor

Thomas Collmer, Jahrgang 1956, lebt in Hamburg, arbeitet in den Bereichen Philosophie, Literaturwissenschaft und Soziologie und schreibt daneben Erzählungen, Kurzgeschichten und Gedichte. M.A. 1984, Promotion 1991 in Philosophie. Bisher drei Lehraufträge an der Universität Hamburg zur Philosophie Hegels. Verfolgt in seinen philosophisch-wissenschaftlichen Arbeiten das Projekt einer kritischen Weiterentwicklung der dialektischen Theorie & Methode. Ein weiterer Arbeitsschwerpunkt der letzten Jahre betraf US-amerikanische Literatur. Versteht sich als freier Schriftsteller, kann vom Schreiben aber nicht leben. (Wird trotzDem unter allen Umständen weiterschreiben.) Mitunter Jobs als Gartenbauhelfer, Portraitzeichner, Teeverkäufer, Packer & Sortierer, Bürohilfskraft. War zwischen 1986 u. 1992 mit eigenen Zeichnungen, Ölbildern, Text-Bild-Kombinationen dreimal an Ausstellungen beteiligt. Mag sich nicht auf *eine* Sprachform festlegen lassen. Schreibt regelmäßig für Z. ZEITSCHRIFT MARXISTISCHE ERNEUERUNG und ist Mitherausgeber von ROLLERCOASTER, einem Little Mag für Literatur, Kunst und nonkonformistische Dialektik. Buchveröffentlichungen: *Der Mondmann* (Prosa & Lyrik), Selbstverlag 1989; *Aktuelle Perspektiven einer immanenten Hegel-Kritik. Negative Totalisierung als Prinzip offener Dialektik*, Focus Verlag Gießen 1992 (in der Reihe 'Kritische Universität'); *Pfeile gegen die Sonne. Der Dichter Jim Morrison und seine Vorbilder*, MaroVerlag Augsburg 1994 (erweiterte Neuausgabe 1997); 1999 erscheint *Ring ohne Mitte* (Prosa & Lyrik) im Selbstverlag. Veröffentlichungen in Anthologien, Zeitungen und Zeitschriften (u.a. Das Argument, Freitag, Impressum, Magma, Molli, Marxistische Blätter, Neues Deutschland, Rabenflug, Staccato, Subbild, Ulcus-Molle-Info). Gegenwärtiges Buchprojekt: *Dialektik der Negativität. Eine Studie zu Hegel, Adorno und Marcuse.*